Die Anwendung des
Kapitalanlagegesetzbuchs
auf geschlossene Fonds

Europäische Hochschulschriften

European University Studies

Publications Universitaires Européennes

Reihe II **Rechtswissenschaft**

Series II Law

Série II Droit

Band/ Volume **6044**

Daniela Franke

Die Anwendung des Kapitalanlagegesetzbuchs auf geschlossene Fonds

PETER LANG

Bibliografische Information der Deutschen Nationalbibliothek
Die Deutsche Nationalbibliothek verzeichnet diese Publikation in der Deutschen Nationalbibliografie; detaillierte bibliografische Daten sind im Internet über http://dnb.d-nb.de abrufbar.

Zugl.: Tübingen, Univ., Diss., 2017

D 21
ISSN 0531-7312
ISBN 978-3-631-77133-4 (Print)
E-ISBN 978-3-631-77134-1 (E-PDF)
E-ISBN 978-3-631-77135-8 (EPUB)
E-ISBN 978-3-631-77136-5 (MOBI)
DOI 10.3726/b14804

Peter Lang – Berlin · Bern · Bruxelles · New York · Oxford · Warszawa · Wien

Diese Publikation wurde begutachtet.

www.peterlang.com

Vorwort

Diese Arbeit wurde im Sommersemester 2012 an der Eberhard Karls Universität Tübingen als Dissertation angenommen. Das Promotionsverfahren wurde am 4. Dezember 2017 mit der mündlichen Prüfung abgeschlossen.

Mein Dank gilt meinem Doktorvater Herrn Prof. Dr. Walter G. Paefgen für seine freundliche Betreuung, die konstruktive und hilfreiche Kritik sowie die gewährte wissenschaftliche Freiheit. Bei meinem Zweitkorrektor Herrn Dr. Jens-Hinrich Binder, LL.M. möchte ich mich für die zügige Erstellung des Zweitgutachtens bedanken.

Ein besonderes Dankeswort ist Herrn Dr. Kai-Guido Schick gewidmet, mit dem ich mich während und nach meiner promotionsbegleitenden Tätigkeit bei CMS Hasche Sigle über relevante Fragestellungen austauschen konnte und der mir stets unterstützend zur Seite stand.

Bedanken möchte ich mich außerdem bei meiner Familie (Frau Edith Franke-Arnold, Herrn Hubert Arnold, Frau Elisabeth Estenfelder und Herrn Thomas Estenfelder), die mich auf meinem bisherigen Lebensweg immer liebevoll unterstützten und damit am erfolgreichen Abschluss dieser Arbeit einen Anteil haben.

Mein außerordentlicher Dank ist Herrn Dr. Felix Graulich für seine vielfältige und geduldige Unterstützung geschuldet.

Gliederung

Inhaltsverzeichnis

Abkürzungsverzeichnis

aA	anderer Ansicht
aaO	am angegebenen Ort
Abh.	Abhandlung(en)
Abl.	Amtsblatt
ABl. EU	Amtsblatt der Europäischen Union
Abs.	Absatz
aE	am Ende
AEUV	Vertrag über die Arbeitsweise der Europäischen Union
aF	alte Fassung
AfA	Absetzung für Abnutzung
AG	Aktiengesellschaft; Die Aktiengesellschaft (Zeitschrift); Amtsgericht (mit Ortsnamen)
AGB	Allgemeine Geschäftsbedingungen
AIF	Alternativer Investmentfonds bzw. Alternative Investment Fund
AIFM	Alternative Investment Fund Manager
AIFMD	Alternative Investment Fund Managers Directive (2011/61/EU)
AIFM-RL	Richtlinie über die Verwalter Alternativer Investmentfonds (2011/61/EU)
AIFM-StAnpG	AIFM-Steuer-Anpassungsgesetz
AktG	Aktiengesetz
Anh.	Anhang
Anm.	Anmerkung
AnSVG	Anlegerschutzverbesserungsgesetz
Art.	Artikel
Az.	Aktenzeichen
BaFin	Bundesanstalt für Finanzdienstleistungsaufsicht
BAFinBefugV	Verordnung zur Übertragung von Befugnissen zum Erlass von Rechtsverordnungen auf die Bundesanstalt für Finanzdienstleistungsaufsicht
BB	Betriebsberater (Zeitschrift)
BFH	Bundesfinanzhof
BFM	Bundesfinanzministerium
BGB	Bürgerliches Gesetzbuch
BGBl.	Bundesgesetzblatt
BGH	Bundesgerichtshof
BImSchG	Gesetz zum Schutz vor schädlichen Umwelteinwirkungen durch Luftverunreinigungen, Geräusche, Erschütterungen und ähnliche Vorgänge (Bundes-Immissionsschutzgesetz)
BImSchV	Bundes-Immissionsschutzverordnung
BKR	Zeitschrift für Bank- und Kapitalmarktrecht (Zeitschrift)

Bl.	Blatt
BMF	Bundesministerium der Finanzen
BrV	Bankrechtliche Vereinigung
bsi	Bundesverband Sachwerte und Investmentvermögen e.V.
BT	Bundestag
ca.	circa
CESR	Committee of European Securities Regulators
cic	Culpa in contrahendo
CZZ	Corporate Compliance Zeitschrift
d.h.	das heißt
DB	Der Betrieb (Zeitschrift)
DNotZ	Deutsche Notar-Zeitschrift Verkündungsblatt der Bundesnotarkammer (Zeitschrift)
Drucks.	Drucksache
DStR	Deutsches Steuerrecht (Zeitschrift)
EEG	Gesetz für den Ausbau erneuerbarer Energien (Erneuerbare-Energien-Gesetz)
Einl.	Einleitung
ESC	Europäischen Wertpapierausschuss
ESFS	Europäisches System der Finanzaufsicht
EU	Europäische Union
EU-ELTIF	EU Long Term Investment Funds
EUV	Vertrag über die Europäische Union
EuVECA	European Venture Capital Fund Regulation
EuVECA	Verordnung (EU) Nr. 345/2013 über Europäische Risikokapitalfonds
EuZW	Europäische Zeitschrift für Wirtschaftsrecht (Zeitschrift)
EWR	Europäischer Wirtschaftsraum
f., ff.	folgend(e)
FAQ	Frequently asked questions
FCA	Financial Conduct Authority
FinAnlVG	Gesetz zur Novellierung des Finanzanlagenvermittler- und Vermögensanlagenrechts
FinDAG	Finanzdienstleistungsaufsichtsgesetz
FINMA	Eidgenössische Finanzmarktaufsicht
Fn.	Fußnote
FördG	Fördergebietsgesetz
FR	Finanz-Rundschau (Zeitschrift)
Gbl.	Gesetzblatt
GbR	Gesellschaft bürgerlichen Rechts
GenG	Genossenschaftsgesetz
GewO	Gewerbeordnung
GG	Grundgesetz
ggf.	gegebenenfalls

GmbH	Gesellschaft mit beschränkter Haftung
GmbHG	Gesetz betreffend die Gesellschaften mit beschränkter Haftung
GmbHR	GmbH-Rundschau (Zeitschrift)
grds.	grundsätzlich
GWR	Gesellschafts- und Wirtschaftsrecht (Zeitschrift)
Hdb.	Handbuch
HGB	Handelsgesetzbuch
hL	herrschende Lehre
hM	herrschende Meinung
HRefG	Handelsrechtsreformgesetz
HS.	Halbsatz
i.d.F.	in der Fassung
i.S.d.	im Sinne des
i.V.m.	in Verbindung mit
insb.	insbesondere
InsO	Insolvenzordnung
IPO	Initial Public Offering
JA	Juristische Arbeitsblätter (Zeitschrift)
KAGB	Kapitalanlagegesetzbuch
KAGB-E	Kapitalanlagegesetzbuch-Entwurf
KAGG	Gesetz über Kapitalanlagegesellschaften
KAPrüfbV	Prüfungsberichte für externe Kapitalverwaltungsgesellschaften, Investmentaktiengesellschaften, Investmentkommanditgesellschaften und Sondervermögen
KARBV	Kapitalanlage-Rechnungslegungs- und -Bewertungsverordnung
KASchlichtV	Verordnung über die Schlichtungsstelle nach § 342 des Kapitalanlagegesetzbuches
KAVerOV	Kapitalanlage-Verhaltens- und -Organisationsverordnung
KG	Kommanditgesellschaft
krit.	kritisch
KStG	Körperschaftssteuergesetz
KVG	Kapitalverwaltungsgesellschaft
LBO	Leveraged-Buy-Out
Lit.	Literatur
lit.	Buchstabe
M&A	Mergers & Acquisitions
MBO	Management-Buy-Out
MiFID	Markets in Financial Instruments Directive (Richtlinie 2004/39/EG), Richtlinie über Märkte für Finanzinstrumente (Finanzmarktrichtlinie)
Mio.	Millionen
MoRaKG	Gesetzes zur Modernisierung der Rahmenbedingungen für Kapitalbeteiligungen
mwN	mit weiteren Nachweisen

nF	neue Fassung
NJW	Neue Juristische Wochenschrift (Zeitschrift)
NVwZ	Neue Zeitschrift für Verwaltungsrecht (Zeitschrift)
NZG	Neue Zeitschrift für Gesellschaftsrecht (Zeitschrift)
NZM	Neue Zeitschrift für Miet- und Wohnungsrecht (Zeitschrift)
NZWiSt	Neue Zeitschrift für Wirtschafts-, Steuer- und Unternehmensstrafrecht (Zeitschrift)
o.	oben
OGAW-RL	Organismen für gemeinsame Anlagen in Wertpapieren-Richtlinie
OHG	Offene Handelsgesellschaft
OLG	Oberlandesgericht
ÖPP	öffentlich-private Partnerschaft
PPM	Private Placement Memorandum
RdF	Recht der Finanzinstrumente (Zeitschrift)
RL	Richtlinie
Rn.	Randnummer
Rspr.	Rechtsprechung
S.	Seite
s.	siehe
s.o.	siehe oben
s.u.	siehe unten
SchiffRG	Schiffsrechtegesetz
sog.	sogenannt/e
SPV	Special Purpose Vehikel (Einzweckgesellschaft),
Stbg	Die Steuerberatung (Zeitschrift)
str.	streitig; strittig
u.a.	unter anderem; und andere
u.U.	unter Umständen
UBGG	Unternehmensbeteiligungsgesellschaften
UMAG	Gesetz zur Unternehmensintegrität und Modernisierung des Anfechtungsrechts
UmsG	Umsetzungsgesetz
unstr.	unstreitig
v.	von; vom
VermAnlG	Vermögensanlagengesetz
VermVerkProspV	Vermögensanlagen-Verkaufsprospektverordnung
VGF	VGF (Verband geschlossene Fonds e.v.)
vgl.	vergleiche
VO	Verordnung
VuR	Verbraucher und Recht - Zeitschrift für Wirtschafts- und Verbraucherrecht (Zeitschrift)
WiB	Wirtschaftsrechtliche Beratung (Zeitschrift)
WKBG	Wagniskapitalbeteiligungsgesetz
WM	Wertpapier Mitteilungen (Zeitschrift)

z.B.	zum Beispiel
ZfBR	Zeitschrift für deutsches und internationales Bau- und Vergaberecht (Zeitschrift)
ZGR	Zeitschrift für Unternehmens- und Gesellschaftsrecht (Zeitschrift)
Ziff.	Ziffer(n)
zT	zum Teil
zust.	zuständig; zustimmend
zutr.	zutreffend
ZVI	Zeitschrift für Verbraucher- und Privat-Insolvenzrecht (Zeitschrift)

A. Einleitung und Gang der Untersuchung

Vor dem Hintergrund der Finanzkrise ist die aktuelle gesetzgeberische Tendenz durch den Ruf nach stärkerer Regulierung der Akteure und der Produkte auf den gemeinhin als undurchsichtig empfundenen Finanzmärkten geprägt[1]. Diese Richtung zeichnet sich nicht nur in der nationalen Gesetzgebung ab, sondern insbesondere auch auf Ebene des Europarechts, da das Finanzsystem in der Europäischen Union unter dem Schatten der Finanzkrise in Zeiten der drohenden Staatspleiten als besonders schutzbedürftig erscheint[2]. Neben dem Schutz des Finanzmarktes sieht sowohl der europäische, als auch der nationale Gesetzgeber ein Bedürfnis nach einer Verstärkung des Anlegerschutzes durch strengere gesetzliche Vorgaben und verstärkte staatliche Aufsicht. Dieses Bestreben nach einem erhöhten Anlegerschutz spielt bei der Regulierung geschlossener Fonds, welche Untersuchungsgegenstand dieser Arbeit sind, eine besondere Rolle.

Privatanleger, welche sich an geschlossenen Fonds beteiligten, haben in der Vergangenheit in der Hoffnung auf hohe Rendite und/oder Steuerersparnisse insgesamt Milliardenbeträge verloren[3]. Beispiele hierfür sind die zahlreichen Insolvenzen geschlossener Immobilienfonds aus den neunziger Jahren in den neuen Bundesländern und Berlin sowie die im Zusammenhang mit der Finanzkrise stehende Welle an Insolvenzen im Schiffsfondsbereich. Als Negativbeispiel für geschlossene Fonds aus der jüngeren Vergangenheit ist das inzwischen insolvente Unternehmen Prokon zu nennen, welches geschlossene Fonds im Bereich der Windenergie auflegte[4]. Im Gedächtnis sind auch noch die Bilder, die im Zusammenhang mit dem Skandal um die S&K-Gruppe durch die Medien gingen und auf denen die Verantwortlichen mit teuren Luxuswagen und beim Feiern pompöser Partys mit leicht bekleideten Frauen und wilden Tieren posierten, während nun zahlreichen Anlegern von geschlossenen Immobilienfonds der S&K-Gruppe der Totalverlust ihrer Einlagen droht. Kurzum stehen geschlossene Fonds in der öffentlichen Wahrnehmung in einem schlechten Licht und es haftet ihnen der Ruf an, dass sich die Fondsinitiatoren auf Kosten der Anleger bereichern[5].

Geschlossene Fonds wurden vor Juli 2013 dem sog. „grauen Kapitalmarkt" zugeordnet und unterlagen nur einer sehr eingeschränkten Regulierung. Diese weitgehende Regulierungsfreiheit und damit ggf. auch der schlechte Ruf geschlossener

1 *Jesch/Klebeck*, BB 2011, 1866 f.
2 Versinnbildlichend *Schaffelhuber* nach dem die Finanzkrise einen „Regulierungs-Tsunami" ausgelöst hat, *Schaffelhuber*, GWR 2011, 488.
3 Vgl. beispielsweise *Fabarius*, Managermagazin online 26.11.2013, „Das 300. Schiff ist pleite - Anleger verlieren Milliarden".
4 *Rotter/Gierke*, VuR 2014, 255 ff.
5 Vgl. *Schönwitz/Gerth/Hoyer/Schwerdtfeger*, Handelsblatt online 15.04.2011, „Die schlechteste Geldanlage der Welt".

Fonds könnte nun ein Ende gefunden haben. Vor dem Hintergrund der Finanzkrise erließ der europäische Gesetzgeber die Richtlinie 2011/61/EU über die Verwalter alternativer Investmentfonds (sog. AIFM-Richtlinie), welche die Manager sämtlicher bislang unregulierter Fonds einer einheitlichen Regulierung unterwerfen sollte[6]. Die Manager alternativer Investmentfonds bedürfen nach der AIFM-Richtlinie nunmehr einer Erlaubnis- bzw. Registrierung, unterstehen der laufenden staatlichen Aufsicht und müssen eine Vielzahl an Pflichten einhalten. Der deutsche Gesetzgeber setzte die AIFM-Richtlinie durch das AIFM-Umsetzungsgesetz, dessen Kernstück das am 22.07.2013 in Kraft getretene Kapitalanlagegesetzbuch (KAGB) darstellt, um[7].

Zu Beginn dieser Arbeit soll zunächst erläutert werden, was unter einem geschlossenen Fonds zu verstehen ist, welche Wesensmerkmale geschlossene Fonds kennzeichnen und in welcher Rechtsform geschlossene Fonds vor Inkrafttreten des KAGB typischerweise aufgelegt wurden (vgl. B.). Um die Tragweite des KAGB als neues Regelwerk für geschlossene Fonds zu verdeutlichen, sollen die rechtlichen Rahmenbedingungen geschlossener Fonds vor Inkrafttreten des KAGB in groben Zügen dargestellt werden (vgl. C.). Diese bestanden zum einen aus dem sog. richterrechtlichen Sonderrecht und zum anderen aus besonderen gesetzlichen Vorgaben, welche insbesondere die Prospekthaftung betrafen.

Im Anschluss folgt eine Übersicht zu den wichtigstens Spielarten geschlossener Fonds (vgl. D.). Da eine abschließende Darstellung und Untersuchung sämtlicher Arten geschlossener Fonds den Rahmen dieser Arbeit sprengen würde, werden vor allem geschlossene Immobilienfonds, Schiffsfonds, Windfonds, Projektentwicklungsfonds und Private Equity Fonds behandelt. Diese Arten geschlossener Fonds treten wiederum in verschiedenen Formen und Ausprägungen auf; Gegenstand dieser Untersuchung ist lediglich die jeweils am häufigsten vorkommende Ausgestaltung.

Das KAGB beinhaltet keine bloße Umsetzung der AIFM-Richtlinie, sondern der deutsche Gesetzgeber wollte hiermit unter Aufhebung des bis dahin geltenden Investmentgesetzes (InvG) ein geschlossenes Regelwerk für sämtliche offenen und geschlossenen Fonds und deren Manager schaffen[8]. Das KAGB geht im Hinblick auf geschlossene Fonds über die Vorgaben der AIFM-Richtlinie hinaus und stellt insbesondere für Fonds, welche an Privatanleger vertrieben werden, aus Gründen des Anlegerschutzes sehr viel weitergehende Anforderungen auf. Im Rahmen dieser Arbeit sollen die wichtigsten der neuen gesetzlichen Vorgaben, welche das KAGB geschlossenen Fonds bzw. deren Managern auferlegt, dargestellt werden (vgl. E.).

---

6 Richtlinie 2011/61/EU des Europäischen Parlaments und des Rates vom 08.06.2011 über die Verwalter alternativer Investmentfonds und zur Änderung der Richtlinien 2003/41/EG und 2009/65/EG und der Verordnungen (EG) Nr. 1060/2009 und (EU) Nr. 1095/2010 (nachfolgend Richtlinie 2011/61/EU).

7 BGBl. 2013 I, S. 1981.

8 BT-Drucks. 17/12294, S. 2.

Im Zentrum dieser Arbeit steht die Frage, ob mit dem KAGB im Hinblick auf geschlossene Fonds tatsächlich ein Gesetzeswerk für die gesamte Fondsbranche entstanden ist oder ob bestimmte Arten von geschlossenen Fonds aus dem Anwendungsbereich des KAGB herausfallen (vgl. F.). Ziel dieser Arbeit ist es zu klären, ob der Anwendungsbereich des KAGB für geschlossene Immobilienfonds, Schiffsfonds, Windfonds, Projektentwicklungsfonds und Private Equity Fonds eröffnet ist. Häufig findet sich in der juristischen Literatur sowie in der Presse zwar die Aussage, sämtliche geschlossene Fonds seien seit dem Inkrafttreten des KAGB reguliert[9]. Auch vor dem Hintergrund, dass sowohl der europäische, als auch der deutsche Gesetzgeber mit der AIFM-Richtlinie bzw. dem KAGB die Regulierung sämtlicher bislang unregulierter Fonds bzw. deren Verwalter bezwecken, mag die Frage der Anwendbarkeit des KAGB auf die verschiedenen Arten geschlossener Fond zunächst befremdlich wirken. Der Anwendungsbereich des KAGB ist jedoch nur dann eröffnet, wenn ein Investmentvermögen i.S.d. § 1 Abs. 1 S. 1 KAGB vorliegt. Das KAGB enthält eine Legaldefinition des Begriffs „Investmentvermögen", welcher an den Begriff des AIF nach der AIFM-Richtlinie angelehnt ist und sich aus verschiedenen Tatbestandsmerkmalen zusammensetzt. Im Hinblick auf diese Tatbestandsmerkmale, welche über die Anwendbarkeit des KAGB entscheiden, besteht aufgrund der verwendeten unbestimmten Rechtsbegriffe erhebliche Rechtsunsicherheit. Die Bundesanstalt für Finanzdienstleistungsaufsicht (BaFin) hat als zuständige Aufsichtsbehörde ein sog. Auslegungsschreiben veröffentlicht, welches zum Begriff des Investmentvermögens und den Anwendungsvoraussetzungen des KAGB Stellung nimmt[10]. Ob die Rechtsunsicherheit im Hinblick auf den Anwendungsbereich des KAGB durch dieses Auslegungsschreiben beseitigt wird, ist zweifelhaft. Denn in der Presse und im juristischen Schrifttum wird teilweise davon ausgegangen, dass Schiffsfonds in der gängigsten Ausgestaltung, Windfonds und Projektentwicklungsfonds durch das besagte Auslegungsschreiben der BaFin generell vom Anwendungsbereich des KAGB ausgenommen seien[11]. Im Rahmen dieser Arbeit soll untersucht werden, ob dies tatsächlich der Fall ist.

9 Vgl. *Sepp*, Finanzen.net 07.02.2015, „Geschlossene Fonds: Alternativen für Investoren".
10 BaFin, Auslegungsschreiben zum Anwendungsbereich des KAGB, 09.03.2015.
11 *Klinger*, NZWiSt 2014, 370, 376; *Loritz/Uffmann*, WM 2013, 2193, 2201 Fn. 77; *Rohmert*, Der Immobilienbrief 2013 (299), 5 ff.

B. Geschlossene Fonds

Zu Beginn der Arbeit soll der Begriff „geschlossener Fonds“ sowie die typische Rechtsform geschlossener Fonds erläutert werden. Zur Veranschaulichung der Wesensmerkmale von geschlossenen Fonds sollen offene Fonds zum Vergleich herangezogen werden, da die Unterschiede zwischen diesen beiden Arten von Fonds typusprägend sind[12].

I. Grundlagen

Im ersten Abschnitt dieser Arbeit ist zunächst zu erläutern, was genau unter einem geschlossenen Fonds zu verstehen ist, um ein grundlegendes Verständnis für die Frage der Anwendbarkeit des KAGB auf verschiedene Arten geschlossener Fonds zu schaffen.

1. Erklärung des Begriffs „Geschlossene Fonds“

Obgleich sich an keiner Stelle eine Legaldefinition des Begriffs „geschlossener Fonds“ findet, setzt der Gesetzgeber die Existenz geschlossener Fonds als unbestimmten Rechtsbegriff voraus[13]. So waren geschlossene Fonds vor Inkrafttreten des KAGB ausdrücklich vom Anwendungsbereich des Vermögensanlagengesetzes (VermAnlG) erfasst. Gemäß § 1 Abs. 2 Nr. 1–3 a.F. VermAnlG waren Vermögensanlagen i.S.d. Vermögensanlagengesetz nicht in Wertpapieren i.S.d. Wertpapierprospektgesetzes (WpProspktG) verbriefte Anteile, die eine Beteiligung am Ergebnis eines Unternehmens gewähren (§ 1 Abs. 2 Nr. 1 a.F. VermAnlG), Anteile an einem Vermögen, das der Emittent oder ein Dritter in eigenem Namen für fremde Rechnung hält oder verwaltet (Treuhandvermögen) (§ 1 Abs. 2 Nr. 2 a.F. VermAnlG) oder Anteile an *sonstigen geschlossenen Fonds* (§ 1 Abs. 2 Nr. 3 a.F. VermAnlG)[14]. In diesem Zusammenhang wird deutlich, dass es sich bei Anteilen an geschlossenen Fonds um eine Vermögensanlage handelt, bei welcher der Anleger nicht direkt in einen Vermögensgegenstand (z.B. eine Immobilie) investiert, sondern mittelbar über ein zwischengeschaltetes Unternehmen bzw. über einen Treuhänder[15]. Geschlossene Fonds fungieren als Kapitalsammelbecken, in welchen die Gelder von einer

---

12 *Emde* in Emde/Dornseifer/Dreibus/Hölscher, InvG, Einleitung Rn. 20.

13 Vgl. *Escher* in Habersack/Mülbert/Nobbe/Wittig, Bankrechtstag 2013, S. 127.

14 Im Zuge der durch das KAGB erforderlichen Änderungen in anderen Gesetzen zur Anpassung an das nunmehr geltende neue Regelungswerk wurde § 1 Abs. 2 Nr. 3 a.F. VermAnlG („sonstige geschlossene Fonds“) aufgehoben. Hintergrund dieser Streichung ist nach der Gesetzesbegründung, dass geschlossene Fonds in den Anwendungsbereich des KAGB fallen, BT-Drucks. 17/12294, S. 310.

15 *Maas* in Assmann/Schlitt/Kopp-Colomb, WpPG/VerkProspG, § 8f VerkProspG Rn. 34.

Vielzahl an Anlegern gebündelt und kollektiv investieren werden[16]. Der BGH verweist in seiner Entscheidung vom 21.01.2002 im Zusammenhang mit geschlossenen Immobilienfonds auf die von *King* verwendete Definition, wonach geschlossene Immobilienfonds „Kapitalanlagegesellschaften" darstellen, „deren Geschäftszweck auf die Errichtung, den Erwerb und die Verwaltung einer oder mehrerer Immobilienobjekte mit einem im Voraus feststehenden Investitionsvolumen ausgerichtet ist und die, sobald das Eigenkapital platziert ist, mit einem festen Kreis von Anlegern geschlossen" werden[17]. Geschlossene Fonds investieren häufig in Sachwerte (z.B. Immobilien oder Schiffe), es kommen aber auch andere Investitionsgegenstände wie Unternehmensbeteiligungen in Betracht.

Bei geschlossenen Fonds handelt es sich um Investitionsvehikel in Gesellschaftsform, welche sich dadurch auszeichnen, dass das Investitionsvolumen begrenzt ist und Anleger sich nur solange beteiligen können, bis (Eigen-)Kapital in einer im Voraus festgelegten Höhe (Zeichnungssumme) von Anlegern eingeworben ist[18]. Die Höhe der Zeichnungssumme hängt im Wesentlichen davon ab, wieviel Eigenkapital für den Erwerb des Vermögensgegenstandes und dessen Verwaltung während der mehrjährigen Fondslaufzeit benötigt wird. Bei Erreichung der Zeichnungssumme wird der Fonds geschlossen und es werden keine weiteren Fondsbeteiligungen mehr ausgegeben[19]. Das Merkmal der „Geschlossenheit" des Fonds bezieht sich also auf die begrenzte Möglichkeit des Anteilserwerbs bis zur Schließung des Fonds bei Erreichung der vorab festgelegten Zeichnungssumme[20].

Geschlossene Fonds sind als Vehikel zur Investition in oftmals hochpreisige Wirtschaftsgüter anzusehen und verfolgen den Zweck der Erwirtschaftung einer Rendite für die Anleger, wobei mittels der Fondsgesellschaft eine Bündelung der Investoren, deren Kapital und deren Interessen erfolgt[21]. Aus Anlegersicht ermöglichen geschlossene Fonds eine Investition in Vermögenswerte, welche sich der Anleger im Wege eines unmittelbaren Direkterwerbs finanziell nicht leisten kann oder will[22]. Die Beteiligung an einem geschlossenen Fonds ist regelmäßig bereits mit relativ geringem Kapitaleinsatz möglich; oftmals beträgt die geforderte

---

16 *Emde* in Emde/Dornseifer/Dreibus/Hölscher, InvG, Einleitung Rn. 21.

17 BGH, NJW 2002, 1642; King, Real Estate Investment Trusts, S. 144.

18 *Hennrichs* in Schwark/Zimmer, Kapitalmarktrechts-Kommentar, § 8f VerkprospektG Rn. 6; *Strohm* in Assmann/Schütze, Hdb. des Kapitalanlagerechts, 3. Auflage 2007, § 21Rn. 156; *Köndgen* in Berger/Steck/Lübbehüsen, InvG, Einl InvG I Rn. 4.

19 *Hennrichs* in Schwark/Zimmer, Kapitalmarktrechts-Kommentar, § 8f VerkprospektG Rn. 6.

20 *Arndt/Bruchwitz* in Arndt/Voß, VerkProspG, § 8f Rn. 35; *Breimann* in Jesch/Schilder/Striegel, Rechtshandbuch Immobilien-Investitionen, S. 552; *Moritz/Grimm*, BB 2004, 1352.

21 *Bost/Halfpap* in Lüdicke/Arndt, Geschlossene Fonds, S. 5.

22 *Wagner* in Assmann/Schütze, Hdb. des Kapitalanlagerechts, § 16 Rn. 150; *Inhester/Hermann* in MünchHdb. GesR I, § 9 Rn. 21.

Mindesteinlage zwischen 5.000 Euro und 10.000 Euro[23]. Der Anleger wird nicht selbst unmittelbar Eigentümer des Investitionsgegenstands, sondern ist an der Gesellschaft beteiligt, welche den Investitionsgegenstand in ihrem Vermögen hält und nimmt somit aufgrund seiner Gesellschafterstellung am wirtschaftlichen Erfolg der Investition teil[24]. Der Fonds als Kapitalsammelstelle vereinigt die Beiträge der Anleger und investiert diese im eigenen Namen, weshalb es sich um eine kollektive, fremdverwaltete Vermögensanlage handelt[25].

2. Wesensmerkmale geschlossener Fonds in Abgrenzung zu offenen Fonds

Auch bei offenen Fonds handelt es sich um eine kollektive, fremdverwaltete Vermögensanlage, die den Anlegern eine Möglichkeit zur indirekten Investition in bestimmte Vermögensgegenstände mit relativ geringen finanziellen Mitteln ermöglicht[26]. Die besonderen Merkmale von geschlossenen Fonds treten bei einem Vergleich mit offenen Fonds besonders deutlich zu Tage, da die Unterschiede als typusprägend anzusehen sind[27]. Aus diesem Grund sind geschlossene Fonds an dieser Stelle den offenen Fonds gegenüberzustellen, wobei die alte Rechtslage vor Inkrafttreten des KAGB darzustellen ist. Für offene Fonds galt vor Inkrafttreten des KAGB die weitreichende Regulierung durch das Investmentgesetz (InvG) und es bestand eine staatliche Aufsicht durch die Bundesanstalt für Finanzdienstleistungsaufsicht (BaFin)[28].

a) Begriff „Offener Fonds"

Im Investmentgesetz waren lediglich die Bezeichnungen „Investmentvermögen" und „Sondervermögen" zu finden; der Begriff „offener Fonds" tauchte dort nirgends auf. Umgangssprachlich hat sich für die im Investmentgesetz geregelten Fonds

---

23 *Horbach* in MünchHdb. GesR II, § 61 Rn. 8. Es gibt aber auch geschlossene Immobilienfonds, die eine wesentliche höhere Mindesteinlage fordern, insbesondere im Bereich des sog. Private Placement, vgl. BGH, BeckRS 2009, 10197; *Hennrichs* in Schwark/Zimmer, Kapitalmarktrechts-Kommentar, § 8f VerkprospektG Rn. 12.

24 *Schultz-Süchting* in Emde/Dornseifer/Dreibus/Hölscher, InvG, vor §§ 66–82 Rn. 4.

25 *Emde* in Emde/Dornseifer/Dreibus/Hölscher, InvG, Einleitung Rn. 21.

26 *Köndgen/Schmies* in Schimansky/Bunte/Lwowski, Bankrechts-Handbuch, § 113 Rn. 1; King, Real Estate Investment Trusts, S. 83 ff.; *Köndgen* in Berger/Steck/Lübbehüsen, InvG, Einl InvG I 1 Rn. 1; *Ising*, NZG 2012, 651, 652.

27 *Emde* in Emde/Dornseifer/Dreibus/Hölscher, InvG, Einleitung Rn. 20.

28 Das InvG trat am 15.12.2003 in Kraft. Zuvor waren offene Fonds im Gesetz über Kapitalanlagegesellschaften (KAGG) geregelt, ausführlich hierzu *Köndgen/Schmies* in Schimansky/Bunte/Lwowski, Bankrechts-Handbuch, § 113 Rn. 92a. Im Zuge des AIFM-Umsetzungsgesetzes wurde das InvG aufgehoben und durch das KAGB als einheitliches Gesetzeswerk für geschlossene und offene Fonds ersetzt, BT-Drucks. 17/12294, S. 2.

jedoch die Bezeichnung „offene Fonds" durchgesetzt[29]. Mit offenen Fonds sind demnach Investmentvermögen in Form von Sondervermögen und Investmentaktiengesellschaften i.S.d. Investmentgesetzes gemeint[30]. Investmentvermögen waren nach der Legaldefinition § 1 S. 2 InvG Vermögen zur gemeinschaftlichen Kapitalanlage, die nach dem Grundsatz der Risikomischung in abschließend bestimmte Vermögensgegenstände angelegt sind. Zu den zulässigen Vermögensgegenständen zählten neben Wertpapieren unter anderem Grundstücke, grundstücksgleiche Rechte und vergleichbare Rechte nach dem Recht anderer Staaten (Immobilien) und Beteiligungen an Immobiliengesellschaften nach § 2 Abs. 4 Nr. 5 und Nr. 6 InvG. Das Investmentgesetz fand nur dann Anwendung, wenn diese Investmentvermögen entweder in der Form von Sondervermögen oder als Investmentaktiengesellschaften gebildet wurden (sog. formeller Investmentvermögensbegriff)[31]. Wurden die Vorschriften des Investmentgesetzes nicht beachtet und für das Investitionsvehikel eine andere Rechtsform gewählt wie beispielsweise eine herkömmliche Aktiengesellschaft, so fanden die Regelungen des Investmentgesetzes keine Anwendung[32].

Der Begriff des Sondervermögens war als zentrale Rechtsfigur des Investmentgesetzes anzusehen[33]. Allgemein versteht die Rechtsordnung unter dem Begriff des Vermögens die Gesamtheit aller geldwerten Rechte und Güter einer natürlichen oder juristischen Person[34]. An verschiedenen Stellen lässt die Rechtsordnung ausnahmsweise die Bildung sog. Sondervermögen zu, welche sich von dem übrigen Vermögen der natürlichen oder juristischen Person unterscheiden und speziellen Regelungen unterliegen z.B. beim Gesellschaftsvermögen der BGB-Gesellschaft (§ 718 BGB), der Erbschaft (§ 1922 BGB) oder bei der Insolvenzmasse (§ 35 InsO)[35]. Unter einem Sondervermögen i.S.d. Investmentgesetzes waren nach der Legaldefinition in § 2 Abs. 2 InvG inländische Investmentvermögen in Vertragsform zu verstehen, die von einer Kapitalanlagegesellschaft für Rechnung der Anleger nach den Anforderungen des Investmentgesetzes und den geltenden Vertragsbedingungen – nach denen sich das Rechtsverhältnis zwischen Kapitalanlagegesellschaft und Anleger bestimmt – verwaltet werden und bei denen den Anlegern das Recht auf

29 *Figna/Fürstenau*, IStR 2011, 532.

30 *Inhester/Herrmann* in MünchHdb. GesR I, § 9 Rn. 21; *Baur* in Assmann/Schütze, Hdb. des Kapitalanlagerechts, 3. Auflage 2007, § 20 Rn. 128. Bei offenen Immobilienfonds war die Bildung von Investmentaktiengesellschaften als Form des Investmentvermögen gemäß § 2 Abs. 5 S. 1 InvG bzw. § 99 Abs. 3 S. 1 InvG nicht zulässig. Offene Immobilienfonds nach dem InvG traten allein in der Form des Immobilien-Sondervermögen (§§ 67 ff. InvG) auf.

31 *Köndgen* in Berger/Steck/Lübbehüsen, InvG, § 1 Rn. 8; *Demleitner*, BB 2014, 2058.

32 *Köndgen* in Berger/Steck/Lübbehüsen, InvG, § 1 Rn. 8; *Demleitner*, BB 2014, 2058; *Klebeck/Kolbe*, BB 2014, 707.

33 *Köndgen* in Berger/Steck/Lübbehüsen, InvG, § 1 Rn. 4.

34 *Stresemann* in MüKo/BGB, § 90 Rn. 43; *Fritzsche* in Beck-OK, BGB, § 90 Rn 22.

35 *Stresemann* in MüKo/BGB, § 90 Rn. 44; *Fritzsche* in Beck-OK, BGB, § 90 Rn 22.

Rückgabe der Anteile zusteht[36]. Bei dem Sondervermögen nach dem Investmentgesetz handelte es sich um ein nicht rechtsfähiges Vermögen, welches sowohl von dem Gesellschaftsvermögen der verwaltenden Kapitalanlagegesellschaft, als auch von anderen von ihr verwalteten Sondervermögen zwingend zu trennen war[37]. Das Sondervermögen umfasste alles, was die Kapitalanlagegesellschaft auf Grund eines zum Sondervermögen gehörenden Rechts oder durch ein auf das Sondervermögen bezogenes Rechtsgeschäft erwarb – also im Wesentlichen das durch die Anteilsausgabe eingesammelte Kapital von den Anlegern und die verwalteten Vermögensgegenstände[38]. Das Sondervermögen war in rechtlicher Hinsicht Eigentum der Kapitalanlagegesellschaft, stand wirtschaftlich aber den Anlegern zu und wurde von der Kapitalanlagegesellschaft treuhänderisch verwaltet[39].

b) Investitionsvehikel und Art der Anlegerbeteiligung

Unterschiede zwischen offenen und geschlossenen Fonds zeigen sich deutlich bei dem Rechtscharakter des Investitionsvehikels und der Art und Weise der Beteiligung der Anleger[40]. Die nachfolgenden Ausführungen beschränken sich allein auf Investmentvermögen in der vorherrschenden Form des Sondervermögens i.S.d. Investmentgesetzes und lassen Investmentaktiengesellschaften nach dem Investmentgesetz außer Acht. Während bei offenen Fonds das selbst nicht rechtsfähige Sondervermögen i.S.d. Investmentgesetzes als Investitionsvehikel in Vertragsform diente, fungiert bei geschlossenen Fonds die Fondsgesellschaft als Investmentvehikel in gesellschaftsrechtlicher Form[41]. Die Beteiligung des Anlegers an dem Sondervermögen i.S.d. Investmentgesetzes kam durch den schuldrechtlichen Investmentvertrag mit der Kapitalanlagegesellschaft zustande, durch welchen sich die Kapitalanlagegesellschaft gegenüber jedem einzelnen Anleger zur treuhänderischen Vermögensverwaltung verpflichtete[42]. Hingegen beteiligt sich der Anleger bei geschlossenen

36 *Köndgen* in Berger/Steck/Lübbehüsen, InvG, § 1 Rn. 7.

37 *Patzner/Döser* in Patzner/Döser/Kempf, Investmentrecht, § 30 Rn. 1; *Möllers,* BKR 2011, 353; *Verfürth/Emde* in Emde/Dornseifer/Dreibus/Hölscher, InvG, § 2 Rn. 15.

38 *Schott* in Emde/Dornseifer/Dreibus/Hölscher, InvG, § 33 Rn. 3 f.; *Möllers,* BKR 2011, 353; *Köndgen/Schmies* in Schimansky/Bunte/Lwowski, Bankrechts-Handbuch, § 113 Rn. 59.

39 *Schmitz* in Berger/Steck/Lübbehüsen, InvG, vor §§ 30–45 Rn. 5 ff.

40 Vgl. *Köndgen* in Berger/Steck/Lübbehüsen, InvG, I InvG Einl Rn. 4; *Schultz-Süchting* in Emde/Dornseifer/Dreibus/Hölscher, InvG, vor §§ 66–82 Rn. 5.

41 *Strohm* in Assmann/Schütze, Hdb. des Kapitalanlagerechts, 3. Auflage 2007, § 21 Rn. 150 ff.

42 *Köndgen/Schmies* in Schimansky/Bunte/Lwowski, Bankrechts-Handbuch, § 113 Rn. 115; *Baur* in Assmann/Schütze, Hdb. des Kapitalanlagerechts, 3. Auflage 2007, § 20 Rn. 213. Der Anteil am Sondervermögen umfasste die schuldrechtlichen Ansprüche des Anlegers aus dem Investmentvertrag gegen die Kapitalanlagegesellschaft wie die Teilhaberschaft an dem „wirtschaftlichen Eigentum“ ebenso wie sämtliche anderen Rechte in Bezug auf das Sondervermögen etwa gegen die Depotbank, vgl.

Fonds – unmittelbar oder mittelbar über einen Treuhänder – als Gesellschafter an der Fondsgesellschaft, welche typischerweise als Personengesellschaft strukturiert ist[43].

c) *Investmentdreieck*

Für offene Fonds kennzeichnend war das sogenannte Investmentdreieck bestehend aus Anleger, Kapitalanlagegesellschaft und Depotbank[44]. Die Vertragsbeziehungen zwischen diesen drei Beteiligten waren durch die gesetzlichen Vorgaben des Investmentgesetzes eng miteinander verwoben und es erfolgte eine strikte Funktionsteilung[45]. Während der Kapitalanlagegesellschaft im Wesentlichen die Fondsverwaltung oblag, fungierte die Depotbank als Verwahrstelle der Vermögenswerte, war für die Ausgabe der Anteile zuständig und nahm bestimmte Kontrollfunktionen für die Anleger gegenüber der Kapitalanlagegesellschaft wahr[46].

Eine solche zwingende Funktionsteilung war geschlossenen Fonds vor Inkrafttreten des KAGB fremd. So existierte bei geschlossenen Fonds keine von der Fondsgesellschaft zu trennende Verwaltungsgesellschaft, die mit der bei offenen Fonds vorhandenen Kapitalanlagegesellschaft vergleichbar war. Aufgrund der rechtlichen Selbständigkeit des Fondsvehikels als Gesellschaft oblag die Verwaltung des Fondsvermögens der Geschäftsführung der Fondsgesellschaft. Es bestand bei geschlossenen Fonds keine Pflicht zur Einschaltung eines Kreditinstituts als Kontrollinstanz und Verwahrer der Vermögenswerte. Zwar wurde schon vor Inkrafttreten des KAGB in der Praxis auch bei geschlossenen Fonds zum Teil eine sog. Mittelverwendungskontrolle durchgeführt, bei welcher Wirtschaftsprüfer kontrollierten, ob die Mittel der Fondsgesellschaft vertragsgemäß eingesetzt wurden[47]. Diese freiwillig eingesetzten Mittelverwendungskontrolleure waren aber nicht in das vertragliche Geflecht mit dem Anleger eingebunden und hatten außerhalb der Mittelverwendungskontrolle keinerlei Kompetenzen[48]. Zudem war die Mittelverwendungskontrolle in der Regel in zeitlicher Hinsicht begrenzt, da sie nur während der Investmentphase erfolgte.

Schmitz in Berger/Steck/Lübbehüsen, InvG, § 33 Rn. 6; *Köndgen/Schmies* in Schimansky/Bunte/Lwowski, Bankrechts-Handbuch, § 113 Rn. 57.

43 Ausführlich dazu siehe unten Rechtsform, B. II., S. 43 ff.

44 *Köndgen* in Berger/Steck/Lübbehüsen, InvG, Einl Rn. 41; *Baur* in Assmann/Schütze, Hdb. des Kapitalanlagerechts, 3. Auflage 2007, § 20 Rn. 223; vgl. FG Hamburg, EFG 2008, 1816.

45 *Köndgen/Schmies* in Schimansky/Bunte/Lwowski, Bankrechts-Handbuch, § 113 Rn. 114; *Emde* in Emde/Dornseifer/Dreibus/Hölscher, InvG, Einleitung Rn. 27 ff.

46 *Köndgen/Schmies* in Schimansky/Bunte/Lwowski, Bankrechts-Handbuch, § 113 Rn. 114; *Baur* in Assmann/Schütze, Hdb. des Kapitalanlagerechts, 3. Auflage 2007, § 20 Rn. 223.

47 *Wegmann*, DStR 1994, 941, 942; *Roth* in Baumbach/Hopt, HGB, Anh. nach § 177a Rn. 63; *Emde* in Emde/Dornseifer/Dreibus/Hölscher, InvG, Einleitung Rn. 27 ff.; vgl. auch BGH, BKR 2010, 38.

48 BGH, DStR 2010, 293; BGH, NJW-RR 2007, 1479.

d) Möglichkeit zum Anteilserwerb und Laufzeit

Ein typusprägender Unterschied zwischen offenen Fonds nach dem Investmentgesetz und geschlossenen Fonds bestand darin, dass Anlegern eine Beteiligung an einem geschlossenen Fonds nach der Schließung des Fonds mit Erreichung der Zeichnungssumme nicht mehr möglich war[49]. Demgegenüber konnte das Fondsvolumen bei offenen Fonds nach dem InvG durch die Ausgabe neuer Anteile grundsätzlich jederzeit erweitert werden, ohne Beschränkung auf eine bestimmte Anlagesumme[50]. Umso mehr Anteile an Anleger ausgegeben wurden, umso mehr Vermögensgegenstände konnten für den offenen Fonds erworben werden[51]. Offene Fonds nach dem Investmentgesetz waren also in dem Sinne offen, dass das Fondsvermögen und damit die Möglichkeit zum Anteilserwerb grundsätzlich nicht begrenzt war[52]. Die Fondslaufzeit war bei offenen Fonds in aller Regel nicht eingeschränkt[53]. Bei geschlossenen Fonds hingegen stand von Anfang an eine (Mindest-)Laufzeit fest nach deren Ablauf die Fondsgesellschaft üblicherweise planmäßig liquidiert und aufgelöst werden sollte[54]. Die Fondslaufzeit war von Fonds zu Fonds verschieden und hing unter anderem vom jeweiligen Investitionsgegenstand (z.B. Immobilie, Windpark) ab; üblich sind Fondslaufzeiten zwischen fünf und zwanzig Jahren[55].

e) Rückgaberecht bzw. Kündigungsrecht

Geschlossene und offene Fonds unterschieden sich darüber hinaus grundlegend im Hinblick auf das Recht der Anleger, sich von der Fondsbeteiligung zu lösen[56]. Offene Fonds nach dem Investmentgesetz zeichneten sich dadurch aus, dass die Anteile grundsätzlich jederzeit an die Kapitalanlagegesellschaft gegen Auszahlung

---

49 King, Real Estate Investment Trusts S. 144; *Köndgen* in Berger/Steck/Lübbehüsen, InvG, Einl InvG I Rn. 4 f.; *Inhester/Hermann* in MünchHdb. GesR I, § 9 Rn. 21; *Sagasser* in Assmann/Schütze, Hdb. des Kapitalanlagerechts, § 27 Rn. 292; *Hartrott/Goller*, BB 2013, 1603, 1604; vgl. auch BGH, NJW 2002, 1642.

50 *Köndgen* in Berger/Steck/Lübbehüsen, InvG, Einl InvG I Rn. 5.

51 *Schultz-Süchting* in Emde/Dornseifer/Dreibus/Hölscher, InvG, vor §§ 66–82 Rn. 6.

52 *Schultz-Süchting* in Emde/Dornseifer/Dreibus/Hölscher, InvG, vor §§ 66–82 Rn. 6; *Baur* in Assmann/Schütze, Hdb. des Kapitalanlagerechts, 3. Auflage 2007, § 20 Rn. 30; *Köndgen* in Berger/Steck/Lübbehüsen, InvG, Einl InvG I Rn. 10; *Hartrott/Goller*, BB 2013, 1603, 1604.

53 *Inhester/Hermann* in MünchHdb. GesR I, § 9 Rn. 21.

54 BGH, DNotZ 2012, 869; OLG München, NJOZ 2002, 811.

55 *Levedag* geht von einer üblichen Laufzeit zwischen zehn und dreißig Jahren aus, vgl. *Levedag* in MünchHdb. GesR II, § 71 Rn. 9. Allerdings haben sich die Laufzeiten in den letzten Jahren deutlich verkürzt, wie sich aus den aktuell angebotenen Beteiligungen an geschlossenen Fonds ergibt.

56 *Verfürth/Emde* in Emde/Dornseifer/Dreibus/Hölscher, InvG, § 2 Rn. 20; *Escher* in Habersack/Mülbert/Nobbe/Wittig, Bankrechtstag 2013, S. 127; *Zetzsche*, Prinzipien der kollektiven Vermögensanlage, S. 109.

des Anteilswertes zurückgegeben werden konnten[57]. Das Rückgaberecht des Anlegers war bei offenen Fonds ein fundamentales Recht und sogar Bestandteil der Legaldefinition des Sondervermögens nach dem Investmentgesetz[58]. Der investmentrechtliche Anspruch des Anlegers auf Rückgabe seines Anteils gegenüber der Kapitalanlagegesellschaft entstand zwingend durch den Investmentvertrag, wobei die Rückgabe der Anteile an die Stelle der Kündigung des Investmentvertrags trat und als ein Vertragslösungsrecht eigener Art angesehen wurde[59]. Die Höhe des Entgelts, welches der Anleger für die Rückgabe des Anteils erhielt, richtete sich nach dem aktuellen Wert und wurde in der Regel börsentäglich ermittelt, wobei üblicherweise ein Aufschlag in Höhe von fünf Prozent des Anteilswertes erhoben wurde[60]. Bei offenen Immobilienfonds (Immobilien-Sondervermögen) unterlag das Rückgaberecht des Anlegers aufgrund der problematischen Kombination der Notwendigkeit von liquiden Mittel zur Ausbezahlung der Anteilsrücknahme und der Investition in Immobilien als illiquide Vermögensgegenstände in zeitlicher Hinsicht diversen Einschränkungen und zum Schutz der Interessen der Anleger war eine Aussetzung der Rückgabe möglich[61].

Ein vergleichbares Recht des Anlegers, nach welchem die Beteiligung an die Fondgesellschaft grundsätzlich jederzeit zurückgegeben werden kann, gab es bei geschlossenen Fonds nicht[62]. Es besteht bei Personengesellschaften nach den gesetzlichen Vorgaben zwar unter Umständen die Möglichkeit zur ordentlichen Kündigung durch den Gesellschafter, was vom wirtschaftlichen Ergebnis her dem

57 *Emde* in Emde/Dorn-seifer/Dreibus/Hölscher, InvG, Einl InvG I Rn. 24; *Wagner* in Assmann/Schütze, Hdb. des Kapitalanlagerechts, § 16 Rn. 151.

58 *Köndgen* in Berger/Steck/Lübbehüsen, InvG, Einl InvG I Rn. 44; *Emde* in Emde/Dornseifer/Drei-bus/Hölscher, InvG, Einl InvG I Rn. 24; *Ising*, NZG 2012, 651, 652.

59 *Köndgen* in Berger/Steck/Lübbehüsen, InvG, Einl InvG I Rn. 44.

60 *Baur* in Assmann/Schütze, Hdb. des Kapitalanlagerechts, 3. Auflage 2007, § 20 Rn. 281; *Ising*, NZG 2012, 651, 652.

61 Die Vertragsbedingungen konnten vorsehen, dass die Rücknahme von Anteilen nur zu bestimmten Rücknahmeterminen, jedoch mindestens alle zwölf Monate erfolgte (§ 80c Abs. 2 InvG) und bei Anteilsrücknahmen eines Anlegers über 30.000 Euro pro Kalenderhalbjahr war eine Rücknahmefrist von einem Jahr vorgesehen (§ 80c Abs. 3 InvG), vgl. hierzu *Gutsche* in Emde/Dornseifer/Dreibus/ Hölscher, InvG, § 37 Rn. 13; *Hartrott/Goller*, BB 2013, 1603, 1604. Zur Aussetzung der Rücknahme nach § 37 Abs. 2, 3 InvG; OLG Frankfurt, BKR 2013, 290; LG Hamburg, BKR 2013, 349.

62 Für die BGB-Gesellschaft ist das Recht zur ordentlichen Kündigung in § 723 BGB geregelt, für die OHG und die KG gilt § 132 HGB (i.V.m. § 166 Abs. 2 HGB). Hiernach hat der Gesellschafter das Recht zur ordentlichen Kündigung bei Gesellschaften, die auf unbestimmte Zeit eingegangen sind. Dies ist Fondsgesellschaften regelmäßig der Fall. Das Recht zur außerordentlichen Kündigung kann jedoch im Gesellschaftsvertrag über einen Zeitraum bis zu dreißig Jahren wirksam ausgeschlossen werden, vgl. *Roth* in Baumbach/Hopt, HGB, § 132 Rn. 13; BGH, WM 1967, 316; BGH, DNotZ 2012, 869.

Rückgaberecht ähnlich ist[63]. Bei geschlossenen Fonds war das Recht zur ordentlichen Kündigung jedoch in der Praxis für einen langen Zeitraum ausgeschlossen[64]. Dieser Zeitraum stand im Zusammenhang mit der vorgesehenen Mindestlaufzeit des Fonds; bei einer geplanten Fondslaufzeit von zehn Jahren wurde das Recht zur ordentlichen Kündigung im Gesellschaftsvertrag für die ersten zehn Jahre ausgeschlossen[65]. Im Gegensatz zu offenen Fonds war der Anleger bei geschlossenen Fonds daher grundsätzlich über viele Jahre an seine Beteiligung gebunden[66].

f) Fungibilität

Häufig wurde darüber hinaus schlagwortartig die Fungibilität als wesentlicher Unterschied zwischen offenen und geschlossenen Fonds genannt[67]. Im Allgemeinen wird mit Fungibilität die Eigenschaft von Sachen und Rechten bezeichnet, von so hochgradig gleicher Beschaffenheit zu sein, dass diese im Handelsverkehr ohne weiteres ausgetauscht werden können[68]. Im Zusammenhang mit offenen und geschlossenen Fonds spielt die Fungibilität im Hinblick auf die Möglichkeit der Weiterveräußerung der Anteile eine große Rolle[69]. Wenn Anleger ihre Anteile an offenen Fonds nach dem Investmentgesetz zu Geld machen wollten, bestand als Alternative zur Rückgabe der Anteile an die Kapitalanlagegesellschaft die Möglichkeit der Veräußerung der Anteile auf dem Zweitmarkt[70]. Die Anteile an Sondervermögen wurden nach § 33 Abs. 1 S. 1 InvG zwingend in Anteilscheinen wertpapiermäßig

---

63 Gemäß § 738 Abs. 1 S. 1, S. 2 BGB wächst der Anteil eines ausscheidenden Gesellschafters bei der BGB-Gesellschaft den verbleibenden Gesellschaftern zu und diese müssen dem Ausscheidenden unter anderem zahlen, was er im Falle einer Auseinandersetzung der Gesellschaft erhalten würde, wenn die Gesellschaft zur Zeit seines Ausscheidens aufgelöst worden wäre. Dieser gesetzliche Abfindungsanspruch des ausscheidenden Gesellschafters ist nur eingeschränkt durch vertragliche Regelungen abdingbar und gilt auch für Gesellschafter einer OHG oder KG (§ 105 Abs. 3 HGB bzw. §§ 161 Abs. 2 i.V.m. 105 Abs. 3 HGB).

64 *Wagner*, NZG 2003, 897; *Weber*, JA 2013, 230; KG Berlin, NZG 2001, 954.

65 BGH, NZG 2012, 984; KG Berlin, NZG 2001, 1045; *Weber* JA 2013, 230; *Watermeyer* in Müller/Hoffmann, Beck'sches Hdb. der Personengesellschaften, § 16 Rn. 48; ausführlich dazu siehe oben Veräußerungs- und Liquidationsphase, D. I. 3. e), S. 118 ff.

66 *Köndgen* in Berger/Steck/Lübbehüsen, InvG, Einl InvG I Rn. 44; *Ott*, DStR 2003, 2026; OLG München, NJOZ 2002, 811.

67 *Strohm* in Assmann/Schütze, Hdb. des Kapitalanlagerechts, 3. Auflage 2007, § 21 Rn. 89; BGH, WM 2007, 542; BGH, BKR 2010, 118; BGH, BeckRS 2013, 11561.

68 Vgl. Gabler, Wirtschaftslexikon, Stichwort „Fungiblität".

69 *Verfürth/Emde* in Emde/Dornseifer/Dreibus/Hölscher, InvG, § 2 Rn. 40; *Wagner*, NZG 2003, 897, 902; vgl. BGH, BeckRS 2013, 11561.

70 *Baur* in Assmann/Schütze, Hdb. des Kapitalanlagerechts, 3. Auflage 2007, § 20 Rn. 278; *Schmitz* in Berger/Steck/ Lübbehüsen, InvG, § 33 Rn. 7; *Schott* in Emde/ Dornseifer/Dreibus/Hölscher, InvG, §33 Rn. 4.

verbrieft (Investmentzertifikate)[71]. Durch diese Verbriefung der Rechte des Anlegers am Sondervermögen waren die Anteile fungibel und konnten an einem organisierten Sekundärmarkt veräußert und erworben werden[72]. Oftmals wurden die Anteile an offenen Fonds auch an Börsen gehandelt[73].

Im Gegensatz zu Anteilen an offenen Fonds waren Anteile an geschlossenen Fonds als langfristige Vermögensanlage mit nur eingeschränkter Möglichkeit zur Weiterveräußerung an Dritte anzusehen[74]. Anteile an geschlossenen Fonds waren Beteiligungen an Personengesellschaften, welche im Wege der Abtretung nach §§ 413, 398 BGB auf Dritte übertragbar waren. Die Änderung des Gesellschafterkreises bei Personengesellschaften erfordert als Grundlagengeschäft jedoch die Zustimmung der Mitgesellschafter, sofern dies im Gesellschaftsvertrag nicht anders geregelt ist[75]. Bei geschlossenen Fonds enthielt der Gesellschaftsvertrag der Fondsgesellschaft zudem teilweise ausdrückliche Zustimmungserfordernisse zur Anteilsübertragung, weshalb die Anteile nicht frei handelbar und damit nicht fungibel waren[76]. Die fehlende Fungibilität war ein Grund, warum Anteile an geschlossenen Fonds nicht an Börsen gehandelt werden konnten. Im Übrigen stellten geschlossene Fonds nach der herrschenden Meinung unter anderem keine Wertpapiere dar, weil das Vorliegen eines Wertpapiers die Handelbarkeit auf den Finanzmärkten, also die Fungibilität voraussetzt[77].

Auch wenn dem Anleger die Veräußerung seines Anteils rechtlich erlaubt war, stellte sich häufig das Problem, dass sich kein Käufer fand oder dass eine Veräußerung nur mit erheblichem Verlust möglich war[78]. Zwar haben sich inzwischen Handelsplattformen für Beteiligungen an geschlossenen Fonds herausgebildet[79]. So existieren an verschiedenen Börsen in Deutschland offene Handelsplattformen

---

71 Vgl. dazu § 33 Abs. 1 InvG, ausführlich hierzu King, Real Estate Investment Trusts, S. 103; *Baur* in Assmann/Schütze, Hdb. des Kapitalanlagerechts, 3. Auflage 2007, § 20 Rn. 278; *Köndgen/Schmies* in Schimansky/ Bunte/Lwowski, Bankrechts-Handbuch, § 113 Rn. 2.

72 *Köndgen* in Berger/Steck/Lübbehüsen, InvG, Einl InvG I Rn. 46.

73 *Köndgen/Schmies* in Schimansky/Bunte/Lwowski, Bankrechts-Handbuch, § 113 Rn. 145; *Köndgen* in Berger/Steck/Lübbehüsen, InvG, Einl InvG I Rn. 45.

74 *Fleischer*, BKR 2004, 339–347 (339); *Wagner* in Assmann/Schütze, Hdb. des Kapitalanlagerechts, § 16 Rn. 151; BGH, BeckRS 2013, 11561; BGH, WM 2007, 542.

75 *Roth* in Baumbach/Hopt, § 105 HGB Rn. 70.

76 OLG München, BeckRS 2008, 22938; *Wagner*, NZG 2000, 169; *Schultz/Süchting* in Emde/Dorn-seifer/Dreibus/Hölscher, InvG, vor §§ 66–82 Rn. 6; *Bost/Halfpap* in Lüdicke/Arndt, Geschlossene Fonds, S. 38.

77 BT-Drucks. 15/4999, S. 28; *von Kopp-Colomb/Knobloch* in Assmann/Schlitt/Kopp-Colomb, WpPG/VerkProspG, § 2 WpPG; *Bruchwitz/Voß*, BB 2011, 1226, 1227 f.; *Escher* in Habersack/Mülbert/Nobbe/Wittig, Bankrechtstag 2013, S. 124; *Tollmann* in Dornseifer/Jesch/Klebeck/Tollmann, AIFM-Richtlinie, Art. 21 Rn. 219 f.

78 *Breimann* in Jesch/Schilder/Striegel, Rechtshandbuch Immobilien-Investitionen, S. 565.

79 *Sester*, ZBB 2008, 369 ff.; *Maas/Jäger*, BKR 2010, 316, 320; *Jäger/Maas/Renz*, CCZ 2014, 63, 70 f.

für Beteiligungen an geschlossenen Fonds[80]. Zudem bieten einige Initiatoren interne Handelsplattformen an, bei denen Angebot und Nachfrage an „gebrauchten" Beteiligungen zusammengeführt werden[81]. Darüber hinaus kommt es vor, dass Anteile an geschlossenen Fonds über sog. Käuferplattformen veräußert werden können[82]. Bei Käuferplattformen handelt es sich zumeist um institutionelle Anleger, welche gezielt bestimmte Fondsanteile erwerben, um diese dann teilweise selbst wieder als Kapitalanlage anzubieten, z.B. abermals über geschlossene Fonds (sog. Zweitmarktfonds)[83]. Für Anteile an geschlossenen Fonds existiert aber trotzdem kein Sekundärmarkt, der mit den Handelsplattformen für Wertpapiere – insbesondere den Börsen – vergleichbar ist[84]. Diese Handelsplattformen gewährleisten bislang keineswegs die tatsächliche Veräußerungsmöglichkeit zu einem akzeptablen Preis[85].

g) Risikomischung

Vor Inkrafttreten des KAGB stellte der gesetzlich vorgeschriebene Grundsatz der Risikomischung für offene Fonds nach dem Investmentgesetz ein weiteres wesenstypisches Unterscheidungsmerkmal zwischen offenen und geschlossenen Fonds dar[86]. Die Risikomischung war gemäß § 2 Abs. 2 i.V.m. § 1 S. 2 InvG bereits Bestandteil der Legaldefinition offener Fonds nach dem Investmentgesetz[87]. Offene Fonds

---

80 Z.B. betreiben die Börsen Hamburg, Hannover und München gemeinsam als Fondsbörse Deutschland eine Handelsplattform für Beteiligungen an geschlossenen Fonds unter der Dachmarke „Zweitmarkt.de". Diese Handelsplattform wurde ursprünglich von der Börse Hamburg im Jahr 1998 allein ins Leben gerufen, vgl. hierzu *Friedrichs/Wegner/Richter* in Winter/Hennig/Gerhard, Grundlagen der Schiffsfinanzierung, S. 884 f.

81 *Jäger/Maas/Renz,* CCZ 2014, 63, 70; *Friedrichs/Wegner/Richter* in Winter/Hennig/Gerhard, Grundlagen der Schiffsfinanzierung, S. 882 f.

82 *Maas/Jäger,* BKR 2010, 316, 320; *Jäger/Maas/Renz,* CCZ 2014, 63, 70; *Friedrichs/Wegner/Richter* in Winter/Hennig/Gerhard, Grundlagen der Schiffsfinanzierung, S. 882 f.

83 Jäger/Maas/Renz CCZ 2014, 63, 70; *Friedrichs/Wegner/Richter* in Winter/Hennig/Gerhard, Grundlagen der Schiffsfinanzierung, S. 882 f.

84 *Wagner,* NZG 2003, 897, 897 ff; BGH, BKR 2010, 118; *Breimann* in Jesch/Schilder/Striegel, Rechtshandbuch Immobilien-Investitionen, S. 552; *Merkt,* BB 2013, 1986, 1989; BGH, BeckRS 2013, 11561; BGH, DStR 2007, 587.

85 *Breimann* in Jesch/Schilder/Striegel, Rechtshandbuch Immobilien-Investitionen, S. 565; *Jäger/ Lars/Maas/Renz,* CCZ 2014, 63, 70. Zur Errichtung eines „Börsensegments" für Anteile an geschlossenen Fonds *Heisterhagen/Kleinert,* DStR 2004, 507, 509; Emde in Emde/Dornseifer/Dreibus/Hölscher, InvG, 2013 Einl. Rn. 25.; *Nassall,* NJW 2011, 2323, 2328; BGH, BeckRS 2013, 11561.

86 *Schultz/Süchting* in Emde/Dornseifer/Dreibus/Hölscher, InvG, vor §§ 66–82 Rn. 5; *Heisterhagen/Kleinert,* DStR 2004, 507, 508.

87 *Watermeyer* in Müller/Hoffmann, Beck'sches Hdb. der Personengesellschaften, § 16 Rn. 3; *Emde* in Emde/Dornseifer/Dreibus/Hölscher, InvG, Einleitung Rn. 22; *Wagner* in Assmann/Schütze, Hdb. des Kapitalanlagerechts, § 16 Rn. 151; *Heisterhagen/Kleinert,* DStR 2004, 507, 508.

mussten das Vermögen zwingend nach dem Grundsatz der Risikomischung anlegen, wobei unter dem Begriff der Risikomischung die vielseitige und breite Streuung des Anlagevermögens zu verstehen war[88]. Sinn und Zweck der Risikomischung war es, durch die Investition in verschiedenerlei Vermögenswerte das Risiko der Vermögensanlage insgesamt zu minimieren, welches sich aus der Variationsbreite zwischen erwarteten und tatsächlichen Einkünften der einzelnen Anlagen ergibt[89]. Für offene Immobilienfonds war das Gebot der Risikomischung besonders geregelt in § 73 InvG, wonach eine Immobilie zum Zeitpunkt des Erwerbs 15 Prozent des Wertes des Sondervermögens nicht übersteigen durfte und der Gesamtwert aller Immobilien, deren einzelner Wert mehr als zehn Prozent des Wertes des Sondervermögens beträgt, die Hälfte des Wertes des Sondervermögens nicht überschreiten durfte. Das Portfolio offener Fonds umfasste oftmals mehr als 150 Grundstücke und grundstücksgleiche Rechte an unterschiedlichen Standorten[90].

Geschlossene Fonds hingegen zeichneten sich vor Inkrafttreten des KAGB grundsätzlich dadurch aus, dass die Beachtung des Grundsatzes der Risikomischung gesetzlich nicht vorgesehen und in der Praxis in der Regel auch nicht üblich war[91]. Vielmehr investierten geschlossene Fonds häufig in einen einzelnen Vermögensgegenstand, z.B. in ein Immobilienprojekt wie ein Einkaufzentrum, einen Windpark oder ein Schiff (sog. „Ein-Objekt-Fonds“). In der Regel stand der konkrete Investitionsgegenstand des geschlossenen Fonds vor der Beteiligung der Anleger fest, so dass Anleger über den geschlossenen Fonds mittelbar z.B. in ein fertig geplantes Einkaufszentrum an einem bestimmten Standort investierten[92]. Insofern war die Beteiligung an einem geschlossenen Fonds eher mit einer Direktinvestition in einen konkreten Vermögensgegenstand zu vergleichen, bei welcher sich der Anleger selbst leichter einen Eindruck von den Erfolgsaussichten des konkreten Projekts machen und sich mit dem jeweiligen Investitionsgegenstand (z.B. einem Windpark) ggf. identifizieren kann. Es kam jedoch durchaus auch bei geschlossenen Fonds vor, dass diese in mehr als einen Vermögensgegenstand investierten[93]. Selbst im Falle der Investition in mehrere Vermögensgegenstände war deren Anzahl in aller Regel stark begrenzt, so dass auch in diesem Fall keine

88 King, Real Estate Investment Trusts, S. 106.

89 *Köndgen/Schmies* in Schimansky/ Bunte/Lwowski, Bankrechts-Handbuch, § 113 Rn. 2.

90 *Ising,* NZG 2012, 651, 652.

91 *Wagner* in Assmann/Schütze, Hdb. des Kapitalanlagerechts, § 16 Rn. 200; *Burghardt/Bauer* in Terbille/Höra, Münchener Anwaltshandbuch Versicherungsrecht, § 21 Rn. 142; *Breimann* in Jesch/Schilder/Striegel, Rechtshandbuch Immobilien-Investitionen, S. 552; *Lüdicke* in Lüdicke/Arndt, Geschlossene Fonds, S. 1.

92 *Sagasser* in Assmann/Schütze, Hdb. des Kapitalanlagerechts, § 27 Rn. 291.

93 *Wagner* in Assmann/Schütze, Hdb. des Kapitalanlagerechts, § 16 Rn. 200; *Heisterhagen/Kleinert,* DStR 2004, 507, 508; *Breimann* in Jesch/Schilder/Striegel, Rechtshandbuch Immobilien-Investitionen, S. 553; Pelikan, BeteiligungsKompass 2011, S. 15; *Duchardt,* DStR 2001, 2170.

den Anforderungen an offene Fonds nach dem Investmentgesetz entsprechende Risikomischung vorlag[94].

3. Zusammenfassung

Geschlossene Fonds sind Kapitalsammelstellen zum Zweck der Investition in oftmals hochpreisige Vermögensgegenstände[95]. Bei geschlossenen Fonds handelt es sich um Investitionsvehikel in Gesellschaftsform, welche die Beiträge der Anleger bündeln und im eigenen Namen investieren, weshalb geschlossene Fonds als kollektive, fremdverwaltete Vermögensanlage anzusehen sind[96]. Ein Wesensmerkmal geschlossener Fonds ist darin zu sehen, dass sich Anleger nur bis zur „Schließung" des Fonds bei Erreichung der im Voraus festgelegten Zeichnungssumme beteiligen können[97]. Häufig ist der Investitionsgegenstand von geschlossenen Fonds ein einzelner, konkreter Vermögensgegenstand wie z.B. ein bestimmtes Immobilienprojekt bei geschlossenen Immobilienfonds oder ein bestimmtes Schiff bei Schiffsfonds[98]. Geschlossene Fonds sind aufgrund langer Laufzeiten zwischen fünf und zwanzig Jahren als langfristige Kapitalanlage anzusehen[99]. Dem Anleger steht im Gegensatz zu offenen Fonds kein Rückgaberecht des Anteils zu und auch die Chancen der Weiterveräußerung der Anteile auf dem Zweitmarkt sind regelmäßig als gering bzw. verlustträchtig einzustufen[100]. Die Fungibilität der Anteile ist bei geschlossenen Fonds somit stark eingeschränkt[101].

II. Rechtsform

Für geschlossene Fonds existierten vor Inkrafttreten des KAGB keine speziellen gesellschaftsrechtlichen Vorschriften und es galt kein Typenzwang im Hinblick auf zulässige Rechtsformen für die Fondsgesellschaft[102]. Demnach standen grundsätzlich

---

94 *Burghardt/Bauer* in Terbille/Höra, Münchener Anwaltshandbuch Versicherungsrecht, § 21 Rn. 142; *Lüdicke* in Lüdicke/Arndt, Geschlossene Fonds, S. 1.

95 *Hennrichs* in Schwark/Zimmer, Kapitalmarktrechts-Kommentar, § 8f VerkprospektG Rn. 6.

96 *Emde* in Emde/Dornseifer/Dreibus/Hölscher, InvG, Einl Rn. 21.

97 *Hennrichs* in Schwark/Zimmer, Kapitalmarktrechts-Kommentar, § 8f VerkProspG Rn. 6; *Sagasser* in Assmann/Schütze, Hdb. des Kapitalanlagerechts, § 27 Rn. 292; *Köndgen* in Berger/Steck/Lübbehüsen, InvG, Einl InvG I Rn. 4.

98 *Burghardt/Bauer* in Terbille/Höra, Münchener Anwaltshandbuch Versicherungsrecht, § 21 Rn. 142; *Breimann* in Jesch/Schilder/Striegel, Rechtshandbuch Immobilien-Investitionen, S. 552; *Lüdicke* in Lüdicke/Arndt, Geschlossene Fonds, S. 1.

99 *Strohm* in Assmann/Schütze, Hdb. des Kapitalanlagerechts, 3. Auflage 2007, § 21 Rn. 5.

100 *Köndgen* in Berger/Steck/Lübbehüsen, InvG, Einl InvG I Rn. 5.

101 Vgl. *Breimann* in Jesch/Schilder/Striegel, Rechtshandbuch Immobilien-Investitionen, S. 553.

102 *Köndgen* in Berger/Steck/Lübbehüsen, InvG, Einl InvG I Rn. 42.

sämtliche Rechtsformen als Investitionsvehikel zur Verfügung[103]. Trotz dieser theoretisch großen Bandbreite an möglichen Rechtsformen hat sich in der Praxis die Rechtsform der GmbH & Co. KG durchgesetzt[104].

1. Gegenüberstellung von Kapitalgesellschaft und Personengesellschaft

Die Rechtsform der Personengesellschaft kann als typisches Merkmal geschlossener Fonds betrachtet werden[105]. Bei geschlossenen Fonds handelt es sich um eine Vermögensanlage, welche sich grundsätzlich dadurch auszeichnet, dass der Anleger selbst nicht unternehmerisch tätig sein will, sondern nur eine kapitalistische Beteiligung anstrebt[106]. Aus diesem Grund scheint eine Kapitalgesellschaft als Rechtsform für die Fondsgesellschaft auf den ersten Blick besser geeignet zu sein.

a) Gesellschaftsrecht

Aus gesellschaftsrechtlicher Sicht bietet sich bei einer Vielzahl rein kapitalistisch beteiligter Anleger an sich die Rechtsform einer Kapitalgesellschaft wie z.B. der Aktiengesellschaft an. Hingegen erscheinen Personengesellschaften, welche nach dem gesetzlichen Leitbild auf einen überschaubaren Kreis an Gesellschaftern ausgerichtet sind, deren persönlicher Einsatz im Vordergrund steht und die für die Verbindlichkeiten der Gesellschaft unbeschränkt mit ihrem Privatvermögen haften, zunächst ungeeignet[107]. Allerdings kann das gesetzliche Leitbild der Personengesellschaft weitgehend durch abweichende Regelungen im Gesellschaftsvertrag abbedungen werden und durch die Verwendung der Rechtsform der GmbH & Co. KG kann die persönliche Haftung natürlicher Personen ausgeschlossen werden[108].

Das Recht der Kapitalgesellschaften ist grundsätzlich durch eine größere Regelungsdichte geprägt mit höheren Anforderungen an die Formalien und mehr Detailregelungen, was sich auch in den Formerfordernissen und Publizitätsanforderungen

---

103 K. Schmidt, Gesellschaftsrecht, § 57 I 2, S. 1667 ff.

104 *Bost/Halfpap* in Lüdicke/Arndt, Geschlossene Fonds, S. 6; siehe schon in der Begründung des Entwurfs eines Gesetzes über den Vertrieb von Anteilen an Vermögensanlagen, BT-Drucks. 08/1405, S. 10.

105 *Hennrichs* in Schwark/Zimmer, Kapitalmarktrechts-Kommentar, § 8f VerkProspG Rn. 6; *Sagasser* in Assmann/Schütze, Hdb. des Kapitalanlagerechts, § 27 Rn. 291.

106 Hesselmann/Tillmann/Mueller-Thuns, Handbuch der GmbH & Co. KG, S. 313 Rn. 755.

107 K. Schmidt, Gesellschaftsrecht, § 3 I 2 S. 46; *Wertenbruch* in Ebenroth/Boujong/Joost/Strohn, HGB, § 105 Rn. 30.

108 *Kessler/Schiffers* in Beck'sches Hdb. der Personengesellschaften, § 1 Rn. 82; *Mutter* in Gummert/Arnhold, Münchener Anwalts-Handbuch Personengesellschaftsrecht, § 1 Rn. 174.

widerspiegelt[109]. Die strengen Anforderungen und die Vielzahl an zwingenden gesetzlichen Vorgaben sind der Grund, warum die Rechtsform der Aktiengesellschaft gemeinhin als zu starr für geschlossene Fonds empfunden wird[110].

Auch die rechtliche Zulässigkeit von Entnahmen der Gesellschafter unabhängig vom bilanziellen Gewinn auf Gesellschaftsebene ist bei geschlossenen Fonds ein relevanter Aspekt[111]. Denn bei geschlossenen Fonds werden in der Regel von Anfang an Zahlungen an die Anleger geleistet, obwohl die Fondsgesellschaft in der Anfangszeit häufig nur Verluste zu verzeichnen hat[112]. Solche gewinnunabhängigen Ausschüttungen sind bei Kapitalgesellschaften aufgrund der zwingenden Vorschriften zur Kapitalerhaltung grundsätzlich verboten[113]. So dürfen bei Kapitalgesellschaften grundsätzlich nur dann Auszahlungen an die Gesellschafter erfolgen, wenn die Gesellschaft Gewinne erwirtschaftet, die über das Stamm- bzw. Grundkapital hinausgehen[114]. Anderenfalls handelt es sich um eine verbotene Einlagenrückgewähr bzw. verdeckte Gewinnausschüttungen, welche Rückgriffsansprüche gegen die Gesellschafter zur Folge haben (z.B. §§ 30, 31 GmbHG)[115]. Solche Regelungen gibt es bei Personengesellschaften dagegen nicht.

Ein weiterer wichtiger Faktor bei der Wahl der Rechtsform für geschlossene Fonds ist die bei Personengesellschaften vorliegende Flexibilität bei der Ausgestaltung des Innenverhältnisses der Gesellschafter[116]. Denn Anleger wollen sich regelmäßig rein kapitalistisch beteiligen; eine Teilnahme an unternehmerischen Entscheidungen ist mangels Expertise üblicherweise weder gewollt noch sinnvoll[117]. Aus diesem Grund gebietet es sowohl das Interesse der Anleger, als auch das der

---

109 Die Gründung einer Personengesellschaft ist einfacher im Vergleich zu dem bei Kapitalgesellschaften gesetzlich genau vorgegebenen Gründungsverfahren mit notarieller Beurkundung des Gesellschaftsvertrages. Bezüglich der Publizität muss zum Beispiel bei der Anmeldung einer GmbH zur Eintragung ins Handelsregister der Gesellschaftsvertrag enthalten sein nach § 8 Abs. 1 Nr. 1 GmbHG ebenso wie bei der Aktiengesellschaft nach § 37 Abs. 4 Nr. 1 AktG die Satzung zwingender Inhalt der Handelsregisteranmeldung ist. Bei Personenhandelsgesellschaften hingegen muss der Gesellschaftsvertrag nicht der Anmeldung beigefügt werden.

110 *Grunewald* in MüKo/HGB, § 161 Rn. 111.

111 *Henze* in Ebenroth/Boujong/Joost/Strohn, HGB, Anh nach § 177a A Rn. 11.

112 *Wagner*, DStR 2008, 563; *Jaletzke* in MünchHdb. GesR II, § 67 Rn. 8; *Bost/Halfpap* in Lüdicke/Arndt, Geschlossene Fonds, S. 33; *Loritz*, NZG 2008, 887.

113 *Liebscher* in Sudhoff, GmbH & Co. KG, § 2 Rn. 70; *Roth* in Baumbach/Hopt, HGB, Anh § 177a Rn. 3.

114 *Heidinger* in Michalski, GmbHG, § 30 Rn. 1 ff; *Mutter* in Gummert/Arnhold, Münchener Anwalts-Handbuch Personengesellschaftsrecht, § 1 Rn. 174.

115 *Heidinger* in Michalski, GmbHG, § 30 Rn. 1 ff.

116 *Kessler/Schiffers* in Beck'sches Hdb. der Personengesellschaften, § 1 Rn. 81; *Reichert* in Sudhoff, GmbH & Co. KG, § 27 Rn. 18 ff.

117 Hesselmann/Tillmann/Mueller-Thuns, Handbuch der GmbH & Co. KG, S. 313 Rn. 755; *Liebscher* in Sudhoff, GmbH & Co. KG, § 3 Rn. 25; *Watermeyer* in Müller/Hoffmann, Beck'sches Hdb. der Personengesellschaften, § 16 Rn. 1.

Fondsgeschäftsleitung, die Gesellschafterrechte der Anleger insoweit gesellschaftsvertraglich möglichst umfangreich einzuschränken[118]. Bei der GmbH ist die Ausgestaltung des Innenverhältnisses allerdings ebenfalls weitgehend flexibel, da die meisten Vorschriften dispositiv sind. In Bezug auf die Flexibilität steht die GmbH den Personengesellschaften kaum nach, weshalb die Rechtsform der GmbH aus gesellschaftsrechtlicher Sicht für geschlossene Fonds durchaus denkbar ist[119]. Es kann festgehalten werden, dass aus gesellschaftsrechtlicher Sicht zwar einige Aspekte für die Personengesellschaft sprechen, die Rechtsform der Kapitalgesellschaft – insbesondere der GmbH – aber nicht aus zwingenden gesellschaftsrechtlichen Gründen ausgeschlossen ist. Der Grund für die Vorherrschaft der Personengesellschaft ist weniger im Gesellschaftsrecht zu sehen, als vielmehr im Steuerrecht.

b) Steuerrecht

Neben strukturellen Gesichtspunkten und der Haftungsfrage spielt das Steuerrecht eine ausschlaggebende Rolle bei der Wahl der Rechtsform[120]. Während die Ausgestaltung der Rechte der Gesellschafter sowie die gesellschaftsrechtliche Struktur durch Regelungen im Gesellschaftsvertrag weitgehend den realen Begebenheiten angepasst werden können, sind die Unterschiede zwischen einer Personengesellschaft und einer Kapitalgesellschaft als Körperschaft auf der steuerlichen Ebene nicht durch vertragliche Gestaltung zu beheben. Die Rechtsform – Personengesellschaft oder Kapitalgesellschaft – hat für die Besteuerung der Gesellschaft und der Gesellschafter immense Bedeutung und ist als Hauptgrund dafür anzusehen, dass geschlossene Fonds ganz überwiegend als Personengesellschaft strukturiert sind[121].

Die Unterschiede zwischen Personengesellschaften und Körperschaften wie Kapitalgesellschaften bei der Besteuerung hängen mit der rechtlichen Verselbständigung der Gesellschaft zusammen. Aufgrund der rechtlichen Verselbständigung der Kapitalgesellschaft als juristische Person wird bei der Besteuerung zwischen der Ebene der Gesellschaft einerseits und der Ebene der Gesellschafter andererseits strikt getrennt[122]. Der Ertrag der Kapitalgesellschaft wird nach dem Körperschaftssteuergesetz (KStG) ausschließlich auf Ebene der Gesellschaft besteuert[123]. Die Gesellschafter

118 *Liebscher* in Sudhoff, GmbH & Co. KG, § 3 Rn. 25.

119 *Kessler/Schiffers* in Beck'sches Hdb. der Personengesellschaften, § 1 Rn. 81; *Reichert* in Sudhoff, GmbH & Co. KG, § 27 Rn. 18 ff.

120 *Groh,* BB 1984, 304; *Westermann,* NZG 2010, 321.

121 *Sagasser* in Assmann/Schütze, Hdb. des Kapitalanlagerechts, § 27 Rn. 293; *Horbach* in MünchHdb. GesR II, § 61 Rn. 3 ff.; *Servatius* in Henssler/Strohn, Gesellschaftsrecht, § 237 Anh. Rn. 1; vgl. *Krieger* in Lutter/Mertens/Ulmer, Festschrift Stimpel (1985), S. 307, 308 f.

122 *Mutter* in Gummert/Arnhold, Münchener Anwalts-Handbuch Personengesellschaftsrecht, § 1 Rn. 201.

123 *Mutter* in Gummert/Arnhold, Münchener Anwalts-Handbuch Personengesellschaftsrecht, § 1 Rn. 201.

müssen darüber hinaus die Einnahmen aus ihrer Beteiligung an der Gesellschaft ebenfalls als Einkommen versteuern[124]. Es erfolgt somit eine vollständige Trennung zwischen der Besteuerung der Gesellschaft und des Gesellschafters (Trennungsprinzip); Verluste der Gesellschaft sind grundsätzlich unabhängig von den Verlusten der Gesellschafter[125].

Aufgrund der fehlenden vollständigen rechtlichen Verselbständigung ist die Personengesellschaft nicht selbst Steuersubjekt im Hinblick auf die Einkommensteuer und die Körperschaftsteuer[126]. Bei der Besteuerung der Personengesellschaften gilt vielmehr – abgesehen von der Gewerbesteuer – das Transparenzprinzip[127]. Nach dem Transparenzprinzip werden die Gesellschaft und der Gesellschafter als steuerliche Einheit angesehen, wobei Steuersubjekt allein die Gesellschafter der Personengesellschaft sind, nicht die Gesellschaft selbst[128]. Das Einkommen der Personengesellschaft wird zwar auf der Gesellschaftsebene errechnet, jedoch wird das erzielte Einkommen den einzelnen Gesellschaftern zugerechnet, so dass die Einkommensbesteuerung auf Gesellschafterebene erfolgt[129]. Anders als im Zivilrecht ist das Gesamthandprinzip im Steuerrecht nicht heranzuziehen, so dass die Steuerverbindlichkeiten des Fiskus nicht gegenüber den gesamthänderisch verbundenen Gesellschaftern bestehen, sondern jede an der Personengesellschaft beteiligte – natürliche oder juristische – Person für sich steuerpflichtig ist[130].

Sowohl positive als auch negative Einkünfte der Personengesellschaft sind somit grundsätzlich bei der Einkommensteuer der einzelnen Gesellschafter zu berücksichtigten[131]. Die hierdurch mögliche Minderung der Steuerlast der Gesellschafter durch verrechenbare Verlustzuweisungen der Fondsgesellschaft ist der Hauptgrund dafür, dass geschlossene Fonds in aller Regel als Personengesellschaft ausgestaltet sind[132]. Denn bei Kapitalgesellschaften ist es aufgrund der rechtlichen Verselbstständigung der Gesellschaft den Anlegern nicht möglich, die Verluste der Gesellschaft für sich selbst steuerlich zu nutzen[133]. Geschlossene Fonds stellten in der Vergangenheit häufig Steuersparmodelle dar, bei denen die Anleger durch die Verrechnung der Verluste

---

124 *Teufel* in Lüdike/Sistermann, Unternehmenssteuerrecht, § 2 Rn. 1 ff.

125 *Mutter* in Gummert/Arnhold, Münchener Anwalts-Handbuch Personengesellschaftsrecht, § 1 Rn. 201.

126 *Schulze/zur Wiesche* in Breithaupt/Ottersbach, Kompendium Gesellschaftsrecht, 3 G § 1 Rn. 2 ff.; Klunzinger, Gesellschaftsrecht, § 4 IX S. 19 ff.

127 Grashoff/Kleinmanns, Aktuelles Steuerrecht 2015, 2. Kapitel 1 i) Rn. 131 ff.; *Inhester/Herrmann* in MünchHdb. GesR I § 9 Rn. 1; *Schulze/zur Wiesche* in Breithaupt/Ottersbach, Kompendium Gesellschaftsrecht, 3 G § 1 Rn. 2; *Lüdike/Fürwentsches* in Lüdike/Sistermann, Unternehmenssteuerrecht, § 15 Rn. 5.

128 Grashoff/Kleinmanns, Aktuelles Steuerrecht 2015, 2. Kapitel 1. i) Rn. 132.

129 *Kessler/Schiffers* in Beck'sches Hdb. der Personengesellschaften, § 1 Rn. 20.

130 *Kessler/Schiffers* in Beck'sches Hdb. der Personengesellschaften, § 1 Rn. 20.

131 *Brinkmannn* in Lüdike/Sistermann, Unternehmenssteuerrecht, § 13 Rn. 87.

132 *Horbach* in MünchHdb. GesR II, § 61 Rn. 3 ff.

133 *Brinkmannn* in Lüdike/Sistermann, Unternehmenssteuerrecht, § 13 Rn. 89.

der Fondsgesellschaft – insbesondere der hohen Anfangsverluste – mit dem sonstigen eigenen Einkommen Steuerersparnisse erzielten[134]. Negative Kapitalanteile und Verlustzuweisungen konnten früher in unbeschränkter Höhe steuerlich geltend gemacht werden, weshalb geschlossene Fonds auch als „Kind der Abschreibungsbranche“ bezeichnet wurden[135]. Im Zusammenhang mit geschlossenen Immobilienfonds waren zudem hohe Sonderabschreibungen möglich durch das Fördergebietsgesetz (FördG), mit welchem Bauvorhaben in den sog. neuen Bundesländern und Berlin nach der Wiedervereinigung staatlich gefördert wurden[136]. Anleger konnten bei sog. Verlustzuweisungsgesellschaften ihre Einlage weitgehend mittels Steuerersparnissen finanzieren, indem durch hohe Anfangsverluste der Fondsgesellschaft Verlustzuweisungen in Höhe von über 100 Prozent der Einlage vorgenommen wurden, welche der Anleger mit anderen Einkünften verrechnen konnte[137].

Der Gesetzgeber wirkte geschlossenen Fonds, welche als Verlustzuweisungsgesellschaften ausgestaltet waren, unter anderem durch die Beschränkung der Verlustverrechnung nach § 15a EStG entgegen[138]. Weitere Einschränkungen der Steuervorteile stellen die Einführung des § 15b EStG (zuvor § 2b EStG) und die Beschränkung des Verlustabzugs gemäß § 10d EStG dar[139]. Seitdem ist die Möglichkeit der sofortigen Verlustanrechnung bei typischen Beteiligungen an geschlossenen Fonds in der Rechtsform der GmbH & Co. KG grundsätzlich auf die Höhe des positiven Betrags des Kapitalkontos, also auf die gezahlte Pflichteinlage, beschränkt. Bei darüber hinausgehenden Verlusten ist nunmehr nur noch eine Verrechnung mit künftigen Gewinnen aus der Beteiligung zulässig[140]. Die unbeschränkte Verlustverrechnung mit anderen Einkünften ist also heute nicht mehr möglich. Dennoch werden geschlossene Fonds auch heute noch als steuerbegünstigte Kapitalanlagen betrachtet[141]. Neben der Möglichkeit der Geltendmachung der Verluste der Fondsgesellschaft auf Ebene der Anleger zeichnet sich die Rechtform der Personengesellschaft für geschlossene Immobilienfonds dadurch aus, dass bei Personengesellschaften, welche nicht gewerblich geprägt sind und keine gewerblichen Einkünfte erwirtschaften, nach § 23 EStG steuerfreie Veräußerungsgewinne möglich sind und keine Gewerbesteuer anfällt[142].

---

134 *Horbach* in MünchHdb. GesR II, § 61 Rn. 3.

135 Vgl. K. Schmidt, Gesellschaftsrecht, § 57 I S. 1667.

136 *Klein*, BB Beilage 1995, Nr. 17, 8 ff.

137 *Levedag* in MünchHdb. GesR II, § 71 Rn. 12; *Klein*, BB Beilage 1995, Nr. 17, 8 f.

138 *Lüdicke* in Lüdicke/Arndt, Geschlossene Fonds, S. 78; *Levedag* in MünchHdb. GesR II, § 71 Rn. 31.

139 *Horbach* in MünchHdb. GesR II, § 61 Rn. 3; *Lüdicke* in Lüdicke/Arndt, Geschlossene Fonds, S. 71 ff.

140 *Lüdicke* in Lüdicke/Arndt, Geschlossene Fonds, S. 74 f.

141 *Wagner* in Assmann/Schütze, Hdb. des Kapitalanlagerechts, § 16 Rn. 1 ff.

142 *Rüber/Reiff*, BB 2014, 1634 ff.

2. Arten von Personengesellschaften

Da sich für geschlossene Fonds die GmbH & Co. KG als Standardrechtsform durchgesetzt hat, soll auf die anderen Rechtsformen aus Gründen der Praxisrelevanz hier nur in aller Kürze eingegangen werden, zumal geschlossene Fonds unter dem KAGB ohnehin nur noch in der Rechtsform der Investmentkommanditgesellschaft oder Investmentaktiengesellschaften mit fixem Kapital aufgelegt werden dürfen[143]. Das deutsche Gesellschaftsrecht sieht in Bezug auf die Rechtsform von Gesellschaften einen numerus clausus vor, das heißt es stehen allein die vom Gesetzgeber vorgegebenen Rechtsformen zur Auswahl[144]. Personengesellschaften, welche für geschlossene Fonds in Betracht kommen, sind die Gesellschaft bürgerlichen Rechts (GbR) nach §§ 705 ff. BGB (auch BGB-Gesellschaft genannt), die offene Handelsgesellschaft (OHG) nach §§ 105 ff. HGB, die Kommanditgesellschaft (§§ 161 ff. HGB) und die stille Gesellschaft[145]. Da die stille Gesellschaft nach dem gesetzlichen Leitbild in §§ 230 ff. HGB für Fondsgesellschaften mit einer Vielzahl von Anlegern unpassend ist, beteiligen sich Anleger zum Teil im Wege der sog. atypischen stillen Gesellschaft an geschlossenen Fonds[146]. Möglich ist im Übrigen auch eine sogenannte gesplittete Einlage, bei welcher der Anleger z.B. einerseits Kommanditist der Fondsgesellschaft in der Rechtsform der GmbH & Co. KG ist und sich andererseits gleichzeitig als stiller Gesellschafter an der GmbH & Co. KG beteiligt[147]. Andere Personengesellschaften wie beispielsweise die Europäische wirtschaftliche Interessenvereinigung oder die inzwischen vom Gesetzgeber aufgehobene Partenreederei scheiden aus, da deren Voraussetzungen von geschlossenen Fonds in aller Regel nicht erfüllt werden.

In der Vergangenheit wurden insbesondere geschlossene Immobilienfonds oftmals als BGB-Gesellschaft aufgelegt und es existiert eine Vielzahl an Gerichtsurteilen zu geschlossenen Fonds in dieser Rechtsform[148]. Ein Grund für die Verwendung der Rechtsform der BGB-Gesellschaft trotz der damit einhergehenden Haftungsrisiken der Anleger ist darin zu sehen, dass die im HGB geregelten Handelspersonengesellschaften – wie insbesondere die KG – vor Inkrafttreten des Handelsrechtsreformgesetzes

143 § 139 KAGB. Ausführlich dazu siehe unten Rechtsformzwang, E. III. 6. a), S. 260.

144 *Hoor* in Breithaupt/Ottersbach, Kompendium Gesellschaftsrecht, 2 D § 1 Rn. 7 ff.; *Mutter* in Gummert/Arnhold, Münchener Anwalts-Handbuch Personengesellschaftsrecht, § 1 Rn. 1 ff.

145 *Mutter* in Gummert/Arnhold, Münchener Anwalts-Handbuch Personengesellschaftsrecht, § 1 Rn. 1; *Roth* in Koller/Kindler/Roth/Morck, HGB, § 105 Rn. 2.

146 Zur stillen Gesellschaft als Publikumsgesellschaft, vgl. BGH, NJW 1978, 424; BGH, NJW 1985, 1079; BGH, DStR 1994, 623; *Polzer* in MünchHdb. GesR II, § 74 Rn. 1 ff.; K. Schmidt, Gesellschaftsrecht, § 62 II 1, S. 1849.

147 *Schlitt* in Sudhoff, GmbH & Co. KG, § 39 Rn. 93; *Horbach* in MünchHdb. GesR II, § 61 Rn. 25; K. Schmidt, Gesellschaftsrecht, § 62 II 1, S. 1841.

148 BGH, BB 2002, 1061; BGH, BB 2007, 120; BGH, MDR 2011, 739; BGH, BB 2011, 1295; BGH, WM 2013, 261.

(HRefG) im Jahr 1998 das Vorliegen eines Gewerbebetriebs voraussetzen[149]. Die bloße Verwaltung eigenen Vermögens in eigener Sache kann nach herrschender Auffassung in Rechtsprechung und Schrifttum grundsätzlich nicht als das Betreiben eines Handelsgewerbes angesehen werden[150]. Bei geschlossenen Immobilienfonds wird das Vorliegen eines Gewerbes i.S.d. HGB grundsätzlich verneint, da in der Errichtung von Immobilien zum Zwecke der Vermietung oder Verpachtung in der Regel eine bloße Vermögensverwaltung zu sehen sei[151]. Etwas anderes kann sich nach der Rechtsprechung und Teilen der Literatur allerdings aus dem Umfang, der Komplexität oder der für die Vermögensverwaltung erforderlichen Geschäfte ergeben[152]. Die Rechtsprechung im Hinblick auf die Gewerbeeigenschaft als Voraussetzung für die Personenhandelsgesellschaften war vor Inkrafttreten des HRefG uneinheitlich und zudem zeichnete sich die Eintragungspraxis der Registergerichte durch regionale Divergenzen aus, weshalb große Rechtsunsicherheiten im Zusammenhang mit der Verwendung der KG als Rechtsform für geschlossene Immobilienfonds bestanden[153]. Mit dem HRefG im Jahr 1998 wurde für Vermögensverwaltungsgesellschaften die Möglichkeit geschaffen, durch konstitutive Eintragung ins Handelsregister die Rechtsform der Handelspersonengesellschaft rechtssicher zu erlangen nach § 105 Abs. 2 S. 1, 2. Alt HGB[154]. Diese Erweiterung diente ausweislich der Gesetzesbegründung mitunter gerade dem Zweck, Immobilienfonds zum Schutz der Anleger vor den Haftungsrisiken die Rechtsform der Personenhandelsgesellschaft der KG zu eröffnen[155].

In diesem Zusammenhang ist zu beachten, dass die Haftungsrisiken für die Anleger als BGB-Gesellschafter im Jahr 2001 erhöht wurden durch die Anerkennung der Teilrechtsfähigkeit der nach außen auftretenden BGB-Gesellschaft und die damit einhergehende analoge Anwendung der akzessorischen Haftung für Gesellschaftsverbindlichkeiten nach § 128 HGB[156]. So haften Anleger seit der Anerkennung der Teilrechtsfähigkeit der BGB-Gesellschaft z.B. grundsätzlich auch persönlich für

149 *Emmerich* in Heymann/Horn, Heymann HGB, § 4 Rn. 21; *Bydlinski,* ZIP 1998, 1169, 1175.

150 *Hopt* in Baumbach/Hopt, HGB, § 1 Rn. 17; *Körber* in Oetker, HGB, § 1 Rn. 22; *K. Schmidt* in MüKo/HGB, § 1 Rn. 25; BGH, NJW 1979, 1650.

151 *Röhricht* in Röhricht/Graf von Westphalen/Haas, HGB, § 1 Rn. 34; *Hopt* in Baumbach/Hopt, HGB, § 1 Rn. 17; *Kindler* in Ebenroth/Boujong/Joost/Strohn, HGB, § 1 Rn. 33.

152 BGH, NJW 2002, 368; BGH, NJW 1967, 2353; *Hopt* in Baumbach/Hopt, HGB, § 1 Rn. 17; differenzierter *Keßler* in Heidel/Schall, HGB, § 1 Rn. 20; a.A. *Kindler* in Ebenroth/Boujong/Joost/Strohn, HGB, § 1 Rn. 33 welcher auf den Gesichtspunkt der spezifischen *Risikostruktur der gewerblichen Tätigkeit abstellt; ebenso Schön, DB 1998, 1169, 1173 ff.*

153 BT-Drucks. 13/8444, I B 3 b); vgl. *Bydlinski,* ZIP 1998, 1169, 1175.

154 *Roth* in Baumbach/Hopt, HGB, § 105 Rn. 12 f.; *Schlitt,* NZG 1998, 580 f.

155 BT-Drucks. 13/8444, I B 3 b).

156 BGHZ 142, 315; BGHZ 146, 341; *Gummert* in MünchHdb. GesR I, § 18 Rn. 35.

Altschulden nach § 130 HGB analog[157]. Die BGB-Gesellschaft wird inzwischen aufgrund der Haftungsrisiken gemeinhin als ungeeignete Rechtsform für geschlossene Immobilienfonds angesehen; dasselbe gilt für die gleichermaßen mit Haftungsrisiken belastete Rechtsform der OHG[158].

3. GmbH & Co. KG als vorherrschende Rechtsform in der Praxis

Die Fondsgesellschaft ist typischerweise als GmbH & Co. KG strukturiert, so dass die GmbH & Co. KG als Standardrechtsform für geschlossene Fonds bezeichnet werden kann[159]. Die GmbH & Co. KG ist als Kommanditgesellschaft i.S.d. § 161 Abs. 1 HGB eine Personengesellschaft, bei welcher als persönlich haftender Gesellschafter eine GmbH auftritt[160]. Der Vorteil der GmbH & Co. KG wird im Allgemeinen darin gesehen, dass diese Rechtsform die Vorzüge der Personengesellschaft mit denen der Kapitalgesellschaft in sich vereinigt[161].

a) Haftung

Personengesellschaften, die im Rechtsverkehr nach außen auftreten, zeichnen sich grundsätzlich dadurch aus, dass die Gesellschafter für die Gesellschaftsschulden unmittelbar persönlich mit ihrem ganzen Vermögen einstehen müssen[162]. Ein herausragender Vorteil der GmbH & Co. KG gegenüber anderen Personengesellschaften ist darin zu sehen, dass durch den Einsatz der GmbH als Komplementärin keine natürliche Person mit ihrem Privatvermögen unbeschränkt für die Verbindlichkeiten der Gesellschaft haftet[163]. Bei geschlossenen Fonds wäre die unbeschränkte persönliche Haftung der Gesellschafter für Gesellschaftsverbindlichkeiten mit sehr hohen Haftungsrisiken verbunden. Denn die Verbindlichkeiten der Fondsgesellschaft wie z.B. der geschuldete Kaufpreis für das jeweilige Asset sowie die

---

157 BGHZ 154, 370; BGH, NJW 2006, 765.

158 *Strohm* in Assmann/Schütze, Hdb. des Kapitalanlagerechts, 3. Auflage 2007, § 21 Rn. 162; BGH, NJW 2002, 1642.

159 *Breimann* in Jesch/Schilder/Striegel, Rechtshandbuch Immobilien-Investitionen, S. 558; *Horbach* in MünchHdb. GesR II, § 61 Rn. 11; *Bost/Halfpap* in Lüdicke/Arndt, Geschlossene Fonds, S. 6.

160 *Henze/Notz* in Ebenroth/Boujong/Joost/Strohn, HGB, § 161 Anhang A Rn. 1; *Roth* in Baumbach/Hopt, HGB, Anhang nach § 177a Rn. 1.

161 *Gummert* in MünchHdb. GesR II, § 49 Rn. 7 ff.; *Bost/Halfpap* in Lüdicke/Arndt, Geschlossene Fonds, S. 6.

162 Dies ist im Rahmen der Vorschriften der OHG geregelt in § 128 HGB, welcher als Konsequenz der Anerkennung der Teilrechtsfähigkeit der BGB-Gesellschaft in der Form der Außengesellschaft analoge Anwendung findet auf die Gesellschafter der BGB-Gesellschaft, vgl. BGHZ 142, 315; BGHZ 146, 341.

163 *Grunewald* in MüKo/HGB, § 161 Rn. 48; *Liebscher* in Sudhoff, GmbH & Co. KG, § 2 Rn. 58 ff.

Darlehensverbindlichkeiten belaufen sich aufgrund der Investition in hochpreisige Projekte typischerweise auf mehrere Millionen Euro. Für Anleger ist eine Haftungsbeschränkung in Anbetracht dieses überproportionalen Haftungsrisikos von enormer Bedeutung. Andererseits soll auch im Hinblick auf die unternehmensleitenden Personen eine Gefährdung des gesamten Privatvermögens durch die unbeschränkte, persönliche Haftung vermieden werden[164].

Auch bei der Beteiligung als Kommanditist an einer GmbH & Co. KG bestehen indes Haftungsrisiken für die Anleger. Die zentrale Norm zur Haftung des Kommanditisten ist § 171 Abs. 1 HGB. Hiernach haftet der Kommanditist den Gesellschaftsgläubigern unmittelbar bis zur Höhe seiner Einlage; soweit die Einlage geleistet ist, ist eine Haftung ausgeschlossen. Unter dem Begriff der Einlage ist in diesem Zusammenhang nicht die im Innenverhältnis der Gesellschafter zu leistende Einlage als Beitrag zur Förderung des Gesellschaftszwecks (sog. Pflichteinlage) zu verstehen, sondern die sog. Hafteinlage oder Haftsumme[165]. Bei geschlossenen Fonds werden die Risiken der Kommanditisten im Zusammenhang mit der Außenhaftung häufig dadurch abgeschwächt, dass die Hafteinlage nur einen Bruchteil von der Pflichteinlage beträgt (oft zehn Prozent)[166].

Von besonderer Bedeutung ist bei geschlossenen Fonds das Risiko des Wiederauflebens der Haftung wegen Einlagenrückgewähr nach § 172 Abs. 4 HGB. Die Außenhaftung des Kommanditisten erlischt zwar grundsätzlich mit Zahlung der Hafteinlage, lebt aber nach § 172 Abs. 4 S. 1 HGB wieder auf, soweit die Einlage an den Kommanditisten zurückbezahlt wird. Ebenso lebt die Haftung gemäß § 172 Abs. 4 S. 2 HGB wieder auf, soweit der Kommanditist Gewinnanteile entnimmt, während sein Kapitalanteil durch Verlust unter den Betrag der geleisteten Hafteinlage herabgemindert ist oder soweit durch die Entnahme der Kapitalanteil unter den Betrag der Hafteinlage herabsinkt. Das Wiederaufleben der Haftung nach § 172 Abs. 4 S. 2 HGB birgt Haftungsrisiken für die Anleger in sich, da diese bei geschlossenen Fonds häufig von Anfang an (Liquiditäts-)Ausschüttungen erhalten, auch wenn auf Ebene der Fondsgesellschaft keine Gewinne vorliegen[167]. Die Zahlungen an die Anleger sind in diesem Fall nicht als Gewinnausschüttungen anzusehen, sondern als Entnahmen, welche den Kapitalanteil unter den Betrag der Hafteinlage herabmindern und damit ein Wiederaufleben der Haftung nach § 172 Abs. 4 S. 2 HGB herbeiführen können[168].

---

164 *Liebscher* in Sudhoff, GmbH & Co. KG, § 2 Rn. 60.

165 BGH, NJW 1995, 197; *Roth* in Baumbach/Hopt, HGB, § 171 Rn. 1; *Strohn* in Ebenroth/Boujong/ Joost/Strohn, HGB, § 171 Rn. 5.

166 *Bost/Halfpap* in Lüdicke/Arndt, Geschlossene Fonds, S. 7; *Heckschen* in Westermann, Handbuch Personengesellschaften, Stand Juni 2013, § 4 Rn. 101c.

167 *Wagner*, DStR 2008, 563; *Jaletzke* in MünchHdb. GesR II, § 67 Rn. 8; *Bost/Halfpap* in Lüdicke/Arndt, Geschlossene Fonds, S. 33; *Loritz*, NZG 2008, 887.

168 *Breimann* in Jesch/Schilder/Striegel, Rechtshandbuch Immobilien-Investitionen, S. 555; *Jaletzke* in MünchHdb. GesR II, § 67 Rn. 8; kritisch zu letzterem, *Wagner*,

Das Wiederaufleben der Haftung wegen Einlagenrückgewähr spielt auch im Zusammenhang mit dem Ausscheiden des Kommanditisten bzw. der Auflösung der Fondsgesellschaft eine Rolle. Gemäß §§ 161 Abs. 2, 160 Abs. 1 HGB haftet der ausgeschiedene Gesellschafter noch fünf Jahre lang für Gesellschaftsverbindlichkeiten, die vor dem Ausscheiden aus der Gesellschaft begründet wurden. Diese Nachhaftung birgt insofern Haftungsrisiken für den Kommanditisten, als dass die Zahlung des Abfindungsanspruchs als Einlagenrückgewähr gewertet wird und somit die Haftung nach § 172 Abs. 4 KAGB wieder auflebt[169]. Die Haftung des Kommanditisten kann aber auch bei Auszahlung des Auseinandersetzungsguthabens im Falle der Liquidation und Auflösung der Gesellschaft wieder aufleben nach § 172 Abs. 4 HGB, da die Ansprüche gegen die Gesellschafter wegen Gesellschaftsverbindlichkeiten gemäß §§ 161 Abs. 2, 159 HGB erst fünf Jahre nach der Auflösung verjähren[170].

Nach § 176 Abs. 1 S. 1 HGB haftet der Kommanditist vor der Handelsregistereintragung der KG unbeschränkt nach §§ 128, 129 HGB, falls diese ihre Geschäfte bereits begonnen hat und der Kommanditist dem vorherigen Geschäftsbeginn zugestimmt hat, wenn dem Gläubiger die Beteiligung als Kommanditist nicht bekannt war[171]. Dasselbe gilt nach § 176 Abs. 2 HGB für den, der als Kommanditist in eine bereits bestehende KG eintritt in der Zeit zwischen Eintritt und Eintragung als Kommanditist im Handelsregister[172]. Dieses Haftungsrisiko wurde bei geschlossenen Fonds vor Inkrafttreten des KAGB dadurch vermieden, dass der Beitritt der Kommanditisten unter die aufschiebende Bedingung der Handelsregistereintragung gestellt wurde[173].

Darüber hinaus ist eine Haftung der Kommanditisten nach §§ 30, 31 GmbH analog möglich[174]. Nach der Rechtsprechung des BGH werden §§ 30, 31 GmbHG analog angewendet auf den nicht an der Komplementär-GmbH beteiligten Kommanditisten,

---

DStR 2008, 563, der insbesondere den von *Gummert/Jaletzke* verwendeten Begriff der „Liquiditätsausschüttung" bemängelt, da Ausschüttung einen Gewinn suggeriere.

169 *K. Schmidt* in MüKo/HGB § 172 Rn. 73; *Roth* in Baumbach/Hopt, HGB, § 172 Rn. 6; *Koller* in Koller/Kindler/Roth/Morck, HGB, §172 Rn. 30; *Strohn* in Ebenroth/Boujong/Joost/Strohn, HGB, § 172 Rn. 38.

170 *Strohn* in Ebenroth/Boujong/Joost/Strohn, HGB, § 172 Rn. 38; *K. Schmidt* in MüKo/HGB, § 172 Rn. 19.

171 *Koller* in Koller/Kindler/Roth/Morck, HGB, § 176 Rn. 9; *K. Schmidt* in MüKo/HGB, § 176 Rn. 34; BGH, NJW 1982, 883.

172 Die Zustimmung zum Geschäftsbeginn im Sinne einer Zustimmung zur Fortführung der Geschäfte während des Zeitraums bis zur Eintragung des Eintritts ins Handelsregister ist nicht nötig, da mit dem Beitritt konkludent die Zustimmung erteilt wird, vgl. *Oetker* in Oetker, HGB, § 176 Rn. 48; *Roth* in Baumbach/Hopt, HGB, § 176 Rn. 9.

173 *Oetker* in Oetker, HGB, § 176 Rn. 54; *Roth* in Baumbach/Hopt, HGB, § 176 Rn. 1; BGHZ 82, 209.

174 BGH, DB 1990, 980; BGH, NJW 1995, 1960; *Jaletzke* in MünchHdb. GesR II, § 67 Rn. 11; *Henze* in Ebenroth/Boujong/Joost/Strohn, HGB, § 177a Anh. B Rn. 104; *Heidinger* in Michalski, GmbHG, § 30 Rn. 157 ff.

wenn bei der KG keine natürliche Person haftet, da auch der sog. Nur-Kommanditist wegen der gesellschaftsrechtlichen Verknüpfung der Interessen verantwortlich für die Kapitalerhaltung der GmbH sei[175]. Ob die analoge Anwendung der §§ 30, 31 GmbHG für Kommanditisten bei geschlossenen Fonds gilt, ist allerdings umstritten[176].

b) Trennung zwischen Management- und Kapitalgeberfunktion

Ein weiterer Grund, warum die Rechtsform der GmbH & Co. KG der Interessenlage geschlossener Fonds entspricht, ist in der Organisationsstruktur der Kommanditgesellschaft zu sehen, da bereits das gesetzliche Leitbild durch die Unterscheidung zwischen Kommanditisten und Komplementär eine Trennung der Management- von der Kapitalgeberfunktion vorsieht[177]. Eine derartige Trennung ist wichtig bei geschlossenen Fonds, da die Anleger weitgehend von der Geschäftsführung der Fondsgesellschaft ausgeschlossen werden sollen[178]. Geschlossene Fonds zeichnen sich nämlich gerade dadurch aus, dass sich die Anleger rein kapitalistisch beteiligen wollen und eine aktive unternehmerische Teilhabe am Management nicht gewünscht ist[179]. Die Beteiligung sämtlicher Anleger am Management würde die Fondsgesellschaft in ihrer Handlungsfähigkeit lähmen, zumal den Anlegern in der Regel die notwendige Expertise zu einer professionellen Unternehmensleitung fehlt[180]. Hierfür bietet sich die Kommanditgesellschaft als Rechtsform besonders an, da die Kommanditisten nach dem in § 164 S. 1 HGB geregelten gesetzlichen Leitbild von der Geschäftsführung der Kommanditgesellschaft ausgeschlossen sind[181].

---

175 BGH, DB 1990, 980; BGH, NJW 1995, 1960; OLG Celle, NZG 2004, 183; *Jaletzke* in MünchHdb. GesR II, § 67 Rn. 11; *K. Schmidt* in MüKo/HGB, § 172 Rn. 128; K. Schmidt, Gesellschaftsrecht, § 56 V 1 S. 1656; *Fastrich* in Baumbach/Hueck, GmbHG, § 30 Rn. 70; mit abweichender Begründung *Heidinger* in Michalski, GmbHG, § 30 Rn. 169 ff.; kritisch *Ekkenga* in MüKo/GmbHG, § 30 Rn. 192.

176 Gegen die Anwendbarkeit *Lüdicke/Schneeweiß,* WiB 1996, 969 ff.; die Anwendbarkeit voraussetzend *Henze* in Ebenroth/Boujong/Joost/Strohn, HGB, Anhang § 177a B Rn. 105; *Jaletzke* in MünchHdb. GesR II, § 67 Rn. 15.

177 *Liebscher* in Sudhoff, GmbH & Co. KG, § 2 Rn. 74; *Heckschen* in Westermann, Handbuch Personengesellschaften, Stand Juni 2013, § 4 Rn. 101h.

178 *Liebscher* in Sudhoff, GmbH & Co. KG, § 3 Rn. 25; *Watermeyer* in Müller/Hoffmann, Beck'sches Hdb. der Personengesellschaften, § 16 Rn. 36.

179 *Watermeyer* in Müller/Hoffmann, Beck'sches Hdb. der Personengesellschaften, § 16 Rn. 36; *Liebscher* in Sudhoff, GmbH & Co. KG, § 2 Rn. 76, § 3 Rn. 25.

180 *Breimann* in Jesch/Schilder/Striegel, Rechtshandbuch Immobilien-Investitionen, S. 553; *Horbach* in MünchHdb. GesR II, § 69 Rn. 1.

181 Unter Geschäftsführung ist jedes rechtsgeschäftliche und tatsächliche Handeln der Gesellschafter zu verstehen, welches auf die Verwirklichung des Gesellschaftszweckes gerichtet ist und nicht die Grundlagen der Gesellschaft berührt, vgl. *Mayen* in Ebenroth/Boujong/Joost/Strohn, HGB, § 114 Rn. 4 f.; *Rawert* in MüKo/HGB, § 114 Rn. 6 ff.; *Roth* in Baumbach/Hopt, § 114 Rn. 1 ff. Grundlagengeschäfte – also Geschäfte, die den Gesellschaftsvertrag nicht ausführen sondern ändern – sind

Insgesamt ist festzuhalten, dass die Kommanditisten entsprechend der Interessenlage bei geschlossenen Fonds als passive Gesellschafter zu bezeichnen sind, deren Gesellschafterrechte sich im Wesentlichen in der Gewinnbeteiligung nach §§ 167 ff. HGB erschöpfen, ohne dass Einfluss auf die unternehmerische Leitung besteht[182].

Im Vergleich zur GmbH liegt nach dem gesetzlichen Leitbild bei der KG eine weitreichendere Abspaltung des Managements von der Kapitalgeberfunktion vor, da die Gesellschafter der GmbH größeren Einfluss auf die Geschäftsleitung der GmbH haben als die Kommanditisten auf die Geschäftsführung der KG[183]. Denn bei der GmbH obliegen die Geschäftsführung und Vertretung zwar dem Geschäftsführer, die Gesellschafterversammlung ist aber das zentrale Willensbildungsorgan[184]. Die Geschäftsführer der GmbH sind grundsätzlich auch bei Geschäftsführungsangelegenheiten den Weisungen der Gesellschafterversammlung unterworfen und der Gesellschafterversammlung stehen nach §§ 46 Nr. 6, 37 Abs. 1 GmbHG umfassende Prüfungs- und Überwachungsrechte zu[185]. Bei der GmbH & Co. KG bestehen hingegen keine Weisungsrechte der Kommanditisten gegenüber der Komplementär-GmbH, sofern die Kommanditisten nicht zugleich Gesellschafter der Komplementär-GmbH sind oder in Abweichung von den gesetzlichen Vorgaben Weisungsrechte eingeräumt werden[186]. Insoweit ist die GmbH & Co. KG gegenüber der GmbH als Rechtsform für geschlossene Fonds vorzugswürdig.

c) *Flexibilität bei der Ausgestaltung des Innenverhältnisses*

Ein weiterer Vorteil der GmbH & Co. KG ist darin zu sehen, dass die Ausgestaltung der Rechte und Pflichten der Gesellschafter aufgrund des Charakters als Personengesellschaft weitgehend frei ist, da sich Personengesellschaften grundsätzlich

---

nicht Teil der Geschäftsführung, sondern fallen grundsätzlich in den Zuständigkeitsbereich aller Gesellschafter, also auch der Kommanditisten, vgl. RGZ 158, 305; BGHZ 132, 266; *Roth* in Baumbach/Hopt, § 164 Rn. 1 ff. Die Grenzen der Zulässigkeit der vertraglichen Einschränkung der Kommanditistenrechte sind umstritten, vgl. *Grunewald* in MüKo/HGB, § 164 Rn. 29; auf den Kernbereich abstellend *Roth* in Baumbach/Hopt, § 164 Rn. 6; *Oetker* in Oetker, HGB, § 164 Rn. 22.

182 *Oetker* in Oetker, HGB, § 164 Rn. 62.

183 *Liebscher* in Sudhoff, GmbH & Co. KG, § 2 Rn. 86.

184 *Liebscher* in MüKo/GmbHG, § 45 Rn. 78 ff.; *Wicke* in Wicke, GmbHG, § 45 Rn. 2; *Roth* in Roth/Altmeppen, GmbHG, § 45 Rn. 2.

185 *Michalski* in Michalski, GmbHG, System. Darst. 1 Rn. 98; Hesselmann/Tillmann/Mueller-Thuns, Handbuch der GmbH & Co. KG, S. 22 Rn. 51. Zum akademischen Streit, ob die Gesamtheit der Gesellschafter oder die Gesellschafterversammlung das Willensbildungsorgan darstellen, vgl. *Römermann* in Michalski, GmbHG, Rn. 12; *Liebscher* in MüKo/GmbHG, § 45 Rn. 78 ff.; Hesselmann/Tillmann/Mueller-Thuns, Handbuch der GmbH & Co. KG, S. 22 Rn. 51.

186 *Gummert* in MünchHdb. GesR II, § 50 Rn. 93; *Esch*, NJW 1988, 1553, 1554.

durch Flexibilität bei der Gestaltung des Innenverhältnis auszeichnen[187]. So sind die gesetzlichen Mitwirkungs- und Kontrollrechte der Kommanditisten grundsätzlich dispositiv und können in bestimmten Grenzen (Kernbereich) durch gesellschaftsvertragliche Regelungen eingeschränkt werden[188]. Von dieser Möglichkeit wird bei geschlossenen Fonds typischerweise Gebrauch gemacht[189].

Auch die GmbH ist in hohem Maß flexibel, da die gesetzlichen Vorgaben in Bezug auf das Innenverhältnis großteils dispositiv sind[190]. Bezüglich der freien Ausgestaltung der inneren Organisationsstruktur und insbesondere in Bezug auf die Einschränkung von Gesellschafterrechten bestehen nichtsdestotrotz gewisse Unterschiede zwischen der GmbH und der GmbH & Co. KG[191]. Ein für geschlossene Fonds wichtiger Unterschied im Hinblick auf die Flexibilität bezüglich der Ausgestaltung der Rechte der Gesellschafter ist die Möglichkeit zur gesellschaftsvertraglichen Vereinbarung von Ausschüttungen an die Anleger, unabhängig vom bilanziellen Gewinn auf Gesellschaftsebene[192]. Dies ist für geschlossene Fonds von großer Bedeutung, da die Anleger üblicherweise von Anfang an „Ausschüttungen" erhalten sollen, obwohl die Fondsgesellschaft in der Anfangszeit noch keine bilanziellen Gewinne macht[193]. Während die Vereinbarung eines solchen Entnahmerechts des Kommanditisten bei der GmbH & Co. KG grundsätzlich im Gesellschaftsvertrag zulässig ist und lediglich Haftungsrisiken im Hinblick auf das Wiederaufleben der Kommanditistenhaftung nach § 172 Abs. 4 HGB in sich birgt, ist das Entnahmeverbot bei der GmbH nach der Kapitalerhaltungsvorschrift § 30 GmbHG zwingendes Recht und kann nicht in der Satzung abbedungen werden[194]. Ein Verstoß gegen das Auszahlungsverbot nach § 31 Abs. 1 GmbHG hätte im Übrigen einen mit bestimmten Sicherungsmechanismen ausgestatteten Erstattungsanspruch der Gesellschaft gegen den Anleger zur Folge[195].

---

187 *Heckschen* in Westermann, Handbuch Personengesellschaften, Stand Juni 2013, § 4 I Rn. 101h; *Mutter* in Gummert/Arnhold, Münchener Anwalts-Handbuch Personengesellschaftsrecht, § 1 Rn. 138.

188 OLG Celle, GmbHR 2000, 388; *Oetker* in Oetker, HGB, § 164 Rn. 22; *Grunewald* in MüKo/HGB, § 164 Rn. 29.

189 *Grunewald* in MüKo/HGB, § 164 Rn. 29; *Oetker* in Oetker, HGB, § 164 Rn. 62 f.

190 *Kessler/Schiffers* in Müller/Hoffmann, Beck'sches Hdb. der Personengesellschaften, § 1 Rn. 81; *Michalski* in Michalski, GmbHG, System. Darst. 1 Rn. 98; HGB, § 164 Rn. 22.

191 *Liebscher* in Sudhoff, GmbH & Co. KG, § 2 Rn. 57; *Fleischer* in MüKo/GmbHG, Einl. Rn. 308. Die Gestaltungsfreiheit der GmbH & Co. KG wird teilweise als die eigentliche Ursache für die Beliebtheit der GmbH & Co. KG angesehen, vgl. Hesselmann/Tillmann/Mueller-Thuns, Handbuch der GmbH & Co. KG, S. 22 Rn. 49.

192 *Henze* in Ebenroth/Boujong/Joost/Strohn, HGB, Anh nach § 177a A Rn. 11.

193 *Wagner*, DStR 2008, 563; *Jaletzke* in MünchHdb. GesR II, § 67 Rn. 8; *Bost/Halfpap* in Lüdicke/Arndt, Geschlossene Fonds, S. 33; *Loritz*, NZG 2008, 887.

194 Siehe dazu oben Gesellschaftsrecht, B. II. 1. a), S. 45; *Ekkenga* in MüKo/GmbHG, § 30 Rn. 9.

195 *Heidinger* in Michalski, GmbHG, § 31 Rn. 1 ff.

d) Herrschaft ohne Majorität und Fremdorganschaft

Die Rechtsform der GmbH & Co. KG ist für geschlossene Fonds außerdem aufgrund der Möglichkeit der „Herrschaft ohne Majorität“ vorteilhaft[196]. Hiermit ist die Möglichkeit gemeint, die GmbH & Co. KG ohne Kapitalmehrheit zu beherrschen[197]. Dies ist für geschlossene Fonds von Bedeutung, weil das Management des geschlossenen Fonds vom Fondsinitiator (bzw. einer dem Fondsinitiator nahe stehende Gesellschaft) ausgeübt werden soll, welcher sich selbst nicht oder nur in sehr begrenztem Umfang kapitalmäßig an der Fondsgesellschaft beteiligt[198].

Die Herrschaft über die Fondsgesellschaft trotz fehlender bzw. geringer Kapitalbeteiligungen des Fondsinitiators wird bei der Rechtsform der GmbH & Co. KG dadurch erreicht, dass sich die Anleger nur an der GmbH & Co. KG beteiligen, ohne zugleich auch Gesellschafter der Komplementär-GmbH zu sein. Die Geschäftsführung der GmbH & Co. KG obliegt nach dem gesetzlichen Leitbild unter Ausschluss der Kommanditisten allein der Komplementär-GmbH, so dass die unternehmerischen Entscheidungen allein durch die Geschäftsführer der GmbH getroffen werden bzw. durch die gegenüber der Geschäftsführung weisungsbefugten Gesellschafter der GmbH[199]. Über die Geschäftsführerfunktion bzw. die Gesellschafterstellung in der Komplementär-GmbH kann sich der Fondsinitiator somit die Herrschaft über die Fondsgesellschaft sichern, ohne über eine Kapitalmehrheit in der GmbH & Co. KG verfügen zu müssen[200].

Im Übrigen ist durch die Einsetzung einer GmbH als Komplementärin bei der GmbH & Co. KG im Gegensatz zu anderen Personengesellschaften die faktische Möglichkeit zur Fremdorganschaft eröffnet[201]. Denn obwohl auf die GmbH & Co. KG als Personengesellschaft an sich der Grundsatz der Selbstorganschaft Anwendung findet, können auf der Ebene der GmbH gemäß § 6 Abs. 3 GmbHG sowohl Gesellschafter der GmbH, als auch Dritte als Geschäftsführer der GmbH bestellt werden[202].

---

196 *Liebscher* in Sudhoff, GmbH & Co. KG, § 2 Rn. 74.

197 *Liebscher* in Sudhoff, GmbH & Co. KG, § 2 Rn. 74.

198 *Henze* in Ebenroth/Boujong/Joost/Strohn, HGB, § 177a Anh. B Rn. 5; *Bost/Halfpap* in Lüdicke/Arndt, Geschlossene Fonds, S. 8.

199 Siehe oben Trennung zwischen Management- und Kapitalgeberfunktion, B. II. 3. b), S. 54 f.

200 *Bost/Halfpap* in Lüdicke/Arndt, Geschlossene Fonds, S. 8; *Liebscher* in Sudhoff, GmbH & Co. KG, § 2 Rn. 74; *Henze* in Ebenroth/Boujong/Joost/Strohn, HGB, § 177a Anh. B Rn. 5.

201 *Oetker* in Oetker, HGB, § 170 Rn. 24; *Grunewald* in MüKo/HGB, § 161 Rn. 49; *Liebscher* in Sudhoff, GmbH & Co. KG, § 2 Rn. 64; K. Schmidt, Gesellschaftsrecht, § 56 I 4, S. 1628.

202 *Grunewald* in MüKo/HGB, § 161 Rn. 49. Der Grundsatz der Selbstorganschaft geht nicht aus dem Gesetzestext hervor, entspricht aber der allgemeinen Ansicht, vgl. BGHZ 26, 333; BGHZ 33, 105. Der Grundsatz der Selbstorganschaft ist aber nicht unumstritten, vgl. hierzu K. Schmidt, Gesellschaftsrecht, § 14 II 2 S. 409 ff.

4. Beteiligung der Anleger

Die Anleger geschlossener Fonds können sich auf zwei verschieden Arten an geschlossenen Fonds in der Rechtsform der GmbH & Co. KG beteiligen. Zum einen besteht die Möglichkeit, dass sich der Anleger als Kommanditist an der GmbH & Co. KG beteiligt und somit selbst Gesellschafter der Fondsgesellschaft wird. Zum anderen können sich Anleger mittelbar über einen Treuhänder an dem geschlossenen Fonds beteiligen, so dass der Anleger selbst nicht unmittelbar Gesellschafter der Fondsgesellschaft wird (sog. echte Treuhand)[203]. Kommanditist ist bei der echten Treuhand allein der Treuhänder (sog. Treuhandkommanditist)[204]. Die Anleger schließen als Treugeber mit dem Treuhänder einen Treuhand- und Verwaltungsvertrag als Geschäftsbesorgungsvertrag i.S.d. § 675 BGB ab[205]. Die Kapitalbeiträge der Anleger werden durch den Treuhänder in die Kommanditgesellschaft unter Heraufsetzung des Kommanditanteils des Treuhandkommanditisten um den jeweiligen Betrag eingebracht[206]. Der Treuhänder verpflichtet sich im Rahmen des Treuhandvertrags gegenüber den Anlegern dazu, den jeweiligen Teil des Kommanditanteils für Rechnung der Anleger zu halten und die Rechte und Pflichten aus der Gesellschafterstellung im Interesse und nach den Weisungen der Anleger auszuüben[207]. Aus Haftungsgründen ist der Treuhänder in der Regel keine natürliche Person, sondern eine GmbH oder wiederrum eine GmbH & Co. KG[208].

Die aus der gesellschaftsrechtlichen Stellung hervorgehenden Haftungsrisiken sind auch für die mittelbar über einen Treuhandkommanditisten an der Fondsgesellschaft beteiligten Anleger von Bedeutung. Zwar besteht keine unmittelbare Außenhaftung gegenüber Gesellschaftsgläubigern, da die Haftungsvorschriften des HGB eine rechtliche Kommanditistenstellung voraussetzen, die der mittelbar beteiligte Anleger nicht hat[209]. So ist etwa das Wiederaufleben der Haftung nach § 172 Abs. 4 HGB nur bei Kommanditisten möglich. Jedoch wird im Treuhandvertrag ein Freistellungs- und Regressanspruch zu Gunsten des Treuhandkommanditisten vereinbart, wonach im Innenverhältnis der Anleger das Haftungsrisiko des Kommanditisten zu tragen hat[210]. Dieser Freistellungsanspruch aus dem Treuhandvertrag

---

203 BGH, NJW 1980, 1163; *Horbach* in MünchHdb. GesR II, § 61 Rn. 20 ff.; *Roth* in Baumbach/Hopt, HGB, Anhang nach § 177a Rn. 77; § 105 Rn. 31–37; *Wagner* in Assmann/Schütze, Hdb. des Kapitalanlagerechts, § 17 Rn. 267 ff.

204 BGH, NJW 1980, 1162; *Watermeyer* in Müller/Hoffmann, Beck'sches Hdb. der Personengesellschaften, § 16 Rn. 22 ff.; *Wagner*, GWR 2013, 7 ff.

205 *Horbach* in MünchHdb. GesR II, § 61 Rn. 21.

206 *Bost/Halfpap* in Lüdicke/Arndt, Geschlossene Fonds, S. 20.

207 Ausführlich zu den Formen mittelbarer Beteiligungen, vgl. *Wagner*, NJW 2013, 198, 200.

208 *Bost/Halfpap* in Lüdicke/Arndt, Geschlossene Fonds, S. 20; *Heisterhagen*, DStR 2004, 1089, 1090.

209 OLG Frankfurt a.M., NZG 2010, 383; BGH, NJW-RR 2009, 254.

210 *Bost/Halfpap* in Lüdicke/Arndt, Geschlossene Fonds, S. 39; *Wertenbruch* in Westermann, Handbuch Personengesellschaften, Stand September 2013, § 34 Rn. 894a f.;

kann sich in einen direkten Zahlungsanspruch des Gesellschaftsgläubigers gegen den Anleger umwandeln, wenn der Treuhandkommanditist seinen Freistellungsanspruch gegen Gesellschaftsgläubiger abtritt bzw. der Gläubiger die Zwangsvollstreckung in den Freistellungs- bzw. Regressanspruch betreibt[211].

Der Vorteil der Zwischenschaltung eines Treuhänders gegenüber einer direkten Beteiligung ist, dass bei einer indirekten Beteiligung nicht jeder einzelne Anleger als Kommanditist ins Handelsregister einzutragen ist gemäß § 162 Abs. 2 HGB[212]. Die Eintragung bringt einerseits aufgrund der Vielzahl an Anlegern einen gewissen Aufwand mit sich und läuft andererseits ggf. dem Interesse von Anlegern an Anonymität zuwider. Durch die Zwischenschaltung eines Treuhänders werden zudem die Gesellschafterinteressen gebündelt und somit die Verwaltung vereinfacht[213]. Oftmals können sich die Anleger aussuchen, ob sie sich unmittelbar als Kommanditist oder mittelbar über einen Treuhandkommanditisten an dem geschlossenen Fonds beteiligen wollen.

Auch wenn nicht die echte Treuhand gewählt wird und die Anleger sich unmittelbar als Kommanditisten beteiligen, üben diese ihre Gesellschafterrechte zum Teil nicht selbst aus, sondern durch einen Beirat, einen Aufsichtsrat oder einen sog. unechten Treuhänder[214]. Denn die einzelnen Anleger können ihre Gesellschafterrechte wie etwa die Kontrollrechte gegenüber der Geschäftsleitung häufig selbst nicht effektiv ausüben, da regelmäßig weder ein dahingehendes Interesse noch die notwendige Expertise gegeben ist[215]. Die Bündelung der Gesellschafterrechte dient zudem der Sicherstellung einer funktionierenden Gesamtorganisation, welche durch die Zwischenschaltung eines die Anlegerinteressen kanalisierenden Gremiums vereinfacht wird[216].

5. Zusammenfassung

Geschlossene Fonds werden typischerweise in der Rechtsform einer Personengesellschaft aufgelegt. Der Grund hierfür ist im Steuerrecht zu sehen. Geschlossene Fonds

---

Wagner, NJW 2013, 198 200 ff. mit Gegenüberstellung der Haftungsrisiken bei mittelbarer und unmittelbarer Beteiligung; OLG Frankfurt a.M., NZG 2010, 383.

211 *Bost/Halfpap* in Lüdicke/Arndt, Geschlossene Fonds, S. 39. Zur Zulässigkeit der Abtretung des Freistellungsanspruch durch den Treuhänder, vgl. BGHZ 185, 310; *Wertenbruch* in Westermann, Handbuch Personengesellschaften, Stand September 2013, § 34 Rn. 894a f.; *Komo,* BB 2012, 1423, 1426.

212 *Horbach* in MünchHdb. GesR II, § 61 Rn. 20.

213 *Horbach* in MünchHdb. GesR II, § 61 Rn. 20; kritisch zu den Vorzügen der Treuhandmodelle aufgrund der Haftungsrisiken, *Bost/Halfpap* in Lüdicke/Arndt, Geschlossene Fonds, S. 25.

214 *Grunewald* in MüKo/HGB, § 161 Rn. 156; ausführlich zur steuerlicher Bedeutung des Beirats *Bost/Halfpap* in Lüdicke/Arndt, Geschlossene Fonds, S. 15 ff.

215 *Horbach* in MünchHdb. GesR II, § 61 Rn. 22.

216 *Henze* in Ebenroth/Boujong/Joost/Strohn, HGB, § 177a Anh. B Rn. 8.

stellten in der Vergangenheit größtenteils Steuersparmodelle dar, bei welchen die Anleger aufgrund des bei Personengesellschaften geltenden Transparenzprinzips durch die Verrechnung der Verluste der Fondsgesellschaft mit ihren anderen Einkünften ihre Einkommensteuerlast erheblich vermindern und die Einlage des Fonds im Wesentlichen durch Steuerersparnisse finanzieren konnten[217]. Von Bedeutung waren außerdem teilweise besondere Steuervorteile wie z.B. Sonderabschreibungsmöglichkeiten in vom Staat begünstigten Fördergebieten[218]. Diese Steuersparmodelle setzten voraus, dass die Anleger Gesellschafter einer Personengesellschaft waren, da nur in diesem Fall eine Verrechnung der Verluste der Gesellschaft mit den eigenen Einkünften möglich war (Transparenzprinzip). Der Gesetzgeber hat dieses Steuersparmodell durch verschiedene Regelungen (z.B. § 15a EStG) inzwischen eingedämmt und uneingeschränkte Verlustzuweisungen sind heute nicht mehr möglich, weshalb der Fokus geschlossener Fonds heute mehr auf der Rendite als auf Steuerersparnissen liegt[219].

Die GmbH & Co. KG ist inzwischen als Standardrechtsform für geschlossene Fonds anzusehen, da diese die Vorzüge der Personengesellschaft mit denen der Kapitalgesellschaft in sich vereinigt[220]. Ein wichtiger Vorteil der GmbH & Co. KG ist in der Haftungsbeschränkung zu sehen. Während die Gesellschafter bei anderen Personengesellschaften grundsätzlich in unbeschränkter Höhe mit ihrem Privatvermögen für die Gesellschaftsschulden einstehen müssen, ist die Haftung des Kommanditisten auf die (Haft-)Einlage beschränkt (§ 171 Abs. 1 HGB). Neben den steuerlichen Vorteilen der GmbH & Co. KG als Personengesellschaft zählen zu den für geschlossene Fonds relevanten gesellschaftsrechtlichen Vorteilen insbesondere die rechtliche Zulässigkeit von Ausschüttungen an die Anleger, auch wenn die Fondsgesellschaft bilanziell keine Gewinne aufweist sowie die weitgehende Flexibilität bei der Ausgestaltung des Innenverhältnisses[221].

Die Anleger beteiligen sich entweder selbst direkt als Kommanditist an der Fondsgesellschaft oder es findet eine mittelbare Beteiligung über einen Treuhandkommanditisten statt. Im letzteren Fall schließt der Anleger mit einem Treuhänder

---

217 *Horbach* in MünchHdb. GesR II, § 61 Rn. 3; K. Schmidt, Gesellschaftsrecht, § 57 I 1, S. 1665; *Wagner* in Assmann/Schütze, Hdb. des Kapitalanlagerechts, § 16 Rn. 1 ff.

218 Als Beispiel sind die Steuervorteile nach dem FördG in den neuen Bundesländern nach der Wiedervereinigung zu nennen, vgl. dazu *Watermeyer* in Müller/Hoffmann, Beck'sches Hdb. der Personengesellschaften, § 16 Rn. 2; *Horbach* in MünchHdb. GesR II, § 61 Rn. 3.

219 *Watermeyer* in Müller/Hoffmann, Beck'sches Hdb. der Personengesellschaften, § 16 Rn. 2.

220 *Fleischer* in MüKo/GmbHG, Einl. Rn. 308; *Watermeyer* in Müller/Hoffmann, Beck'sches Hdb. der Personengesellschaften, § 12 Rn. 1; *Liebscher* in Sudhoff, GmbH & Co. KG, § 2 Rn. 55.

221 *Heckschen* in Westermann, Handbuch Personengesellschaften, Stand Juni 2013, § 4 Rn. 101g; *Liebscher* in Sudhoff, GmbH & Co. KG, § 2 Rn. 55, 70; *Henze* in Ebenroth/Boujong/Joost/Strohn, HGB, Anh. nach § 177a A Rn. 11.

einen schuldrechtlichen Vertrag ab, in welchem sich der Treuhänder verpflichtet, den Kommanditanteil für den Anleger in dessen Interesse und auf dessen Rechnung zu verwalten; Gesellschafter der Fondsgesellschaft wird hierbei allein der Treuhandkommanditist[222].

222 *Horbach* in MünchHdb. GesR II, § 61 Rn. 21.

C. Rechtslage hinsichtlich geschlossener Fonds bis zum Inkrafttreten des KAGB

Mit dem KAGB ist ein Gesetzbuch geschaffen worden, welches die Anforderungen an geschlossene Fonds und deren Manager – die Anwendbarkeit des KAGB vorausgesetzt – umfassendend regelt. Um die Tragweite dieser neuen gesetzlichen Vorgaben zu verstehen, ist eine Betrachtung der Rechtslage hinsichtlich geschlossener Fonds vor Juli 2013 notwendig. Im Folgenden sollen deshalb die vor dem Inkrafttreten des KAGB geltenden gesetzlichen Vorschriften sowie die Rechtsprechung im Bereich geschlossener Fonds dargestellt werden. Ein zentraler Bereich der staatlichen Einflussnahme auf geschlossene Fonds vor Inkrafttreten des KAGB stellte die Prospekthaftung dar, welche in einem gesonderten Abschnitt behandelt wird.

I. Das richterrechtliche Sonderrecht zur Publikums-KG und Regulierung geschlossener Fonds

Vor Inkrafttreten des KAGB existierte kein geschlossenes Regelwerk, welches die rechtlichen Anforderungen an geschlossene Fonds in sich vereinigte. Die staatliche Einflussnahme im Bereich geschlossener Fonds bestand vielmehr einerseits aus rechtlichen Besonderheiten, welche die Rechtsprechung herausgebildet hat (sog. richterrechtliches Sonderrecht)[223]. Andererseits existierte eine eingeschränkte Regulierung geschlossener Fonds im Sinne gesetzlicher Vorgaben, die im Wesentlichen auf den Vertrieb geschlossener Fonds beschränkt war.

1. Rechtsprechung zur Publikums-KG

Bei geschlossenen Fonds – insbesondere in der Rechtsform der GmbH & Co. KG – geht die vertragliche Ausgestaltung der Struktur der Fondsgesellschaft so weit, dass vom gesetzlichen Leitbild der Personengesellschaft kaum etwas übrig geblieben ist, da dieses bei einer Vielzahl von rein kapitalistisch beteiligten Anlegern unpassend ist[224]. Dennoch existieren zwingende gesetzliche Vorgaben für Personengesellschaften, welche nicht durch vertragliche Regelungen im Gesellschaftsvertrag abbedungen werden können und die den praktischen Bedürfnissen bei geschlossenen Fonds sowie der Funktionsfähigkeit der Gesellschaft entgegenstehen. Zudem wurde schon früh ein Schutzbedürfnis der Anleger vor einer Entrechtung und Übervorteilung

223 *Bost/Halfpap* in Lüdicke/Arndt, Geschlossene Fonds, S. 11; *Roth* in Baumbach/Hopt, HGB, Anh § 177a Rn. 53; *Henze/Notz* in Ebenroth/Boujong/Joost/Strohn, HGB, § 177a Anh. B Rn. 19.

224 *Horbach* in MünchHdb. GesR II, § 61 Rn. 2; *Liebscher* in Sudhoff, GmbH & Co. KG, § 3 Rn. 24; *Henze* in Ebenroth/Boujong/Joost/Strohn, HGB, § 177a Anh. B Rn. 3.

durch ein sich verselbständigendes Management gesehen, zumal es sich bei den Anlegern häufig um kapitalmarktrechtlich unerfahrene Privatpersonen handelt[225]. Um den praktischen Bedürfnissen im Hinblick auf notwendige Modifikationen in gesellschaftsrechtlicher Hinsicht gerecht zu werden und den Anlegern zumindest einen gewissen Schutz zukommen zu lassen, hat die Rechtsprechung mangels gesetzlicher Vorschriften in den siebziger Jahren ein Sonderrecht für sogenannte Publikumsgesellschaften wie insbesondere die Publikums-KG herausgebildet[226].

Der Begriff der Publikums-KG ist nicht legaldefiniert und wird weder im HGB, noch in einem anderen Gesetz verwendet. In der Rechtsprechung und Literatur herrscht weitgehende Übereinkunft darüber, dass es sich bei der Publikums-KG um eine Kommanditgesellschaft im Sinne der §§ 161 ff. HGB handelt, an der sich eine Vielzahl von Anlegern unmittelbar als Kommanditisten oder mittelbar über einen Treuhandkommanditisten beteiligen, deren Beteiligung rein kapitalistischer Natur ist[227]. Eine solche Vielzahl von Gesellschaftern wird gemeinhin bejaht bei fünfzig Anlegern[228]. Die Publikums-KG zeichnet sich durch besondere Eigenschaften aus, welche aber nicht als konstitutive Voraussetzungen, sondern lediglich als typische Merkmale angesehen werden[229].

Nach der Rechtsprechung und Teilen der Literatur ist ein prägendes Merkmal der Publikums-KG, dass der Gesellschaftsvertrag von den Initiatoren vorformuliert ist und die Anleger auf seinen Inhalt keinerlei Einfluss ausüben können[230]. Als typische Merkmale der Publikums-KG wird außerdem häufig die fehlende persönliche Beziehung der Gesellschafter untereinander genannt sowie der Umstand, dass die Anleger

---

225 K. Schmidt, Gesellschaftsrecht, § 57 I 1 S. 1667; *Grunewald* in MüKo/HGB, § 161 Rn. 106.

226 BGH, NJW 1973, 1604; BGHZ 64, 238; BGH, BB 1979, 905; BGH, WM 1980, 825; K. Schmidt, Gesellschaftsrecht, § 57 I, S. 1665; *Roth* in Baumbach/Hopt, HGB, Anh § 177a Rn. 53.

227 BGHZ 64, 238; BGHZ 155, 121; *Grunewald* in MüKo/HGB, § 161 Rn. 106; K. Schmidt, Gesellschaftsrecht, § 57 I 1 S. 1665; *Oetker* in Oetker, HGB, § 161 Rn. 122; *Wagner* in Assmann/Schütze, Hdb. des Kapitalanlagerechts, § 17 Rn. 12 ff.; *Watermeyer* in Müller/Hoffmann, Beck'sches Hdb. der Personengesellschaften, § 16 Rn. 1; *Liebscher* in Sudhoff, GmbH & Co. KG, § 3 Rn. 26; a.A. *Grunewald* in MüKo/HGB, § 161 Rn. 106, wonach es nur auf das Vorliegen einer Vielzahl von Gesellschaftern ankommen soll, da schon allein deswegen das Schutzbedürfnis der Gesellschafter vor einem sich verselbständigenden Management ausgelöst werde.

228 BGHZ 64, 238; *Grunewald* in MüKo/HGB, § 161 Rn. 109.

229 *Bost/Halfpap* in Lüdicke/Arndt, Geschlossene Fonds, S. 10; *Grunewald* in MüKo/HGB, § 161 Rn. 106; für eine Entscheidung im Einzelfall unter Berücksichtigung der im Folgenden genannten Kriterien, *Horbach* in MünchHdb. GesR II, § 61 Rn. 2.

230 BGHZ 64, 238; BGH, NJW 1982, 2303; *Roth* in Baumbach/Hopt, HGB, Anh § 177a Rn. 52; *Horbach* in MünchHdb. GesR II, § 61 Rn. 2.; *Wagner* in Assmann/Schütze, Hdb. des Kapitalanlagerechts, § 17 Rn. 16.

keinen Einfluss auf die Entscheidung des Beitritts weiterer Gesellschafter haben[231]. Die Anlegergesellschafter stehen entgegen dem Idealtyp der Personengesellschaft regelmäßig weder zu der Gesellschaft, noch zu den Gründungs- oder den anderen Gesellschaftern in einer persönlichen oder sonstigen näheren Beziehung[232]. Als charakteristisch für die Publikums-KG wird darüber hinaus der Umstand gesehen, dass die Initiatoren aufgrund ihrer Beteiligung an der Komplementär-GmbH die Gesellschaft beherrschen unter weitgehendem Ausschluss der Gesellschafterrechte der Anlegerkommanditisten[233]. Die nicht ausschließbaren Kontroll- und Überwachungsrechte der Anlegergesellschafter werden oftmals auf einen Treuhänder, einen Aufsichtsrat oder auf einen Beirat übertragen[234]. Darüber hinaus zeichnet sich die Publikums-KG dadurch aus, dass die Gesellschafter – anders als Gesellschafter bei einer „normalen" Personengesellschaft – öffentlich auf dem Kapitalmarkt eingeworben werden[235].

Das richterrechtliche Sonderrecht der Publikums-KG greift aufgrund der kapitalistischen Struktur der Publikums-KG teilweise auf das Recht der Kapitalgesellschaften zurück, zumal die Stellung des Anlegers einer Publikums-KG zum Teil mit der eines Kleinaktionärs einer Aktiengesellschaft vergleichbar ist[236].

a) Inhaltskontrolle, Auslegung und Form des Gesellschaftsvertrags

Nach der Rechtsprechung sind in Bezug auf den Gesellschaftsvertrag der Publikums-KG einige Abweichungen von dem für Personengesellschaften geltenden Recht zu beachten. Grundsätzlich unterliegen Gesellschaftsverträge gemäß § 310 Abs. 4 BGB

---

231 BGH, NJW 1975, 1022; BGHZ 155, 121; *Horbach* in MünchHdb. GesR II, § 61 Rn. 2; K. Schmidt, Gesellschaftsrecht, § 57 I 1, S. 1667 ff.; *Wagner* in Assmann/Schütze, Hdb. des Kapitalanlagerechts, § 17 Rn. 18; von einer mehr oder weniger zufälligen Zusammenführung der Gesellschafter sprechend, BGH, NJW 1988, 969.

232 BGHZ 64, 238.

233 BGHZ 64, 238; *Liebscher* in Sudhoff, GmbH & Co. KG, § 3 Rn. 26; *Oetker* in Oetker, HGB, § 161 Rn. 123; *Horbach* in MünchHdb. GesR II, § 61 Rn. 2.

234 *Horbach* in MünchHdb. GesR II, § 61 Rn. 2; zu den steuerlichen Gründen der Einsetzung eines Beirats vgl. *Bost/Halfpap* in Lüdicke/Arndt, Geschlossene Fonds, S. 15 ff.

235 BGH, NJW 1988, 969; BGHZ 64, 238; *Watermeyer* in Müller/Hoffmann, Beck'sches Hdb. der Personengesellschaften, § 16 Rn. 1; *Martens* in Schlegelberger, HGB, Band III, 2. Halbband, § 161 Rn. 128; *Oetker* in Oetker, HGB, § 161 Rn. 122; *Wagner* in Assmann/Schütze, Hdb. des Kapitalanlagerechts, § 17 Rn. 10 ff. trennt entgegen der Rechtsprechung zwischen Publikums- und Massengesellschaft und sieht das öffentliche Einwerben von Anlegergesellschaftern als Abgrenzungskriterium der Publikums-KG zur Massen-KG; a.A. *Grunewald* in MüKo/HGB, § 161 Rn. 106, der vor dem Hintergrund des Schutzes eines sich verselbständigenden Managements einzig auf das Vorliegen einer Vielzahl von Gesellschaftern abstellt.

236 BGHZ 20, 363; *Henze* in Ebenroth/Boujong/Joost/Strohn, HGB, § 177a Anh. B Rn. 17; *Bost/Halfpap* in Lüdicke/Arndt, Geschlossene Fonds, S. 11.

keiner AGB-rechtlichen Kontrolle. Nach Auffassung der Rechtsprechung können die Gesellschafter im Normalfall in der Vorgründungsphase bei der Ausgestaltung des Gesellschaftsvertrags ihre Interessen verhandeln, so dass der Gesellschaftsvertrag regelmäßig einen Vertragskompromiss darstelle[237]. Eine solche Durchsetzung eigener Interessen sei dem Anleger beim Beitritt zu einer Publikums-KG hingegen aufgrund der vorformulierten Gesellschaftsverträge, auf deren Inhalt keinerlei Einfluss genommen werden könne, nicht möglich[238]. Um einem Ungleichgewicht zu Lasten der Anleger durch Missbrauch der Privatautonomie entgegenzuwirken und weil die Situation eine gewisse Ähnlichkeit mit der Verwendung von AGB für eine Vielzahl an Verträgen durch einen „übermächtigen" unternehmerischen Verwender einerseits und einem verhandlungstechnisch unterlegenen Verbraucher andererseits hat, findet nach der Rechtsprechung eine dem AGB-Recht ähnliche richterliche Inhaltskontrolle des Gesellschaftsvertrags auf der Grundlage von § 242 BGB statt, welche die Unwirksamkeit einzelner Klauseln zur Folge haben kann[239].

Eine weitere Besonderheit gilt bezüglich des Maßstabes bei der Auslegung des Gesellschaftsvertrags. Der Gesellschaftsvertrag einer Personengesellschaft unterliegt grundsätzlich einer sog. subjektiven Auslegung, wonach sich der wirkliche Wille der Gesellschafter im Zweifel gegen den Wortlaut durchsetzt (§§ 133, 145 BGB)[240]. Dies gilt nach dem richterrechtlichen Sonderrecht nicht für die Auslegung des Gesellschaftsvertrags einer Publikums-KG[241]. Aufgrund der Vielzahl erst nach Abschluss des Gesellschaftsvertrags beitretender Anlegergesellschafter erfolgt die Auslegung nach rein objektiven Kriterien unter Berufung auf den Auslegungsmaßstab bei Kapitalgesellschaften (objektive Auslegung)[242]. Die Vorstellungen und der Wille der Gründungsgesellschafter werden nach der Rechtsprechung bei der

237 BGHZ 64, 238 spricht insoweit von einem Vertragskompromiss als Gewähr für die Berücksichtigung der Interessen aller Beteiligten; *Grunewald* in MüKo/HGB, § 161 Rn. 124 lehnt die Inhaltskontrolle nach § 242 BGB mit guten Argumenten ab, da der neu eintretende Gesellschafter nahezu bei jeder bestehenden Gesellschaft einen vorformulierten Gesellschaftsvertrag vorfinde.

238 *Henze* in Ebenroth/Boujong/Joost/Strohn, HGB, § 177a Anh. B Rn. 18; kritisch *Grunewald* in MüKo/HGB, § 161 Rn. 115 ff.

239 BGHZ 64, 238; BGH, NJW 1975, 1318; *Watermeyer* in Müller/Hoffmann, Beck'sches Hdb. der Personengesellschaften, § 16 Rn. 31; *Oetker* in Oetker, HGB, § 161 Rn. 140; *Wagner* in Assmann/Schütze, Hdb. des Kapitalanlagerechts, § 17 Rn. 89.

240 *Johansson* in Gummert/Arnhold, Münchener Anwalts-Handbuch Personengesellschaftsrecht, § 2 Rn. 137.

241 BGH, NJW 1979, 419; BGH, NJW 1979, 2102; BGH, NJW 1991, 2906; BGH, NJW-RR 2003, 820; BGH, BKR 2007, 339; OLG Hamburg, NJW-RR 1996, 1436; differenzierend *Wagner* in Assmann/Schütze, Hdb. des Kapitalanlagerechts, § 17 Rn. 80 f.

242 *Roth* in Baumbach/Hopt, HGB, Anh. § 177a Rn. 67; *Johansson* in Gummert/Arnhold, Münchener Anwalts-Handbuch Personengesellschaftsrecht, § 2 Rn. 137; kritisch in Bezug auf ein tatsächlich bestehendes Sonderrecht und auf allgemeine Auslegungsgrundsätze zurückgreifend *Grunewald* in MüKo/HGB, § 161 Rn. 115 ff.

Auslegung nicht berücksichtigt, wenn diese nicht aus dem Gesellschaftsvertrag der Publikumspersonengesellschaft hervorgehen[243].

Des Weiteren fordert die Rechtsprechung in Abweichung von der grundsätzlichen Formfreiheit von Gesellschaftsverträgen im Personengesellschaftsrecht, dass Sondervorteile der Gründungsgesellschafter bzw. der Initiatoren wie z.B. Tätigkeitsvergütungen oder Haftungserleichterungen in Anlehnung an § 26 Abs. 1, 3 AktG der schriftlichen Festhaltung im Gesellschaftsvertrag bedürfen[244]. Die Rechtsprechung lässt es bei Publikums-Gesellschaften aber genügen, wenn diese Gründervorteile aus einem ordnungsgemäß zustandegekommenen und protokollierten Gesellschafterbeschluss hervorgehen[245]. Ohne dieses richterrechtliche Sonderrecht wären solche Vereinbarungen durch mündliche Absprachen möglich, von welchen der Anleger nach Auffassung der Rechtsprechung nur schwer Kenntnis erlangen könne[246]. Bei einem Verstoß gegen das Formerfordernis sind die den Vorteilen zugrundeliegenden schuldrechtlichen Vereinbarungen sowie die hierauf beruhenden Rechtshandlungen nach ständiger Rechtsprechung unwirksam[247].

b) Beitritt

Bei Personengesellschaften verläuft der Beitritt neuer Gesellschafter grundsätzlich dergestalt, dass zwischen dem neu eintretenden Gesellschafter und allen Altgesellschaftern ein Vertrag geschlossen wird[248]. Eine Zustimmung sämtlicher Gesellschafter ist bei der Publikums-KG aufgrund der großen Gesellschafterzahl aber praktisch unmöglich. Die Gesellschafter können aber z.B. die Komplementär-GmbH oder die GmbH & Co. KG bevollmächtigen, in ihrem Namen den Beitrittsvertrag abzuschließen[249]. Die Rechtsprechung nimmt einen wirksamen Beitritt des

---

243 BGH, NJW 1979, 419; BGH NJW 1979, 2102; *Schiefer,* DStR 1997, 119, 124 mit Beispielen aus der Rechtsprechung.

244 BGH, NJW 1976, 1451; BGH, NJW 1978, 755; *Jaletzke* in MünchHdb. GesR II, § 62 Rn. 3; *Grunewald* in MüKo/HGB, § 161 Rn. 113.

245 BGH, NJW 1976, 1451; BGH, NJW 1978, 755; kritisch *Grunewald* in MüKo/HGB, § 161 Rn. 113 da die Offenlegung in einem Beschlussprotokoll üblicherweise nicht zur Kenntnis genommen werde und deshalb nicht ausreichen könne.

246 *Jaletzke* in MünchHdb. GesR II, § 62 Rn. 2.

247 BGH, NJW 1976, 145; *Henze* in Ebenroth/Boujong/Joost/Strohn, HGB, § 177a Anh. B Rn. 18; *Oetker* in Oetker, HGB, § 161 Rn. 136; *Wagner* in Assmann/Schütze, Hdb. des Kapitalanlagerechts, § 17 Rn. 64.

248 BGH, NJW 1973, 1604; *Jaletzke* in MünchHdb. GesR II, § 62 Rn. 6; K. Schmidt, Gesellschaftsrecht, § 57 II S. 1671.

249 BGH, BB 1976, 154; BGH, NJW 1985, 1468; BGH, GWR 2011, 259; *Wagner* in Assmann/Schütze, Hdb. des Kapitalanlagerechts, § 17 Rn. 93 ff.; *Henze* in Ebenroth/Boujong/Joost/Strohn, HGB, § 177a Anh. B Rn. 10 ff. In diesem Fall wird die Zustimmung zum Abschluss des Beitrittsvertrags im Vorhinein bereits über den Gesellschaftsvertrag abgegeben. Zulässig ist auch eine Ermächtigung des Treuhänders zum Abschluss des Aufnahmevertrags mit den Anlegern.

neuen Gesellschafters auch dann an, wenn die Publikums-KG den Beitrittsvertrag im eigenen Namen abschließt[250]. Im Falle des Fehlens einer ausdrücklichen Bevollmächtigungs- bzw. Ermächtigungsklausel im Gesellschaftsvertrag ist die Ermächtigung zum Abschluss des Beitrittsvertrags im Wege der ergänzenden Vertragsauslegung anzunehmen[251].

c) Mehrheitsentscheidungen ohne Bestimmtheitsgrundsatz

Schon bevor der BGH in seinem Urteil vom 21.10.2014 den Bestimmtheitsgrundsatz bei Mehrheitsentscheidungen im Personengesellschaftsrecht insgesamt aufgab, war dieser Grundsatz bei der Publikums-KG nach dem richterrechtlichen Sonderrecht unbeachtlich[252]. Nach den gesetzlichen Vorgaben müssen bei Gesellschafterbeschlüssen der Kommanditgesellschaft grundsätzlich sämtliche Gesellschafter zustimmen gemäß §§ 161 Abs. 2, 119 HGB, es gilt insoweit das Einstimmigkeitsprinzip[253]. Vor Aufgabe des Bestimmtheitsgrundsatzes konnte im Gesellschaftsvertrag zwar für die laufenden bzw. gewöhnlichen Geschäfte ohne weiteres allgemein die Zulässigkeit von Mehrheitsbeschlüssen vereinbart werden[254]. Mehrheitsentscheidungen waren im Personengesellschaftsrecht jedoch in Bezug auf ungewöhnliche Geschäfte nur unter Beachtung des Bestimmtheitsgrundsatzes zulässig[255]. Hiernach musste sich der dem Mehrheitsprinzip unterliegende Beschlussgegenstand hinlänglich und konkret aus dem Gesellschaftsvertrag ergeben, damit jeder Gesellschafter wusste, bei welchen Geschäften er damit rechnen musste, überstimmt zu werden[256]. Die Geltung des Einstimmigkeitsprinzips hätte bei Publikumsgesellschaften aber de facto die Funktionsunfähigkeit der Gesellschafterversammlung zur Folge gehabt, da kaum jemals alle Anleger ihre Zustimmung erteilen. Das Festhalten am Bestimmtheitsgrundsatz hätte damit eine Fortentwicklung der Gesellschaft sowie eine Änderung krisenhafter Zuständen unmöglich gemacht[257]. Um die Funktionsfähigkeit der Publikums-KG zu erhalten, verzichtete die Rechtsprechung deshalb bei der Publikums-KG auf die

250 BGH, NJW 1978, 1000; eine mittelbare Stellvertretung annehmend *Wagner* in Assmann/Schütze, Hdb. des Kapitalanlagerechts, § 17 Rn. 93 f.; ablehnend *Grunewald* in MüKo/HGB, § 161 Rn. 142 mit der Begründung, Vertragspartner des Beitrittsvertrags könne nicht die Gesellschaft, sondern nur die Gesellschafter sein; kritisch *Schilling* in Staub, HGB, Anh. § 161 Rn. 8. Zu weiteren Besonderheiten zum Beitrittsvertrag, vgl. BGH, NZG 2011, 551.

251 *Grunewald* in MüKo/HGB, § 161 Rn. 142.

252 BGHZ 203, 77; ausführlich dazu *Schiffer*, BB 2015, 584.

253 *Enzinger* in MüKo/HGB, § 119 Rn. 3; *Roth* in Baumbach/Hopt, HGB, § 119 Rn. 33.

254 BGH, NJW 1953, 102; BGH, NZG 2007, 259.

255 *Picot,* BB 1993, 13, 14.

256 BGH, NJW 1953, 102; BGH, NZG 2007, 259; *Jaletzke* in MünchHdb. GesR II, § 66 Rn. 19; *Breithaupt* in Breithaupt/Ottersbach, Kompendium Gesellschaftsrecht, § 4 Rn. 441 ff.

257 BGHZ 66, 82; BGHZ 71, 53; *Jaletzke* in MünchHdb. GesR II, § 66 Rn. 21; *Roth* in Baumbach/Hopt, HGB, Anh § 177a Rn. 69a ff.

Geltung des Bestimmtheitsgrundsatzes[258]. Diesem Bestandteil des richterrechtlichen Sonderrechts der Publikums-KG kommt heute allerdings keine Bedeutung mehr zu, da der BGH den Bestimmtheitsgrundsatz insgesamt – also auch bei allen anderen Personengesellschaften – aufgegeben hat[259]. Selbst wenn der Gesellschaftsvertrag keine Abbedingung des Einstimmigkeitsprinzips zu Gunsten von Mehrheitsentscheidungen enthält, sollen nach überwiegender Ansicht in der Literatur mit unterschiedlicher Begründung Mehrheitsentscheidungen zulässig sein[260].

d) Nachschusspflichten

Aus der gesellschaftsrechtlichen Beteiligung an einer Personengesellschaft kann für die Gesellschafter nach Leistung der Einlage grundsätzlich das Risiko weiterer Leistungspflichten – sog. Nachschüsse – entstehen[261]. Zwar besteht gemäß § 707 BGB, welcher über §§ 161 Abs. 2, 105 Abs. 3 HGB auch für die KG Anwendung findet, vor Auflösung der Gesellschaft grundsätzlich keine Nachschusspflicht über die vereinbarte Einlage hinaus. Hierbei handelt es sich jedoch nicht um eine zwingende gesetzliche Vorschrift, weshalb Abweichungen zulässig sind[262]. Allerdings können Nachschussverpflichtungen im Gesellschaftsvertrag grundsätzlich nur unter hohen Voraussetzungen in Bezug auf den Bestimmtheitsgrundsatz wirksam vereinbart werden[263]. So fordert der BGH, dass die Obergrenze oder sonstige Kriterien der Nachschussverpflichtung eindeutig aus dem Gesellschaftsvertrag hervorgehen; die Höhe des Nachschusses muss zumindest objektiv bestimmbar sein[264]. Die Rechtsprechung verzichtet bei der Publikums-KG auf die Festlegung einer Obergrenze von Kapitalerhöhungen im Gesellschaftsvertrag und lässt diese im Wege eines einfachen Mehrheitsbeschlusses zu, sofern die Kommanditisten die freie Wahl haben, ob sie an der Kapitalerhöhung entsprechend ihrer bisherigen Beteiligung teilnehmen oder nicht[265]. Nach der Rechtsprechung zum sog. „Sanieren und Ausscheiden" kann im Falle einer notwendigen Sanierung von einem nicht an der Kapitalerhöhung

---

258 BGHZ 71, 53; BGHZ 85, 350; BGH, MDR 1985, 912; K. Schmidt, Gesellschaftsrecht, § 57 II, S. 1675 ff., *Picot*, BB 1993, 13, 14 f.

259 BGHZ 203, 77.

260 Offen gelassen in BGHZ 71, 58; vgl. aber BGHZ 102, 172; BGHZ 203, 77; *Roth* in Baumbach/Hopt, HGB, Anh. § 177a Rn. 69b; *Oetker* in Oetker, HGB, § 161 Rn. 145 f.

261 Ausführlich *Armbrüster*, ZGR 2009, 1 ff.

262 BGH, NZG 2007, 382; BGH ZIP 2007, 2413; kritisch *Armbrüster*, ZGR 2009, 1, 8 f.

263 Nachschusspflichten sind nur solche Pflichten, die über die Einlagepflicht hinausgehen. § 707 BGB ist deshalb z.B. nicht anwendbar, wenn nach dem Gesellschaftsvertrag eine betragsmäßig festgelegte Einlage und laufende Beiträge geschuldet sind BGH, NZG 2007, 382; *Armbrüster*, ZGR 2009, 1, 8 ff.; *Komo*, BB 2012, 1423, 1426.

264 BGH, WM 2005, 1608; BGH, NZG 2007, 382; BGH, ZIP 2007, 2413.

265 BGHZ 66, 82.

teilnehmenden Gesellschafter auf Grundlage der Treupflicht ggf. das Ausscheiden aus der Gesellschaft verlangt werden[266].

e) Mittelbare Beteiligungen über Treuhandmodelle

Häufig werden die Anleger bei geschlossenen Immobilienfonds in Form der Publikums-KG nicht selbst unmittelbar Gesellschafter, sondern die Gesellschafterstellung des Anlegers ergibt sich lediglich mittelbar über einen Treuhandkommanditisten[267]. Hinsichtlich der konkreten Ausgestaltung des Treuhandverhältnisses gibt es verschiedene Modelle. Da bei der echten Treuhand nur der Treuhänder Gesellschafter ist, stehen den Anlegern grundsätzlich keinerlei eigene unmittelbare gesellschaftsrechtliche Rechte zu; es bestehen nur schuldrechtliche Ansprüche gegen den Treuhänder. Nach der Rechtsprechung des BGH ist es aber möglich, dass den Anlegern trotz ihrer fehlenden Gesellschafterstellung bestimmte gesellschaftsrechtliche Rechte wie etwa Kontroll- und Überwachungsmöglichkeiten bei Einverständnis aller Gesellschafter zugebilligt werden[268]. Darüber hinaus sieht die Rechtsprechung es als zulässig an, wenn im Gesellschaftsvertrag vereinbart wird, dass die Treugeber im Innenverhältnis einem Gesellschafter gleichgestellt werden („Quasi-Gesellschafter")[269]. Nach der Rechtsprechung dürfen sich aus der mittelbaren Beteiligung an einer Publikums-KG für den Anleger keine rechtlichen Nachteile ergeben, soweit eine Schlechterstellung nicht unvermeidbar mit der Zwischenschaltung eines Treuhänders einhergeht[270]. Das richterrechtliche Sonderrecht der Publikums-KG bei direkter Beteiligung des Anlegers als Kommanditist findet weitgehend auch bei einer mittelbaren Beteiligung über einen Treuhänder Anwendung. So erstreckt sich die richterliche Inhaltskontrolle nach § 242 BGB auf den Treuhandvertrag und

266 BGHZ 183, 1; OLG Stuttgart, BeckRS 2013, 12772; BGH, NJW 2010, 65; BGH, BeckRS 2009, 27914; *Grunewald* in MüKo/HGB, § 161 Rn. 131; *Westermann*, NZG 2010, 321 ff.

267 BGH, NJW 1980, 1163; *Horbach* in MünchHdb. GesR II, § 61 Rn. 19 ff.; *Roth* in Baumbach/Hopt, HGB, Anhang nach § 177a Rn. 77, § 105 Rn. 31–37; *Wagner* in Assmann/Schütze, Hdb. des Kapitalanlagerechts, § 16 Rn. 403.

268 BGHZ 10, 44; BGH, WM 2003, 1614; *Wagner*, NJW 2013, 198, 200 ff.; differenzierend *Wiedemann*, ZIP 2012, 1786 ff.

269 BGHZ 10, 44; BGH, NZG 2011, 1432 spricht von einer von gesellschaftsrechtlichen Bindungen überlagerten Treuhandbeziehung bzw. „Quasi-Gesellschaftern"; die beiden Begriffe trennend *Wiedemann*, ZIP 2012, 1786 ff.; die Zwitterstellung zwischen Gesellschafter und Treugeber kritisierend und die Frage aufwerfend, ob nicht konsequenterweise der Treugeber als Kommanditist ins Handelsregister einzutragen sei *Bost/Halfpap* in Lüdicke/Arndt, Geschlossene Fonds, S. 23 f.; zur Schlechterstellung im Vergleich zur direkten Beteiligung *Wagner*, NJW 2013, 198, 200 ff.

270 BGH, WM 1980, 401; BGHZ 104, 50.

auch bei der mittelbaren Beteiligung besteht das Formerfordernis hinsichtlich von Gründervorteilen[271].

f) Weitere Besonderheiten bei der Publikums-KG

Das richterrechtliche Sonderrecht zur Publikums-KG besagt außerdem, dass der bei Personengesellschaften geltende verringerte Sorgfaltsmaßstab nach § 708 BGB (i.V.m. §§ 105 Abs. 3, 161 Abs. 2 HGB) bei der Publikums-KG zum Schutz der Anleger keine Anwendung findet[272]. Gemäß § 708 BGB hat ein Gesellschafter bei der Erfüllung der ihm obliegenden Verpflichtungen nur für diejenige Sorgfalt einzustehen, die er in eigenen Angelegenheiten anzuwenden pflegt. Die Rechtsprechung wendet diesen verringerten Sorgfaltsmaßstab auf die Publikums-KG nicht an, da die Reduzierung des Haftungsmaßstabes auf die eigenübliche Sorgfalt bei Personengesellschaften auf dem Gedanken der persönlichen Verbundenheit der Gesellschafter untereinander beruhe, welche bei der Publikums-KG gerade fehle[273].

Eine weitere Besonderheit nach dem richterrechtlichen Sonderrecht zur Publikums-KG gilt dann, wenn der Anlegergesellschafter bei einem Gesellschafterbeschluss aufgrund der gesellschaftsrechtlichen Treuepflicht zustimmen müsste, seine Zustimmung aber verweigert[274]. Grundsätzlich müssten die Mitgesellschafter den Anleger in diesem Fall auf Zustimmung verklagen und erst mit Rechtskraft des stattgebenden Urteils würde der Gesellschafterbeschluss wirksam werden[275]. Eine langwierige Klage auf Zustimmung gegen sämtliche sich widersetzende Gesellschafter wäre bei der Publikums-KG aber unzumutbar, zumal gerade in Krisenzeiten häufig rasches Handeln geboten ist[276]. Geht es um die Erhaltung der Funktionsfähigkeit der Publikumsgesellschaft, sieht der BGH aus diesem Grund einen Gesellschafterbeschluss ausnahmsweise bereits dann als wirksam an, wenn die Gesellschafter wegen ihrer gesellschaftsrechtlichen Treuepflicht zur Zustimmung verpflichtet sind[277]. Im sog. „Media-Saturn"-Urteil hat der BGH klargestellt, dass der Gesellschafter einer Maßnahme zustimmen muss, wenn sie zur Erhaltung wesentlicher Werte, die die Gesellschafter geschaffen haben oder zur Vermeidung erheblicher Verluste, die die

271 BGHZ 104, 50; BGH, NJW 1978, 755; *Schiefer,* DStR 1997, 119, 121; *Oetker* in Oetker, HGB, § 161 Rn. 136.

272 BGHZ 69, 207; BGHZ 75, 321; BGH, MDR 1983, 560.

273 BGHZ 69, 207; BGHZ 75, 321.

274 BGH, NJW 1985, 974; BGH, WM 1985 256; OLG Stuttgart, NJOZ 2006, 2215; *Ulmer/Schäfer* in MüKo/BGB, § 705 Rn. 239 ff.; *Picot,* BB 1993, 13, 15 ff.

275 OLG Stuttgart, NZG 2010, 1223; BGH, NJW 1985, 974; BGHZ 102, 172; *Ulmer/Schäfer* in MüKo/BGB, § 705 Rn. 239 ff.; *Schiefer,* DStR 1997, 119, 122; kritisch *Sester,* BB 1997, 1, 3; vgl. *Wiedemann* in Kübler/Mertens/Werner, FS Heinsius, 949, 955 ff. will die Zustimmungsfiktion allgemein nur bei Offenkundigkeit der Treuepflichtverletzung annehmen.

276 BGH, NJW 1985, 974.

277 BGH NJW 1985, 974; Korehnke, Treuwidrige Stimmen, S. 43 ff.

Gesellschaft bzw. die Gesellschafter erleiden können, objektiv unabweisbar erforderlich ist und den Gesellschaftern unter Berücksichtigung ihrer eigenen schutzwürdigen Belange zumutbar ist[278]. Nicht oder pflichtwidrig abgegebene Stimmen werden im Falle der existentiellen Bedeutung des Gesellschafterbeschlusses so behandelt, als ob sie abgegeben worden wären, ohne dass eine Zustimmungsklage erforderlich ist[279]. Darüber hinaus umfasst das richterrechtliche Sonderrecht der Publikumsgesellschaften noch weitere Besonderheiten z.B. in Bezug auf Schiedsklauseln, hierauf soll aber aufgrund der untergeordneten Bedeutung nicht eingegangen werden[280].

2. Gesetzliche Regulierung geschlossener Fonds

Bei der Regulierung geschlossener Fonds handelte es sich vor Inkrafttreten des KAGB vorrangig um eine Vertriebsregulierung[281]. Der erste Anlauf des Gesetzgebers zur Regulierung geschlossener Fonds war der Entwurf eines Gesetzes über den Vertrieb von Anteilen an Vermögensanlagen vom 02.01.1978, welcher sich jedoch zunächst im Sande verlief[282]. Erst im Zuge des Anlegerschutzverbesserungsgesetzes vom 28.10.2004 (AnSVG) wurde durch § 8f VerkProspG die Prospektpflicht für Anbieter geschlossener Fonds eingeführt[283]. Hinsichtlich der Prospekthaftung für unrichtige und unvollständige Angaben im Prospekt waren gemäß § 13 VerkProspG die §§ 44–47 BörsG a.F. in modifizierter Form anwendbar, für fehlende Prospekte galt die Haftung nach § 13a VerkProspG[284]. Im Rahmen des vom Bundestag am 06.12.2011 beschlossenen Gesetzes zur Novellierung des Finanzanlagenvermittler- und Vermögensanlagerechts (FinAnlVG) wurde das VerkProspG aufgehoben und die

---

278 BGH NZG 2016, 781.

279 BGH, NJW 1985, 974; BGH, WM 1986, 1556; OLG Stuttgart, NJOZ 2006, 2215; *Picot*, BB 1993, 13, 15 ff.; kritisch *Sester*, BB 1997, 1, 3.

280 Zum richterrechtlichen Sonderrecht der Publikumsgesellschaften, vgl. Schiefer, DStR 1997, 119, 122; *Wagner* in Assmann/Schütze, Hdb. des Kapitalanlagerechts, § 17 Rn. 51 ff.; *Jaletzke* in MünchHdb. GesR II, § 65 Rn. 1 ff.

281 *Hanke*, BKR 2014, 441; *Aurich*, GWR 2014, 295 f.; *Escher* in Habersack/Mülbert/Nobbe/Wittig, Bankrechtstag 2013, S. 124.

282 BT-Drucks. 8/1405; vgl. *Krieger* in Lutter/Mertens/Ulmer, Festschrift Stimpel (1985), S. 307, 309 ff.

283 Gemäß § 8f VerkProspG musste der Anbieter für im Inland öffentlich angebotene, nicht in Wertpapieren verbriefte Anteile, welche eine Beteiligung am Ergebnis eines Unternehmens gewähren, sowie für Anteile an einem Vermögen, das der Emittent oder ein Dritter in eigenem Namen für fremde Rechnung hält oder verwaltet (Treuhandvermögen) und für Anteile an sonstigen geschlossenen Fonds einen Verkaufsprospekt veröffentlichen, sofern nicht bestimmte Ausnahmeregelungen einschlägig waren, vgl. dazu *Kind* in Arndt/Voß, VerkProspG, vor §§ 13, 13a Rn. 1 f.; *Watermeyer* in Müller/Hoffmann, Beck'sches Hdb. der Personengesellschaften, § 16 Rn. 30.

284 *Kind* in Arndt/Voß, VerkProspG, vor §§ 13, 13 a Rn. 2; *Horbach* in MünchHdb. GesR II, § 69 Rn. 1; *Kind* in Lüdicke/Arndt, Geschlossene Fonds, S. 141 f.

Prospektpflicht sowie die Prospekthaftung in Bezug auf geschlossene Fonds im Vermögensanlagengesetz (VermAnlG) geregelt, welches am 01.06.2012 in Kraft trat[285].

a) *Anwendungsbereich des Vermögensanlagengesetzes*

Der Anwendungsbereich des Vermögensanlagengesetzes setzt gemäß § 1 Abs. 1 VermAnlG das Vorliegen von im Inland öffentlich angebotenen Vermögensanlagen voraus. Der Begriff der Vermögensanlagen war vor Juli 2013 legaldefiniert als nicht in Wertpapieren i.S.d. Wertpapierprospektgesetzes verbriefte Anteile, die eine Beteiligung am Ergebnis eines Unternehmens gewähren, Anteile an einem Vermögen, das der Emittent oder ein Dritter in eigenem Namen für fremde Rechnung hält oder verwaltet (Treuhandvermögen) und Anteile an sonstigen geschlossenen Fonds, sowie Genussrechte und Namensschuldverschreibungen. Im Zuge des AIFM-Umsetzungsgesetzes wurden verschiedene Änderungen des Vermögensanlagengesetzes vorgenommen, da geschlossene Fonds ausweislich der Gesetzesbegründung nunmehr dem KAGB unterfallen sollen[286].

Nicht in den Anwendungsbereich des Vermögensanlagengesetzes fallen solche Vermögensanlagen, die nicht öffentlich angeboten werden. Zudem enthält § 2 VermAnlG eine Reihe an Ausnahmebestimmungen, welche – im Falle eines öffentlichen Angebots und der damit einhergehenden grundsätzlichen Anwendbarkeit des Vermögensanlagengesetzes – in bestimmten Konstellationen den Großteil der Vorschriften des Vermögensanlagengesetzes wie insbesondere die Prospektpflicht und die Prospekthaftung für unanwendbar erklären. Dies gilt z.B. nach § 2 Abs. 1 Nr. 4 VermAnlG für Angebote, die sich nur an institutionelle Anleger richten[287]. Eine weitere Ausnahme ist für solche öffentliche angebotene Vermögensanlagen nach § 2 Abs. 1 Nr. 3 VermAnlG vorgesehen, bei denen von derselben Vermögensanlage nicht mehr als zwanzig Anteile angeboten werden, der Verkaufspreis der im Zeitraum von zwölf Monaten angebotenen Anteile insgesamt 100.000 Euro nicht übersteigt oder der Preis jedes angebotenen Anteils mindestens 200.000 Euro je Anleger beträgt. Sowohl in den Fällen, in denen kein öffentliches Angebot vorliegt, als auch

---

285 BGBl. 2011 I, S. 2481; *Bruchwitz/Voß*, BB 2011, 1226, 1227; *Leuering*, NJW 2012, 1905, 1907 ff.; *Zingel/Varadinek*, BKR 2012, 177, 178.

286 BT-Drucks. 17/12294, S. 310.

287 § 2 Abs. 1 Nr. 4 VermAnlG regelte eine Ausnahme für Angebote, die sich nur an solche Personen richten, die beruflich oder gewerblich für eigene oder fremde Rechnung Wertpapiere oder Vermögensanlagen erwerben oder veräußern. Hierunter sind Investoren und bestimmte Großanleger zu verstehen, insbesondere Banken, Versicherungen, Kapitalanlagegesellschaften und Pensionskassen, mithin institutionelle Anleger, vgl. *Arndt/Bruchwitz* in Arndt/Voß, VerkProspG, 2008 § 8f Rn. 73.

bei Eingreifen eines Ausnahmetatbestands nach § 2 VermAnlG ist von einem sog. Private Placement (Privatplatzierung) die Rede[288].

b) Erstellung eines Verkaufsprospekts

Gemäß § 6 VermAnlG hat jeder Anbieter, der in Deutschland Vermögensanlagen i.S.d. VermAnlG öffentlich anbietet grundsätzlich einen Verkaufsprospekt zu veröffentlichen. Dieser Verkaufsprospekt muss alle tatsächlichen und rechtlichen Angaben enthalten, die notwendig sind, um dem Publikum eine zutreffende Beurteilung des Emittenten der Vermögensanlagen und der Vermögensanlagen selbst zu ermöglichen (§ 7 Abs. 1 S. 1 VermAnlG) und bestimmten formellen Anforderungen genügen. Die inhaltlichen Anforderungen an den Prospekt werden in der Verordnung über Vermögensanlagen-Verkaufsprospekte (VermVerkProspV) konkretisiert[289]. Vor der Veröffentlichung des Verkaufsprospekts muss dieser von der BaFin gebilligt werden. Eine wesentliche Neuerung des VermAnlG im Vergleich zum Gestattungsverfahren nach § 8i VerkprospG bestand darin, dass sich der Prüfungsumfang der BaFin im Rahmen des neu eingeführten Billigungsverfahrens nach § 8 Abs. 1 VermAnlG nicht mehr auf die bloße Prüfung der Vollständigkeit der Angaben beschränkte, sondern auf die Prüfung der Kohärenz und Verständlichkeit des Inhalts des Prospekts erweitert wurde[290]. Eine darüber hinausgehende inhaltliche Prüfung der Prospektangaben sieht das VermAnlG nicht vor[291]. Tritt nach der Billigung des Verkaufsprospekts und noch während der Dauer des öffentlichen Angebots ein

---

288 Der Begriff „Private Placement" wird uneinheitlich verwendet. Zum Teil wird hierunter nur ein nicht-öffentlicher Vertrieb verstanden, welcher bereits nicht in den Anwendungsbereich des VermAnlG fällt, vgl. *Hennrichs* in Schwark/Zimmer, Kapitalmarktrechts-Kommentar, § 8f Rn. 12; *von Livonius*, BKR 2005, 12, 16. Teilweise bezieht sich der Begriff des Private Placements jedoch auch auf solche Vermögensanlagen, die einen Ausnahmetatbestand nach § 2 Nr. 3 VermAnlG erfüllen, vgl. *Weitnauer* in Möllers/Kloyer, Das neue KAGB, Rn. 400, welcher eine Ausnahme von der Prospektpflicht im Falle eines begrenzten Anlegerkreises annimmt und dies als Private Placement bezeichnet. Häufig wird der Begriff Private Placement auch generell für solche Vermögensanlagen verwendet, welche – gleich aus welchem Grund – nicht unter die Prospektpflicht und -haftung das VermAnlG fallen, vgl. *Bühring/Linnemannstöns*, DB 2007, 2637, 2640.

289 Im Zuge des FinAnlVG wurde die VermVerkProspV geändert. Diese Änderungen bestanden teilweise redaktionellen Anpassungen an die Regelungen des neuen VermAnlG, es wurden aber auch Änderungen in inhaltlicher Hinsicht vorgenommen wie z.B. das Erfordernis von Angaben hinsichtlich Liquiditätsrisiken und Risiken aus dem Einsatz von Fremdkapital.

290 § 8 Abs. 1 VermAnlG; *Bruchwitz/Voß*, BB 2011, 1226, 1230 ff.; *Zingel/Varadinek*, BKR 2012, 177.

291 Aus Haftungs- und Marketinggründen wurde der Prospekt jedoch vor dem Vertriebsstart regelmäßig freiwillig einer inhaltlichen Prüfung auf die Einhaltung des Prospektstandards IDW S 4 vom Institut der Wirtschaftsprüfer im Rahmen eines

wichtiger neuer Umstand ein oder ergibt sich eine wesentliche Unrichtigkeit des Verkaufsprospekts, welche die Beurteilung der Vermögensanlagen oder des Emittenten beeinflussen könnten, so ist ein Nachtrag zum Verkaufsprospekt zu erstellen, der ebenfalls veröffentlicht werden muss[292].

c) Vermögensanlagen-Informationsblatt

Neben der Pflicht zur Erstellung eines Verkaufsprospekts erlegt § 13 Abs. 1 VermAnlG dem Anbieter die Erstellung eines Vermögensanlagen-Informationsblattes auf. Dieses darf nicht mehr als drei DIN-A4-Seiten lang sein und muss alle wesentlichen Merkmale der Vermögensanlage in übersichtlicher und leicht verständlicher Weise für den Anleger zusammenfassen, so dass dieser insbesondere die Art der Vermögensanlage, die Anlagestrategie, -politik und -objekte sowie die mit der Anlage verbundenen Risiken, Kosten und Provisionen verstehen kann ebenso wie die Aussichten hinsichtlich der Kapitalrückzahlung und Erträge unter verschiedenen Marktbedingungen. Zudem fordert § 13 Abs. 3 VermAnlG Angaben über die Identität des Anbieters und stellt die Pflicht zur Erteilung verschiedener Hinweise auf, z.B. darauf, dass das Vermögensanlagen-Informationsblatt keiner Prüfung durch die BaFin unterliegt und dass die Anlageentscheidung auf der Grundlage des gesamten Verkaufsprospekts erfolgen sollte. Die wesentlichen Merkmale muss der Anleger alleine durch das Vermögensanlagen-Informationsblatt ohne Heranziehung weiterer Dokumente verstehen können. Das Vermögensanlagen-Informationsblatt soll es dem Anleger erleichtern, die Vermögensanlage einzuschätzen und verschiedene Vermögensanlagen miteinander zu vergleichen[293]. Eine Prüfung des Vermögensanlagen-Informationsblattes bzw. ein Billigungsverfahren wie beim Verkaufsprospekt findet nicht statt, jedoch ist auch das Vermögensanlagen-Informationsblatt bei der BaFin zu hinterlegen. Während der Dauer des öffentlichen Angebots ist das Vermögensanlagen-Informationsblatt zu aktualisieren unter Hinterlegung der aktualisierten Fassung bei der BaFin.

d) Anlegerinformation nach dem Vermögensanlagengesetz

Das Vermögensanlagengesetz erlegt dem Anbieter Informationspflichten auf gegenüber den Anlegern bzw. solchen Personen, die am Erwerb einer Vermögensanlage interessiert sind. Solange die Vermögensanlage öffentlich angeboten wird, muss dem Anleger bzw. dem am Erwerb einer Vermögensanlage Interessierten gemäß § 15 Abs. 1 VermAnlG auf dessen Verlangen hin jederzeit der Verkaufsprospekt sowie eine aktuelle Fassung des Vermögensanlagen-Informationsblattes in Textform bzw. auf Verlangen in Papierform zur Verfügung gestellt werden. Darüber hinaus

---

Wirtschaftsprüfergutachtens unterzogen, vgl. *Küting*, DStR 2006, 1007; *Bruchwitz* in Lüdicke/Arndt, Geschlossene Fonds, S. 113; *Marx/Schleifer*, BB 2007, 258 ff.

292 Die Veröffentlichung ergänzender Angaben ist in § 11 VermAnlG geregelt.

293 BT-Drucks. 17/6051, S. 33.

kann der Anleger bzw. der am Erwerb einer Vermögensanlage Interessierte vom Emittent jederzeit die Übermittlung des letzten veröffentlichten Jahresabschlusses und Lageberichts in Textform bzw. auf Verlangen in Papierform verlangen.

e) *Sonstige gesetzliche Regelungen*

Durch das Gesetz zur Novellierung des Finanzanlagenvermittler- und Vermögensanlagenrechts (FinAnlVG) vom 06.12.2011 wurden in §§ 23 bis 26 VermAnlG Pflichten im Hinblick auf die Rechnungslegung und Prüfung aufgenommen. Seitdem besteht gemäß § 23 Abs. 1 S. 1 VermAnlG ungeachtet der Unanwendbarkeit von Vorgaben des Handelsgesetzbuchs zur Offenlegung des Jahresabschlusses für Emittenten von Vermögensanlagen grundsätzlich die Pflicht zur Erstellung eines Jahresberichtes für den Schluss eines jeden Geschäftsjahres, wobei der Jahresabschluss nebst Lagebericht von einem Abschlussprüfer geprüft werden muss. Der Jahresbericht ist spätestens sechs Monate nach Ablauf des Geschäftsjahrs beim Betreiber des Bundesanzeigers elektronisch einzureichen ist. Zudem muss der Jahresbericht den Anlegern auf Verlangen zur Verfügung gestellt werden[294]. Eine weitere Neuerung des FinAnVG war, dass Anteile an geschlossenen Fonds als Finanzinstrumente i.S.d. Kreditwesengesetz (KWG) und des Wertpapierhandelsgesetzes (WpHG) qualifiziert wurden[295]. Aus diesem Grund ist der Vertrieb von Vermögensanlagen nach dem VermAnlG als Wertpapierdienstleistung zu qualifizieren, weshalb insbesondere die wertpapierhandelsrechtlichen Wohlverhaltensregeln nach §§ 31 ff. WpHG bzw. der Finanzanlagenvermittlerverordnung Anwendung finden[296]. Darüber hinaus bedürfen Finanzanlagenvermittler für Vermögensanlagen i.S.d. Vermögensanlagengesetzes seit dem 01.01.2013 einer Erlaubnis nach der Gewerbeordnung und unterstehen insoweit einer staatlichen Aufsicht[297].

3. Zusammenfassung

Geschlossene Fonds unterfielen vor dem Inkrafttreten des KAGB dem allgemeinen (Personen-)Gesellschaftsrecht, ohne dass in gesellschaftsrechtlicher Hinsicht besondere gesetzliche Vorgaben zu beachten waren. Obwohl erst das Regulierungsregime des KAGB insoweit gesetzliche Spezialregelungen einführte, galten bereits vor dem Inkrafttreten des KAGB im Juli 2013 gesellschaftsrechtliche Besonderheiten. Denn die Rechtsprechung entwickelte seit Anfang der siebziger Jahre des letzten Jahrhunderts ein richterrechtliches Sonderrecht für Publikumsgesellschaften – insbesondere

294 *Escher* in Habersack/Mülbert/Nobbe/Wittig, Bankrechtstag 2013, S. 124.

295 § 1 Abs. 11 Nr. 2 VermAnlG; § 2 Abs. 2b WpHG.

296 Ausführlich *Zingel/Varadinek,* BKR 2012, 177 ff.; *Escher* in Habersack/Mülbert/Nobbe/Wittig, Bankrechtstag 2013, S. 123; *Kramer/Recknagel,* DB 2011, 2077; *Maas* in Gerhard/Rüschen/Sandhövel, Finanzierung erneuerbarer Energien, S. 992.

297 *Voigt* in Möllers/Kloyer, Das neue KAGB, Rn. 168; *Zingel/Varadinek,* BKR 2012, 177, 181 f.

die Publikums-KG –, durch welches das Recht der Personengesellschaft an die Besonderheiten der auf die Beteiligung einer Vielzahl an Anlegern ausgerichteten geschlossenen Fonds angepasst wurde[298]. So wurde im Rahmen der Publikums-KG wie oben ausgeführt z.B. der Gesellschaftsvertrag entsprechend dem Auslegungsmaßstab bei Kapitalgesellschaften nach rein objektiven Kriterien ausgelegt und es galten bei den Treuhandmodellen in gesellschaftsrechtlicher Hinsicht Besonderheiten[299].

Vor Inkrafttreten des KAGB unterstanden geschlossene Fonds nur einer sehr eingeschränkten Regulierung[300]. Die gesetzlichen Vorschriften knüpften fast ausnahmslos an den Vertrieb geschlossener Fonds an. Den Kernbereich dieses Vertriebsregulierungsregimes stellte die Pflicht zur Erstellung eines Verkaufsprospekts sowie weiterer Informationen für die Anleger nach dem Vermögensanlagengesetz dar[301]. Nach § 6 VermAnlG war der Anbieter von Beteiligungen an geschlossenen Fonds vor dem öffentlichen Angebot der Vermögensanlage zur Veröffentlichung eines Verkaufsprospekts verpflichtet. Vor der Veröffentlichung des Prospekts musste der Prospekt von der BaFin gebilligt werden, welche den Prospekt auf die Vollständigkeit der gesetzlich geforderten inhaltlichen Mindestangaben sowie auf die Kohärenz und Verständlichkeit der Prospektangaben hin prüfte. Eine darüberhinausgehende inhaltliche Prüfung des Verkaufsprospekts durch die BaFin fand nach dem Vermögensanlagengesetz nicht statt. Neben dem Verkaufsprospekt musste der Anbieter ein Vermögensanlagen-Informationsblatt erstellen und dieses zusammen mit dem Verkaufsprospekt dem Anleger bzw. dem am Erwerb einer Vermögensanlage Interessierten in Text- oder Schriftform zur Verfügung stellen.

Neben den prospektbezogenen Vorschriften bestand nach § 23 VermAnlG die Pflicht zur Erstellung und Offenlegung von Jahresberichten. Aufgrund der Qualifizierung von Vermögensanlagen i.S.d. VermAnlG als Finanzinstrumente fanden die Vorschriften des WpHG bzw. KWG auch auf geschlossene Fonds Anwendung und die Finanzanlagenvermittlung war nach § 34f GewO erlaubnispflichtig[302].

II. Prospekthaftung

Ein zentraler Bestandteil der bereits vor dem Inkrafttreten des KAGB bestehenden staatlichen Einflussnahme im Bereich geschlossener Fonds ist die Prospekthaftung. Unter dem Begriff Prospekthaftung ist die Haftung für unvollständige oder unrichtige

298 *Grunewald* in MüKo/HGB, § 161 Rn. 106 ff.; *Roth* in Baumbach/Hopt, HGB, Anhang nach § 177a Rn. 52 ff.

299 BGH, NJW 1979, 419; BGH NJW 1979, 2102; *Roth* in Baumbach/Hopt, HGB, Anh. § 177a Rn. 67; BGHZ 104, 50; BGH, NJW 1978, 755; *Schiefer*, DStR 1997, 119, 121.

300 *Jesch/Alten*, RdF 2013, 191.

301 *Hanke*, BKR 2014, 441; *Aurich*, GWR 2014, 295 f.; *Escher* in Habersack/Mülbert/Nobbe/Wittig, Bankrechtstag 2013, S. 124.

302 *Voigt* in Möllers/Kloyer, Das neue KAGB, Rn. 168; *Zingel/Varadinek*, BKR 2012, 177, 181 f.

Angaben in Prospekten für Kapitalanlagen zu verstehen[303]. Die Prospekthaftung für geschlossene Fonds besteht aus zwei unterschiedlichen Komponenten: Zum einen hat sich ein richterrechtliches Sonderrecht herausgebildet, welches aus allgemeinen zivilrechtlichen Grundlagen hergeleitet wird (sog. zivilrechtliche Prospekthaftung). Zum anderen waren bereits vor Inkrafttreten des KAGB die Pflicht zur Erstellung eines Verkaufsprospekts und die damit verbundene Haftung gesetzlich geregelt im Vermögensanlagengesetz (spezialgesetzliche Prospekthaftung)[304].

1. Zivilrechtliche Prospekthaftung nach der Rechtsprechung

Ende der siebziger Jahre des letzten Jahrhunderts bildete die Rechtsprechung aufgrund der gesetzgeberischen Untätigkeit zum Schutz der Anleger eine allgemeine zivilrechtliche Prospekthaftung im Bereich der Publikumsgesellschaften heraus[305]. Der Grundgedanke der Prospekthaftung ist, dass der Prospekt die wesentliche und oftmals auch einzige Informationsquelle des Anlegers bei der Entscheidung zum Beitritt zu einer Publikumsgesellschaft darstellt und sich der Anleger deshalb auf die Angaben im Prospekt verlassen können muss[306]. Anknüpfungspunkt der richterrechtlichen Prospekthaftung sind vorvertragliche Aufklärungs- und Informationspflichten, welche vor der Schuldrechtsreform 2001 aus dem Rechtsinstitut des Verschuldens bei Vertragsverhandlungen (sog. culpa in contrahendo, „cic") hergeleitet wurden und heute ihre gesetzliche Grundlage in §§ 311 Abs. 2 und 3 i.V.m. 241 BGB haben[307].

Schon vor der Einführung der gesetzlichen Pflicht zur Erstellung eines Verkaufsprospekts galten nach der Rechtsprechung im Vorfeld des Beitritts zu Publikumsgesellschaften Informationspflichten gegenüber Anlegern[308]. Dem Anleger muss vor der Beitrittsentscheidung ein zutreffendes Bild über die Beteiligung vermittelt werden[309]. Zu diesem Zweck ist der Anleger über alle Umstände vollständig und verständlich aufzuklären, welche für die Beitrittsentscheidung von wesentlicher Bedeutung sind[310]. Hierzu zählen insbesondere Umstände, die den Vertragszweck

303 *Emmerich* in MüKo/BG, § 311 Rn. 147; *Horbach* in MünchHdb. GesR II, § 69 Rn. 1 ff.

304 *Grunewald* in MüKo/HGB, § 161 Rn. 192 ff.; *Henze* in Ebenroth/Boujong/Joost/Strohn, HGB, Anhang nach § 177a B Rn. 44 ff.; *Emmerich* in MüKo/BGB, § 311 Rn. 147; *Heisterhagen*, DStR 2004, 1089 ff.

305 BGHZ 71, 284; BGHZ 72, BGH, NJW 1981, 1449; BGHZ 177, 25; *Assmann* in Assmann/Schütze, Hdb. des Kapitalanlagerechts, § 5 Rn. 23 ff.

306 BGH, NJW 1981, 1449; *Kind* in Lüdicke/Arndt, Geschlossene Fonds, S. 143; *Horbach* in MünchHdb. GesR II, § 69 Rn. 1.

307 BGHZ 79, 337; BGH, WM 1982, 90; *Grunewald* in MüKo/HGB, § 161 Rn. 145 ff.

308 OLG Düsseldorf, BeckRS 2013, 09396.

309 BGHZ 116, 7; BGH, WM 1982, 90; BGH, DStR 2000, 1357; BGH, NJW 2006, 2042; BGH, NJW-RR 2012, 1316; BGH, DStR 2012, 1517.

310 BGHZ 116, 7; BGH, DStR 2000, 1357; BGH, NJW 2006, 2042; BGH, NJW-RR 2012, 1316.

vereiteln können, also die mit der Beteiligung verbundenen Risiken und Nachteile[311]. Diese Aufklärungspflicht kann aufgrund der Vielzahl an komplexen Informationen grundsätzlich nur durch deren Übergabe in Schriftform – den Prospekt – erfüllt werden, weshalb schon vor Einführung der spezialgesetzlichen Prospektpflicht eine faktische Prospektpflicht anzunehmen war[312]. Sind die Prospektangaben unvollständig oder unrichtig, ist der Anleger durch die Prospekthaftung geschützt[313]. Bei der richterrechtlichen zivilrechtlichen Prospekthaftung ist im Hinblick auf die Voraussetzungen der Haftung zwischen der Prospekthaftung im engeren Sinn und der Prospekthaftung im weiteren Sinn zu unterscheiden.

a) Prospekthaftung im weiteren Sinn

Die Prospekthaftung im weiteren Sinn – auch uneigentliche Prospekthaftung genannt – knüpft an das vorvertragliche Verhalten in Bezug auf Aufklärungs- und Informationspflichten vor dem Beitritt des Anlegers an[314]. Die Prospekthaftung im weiteren Sinn setzt ein individuelles haftungsbegründendes Verhalten des Haftenden bzw. seiner Erfüllungsgehilfen voraus, also einen persönlichen Kontakt zum Anleger[315].

i. Vertragspartner

Eine Vertrauenshaftung kann sich zunächst aus dem vorvertraglichen Verhalten des Vertragspartners selbst ergeben, wenn dieser unrichtige Angaben macht oder seinen Aufklärungspflichten nicht nachkommt[316]. Vertragspartner des Anlegers beim Beitritt zur Publikumsgesellschaft und somit möglicher Anspruchsgegner des Anlegers aus der Prospekthaftung im weiteren Sinne ist nicht die Fondsgesellschaft, da diese nicht Vertragspartnerin des Beitritts ist. Vertragspartner sind vielmehr

---

311 BGHZ 79, 337; BGH, NJW 2006, 2042; OLG Düsseldorf, BeckRS 2013, 09396. Risiken und Nachteile eines geschlossenen Fonds, über die zwingend aufgeklärt werden muss, sind z.B. die eingeschränkte Handelbarkeit der Gesellschaftsanteile und Nachschusspflichten, vgl. BGH, DStR 2009, 2610 oder Haftungsrisiken aus § 172 Abs. 4 HGB, sowie das Risiko des Totalverlustes der Einlage, vgl. BGH, NJW-RR 2010, 115, ebenso wie personale Verflechtungen, vgl. BGH, DB 2010, 1173, und verdeckte Innenprovisionen, vgl. BGHZ 158, 110, sowie Rückvergütungen, vgl. BGH, BKR 2010, 169.

312 OLG Hamm, BKR 2003, 807; *Kind* in Lüdicke/Arndt, Geschlossene Fonds, S. 143; *Heisterhagen,* DStR 2004, 1089, 1093; *Watermeyer* in Müller/Hoffmann, Beck'sches Hdb. der Personengesellschaften, § 16 Rn. 30.

313 BGHZ 79, 337; BGHZ 123, 106; *Horbach* in MünchHdb. GesR II, § 69 Rn. 4 ff.; *Schürnbrand,* ZGR 2014, 256, 274.

314 BGH, WM 1984, 1529; *Nobbe,* WM 2013, 193, 202; *Emmerich* in MüKo/BGB, § 311 Rn. 171.

315 BGH, NZG 2009, 430.

316 BGH, WM 1984, 1529; BGH, DStR 2003, 1584.

die Mitgesellschafter, da sich die Aufnahme eines neuen Gesellschafters bei der Personengesellschaft durch einen Aufnahmevertrag zwischen allen Altgesellschaftern und dem Neugesellschafter vollzieht[317]. Potentielle Haftungsschuldner sind demnach diejenigen Altgesellschafter (Gründungskommanditisten und die Komplementär-GmbH), die mit dem Anleger im Rahmen der Beitrittsverhandlungen selbst in Kontakt treten oder sich das vorvertragliche Verhalten von Erfüllungsgehilfen zurechnen lassen müssen nach § 278 BGB[318]. Verwendet der Altgesellschafter bzw. sein Erfüllungsgehilfe einen Verkaufsprospekt, so muss dieser richtig und vollständig sein[319]. Entsprechen die Angaben im Prospekt diesen Anforderungen nicht, so kann der Anleger von dem Gründungskommanditisten oder der Komplementär-GmbH Schadensersatz wegen Verletzung vorvertraglicher Aufklärungspflichten aus cic bzw. §§ 280 Abs. 1, 311 Abs. 2 BGB (ggf. über § 278 BGB) verlangen[320].

ii. Dritte

Ein Anspruch wegen Verletzung von Aufklärungspflichten im vorvertraglichen Bereich kann nach der cic-Rechtsprechung bzw. nach §§ 280 Abs. 1, 311 Abs. 3 BGB ausnahmsweise auch gegen solche Personen bestehen, die selbst nicht Vertragspartner sind bzw. werden sollen, sofern diese in besonderem Maße das Vertrauen des Anlegers für sich in Anspruch nehmen und dadurch die Vertragsverhandlungen oder den Vertragsschluss erheblich beeinflussen[321]. Im Rahmen der Prospekthaftung im weiteren Sinn kommen als solche Dritte insbesondere Anlagevermittler,

---

317 Zur Aufnahme eines Kommanditisten in die Publikums-KG, vgl. BGH, WM 1984, 1529; BGH, DStR 2003, 1494. Zur Haftung des Treuhandkommanditisten als Vertragspartner der Anleger, vgl. BGH, NJW 1985, 533; BGH, NJW 1982, 2493; BGH, NZG 2002, 468; BGH, NJW-RR 2013, 1255. Gründungsgesellschafter haften gegenüber Anlegern, die sich mittelbar über einen Treuhänder beteiligen, jedenfalls dann aus Prospekthaftung im weiteren Sinn, wenn diese nach dem Gesellschaftsvertrag wie unmittelbar beteiligte Gesellschafter behandelt werden sollen, vgl. BGH, DStR 2012, 1517.

318 *Grunewald* in MüKo/HGB, § 161 Rn. 145 ff.; *Nobbe,* WM 2013, 193, 203. Wird von den Gesellschaftern beim Abschluss des Beitrittsvertrags ein Dritter (z.B. die Komplementär-GmbH) eingeschaltet, so müssten sich die Altgesellschafter das Verschulden des Erfüllungsgehilfen nach § 278 BGB wie eigenes Verschulden vorwerfen lassen. Aufgrund der besonderen Struktur bei Publikumsgesellschaften, bei welcher die Anlegerkommanditisten keinerlei Einfluss auf den Beitritt weiterer Gesellschafter haben, wendet die Rechtsprechung die Zurechnung über § 278 BGB bei reinen Anlegerkommanditisten jedoch nicht an, vgl. BGHZ 72, 382; BGH, NJW 1973, 1604; BGH, WM 1984, 1529; BGHZ 72, 382; *Grunewald* in MüKo/HGB, § 161 Rn. 147; *Schürnbrand,* ZGR 2014, 256, 275.

319 KG Berlin, WM 2011, 1938. Ob ein Prospekt verwendet wurde, ist für die Haftung nach § 311 Abs. 2 BGB nicht entscheidend. Die Haftung kann sich etwa auch aus fehlerhaften mündlichen Aussagen ergeben, vgl. *Nobbe,* WM 2013, 193, 203.

320 *Assmann* in Assmann/Schütze, Hdb. des Kapitalanlagerechts, § 5 Rn. 99 ff.

321 BGHZ 177, 25; BGH, NZG 2009, 430; BGH, DStR 2003, 1494.

Anlageberater, Banken oder andere Vertriebspartner in Betracht[322]. Voraussetzung für die vorvertragliche Haftung Dritter ist die Inanspruchnahme des besonderen persönlichen Vertrauens des Anlegers[323]. Das normale Vertrauen, welches dem Verhandlungspartner üblicherweise allgemein entgegengebracht wird, genügt nicht[324].

Ein besonderes persönliches Vertrauen wird von der Rechtsprechung dann angenommen, wenn der Dritte dem Anleger eine zusätzliche persönliche Gewähr für das Gelingen des Rechtgeschäfts bietet, z.B. wegen seiner besonderen Sachkunde oder der besonderen persönlichen Zuverlässigkeit[325]. Dies wird von der Rechtsprechung z.B. dann bejaht, wenn der Dritte – in der Regel der Anlagevermittler oder Anlageberater – sich mit seinem Erfahrungsschatz im Hinblick auf Rechtsgeschäfte in der jeweiligen Branche und einer darauf beruhenden Sachkunde rühmt[326]. Liegen diese Voraussetzungen vor, so ist der Dritte seinerseits gegenüber dem Anleger verpflichtet, ihn richtig und umfassend über die Beteiligung zu informieren und insbesondere über deren Nachteile und Risiken aufzuklären[327].

Bedient sich der Anlageberater, Anlagevermittler oder sonstige Dritte zur Erfüllung seiner (eigenen) Aufklärungspflichten eines fremden Prospekts, so macht er sich diesen zu Eigen und muss für die Unrichtigkeit oder Unvollständigkeit des Prospekts unter Umständen selbst rechtlich einstehen[328]. Sind die Angaben im Prospekt fehlerhaft, ohne dass diesbezüglich positive Kenntnis besteht, so muss im Rahmen des Verschuldens geprüft werden, ob ein Fahrlässigkeitsvorwurf i.S.d. § 276 BGB anzunehmen ist. Bei der Frage des anzulegenden Sorgfaltsmaßstabes kommt es auf die Umstände des Einzelfalls an; diese entscheiden darüber, inwieweit der Dritte den Prospekt auf fehlerhafte Angaben prüfen muss und ob bzw. inwieweit die Pflicht zu Nachforschungen besteht[329]. Eine vollumfängliche Prüfung der Angaben des Prospekts kann der Anleger jedenfalls dann erwarten, wenn der Dritte selbst den

---

322 BGHZ 56, 81; BGH, ZIP 1981, 1076; *Kind* in Lüdicke/Arndt, Geschlossene Fonds, S. 166 ff.; *Nobbe,* WM 2013, 193, 203; *Henze* in Ebenroth/Boujong/Joost/Strohn, HGB, Anhang nach § 177a B Rn. 58 ff.

323 BGH, WM 1984, 1529; BGH, NZG 2009, 430; OLG Düsseldorf, BeckRS 2013, 09396.

324 BGHZ 74, 103; BGH, NZG 2009, 430; BGH, NJW-RR 1986, 1478; *Grunewald* in MüKo/HGB, § 161 Rn. 150; *Nobbe,* WM 2013, 193, 203.

325 BGHZ 74, 103; BGH, NJW-RR 1986, 1102; BGH, NJW-RR 1986, 1478; BGH, NJW 1990, 389; *Nobbe,* WM 2013, 193, 203; *Emmerich* in MüKo/BGB, § 311 Rn. 186; *Kind* in Lüdicke/Arndt, Geschlossene Fonds, S. 166 ff.

326 BGHZ 74, 103.

327 BGHZ 74, 103; BGH, WM 2003, 1617; *Nobbe,* WM 2013, 193, 202; *Siol* in Schimansky/Bunte/ Lwowski, Bankrechts-Handbuch, § 45 Rn. 43.

328 BGHZ 74, 103; BGH, WM 2006, 1621; *Kind* in Lüdicke/Arndt, Geschlossene Fonds, S. 166; *Nobbe,* WM 2013, 193, 204; *Henze* in Ebenroth/Boujong/Joost/Strohn, HGB, Anhang nach § 177a B Rn. 58; *Assmann* in Assmann/Schütze, Hdb. des Kapitalanlagerechts, § 5 Rn. 86.

329 *Kind* in Lüdicke/Arndt, Geschlossene Fonds, S. 167; *Heisterhagen,* DStR 2004, 1089, 1089.

Eindruck hervorruft, er habe den Prospekt einer solchen Prüfung unterzogen[330]. Die Rechtsprechung unterscheidet bei der Prospekthaftung im weiteren Sinne zwischen Anlageberatern und bloßen Anlagevermittlern, wobei an Anlageberater erhöhte Anforderungen gestellt werden[331].

Die Rechtsprechung hat die Prospekthaftung im weiteren Sinn insgesamt im Laufe der Zeit immer weiter ausgedehnt[332]. Ein Beispiel für die Ausdehnung der allgemeinen zivilrechtlichen Prospekthaftung ist etwa darin zu sehen, dass sich die Gründungskommanditisten im Rahmen des § 278 BGB das Verhalten von Anlagevermittlern zurechnen lassen müssen, auch wenn die Anlagevermittler gegen Weisungen der Gründungskommanditisten verstoßen und der Prospekt selbst richtig und vollständig ist[333].

b) Prospekthaftung im engeren Sinn

Die richterrechtliche Prospekthaftung im engeren Sinn wird von der Rechtsprechung als Weiterentwicklung des Grundgedankens einer Vertrauenshaftung bezeichnet[334]. Die Rechtsprechung sah zur Verstärkung des Anlegerschutzes im Bereich der Publikumsgesellschaften das Bedürfnis, eine Prospekthaftung nach dem Vorbild des Börsengesetzes (BörsG) herauszubilden, da die Vertrauenshaftung auf der Grundlage der bisherigen cic-Rechtsprechung wegen des eingeschränkten Kreises der Haftungsschuldner als lückenhaft angesehen wurde[335]. Aufgrund des Erfordernisses eines persönlichen Vertrauens konnten neben den in die Beitrittsverhandlungen involvierten Altgesellschaftern (Gründungskommanditisten und Komplementär-GmbH) als direkte Vertragspartner Dritte nur bei Inanspruchnahme eines besonderen persönlichen Vertrauens aus der Prospekthaftung im weiten Sinn in Anspruch genommen werden[336]. Da die wesentliche Grundlage der Beitrittsentscheidung nach Auffassung der Rechtsprechung üblicherweise der an die Öffentlichkeit gerichtete Prospekt ist, sah die Rechtsprechung das Bedürfnis, den Prospekt

---

330 BGH, NJW-RR 1986, 1102; *Siol* in Schimansky/Bunte/Lwowski, Bankrechts-Handbuch, § 45 Rn. 43. Eine vertragliche Haftung der die Kapitalanlage vermittelnden Personen außerhalb der cic-Haftung kann sich zudem aus dem Auskunfts- oder Beratungsvertrag mit dem einzelnen Anleger ergeben, da auch in diesem Verhältnis Aufklärungspflichten bestehen, vgl. *Jaletzke* in MünchHdb. GesR II, § 69 Rn. 8; *Grunewald* in MüKo/HGB, § 161 Rn. 149; *Siol* in Schimansky/Bunte/Lwowski, Bankrechts-Handbuch, § 45 Rn. 43; BGHZ 74, 103.

331 BGH, NJW 2008, 3700; *Kind* in Lüdicke/Arndt, Geschlossene Fonds, S. 167 f.; *Horbach* in MünchHdb. GesR II, § 69 Rn. 77 ff.

332 *Emmerich* in MüKo/BGB, § 311 Rn. 172.

333 BGH, NJW-RR 2012, 1316. In BGH, NJW-RR 2013, 1255 wurde diese Haftung auf den Treuhandkommanditisten übertragen, vgl. dazu auch *Mahler*, AG 2013, R275.

334 BGHZ 79, 337; BGHZ 177, 25; BGH, NJW 1981, 1449.

335 BGH NJW 1981, 119; *Kind* in Lüdicke/Arndt, Geschlossene Fonds, S. 143 ff.

336 BGHZ 74, 103; ausführlich dazu siehe oben Prospekthaftung im weiteren Sinn, C. II. 1. a), S. 79 ff.

mehr in den Vordergrund zu stellen und die mit dem Prospekt in Zusammenhang stehenden Personen und Unternehmen in die Vertrauenshaftung einzubeziehen[337].

i. Prospektverantwortliche

Der Ausgangspunkt der Prospekthaftung im engeren Sinn ist die Überlegung, dass der Anleger aufgrund der öffentlichen Einwerbung mittels Prospekts sein Vertrauen regelmäßig nicht allein den Mitgesellschaftern als Vertragspartnern des Beitritts schenkt[338]. Denn die Publikums-KG stelle für ihn üblicherweise nur ein abstraktes Gebilde dar, dessen interne Verhältnisse er nicht kenne[339]. Die Rechtsprechung geht deshalb von einem typischerweise vorliegenden Vertrauen des Anlegers in die Personen aus, die hinter der Publikums-KG bzw. der Komplementär-GmbH stehen und die den Prospekt herausgeben oder für die Herausgabe verantwortlich sind[340]. Namentlich seien dies die das Management bildenden oder beherrschenden Initiatoren, Gründungsgesellschafter und Gestalter[341]. Darüber hinaus werden auch die „Hintermänner" in die Prospekthaftung im engeren Sinn einbezogen, welche in der Fondsgesellschaft über Einfluss verfügen, Mitverantwortung tragen und aufgrund ihrer Schlüsselstellung in der Gesellschaft mit der Geschäftsleitung vergleichbar sind[342]. Diese Leitungsgruppe sei für die Geschicke der Fondsgesellschaft und somit auch für die Herausgabe des Prospekts verantwortlich[343]. Der Anleger erwarte von dieser Leitungsgruppe aufgrund ihrer Stellung und Eigenschaft persönliche Zuverlässigkeit und gehe davon aus, dass der mit Wissen und Wollen dieser Personen in den Verkehr gebrachte Prospekt sorgfältig erstellt und überprüft wurde[344].

Diese sog. Leitungsgruppe ist nach der Rechtsprechung für die Angaben im Prospekt verantwortlich und der Anleger darf sich darauf verlassen, dass er über alle Umstände, die für seinen Beitritt von wesentlicher Bedeutung sind, insbesondere über Tatsachen, die den Vertragszweck vereiteln können sachlich richtig und vollständig aufgeklärt wird[345]. Anknüpfungspunkt der Prospekthaftung im engeren Sinn ist damit – in Abweichung von dem Erfordernis eines persönlichen Vertrauens nach

---

337 BGHZ 71, 284; BGHZ 77, 172; BGHZ 79, 337; *Horbach* in MünchHdb. GesR II, § 69 Rn. 70.

338 BGHZ 71, 284; BGHZ 72, 382; BGHZ 77, 172.

339 BGHZ 71, 284; BGHZ 72, 382; BGHZ 77, 172.

340 BGHZ 72, 382; BGHZ 74; 103; BGHZ 77, 172; BGH, NJW 1981, 1449; BGH, NJW 1981, 1449; BGH, ZIP 1984, 1086.

341 BGHZ 74; 103; BGHZ 79, 337; BGHZ 191, 310; BGH, NJW 1981, 1449; BGH, ZIP 1984, 1086.

342 BGH, NJW 1981, 1449; BGH, NJW-RR 2007, 1479; BGHZ 191, 310.

343 BGHZ 83, 222; BGHZ 115, 213.

344 BGHZ 71, 284. Zum Prospektbegriff, vgl. *Nobbe* WM 2013, 193, 198 ff.; *Horbach* in MünchHdb. GesR II, § 69 Rn. 55.

345 BGHZ 71, 286; BGHZ 79, 337; BGH, NJW 2006, 2042.

der cic-Rechtsprechung – ein typisiertes Vertrauen[346]. Der persönliche Kontakt zum Anleger ist nicht erforderlich; er muss weder die konkreten Personen der Leitungsgruppe noch deren Einflussmöglichkeiten kennen. Es spielt auch keine Rolle, ob die Personen aus dem Prospekt als Zugehörige der Leitungsgruppe hervorgehen oder ob eine tatsächliche aktive Mitwirkung an der Erstellung des Prospekts erfolgt ist[347].

ii. Prospektgaranten

Die Prospekthaftung im engeren Sinn umfasst darüber hinaus die Haftung von sachkundigen Personen, die durch persönliche Erklärungen im Prospekt einen zusätzlichen Vertrauenstatbestand begründen[348]. Diese besondere Vertrauenshaftung leitet die Rechtsprechung aus einer Art Garantenstellung, die auf der beruflichen oder wirtschaftlichen Stellung oder auf der Fachkunde als berufsmäßiger Sachkenner beruht, her[349]. Treten solche Garanten durch die Veröffentlichung bestimmter Erklärungen im Prospekt als Sachverständige nach außen hin in Erscheinung, so ist nach Auffassung der Rechtsprechung anzunehmen, dass der Anleger diese Erklärungen wegen der erwarteten persönlichen Zuverlässigkeit und beruflichen Sachkunde als maßgeblich und ausschlaggebend ansehe[350]. In Betracht kommen hier insbesondere Wirtschaftsprüfer, Rechtsanwälte, Steuerberater, Banken und Gutachter, welche durch hervorgehobene Aussagen im Prospekt unter Herausstellung der Fachkenntnis oder des Berufes besonderes persönliches Vertrauen in die Angaben des Prospekts hervorrufen[351].

Anders als bei der Prospekthaftung im engeren Sinn bezüglich der Prospektverantwortlichen, muss sich der Vertrauenstatbestand hinsichtlich dieser Garanten unmittelbar aus dem Prospekt selbst ergeben oder die Mitwirkung am Prospekt muss zumindest auf andere Weise nach außen hin erkennbar sein[352]. Allerdings ist der Begriff des Prospekts weit zu verstehen, da der BGH in seinem „Rupert-Scholz"-Urteil von 17.11.2011 auch Presseartikel in Zeitschriften und „Produktinformationen" neben dem eigentlichen Verkaufsprospekt in den Prospektbegriff einbezogen hat[353]. Ein weiterer Unterschied zu der Prospekthaftung im engeren Sinn

346 BGHZ 160, 134. Von einer Verselbständigung der Prospekthaftung im engeren Sinn gegenüber den Grundsätzen der cic-Haftung sprechend *Grunewald* in MüKo/HGB, § 161 Rn. 195.

347 BGHZ 72, 382; BGHZ 77, 172; BGHZ 79, 337; BGH, NJW-RR 2007, 1479.

348 BGHZ 71, 284; BGHZ 77, 172; BGHZ 191, 310; *Horbach* in MünchHdb. GesR II, § 69 Rn. 74 ff.

349 BGHZ 77, 172; BGH, NJW-RR 2007, 1479; BGHZ 191, 310; *Assmann* in Assmann/Schütze, Hdb. des Kapitalanlagerechts, § 5 Rn. 79.

350 BGHZ 77, 172; BGHZ 191, 310.

351 BGHZ 77, 172; BGHZ 191, 310.

352 BGHZ 191, 310; BGH, NJW-RR 2007, 1479; zum Prospektbegriff *Emmerich* in MüKo/BGB, § 311 Rn. 160 ff.; *Nobbe*, WM 2013, 193, 198 ff.; *Horbach* in MünchHdb. GesR II, § 69 Rn. 74 ff.

353 BGHZ 191, 310.

der Leitungsgruppe ist darin zu sehen, dass die Erklärungsgaranten nicht für sämtliche fehlerhafte Prospektangaben einstehen müssen, sondern nur für die konkreten Angaben, auf welche sich die persönliche Erklärung und damit das Vertrauen der Anleger beziehen[354]. Hierbei kommt es auf den objektiven Empfängerhorizont des Anlegers an[355]. Entsteht aber für den Anleger der Eindruck, der Erklärende habe den Prospekt einer vollumfänglichen Prüfung unterzogen, so haftet dieser nach der Rechtsprechung in Bezug auf Richtigkeit und Vollständigkeit sämtlicher Prospektangaben[356]. Eine solche Vertrauenshaftung hinsichtlich des gesamten Prospektinhalts hat der BGH z.B. bejaht, wenn der Prospekt als bankgeprüft bezeichnet wird, da der Anleger in diesem Fall eine eigenständige Prüfung des kompletten Prospekts durch die Bank erwarten dürfe[357].

c) *Schadensersatzanspruch*

Die richterrechtliche Prospekthaftung im weiteren und engeren Sinn begründen beide einen Schadensersatzanspruch nach § 280 BGB. Hierbei gelten grundsätzlich die normalen gesetzlichen Voraussetzungen, also das Vorliegen einer Pflichtverletzung, welche für das Entstehen eines Schadens ursächlich ist sowie das Vertretenmüssen der Pflichtverletzung durch den Schuldner. Die Pflichtverletzung ist in der Verletzung einer vorvertraglichen Aufklärungspflicht nach den Grundsätzen der Prospekthaftung im weiteren oder engeren Sinn zu sehen. Die Kausalität zwischen dem unrichtigen oder unvollständigen Prospekt und der Beteiligungsentscheidung des Anlegers wird von der Rechtsprechung unter Berufung auf die allgemeine Lebenserfahrung vermutet im Sinne einer Beweislastumkehr[358]. Die Rechtsprechung geht im Rahmen der richterrechtlichen Prospekthaftung davon aus, dass der Anleger bei ordnungsgemäßer Aufklärung von der Beteiligung abgesehen hätte[359].

In Bezug auf das Verschulden sind die allgemeinen Vorschriften des BGB anwendbar, wonach Vorsatz oder (einfache) Fahrlässigkeit gefordert ist (§§ 276, 278 BGB)[360]. Das Verschulden bezieht sich einerseits auf die Kenntnis der Umstände, welche zum Vorliegen der Aufklärungspflicht führten sowie andererseits darauf, ob bezüglich der Tatsachen, über die hätte aufgeklärt werden müssen, Kenntnis

---

354 BGHZ 77, 172; BGH, NJW-RR 1986, 1102; *Siol* in Schimansky/Bunte/Lwowski, Bankrechts-Handbuch, § 45 Rn. 61; *Nobbe*, WM 2013, 193, 199.

355 *Siol* in Schimansky/Bunte/Lwowski, Bankrechts-Handbuch, § 45 Rn. 61; *Nobbe*, WM 2013, 193, 199.

356 BGH, NJW-RR 1986, 1102.

357 BGH, NJW-RR 1986, 1102; *Nobbe* WM 2013, 193, 199.

358 BGHZ 79, 337; BGH, WM 2012, 1184; BGH, NJW-RR 2006, 685.

359 BGHZ 79, 337; BGH, NJW-RR 2006, 685.

360 BGHZ 71, 284; *Assmann* in Assmann/Schütze, Hdb. des Kapitalanlagerechts, § 5 Rn. 96; *Horbach* in MünchHdb. GesR II, § 69 Rn. 101 ff.

bestand oder hätte bestehen müssen[361]. Keine Voraussetzung für den Schadensersatzanspruch wegen der zivilrechtlichen Prospekthaftung ist, dass die fehlerhafte Angabe im Prospekt tatsächlich maßgeblich für einen späteren Wertverfall der Vermögensanlage ist[362]. Die Rechtsprechung stellt vielmehr im Rahmen des Schadens darauf ab, dass der fehlerhafte Prospekt zu einem Eingriff in das Recht des Anlegers auf Abwägung der Risiken der Vermögensanlage vor seiner Beteiligungsentscheidung führe[363].

Der Schadensersatzanspruch aus zivilrechtlicher Prospekthaftung bestimmt sich nach den §§ 249 ff. BGB und ist somit grundsätzlich auf Naturalrestitution gerichtet[364]. Der Anleger muss so gestellt werden, wie er ohne die unzureichende Aufklärung über die Risiken und Nachteile der Beteiligung stünde[365]. Die Rechtsprechung geht davon aus, dass sich der Anleger bei ordnungsgemäßer Aufklärung nicht an dem Fonds beteiligt hätte, weshalb die gezahlte Kommanditeinlage und die mit der Beteiligung verbundenen Kosten wie das Agio als Schaden des Anlegers angesehen werden[366]. Der Anleger kann einen darüber hinausgehenden Schaden in Bezug auf entgangenen Gewinn geltend machen z.B. wenn er darlegt, dass er das für die Beteiligung aufgewendete Geld anderweitig zu einem bestimmten Zinssatz verwendet hätte[367]. Er muss sich aber Vorteile aus der Beteiligung wie z.B. Ausschüttungen und unter Umständen auch Steuerersparnisse anrechnen lassen[368]. Verlangt der Anleger den „großen Schadensersatz", so muss er seine Beteiligung Zug um Zug an den Schadensersatzpflichtigen abtreten[369].

In diesem Zusammenhang ist anzumerken, dass sich die Schadensersatzansprüche aus Prospekthaftung grundsätzlich nicht gegen die Fondsgesellschaft richten. Dies würde bei der Verpflichtung zur Abtretung der Beteiligung Zug um Zug gegen Zahlung des Schadensersatzes ein gesellschaftsrechtliches Problem aufwerfen, weil eine Personengesellschaft keine eigenen Anteile halten kann[370]. Prospekthaftungsansprüche gegen die Fondsgesellschaft werden auch deshalb nicht gewährt,

---

361 BGH WM 1992, 1892. Der Schadensersatzanspruch wegen allgemeiner zivilrechtlicher Prospekthaftung kann (im Gegensatz zur spezialgesetzlichen Prospekthaftung) nicht abgewendet werden, wenn bei dem Haftungsschuldner keine positive Kenntnis der Fehlerhaftigkeit bzw. Unvollständigkeit des Prospekts vorlag und die Unkenntnis nur auf leichter Fahrlässigkeit beruht, vgl. *Heisterhagen,* DStR 2004, 1089, 1092; *Kind* in Lüdicke/Arndt, Geschlossene Fonds, S. 153; *Assmann* in Assmann/Schütze, Hdb. des Kapitalanlagerechts, § 5 Rn. 96.

362 BGH, WM 2000, 1503; BGHZ 123, 106.

363 BGH, WM 2000, 1503; BGHZ 123, 106.

364 BGH, NJW-RR 2006, 685.

365 BGHZ 79, 337; BGH, NJW 1992, 228; BGH, NJW-RR 2006, 685.

366 OLG Stuttgart, WM 2005, 2382; BGH, ZIP 2012, 1342; BGH, WM 2014, 2075.

367 BGHZ 74, 103.

368 BGHZ 74, 103; BGH, WM 2006, 174; BGH, ZIP 2006, 893; BGH, ZIP 2012, 1342.

369 BGHZ 79, 337; BGH, NJW 2006, 2042.

370 *Nobbe* WM 2013, 193, 200 f.

weil dies nach Auffassung der Rechtsprechung gegenüber anderen ggf. ebenfalls getäuschten Mitgesellschaftern unbillig wäre („Windhunderennen"), ebenso wie gegenüber Gläubigern der Fondsgesellschaft[371].

Hinsichtlich der Verjährung des Prospekthaftungsanspruchs ist zwischen der Prospekthaftung im engeren Sinn und der Prospekthaftung im weiteren Sinn zu unterscheiden[372]. Während bei der Prospekthaftung im engeren Sinn die verkürzte spezialgesetzliche Verjährungsfrist analog angewendet wird, gilt bei der Prospekthaftung im weiteren Sinn die Regelverjährung[373]. Dies stellte vor der Schuldrechtsreform 2002 einen gravierenden Unterschied dar, da die Regelverjährung damals dreißig Jahre betrug[374]. Mit der heute geltenden Regelverjährung von drei Jahren nach § 199 BGB haben die Unterschiede in Bezug auf die Verjährung aber an Bedeutung verloren.

2. Prospekthaftung nach § 20 VermAnlG

Neben dem richterrechtlichen Prospekthaftungsregime aus allgemeinen zivilrechtlichen Grundsätzen bestand schon vor dem Inkrafttreten des KAGB im Juli 2013 ein spezialgesetzliches Prospekthaftungsregime nach dem Vermögensanlagengesetz, welches sich grundlegend vom richterrechtlichen Prospekthaftungsregime unterscheidet[375]. Die wichtigste Anspruchsnorm der spezialgesetzlichen Prospekthaftung stellt § 20 VermAnlG dar, welcher an die Unrichtigkeit oder Unvollständigkeit von Angaben anknüpft, die für die Beurteilung der Vermögenslage wesentlich sind.

a) Haftungsschuldner

Der Kreis der Haftungsschuldner ist bei der spezialgesetzlichen Prospekthaftung nach § 20 Abs. 1 S. 1 VermAnlG enger als bei der allgemeinen zivilrechtlichen Prospekthaftung nach der Rechtsprechung. Denn aus der Prospekthaftung nach § 20 Abs. 1 VermAnlG können nur diejenigen, die für den Verkaufsprospekt die Verantwortung übernommen haben (Prospektverantwortliche) sowie diejenigen, von denen der Erlass des Verkaufsprospekts ausgeht (Prospektveranlasser), in Anspruch genommen werden, wobei zwischen den Prospektverantwortlichen und den

371 BGH, NJW 1983, 1604; *Assmann* in Assmann/Schütze, Hdb. des Kapitalanlagerechts, § 5 Rn. 70; *Grunewald* in MüKo/HGB, § 161 Rn. 149.

372 BGH, NJW 2004, 3420; *Leuering/Rubner,* NJW-Spezial 2013, 143; *v. Morgen,* NJW 1987, 474 ff.

373 BGHZ 83, 222; BGH, DStR 2003, 1494; BGH, NJW 2004, 3420; *Kind* in Lüdicke/Arndt, Geschlossene Fonds, S. 170; *Kind* in Arndt/Voß, VerkProspG, vor §§ 13 Rn. 39.

374 *Leuering/Rubner,* NJW-Spezial 2013, 143; *Assmann* in Assmann/Schütze, Hdb. des Kapitalanlagerechts, § 5 Rn. 110 ff.; *v. Morgen,* NJW 1987, 474 ff.

375 *Leuering,* NJW 2012, 1905, 1908 ff.; zu den Unterschieden *Suchomel,* NJW 2013, 1126, 1127 ff.; *Schürnbrand,* ZGR 2014, 256, 279 ff.

Prospektveranlassern eine Gesamtschuld besteht. Zu den Prospektverantwortlichen zählen diejenigen, die für den Prospekt ausdrücklich die Verantwortung übernommen haben[376]. Dies sind in der Regel die Fondsgesellschaft sowie deren Management, der Initiator und die Gründungsgesellschafter[377]. Unter den Prospektveranlassern sind einflussreiche Hintermänner zu verstehen, welche zwar nach außen hin nicht in Erscheinung treten, jedoch die tatsächlichen Urheber des Prospekts sind[378]. Nicht von der spezialgesetzlichen Prospekthaftung nach § 20 VermAnlG erfasst sind externe Personen oder Unternehmen wie Rechtsanwälte, Steuerberater oder Wirtschaftsprüfer, die zwar nach außen erkennbar am Prospekt mitwirken und evtl. aufgrund ihrer Sachkunde einen besonderen Vertrauenstatbestand begründen (sog. Garanten), jedoch nicht die Gesamtverantwortung für den Verkaufsprospekt übernehmen[379].

b) Voraussetzungen der Prospekthaftung

Voraussetzung für die Haftung für fehlerhafte Prospekte nach § 20 Abs. 1 VermAnlG ist, dass für die Beurteilung der Vermögensanlagen wesentliche Angaben in einem Verkaufsprospekt unrichtig oder unvollständig sind. Prospektangaben werden dann als wesentlich angesehen, wenn sie wertbildende Faktoren der Anlage betreffen und der durchschnittliche, verständige Anleger die Angaben bei seiner Entscheidungsfindung "eher als nicht" berücksichtigen würde[380]. Die spezialgesetzliche Prospekthaftung ist in zeitlicher Hinsicht durch die zweijährige Ausschlussfrist nach § 20 Abs. 1 S. 2 VermAnlG eingeschränkt. Der Anleger muss die Beteiligung

---

376 Literatur und Rechtsprechung zu § 13 VerkProspG können größtenteils auf die Prospekthaftung nach § 20 VermAnlG übertragen werden, da die Regelungen zum Teil wortgleich sind, vgl. *Leuering,* NJW 2012, 1905, 1908. Zum Kreis der Haftungsschuldner, vgl. *Kind* in Lüdicke/Arndt, Geschlossene Fonds, S. 151 ff.; *Kind* in Arndt/Voß, VerkProspG, § 13 Rn. 31; *Heidelbach* in Schwark/Zimmer, Kapitalmarktrechts-Kommentar, § 13 VerkProspG Rn. 18.

377 *Horbach* in MünchHdb. GesR II, § 69 Rn. 25; *Kind* in Lüdicke/Arndt, Geschlossene Fonds, S. 151. Die Eigenschaft der Fondsgesellschaft als Prospekthaftungsschuldnerin ist umstritten. Der Grund hierfür ist in der Rechtsfolge zu sehen, dass die Fondsgesellschaft zur Übernahme der Anteile verpflichtet ist. Zum einen wird eingewandt, dass eine Personengesellschaft keine eigenen Anteile übernehmen kann und zum anderen bestehen im Hinblick auf den Schutz der Gesellschaftsgläubiger sowie hinsichtlich des Schutzbedürfnisses der in der Fondsgesellschaft verbleibenden Anleger („Windhunderennen") Bedenken, dazu ausführlich *Ziegler,* DStR 2005, 30 ff.

378 *Kind* in Lüdicke/Arndt, Geschlossene Fonds, S. 151 f.

379 *Kind* in Arndt/Voß, VerkProspG, § 13 Rn. 33; *Kind* in Lüdicke/Arndt, Geschlossene Fonds, S. 152 f.; *Heidelbach* in Schwark/Zimmer, Kapitalmarktrechts-Kommentar, § 13 VerkProspG Rn. 18; *Heisterhagen,* DStR 2006, 759, 763; *Grunewald* in MüKo/HGB, § 161 Rn. 193.

380 LG Dortmund, BeckRS 2011, 19664; *Assmann* in Assmann/Schütze, Hdb. des Kapitalanlagerechts, § 5 Rn. 250.

nach Veröffentlichung des Verkaufsprospekts und während der Dauer des öffentlichen Angebots erworben haben, wobei der Erwerb der Beteiligung nicht später als zwei Jahre nach dem ersten öffentlichen Angebot der Vermögensanlage erfolgt sein darf[381].

Bezüglich der Kausalität zwischen Prospektfehler und Beteiligungsentscheidung besteht eine Beweislastumkehr nach dem Vorbild der allgemeinen zivilrechtlichen Prospekthaftung[382]. Der Prospekthaftungsanspruch ist gemäß § 20 Abs. 4 Nr. 2 VermAnlG ausgeschlossen, wenn der Sachverhalt, über den unrichtige oder unvollständige Angaben im Verkaufsprospekt enthalten sind, nicht zu einer Minderung des Erwerbspreises der Vermögensanlagen beigetragen hat. Der Schadensersatzanspruch nach der spezialgesetzlichen Prospekthaftung nach § 20 VermAnlG setzt somit – anders als die richterrechtliche allgemeine zivilrechtliche Prospekthaftung – einen Ursachenzusammenhang zwischen dem Prospektfehler und dem Wertverfall der Beteiligung voraus[383]. Die spezialgesetzliche Prospekthaftung nach § 20 VermAnlG entfällt, wenn der Anleger bezüglich der Unrichtigkeit oder Unvollständigkeit des Prospekts Kenntnis hatte (§ 20 Abs. 4 Nr. 3 VermAnlG). Hinsichtlich dieser Ausschlusstatbestände trägt der Haftungsschuldner die Beweislast.

Einen wichtigen Ausschlussgrund stellt außerdem § 20 Abs. 2 VermAnlG dar, wonach die Prospekthaftung dann ausscheidet, wenn der Haftungsschuldner nachweist, dass er die Unrichtigkeit oder Unvollständigkeit der Angaben des Verkaufsprospekts nicht gekannt hat und dass die Unkenntnis nicht auf grober Fahrlässigkeit beruht. Gelingt dem Prospekthaftungsschuldner demnach der Nachweis, dass bloß einfache Fahrlässigkeit hinsichtlich der Unkenntnis der Fehlerhaftigkeit des Verkaufsprospekts vorliegt, scheidet ein Anspruch des Anlegers aus Prospekthaftung nach § 20 VermAnlG aus[384]. Da das Vermögensanlagengesetz keine Spezialregelung hinsichtlich der Verjährung der Prospekthaftungsansprüche enthält, gilt die dreijährige Regelverjährung nach § 195 BGB[385].

381 *Bruchwitz/Voß*, BB 2011, 1226, 1233.

382 Dies kommt zum Ausdruck in § 20 Abs. 4 Nr. 1 VermAnlG, wonach der Prospekthaftungsanspruch nicht besteht, wenn der Verkaufsprospekt nicht ursächlich für die Beteiligungsentscheidung des Anlegers war, vgl. *Bruchwitz/Voß*, BB 2011, 1226, 1233; *Kind* in Arndt/Voß, VerkProspG, § 13 Rn. 38.

383 *Kind* in Arndt/Voß, VerkProspG, § 13 Rn. 37; *Heisterhagen*, DStR 2006, 759, 763.

384 *Kind* in Lüdicke/Arndt, Geschlossene Fonds, S. 153; *Heisterhagen*, DStR 2006, 759, 764; *Assmann* in Assmann/Schütze, Hdb. des Kapitalanlagerechts, § 5 Rn. 266 ff.

385 Durch das VermAnlG wurde die vormalige Rechtslage dahingehend geändert, als dass der Erwerb der Beteiligung innerhalb von sechs Monaten nach dem ersten öffentlichen Angebot als Voraussetzung für die Prospekthaftung auf zwei Jahre erweitert und die Sonderverjährung nach § 13 Abs. 1 VerkProspG i.V.m § 46 BörsG a.F. aufgehoben wurde, vgl. *Leuering*, NJW 2012, 1905, 1908.

c) Rechtsfolge

Die Rechtsfolge der Prospekthaftung aus § 20 Abs. 1 VermAnlG ist ein Anspruch des Anlegers auf Zahlung des Erwerbspreises und der mit dem Erwerb üblicherweise verbundenen Kosten gegen Rückgabe seiner Beteiligung. Aufgrund der betragsmäßigen Deckelung kann im Gegensatz zur zivilrechtlichen Prospekthaftung der Rechtsprechung ggf. nicht der volle Vertrauensschaden verlangt werden. Ist der Anleger selbst nicht mehr Inhaber der Beteiligung, kann er den Differenzbetrag zwischen dem Erwerbspreis und dem Veräußerungspreis zuzüglich der mit dem Erwerb und der Veräußerung verbundenen üblichen Kosten verlangen. Auch demjenigen, der die Vermögensanlage von einem Anleger erwirbt, steht ein Prospekthaftungsanspruch nach § 20 VermAnlG zu, welcher jedoch in der Höhe auf den erstmaligen Erwerbspreis und die mit dem Erwerb verbundenen Kosten beschränkt ist. Eine vertragliche Vereinbarung, welche den Prospekthaftungsanspruch im Voraus verringert oder ausschließt, ist gemäß § 20 Abs. 6 S. 1 VermAnlG unwirksam.

d) Verhältnis zwischen richterrechtlicher und spezialgesetzlicher Prospekthaftung

Das Verhältnis zwischen der spezialgesetzlichen Prospekthaftung und der richterrechtlichen Prospekthaftung ist im Gesetz nicht eindeutig geregelt. § 20 Abs. 6 VermAnlG enthält lediglich die Feststellung, dass weitergehende Ansprüche, die nach den Vorschriften des bürgerlichen Rechts auf Grund von Verträgen oder unerlaubten Handlungen erhoben werden können, unberührt bleiben. Nach herrschender Ansicht kommt die von der Rechtsprechung herausgebildete zivilrechtliche Prospekthaftung im weiteren Sinn neben der spezialgesetzlichen Prospekthaftung des Vermögensanlagengesetzes zur Anwendung[386]. Dies ergibt sich aus der Gesetzesbegründung zum Anlegerschutzverbesserungsgesetz (AnSVG), in welcher ausdrücklich festgehalten wird, dass die zivilrechtliche Prospekthaftung im weiteren Sinn von der spezialgesetzlichen Prospekthaftung unberührt bleibt[387].

Das Verhältnis zwischen der zivilrechtlichen Prospekthaftung im engeren Sinn und der spezialgesetzlichen Prospekthaftung hingegen ist umstritten. Der Frage, ob die Prospekthaftung im engeren Sinn neben der Prospekthaftung des Vermögensanlagengesetzes anwendbar ist, kommt große praktische Bedeutung zu, da zwischen der richterrechtlichen Prospekthaftung im engeren Sinn und der spezialgesetzlichen Prospekthaftung nach dem Vermögensanlagengesetz gravierende Unterschiede bestehen z.B. in Bezug auf den Kreis der haftenden Personen und die Haftung für einfache Fahrlässigkeit[388]. So zählen etwa externe Personen mit besonderem

---

386 *Kind* in Lüdicke/Arndt, Geschlossene Fonds, 5. Auflage, S. 166; *Suchomel,* NJW 2013, 1126, 1131 f.; *Schürnbrand,* ZGR 2014, 256, 274.

387 BT-Drucks. 15/3174, S. 44.

388 *Emmerich* in MüKo/BGB, § 311 Rn. 150; *Kind* in Lüdicke/Arndt, Geschlossene Fonds, 5. Auflage, S. 132; *Suchomel,* NJW 2013, 1126 ff.

Sachverstand wie Rechtsanwälte, Wirtschaftsprüfer, Steuerberater, Gutachter und Sachverständige nicht zu den Haftungsschuldnern der Prospekthaftung des § 20 VermAnlG, wenn diese nicht ausnahmsweise die Gesamtverantwortung für den Verkaufsprospekt übernommen haben[389].

Die herrschende Meinung im Schrifttum nimmt eine Verdrängung der Prospekthaftung im engeren Sinn durch die Prospekthaftung des Vermögensanlagengesetzes an und begründet dies mit dem Vorrang des spezielleren Gesetzes (lex specialis)[390]. Die Verdrängung der Prospekthaftung im engeren Sinn ergebe sich auch aus einem Umkehrschluss aus der Gesetzesbegründung des AnSVG, da hiernach allein die zivilrechtliche Prospekthaftung *im weiteren Sinne* von der spezialgesetzlichen Prospekthaftung unberührt bleiben solle[391]. Durch die Anwendbarkeit der richterrechtlichen Prospekthaftung im engeren Sinn neben der spezialgesetzlichen Prospekthaftung des VermAnlG würden die Haftungserleichterungen des VermAnlG – insbesondere § 20 Abs. 3 VermAnlG – umgangen[392].

Vereinzelte Stimmen in der Literatur gehen hingegen davon aus, dass die spezialgesetzliche Prospekthaftung die von der Rechtsprechung herausgebildete Prospekthaftung im engeren Sinn nicht ausschließt, sondern dass die beiden Haftungsregime unabhängig nebeneinander bestehen[393]. Begründet wird diese Ansicht damit, dass die Einführung der spezialgesetzlichen Prospekthaftung die Rechtsstellung der Anleger verbessern und nicht verschlechtern solle. Eine Verdrängung der richterrechtlichen Prospekthaftung im engeren Sinn durch § 20 VermAnlG führe aber aufgrund der Unterschiede in Bezug auf den Kreis der Haftungsschuldner und der Beschränkung

389 *Kind* in Lüdicke/Arndt, Geschlossene Fonds, 5. Auflage, S. 152.

390 *Grunewald* in MüKo/HGB, § 161 Rn. 192; *Heisterhagen,* DStR 2004, 1089, 1091; *Kind* in Lüdicke/Arndt, Geschlossene Fonds, 5. Auflage, S. 143 mit Verweis auf den Umkehrschluss aus der Regierungsbegründung zum AnSVG, wonach nur die zivilrechtliche Prospekthaftung im weiteren Sinn unberührt bleiben sollte. Gegen eine Verdrängung der richterrechtlichen Prospekthaftung im engeren Sinn durch die spezialgesetzliche Prospekthaftung mit dem Argument, dass die spezialgesetzliche Prospekthaftung die Rechtsstellung der Anleger verbessern und nicht verschlechtern sollte, vgl. *Emmerich* in MüKo/BGB, § 311 Rn. 151 ff.; *Meuschke,* AG 2013, R292, R293.

391 Gesetzesbegründung zum AnSVG, BT-Drucks. 15/3174, S. 44; *Kind* in Lüdicke/Arndt, Geschlossene Fonds, S. 143; *Schürnbrand,* NZG 2014, 256, 280.

392 *Horbach* in MünchHdb. GesR II, § 69 Rn. 52a; *Schürnbrand* ZGR 2014, 256, 280. Auch eine Differenzierung nach den Haftungsgegnern dahingehend, dass die richterrechtliche Prospekthaftung im engeren Sinne für sog. Garanten – welche nicht von der spezialgesetzlichen Prospekthaftung des VermAnlG erfasst sind – anwendbar bleiben soll, wird in der Literatur weitgehend abgelehnt unter Annahme einer generellen Verdrängung der richterrechtlichen Prospekthaftung im engeren Sinn durch die spezialgesetzliche Prospekthaftung des VermAnlG, vgl. dazu ausführlich *Schürnbrand,* ZGR 2014, 256, 281 f.; *Suchomel,* NJW 2013, 1126, 1131 f.

393 *Emmerich* in MüKo/BGB, § 311 Rn. 153.

der Haftung auf grobe Fahrlässigkeit zu einer Verschlechterung der Rechtsposition der Anleger, was nicht vom Gesetzgeber gewollt sein könne[394].

Die Rechtsprechung zum Konkurrenzverhältnis zwischen der richterrechtlichen Prospekthaftung im engeren Sinn und der Prospekthaftung nach Spezialgesetzen ist uneinheitlich und der BGH hat das Verhältnis zwischen den beiden Prospekthaftungsregimen häufig offen gelassen[395]. Es existieren jedoch Urteile, in denen die Rechtsprechung die Prospekthaftung im engeren Sinn für anwendbar erklärt neben der spezialgesetzlichen Prospekthaftung[396]. So stellt der BGH in einem Urteil aus dem Jahr 2008 – im Widerspruch zu gegenteiligen Urteilen aus der Vergangenheit – ausdrücklich fest, dass die spezialgesetzliche Prospekthaftung nach § 13 VerkProspktG (der Vorgängernorm zu § 20 VermAnlG) eine Haftung aus cic nicht ausschließe[397]. Eine einheitliche Rechtsprechung zum Konkurrenzverhältnis zwischen der richterrechtlichen Prospekthaftung im engeren Sinn und der spezialgesetzlichen Prospekthaftung existiert jedoch nicht.

Die besseren Argumente sprechen für eine Verdrängung der Prospekthaftung im engeren Sinn durch die spezialgesetzliche Prospekthaftung des Vermögensanlagengesetzes, da der Gesetzgeber hier ausdrücklich regelt, gegen wen und unter welchen Voraussetzungen dem Anleger Prospekthaftungsansprüche zustehen sollen wegen eines typisierten Vertrauens[398]. Die diesbezüglich bestehende gesetzgeberische Lücke im Bereich der Prospekthaftung, welche zur Herausbildung der richterrechtlichen Prospekthaftung im engeren Sinn führte, wurde durch die Einführung der spezialgesetzlichen Prospekthaftung geschlossen. Wird bereits nach allgemeinen Rechtsgrundsätzen ein allgemeineres Gesetz durch eine Spezialregelung verdrängt (lex specialis), so muss dies für eine vormalig zur Lückenfüllung bestimmte Rechtsprechung erst Recht gelten, wenn der Gesetzgeber die Lücke durch eine gesetzliche Regelung dieser Materie schließt[399]. Denn bei der Rechtsprechung handelt es sich anders als bei einem allgemeineren Gesetz nicht um den zum Ausdruck gebrachten Willen des Gesetzgebers. Bleibt die spezialgesetzliche Prospekthaftung hierbei hinter der von der Rechtsprechung zur Lückenschließung herausgebildeten Prospekthaftung zurück, so muss die Rechtsprechung diese Entscheidung des Gesetzgebers im Rahmen der geltenden Gewaltenteilung akzeptieren[400].

394 *Emmerich* in MüKo/BGB, § 311 Rn. 153.
395 BGH, NJW 2013, 1877; OLG Dresden, WM 2014, 1120.
396 BGHZ 177, 25; OLG München, GWR 2011, 574.
397 BGHZ 177, 25.
398 So auch *Kind* in Lüdicke/Arndt, Geschlossene Fonds, 5. Auflage, S. 152; *Paul* in Weitnauer/Boxberger/Anders, KAGB, § 306 Rn. 53; *Grunewald* in MüKo/HGB, § 161 Rn. 192.
399 Vgl. *Schnauder,* NJW 2013, 3207, 3211.
400 So auch *Schürnbrand,* NZG 2014, 256, 281.

3. Sonstige Prospekthaftung nach dem Vermögensanlagengesetz

Das Vermögensanlagengesetz räumt dem Anleger außerdem in § 21 VermAnlG einen Anspruch auf Erstattung des Erwerbspreises gegen Übernahme der Vermögensanlage gegenüber dem Emittenten und dem Anbieter der Vermögensanlage als Gesamtschuldner ein, wenn trotz bestehender Pflicht zur Erstellung eines Verkaufsprospekts nach § 6 VermAnlG kein Verkaufsprospekt veröffentlicht wird. Darüber hinaus ist in § 22 VermAnlG die Haftung des Anbieters für den Fall der Unrichtigkeit des Vermögensanlagen-Informationsblattes geregelt.

4. Zusammenfassung

Einen zentralen Bestandteil der staatlichen Einflussnahme auf geschlossene Fonds vor dem Inkrafttreten des KAGB stellt die Prospekthaftung dar. Diese staatliche Einflussnahme unterteilte sich einerseits in die von der Rechtsprechung herausgebildete zivilrechtliche Prospekthaftung und andererseits in die spezialgesetzliche Prospekthaftung nach dem Vermögensanlagengesetz. Für fehlerhafte Prospekte hafteten die Prospektveranlasser sowie die Prospektverantwortlichen nach der spezialgesetzlichen Prospekthaftung des § 20 VermAnlG[401]. Darüber hinaus sah das Vermögensanlagengesetz eine Haftung vor für den Fall, dass entgegen der bestehenden Prospektpflicht gar kein Verkaufsprospekt erstellt wurde sowie eine Haftung bei unrichtigem oder fehlendem Vermögensanlagen-Informationsblatt.

Das richterrechtliche Prospekthaftungsregime, welches sich auf der Grundlage der Haftung für Verschulden bei Vertragsverhandlungen (culpa in contrahendo, „cic") herausbildete, besteht zum einen aus der sog. Prospekthaftung im weiteren Sinne als allgemeine Vertrauenshaftung und zum anderen aus der sog. Prospekthaftung im engeren Sinn[402]. Anknüpfungspunkt der Prospekthaftung im engeren Sinn ist das typisierte Vertrauen des Anlegers in die Personen, die hinter dem Fonds stehen oder durch Aussagen im Prospekt einen besonderen Vertrauenstatbestand begründen[403]. Unterschiede zwischen der spezialgesetzlichen Prospekthaftung und der zivilrechtlichen Prospekthaftung der Rechtsprechung bestehen insbesondere hinsichtlich des Verschuldensmaßstabs sowie bezüglich des Kreises der Haftungsschuldner[404]. Während die von der Rechtsprechung herausgebildete Prospekthaftung im weiteren Sinn neben der spezialgesetzlichen Prospekthaftung

401 *Kind* in Lüdicke/Arndt, Geschlossene Fonds, S. 143; *Heisterhagen,* DStR 2006, 759, 764; *Bruchwitz/Voß,* BB 2011, 1226, 1233.

402 BGHZ 79, 337; BGH, WM 1982, 90; *Grunewald* in MüKo/HGB, § 161 Rn. 145 ff.

403 BGHZ 71, 284; BGHZ 72, 382; BGHZ 77, 172; BGHZ 191, 310.

404 *Emmerich* in MüKo/BGB, § 311 Rn. 150; *Kind* in Lüdicke/Arndt, Geschlossene Fonds, 5. Auflage, S. 132; *Suchomel,* NJW 2013, 1126 ff.

des Vermögensanlagengesetzes weiterhin Anwendung fand, ist das Verhältnis zwischen der richterrechtlichen Prospekthaftung im engeren Sinne und dem spezialgesetzlichen Haftungsregime umstritten[405]. Die besseren Argumente sprechen jedoch für die Verdrängung der Prospekthaftung im engeren Sinn durch das Vermögensanlagengesetz[406].

---

405 *Horbach* in MünchHdb. GesR II, § 69 Rn. 52a; *Schürnbrand*, ZGR 2014, 256, 280.

406 So auch *Kind* in Lüdicke/Arndt, Geschlossene Fonds, 5. Auflage, S. 152; *Paul* in Weitnauer/Boxberger/Anders, KAGB, § 306 Rn. 53; *Grunewald* in MüKo/HGB, § 161 Rn. 192.

D. Verschiedene Arten geschlossener Fonds

Ein Blick auf Internetportale mit Angeboten von Beteiligungen an geschlossenen Fonds zeigt die große Bandbreite der Produktpalette auf[407]. Geschlossene Fonds treten in verschiedensten Arten auf. Da eine abschließende Darstellung sämtlicher Arten geschlossener Fonds den Rahmen dieser Arbeit sprengen würde, sollen hier nur als sog. Betreibermodell ausgestaltete geschlossene Immobilienfonds als Prototyp der geschlossenen Fonds, Schiffsfonds als Fondstyp mit mobilem Investitionsgegenstand, Windfonds als Fondstyp aus dem Bereich erneuerbare Energien, Projektentwicklungsfonds und Private Equity Fonds besprochen werden[408]. Die Auswahl dieser Fondsarten beruht zum einen auf der Praxisrelevanz und zum anderen darauf, dass die Anwendbarkeit des KAGB bei diesen Arten geschlossener Fonds teilweise in Frage gestellt wird[409].

Da im Hinblick auf die Strukturierung geschlossener Fonds vor Inkrafttreten des KAGB keinerlei gesetzliche Vorgaben existierten und die Geschäftsmodelle von Initiatoren geschlossener Fonds zum Teil stark voneinander abweichen, treten geschlossene Immobilienfonds, Schiffsfonds, Windfonds, Projektentwicklungsfonds sowie auch Private Equity Fonds in verschiedenen Ausgestaltungen auf. Die nachfolgende Darstellung gibt deshalb lediglich die Fondsarten in ihrer jeweils typischen Ausgestaltung wieder. Es gibt aber durchaus geschlossene Fonds, die von diesen

---

407 Z.B. www.fondsvermittlung24.de/geschlossene-fonds.html, zuletzt aufgerufen am 02.08.2015.

408 Diese Arten an geschlossenen Fonds werden üblicherweise in der Literatur behandelt, vgl. *Arndt/Fischer* in Lüdicke/Arndt, Geschlossene Fonds, S. 241 ff.; *Watermeyer* in Müller/Hoffmann, Beck'sches Hdb. der Personengesellschaften, § 16 Rn. 4.

409 Darüber hinaus gibt es aber noch weitere Arten von geschlossenen Fonds wie z.B. Immobilien-Leasingfonds, Flugzeugfonds, Infrastrukturfonds, Zweitmarkt-Lebensversicherungsfonds oder Zertifikatefonds. Zu nennen sind auch Medienfonds, welche oftmals in der Literatur behandelt werden und häufig Gegenstand von Urteilen waren. Letztere sollen außer Acht gelassen werden, da seit einer steuerrechtlichen Änderungen im Jahr 2005 keine Medienfonds mehr aufgelegt werden und deren praktische Bedeutung daher auf null gesunken ist, vgl. *Lüdicke* in Lüdicke/Arndt, Geschlossene Fonds, S. 97 ff. Es entstehen zudem aufgrund politischer und wirtschaftlicher Veränderungen sowie auf Basis von Innovationen immer wieder neue Arten von geschlossenen Fonds. Dies gilt z.B. für die Erneuerbare-Energienfonds, welche in besonderem Maße von der Entwicklung der Technik in diesem Gebiet abhängig sind. Zu verschiedenen Arten an erneuerbaren Energien, vgl. *Auer* in Gerhard/Rüschen/Sandhövel, Finanzierung erneuerbarer Energien, S. 87 ff. Zur Anwendbarkeit des KAGB auf verschiedene Arten geschlossener Fonds, vgl. *Klinger*, NZWiSt 2014, 370, 376; *Loritz/Uffmann*, WM 2013, 2193, 2201 Fn. 77; *Rohmert*, Der Immobilienbrief 2013 (299), 5 ff.

typischen Strukturen abweichen sowie Mischformen zwischen den Fondstypen wie z.B. Immobilienfonds, die auch an der Projektentwicklung beteiligt sind.

I. Grundstruktur

Bevor die verschiedenen Arten geschlossener Fonds mit ihren jeweiligen Besonderheiten dargestellt werden, soll zunächst die Struktur erläutert werden, die üblicherweise allen geschlossenen Fonds zu Grunde liegt. Bei den einzelnen Fondsarten wird sodann auf die allgemeinen Strukturen verwiesen werden, sofern keine Besonderheiten bestehen.

1. Investitionsgegenstand und Renditeerwirtschaftung

Bei allen Arten von geschlossenen Fonds geht es im Kern darum, das von Anlegern in Form von Kommanditeinlagen eingeworbene Kapital in der Fondsgesellschaft zu bündeln und sodann in bestimmte Investitionsgegenstände zu investieren, typischerweise handelt es sich um Sachwertanlagen[410]. Der Vermögensgegenstand (das Asset), in den investiert wird, ist für den spezifischen Fondstyp maßgeblich, so investieren z.B. Immobilienfonds in Immobilien. Sämtlichen Fondstypen ist gemein, dass üblicherweise in hochpreisige, größere Anlageobjekte investiert wird[411]. Bei geschlossenen Fonds ist das Investitionsobjekt typischerweise von vorneherein festgelegt[412]. Oft investiert die Fondsgesellschaft nur in ein einzelnes Asset bzw. nur eine geringe Anzahl an Assets, so dass zumeist gar keine bzw. nur eine geringfügige Risikomischung stattfindet[413].

Die Geschäftstätigkeit geschlossener Fonds besteht häufig im Erwerb und Betrieb eines Vermögensgegenstands. Die Fondsgesellschaft hält das Asset meist über einen Zeitraum von mehreren Jahren hinweg als Eigentümerin in ihrem Vermögen und verwaltet es[414]. In aller Regel nutzt die Fondsgesellschaft das Asset nicht selbst, sondern überlässt es Dritten gegen Entgelt zur Nutzung (etwa mittels eines Miet-,

410 *Rüber/Reiff*, BB 2014, 1634; Pelikan, BeteiligungsKompass 2011, S. 15.

411 *Sagasser* in Assmann/Schütze, Hdb. des Kapitalanlagerechts, § 27 Rn. 291.

412 *Watermeyer* in Müller/Hoffmann, Beck'sches Hdb. der Personengesellschaften,§ 16 Rn. 1; *Wegmann*, DStR 1994, 941. Das konkrete Asset, in welches der geschlossene Fonds investiert, kann grundsätzlich nicht ausgetauscht werden und auch eine Erweiterung des Investitionsgegenstandes ist nicht möglich.

413 *Obarowski* in Beckmann/Matusche-Beckmann Versicherungsrechts-Handbuch, § 37 Rn. 241; *Strohm* in Assmann/Schütze, Hdb. des Kapitalanlagerechts, 3. Auflage 2007, § 21 Rn. 156.

414 *Wegmann*, DStR 1994, 941. Für den Anleger hat die mittelbare Investition in einen Vermögensgegenstand über einen geschlossenen Fonds nicht nur die Funktion eines Kapitalsammelbeckens zur Anschaffung des Assets, sondern auch im Hinblick darauf, dass der Anleger die Verwaltung des Assets nicht selbst übernehmen muss.

Pacht- oder Chartervertrags)[415]. Dieses Geschäftsmodell wird als Betreibermodell bezeichnet[416]. Am Ende der Fondslaufzeit wird das Asset veräußert[417]. Die Rendite erwirtschaftet sich bei geschlossenen Fonds demgemäß typischerweise einerseits aus den laufenden Nutzungsentgelten während der Betriebsphase und andererseits aus der Veräußerung des Assets am Ende der Fondslaufzeit[418].

2. Typische Merkmale

Im Folgenden sollen die Merkmale dargestellt werden, die geschlossene Fonds typischerweise aufweisen. Hierzu zählen auch die Wesensmerkmale geschlossener Fonds, welche bereits eingangs in Abgrenzung zu den Merkmalen offener Fonds dargestellt wurden. Diese Wesensmerkmale sollen der Vollständigkeit halber an dieser Stelle in aller Kürze zusammenfasst werden, die ausführliche Erläuterung findet sich an besagter Stelle.

a) Wesensmerkmale in Abgrenzung zu offenen Fonds

Geschlossene Fonds sind Kapitalsammelbecken und zeichnen sich dadurch aus, dass mit dem Fondsvermögens ein bestimmter Vermögensgegenstand als Anlageobjekt sowie dessen Verwaltung finanziert werden soll. Das hierfür erforderliche Investitionsvolumen wird von vorneherein festgelegt. Bei geschlossenen Fonds handelt es sich um kollektive Investitionsvehikel in Gesellschaftsform, in aller Regel in der Rechtsform der GmbH & Co. KG. Die Anleger beteiligen sich unmittelbar oder mittelbar als Kommanditisten an der Fondsgesellschaft[419]. Sobald Eigenkapital in der vorher festgelegten Höhe erfolgreich von Anlegern eingeworben ist, wird der Fonds geschlossen und es können sich keine weiteren Anleger beteiligen[420]. Die Beteiligung besteht über einen längeren Zeitraum[421]. Der genaue Zeitrahmen der Fondslaufzeit

---

415 *Bost/Halfpap* in Lüdicke/Arndt, Geschlossene Fonds, S. 58; *Horbach* in MünchHdb. GesR II, § 61 Rn. 12.

416 *Arndt/Fischer* in Lüdicke/Arndt, Geschlossene Fonds, S. 242.

417 *Levedag* in MünchHdb. GesR II, § 71 Rn. 13.

418 *Levedag* in MünchHdb. GesR II, § 71 Rn. 13.

419 *Inhester/Hermann* in MünchHdb. GesR II, § 9 Rn. 21.

420 *Sagasser* in Assmann/Schütze, Hdb. des Kapitalanlagerechts, § 27 Rn. 292.; *Inhester/Hermann* in MünchHdb. GesR II, § 9 Rn. 21. Unter dem Begriff des Fondsvolumens ist die Gesamtheit von Fremdkapital und Eigenkapital zu verstehen, wobei das Eigenkapital aus den Einlagen der Anleger gebildet wird, vgl. *Wagner*, BKR 2008, 189.

421 Das gesetzliche Recht zur ordentlichen Kündigung besteht nach §§ 161 Abs. 2, 131 HGB nur im Falle einer auf unbestimmte Zeit eingegangenen Kommanditgesellschaft. Ein ordentliches Kündigungsrecht wird dem Anleger gesellschaftsvertraglich nicht eingeräumt, wenn die Dauer der Fondsgesellschaft zeitlich begrenzt ist. Ist die Fondsgesellschaft auf unbestimmte Zeit eingegangen, so wird das ordentliche Kündigungsrecht der Anleger nach §§ 161 Abs. 2, 131 HGB in aller Regel im

hängt vom jeweiligen Asset sowie von der Fondskonzeption im Einzelfall ab; üblich sind Fondslaufzeiten zwischen fünf und zwanzig Jahren[422]. Die Anleger erhalten in der Regel eine jährliche Rendite in Höhe von vier bis acht Prozent[423]. Für die Anleger ist es regelmäßig schwierig, sich vor Ablauf der Fondslaufzeit ohne Verluste von der Beteiligung zu lösen, da ihnen während der geplanten Laufzeit des Fonds kein ordentliches Kündigungsrecht zusteht und die Möglichkeiten zur Weiterveräußerung der Fondsanteile auf einem Sekundärmarkt häufig beschränkt sind[424]. Vor Inkrafttreten des KAGB waren geschlossene Fonds – abgesehen von Vorschriften zum Vertrieb wie insbesondere die Prospektpflicht und -haftung sowie der damit verbundenen Aufsicht der BaFin – kaum reguliert[425].

b) Anlegerkreis

Häufig richten sich geschlossene Fonds an private Kleinanleger[426]. Zu den Zeiten, als noch die Möglichkeit der unbeschränkten steuerlichen Verlustzuweisung bestand und die Motivation zur Beteiligung an geschlossenen Fonds vornehmlich in Steuersparerwägungen begründet war, handelte es sich bei den privaten Anlegern in aller Regel um besser situierte Personen mit hoher Steuerlast[427]. Zahnärzte, Apotheker und Rechtsanwälte galten als typischer Anlegerkreis geschlossener Fonds[428].

Gesellschaftsvertrag ausgeschlossen für den geplanten Zeitraum der Fondslaufzeit, vgl. *Bost/Halfpap* in Lüdicke/Arndt, Geschlossene Fonds, S. 53 ff.; *Giehl* in Beck'sche Online-Formulare, 7.6.1.5.1 Gesellschaftsvertrag eines Fonds (GmbH & Co. KG), Fn. 25.

422 *Levedag* geht von einer üblichen Laufzeit zwischen zehn und dreißig Jahren aus, vgl. *Levedag* in MünchHdb. GesR II, § 71 Rn. 9. Allerdings haben sich die Laufzeiten von geschlossenen Fonds in den letzten Jahren deutlich verkürzt wie sich aus den aktuell angebotenen Beteiligungen ergibt.

423 *Levedag* in MünchHdb. GesR II, § 71 Rn. 13.

424 Ausführlich dazu siehe oben Fungibilität, B. I. 2. f), S. 39 ff. Oftmals enthält der Gesellschaftsvertrag der Fondsgesellschaft eine Vinkulierungsklausel, welche dem Anleger die freie Verfügbarkeit über seinen Anteil versagt, vgl. *Maas* in Assmann/Schlitt/Kopp-Colomb, WpPG/VerkProspG, § 8f VerkProspG Rn. 187 ff.; *Breimann* in Jesch/Schilder/Striegel, Rechtshandbuch Immobilien-Investitionen, S. 565; *Heisterhagen/Kleinert,* DStR 2004, 507, 509; vgl. auch BGH, BKR 2010, 118.

425 *Kind* in Lüdicke/Arndt, Geschlossene Fonds, S. 176 ff.; *Jäger/Maas/Renz,* CCZ 2014, 63 ff.

426 *Kind* in Lüdicke/Arndt, Geschlossene Fonds, S. 176 ff. Bereits der Gesetzesentwurf der Bundesregierung hinsichtlich eines Gesetzes über den Vertrieb von Anteilen an Vermögensanlagen vom 02.01.1978 enthält die Feststellung, dass angesichts der immer kleineren Stückelung der Anteile an geschlossenen Fonds auch vermehrt kleinere Privatanleger Beteiligungen an geschlossenen Fonds erworben haben, vgl. BT-Drucks. 8/1405, S. 9.

427 *Friedrichs/Wegner/Richter* in Winter/Hennig/Gerhard, Grundlagen der Schiffsfinanzierung, S. 881; Rosa, Prospektpflichten und Prospekthaftung, S. 20.

428 Vgl. *Krieger* in Lutter/Mertens/Ulmer, Festschrift Stimpel (1985), S. 307, 311.

Mittlerweile hat sich dieses Bild gewandelt und es gibt keine bestimmten Berufsgruppen mehr, welche den Anlegerkreis geschlossener Fonds dominieren[429]. Dies hängt damit zusammen, dass mit Abkehr vom „Steuersparmodell" die geforderte Einlage, welche von Anlegern als Voraussetzung der Beteiligung mindestens in den Fonds eingebracht werden muss (Mindesteinlage), deutlich sank und Anteile an geschlossenen Fonds somit einem breiten Publikum zugänglich wurden[430]. Beteiligungen an geschlossenen Fonds sind inzwischen teilweise bereits ab 5.000 Euro Mindesteinlage (plus Agio) erhältlich. Die durchschnittliche Zeichnungshöhe betrug nach den Branchenzahlen des Verbands Geschlossene Fonds e.V. (VGF) im Jahr 2012 bezogen auf Privatanleger aller Assetklassen 25.353 Euro[431]. Es kommt aber auch vor, dass die Mindesteinlage wesentlich höher ist. Es existieren geschlossene Fonds, zu welchen private Kleinanleger keinen Zugang haben. So kommt es vor, dass geschlossene Fonds ausschließlich für institutionelle Anleger (z.B. Kreditinstitute oder Versicherungen), einzelne Großinvestoren oder Investorengemeinschaften konzipiert werden, welche zum Teil Summen in Millionenhöhe investieren[432].

Teilweise werden geschlossene Fonds auch als sog. Private Placements aufgelegt, welche sich durch einen kleinen Anlegerkreis und/oder hohe Mindesteinlagen auszeichnen sowie durch die Unanwendbarkeit der Prospektvorschriften des Vermögensanlagengesetzes[433]. Der Begriff des Private Placements wird uneinheitlich verwendet. Zum Teil wird hierunter ein nicht-öffentlicher Vertrieb verstanden, welcher bereits nicht in den Anwendungsbereich des Vermögensanlagengesetzes fällt[434]. Denn nach § 1 Abs. 1 VermAnlG ist das Vermögensanlagengesetz nur für solche Vermögensanlagen anwendbar, welche im Inland öffentlich angeboten werden. Teilweise bezieht sich der Begriff des Private Placements jedoch auch auf solche Vermögensanlagen, die einen Ausnahmetatbestand nach § 2 Abs. 1 Nr. 3 VermAnlG erfüllen[435]. Hiernach findet das Vermögensanlagengesetz keine Anwendung auf solche Angebote, „bei denen von derselben Vermögensanlage nicht

429 Rosa, Prospektpflichten und Prospekthaftung, S. 20.

430 *Friedrichs/Wegner/Richter* in Winter/Hennig/Gerhard, Grundlagen der Schiffsfinanzierung, S. 881; Rosa, Prospektpflichten und Prospekthaftung, S. 20.

431 VGF Branchenzahlen 2012, Broschüre, S. 35. Die Branchenzahlen des VGF für das Jahr 2012 sind abrufbar unter www.sachwerteverband.de/fileadmin/downloads/zahlen/branchenzahlen/branchenzahlen_2012/VGF_Branchenzahlen_2012_Broschuere.pdf, zuletzt aufgerufen am 02.08.2015.

432 *Lüdicke* in Lüdicke/Arndt, Geschlossene Fonds, S. 5.

433 *Lüdicke* in Lüdicke/Arndt, Geschlossene Fonds, S. 5. Beteiligungen an geschlossenen Fonds, die als Private Placement aufgelegt werden, sind nur in seltenen Fällen unter 100.000 Euro zu haben, oft sind die Mindesteinlagen noch wesentlich höher.

434 *Hennrichs* in Schwark/Zimmer, Kapitalmarktrechts-Kommentar, § 8f Rn. 12; *von Livonius*, BKR 2005, 12, 16.

435 Vgl. *Weitnauer* in Möllers/Kloyer, Das neue KAGB, Rn. 400, welcher eine Ausnahme von der Prospektpflicht im Falle eines begrenzten Anlegerkreises annimmt und dies als Private Placement bezeichnet.

mehr als 20 Anteile angeboten werden, der Verkaufspreis der im Zeitraum von zwölf Monaten angebotenen Anteile insgesamt 100.000 Euro nicht übersteigt oder der Preis jedes angebotenen Anteils mindestens 200.000 Euro je Anleger beträgt". Denknotwendig setzt das Eingreifen eines Ausnahmetatbestands systematisch die Anwendbarkeit des Vermögensanlagengesetzes voraus, weshalb in den Fällen des § 2 Abs. 1 Nr. 3 VermAnlG ein öffentliches Angebot anzunehmen ist. Häufig wird der Begriff Private Placement jedoch generell für solche Vermögensanlagen verwendet, welche – gleich aus welchem Grund – nicht unter die Prospektpflicht und -haftung des Vermögensanlagengesetzes fallen[436]. Zur Erfüllung der allgemeinen vorvertraglichen Aufklärungspflichten und zur Vermeidung der richterrechtlichen Prospekthaftung erstellten Fondsinitiatoren auch bei Private Placements ungeachtet der Unanwendbarkeit der Prospektpflicht des Vermögensanlagengesetzes eine ausführliche Informationsbroschüre, als sog. Private Placement Memorandum (PPM). Der Aufwand der Erstellung war in Bezug auf die Detailangaben aber geringer und die BaFin war nicht in den Vertriebsprozess eingebunden, da das PPM nicht von der BaFin gebilligt werden musste[437].

c) Treuhandmodelle

Wie bereits im Rahmen der Darstellung der Rechtsform geschlossener Fonds angesprochen, zeichnen sich geschlossen Fonds dadurch aus, dass sich die Anleger häufig nicht unmittelbar selbst als Kommanditist beteiligen, sondern mittelbar über einen Treuhandkommanditisten[438]. Oftmals haben die Anleger die Wahl zwischen der unmittelbaren oder der mittelbaren Beteiligung[439]. Hintergrund der mittelbaren Beteiligung ist die Vermeidung der ansonsten notwendigen Handelsregistereintragung jedes einzelnen Anlegers als Kommanditisten sowie der Vorteil der Bündelung der Anlegerinteressen[440]. Aus Haftungsgründen fungiert oftmals keine natürliche Person als Treuhandkommanditist, sondern eine in der Haftung beschränkte Gesellschaft, zumeist eine GmbH[441]. Üblicherweise handelt es sich bei dem Treuhandkommanditisten um eine dem Initiator nahe stehende Gesellschaft bzw.

---

436 Vgl. *Bühring/Linnemannstöns*, DB 2007, 2637, 2638 ff.

437 Bühring/Linnemannstöns, DB 2007, 2637, 2640.

438 Ausführlich dazu siehe oben Beteiligung der Anleger, B. II. 4, S. 58 f.; *Horbach* in MünchHdb. GesR II, § 61 Rn. 19 ff.; *Roth* in Baumbach/Hopt, HGB, Anhang nach § 177a Rn. 77; § 105 Rn. 31–37.

439 *Bost/Halfpap* in Lüdicke/Arndt, Geschlossene Fonds, S. 20.

440 Ausführlich dazu siehe oben Beteiligung der Anleger, B. II. 4, S. 59; *Horbach* in MünchHdb. GesR II, § 61 Rn. 20.; kritisch im Hinblick auf die Vorteile der Treuhandmodelle wegen Haftungsrisiken, vgl. *Bost/Halfpap* in Lüdicke/Arndt, Geschlossene Fonds, S. 22 ff.

441 *Bost/Halfpap* in Lüdicke/Arndt, Geschlossene Fonds, S. 20; *Heisterhagen* DStR 2004, 1089, 1090 f. Eine direkte Beteiligung des Initiators als Kommanditist der Fondsgesellschaft ist aber nicht ausgeschlossen, vgl. BGH, NZG 2013, 980.

Person[442]. Der Treuhandkommanditist ist auf der Grundlage des Treuhandvertrags verpflichtet, den Kommanditanteil auf Rechnung der Anleger für diese zu halten und die Gesellschafterrechte nach den Weisungen der Anleger als Treugeber auszuüben[443]. Regelmäßig werden die Anleger – obwohl sie keine Gesellschafterstellung innehaben – entsprechend den Anforderungen der Rechtsprechung im Innenverhältnis zur Fondsgesellschaft wirtschaftlich so gestellt, als ob sie Kommanditisten wären und können aus diesem Grund die Gesellschafterrechte selbst ausüben[444].

d) Gesellschaftsrechtliche Struktur der Fondsgesellschaft

Wird die Fondsgesellschaft in der Rechtsform der GmbH & Co. KG aufgelegt, so muss diese strukturell zumindest einen Kommanditisten und eine Komplementär-GmbH aufweisen. Die Geschäftsführung sowie die Vertretung der Gesellschaft obliegt grundsätzlich der Komplementär-GmbH entsprechend dem gesetzlichen Leitbild nach §§ 164 S. 1, 170 HGB[445]. Die Komplementär-GmbH ist in der Regel die einzige persönlich haftende (juristische) Person der Fondsgesellschaft; eine kapitalmäßige Beteiligung der Komplementär-GmbH ist in aller Regel nicht vorgesehen[446]. Die Komplementär-GmbH steht typischerweise dem Initiator nahe, oftmals handelt es sich um eine Tochtergesellschaft[447]. Auch wenn keine direkte gesellschaftsrechtliche Verbindung vorliegt, ist die Komplementär-GmbH regelmäßig mit denselben natürlichen Personen besetzt wie der Initiator oder wird von diesen kontrolliert[448]. Die Anleger sind üblicherweise nicht an der Komplementär-GmbH beteiligt, so dass diese von der Geschäftsführung der Fondsgesellschaft ausgeschlossen sind[449].

Zur Gründung der GmbH & Co. KG ist zwingend das Vorliegen mindestens eines Kommanditisten erforderlich, welcher sich mit einer Vermögenseinlage an der Fondsgesellschaft beteiligt. Als Gründungskommanditist tritt üblicherweise ebenfalls eine Gesellschaft aus dem Umfeld des Initiators auf, welche sich zur Erfüllung

---

442 *Breimann* in Jesch/Schilder/Striegel, Rechtshandbuch Immobilien-Investitionen, S. 566; *Kloyer* in Möllers/Kloyer, Das neue KAGB, Rn. 865.

443 *Bost/Halfpap* in Lüdicke/Arndt, Geschlossene Fonds, S. 20 ff.

444 Ausführlich dazu siehe oben Mittelbare Beteiligungen über Treuhandmodelle, C. I. 1. e), S. 70; BGHZ 10, 44; BGH, NZG 2011, 1432.

445 KG Berlin, GmbHR 2011, 477; *Oetker* in Oetker, HGB, § 164 Rn. 62; *Schmidt*, JuS 2011, 179, 180.

446 *Breimann* in Jesch/Schilder/Striegel, Rechtshandbuch Immobilien-Investitionen, S. 560.

447 *Oetker* in Oetker, HGB, § 161 Rn. 122; *Bost/Halfpap* in Lüdicke/Arndt, Geschlossene Fonds, S. 8. Rn. 110 f.; *Horbach* in MünchHdb. GesR II, § 61 Rn. 2; vgl. *Mutter* in Gummert/Arnhold, Münchener Anwalts-Handbuch Personengesellschaftsrecht, § 1 Rn. 162; BGH, NZG 2013, 980.

448 *Möllers/Hailer*, ZBB 2012, 178, 180; vgl. *Bost/Halfpap* in Lüdicke/Arndt, Geschlossene Fonds, S. 8.

449 *Bost/Halfpap* in Lüdicke/Arndt, Geschlossene Fonds, S. 7; *Horbach* in MünchHdb. GesR II, § 61 Rn. 13; vgl. *Roth* in Baumbach/Hopt, HGB, Anh. nach § 177a Rn. 52.

der gesetzlichen Anforderungen mit einer minimalen Kommanditeinlage beteiligt. Zum Teil geht der Initiator selbst eine direkte kapitalmäßige Beteiligung ein durch den Beitritt zur Fondsgesellschaft als Gründungskommanditist[450]. Die kapitalmäßige Beteiligung des Initiators ist jedoch üblicherweise gering[451]. Sofern es sich um ein Treuhandmodell handelt, bei welchem sich die Anleger mittelbar über einen Treuhandkommanditisten an der Fondsgesellschaft beteiligen, ist der Treuhandkommanditist in aller Regel (ebenfalls) Gründungskommanditist der Fondsgesellschaft[452]. Auch der Treuhandkommanditist ist in aller Regel nur minimal mit eigenem Kapital an der Fondsgesellschaft beteiligt; im Wesentlichen hält und verwaltet der Treuhandkommanditist den Kommanditanteil lediglich treuhänderisch für die Anleger[453]. Oftmals besteht das Eigenkapital der Fondsgesellschaft zu nahezu 100 Prozent aus den Einlagen der Anleger; die notwendigen Kommanditeinlagen der Gründungsgesellschafter belaufen sich häufig auf nur wenige Hundert Euro[454].

e) Fremdfinanzierung

Ein typisches Merkmal geschlossener Fonds ist darin zu sehen, dass in erheblichem Umfang Fremdkapital durch die Aufnahme von Bankdarlehen zum Einsatz kommt, üblich sind Fremdkapitalquoten in Höhe von 50–80 Prozent[455]. Ein Grund für den Einsatz von Fremdkapital ist darin zu sehen, dass es bei der Investition in hochpreisige Vermögensgegenstände oftmals schwierig ist, die volle Investitionssumme

---

450 *Giehl* in Beck'sche Online-Formulare, 7.6.1.5.1 Gesellschaftsvertrag eines Fonds (GmbH & Co. KG), Fn. 10.

451 *Liebscher* in Sudhoff, GmbH & Co. KG, § 3 Rn. 25; *Möllers/Hailer, ZBB 2012, 178, 180*; BGH, NZG 2013, 980; OLG Düsseldorf, BeckRS 2011, 19112.

452 Beteiligen sich Anleger mittelbar über die Treuhandkommanditistin, so wird deren Kommanditeinlage im Wege der Kapitalerhöhung entsprechend erhöht. Ebenso erfolgt eine Kapitalerhöhung beim Beitritt von Anlegern, die sich direkt als Kommanditisten beteiligen, vgl. *Giehl* in Beck'sche Online-Formulare, 7.6.1.5.1 Gesellschaftsvertrag eines Fonds (GmbH & Co. KG), Fn. 10; OLG Hamm, BeckRS 2014, 04916.

453 Oft beträgt die Haft- und Pflichteinlage des Treuhandkommanditisten zum Zeitpunkt der Gründung der Fondsgesellschaft nur ein paar Hundert Euro; mit dem mittelbaren Beitritt von Anlegern wird die Kommanditeinlage des Treuhandkommanditisten sodann entsprechend der Beteiligungshöhe des Anlegers erhöht, vgl. *Bost/Halfpap* in Lüdicke/Arndt, Geschlossene Fonds, S. 20; *Strohm* in Assmann/Schütze, Hdb. des Kapitalanlagerechts, 3. Auflage 2007, § 21 Rn. 201 ff.; *Jaletzke* in MünchHdb. GesR II, § 63 Rn. 7 ff.

454 *Kloyer* in Möllers/Kloyer, Das neue KAGB, Rn. 866.

455 *Jesch* in Jesch/Schilder/Striegel, Rechtshandbuch Immobilien-Investitionen, S. 601; *Durchardt,* DStR 2001, 2170, 2174; *Krismanek* in Beckmann/Scholtz/Vollmer, Investment, vor § 405 Rn. 80; BGH, NZG 2012, 701; BGH, NJW-RR 2007, 1199; BGH, NZG 2006, 745; OLG Düsseldorf, BeckRS 2010, 03007.

durch Eigenkapital zu stemmen[456]. Hinzu kommt, dass die Fremdkapitalzinsen als betrieblicher Aufwand grundsätzlich die Steuerschuld vermindern[457]. Der Hauptgrund für den Fremdkapitaleinsatz ist jedoch in der Nutzung von Hebeleffekten (sog. Leverage) zu sehen[458]. Gemeint ist hiermit die Hebelwirkung der Finanzierungskosten des Fremdkapitals auf die Eigenkapitalverzinsung[459]. Durch den Einsatz von Fremdkapital wird die Eigenkapitalrentabilität der Fondsgesellschaft erhöht, da mit weniger eingesetztem Eigenkapital eine höhere Rendite erzielt wird[460]. Der Leverage Effekt wirkt sich jedoch nur solange positiv aus, wie das eingesetzte Fremdkapital zu einem niedrigeren Zinssatz erhältlich ist als die Gesamtkapitalrendite beträgt[461]. Die Fremdkapitalzinsen müssen unter der Gesamtkapitalrendite der Fondsgesellschaft liegen, damit die Fremdfinanzierungskosten mit den laufenden Einnahmen finanziert werden können[462]. Die fremdfinanzierende Bank sichert sich gewöhnlich mit dinglichen Sicherheiten an den Vermögensgegenständen der Fondsgesellschaft ab[463]. Entwickelt sich das Projekt des Fonds schlecht und übersteigt der Zins- und Tilgungsaufwand für die Fremdfinanzierung die Rendite, droht bei Nichtbedienung der Bankforderungen die Verwertung des Assets durch die fremdfinanzierende Bank[464].

Neben der Fremdfinanzierung auf Ebene der Fondsgesellschaft kommt es bei geschlossenen Fonds häufig vor, dass auch die Anleger die Beteiligung fremdfinanzieren durch die Aufnahme eines Darlehens bei einer Bank[465]. Zum Teil nimmt

---

456 *Bost/Halfpap* in Lüdicke/Arndt, Geschlossene Fonds, S. 195.

457 Zur grundsätzlichen steuerlichen Absetzbarkeit des Zinsaufwands sowie zu den diesbezüglichen Einschränkungen durch die Unternehmenssteuerreform für gewerbliche Fonds, vgl. *Bost/Halfpap* in Lüdicke/Arndt, Geschlossene Fonds, S. 196.

458 *Levedag* in MünchHdb. GesR II, § 71 Rn. 12; *Duchardt*, DStR 2001, 2170, 2174.

459 Zum Begriff Leverage Effekt vgl. Gabler, Wirtschaftslexikon, Stichwort „Leverage Effekt"; Fleischer, AG 1996, 494, 497.

460 *Duchardt*, DStR 2001, 2170, 2174.

461 *Ott*, DStR 2003, 2026; *Strohm* in Assmann/Schütze, Hdb. des Kapitalanlagerechts, 3. Auflage 2007, § 21 Rn. 30.

462 Sind die zu zahlenden Fremdkapitalzinsen hingegen höher als die erwirtschaftete Rendite, wirkt sich der Hebeleffekt negativ aus und die zu zahlenden Fremdkapitalzinsen stellen eine zusätzliche, risikoerhöhende Belastung dar, vgl. LG Hagen (Westfalen), BeckRS 2012, 18188; LG Köln, BeckRS 2014, 03625; mit Gegenüberstellung zu reinen Eigenkapitalfonds *Duchardt*, DStR 2001, 2170, 2174; *Jesch* in Jesch/Schilder/Striegel, Rechtshandbuch Immobilien-Investitionen, S. 600.

463 *Wagner*, NZG 2000, 169, 170.

464 OLG Frankfurt a. M., BeckRS 2008, 23617; Anm. dazu *Thömmes*, FD-MA 2008, 272021.

465 *Jaletzke* in MünchHdb. GesR II, § 62 Rn. 37 ff. Bei nicht planmäßigem Verlauf und Ausbleiben der eingeplanten Ausschüttungen erhöht sich durch die Fremdfinanzierung der Beteiligung das Risiko für den Anleger, da eine Bedienung der Finanzierungskosten durch die laufenden Einnahmen dann nicht mehr möglich ist. In diesem Fall droht dem Anleger bei einem schlechten wirtschaftlichen Verlauf des Fonds nicht nur der Totalverlust seiner Einlage, sondern darüber hinaus fallen weitere

der Anleger zur Finanzierung der Fondsbeteiligung ein Darlehen bei dem Kreditinstitut auf, bei dem er schon vorher Kunde war oder sucht sich in Eigeninitiative ein anderes Kreditinstitut[466]. Oft wird dem Anleger aber von dem Anlagevermittler gleichzeitig mit dem Angebot zur Fondsbeteiligung ein Formular ausgehändigt mit dem Angebot zur Fremdfinanzierung der Beteiligung durch ein Kreditinstitut, welches sich bereits im Vorfeld zur Gewährung von Darlehen an Anleger zum Zwecke der Beteiligungsfinanzierung bereit erklärt hat[467].

f) Weichkosten

Bei der mittelbaren Investition in einen Vermögensgegenstand mittels eines geschlossenen Fonds ist im Vergleich zu einer Direktinvestition (z.B. den Kauf einer Immobilie) zu beachten, dass sich die Tätigkeit der Fondsgesellschaft nicht auf die bloße Anschaffung des Vermögensgegenstands beschränkt[468]. Der Kaufpreis für das jeweilige Asset ist nur eine Kostenposition unter vielen im Rahmen des Gesamtaufwands des Fonds[469]. Die Auflage eines geschlossenen Fonds sowie die laufende Verwaltung erfordert eine Vielzahl an Leistungen[470]. Hierzu zählen die Konzeption und Strukturierung des Fonds sowie die Vorbereitung und Durchführung des Vertriebs der Fondsanteile, was insbesondere die Prospekterstellung und sonstige Marketingleistungen zur Einwerbung von Anlegern (sog. Eigenkapitalvermittlung)

Kosten an im Hinblick auf die Tilgungs- und Zinsansprüche der die Kapitalanlage finanzierenden Bank, vgl. *Wagner*, NZG 1998, 657, 664; *Strohm* in Assmann/Schütze, Hdb. des Kapitalanlagerechts, 3. Auflage 2007, § 21 Rn. 30.

466 *Wagner*, NZG 1998, 657, 664.

467 In diesem Fall nimmt der BGH ein verbundenes Geschäft i.S.d. § 358 BGB an mit der Konsequenz, dass sich die Ausübung eines Widerrufsrechts des Anlegers hinsichtlich der Fondsbeteiligung auf den Darlehensvertrag erstreckt und umgekehrt, vgl. BGH, DStR 2003, 2237; BGHZ 180, 123; BGH, BKR 2011, 110. Ein Widerrufsrecht des Anlegers ergibt sich bei Vorliegen der Verbrauchereigenschaft, wenn der (unmittelbare oder mittelbare) Fondsbeitritt mittels eines Haustürgeschäfts nach § 312 BGB, eines Fernabsatzvertrags nach § 312b BGB zu Stande kommt oder wenn die Voraussetzungen eines verbundenen Verbraucherkreditvertrags nach §§ 491, 495 BGB vorliegen. Zum Haustürwiderruf, vgl. BGH, NJW 1996, 3414; BGH, NJW 2001, 2718; BGHZ 159, 280; zum Widerrufsrecht wegen Fernabsatz, vgl. *Saenger* in Erman BGB, § 312b BGB Rn. 3a; zum Widerrufsrecht wegen eines verbundenen Verbraucherkreditvertrags, vgl. BGH, DStR 2003, 2237; BGH, NJW 2006, 1788; insgesamt dazu, vgl. *Bost/Halfpap* in Lüdicke/Arndt, Geschlossene Fonds, S. 59 ff.; *Jaletzke* in MünchHdb. GesR II, § 62 Rn. 23 ff.

468 *Wagner* in Assmann/Schütze, Hdb. des Kapitalanlagerechts, § 16 Rn. 211 ff.

469 *Wagner*, BKR 2008, 189; *Wagner* in Assmann/Schütze, Hdb. des Kapitalanlagerechts, § 16 Rn. 211 ff.; *Hoppe/Riedel*, DB 2007, 1125 ff.

470 *Hoppe/Riedel*, DB 2007, 1125, 1127; *Loritz/Wagner*, NZG 2013, 367, 368; *Wagner* in Assmann/Schütze, Hdb. des Kapitalanlagerechts, § 16 Rn. 211 ff.

beinhaltet[471]. Weitere Kostenpositionen sind die Vergütungen für die Geschäftsführung der Fondsgesellschaft, die Haftungsvergütung für die Komplementär-GmbH sowie die Vergütung der Treuhandkommanditistin. Hinzu kommt, dass geschlossene Fonds regelmäßig in größerem Umfang auf Rechts- und Steuerberatungsleistungen angewiesen sind[472].

Die Kosten für die vorbenannten Leistungen fallen regelmäßig unter den Begriff der sog. Weichkosten[473]. Unter den weichen Kosten sind nach der Rechtsprechung diejenigen Kosten zu verstehen, welche nicht dem Anlageobjekt selbst zu Gute kommen, „sondern für Aufwendungen außerhalb der Anschaffungs- und Herstellungskosten verwendet werden“[474]. Diese Kosten „weichen“ die Rendite der Anlage auf, weil sie nicht unmittelbar in das Anlageobjekt fließen, sondern in Nebenleistungen[475]. Weichkosten sind demnach nicht nur die Mehrkosten, die bei der Beteiligung an einem Fonds im Vergleich zur Direktinvestition in das jeweilige Asset anfallen, sondern z.B. auch Anschaffungsnebenkosten wie Grunderwerbsteuer, Notargebühren oder Fremdfinanzierungskosten[476].

Ein großer Teil der Weichkosten fällt bereits im Vorfeld für die Vorbereitung und Aufnahme der Geschäftstätigkeit des Fonds an[477]. So stellen etwa die Vertriebsprovisionen für Banken und freie Anlagevermittler einen erheblichen Kostenfaktor des Fonds dar[478]. Der BGH geht davon aus, dass bei geschlossenen Fonds im Rahmen des

---

471 *Breimann* in Jesch/Schilder/Striegel, Rechtshandbuch Immobilien-Investitionen, S. 556; *Loritz/Wagner*, NZG 2013, 367, 368; *Hoppe/Riedel*, DB 2007, 1125, 1127.

472 *Breimann* in Jesch/Schilder/Striegel, Rechtshandbuch Immobilien-Investitionen, S. 556; *Loritz/Wagner*, NZG 2013, 367, 368; *Strohm* in Assmann/Schütze, Hdb. des Kapitalanlagerechts, 3. Auflage 2007, § 21 Rn. 23 ff.

473 *Hoppe/Riedel*, DB 2007, 1125, 1127; *Loritz/Wagner*, NZG 2013, 367, 368.

474 BGH, NJW 2006, 2042; OLG München, WM 2008, 581; BGH, WM 2014, 118; OLG Frankfurt, BeckRS 2010, 00285. Der Begriff der Weichkosten ist jedoch im Gesetz an keiner Stelle definiert und wird sowohl von der Rechtsprechung, als auch im Schrifttum teilweise unterschiedlich verwendet. So versteht das OLG Stuttgart Weichkosten als versteckte Innenprovisionen, vgl. OLG Stuttgart, ZIP 2004, 891; teilweise werden Weichkosten als Eigen- und Fremdkapitalprovisionen definiert, vgl. *Horbach* in MünchHdb. GesR II, § 61 Rn. 12. Zur Übersicht über die verschiedenen Definitionen der Weichkosten, vgl. *Hoppe/Riedel*, DB 2007, 1125 ff.

475 *Breimann* in Jesch/Schilder/Striegel, Rechtshandbuch Immobilien-Investitionen, S. 556; *Hoppe/Riedel*, DB 2007, 1125, 1128; *Schwab*, BKR 2011, 450, 453; OLG Frankfurt, BeckRS 2010, 00285; *Marx/Schleifer*, BB 2007, 258, Fn. 45.

476 *Breimann* in Jesch/Schilder/Striegel, Rechtshandbuch Immobilien-Investitionen, S. 556; *Schwab*, BKR 2011, 450, 453; *Marx/Schleifer*, BB 2007, 258, Fn. 45; ausführlich zu den einzelnen Bestandteilen der Weichkosten, vgl. *Hoppe/Riedel*, DB 2007, 1125, 1127.

477 *Strohm* in Assmann/Schütze, Hdb. des Kapitalanlagerechts, 3. Auflage 2007, § 21 Rn. 26; *Horbach* in MünchHdb. GesR II, § 61 Rn. 12.

478 *Strohm* in Assmann/Schütze, Hdb. des Kapitalanlagerechts, 3. Auflage 2007, § 21 Rn. 26.

Vertriebs Provisionen in Höhe von 15 Prozent marktüblich sind[479]. Hohe Weichkosten sind aus Gründen des Anlegerschutzes häufig Gegenstand von Kritik an geschlossenen Fonds[480]. Seit der Einführung der gesetzlichen Prospektpflicht für geschlossene Fonds durch das Wertpapier-VerkaufsprospektG vom 01.07.2005 muss der Prospekt deshalb zwingend Angaben zu Weichkosten enthalten, wobei die Rechtsprechung auch für vor diesem Zeitpunkt prospektierte Fonds in eingeschränktem Umfang Aufklärungspflichten in Bezug auf Weichkosten annahm[481].

g) *Auslagerung von Tätigkeiten*

Die Fondsgesellschaften sind typischerweise bloße Kapitalsammelbecken. Aus diesem Grund lagert die Fondsgesellschaft in aller Regel in weitem Umfang Tätigkeiten aus, insbesondere wenn diese mit größerem Personal- und Arbeitsaufwand

---

479 Der BGH geht davon aus, dass bei geschlossenen Immobilienfonds Innenprovisionen als marktüblich anzusehen sind, sofern sie 15 % nicht überschreiten, vgl. BGH, NJW 2004, 1732. Innenprovisionen werden nach der Rechtsprechung des BGH definiert als nicht ausgewiesene Vertriebsprovisionen, die bei einem Fonds aus dem Anlagevermögen gezahlt werden, vgl. BGH, WM 2011, 925. Aufgrund ihres Einflusses auf die Werthaltigkeit der Anlage verlangt die Rechtsprechung eine Aufklärung des Anlegers über die Innenprovisionen, sofern eine gewisse Größenordnung überschritten wird, vgl. BGH, NJW 2011, 173. Auf was sich die 15 % beziehen, wird in dem Urteil des BGH (BGH, NJW 2004, 1732) nicht ausdrücklich benannt, es ist aber wohl das Kommanditkapital und nicht der prospektierte Gesamtaufwand gemeint, so auch *Loritz/Wagner,* NZG 2013, 367, 370. Innenprovisionen sind zu unterscheiden von Rückvergütungen, welche offen ausgewiesene Vertriebskosten betreffen, die jedoch „hinter dem Rücken" des Anlegers als umsatzabhängige Vergütung an die beratenden Banken zurückfließen und damit einen Interessenkonflikt bei der Anlageberatung begründen (Kick-Back-Rechtsprechung), vgl. BGH, NJW 2011, 173.

480 *Schwab,* BKR 2011, 450 ff. Kritisch zu Weichkosten im Zusammenhang mit sog. Treuhandmodellen, bei denen ein Direkterwerb der Immobilie durch den Anleger erfolgt *Fuellmich/Rieger,* ZIP 1999, 465 ff. Die Kritikpunkte können zum Teil auf geschlossene Immobilienfonds übertragen werden, vgl. *Wagner* in Assmann/Schütze, Hdb. des Kapitalanlagerechts, § 16 Rn. 217. Eine isolierte Betrachtung der Weichkosten als Erfolgsfaktor ablehnend, *Durchardt,* DStR 2001, 2170 2173.

481 Vor Inkrafttreten des KAGB war diese Pflicht für geschlossene Fonds in § 7 Abs. 3 S. 1 VermAnlG i.V.m § 4 S. 2 Nr. 10–12 VermVerkProspV geregelt, vgl. *Hennrichs* in Schwark/Zimmer, Kapitalmarktrechts-Kommentar, § 4 VerkProspV Rn. 10 ff.; BGH, NJW 2004, 2228; BGH, NJW 2006, 2042. Eine Übersicht zur Rechtsprechung des BGH im Hinblick auf die Anforderungen an die Prospektdarstellungen der Weichkosten und die damit einhergehende Haftung mit kritischen Anmerkungen insbesondere zu von der Rechtsprechung angenommenen rückwirkenden Aufklärungspflichten, vgl. *Loritz/Wagner,* NZG 2013, 367 ff.

verbunden sind[482]. Üblicherweise verfügt die Fondsgesellschaft selbst nur in sehr begrenztem Umfang über eigenes Personal und sonstige Ressourcen für den Geschäftsbetrieb[483].

In der Anfangsphase des Fonds übernimmt der Initiator bzw. eine Gesellschaft, die gesellschaftsrechtlich oder personell mit dem Initiator verbunden ist, die Konzeption und Strukturierung des Fonds in wirtschaftlicher, rechtlicher und steuerlicher Hinsicht[484]. Auch die Vorbereitung und die Durchführung des Vertriebs – also insbesondere die Erstellung des Prospekts, das Marketing sowie die Vermittlung von Eigenkapital – erfolgt nicht durch die Fondsgesellschaft selbst, sondern durch den Initiator bzw. eine initiatornahe Gesellschaft[485]. Zur Einwerbung von Anlegern werden darüber hinaus üblicherweise externe Vertriebspartner – Banken oder freie Vertriebe – eingesetzt[486]. Auch die Vermittlung des Fremdkapitals überträgt die Fondsgesellschaft in aller Regel auf Dritte; häufig übernimmt der Initiator bzw. eine initiatornahe Gesellschaft diese Aufgabe[487]. Beinhaltet die Fondskonzeption nicht den Erwerb eines bereits fertigen Vermögensgegenstands, sondern ist auch die physische Errichtung von Vermögensgegenständen Bestandteil der Investition (z.B. Errichtung der Immobilie oder Bau des Schiffes), so überträgt die Fondsgesellschaft auch diese Aufgaben auf Dritte[488]. Da die Fondsgesellschaft nicht einer Vielzahl an

---

482 *Kloyer* in Möllers/Kloyer, Das neue KAGB, Rn. 867; *Weiser/Hüwel*, BB 2013, 1091, 1093 f.

483 Vgl. *Giehl* in Beck'sche Online-Formulare, 7.6.1.5.1 Gesellschaftsvertrag eines Fonds (GmbH & Co. KG), Fn. 8.

484 *Möllers/Hailer*, ZBB 2012, 178, 180 ff.; *Friedrichs/Wegner/Richter* in Winter/Hennig/Gerhard, Grundlagen der Schiffsfinanzierung, S. 879 f.

485 *Möllers/Hailer*, ZBB 2012, 178, 180; *Strohm* in Assmann/Schütze, Hdb. des Kapitalanlagerechts, 3. Auflage 2007, § 21 Rn. 22 ff.; *Hoppe/Riedel*, DB 2007, 1125, 1127; vgl. *Friedrichs/Wegner/Richter* in Winter/Hennig/Gerhard, Grundlagen der Schiffsfinanzierung, S. 879 f. Zur Frage, ob in einem Emissionsprospekt die Höhe der Eigenkapitalvermittlungsprovisionen gesondert ausgewiesen werden muss, vgl. BGH, WM 2014, 118. Zur steuerlichen Behandlung von Eigenkapitalvermittlungsprovisionen, vgl. sog. 5. Bauherrenerlass, BFH, DStR 2001, 138; *Levedag* in MünchHdb. GesR II, § 71 Rn. 134 ff.

486 VGF Branchenzahlen 2012, Broschüre, S. 16, „Vertriebswege privater Investoren", abrufbar unter ww.sachwerteverband.de/fileadmin/BSI/Statistik/das_neueste/VGF%20Branchen-zahlen%202012%20Broschuere.pdf.

487 *Strohm* in Assmann/Schütze, Hdb. des Kapitalanlagerechts, 3. Auflage 2007, § 21 Rn. 29; *Horbach* in MünchHdb. GesR II, § 61 Rn. 12; *Friedrichs/Wegner/Richter* in Winter/Hennig/Gerhard, Grundlagen der Schiffsfinanzierung, S. 879 f.; FG Köln, EFG 2011, 329.

488 *Arndt/Fischer* in Lüdicke/Arndt, Geschlossene Fonds, S. 253. Diese stehen – im Gegensatz zur Verwaltungs-GmbH – zumeist nicht in einer gesellschaftsrechtlichen Verbindung zum Initiator, sondern es handelt sich um externe Unternehmen. Es kommt aber auch vor, dass zwischen dem Generalunternehmer und dem Initiator personelle Verflechtungen bestehen, vgl. z.B. BGH, NJW 1981, 1449.

Vertragspartnern gegenüber stehen will, wird die Durchführung zumeist einem einzelnen Unternehmer übertragen, der die Übergabe des fertigen Werkes zu einem bestimmten Termin schuldet (Generalunternehmer bzw. Generalübernehmer)[489]. Die mit dem laufenden Geschäftsbetrieb verbundenen Verwaltungsaufgaben werden üblicherweise nur dann von der Fondsgesellschaft bzw. deren Geschäftsführung selbst vorgenommen, wenn der Verwaltungsaufwand gering ist[490]. Häufig wird mittels eines Geschäftsbesorgungsvertrags eine Gesellschaft als Assetmanager bzw. eine Verwaltungsgesellschaft eingeschaltet; diese ist oftmals eine Tochtergesellschaft des Initiators bzw. steht dem Initiator auf sonstige Weise nahe[491].

h) Vergütung des Initiators

Der Initiator legt geschlossene Fonds nicht ohne Eigennutz auf, sondern möchte hiermit Einnahmen erwirtschaften[492]. In der Regel hält der Initiator selbst keinen bzw. nur einen sehr geringen Kommanditanteil an der Fondsgesellschaft und nimmt deshalb nicht bzw. nur geringfügig an den Gewinnausschüttungen der Fondsgesellschaft teil[493]. Die Ertragsgrundlage des Initiators bei der Auflage von Fonds ist vielmehr in dem Entgelt aus den oben beschriebenen Geschäftsbesorgungsverträgen zu sehen sowie in den Vermittlungsprovisionen. Über diese Vergütungen und Provisionen lässt sich der Initiator für die Auflage des Fonds mittelbar von den Anlegern entlohnen, da letztlich die Anleger die Kosten der Fondsgesellschaft tragen[494]. Zu den wichtigsten Einnahmequellen zählen insbesondere die Provisionen für die Eigen- und Fremdkapitalvermittlung sowie die Vergütungen für die Konzeption und Strukturierung des Fonds[495]. Zudem erbringt der Initiator bzw. eine ihm nahe stehende Gesellschaft häufig laufende Beratungsleistungen und übernimmt durch die Abgabe von Garantien bestimmte Risiken (z.B. Platzierungsgarantie und

---

489 *Möllers/Hailer*, ZBB 2012, 178, 180; vgl. BGH, WM 1995, 1321; BGH, JR 2007, 465; OLG Dresden, IBR 2009, 82.

490 Vgl. *Giehl* in Beck'sche Online-Formulare, 7.6.1.5.1 Gesellschaftsvertrag eines Fonds (GmbH & Co. KG), Fn. 8.

491 *Opitz* in Jesch/Schilder/Striegel, Rechtshandbuch Immobilien-Investitionen, S. 605 f.; *Möllers/ Hailer*, ZBB 2012, 178, 180; *Kloyer* in Möllers/Kloyer, Das neue KAGB, Rn. 867.

492 Vgl. zu den Leistungen des Initiators, *Wagner* in Assmann/Schütze, Hdb. des Kapitalanlagerechts, § 16 Rn. 211 ff.

493 *Möllers/Hailer*, ZBB 2012, 178, 180.

494 *Möllers/Hailer*, ZBB 2012, 178, 180; *Friedrichs/Wegner/Richter* in Winter/Hennig/Gerhard, Grundlagen der Schiffsfinanzierung, S. 879; *Kloyer* in Möllers/Kloyer, Das neue KAGB, Rn. 867.

495 *Friedrichs/Wegner/Richter* in Winter/Hennig/Gerhard, Grundlagen der Schiffsfinanzierung, S. 879; *Hoppe/Riedel*, DB 2007, 1125, 1127; BGH, NZG 2000, 997; BGH, WM 2014, 118; BGH, NZG 2000, 997.

Mietgarantie), was er sich ebenfalls von der Fondsgesellschaft vergüten lässt[496]. Darüber hinaus erhalten die Komplementär-GmbH oder sonstige geschäftsführende Gesellschaften für die Übernahme der persönlichen Haftung und der Geschäftsführung eine laufende Vergütung, welche ebenfalls eine Einnahmequelle des Initiators bzw. der dahinterstehenden natürlichen Personen darstellt[497].

i) Mittelverwendungskontrolle

Obwohl vor Inkrafttreten des KAGB keine gesetzliche Verpflichtung hierzu bestand, war die Mittelverwendungskontrolle bei geschlossenen Fonds gängiger Marktstandard[498]. Üblicherweise schloss die Fondsgesellschaft einen Vertrag mit einer Wirtschaftsprüfungsgesellschaft ab, in welchem diese damit beauftragt wurde, die vertragsgemäße Verwendung des Vermögens der Fondsgesellschaft sicherzustellen (Mittelverwendungskontrollvertrag)[499]. Durch diesen Vertrag wurde die Wirtschaftsprüfungsgesellschaft ermächtigt, während der Investitionsphase die Zahlungsströme der Fondsgesellschaft zu überwachen[500]. Um die zweckgerechte Verwendung sicherzustellen, wurde im Mittelverwendungsvertrag üblicherweise vereinbart, dass die Fondsgesellschaft nur mit Mitwirkung der Wirtschaftsprüfungsgesellschaft über die Gelder auf dem Gesellschaftskonto verfügen darf (Mittelfreigabe)[501]. Dies sollte gewährleisten, dass die Gelder der Anleger sowie das Fremdkapital entsprechend dem prospektierten Investitionsplan der Fondsgesellschaft verwendet wurden. Der Mittelverwendungskontrollvertrag diente damit den Anlegern[502].

---

496 *Möllers/Hailer*, ZBB 2012, 178, 180; *Strohm* in Assmann/Schütze, Hdb. des Kapitalanlagerechts, 3. Auflage 2007, § 21 Rn. 33 ff.

497 *Giehl* in Beck'sche Online-Formulare, 7.6.1.5.1 Gesellschaftsvertrag eines Fonds (GmbH & Co. KG), Fn. 16; *Breimann* in Jesch/Schilder/Striegel, Rechtshandbuch Immobilien-Investitionen, S. 564; BGH, DStR 1995, 27. Wird aus steuerlichen Gründen eine geschäftsführende Kommanditistin eingesetzt, erhält diese statt der Komplementärin die Vergütung für die Geschäftsführung und es bleibt bei der Haftungsvergütung der Komplementärin. Insbesondere bei bei geschlossenen Immobilienfonds und Private Equity Fonds wird die Geschäftsführung häufig auf eine geschäftsführende Kommanditistin übertragen. Ausführlich dazu siehe oben Geschäftsführende Kommanditistin, D. II. 2. f), S. 132 f. und Struktur der Fondsgesellschaft und Carried Interest, D. VI. 2. j), S. 194 ff.

498 BGH, BKR 2010, 38; OLG München, BeckRS 2014, 03743; *Breimann* in Jesch/Schilder/Striegel, Rechtshandbuch Immobilien-Investitionen, S. 568.

499 *Breimann* in Jesch/Schilder/Striegel, Rechtshandbuch Immobilien-Investitionen, S. 568; BGH, ZIP 2009, 2449; BGH, BeckRS 2013, 17470.

500 *Breimann* in Jesch/Schilder/Striegel, Rechtshandbuch Immobilien-Investitionen, S. 568; BGH, BeckRS 2013, 17470.

501 BGH, BKR 2010, 38; BGH, ZIP 2009, 2449; *Wegman*, DStR 1994, 941, 942.

502 BGH, BKR 2010, 38.

j) Erwerb des Investitionsobjekts

Die Fondsgesellschaft erwirbt das Eigentum am jeweiligen Vermögensgegenstand zum Teil direkt im Wege des Asset-Deals. Gegenstand des Kaufvertrags ist dann die zu erwerbende Sache bzw. die zu erwerbenden Rechte. Teilweise findet aber auch ein mittelbarer Erwerb des Vermögensgegenstands über eine Objektgesellschaft statt, welche den jeweiligen Vermögensgegenstand in ihrem Vermögen hält[503]. Im letzteren Fall ist Kaufgegenstand nicht der Vermögensgegenstand selbst, sondern die Gesellschaftsanteile an der Objektgesellschaft (Share-Deal)[504]. Der Kaufvertrag über das Asset bzw. der Anteilskaufvertrag über die Gesellschaftsanteile der Objektgesellschaft ist für die Wirtschaftlichkeit des Fonds in jedem Fall von hoher Bedeutung. Vor dem Abschluss des Kaufvertrags erfolgt deshalb in der Regel eine sog. Due Diligence[505]. Der Begriff ist auf das Kapitalmarkt- und Anlegerschutzrecht der USA zurückzuführen und bedeutet wörtlich übersetzt „die gebotene Sorgfalt“[506]. Gemeint ist mit Due Diligence die vor dem Abschluss des Kaufvertrags über die Gesellschaftsanteile der Objektgesellschaft (beim Share-Deal) bzw. der Assets (im Fall des Asset-Deals) von der Fondsgesellschaft in Auftrag gegebene umfassende Prüfung und Analyse des Kaufgegenstands auf der Grundlage der vom Verkäufer überlassenen Daten[507]. Welche Prüfungsgegenstände im Rahmen der Due Diligence geprüft werden, hängt vom jeweils zu erwerbenden Vermögensgegenstand und der Situation im Einzelfall ab. Üblicherweise wird jedenfalls eine Legal Due Diligence durchgeführt zur Prüfung der rechtlichen Risiken. Die Prüfungsschwerpunkte liegen bei der Due Diligence des Investitionsgegenstands von geschlossenen Fonds auf wirtschaftlichen, rechtlichen, steuerlichen und finanziellen Aspekten. Zum Teil wird darüber hinaus eine technische oder umweltbezogene Due Diligence vorgenommen. Ziel der Due Diligence ist zum einen die Aufdeckung von Risiken und Chancen des Investitionsgegenstands des Fonds, zum anderen dient die Due Diligence der

503 *Bost/Halfpap* in Lüdicke/Arndt, Geschlossene Fonds, S. 196. Zum Erwerb der Fondsimmobilie über den Kauf der Beteiligungen an der Gesellschaft, die Eigentümerin der Immobilie ist (Share-Deal), vgl. *Jesch* in Jesch/Schilder/Striegel, Rechtshandbuch Immobilien-Investitionen, S. 590 f.

504 *Bost/Halfpap* in Lüdicke/Arndt, Geschlossene Fonds, S. 196.

505 Allgemein zur Due Diligence, vgl. *Vogt,* DStR 2001, 2027 f.

506 *Homberg,* AG 2011, R305.

507 Zur Due Diligence bei Immobilienfonds, welche die Immobilie direkt im Rahmen eines Asset-Deals erwerben, vgl. *Jesch* in Jesch/Schilder/Striegel, Rechtshandbuch Immobilien-Investitionen, S. 593. Beim Erwerb von Immobilien im Rahmen eines Share-Deals über den Kauf einer die Immobilie haltenden Objektgesellschaft wird ebenfalls eine Due Diligence durchgeführt. Dasselbe gilt bei der Investition in andere Vermögensgegenstände. Beim Erwerb von Unternehmensbeteiligungen (also namentlich beim Share-Deal, bei Doppelstock-Modellen oder bei Private Equity Fonds) besteht sogar ein erhöhtes Bedürfnis nach einer Due Diligence, da aus dem Kauf von Gesellschaftsanteilen noch weitere Risiken etwa gesellschaftsrechtlicher Art hinzukommen (z.B. Haftungsrisiken).

Kaufpreisfindung bzw. der Kaufvertragsgestaltung hinsichtlich der vertraglichen Risikoverteilung (z.B. durch Einräumung von Garantien durch den Verkäufer)[508].

3. Typischer wirtschaftlicher Ablauf

Der „Lebenszyklus“ eines geschlossenen Fonds besteht aus verschiedenen Phasen. Der typische wirtschaftliche Ablauf eines geschlossenen Fonds lässt sich in fünf verschiedene Phasen unterteilen: Der Konzeptionsphase, der Vertriebsphase, der Investitionsphase, der Betriebsphase und schlussendlich der Veräußerungs- und Liquidationsphase[509].

a) Konzeptionsphase

Zu Beginn jedes geschlossenen Fonds steht die Konzeptionsphase[510]. In dieser ersten Phase entwickelt der Fondsinitiator das komplette Konzept für ein bestimmtes Projekt und schafft sämtliche wirtschaftlichen, rechtlichen und steuerlichen Voraussetzungen für den geschlossenen Fonds[511]. Als Fondsinitiatoren (auch Fondshäuser genannt) werden Unternehmen verstanden, die als Ersteller von Fondskonzeptionen und Gründer der Fondsgesellschaften hinter den geschlossenen Fonds stehen und deren Geschäftstätigkeit die Auflage von Fonds ist. Als Fondsinitiatoren treten Banken, deren Leasingtöchter, Versicherungen sowie „freie“ Fondshäuser auf[512]. Häufig spezialisieren sich Fondsinitiatoren auf geschlossene Fonds, die in bestimmte Assets investieren (z.B. Schiffsfonds).

Zunächst begibt sich der Fondsinitiator auf die Suche nach geeigneten Projekten. Sobald ein potentielles Projekt gefunden ist und ein Vertragsschluss mit dem Verkäufer im Raum steht, prüft der Fondsinitiator das jeweilige Projekt als Investitionsgegenstand im Rahmen einer Due Diligence (also einer umfassende Prüfung) auf dessen wirtschaftliche und rechtliche Durchführbarkeit[513]. Im Falle eines positiven Ergebnisses sichert sich der Fondsinitiator den Erwerb des Vermögensgegenstands teilweise durch den Abschluss eines Kaufvertrags oder durch eine „Reservierungsabrede“. Sodann folgt die Herstellung der rechtlichen Strukturen durch die Gründung der Fondsgesellschaft sowie die Erstellung einer steuerlichen

---

508 *Homberg*, AG 2011, R305.

509 *Breimann* in Jesch/Schilder/Striegel, Rechtshandbuch Immobilien-Investitionen, S. 552 ff.; *Strohm* in Assmann/Schütze, Hdb. des Kapitalanlagerechts, 3. Auflage 2007, § 21 Rn. 22 ff.

510 *Strohm* in Assmann/Schütze, Hdb. des Kapitalanlagerechts, 3. Auflage 2007, § 21 Rn. 22 ff.

511 *Levedag* in MünchHdb. GesR II, § 71 Rn. 8 ff.; *Strohm* in Assmann/Schütze, Hdb. des Kapitalanlagerechts, 3. Auflage 2007, § 21 Rn. 22 ff.; *Breimann* in Jesch/Schilder/Striegel, Rechtshandbuch Immobilien-Investitionen, S. 553.

512 *Lüdicke* in Lüdicke/Arndt, Geschlossene Fonds, S. 3.

513 Ausführlich dazu siehe oben Erwerb des Investitionsobjekts, D. I. 2. j), S. 110 f.

Struktur[514]. Darüber hinaus erfolgt nach Möglichkeit bereits in der Konzeptionsphase der Abschluss sämtlicher anderer Verträge, die für den Erfolg des Fonds maßgeblich sind. Voraussetzung der Auflage eines Fonds ist die Sicherstellung der Finanzierung, weshalb die Darlehensverträge mit Banken sowie die Verträge zur Vermittlung von Eigenkapital meist frühzeitig abgeschlossen werden[515]. Sollen sich Anleger mittelbar über einen Treuhandkommanditisten beteiligen können, ist auch der Treuhandvertrag im Rahmen der Konzeptionsphase zu erstellen[516]. Ebenso wird üblicherweise der Mittelverwendungskontrollvertrag abgeschlossen[517].

Von großer Bedeutung für den Erfolg eines Fonds sind darüber hinaus die Nutzungsverträge (Miete, Pacht, Leasing oder Charter) über den Investitionsgegenstand, da die Wirtschaftlichkeit des Fonds häufig maßgeblich von den zu erwirtschaftenden Nutzungsentgelten abhängt[518]. Aus diesem Grund ist bei den meisten Fondsmodellen möglichst frühzeitig der Abschluss von Nutzungsverträgen angestrebt[519]. Im günstigsten Fall werden bereits in der Konzeptionsphase Nutzungsverträge abgeschlossen, deren Laufzeit mit der Fondslaufzeit übereinstimmt; eine derartig langfristige vertragliche Bindung der Nutzer kann aber oftmals nicht erreicht werden[520]. In der Regel werden in der Konzeptionsphase aber Nutzungsverträge über eine bestimmte Festlaufzeit abgeschlossen, um zumindest für einen gewissen Zeitraum laufende Einnahmen des Fonds sicherzustellen[521].

Zum Teil handelt es sich bei den Anlageobjekten um fertige und zur Nutzung bereite Vermögensgegenstände (z.B. vollständig errichtete Immobilien). Vielfach investieren Fondsgesellschaften jedoch in noch zu errichtende oder gerade entstehende

514 *Breimann* in Jesch/Schilder/Striegel, Rechtshandbuch Immobilien-Investitionen, S. 553 f.

515 Die Eigenkapitalvermittlung wird in aller Regel durch den Initiator oder eine dem Initiator nahestehende Gesellschaft gegen Provision vorgenommen, vgl. BGH, NJW-RR 2007, 1199, BGH, BeckRS 2010, 18806; BGH, NZG 2014, 144; BGH, NZG 2012, 701; *Breimann* in Jesch/Schilder/Strie-gel, Rechtshandbuch Immobilien-Investitionen, S. 554. Zum Teil beauftragt die Fondsgesellschaft für die Kontaktaufnahme und Vertragsverhandlungen mit den fremdfinanzierende Banken den Dritte bzw. den Initiator oder initiatornahe Gesellschaften durch den Abschluss von Fremdkapitalvermittlungsverträgen, vgl. *Halfpap/Bost* in Lüdicke/Arndt, Geschlossene Fonds, S. 195 ff.

516 *Breimann* in Jesch/Schilder/Striegel, Rechtshandbuch Immobilien-Investitionen, S. 554.

517 *Breimann* in Jesch/Schilder/Striegel, Rechtshandbuch Immobilien-Investitionen, S. 554.

518 *Wegmann,* DStR 1994, 941, 945; *Strohm* in Assmann/Schütze, Hdb. des Kapitalanlagerechts, 3. Auflage 2007, § 21 Rn. 176.

519 *Wegmann,* DStR 1994, 941, 945.

520 *Wegmann,* DStR 1994, 941, 945.

521 *Strohm* in Assmann/Schütze, Hdb. des Kapitalanlagerechts, 3. Auflage 2007, § 21 Rn. 176.

Projekte[522]. Bei der Investition in Sachwerte wie Immobilien, Schiffe oder Anlagen zur Erzeugung erneuerbarer Energien befinden sich die Anlageobjekte häufig noch in der Errichtungsphase, wenn die Anleger dem Fonds beitreten[523]. In diesem Fall schließt die Fondsgesellschaft Verträge mit Dritten ab. Da die mangelfreie Fertigstellung des Vermögensgegenstands zum prognostizierten Zeitpunkt im Hinblick auf die für die Rendite maßgeblichen Nutzungsentgelte eine große Rolle spielt, kommt den Verträgen im Rahmen der Konzeptionsphase eine hohe Bedeutung zu[524].

b) Vertriebsphase

Nach Abschluss der Konzeptionsphase folgt die Vertriebsphase. In dieser Phase gilt es, Anleger für den Fonds zu gewinnen[525]. Im Rahmen der Fondskonzeption wird vom Fondsinitiator eine Zeichnungssumme festgelegt, bei deren Erreichen der Fonds geschlossen und der Vertrieb beendet wird[526]. Unter der Zeichnungssumme ist das zum Erwerb des Anlageobjekts und Durchführung des Projekts kalkulierte notwendige Eigenkapital des Fonds zu verstehen, welches bei Anlegern eingeworben werden soll[527]. Die Vertriebsphase, auch Platzierungsphase genannt, ist für den Erfolg des Fonds insofern kritisch, als dass das gesamte Projekt scheitern und die Insolvenz der Fondsgesellschaft drohen kann, wenn zu wenig Anleger Anteile zeichnen[528]. Um diesen Risikofaktor für die Anleger und die Vertragspartner der Fondsgesellschaft zu reduzieren, gibt der Initiator oder eine ihm nahestehende Gesellschaft zum Teil eine sog. Platzierungsgarantie ab für den Fall, dass die Zeichnungssumme nicht innerhalb des vorgesehenen Platzierungszeitraums erreicht

---

522 *Strohm* in Assmann/Schütze, Hdb. des Kapitalanlagerechts, 3. Auflage 2007, § 21 Rn. 31; z.B. zu Immobilienfonds *Arndt/Fischer* in Lüdicke/Arndt, Geschlossene Fonds, S. 244.

523 King, Real Estate Investment Trusts, S. 148; *Halfpap/Bost* in Lüdicke/Arndt, Geschlossene Fonds, S. 195; BGH, WM 2012, 2375.

524 Bei Mängeln besteht die Gefahr, dass die Nutzer das Nutzungsentgelt mindern. Bei verspäteter Nutzungsüberlassung wegen Verzögerungen der Fertigstellung fließen die prognostizierten Nutzungsentgelte später, was sich negativ auf die Rendite auswirkt. Zudem sind Schadensersatzansprüche der Nutzer gegen die Fondsgesellschaft zu befürchten sowie schlimmstenfalls sogar Kündigungen hinsichtlich des Nutzungsverhältnisses, vgl. *Arndt/Fischer* in Lüdicke/Arndt, Geschlossene Fonds, S. 254.

525 King, Real Estate Investment Trusts, S. 147; *Strohm* in Assmann/Schütze, Hdb. des Kapitalanlagerechts, 3. Auflage 2007, § 21 Rn. 26.

526 *Inhester/Herrmann* in MünchHdb. GesR II, § 9 Rn. 21.

527 *Breimann* in Jesch/Schilder/Striegel, Rechtshandbuch Immobilien-Investitionen, S. 553; a.A. *Loritz*, NZG 2008, 887.

528 *Strohm* in Assmann/Schütze, Hdb. des Kapitalanlagerechts, 3. Auflage 2007, § 21 Rn. 24.

wird (fehlende „Vollplatzierung")[529]. Durch die Platzierungsgarantie garantiert der Initiator den Anlegern bzw. den fremdfinanzierenden Banken das Vorliegen der Zeichnungssumme[530].

Für den Vertrieb erstellt der Initiator ein Verkaufsprospekt, in dem der jeweilige geschlossene Fonds erklärt wird und alle wesentlichen wirtschaftlichen, steuerlichen und rechtlichen Aspekte und insbesondere Risiken der Fondsbeteiligung dargelegt werden. Der Verkaufsprospekt enthält zudem typischerweise einen detaillierten Investitions- und Finanzierungsplan sowie eine Wirtschaftlichkeitsprognose, aus denen sich die geplanten Ausgaben und Einnahmen des Fonds ergeben. Vor Inkrafttreten des KAGB ergab sich bei geschlossenen Fonds – mit Ausnahme sog. Private Placements – grundsätzlich aus § 8 Abs. 1 VermAnlG die Pflicht zur Veröffentlichung eines Verkaufsprospekts, welchen die BaFin vor der Veröffentlichung billigen musste[531]. Aus Haftungs- und Marketinggründen unterzogen Fondsinitiatoren die Prospekte in der Regel zudem freiwillig einer Prüfung durch Wirtschaftsprüfer auf formelle und materielle Vollständigkeit, inhaltliche Richtigkeit und Klarheit hin nach dem vom Institut der Wirtschaftsprüfer erarbeiteten Standard über die Beurteilung von Verkaufsprospekten (IDW S 4)[532]. Der Verkaufsprospekt bildet für die Anleger die Entscheidungsgrundlage und ist das zentrale Vertriebsmittel[533].

---

529 *Halfpap/Bost* in Lüdicke/Arndt, Geschlossene Fonds, S. 195; *Breimann* in Jesch/ Schilder/ Striegel, Rechtshandbuch Immobilien-Investitionen, S. 557; BGHZ 186, 253; BGH, WM 2014, 118.

530 Gelingt es in der zeitlich festgelegten Vertriebsphase nicht, ausreichend Eigenkapital bei Anlegern einzusammeln, muss der Initiator die Differenz aus dem tatsächlich vorhandenen Eigenkapital und der prognostizierten Zeichnungssumme nachschießen, vgl. *Breimann* in Jesch/Schilder/Striegel, Rechtshandbuch Immobilien-Investitionen, S. 557.

531 Das VermAnlG und dessen Pflicht zur Erstellung eines Verkaufsprospekts fanden nur dann Anwendung, wenn es sich um ein öffentliches Angebot handelte und kein Ausnahmetatbestand nach § 2 VermAnlG vorlag.

532 Ausführlich *Marx/Schleifer*, BB 2007, 258 ff.; *Bruchwitz* in Lüdicke/Arndt, Geschlossene Fonds, S. 113; *Küting*, DStR 2006, 1007 ff.; *Kobabe* in Möllers/Kloyer, Das neue KAGB, Rn. 911. Mitglieder des VGF (Verband geschlossene Fonds e.V.) verpflichteten sich zur Erstellung eines Prospektgutachten nach dem IDW 4 S Standard. Aufgrund der umfassenden gesetzlichen Regulierung durch das KAGB sowie der damit einhergehenden erheblichen Erweiterung des Umfangs der Aufsicht durch die BaFin hob der Nachfolgeverband des VGF, der Bundesverband Sachwerte und Investmentvermögen e.V. (bsi) diese Selbstverpflichtung durch die Mitgliederversammlung am 17.02.2014 auf.

533 Der Verkaufsprospekt ist jedoch nicht nur Werbemittel, sondern ihm kommt aus Haftungsgesichtspunkten eine besondere Bedeutung zu. Der schon vor Inkrafttreten des KAGB zwingend zu erstellende Verkaufsprospekt dient der umfassenden Information des Anlegers und ist die Grundlage der sog. Prospekthaftung gegenüber Anlegern für falsche oder unvollständige Informationen. Ausführlich dazu siehe oben Prospekthaftung, C. II., S. 77 ff.

Der Vertrieb von Beteiligungen an geschlossenen Fonds verläuft in aller Regel über Banken, eingeschaltete Anlageberater oder Vertriebsvermittler gegen Zahlung von Provisionen[534]. Für die Vermittlung des Eigenkapitals wird üblicherweise ein sog. Agio als Aufschlag auf den Zeichnungsbetrag in Höhe von fünf Prozent erhoben, welches sodann ggf. zuzüglich weiterer Provisionszahlungen dem externen Anlagevermittler zukommt[535]. Als Vertriebspartner tätig sind z.B. Banken, Sparkassen, freie Vertriebsvermittler und zum Teil Steuerberater[536]. Es kommt auch vor, dass sich Anleger über den Initiator direkt beteiligen, dies ist allerdings eher die Ausnahme[537]. Die Vertriebsphase findet ihren Abschluss mit der vollständigen Platzierung, also mit Erreichen der vorher festgelegten Investitionssumme.

c) Investitionsphase

Nach Abschluss der Vertriebsphase folgt regelmäßig die Phase, in welcher die Fondsgesellschaft das eingeworbenen Eigenkapital sowie das aufgenommene Fremdkapital investiert zur Anschaffung des Investitionsgegenstands[538]. Diese Phase wird als Investitionsphase bezeichnet[539]. Ein Großteil der Investition fließt dabei in die Zahlung des Kaufpreises für das jeweilige Asset, also z.B. bei einem Immobilienfonds in den Kaufpreis für das Grundstück. Hinzu kommen ggf. die Investitionskosten für die Aufbereitung des Vermögensgegenstandes für die vorgesehene Nutzung (z.B. Errichtung der Immobilie bei einem Immobilienfonds).

Idealerweise erfolgt die Kaufpreiszahlung erst, nachdem der Fonds voll platziert ist und die Fondsgesellschaft somit über ausreichend Eigenkapital in Form von Kommanditeinlagen der Anleger verfügt[540]. Ob ein solches Zuwarten möglich ist, hängt letztlich davon ab, ob sich der Verkäufer des Vermögensgegenstands hierauf einlässt. Da der Investitionsgegenstand bei geschlossenen Fonds – mit Ausnahme

---

534 *Horbach* in MünchHdb. GesR II, § 61 Rn. 12.

535 *Horbach* in MünchHdb. GesR II, § 61 Rn. 12; *Breimann* in Jesch/Schilder/Striegel, Rechtshandbuch Immobilien-Investitionen, S. 556.

536 *Strohm* in Assmann/Schütze, Hdb. des Kapitalanlagerechts, 3. Auflage 2007, § 21 Rn. 23; *Horbach* in MünchHdb. GesR II, § 61 Rn. 12; *Koch* in Schwark/Zimmer, Kapitalmarktrechts-Kommentar, § 31d WpHG Rn. 70; *Loritz*, NZG 2008, 887; BGH, NZG 2007, 783; BGH, NZG 2011, 631; OLG München, NJOZ 2006, 2746.

537 Eine Übersicht über die verschiedenen Vertriebswege findet sich bei VGF Branchenzahlen 2012, Broschüre, S. 16, „Vertriebswege privater Investoren“, abrufbar unter www.sachwerteverband.de/fileadmin/downloads/zahlen/branchenzahlen/branchenzahlen_2012/VGF_Branchenzahlen_2012_Broschuere.pdf, zuletzt aufgerufen am 02.08.2015.

538 *Strohm* in Assmann/Schütze, Hdb. des Kapitalanlagerechts, 3. Auflage 2007, § 21 Rn. 27.

539 *Levedag* in MünchHdb. GesR II, § 71 Rn. 176; *Strohm* in Assmann/Schütze, Hdb. des Kapitalanlagerechts, 3. Auflage 2007, § 21 Rn. 27.

540 *Strohm* in Assmann/Schütze, Hdb. des Kapitalanlagerechts, 3. Auflage 2007, § 21 Rn. 27.

von Blind-Pool-Konzepten – typischerweise von Anfang an festgelegt ist und sich der Prospekt auf einen konkreten Vermögensgegenstand bezieht, muss der Erwerb des Vermögensgegenstands in der Konzeptionsphase schon früh durch Abschluss eines Kaufvertrags oder entsprechende „Reservierung" gesichert werden. Hieraus können sich Interessenkonflikte mit dem Verkäufer ergeben. Die Einwerbung des Eigenkapitals nimmt in der Regel mehrere Monate in Anspruch. Verkäufer sind teilweise nicht bereit, den Kaufpreis erst zu einem derart späten Zeitpunkt zu erhalten bzw. die Unsicherheit der Vollplatzierung und damit das Finanzierungsrisiko zu tragen. Hierbei kommt es auf die Verhandlungsposition der Fondsgesellschaft bzw. des Initiators gegenüber dem Verkäufer an, wobei auch die Art des Vermögensgegenstandes eine Rolle spielen kann[541]. Für den Verkäufer stellt die Unsicherheit der Finanzierung wegen der noch ausstehenden Platzierung in jedem Fall einen Risikofaktor dar, welchen er sich in aller Regel zumindest durch eine Platzierungsgarantie des Initiators oder eines anderen hinreichend solventen Garanten absichern lässt[542].

Investiert der Fonds in einen Vermögensgegenstand, der erst noch zu errichten ist, wird die Investition teilweise an die Fertigstellung des Vermögensgegenstandes geknüpft. Der Zeitraum bis zur Fertigstellung kann somit genutzt werden, um am Kapitalmarkt Anleger einzuwerben und so das notwendige Eigenkapital herbeizuschaffen.

Oft ist es jedoch nicht möglich, mit der Investition bis zur Vollplatzierung zu warten und es erfolgt ein Zwischenerwerb des Vermögensgegenstands durch eine Tochtergesellschaft oder eine andere Gesellschaft aus dem Umfeld des Initiators. In diesem Fall erwirbt die Fondsgesellschaft den Vermögensgegenstand nicht vom ursprünglichen Verkäufer, sondern erst später von der Gesellschaft aus dem Umfeld des Fondsinitiators[543]. Teilweise nutzt die Fondsgesellschaft zur Überbrückung der Platzierungsphase auch eine Zwischenfinanzierung durch Aufnahme eines Darlehens[544]. Erfolgt die Investition schon bevor der Fonds voll platziert ist über eine

---

541 So ist es z.B. bei dem für Schiffsfonds relevanten Erwerb neu zu bauender Schiffe gängiger Standard, dass die Werft für den Bau des Schiffes Vorauszahlungen erhält, vgl. *Arndt/Lüdicke* in Lüdicke/Arndt, Geschlossene Fonds, S. 288.

542 Auch bei einer Zwischenfinanzierung wird häufig eine Platzierungsgarantie abgegeben. Hintergrund ist zum einen die dahingehende Forderung der zwischenfinanzierenden Bank, zum anderen spielt natürlich auch für die Anleger die Absicherung der Vollplatzierung eine große Rolle, vgl. *Halfpap/Bost* in Lüdicke/Arndt, Geschlossene Fonds, S. 195; *Jesch* in Jesch/Schilder/Striegel, Rechtshandbuch Immobilien-Investitionen, S. 601.

543 Kritisch hierzu aufgrund des Risikos, dass die dem Initiator nahestehende Gesellschaft einen überhöhten Kaufpreise fordert *Wegmann*, DStR 1994, 941, 945.

544 *Jesch* in Jesch/Schilder/Striegel, Rechtshandbuch Immobilien-Investitionen, S. 601; *Halfpap/ Bost* in Lüdicke/Arndt, Geschlossene Fonds, S. 195; *Strohm* in Assmann/ Schütze, Hdb. des Kapitalanlagerechts, 3. Auflage 2007, § 21 Rn. 29 ff.

Zwischenfinanzierung, so wird das später von den Anlegern eingesammelte Kapital dazu verwendet, die Zwischenfinanzierung abzulösen[545].

Die Investitionsphase endet typischerweise sobald die Fondsgesellschaft mit dem Vermögensgegenstand Einnahmen erzielt, also in der Regel ab Fertigstellung des Vermögensgegenstands und Nutzungsüberlassung[546]. Jedoch fallen auch nach diesem Zeitpunkt für die Fondsgesellschaft noch Kosten an wie z.B. für die Verwaltung des Fondsvermögens sowie Reparatur- und Instandhaltungskosten[547]. Investitionen können im gesamten Zeitraum der Fondslaufzeit erforderlich werden; hierüber darf der Begriff „Investitionsphase" nicht hinwegtäuschen. Der Ausdruck Investitionsphase ist auch insofern missverständlich, als dass der Eindruck entstehen könnte, vorher sei noch keine Investition erfolgt. Dies ist aber nicht richtig[548]. Regelmäßig wird schon vor der Einwerbung des Eigenkapitals bei den Anlegern mit der Entwicklung des Projekts begonnen, weshalb schon in einem frühen Stadium Investitionskosten anfallen[549]. Des Weiteren fallen auch die nicht unerheblichen Kosten für die Rechts- und Steuerberatung sowie die Vertriebskosten bereits vor Beginn der Investitionsphase an[550].

d) Betriebsphase

Die zeitlich längste Phase im Rahmen des wirtschaftlichen Verlaufs eines Fonds stellt die Phase dar, in welcher die Fondsgesellschaft den „fertigen" Vermögensgegenstand als Eigentümerin in ihrem Vermögen hält und mit ihm Erträge erwirtschaftet[551]. Diese Phase wird gemeinhin als Bewirtschaftungsphase oder Betriebsphase bezeichnet[552]. Regelmäßig überlassen geschlossene Fonds in der Betriebsphase den Vermögensgegenstand gegen Entgelt Dritten zur Nutzung und erzielen so laufende Einnahmen[553]. Die Fondsgesellschaft als Eigentümerin trägt in der Regel das Risiko der Nutzbarkeit des Vermögensgegenstands, weshalb unter anderem die

545 *Jungmann* in Schimansky/Bunte/Lwowski, Bankrechts-Handbuch, § 81a Rn. 97; BGH, BJR-RR 2005, 986.

546 OLG München, BeckRS 2014, 03743; FG Berlin, DStRE 2003, 964; *Strohm* in Assmann/Schütze, Hdb. des Kapitalanlagerechts, 3. Auflage 2007, § 21 Rn. 31; *Wagner*, NZG 1998, 289, 291.

547 *Breimann* in Jesch/Schilder/Striegel, Rechtshandbuch Immobilien-Investitionen, S. 604; vgl. BGH, BeckRS 2013, 11561.

548 *Halfpap/Bost* in Lüdicke/Arndt, Geschlossene Fonds, S. 195.

549 *Halfpap/Bost* in Lüdicke/Arndt, Geschlossene Fonds, S. 195.

550 *Strohm* in Assmann/Schütze, Hdb. des Kapitalanlagerechts, 3. Auflage 2007, § 21 Rn. 24.

551 Zu Immobilienfonds, vgl. *Strohm* in Assmann/Schütze, Hdb. des Kapitalanlagerechts, 3. Auflage 2007, § 21 Rn. 157.

552 *Strohm* in Assmann/Schütze, Hdb. des Kapitalanlagerechts, 3. Auflage 2007, § 21 Rn. 33; *Wagner*, NZG 1998, 289, 291.

553 *Horbach* in MünchHdb. GesR II, § 61 Rn. 12.

Instandhaltung des Vermögensgegenstandes in den Verantwortungsbereich der Fondsgesellschaft fällt[554]. Dies wird als Betreibermodell bezeichnet[555].

Die Bewirtschaftung überträgt die Fondsgesellschaft häufig auf Dritte. Typischerweise hat die Fondsgesellschaft selbst kein Personal mit den erforderlichen technischen Kenntnissen zur eigenständigen Durchführung von baulichen oder technischen Arbeiten, weshalb sie diese Leistungen von Dritten erbringen lässt. Auch die tatsächliche Verwaltung des Vermögensgegenstands übernimmt in der Regel eine Verwaltungsgesellschaft[556]. Oftmals handelt es sich um eine Verwaltungs-GmbH, die dem Initiator personell oder gesellschaftsrechtlich nahe steht. Es kommt aber auch vor, dass unabhängige Dritte mit der Objektverwaltung betraut werden. Welche sonstigen Geschäftsbesorgungsverträge die Fondsgesellschaft im Rahmen der Betriebsphase mit Dritten abschließt, hängt maßgeblich von der Art des Vermögensgegenstands und dem Umfang der erforderlichen Verwaltungstätigkeit ab.

Die möglichst lückenlose entgeltliche Nutzung des Vermögensgegenstands ist von hoher Bedeutung für die Fondsgesellschaft, da das Nutzungsentgelt neben dem Veräußerungserlös am Ende der Fondslaufzeit in der Regel die Haupteinnahmequelle darstellt und gleichzeitig den Wert des Assets mitbestimmt[557]. Fällt also – gleich aus welchem Grund – ein Nutzer weg, so obliegt es der Geschäftsführung des Fonds, schnellstmöglich für die Anschlussnutzung des Vermögensgegenstands zu sorgen durch den Abschluss neuer Nutzungsverträge ggf. unter Umgestaltung des Vermögensgegenstands. Teilweise wird auch dieses „Vermietermanagement" von Dritten gegen Entgelt besorgt[558].

e) Veräußerungs- und Liquidationsphase

In der letzten Phase stehen der Verkauf des Vermögensgegenstands und die Liquidation der Fondsgesellschaft an[559]. Der Verkauf des Vermögensgegenstands kann hierbei entweder noch im Stadium der werbenden Fondsgesellschaft stattfinden oder aber nach Auflösung der Fondsgesellschaft im Rahmen des Liquidationsverfahrens[560].

554 *Watermeyer* in Müller/Hoffmann, Beck'sches Hdb. der Personengesellschaften, § 16 Rn. 3.

555 *Breimann* in Jesch/Schilder/Striegel, Rechtshandbuch Immobilien-Investitionen, S. 567; *Levedag* in MünchHdb. GesR II, § 71 Rn. 173; *Watermeyer* in Müller/Hoffmann, Beck'sches Hdb. der Personengesellschaften, § 16 Rn. 3.

556 Zu Immobilienfonds, vgl. *Jesch* in Jesch/Schilder/Striegel, Rechtshandbuch Immobilien-Investitionen, S. 605; *Arndt/Fischer* in Lüdicke/Arndt, Geschlossene Fonds, S. 245, S. 260 zum Facility-Management.

557 *Duchardt*, DStR 2001, 2170.

558 *Opitz* in Jesch/Schilder/Striegel, Rechtshandbuch Immobilien-Investitionen, S. 605. f.

559 *Strohm* in Assmann/Schütze, Hdb. des Kapitalanlagerechts, 3. Auflage 2007, § 21 Rn. 33 ff.

560 Vgl. *Opitz* in Jesch/Schilder/Striegel, Rechtshandbuch Immobilien-Investitionen, S. 611; *Bost/ Halfpap* in Lüdicke/Arndt, Geschlossene Fonds, S. 58. Unter dem

Der Zeitpunkt der Veräußerungs- und Liquidationsphase ist teilweise im Fondsgesellschaftsvertrag mittelbar durch die Festlegung der Dauer der Fondsgesellschaft angelegt[561]. Im Falle einer gesellschaftsvertraglich geregelten Laufzeit der Gesellschaft steht – vorbehaltlich eines Fortsetzungsbeschlusses der Gesellschafter oder einer früheren Auflösung der Gesellschaft z.B. durch Gesellschafterbeschluss – bereits von Anfang an das Ende der Fondslaufzeit fest[562]. Gemäß § 161 Abs. 2, 131 Abs. 2 Nr. 1 HGB wird die Fondsgesellschaft mit dem Ablauf der vertraglich festgelegten Zeit von Gesetzes wegen aufgelöst, ohne dass es eines Gesellschafterbeschlusses oder des Eintritts eines sonstigen Ereignisses bedarf[563]. Auf die Auflösung der Gesellschaft folgt das Liquidationsstadium, in welchem die Gesellschaft abgewickelt wird[564]. Im Rahmen des Liquidationsverfahrens werden die Vermögenswerte der Gesellschaft in Geld umgesetzt durch die Verwertung der Assets. In der Regel bemüht sich der Initiator aber bereits vor der Liquidationsphase um den Verkauf. Die Erlöse aus dem Verkauf der Vermögensgegenstände sowie die sonstigen Mittel der Gesellschaft werden gemäß §§ 161 Abs. 2, 155 HGB nach Abzug der Verbindlichkeiten an die Gesellschafter ausgekehrt[565]. Erst nach der abgeschlossenen Liquidation tritt Vollbeendigung der Fondsgesellschaft ein[566].

Häufig ist die Dauer der Fondsgesellschaften nach dem Gesellschaftsvertrag unbeschränkt, so dass sich der Zeitpunkt der Liquidation nicht schon aus der im Gesellschaftsvertrag festgelegten Gesellschaftsdauer ergibt[567]. Der Zeitpunkt der Veräußerung des Vermögensgegenstands ist dann nicht auf ein bestimmtes Datum

---

Begriff „werbend" ist in diesem Zusammenhang die gewerbliche Tätigkeit zu verstehen in Abgrenzung zu der in Liquidation befindlichen Gesellschaft, deren Zweck auf die Abwicklung gerichtet ist, vgl. *Heidel* in Heidel/Schall, HGB, § 131 Rn. 8.

561 Im Idealfall würde die Laufzeit der Fondsgesellschaft der Dauer entsprechen, für welchen die Nutzungsentgelte durch einen Nutzungsvertrag mit einer Festlaufzeit vertraglich gesichert sind. Die Nutzer sind jedoch selten bereit, sich für einen langen Zeitraum (von über mehr als 5 oder 10 Jahre) hinweg vertraglich fest zu binden. Oftmals sind die Festlaufzeiten der Nutzungsverträge deshalb kürzer als die Fondslaufzeit und es bestehen lediglich Verlängerungsoptionen.

562 *Opitz* in Jesch/Schilder/Striegel, Rechtshandbuch Immobilien-Investitionen, S. 611; *Heidel* in Heidel/Schall, HGB, § 131 Rn. 17.

563 *Roth* in Baumbach/Hopt, HGB, § 131 Rn. 11; *K. Schmidt* in MüKo/HGB, § 131 Rn. 14. *Heidel* in Heidel/Schall, HGB, § 131 Rn. 17.

564 Das Liquidationsverfahren ist in den dispositiven §§ 161 Abs. 2, 145 ff. HGB geregelt, vgl. *Heidel* in Heidel/Schall, HGB, § 131 Rn. 8 ff.

565 *Opitz* in Jesch/Schilder/Striegel, Rechtshandbuch Immobilien-Investitionen, S. 611; *Roth* in Baumbach/Hopt, HGB, § 155 Rn. 1 ff.

566 *Heidel* in Heidel/Schall, HGB, § 131 Rn. 10. Zu den Voraussetzungen der Vollbeendigung *K. Schmidt* in MüKo/HGB, § 155 Rn. 52; *Hillmann* in Ebenroth/Boujong/Joost/Strohn, HGB, § 155 Rn. 21; BGH, NJW 1979, 1987.

567 Vgl. *Giehl* in Beck'sche Online-Formulare, 7.6.1.5.1 Gesellschaftsvertrag eines Fonds (GmbH & Co. KG), Fn. 25.

festgelegt, sondern soll je nach Marktlage zu einem möglichst günstigen Zeitpunkt erfolgen[568]. Ist eine Kommanditgesellschaft auf unbestimmte Zeit eingegangen, so steht den Gesellschaftern gemäß §§ 161 Abs. 2, 132 HGB das Recht zur ordentlichen Kündigung zu. Dieses Recht darf bei Personengesellschaften gemäß § 723 Abs. 3 BGB zwar nicht ausgeschlossen werden, allerdings lässt die Rechtsprechung einen zeitweiligen Ausschluss des ordentlichen Kündigungsrechts von bis zu dreißig Jahren zu[569]. Bei geschlossenen Fonds wird den Anlegerkommanditisten das Recht zur ordentlichen Kündigung üblicherweise für einen bestimmten Zeitraum verwehrt durch entsprechende Regelung im Gesellschaftsvertrag[570]. Der Zeitraum, für welchen die ordentliche Kündigung ausgeschlossen ist, bestimmt die Fondslaufzeit. Denn sobald dieser Zeitraum vorbei ist und eine gewisse Anzahl von Anlegern von dem Kündigungsrecht Gebrauch macht, ist der Fonds in der Regel faktisch zur Liquidation gezwungen aufgrund der Abfindungsansprüche der ausscheidenden Anleger[571]. Ab einer bestimmten Höhe der Abfindungsansprüche können diese nur durch die Veräußerung des Assets ausbezahlt werden, da das Asset im Wesentlichen das Vermögen der Fondsgesellschaft verkörpert und die Fondsgesellschaft üblicherweise über keine großen Liquiditätsreserven verfügt[572]. Der Unternehmensgegenstand der Fondsgesellschaft ist in der Regel auf das Halten bzw. Verwalten bestimmter Assets ausgerichtet[573]. Ist das Asset veräußert, so existiert kein zu verwaltendes Objekt mehr, weshalb ein Fortbestehen der Gesellschaft zumeist keinen Sinn mehr macht. Trotz Wegfalls des Gesellschaftszwecks ist zur Auflösung der Gesellschaft

---

568 Zu Immobilienfonds vgl. *Arndt/Fischer* in Lüdicke/Arndt, Geschlossene Fonds, S. 260.

569 § 723 Abs. 3 BGB ist auch auf die ordentliche Kündigung bei Handelspersonengesellschaften anwendbar, vgl. *Schäfer* in MüKo/BGB, § 723 Rn. 62; *Lorz* in Ebenroth/Boujong/Joost/ Strohn, HGB, § 132 Rn. 29; BGH, NJW 1954, 106.

570 *Giehl* in Beck'sche Online-Formulare, 7.6.1.5.1 Gesellschaftsvertrag eines Fonds (GmbH & Co. KG), Rn. 25; *Strohm* in Assmann/Schütze, Hdb. des Kapitalanlagerechts, 3. Auflage 2007, § 21 Rn. 168; *Pieler/Schulte* in MünchHdb. GesR II, § 36 Rn. 21; anlehnend an BGH, WM 1967, 315.

571 Der Abfindungsanspruch folgt aus § 738 BGB und richtet sich gegen die Gesellschaft; vgl. zum Abfindungsanspruch, vgl. *Giehl* in Beck'sche Online-Formulare, 7.6.1.5.1 Gesellschaftsvertrag eines Fonds (GmbH & Co. KG), Rn. 26; *Bost/Halfpap* in Lüdicke/Arndt, Geschlossene Fonds, S. 56.

572 Regelmäßig werden die Abfindungsansprüche der ausscheidenden Gesellschafter vertraglich möglichst schonend für die Fondsgesellschaft ausgestaltet durch entsprechende Einschränkungen hinsichtlich der Höhe und der Berechnungsmethode des Abfindungsanspruchs sowie Hinauszögerungen hinsichtlich der Fälligkeit. Die Abfindungsansprüche werden darüber hinaus regelmäßig für einen bestimmten Zeitraum gestundet und/oder es werden Ratenzahlungen vereinbart. Zu den Schranken vertraglicher Abfindungsklauseln, vgl. *Schäfer* in MüKo/BGB, § 738 Rn. 44 ff.; *Giehl* in Beck'sche Online-Formulare, 7.6.1.5.1 Gesellschaftsvertrag eines Fonds (GmbH & Co. KG), Rn. 25; *Bost/Halfpap* in Lüdicke/Arndt, Geschlossene Fonds, S. 56 f.

573 King, Real Estate Investment Trusts, S. 149.

grundsätzlich ein Auflösungsbeschluss der Gesellschafter erforderlich[574]. Auf den Auflösungsbeschluss hin folgt die Liquidation der Gesellschaft.

4. Zusammenfassung

Geschlossene Fonds sind Kapitalsammelbecken und dienen als Vehikel zur kollektiven Kapitalanlage. Üblicherweise treten geschlossene Fonds in der Rechtsform der GmbH & Co. KG auf, an welcher sich Anleger entweder unmittelbar als Kommanditisten oder mittelbar über einen Treuhandkommanditisten beteiligen[575]. Sowohl die für die Geschäftsführung und Vertretung der Fondsgesellschaft grundsätzlich zuständige Komplementär-GmbH, als auch der Gründungskommanditist sowie ggf. der Treuhandhandkommanditist sind in aller Regel Gesellschaften mit beschränkter Haftung aus dem Umfeld des Fondsinitiators und selbst entweder gar nicht oder nur mit einer minimalen Kommanditeinlage an der Fondsgesellschaft beteiligt[576].

Vor dem Hintergrund der oft relativ niedrigen Mindesteinlagen (zum Teil ab 5.000 Euro zzgl. Agio) sind geschlossene Fonds häufig auf private Kleinanleger ausgerichtet[577]. Typischerweise erwirbt die Fondsgesellschaft das Eigentum an einem einzelnen hochpreisigen Vermögensgegenstand (Asset) bzw. einer geringen Anzahl an Assets (z.B. Immobilien oder Schiffe)[578]. Der Vermögensgegenstand wird sodann im Rahmen der Betriebsphase Dritten gegen Entgelt zur Nutzung überlassen und am Ende der in der Regel fünf bis 25-jährigen Fondslaufzeit veräußert[579]. Die Rendite

---

574 Der Wegfall des Gesellschaftszwecks führt nicht dazu, dass bei Wegfall des zu verwaltenden Vermögensgegenstands die Gesellschaft automatisch aufgelöst wird. Für die Kommanditgesellschaft findet § 726 BGB keine Anwendung. Die Unmöglichkeit der Zweckerreichung stellt einen wichtigen Grund i.S.d. § 133 HGB dar, welcher eine Auflösung der Gesellschaft durch gerichtliche Entscheidung zur Folge haben kann, vgl. BGHZ 69, 160; OLG Hamm, FGPrax 2007, 258; *Strohm* in Assmann/Schütze, Hdb. des Kapitalanlagerechts, 3. Auflage 2007, § 21 Rn. 156. *Heidel* in Heidel/Schall, HGB, § 133 Rn. 47. Die Auflösungsklage wird gesellschaftsvertraglich regelmäßig ausgeschlossen und durch ein Recht zur außerordentlichen Kündigung ersetzt, vgl. *Bost/Halfpap* in Lüdicke/Arndt, Geschlossene Fonds, S. 53.

575 *Levedag* in MünchHdb. GesR II, § 71 Rn. 1.

576 *Bost/Halfpap* in Lüdicke/Arndt, Geschlossene Fonds, S. 8; *Oetker* in Oetker, HGB, § 161 Rn. 122 f.; *Horbach* in MünchHdb. GesR II, § 61 Rn. 2; *Liebscher* in Sudhoff, GmbH & Co. KG, § 3 Rn. 25; *Möllers/Hailer*, ZBB 2012, 178, 180; *Breimann* in Jesch/Schilder/Striegel, Rechtshandbuch Immobilien-Investitionen, S. 560.

577 *Horbach* in MünchHdb. GesR II, § 61 Rn. 8.

578 *Schultz-Süchting* in Emde/Dornseifer/Dreibus/Hölscher, InvG, Vor §§ 66–82 Rn. 5; *Watermeyer* in Müller/Hoffmann, Beck'sches Hdb. der Personengesellschaften, § 16 Rn. 1; *Heisterhagen*, DStR 2004, 507, 508.

579 *Levedag* geht von einer üblichen Laufzeit zwischen zehn und dreißig Jahren aus, vgl. *Levedag* in MünchHdb. GesR II, § 71 Rn. 9. Die durchschnittlichen Laufzeiten geschlossener Fonds haben sich in den letzten Jahren jedoch deutlich verkürzt.

der Anleger, welche in der Regel zwischen vier und acht Prozent p.a. beträgt, erwirtschaftet sich aus den laufenden Nutzungsentgelten und dem Veräußerungserlös[580]. Zur Erreichung der Renditeerwartung setzen geschlossene Fonds zur Nutzung des sog. Leverage Effekts (Hebelwirkung) in hohem Maße Fremdkapital ein; üblich sind Fremdkapitalquoten von 50–80 Prozent. Typischerweise fungieren die Fondsgesellschaften als Kapitalsammelbecken und verfügen nur sehr begrenzt über eigenes Personal und sonstige Ressourcen für den laufenden Geschäftsbetrieb[581]. Aus diesem Grund lagern geschlossene Fonds in aller Regel in weitem Umfang Aufgaben an Dritte aus. Bei den Dritten, deren Leistungen sich die Fondsgesellschaft gegen Entgelt bedient, handelt es sich zum Teil um Gesellschaften aus dem Umfeld des Initiators bzw. um Gesellschaften, die personell mit dem Initiator verflochten sind[582].

Der typische wirtschaftliche Ablauf eines geschlossenen Fonds lässt sich in fünf verschiedene Phasen unterteilen[583]. Die erste Phase ist die Konzeptionsphase, in welcher der Fondsinitiator geeignete Anlageobjekte sucht und im Rahmen einer Due Diligence prüft. In der Konzeptionsphase schafft der Fondsinitiator sämtliche rechtlichen, wirtschaftlichen und steuerlichen Voraussetzungen für den geschlossen Fonds[584]. Hierzu zählt neben der rechtlichen Strukturierung der Fondsgesellschaft unter anderem der Abschluss der wesentlichen Verträge wie z.B. des Kaufvertrags über das Asset, der Fremdfinanzierung und idealerweise der Nutzungsverträge[585]. Neben der Fondskonzeption übernimmt der Initiator gegen Entgelt weitere Leistungen für die Fondsgesellschaft wie z.B. die Erstellung des Prospekts, die Übernahme von Garantien sowie die Vermittlung von Eigenkapital[586].

Im Rahmen der Vertriebsphase werden bis zum Erreichen der vorher festgelegten Zeichnungssumme Anleger eingeworben; sodann wird der Fonds geschlossen[587].

---

580 *Levedag* in MünchHdb. GesR II, § 71 Rn. 13.

581 Vgl. *Giehl* in Beck'sche Online-Formulare, 7.6.1.5.1 Gesellschaftsvertrag eines Fonds (GmbH & Co. KG), Fn. 8.

582 *Strohm* in Assmann/Schütze, Hdb. des Kapitalanlagerechts, 3. Auflage 2007, § 21 Rn. 29; *Friedrichs/Wegner/Richter* in Winter/Hennig/Gerhard, Grundlagen der Schiffsfinanzierung, S. 879 f.; FG Köln, EFG 2011, 329.

583 Breimann in Jesch/Schilder/Striegel, Rechtshandbuch Immobilien-Investitionen, S. 552 ff.; *Strohm* in Assmann/Schütze, Hdb. des Kapitalanlagerechts, 3. Auflage 2007, § 21 Rn. 22 ff.

584 *Breimann* in Jesch/Schilder/Striegel, Rechtshandbuch Immobilien-Investitionen, S. 553; *Strohm* in Assmann/Schütze, Hdb. des Kapitalanlagerechts, 3. Auflage 2007, § 21 Rn. 22 ff.

585 *Horbach* in MünchHdb. GesR II, § 61 Rn. 12; *Breimann* in Jesch/Schilder/Striegel, Rechtshandbuch Immobilien-Investitionen, S. 553 f.

586 Die Vergütungen aus diesen Geschäftsbesorgungsverträgen und die Vermittlungsprovisionen stellen die Einnahmequelle des Initiators bei der Auflage und Geschäftstätigkeit eines geschlossenen Fonds dar. Hierbei handelt es sich um weiche Kosten, die nicht dem Anlageobjekt selbst zu Gute kommen. Ausführlich zu den sog. Weichkosten, vgl. *Hoppe/Riedel*, DB 2007, 1125, 1127.

587 *Inhester/Herrmann* in MünchHdb. GesR II, § 9 Rn. 21.

Für den Vertrieb der Anteile werden zumeist externe Anlageberater oder Vertriebsvermittler (Banken, Sparkassen, freie Vertriebsvermittler und Steuerberater) eingesetzt, welche wiederrum Provisionen erhalten[588]. In der darauffolgenden Investitionsphase investiert die Fondsgesellschaft das Kapital in die Anschaffung des Vermögensgegenstands[589]. Sobald der Vermögensgegenstand genutzt werden kann, erfolgt die Übergabe des Vermögensgegenstands an den oder die Nutzer[590]. In dieser in aller Regel zeitlich längsten Betriebsphase obliegt der Fondsgesellschaft die Verwaltung des Vermögensgegenstands sowie des sonstigen Fondsvermögens. Üblicherweise trägt die Fondsgesellschaft das Risiko der wirtschaftlichen Nutzbarkeit des Vermögensgegenstands und hat für dessen Instandhaltung Sorge zu tragen (sog. Betreiber-Modell)[591]. Am Ende der Fondslaufzeit wird der Vermögensgegenstand veräußert und die Fondsgesellschaft liquidiert.

II. Immobilienfonds

Geschlossene Immobilienfonds nehmen unter den verschiedenen Arten geschlossener Fonds eine besondere Stellung ein. Da ausweislich der jährlich veröffentlichen Branchenzahlen regelmäßig der Großteil des in geschlossene Fonds angelegten Eigenkapitals auf geschlossene Immobilienfonds (In- und Ausland) entfällt, haben diese üblicherweise den größten Marktanteil[592]. Dies gilt seit Jahrzehnten, ungeachtet verschiedener Schwankungen am Markt. Die Zeit nach der Wiedervereinigung ab 1990 ist als Hochphase der geschlossenen Immobilienfonds zu bezeichnen, da Investitionen in geschlossene Immobilienfonds in den neuen Bundesländern staatlich gefördert wurden durch massive Steuervorteile in Form von Sonderabschreibungen,

588 *Strohm* in Assmann/Schütze, Hdb. des Kapitalanlagerechts, 3. Auflage 2007, § 21 Rn. 23; *Horbach* in MünchHdb. GesR II, § 61 Rn. 12; *Koch* in Schwark/Zimmer, Kapitalmarktrechts-Kommentar, WpHG § 31d Rn. 70.

589 Vor Inkrafttreten des KAGB war es gängiger Marktstandard, dass die Fondsgesellschaft bzw. deren Geschäftsführung einer Mittelverwendungskontrolle durch eine Wirtschaftsprüfungsgesellschaft unterlag, *Breimann* in Jesch/Schilder/Striegel, Rechtshandbuch Immobilien-Investitionen, S. 568.

590 *Strohm* in Assmann/Schütze, Hdb. des Kapitalanlagerechts, 3. Auflage 2007, § 21 Rn. 31; *Wagner*, NZG 1998, 289, 291.

591 *Arndt/Fischer* in Lüdicke/Arndt, Geschlossene Fonds, S. 242.

592 Nach den vom Verband Geschlossene Fonds (VGF) erhobenen Branchenzahlen wurde im Jahr 2012 im Bereich der geschlossenen Immobilienfonds Deutschland 2.050 Mio. Euro an Eigenkapital platziert. 730 Mio. Euro Eigenkapital entfielen auf geschlossene Immobilienfonds Ausland, im Bereich der Energiefonds wurden 723 Mio. Euro an Eigenkapital investiert. Das platzierte Eigenkapital bei allen anderen Arten an geschlossenen Fonds im Jahr 2012 betrug hingegen zwischen 258 Mio. und 107 Mio. Euro. Die Broschüre „VGF Branchenzahlen Geschlossene Fonds 2012“ abrufbar unter www.sachwerteverband.de/fileadmin/downloads/zahlen/branchenzahlen/bran-chenzahlen _2012/VGF_Branchenzahlen_2012_Broschuere.pdf, zuletzt aufgerufen am 02.08.2015.

was die Beteiligung an geschlossenen Immobilienfonds für viele Anleger aus steuerlichen Gründen attraktiv machte[593]. Nachdem viele geschlossene Immobilienfonds wegen der Investition in sog. Schrottimmobilien Insolvenz anmelden mussten und der Gesetzgeber das „Steuersparmodell" mittels Verlustzuweisung weitgehend abgeschafft hatte, gingen die Zahlen des von Anlegern in geschlossene Immobilienfonds investierten Eigenkapitals zunächst zurück. Es folgte eine Änderung des Geschäftsmodells geschlossener Immobilienfonds weg von der Steuerorientierung hin zur Renditeorientierung[594]. Nichtsdestotrotz waren geschlossene Immobilienfonds immer ein Hauptsegment im Bereich der geschlossenen Fonds und sind dies noch heute[595]. Dies hängt damit zusammen, dass Immobilien seit jeher als besonders verlässliche Kapitalanlage mit Wertsteigerungspotential angesehen werden[596]. Gemeinhin wird angenommen, dass sich Immobilien – anders als z.B. Aktien – durch langfristige Sicherheit und Wertstabilität auszeichnen[597]. So führt die „Flucht in Sachwerte" regelmäßig zu einem Aufschwung der Investitionen in Immobilien, weshalb diese auch als „Betongold" bezeichnet werden[598]. Insbesondere für private Anleger bieten geschlossene Immobilienfonds eine Möglichkeit, über ein Kapitalsammelbecken in Immobilien zu investieren, da diesen eine Direktinvestition in ein größeres Immobilienprojekt als Kapitalanlage in der Regel finanziell nicht möglich ist.

Die folgende Darstellung soll sich aufgrund der Praxisrelevanz auf geschlossene Immobilienfonds nach dem sog. Betreibermodell beschränken, welche in inländische Immobilien investieren. Daneben existieren z.B. auch sog. Immobilien-Leasing-Fonds, welche sich von Betreiberfonds dadurch unterscheiden, dass der Leasingnehmer das wirtschaftliche Risiko der Nutzung trägt[599]. Darüber hinaus investieren geschlossene Immobilienfonds zum Teil in ausländische Immobilien, woraus sich rechtliche und steuerliche Besonderheiten ergeben[600].

---

593 *Wegmann*, DStR 1994, 941; *Horbach* in MünchHdb. GesR II, § 61 Rn. 3; *Wagner* in Assmann/Schütze, Hdb. des Kapitalanlagerechts, § 16 Rn. 87 ff.

594 *Arndt/Fischer* in Lüdicke/Arndt, Geschlossene Fonds, S. 241.

595 *Arndt/Fischer* in Lüdicke/Arndt, Geschlossene Fonds, S. 241.

596 *Wegmann*, DStR 1994, 941.

597 *Valy* in Schäfer/Conzen, Praxishandbuch der Immobilien-Projektentwicklung, S. 594.

598 *Arndt/Fischer* in Lüdicke/Arndt, Geschlossene Fonds, S. 241; *Rohmert*, Der Immobilienbrief 2009 (193), 14.

599 *Watermeyer* in Müller/Hoffmann, Beck'sches Hdb. der Personengesellschaften, § 16 Rn. 3; *Breimann* in Jesch/Schilder/Striegel, Rechtshandbuch Immobilien-Investitionen, S. 567.

600 Ausführlich zu geschlossenen Immobilienfonds, die in Auslandsimmobilien investieren, vgl. *Arndt/Fischer* in Lüdicke/Arndt, Geschlossene Fonds, S. 274 ff.

1. Investitionsgegenstand und Renditeerwirtschaftung

Geschlossene Immobilienfonds investieren in die Errichtung oder den Erwerb von Immobilien[601]. Investitionsgegenstand ist zumeist entweder der Erwerb eines bereits bebauten bzw. in der Bauphase befindlichen Grundstücks oder eines noch unbebauten Grundstücks, auf welchem die Fondsgesellschaft eine bestimmte Immobile errichtet[602]. Häufig ist ein einzelnes größeres Immobilienprojekt Gegenstand der Investition, zum Teil investieren geschlossene Immobilienfonds aber auch in mehrere Projekte[603]. Die Anzahl der Investitionsobjekte ist regelmäßig gering, üblich sind ein bis drei Immobilien[604]. Das konkrete Immobilienprojekt steht in der Regel von Beginn an fest[605]. Häufig investieren geschlossene Immobilienfonds in die Errichtung von Immobilien, die gewerblich genutzt werden[606]. Typische Beispiele sind Einkaufszentren, Bürokomplexe oder Pflegeimmobilien[607]. Jedoch sind auch Wohnimmobilien Investitionsgegenstand von geschlossenen Immobilienfonds[608]. Es kommt zudem vor, dass geschlossene Immobilienfonds in sog. Mischobjekte investieren, die zum Teil gewerblich genutzt werden und zum Teil zu Wohnzwecken. Die Fondsgesellschaft hält und verwaltet das Grundstück während der Fondslaufzeit und vermietet es – ggf. nach Fertigstellung der zu errichtenden

---

601 Watermeyer in Müller/Hoffmann, Beck'sches Hdb. der Personengesellschaften,§ 16 Rn. 1.

602 *Levedag* in MünchHdb. GesR II, § 71 Rn. 116; *Wegmann*, DStR 1994, 941. Geschlossene Immobilienfonds weisen durchschnittlich ein Investitionsvolumen zwischen 50 und 250 Mio. Euro auf, die Mindesteinlage, also die kleinste mögliche Beteiligungssumme, beläuft sich bei geschlossenen Immobilienfonds in der Regel zwischen 5.000 Euro und 50.000 Euro, vgl. *Jesch* in Jesch/Schilder/Striegel, Rechtshandbuch Immobilien-Investitionen, S. 595.

603 *Ott*, DStR 2003, 2026; *Wegmann*, DStR 1994, 941.

604 *Schultz-Süchting* in Emde/Dornseifer/Dreibus/Hölscher, InvG, vor §§ 66–82 Rn. 5; *Watermeyer* in Müller/Hoffmann, Beck'sches Hdb. der Personengesellschaften,§ 16 Rn. 1; *Heisterhagen*, DStR 2004, 507, 508; *Ott*, DStR 2003, 2026.

605 Blind-Pools, also Fonds, bei denen der konkrete Investitionsgegenstand zum Zeitpunkt des Beitritts der Anleger noch nicht bekannt ist, kommen bei geschlossenen Immobilienfonds zwar vor, sind aber die Ausnahme, vgl. *Breimann* in Jesch/Schilder/Striegel, Rechtshandbuch Immobilien-Investitionen, S. 552.

606 *Strohm* in Assmann/Schütze, Hdb. des Kapitalanlagerechts, 3. Auflage 2007, § 21 Rn. 9 ff.; *Durchardt*, DStR 2001, 2170, 2171 f.

607 *Strohm* in Assmann/Schütze, Hdb. des Kapitalanlagerechts, 3. Auflage 2007, § 21 Rn. 9 ff.; *Durchardt*, DStR 2001, 2170, 2171 f.; *Valy* in Schäfer/Conzen, Praxishandbuch der Immobilien-Projektentwicklung, S. 600; *Schöner/Stöber* in Schöner/Stöber, Grundbuchrecht, 4. Teil I L 9 Rn. 3235b.

608 *Durchardt*, DStR 2001, 2170, 2171; *Strohm* in Assmann/Schütze, Hdb. des Kapitalanlagerechts, 3. Auflage 2007, § 21 Rn. 6 ff.; BGH, NZM 2009, 333; BGH, BKR 2012, 291; BGH, ZIP 2012, 2246.

Immobilie – an Dritte[609]. Am Ende der Fondslaufzeit veräußert die Fondsgesellschaft das Grundstück, wobei die Vermietungssituation den Wert des Grundstücks wesentlich mitbestimmt[610]. Die Rendite erwirtschaftet die Fondsgesellschaft durch die laufenden Nutzungsentgelte während der Betriebsphase, daneben fließt der von der Wertentwicklung des Grundstücks abhängige Veräußerungserlös in die Rendite ein[611]. Bei geschlossenen Immobilienfonds beläuft sich die Fondslaufzeit in der Regel auf zehn bis zwanzig Jahre[612].

2. Besonderheiten

Im Folgenden sollen einige Besonderheiten von geschlossenen Immobilienfonds dargestellt werden.

a) Grundstück

Die Fondsgesellschaft erwirbt Eigentum an dem Grundstück und damit zugleich an den darauf befindlichen Gebäude als wesentliche Bestandteile des Grundstücks gemäß §§ 946 i.V.m. 94 Abs. 1 S. 1 BGB[613]. Der Eigentumserwerb an einem Grundstück setzt nach §§ 873 Abs. 1, 925 Abs. 1 S. 1 BGB die dingliche Einigung zwischen dem bisherigen Eigentümer und dem Erwerber sowie die Eintragung der Rechtsänderung im Grundbuch voraus. In aller Regel liegt zwischen dem Abschluss des notariell beurkundeten Kaufvertrags über das Grundstück und dem tatsächlichen Eigentumserwerb der Fondsgesellschaft eine längere Zeitspanne, zumal der Verkäufer in der Regel die Grundbuchänderung erst bewilligt, wenn die Fondsgesellschaft den Kaufpreis bezahlt hat[614]. Aus diesem Grund lässt sich die Fondsgesellschaft vor Kaufpreiszahlung zur Absicherung des lastenfreien Eigentumserwerbs üblicherweise eine Auflassungsvormerkung nach § 883 Abs. 1 S. 1 BGB ins Grundbuch eintragen[615]. Die fremdfinanzierenden Banken sichern sich in der Regel durch

---

609 *Levedag* in MünchHdb. GesR II, § 71 Rn. 116; *Duchardt/Gillitzer*, DStR 2001, 1625; *Watermeyer* in Müller/Hoffmann, Beck'sches Hdb. der Personengesellschaften, § 16 Rn. 3.

610 *Breimann* in Jesch/Schilder/Striegel, Rechtshandbuch Immobilien-Investitionen, S. 555; *Arndt/Fischer* in Lüdicke/Arndt, Geschlossene Fonds, S. 244.

611 *Watermeyer* in Müller/Hoffmann, Beck'sches Hdb. der Personengesellschaften, § 16 Rn. 3; *Duchardt/Gillitzer*, DStR 2001, 1625; *Arndt/Fischer* in Lüdicke/Arndt, Geschlossene Fonds, S. 244.

612 *Valy* in Schäfer/Conzen, Praxishandbuch der Immobilien-Projektentwicklung, S. 600.

613 *Arndt/Fischer* in Lüdicke/Arndt, Geschlossene Fonds, S. 242 f.

614 *Arndt/Fischer* in Lüdicke/Arndt, Geschlossene Fonds, S. 242 f.; *Wegmann*, DStR 1994, 941, 945.

615 *Wegmann*, DStR 1994, 941, 945; *Arndt/Fischer* in Lüdicke/Arndt, Geschlossene Fonds, S. 242 f.

Grundpfandrechte – in der Regel Grundschulden nach § 1191 Abs. 1 BGB – am Grundstück der Fondsgesellschaft ab[616].

Für den wirtschaftlichen Erfolg des geschlossenen Fonds spielt der Standort des Grundstücks eine wichtige Rolle, dieser muss insbesondere der beabsichtigten Nutzung entsprechen[617]. Wichtig sind auch die Qualität der Immobile sowie die jeweilige Marktsituation für derartige Immobilien[618]. Im Rahmen der Due Diligence sind bei geschlossenen Immobilienfonds grundstücksspezifische Besonderheiten wie dingliche Belastungen des Grundstücks im Grundbuch und Altlasten sowie die Einhaltung öffentlich-rechtlicher Vorgaben (insbesondere der Baugenehmigung) zu beachten. Die Prüfung des Grundstücks hinsichtlich Altlasten ist wichtig, da solche im Fall des Erwerbs eines Grundstücks mit noch zu errichtender Immobilie das Bauvorhaben erheblich beeinträchtigen können und weil die Fondsgesellschaft gegenüber Dritten für Altlasten als Zustandsverantwortliche haftet[619]. Liegt noch keine Baugenehmigung für das Bauvorhaben vor, spielt beim Grundstückserwerb auch die baurechtliche Situation eine wichtige Rolle, ebenso wie die Absicht der Nachbarn im Hinblick auf die Einlegung von Rechtsbehelfen gegen die Baugenehmigung[620]. Da geschlossene Immobilienfonds regelmäßig in komplexe Großprojekte investieren, kann die Baugenehmigung – insbesondere bei nachbarschaftlichen Rechtsstreitigkeiten – das gesamte Bauvorhaben hinauszögern oder gar verhindern[621]. Im Hinblick auf den Erfolg des Fonds kann es auch eine Rolle spielen, ob es sich um eine Spezialimmobilie handelt, die nur für ganz bestimmte Zwecke genutzt werden kann oder ob die Immobilie bei Wegfall des Mieters ohne größere Umbaumaßnahmen an einen anderen Mieter weitervermietet werden kann[622].

b) Erwerb des Grundstücks über eine Objektgesellschaft

Die Fondsgesellschaft erwirbt das Grundstück teilweise nicht direkt im Wege des Asset-Deals vom Verkäufer, sondern mittels eines Share-Deals über den Erwerb

---

616 *Strohm* in Assmann/Schütze, Hdb. des Kapitalanlagerechts, 3. Auflage 2007, § 21 Rn. 174.

617 *Arndt/Fischer* in Lüdicke/Arndt, Geschlossene Fonds, S. 246 f.; *Strohm* in Assmann/Schütze, Hdb. des Kapitalanlagerechts, 3. Auflage 2007, § 21 Rn. 5; ausführlich zu den zu bedenkenden Aspekten bei der Auswahl des Standorts, vgl. *Durchardt*, DStR 2001, 2170 ff.

618 *Durchardt*, DStR 2001, 2170, 2171 ff.; *Wagner*, NZG 1998, 289 f.

619 *Wegmann*, DStR 1994, 941, 945.

620 *Arndt/Fischer* in Lüdicke/Arndt, Geschlossene Fonds, S. 246 f.

621 *Wegmann*, DStR 1994, 941, 945.

622 *Arndt/Fischer* in Lüdicke/Arndt, Geschlossene Fonds, S. 242. Siehe als Negativbeispiel die Insolvenz des „Dreiländer Beteiligung Objekt DLF 94/17 - Walter Fink - KG", welcher unter anderem in das Stuttgarter Hotel-, Freizeit- und Theatergebäude Stuttgart International („SI-Centrum") als Theater und Musicalhaus investierte und nach der Insolvenz des Generalmieters selbst Insolvenz anmelden musste, vgl. hierzu BGH, NJW-RR 2006, 770.

der Gesellschaftsanteile einer das Grundstück haltenden Objektgesellschaft. Unter einem Share-Deal ist ein Unternehmenskauf mittels Übertragung der Gesellschaftsanteile als Rechtskauf zu verstehen[623]. Der oftmals anzutreffende mittelbaren Erwerb des Grundstücks über eine Objektgesellschaft hat grunderwerbsteuerliche Gründe[624]. Der direkte Erwerb eines Grundstücks unterliegt nach § 1 GrEStG der Grunderwerbsteuer. Die Höhe dieser Steuer beläuft sich je nach Bundesland zwischen 3,5 und 6,5 Prozent des Kaufpreises und ist somit ein nicht zu vernachlässigender Kostenfaktor[625]. Gemäß § 1 Abs. 2a GrEStG liegt bei der Übertragung von Gesellschaftsanteilen ein grunderwerbsteuerrelevanter Vorgang dann vor, wenn zum Vermögen einer Personengesellschaft ein inländisches Grundstück gehört und innerhalb von fünf Jahren mindestens 95 Prozent der Gesellschaftsanteile mittelbar oder unmittelbar auf neue Gesellschafter übergehen. Der Anfall von Grunderwerbsteuer kann im Umkehrschluss vermieden werden, wenn eine Personengesellschaft Eigentümerin des Grundstücks ist und statt des Grundstücks die Gesellschaftsanteile dieser Personengesellschaft auf den Käufer übertragen werden, sofern der veräußernde Gesellschafter innerhalb der nächsten fünf Jahre über fünf Prozent seiner Anteile behält[626]. Um Grunderwerbsteuer zu sparen, erwirbt die Fondsgesellschaft deshalb oftmals 94,9 Prozent der Gesellschaftsanteile einer das Grundstück haltenden Objektgesellschaft in der Rechtsform der GmbH & Co. KG, wobei der verkaufende Altgesellschafter mit einem Kommanditanteil in Höhe von mindestens 5,1 Prozent über einen Zeitraum von fünf Jahren in der Gesellschaft verbleibt[627].

c) Stand der Projektentwicklung

Sofern der geschlossene Immobilienfonds ein unbebautes Grundstück erwirbt, auf welchem ein größeres Immobilienprojekt umgesetzt werden soll, setzt dies die Planung und Konzeption des jeweiligen Projektes voraus. Vereinzelt erfolgt diese

---

623 *Beckmann* in Staudinger, BGB, 2014, § 453 Rn. 90; *Mutter* in Gummert/Arnhold, Münchener Anwalts-Handbuch Personengesellschaftsrecht, 2005 § 6 Rn. 369 ff.

624 *Arndt/Fischer* in Lüdicke/Arndt, Geschlossene Fonds, S. 263 f.

625 In § 11 Abs. 1 GrEStG beträgt der Steuersatz 3,5 %. Gemäß Art. 105 Abs. 2a S. 2 GG haben die Länder bei der Grunderwerbsteuer die Befugnis zur Bestimmung des Steuersatzes. Hiervon haben die Bundesländer teilweise Gebrauch gemacht. Der höchste Steuersatz wird derzeit in Schleswig-Holstein erhoben mit 6,5 % (Schleswig Holsteinischer Landtag-Drucks. 18/942), vgl. *Breimann* in Jesch/Schilder/Striegel, Rechtshandbuch Immobilien-Investitionen, S. 575; *Arndt/Fischer* in Lüdicke/Arndt, Geschlossene Fonds, S. 263.

626 *Arndt/Fischer* in Lüdicke/Arndt, Geschlossene Fonds, S. 264; *Strohm* in Assmann/Schütze, Hdb. des Kapitalanlagerechts, 3. Auflage 2007, § 21 Rn. 67. Zur Übertragung des Grundstücks mittels einer Objektgesellschaft in der Rechtsform einer Körperschaft, vgl. *Breimann* in Jesch/Schilder/Striegel, Rechtshandbuch Immobilien-Investitionen, S. 590.

627 *Arndt/Fischer* in Lüdicke/Arndt, Geschlossene Fonds, S. 264; *Wagner*, NZG 1998, 289, 294.

Projektentwicklung tatsächlich durch die Fondsgesellschaft selbst bzw. durch eine von der Fondsgesellschaft beauftragte (oftmals mit dem Initiator verbundene) Gesellschaft. Auf diese Weise kann die Wertsteigerung, welche das Grundstück durch die Projektentwicklung und die Bauerrichtung erfährt, für die Rendite genutzt werden[628]. Häufig entwickelt die Fondsgesellschaft das Immobilienprojekt jedoch nicht selbst, da der komplette Projektentwicklungsprozess in der Regel mehrere Jahre dauert und in dieser Zeit keinerlei Einnahmen erwirtschaftet werden. Dies gilt insbesondere für die Anfangsphase der Projektentwicklung, also der Standortsuche und der Erstellung der Nutzungskonzeption. Die Projektentwicklung wird deshalb regelmäßig von einem Immobilienprojektentwickler vorgenommen, welcher das fertig konzipierte Immobilienprojekt (meist samt Grundstück) an die Fondsgesellschaft verkauft. Dieser Projektentwickler kann entweder ein externer Dritter oder eine dem Initiator nahestehende Gesellschaft sein.

Häufig befindet sich das Immobilienprojekt zu dem Zeitpunkt, zu welchem die Fondsgesellschaft das Grundstück bzw. das Projekt erwirbt, schon in der Bauphase[629]. Teilweise erwirbt die Fondsgesellschaft von einem Projektentwickler auch ein Immobilienprojekt mit (nahezu) fertig errichteter Immobilie, bei welchem bereits Mietverträge abgeschlossen sind[630]. Die abgeschlossenen Mietverträge lässt sich der Verkäufer in diesem Fall ebenso wie die Projektentwicklung über den Kaufpreis des Grundstücks vergüten. Die Mietverträge wirken sich üblicherweise unmittelbar auf den Kaufpreis des Grundstücks bzw. der Gesellschaftsanteile der das Grundstück haltenden Objektgesellschaft aus; Mietvertragsabschlüsse im Zeitraum zwischen Abschluss und Vollzug des Kaufvertrags wirken sich ebenfalls regelmäßig kaufpreiserhöhend aus.

d) Errichtung der Immobilie durch Generalunternehmer/-übernehmer

Sofern die Fondsgesellschaft kein Grundstück erwirbt, auf welchem die gewünschte Immobilie bereits errichtet wurde, tritt die Fondsgesellschaft typischerweise als Bauherrin auf[631]. Zur Errichtung einer Immobilie sind verschiedene Arbeitsschritte notwendig wie z.B. die Planung durch einen Architekten, die Arbeit von Fachplanern hinsichtlich einzelner Aspekte wie Statik oder Brandschutz sowie die Durchführung des Bauvorhabens durch verschiedene Bauunternehmer[632]. Diese Arbeiten nimmt

---

628 *Arndt/Fischer* in Lüdicke/Arndt, Geschlossene Fonds, S. 252.

629 *Arndt/Fischer* in Lüdicke/Arndt, Geschlossene Fonds, S. 252; *Schulte/Bone-Winkel* in Schulte/Bone-Winkel, Handbuch Immobilien-Projektentwicklung, S. 60.

630 *Schulte/Bone-Winkel* in Schulte/Bone-Winkel, Handbuch Immobilien-Projektentwicklung, S. 60. Insbesondere Gewerbemieter sind zum Teil schon sehr früh in die Projektentwicklung eingebunden und nehmen vereinzelt sogar Einfluss auf die bauliche Gestaltung der Immobilie (z.B. bei einem Einkaufszentrum oder einem Fitnessstudio innerhalb eines Gebäudekomplexes).

631 *Arndt/Fischer* in Lüdicke/Arndt, Geschlossene Fonds, S. 245.

632 *Arndt/Fischer* in Lüdicke/Arndt, Geschlossene Fonds, S. 251 ff.

die Fondsgesellschaft nicht selbst vor, sondern schaltet Dritte ein. Zur Durchführung der einzelnen Bauleistungen schließt die Fondsgesellschaft üblicherweise mit einem Bauunternehmer einen Generalunternehmer- bzw. einem Generalübernehmervertrag, in welchem dieser sich verpflichtet, die Immobilie eigenverantwortlich zu errichten[633]. Hierzu schließt der Generalunternehmer bzw. Generalübernehmer mit dritten Bauunternehmen Werkverträge über einzelnen Bauleistungen ab, koordiniert deren Zusammenarbeit und übernimmt die Projektsteuerung im Allgemeinen[634]. Der Generalunternehmer unterscheidet sich insofern vom Generalübernehmer, als dass der Generalunternehmer selbst auch Bauleistungen ausführt, während der Generalübernehmer sämtliche Bauleistungen von Dritten ausführen lässt und selbst gar keine oder nur untergeordnete Bauleistungen erbringt[635].

Die Beauftragung eines Generalunternehmers bzw. Generalübernehmers führt zwar zu höheren Kosten, als wenn die Fondsgesellschaft in eigener Person die Verträge mit den einzelnen Bauunternehmern abschließt und die Koordination selbst vornimmt. Hiergegen spricht jedoch zum einen, dass bei einer Vielzahl an Vertragspartnern ein hoher Koordinations- und Verwaltungsaufwand entsteht. Zum anderen besteht bei der Durchführung größerer Immobilienprojekte das Risiko, dass sich Bauunternehmer auf verzögerte oder qualitativ mangelhafte Vorarbeiten durch andere Baubeteiligte berufen und sich somit das gesamte Bauvorhaben verzögert oder dass Streitigkeiten über die Verantwortlichkeit für Mängel und/oder Verzögerungen aufkommen (sog. Schnittstellenrisiko)[636]. Dieses Risiko wird auf den Generalunternehmer bzw. Generalübernehmer übertragen, welcher die Herstellung der schlüsselfertigen Immobilie zu einem fixen Zeitpunkt schuldet. In aller Regel lässt sich die Fondsgesellschaft im Vertrag mit dem Generalunternehmen bzw. Gerneralübernehmer Vertragsstrafen bzw. pauschalierte Schadensersatzansprüche einräumen für den Fall von Verzögerungen. Kostensicherheit erhält die Fondsgesellschaft dadurch, dass üblicherweise ein Pauschalpreis mit dem Generalunternehmen bzw. Gerneralübernehmer vereinbart wird[637].

e) Vermietung

Die Fondsgesellschaft hält das erworbene Grundstück über einen längeren Zeitraum im eigenen Vermögen und vermietet es ggf. nach Baufertigstellung der Immobilie an

---

633 *Arndt/Fischer* in Lüdicke/Arndt, Geschlossene Fonds, S. 253 ff.; *Wegmann*, DStR 1994, 941 945; LG Köln, BeckRS 2012, 08471.

634 *Arndt/Fischer* in Lüdicke/Arndt, Geschlossene Fonds, S. 253 ff.

635 Zum Teil erbringt der Generalunternehmer darüber hinaus auch Planungsleistungen und/oder übernimmt die Einholung der öffentlich-rechtlichen Genehmigungen (insbesondere der Baugenehmigung).

636 *Arndt/Fischer* in Lüdicke/Arndt, Geschlossene Fonds, S. 251 f.

637 *Arndt/Fischer* in Lüdicke/Arndt, Geschlossene Fonds, S. 254.

Dritte[638]. Typischerweise sind geschlossene Immobilienfonds als sogenanntes Betreiber-Modell konzipiert, was bedeutet, dass die Fondsgesellschaft als Vermieterin das wirtschaftliche Risiko der Nutzbarkeit der Immobilie trägt[639] Die Vermietungssituation stellt den wichtigsten Faktor für den wirtschaftlichen Erfolg eines geschlossenen Immobilienfonds dar, da die Mieteinnahmen die Haupteinnahmequelle des Fonds sind und sich auch beim Verkauf des Grundstücks am Ende der Fondslaufzeit auf den zu erzielenden Veräußerungserlös niederschlagen[640]. Aus diesem Grund kommt den Mietverträgen eine hohe Bedeutung zu[641]. Wichtig sind insbesondere die Bonität des Vertragspartners, die vereinbarte Laufzeit und der geschuldete Mietzins. Je langfristiger das Objekt zu einem profitablen Mietzins vermietet ist, desto sicherer sind die Erträge. Üblich ist die Vereinbarung fester Laufzeiten über einen längeren Zeitraum (oftmals mehr als zehn Jahre) mit Mietzinsanpassungsklauseln[642]. Insbesondere bei Gewerbeimmobilien werden die Mietverträge mit den wichtigsten Mietern (sog. Magnetmieter oder Ankermieter) schon zu einem möglichst frühen Zeitpunkt abgeschlossen[643].

Zur Absicherung der Mieteinnahmen lässt sich die Fondsgesellschaft zum Teil Mietgarantien einräumen, welche regelmäßig aber nicht die gesamte Fondslaufzeit, sondern nur einen begrenzten Zeitraum erfassen[644]. Bei Vorliegen einer Immobilie

---

638 *Arndt/Fischer* in Lüdicke/Arndt, Geschlossene Fonds, S. 242. Im Einzelnen mag von diesem typischen Ablauf abgewichen werden, z.B. bei Immobilienleasingfonds.

639 *Arndt/Fischer* in Lüdicke/Arndt, Geschlossene Fonds, S. 265.

640 *Wegmann,* DStR 1994, 941, 945; *Arndt/Fischer* in Lüdicke/Arndt, Geschlossene Fonds, S. 244. Des Weiteren wirkt sich die Mietsituation auf den zu erzielenden Erlös beim Verkauf des Grundstücks am Ende der Fondslaufzeit aus, da ein über mehrere Jahre hinweg vermietetes Objekt in der aller Regel wesentlich wertvoller ist als eine leerstehende Immobilie.

641 *Strohm* in Assmann/Schütze, Hdb. des Kapitalanlagerechts, 3. Auflage 2007, § 21 Rn. 176.

642 *Arndt/Fischer* in Lüdicke/Arndt, Geschlossene Fonds, S. 258; *Opitz* in Jesch/Schilder/Striegel, Rechtshandbuch Immobilien-Investitionen, S. 605; vgl. OLG München, NZG 1999, 730. Häufig wird dem Mieter die Option eingeräumt, den Mietvertrag einmalig oder mehrfach um einen bestimmten Zeitraum zu verlängern. Die Mietzinsanpassung verläuft durch Wertsicherungsklauseln (z.B. durch Koppelung des Mietzinses an den Lebenserhaltungskostenindex), Staffelmieten oder Anpassung an den Marktmietzins, vgl. *Arndt/Fischer* in Lüdicke/Arndt, Geschlossene Fonds, S. 258 f.; *Strohm* in Assmann/Schütze, Hdb. des Kapitalanlagerechts, 3. Auflage 2007, § 21 Rn. 178 ff.; *Wegmann,* DStR 1994, 941, 945.

643 *Strohm* in Assmann/Schütze, Hdb. des Kapitalanlagerechts, 3. Auflage 2007, § 21 Rn. 35.

644 Die Werthaltigkeit der Mietgarantie hängt von der Bonität des Garanten ab. Für die Mietgarantien ist in jedem Fall ein Entgelt zu zahlen, ist der Verkäufer der Garant so ist das Entgelt in den Kaufpreis eingerechnet, vgl. *Arndt/Fischer* in Lüdicke/Arndt, Geschlossene Fonds, S. 256; *Wegmann,* DStR 1994, 941, 945; *Wagner,* NZG 1998, 289, 290; *Strohn,* WM 2005, 1441, 1451.

mit vielen einzeln zu vermietenden Einheiten schließt die Fondsgesellschaft zum Teil einen sog. Generalmietvertrag mit einem Mieter ab, der die einzelnen Einheiten sodann an verschiedene Mieter untervermietet[645]. Der Generalmieter ist für den Abschluss und die Durchführung der einzelnen Untermietverhältnisse zuständig und trägt das Risiko der tatsächlichen Untervermietung des Objekts[646]. Oftmals handelt es sich bei dem Mietgaranten bzw. dem Generalmieter um eine Gesellschaft, die dem Fondsinitiator nahe steht[647].

f) Geschäftsführende Kommanditistin

In Bezug auf die gesellschaftsrechtliche Struktur besteht bei geschlossenen Immobilienfonds die Besonderheit, dass die Geschäftsführung der Fondsgesellschaft nicht entsprechend dem gesetzlichen Leitbild in § 164 S. 1 HGB von der Komplementär-GmbH ausgeübt wird. Vielmehr wird hierfür eine geschäftsführende Kommanditistin eingesetzt[648]. Der Hintergrund dieser Struktur ist, dass die Fondsgesellschaft in aller Regel Einkünfte aus Vermietung und Verpachtung und keine Einkünfte aus Gewerbebetrieb erzielen soll[649]. Würde entsprechend dem gesetzlichen Leitbild die Komplementär-GmbH die Geschäftsführung der Fondsgesellschaft übernehmen, so läge eine gewerblich geprägte Personengesellschaft nach § 15 Abs. 3 Nr. 2 EStG vor mit der Konsequenz der Erzielung gewerblicher Einkünfte[650]. Gemäß § 15 Abs. 3 Nr. 2 EStG gilt die mit Gewinnerzielungsabsicht unternommene Tätigkeit einer Personengesellschaft auch ohne Ausübung einer gewerblichen Tätigkeit dann als Gewerbebetrieb, wenn ausschließlich „eine oder mehrere Kapitalgesellschaften persönlich haftende Gesellschafter sind und nur diese oder Personen, die nicht

---

645 *Arndt/Fischer* in Lüdicke/Arndt, Geschlossene Fonds, S. 256; *Wagner* NZG 1999, 868 f.; *Levedag* in MünchHdb. GesR II, § 71 Rn. 117.

646 Ausführlich *Arndt/Fischer* in Lüdicke/Arndt, Geschlossene Fonds, S. 256. Auch der Nutzen des Generalmieters hängt von dessen Solvenz ab, vgl. *Wagner*, NZG 1999, 868, 869; BGH, NJW-RR 2006, 770; OLG München, NJOZ 2003, 201.

647 Teilweise ist der Generalmietvertrag so ausgestaltet, dass der Generalmieter – ohne für die Untervermietung zuständig zu sein – lediglich den Mietzins für nicht vermietete Flächen übernimmt, vgl. *Arndt/Fischer* in Lüdicke/Arndt, Geschlossene Fonds, S. 256. Es kommt zudem vor, dass der Mieter des Grundstücks eine dem Initiator nahestehende Gesellschaft ist, vgl. *Horbach* in MünchHdb. GesR II, § 61 Rn. 12.

648 *Rüber/Reiff*, BB 2014, 1634 f.; *Löffler/Pischetsrieder* in Jesch/Schilder/Striegel, Rechtshandbuch Immobilien-Investitionen, S. 639; *Strohm* in Assmann/Schütze, Hdb. des Kapitalanlagerechts, 3. Auflage 2007, § 21 Rn. 208.

649 *Arndt/Fischer* in Lüdicke/Arndt, Geschlossene Fonds, S. 261 f.; *Rüber/Reiff*, BB 2014, 1634 f.; *Sagasser* in Assmann/Schütze, Hdb. des Kapitalanlagerechts, § 27 Rn. 305 f.; *Maas* in Assmann/Schlitt/Kopp-Colomb, WpPG/VerkProspG, § 4 VermVerkProspV Rn. 41.

650 *Sagasser* in Assmann/Schütze, Hdb. des Kapitalanlagerechts, § 27 Rn. 305 f.; *Bode* in Blümich/Heuermann, EStG, KStG, GewStG, § 15 Rn. 278.

Gesellschafter sind, zur Geschäftsführung befugt sind“[651]. Im Umkehrschluss liegt eine gewerblich geprägte Personengesellschaft nicht vor, wenn zwar lediglich die Komplementär-GmbH persönlich haftet, jedoch für die Geschäftsführung (zumindest auch) ein Gesellschafter zuständig ist, der nicht persönlich haftet[652].

Aus diesem Grund wird die Geschäftsführung der Fondsgesellschaft auf eine natürliche Person oder auf eine geschäftsführende Kommanditistin in Gesellschaftsform übertragen; aus Haftungsgründen weist die geschäftsführende Kommanditistin in aller Regel die Rechtsform der GmbH auf[653]. Gemäß § 164 S. 1 HGB sind Kommanditisten zwar von der Führung der Geschäfte der Gesellschaft ausgeschlossen; die Übertragung der Geschäftsführung auf einen Kommanditisten ist jedoch gesellschaftsrechtlich möglich, da es sich bei § 164 S. 1 HGB um eine dispositive Norm handelt[654]. Dem Kommanditisten kann durch eine Regelung im Gesellschaftsvertrag die organschaftliche Geschäftsführungskompetenz eingeräumt werden[655]. Bei der geschäftsführenden Kommanditistin handelt es sich – ebenso wie bei der Komplementär-GmbH – um eine Gesellschaft, die mit dem Initiator gesellschaftsrechtlich oder personell verbunden ist[656]. Um eine Doppelzuständigkeit zu vermeiden, wird im Gesellschaftsvertrag oftmals geregelt, dass die geschäftsführende Kommanditistin alleine zur organschaftlichen Geschäftsführung der Fondsgesellschaft befugt ist unter Ausschluss der Komplementär-GmbH von der Geschäftsführung[657]. Die Kompetenz zur organschaftlichen Vertretung der Fondsgesellschaft kann der Komplementär-GmbH gemäß § 170 HGB nicht zugunsten der geschäftsführenden Kommanditistin entzogen werden. § 170 HGB ist nicht disponibel, weshalb der geschäftsführenden Kommanditistin eine rechtsgeschäftliche Vollmacht erteilt werden muss, damit diese im Außenverhältnis für die Fondsgesellschaft auftreten kann[658].

---

651 Abzustellen ist auf die Geschäftsführung im gesellschaftsrechtlichen Sinn, vgl. *Bode* in Blümich/Heuermann, EStG, KStG, GewStG, § 15 Rn. 278; *Rüber/Reiff*, BB 2014, 1634, 1636.

652 *Bode* in Blümich/Heuermann, EStG, KStG, GewStG, § 15 Rn. 278; *Sagasser* in Assmann/Schütze, Hdb. des Kapitalanlagerechts, § 27 Rn. 305 f.; *Löffler/Pischetsrieder* in Jesch/Schilder/Striegel, Rechtshandbuch Immobilien-Investitionen, S. 639.

653 *Maas* in Assmann/Schlitt/Kopp-Colomb, WpPG/VerkProspG, § 4 VermVerkProspV Rn. 41; *Rüber/Reiff*, BB 2014, 1634, 1636; *Löffler/Pischetsrieder* in Jesch/Schilder/Striegel, Rechtshandbuch Immobilien-Investitionen, S. 639.

654 BGHZ 51, 198; BGH, BB 1976, 526; *Grunewald* in MüKo/HGB, § 164 Rn. 21 ff.; *Roth* in Baumbach/Hopt, HGB, § 164 Rn. 7.

655 *Weipert* in Ebenroth/Boujong/Joost/Strohn, HGB, § 164 Rn. 19; *Grunewald* in MüKo/HGB, § 164 Rn. 25.

656 *Kloyer* in Möllers/Kloyer, Das neue KAGB, Rn. 866.

657 Der Ausschluss der Komplementär-GmbH von der Geschäftsführung ist gesellschaftsrechtlich nach ständiger Rechtsprechung zulässig, BGHZ 51, 198; *Grunewald* in MüKo/HGB, § 164 Rn. 23; *Roth* in Baumbach/Hopt, HGB, § 164 Rn. 7; kritisch *Weipert* in Ebenroth/Boujong/Joost/Strohn, HGB, § 164 Rn. 5.

658 BGHZ 51, 198; *Oetker* in Oetker, HGB, § 170 Rn. 3 ff.; *Roth* in Baumbach/Hopt, HGB, § 170 Rn. 1 ff.

g) Einkünfte aus Vermietung und Verpachtung

Bei geschlossenen Immobilienfonds besteht in steuerlicher Hinsicht die Besonderheit, dass in der Regel durch entsprechende Gestaltung keine gewerblichen Einkünfte erzielt werden, sondern Einnahmen aus Vermietung und Verpachtung nach § 21 EStG[659]. Ein Vorteil der Erzielung von Einkünften aus Vermietung und Verpachtung besteht darin, dass die Gewinne aus der Veräußerung des Grundstücks wegen des Vorliegens eines privaten Veräußerungsgeschäfts gemäß § 23 Abs. 1 S. 1 Nr. 1 EStG nicht versteuert werden müssen, sofern die Veräußerung später als zehn Jahren nach der Anschaffung erfolgt[660]. Nach Ablauf der zehnjährigen Haltefrist sind die Veräußerungsgewinne demnach steuerfrei[661]. Die Vermeidung der Gewerblichkeit ist außerdem von Vorteil, weil auf diesem Wege die Gewerbesteuer als zusätzliche Steuerlast vermieden wird[662]. Denn Gewerbesteuer fällt bei einer Personengesellschaft nur dann an, wenn ein Gewerbebetrieb i.S.d. EStG vorliegt. Erzielt die Personengesellschaft keine gewerblichen Einkünfte, sondern Einkünfte aus Vermietung und Verpachtung, fällt keine Gewerbesteuer an[663].

h) Verwaltung der Immobilie

In der Betriebsphase obliegt der Fondsgesellschaft die Verwaltung der Immobilie, wozu insbesondere die Erfüllung von Pflichten aus dem Mietverhältnis wie die Instandhaltung der Immobile zählt sowie ggf. die Suche nach neuen Mietern[664]. Die Fondsgesellschaft übernimmt die Verwaltung der Immobilie in der Regel nicht selbst, sondern lagert diese Tätigkeit aus[665]. Regelmäßig wird ein sog. Facility-Manager für die technische Verwaltung sowie ein Property Manager für die kaufmännische Verwaltung der Immobilie eingesetzt[666]. Die hierdurch entstehenden Kosten werden regelmäßig auf die Mieter umgelegt[667]. Je nach Eigenart der Immobilie

659 *Arndt/Fischer* in Lüdicke/Arndt, Geschlossene Fonds, S. 261 f.; *Rüber/Reiff*, BB 2014, 1634 f.; *Levedag* in MünchHdb. GesR II, § 71 Rn. 119.

660 *Arndt/Fischer* in Lüdicke/Arndt, Geschlossene Fonds, S. 262.

661 *Rüber/Reiff*, BB 2014, 1634 f.; *Arndt/Fischer* in Lüdicke/Arndt, Geschlossene Fonds, S. 262; BGH, NZG 2013, 386.

662 Dies ist in § 2 Abs. 1 S. 1 GewStG geregelt, vgl. *Bode* in Blümich/Heuermann, EStG, KStG, GewStG, § 2 GewStG Rn. 110.

663 *Breimann* in Jesch/Schilder/Striegel, Rechtshandbuch Immobilien-Investitionen, S. 574; *Sagasser* in Assmann/Schütze, Hdb. des Kapitalanlagerechts, § 27 Rn. 301.

664 Nach *Opitz* in Jesch/Schilder/Striegel, Rechtshandbuch Immobilien-Investitionen, S. 604 betragen die Herstellungskosten für eine Immobilie auf eine Nutzungsdauer von 50 Jahren berechnet nur 20 % der Gesamtkosten.

665 *Opitz* in Jesch/Schilder/Striegel, Rechtshandbuch Immobilien-Investitionen, S. 605; *Arndt/Fischer* in Lüdicke/Arndt, Geschlossene Fonds, S. 260.

666 *Arndt/Fischer* in Lüdicke/Arndt, Geschlossene Fonds, S. 260. Ausführlich zum Facility-Management, vgl. *Najork*, NJW 2006, 2881 ff.

667 *Arndt/Fischer* in Lüdicke/Arndt, Geschlossene Fonds, S. 260.

treten ggf. weitere Verwaltungsaufgaben hinzu, welche üblicherweise ebenfalls ausgelagert werden. So wird z.B. bei der Investition in ein Einkaufszentrum häufig ein Center-Management eingeschaltet, welches den durch die Interessen verschiedenster Ladeninhaber auftretenden Verwaltungsaufwand sowie Werbemaßnahmen übernimmt[668].

3. Zusammenfassung

Innerhalb der verschiedenen Arten geschlossener Fonds nehmen geschlossene Immobilienfonds eine besondere Stellung ein, da diese ungeachtet von diversen Schwankungen seit jeher den größten Marktanteil ausmachen[669]. Geschlossene Immobilienfonds erwerben ein fertig bebautes bzw. im Bauzustand befindliches Grundstücks oder ein unbebautes Grundstück, auf welchem die Fondsgesellschaft als Bauherrin eine Immobilie errichtet[670]. Investitionsgegenstand sind meist größere Gewerbeimmobilien wie z.B. Einkaufszentren, Bürogebäude oder Pflegeimmobilien, zum Teil aber auch große Wohnkomplexe[671]. Häufig investieren Immobilienfonds lediglich in einzelnes Immobilienprojekt, selten in mehr als drei Projekte[672]. Auch wenn die Fondsgesellschaft das Grundstück vor oder in der Bauphase erwirbt, entwickeln geschlossene Immobilienfonds die Immobilienprojekte in aller Regel nicht selbst, sondern erwerben die Grundstücke samt Nutzungskonzept von sog. Projektentwicklern. Sofern die Fondsgesellschaft als Bauherrin auftritt, errichtet sie die Immobilie nicht in eigener Person, sondern beauftragt hierfür in aller Regel einen Generalunternehmer bzw. Generalübernehmer, welcher die Fertigstellung der schlüsselfertigen Immobilie zu einem bestimmten Zeitpunkt schuldet[673].

Die Fondsgesellschaft hält das Grundstück während der Betriebsphase in ihrem Vermögen und vermietet es an Dritte[674]. Die Rendite erwirtschaftet die Fondsgesellschaft hauptsächlich durch die laufenden Mieteinnahmen, hinzu kommt der Veräußerungserlös aus dem Verkauf des bebauten Grundstücks am Ende der meist zehn- bis

---

668 *Strohm* in Assmann/Schütze, Hdb. des Kapitalanlagerechts, 3. Auflage 2007, § 21 Rn. 35; *Arndt/Fischer* in Lüdicke/Arndt, Geschlossene Fonds, S. 260.

669 So vereinnahmen Immobilienfonds z.B. nach den Branchenzahlen 2012 des VGF über das platzierte Eigenkapital nach Assetklassen im Jahr 2012 (S. 11) mit 2,05 Milliarden Euro 46 % des platzierten Eigenkapitals, Immobilienfonds im Ausland machen mit 730,22 Mio. Euro weitere 16 % aus. Die Statistik ist als „VGF Branchenzahlen 2012 Broschüre" abrufbar unter www.sachwerteverband.de/fileadmin/downloads/zahlen/branchenzahlen/branchenzahlen_2012/VGF_Branchenzahlen_2012_Broschuere.pdf, zuletzt aufgerufen am 02.08.2015.

670 *Levedag* in MünchHdb. GesR II, § 71 Rn. 116; *Wegmann*, DStR 1994, 941.

671 *Schöner/Stöber* in Schöner/Stöber, Grundbuchrecht, 4. Teil I L 9 Rn. 3235b.

672 *Schultz-Süchting* in Emde/Dornseifer/Dreibus/Hölscher, InvG, Vor §§ 66–82 Rn. 5; *Watermeyer* in Müller/Hoffmann, Beck'sches Hdb. der Personengesellschaften,§ 16 Rn. 1.

673 *Arndt/Fischer* in Lüdicke/Arndt, Geschlossene Fonds, S. 253 ff.

674 *Levedag* in MünchHdb. GesR II, § 71 Rn. 116.

zwanzigjährigen Fondslaufzeit[675]. Da die Mieteinnahmen auch bei der Veräußerung den Wert der Immobilie mitbestimmen, ist die Vermietungssituation für den wirtschaftlichen Erfolg des Immobilienfonds von ausschlaggebender Bedeutung[676]. Neben den Mietverträgen (insbesondere der dortigen Vereinbarungen hinsichtlich der Laufzeit und dem Mietzins) und der Bonität der Mieter sind bei geschlossenen Immobilienfonds insbesondere der Standort des Grundstücks und die Qualität der Immobilie wichtige Erfolgsfaktoren. Im Rahmen des sog. Betreibermodells ist die Fondsgesellschaft als Eigentümerin des Grundstücks für die Instandhaltung des Grundstücks samt Immobilie verantwortlich und trägt das Risiko der Nutzbarkeit[677]. Typischerweise übernimmt die Fondsgesellschaft die Verwaltung der Immobilie nicht selbst, sondern lagert diese Tätigkeiten an Dritte aus. So wird z.B. üblicherweise ein sog. Facility-Manager unter anderem mit der technischen und kaufmännischen Verwaltung der Immobilie beauftragt[678].

Die gesellschaftsrechtliche Struktur der Fondsgesellschaft weicht insofern vom gesetzlichen Leitbild in §§ 161 ff. HGB und von der typischen Gesellschaftsstruktur geschlossener Fonds in der Form der GmbH & Co. KG ab, als dass die Geschäftsführung der Fondsgesellschaft nicht die Komplementär-GmbH übernimmt[679]. Vielmehr wird die Geschäftsführung üblicherweise auf eine sog. geschäftsführende Kommanditistin in der Rechtsform der GmbH übertragen[680]. Dies hat den steuerlichen Hintergrund, dass die Fondsgesellschaft Einkünfte aus Vermietung und Verpachtung erzielen soll, was bei der Geschäftsführung durch die Komplementär-GmbH aufgrund der damit einhergehenden gewerblichen Prägung nach § 15 Abs. 3 Nr. 2 EStG nicht möglich wäre[681].

---

675 *Levedag* in MünchHdb. GesR II, § 71 Rn. 117; *Durchardt/Gillitzer,* DStR 2001, 1624, 1625.

676 *Wegmann,* DStR 1994, 941, 945; *Arndt/Fischer* in Lüdicke/Arndt, Geschlossene Fonds, S. 244.

677 *Watermeyer* in Müller/Hoffmann, Beck'sches Hdb. der Personengesellschaften, § 16 Rn. 3; *Breimann* in Jesch/Schilder/Striegel, Rechtshandbuch Immobilien-Investitionen, S. 567; *Levedag* in MünchHdb. GesR II, § 71 Rn. 173.

678 *Opitz* in Jesch/Schilder/Striegel, Rechtshandbuch Immobilien-Investitionen, S. 605; *Arndt/Fischer* in Lüdicke/Arndt, Geschlossene Fonds, S. 260.

679 *Löffler/Pischetsrieder* in Jesch/Schilder/Striegel, Rechtshandbuch Immobilien-Investitionen, S. 639; *Maas* in Assmann/Schlitt/Kopp-Colomb, WpPG/VerkProspG, § 4 VermVerkProspV Rn. 41.

680 *Löffler/Pischetsrieder* in Jesch/Schilder/Striegel, Rechtshandbuch Immobilien-Investitionen, S. 639; *Maas* in Assmann/Schlitt/Kopp-Colomb, WpPG/VerkProspG, § 4 VermVerkProspV Rn. 41.

681 Die gewerbliche Prägung ist in § 15 Abs. 3 Nr. 2 EStG geregelt, vgl. hierzu *Bode* in Blümich/Heuermann, EStG, KStG, GewStG, § 15 Rn. 278; *Sagasser* in Assmann/Schütze, Hdb. des Kapitalanlagerechts, § 27 Rn. 305 f.; *Arndt/Fischer* in Lüdicke/Arndt, Geschlossene Fonds, S. 261 f.

III. Schiffsfonds

Schiffsfonds sind sicherlich diejenigen geschlossenen Fonds, die derzeit mit den größten wirtschaftlichen Problemen zu kämpfen haben. Hintergrund der Krise im Bereich der Schiffsfonds ist die Finanzkrise ab dem Jahr 2007, welche sich unmittelbar auf den Welthandel und damit auf den Bedarf an Handelsschiffen zum Transport von Gütern niederschlug[682]. Der Markt für Schiffsfonds wuchs in den Jahren vor der Finanzkrise stetig an und es wurden immer mehr Schiffe gebaut, was letztlich zu einem Überangebot an Schiffen führte[683]. Aufgrund dieses Überangebots bei gleichzeitig gesunkener Auftragslage infolge der Finanzkrise verringerten sich die erzielbaren Chartereinnahmen drastisch im Vergleich zur Marktsituation vor der Finanzmarktkrise[684]. Häufig konnten die Fondsgesellschaften wegen der eingebrochenen Charterraten die laufenden Kosten der Fremdfinanzierung nicht mehr begleichen[685]. Dies hatte zahlreiche Insolvenzen zur Folge[686]. Hiervon waren nicht nur einzelne Fondsgesellschaften betroffen, sondern vereinzelt mussten sogar Initiatoren Insolvenz anmelden[687]. Aktuell hat sich der Markt in diesem Segment noch immer nicht erholt und es wurden in den letzten Jahren kaum neue geschlossene Schiffsfonds aufgelegt[688].

---

682 *Arndt/Lüdicke* in Lüdicke/Arndt, Geschlossene Fonds, S. 282.

683 *Taetzner/Lange*, BB 2008, 2771 f.; *Lux*, NZG 2013, 1017; *Arndt/Lüdicke* in Lüdicke/Arndt, Geschlossene Fonds, S. 282 f.; *Elsen/Jäger*, BKR 2009, 190, 192.

684 *Arndt/Lüdicke* in Lüdicke/Arndt, Geschlossene Fonds, S. 282; *Lux*, NZG 2013, 1017; *Elsen/Jäger*, BKR 2009, 190, 192; OLG Hamm, BeckRS 2014, 08754.

685 Arndt/Fischer/Lüdicke in Lüdicke/Arndt, Geschlossene Fonds, S. 283.

686 *Schröder*, Die Zeit, 11/2014, „Schiffsfonds – In der Krise allein", S. 14; OLG Düsseldorf, NZG 2013, 1179; LG Münster, BeckRS 2014, 08962.

687 So wurde z.B. am 01.05.2013 am Amtsgericht Auricht das Insolvenzverfahren über die Fondsinitiatorin Embdena Partnership GmbH eröffnet (AG Auricht, 01.05.2014, 9 IN 44/13).

688 *Arndt/Lüdicke* in Lüdicke/Arndt, Geschlossene Fonds, S. 283; *Lux*, NZG 2013, 1017. Nach den veröffentlichten Branchenzahlen des Verbands für geschlossene Fonds (VGF), der zur Anpassung an die Begrifflichkeiten des KAGB und zur Verdeutlichung der Neuausrichtung nun umbenannt wurde in „Bundesverband Sachwerte und Investmentvermögen e.V." (bsi) wurden im 4. Quartal 2008 im Bereich der geschlossenen Schiffsfonds 225,2 Mio. Euro an Eigenkapital inklusive Agio bei Anlegern eingesammelt. Im 4. Quartal im Jahr 2013 hingegen betrug das platzierte Eigenkapital lediglich 13,7 Mio. Euro, wobei der gesamte Betrag allein Eigenkapitalerhöhungen betraf. Dies bedeutet, dass es sich nicht um neu aufgelegte Fonds handelte, sondern um zuvor aufgelegte Fonds, bei denen Anlegern Geld nachgeschossen haben.

1. Investitionsgegenstand und Renditeerwirtschaftung

Bei Schiffsfonds wird in den meisten Fällen in den Erwerb eines zum Transport von Wirtschaftsgütern bestimmten Handelsschiffes investiert, welches die Fondsgesellschaft während der Fondslaufzeit selbst betreibt[689]. In der Regel ist der Investitionsgegenstand ein einzelnes Schiff[690]. Das konkrete Schiff, in welches der Schiffsfonds investiert, wird in der Konzeptionsphase im Hinblick auf das Schiffsmodell und den Schiffstyp festgelegt, so dass Anleger sich über geschlossene Schiffsfonds typischerweise an der Investition in ein ganz bestimmtes Schiff beteiligen[691]. Oftmals ist der Name des Schiffes zugleich im Namen der Fondsgesellschaft enthalten (z.B. hält der Schiffsfonds MS E.R. BENEDETTA Schiffsfahrtgesellschaft mbH & Co. KG. das Containerschiff MS E.R. Bendetta). Die Rendite erwirtschaftet sich bei Schiffsfonds einerseits daraus, dass die Fondsgesellschaft Dritten das Schiff gegen Entgelt zur Nutzung überlässt[692]. Im Zusammenhang mit Schiffen wird die Nutzungsüberlassung auf Zeit für kommerzielle Zwecke gegen Entgelt als Charter bezeichnet[693]. Neben den Chartereinnahmen spielt andererseits der Erlös aus der Verwertung des Schiffes am Ende der Fondslaufzeit eine wichtige Rolle für die Erfüllung der Renditeerwartung[694]. Üblicherweise beträgt die Laufzeit von Schiffsfonds 15 bis 25 Jahre[695].

---

689 *Levedag* in MünchHdb. GesR II, § 71 Rn. 173; *Durchardt/Gillitzer*, DStR 2001, 1624, 1628; *Sagasser* in Assmann/Schütze, Hdb. des Kapitalanlagerechts, § 27 Rn. 380.

690 *Levedag* in MünchHdb. GesR II, § 71 Rn. 173; *Sagasser* in Assmann/Schütze, Hdb. des Kapitalanlagerechts, § 27 Rn. 380. Die Fondsgesellschaft wird häufig auch als „Ein-Schiffs-Gesellschaft“ bezeichnet, vgl. *Friedrichs/Wegner/Richter* in Winter/Hennig/Gerhard, Grundlagen der Schiffsfinanzierung, S. 854; BFH, DStRE 2011, 864. Zum Teil investieren Schiffsfonds – insbesondere sog. Flottenfonds – aber auch in mehrere Schiffe.

691 *Taetzner/Lange*, BB 2008, 2771, 2772; *Röhrich*, AG 2004, R440, R442.

692 *Levedag* in MünchHdb. GesR II, § 71 Rn. 177; *Durchardt/Gillitzer*, DStR 2001, 1624, 1629.

693 *Friedrichs/Wegner/Richter* in Winter/Hennig/Gerhard, Grundlagen der Schiffsfinanzierung, S. 859.

694 *Levedag* in MünchHdb. GesR II, § 71 Rn. 174; *Durchardt/Gillitzer*, DStR 2001, 1624, 1628; *Röhrich*, AG 2004, R440, R443 geht davon aus, dass sich die ca. die Hälfte des Gesamterlöses der Fondsbeteiligung aus dem Verkauf des Schiffes am Ende der Fondslaufzeit ergeben.

695 Teilweise wird die typische Laufzeit von Schiffsfonds innerhalb einer breiteren zeitlichen Spanne angenommen, vgl. *Taetzner/Lange*, BB 2008, 2771, 2772, die von einer Fondslaufzeit zwischen 7 und 25 Jahren ausgehen. Andere gehen davon aus, dass die Fondslaufzeit typischerweise kürzer ist, vgl. *Levedag* in MünchHdb. GesR II, § 71 Rn. 176, wonach die Fondslaufzeit im Regelfall 12 bis 16 Jahre betrage. *Sagasser* in Assmann/Schütze, Hdb. des Kapitalanlagerechts, § 27 Rn. 380 geht von mehr als 10 Jahren aus. Gegenstand des Urteils des LG Duisburg, 10.03.2014, 12 O 27/13, ist ein Schiffsfonds mit einer Laufzeit mit über 24 Jahren. Gegenstand des Urteils des OLG Hamm, BKR 2014, 34013 ist ein Schiffsfonds mit einer Laufzeit von 17 Jahren.

2. Besonderheiten

Geschlossene Schiffsfonds sind als das klassische Kapitalsammelbecken für Investitionen in mobile Sachwerte anzusehen[696]. Sie entsprechen weitgehend dem oben dargestellten Grundtypus des geschlossenen Fonds und weisen in vielerlei Hinsicht Ähnlichkeiten zu geschlossenen Immobilienfonds auf[697]. Dennoch gibt es einige Besonderheiten, die im Folgenden dargestellt werden sollen.

a) Schiffe als Investitionsgegenstand

Als Investitionsgegenstand kommen verschiedene Schiffsarten in Frage, welche wiederum jeweils in unterschiedlichen Größen vorkommen. Die Schiffsart, in die Schiffsfonds in der Vergangenheit am häufigsten investierten, sind Containerschiffe[698]. Unter einem Containerschiff ist ein Schiff zu verstehen, welches auf den Transport von Waren in sog. ISO-Containern ausgelegt ist. Die Kapazität von Containerschiffen wird danach bemessen, wie viele Standardcontainer sie befördern können, wobei sich für Standardcontainer die Maßeinheit Twenty-foot Equivalent Unit (TEU) durchgesetzt hat. Ein TEU entspricht einem 20-Fuß-ISO-Container. Häufig investieren Schiffsfonds in mittelgroße Containerschiffe, die 700 bis 2.500 TEU fassen[699]. Zum Teil sind aber auch Containerschiffe mit weitaus größerem Fassungsvermögen Investitionsgegenstand von Schiffsfonds, z.B. Schiffe der Post-Panamax-Klasse mit mindestens 4.500 TEU bis hin zu 13.000 TEU[700]. Teilweise investieren Schiffsfonds auch in Massengutfrachtern – auch Bulk Carrier oder Schüttgutfrachter genannt –, welche allein dem Transport von Schüttgut für die Schwerindustrie dienen[701]. Als Investitionsgegenstand von Schiffsfonds treten außerdem Tankerschiffe in Erscheinung, welche Rohöl, Benzin, Chemikalien und andere flüssige oder gasförmige Stoffe befördern[702].

696 *Arndt/Lüdicke* in Lüdicke/Arndt, Geschlossene Fonds, S. 286.

697 *Watermeyer* in Müller/Hoffmann, Beck'sches Hdb. der Personengesellschaften, § 16 Rn. 5a; *Levedag* in MünchHdb. GesR II, § 71 Rn. 173; vgl. auch *Röhrich*, AG 2004, R440, R442.

698 *Levedag* in MünchHdb. GesR II, § 71 Rn. 173; *Arndt/Lüdicke* in Lüdicke/Arndt, Geschlossene Fonds, S. 284; *Friedrichs/Wegner/Richter* in Winter/Hennig/Gerhard, Grundlagen der Schiffsfinanzierung, S. 854; BGH, DStR 2013, 1295.

699 *Arndt/Lüdicke* in Lüdicke/Arndt, Geschlossene Fonds, S. 285.

700 *Arndt/Lüdicke* in Lüdicke/Arndt, Geschlossene Fonds, S. 285. Unter der Post-Panamax-Klasse sind solche Containerschiffe zu verstehen, denen eine Passierung des Panama-Kanals nicht möglich ist, weil sie zu groß sind.

701 *Durchardt/Gillitzer*, DStR 2001, 1624, 1628; *Arndt/Lüdicke* in Lüdicke/Arndt, Geschlossene Fonds, S. 284; *Friedrichs/Wegner/Richter* in Winter/Hennig/Gerhard, Grundlagen der Schiffsfinanzierung, S. 854.

702 *Friedrichs/Wegner/Richter* in Winter/Hennig/Gerhard, Grundlagen der Schiffsfinanzierung, S. 854; *Durchardt/Gillitzer*, DStR 2001, 1624, 1628; BFH, DStRE 2011, 864.

Die Fondsgesellschaft lässt in der Regel von einer Werft ein neues Schiff bauen. Es kommt aber auch vor, dass Schiffsfonds gebrauchte Schiffe erwerben. Diese Möglichkeit ist insbesondere aufgrund der zahlreichen Schiffsverwertungen im Rahmen von Insolvenzen vor dem Hintergrund der Finanzmarktkrise interessant geworden. Meistens investieren Schiffsfonds in den Bau bzw. den Erwerb eines einzelnen Schiffes[703]. Es kommt auch vor, dass Schiffsfonds nicht nur ein einzelnes Schiff bauen bzw. erwerben, sondern eine Flotte aus mehreren Schiffen verschiedener Art und/oder Größe[704]. Vereinzelt treten Schiffsfonds auch als Dachfonds auf, bei denen sich die Fondsgesellschaft selbst an verschiedenen geschlossenen Schiffsfonds beteiligt[705].

b) Reeder, Reederei und Vertragsreeder

Im Bereich der Schifffahrt werden besondere Begrifflichkeiten verwenden und es existiert eine Vielzahl von gesetzlichen Spezialregelungen, die zum Teil auf internationalem Recht beruhen. Handelt es sich um ein Handelsschiff im Bereich des Seehandels, also um ein gewerblich tätiges Schiff, welches nicht nur in der Binnenschifffahrt eingesetzt wird, so sind die Sonderregelungen des fünften Buches des Handelsgesetzbuches zum Seehandel anwendbar. § 476 HGB bezeichnet den Eigentümer eines von ihm zum Erwerb durch Seefahrt betriebenen Schiffes als Reeder[706]. Da sich das Schiff im Eigentum der Fondsgesellschaft befindet, ist die Fondsgesellschaft nach dieser Legaldefinition des Seehandelsrechts als Reeder anzusehen[707]. Unter einer Reederei hingegen wird allgemein ein Unternehmen verstanden, das im Schiffsverkehr (Binnen-, Küsten- und/oder Seeschifffahrt) tätig ist[708]. Als Vertragsreeder wird derjenige

703 *Levedag* in MünchHdb. GesR II, § 71 Rn. 173; *Sagasser* in Assmann/Schütze, Hdb. des Kapitalanlagerechts, § 27 Rn. 380.

704 *Friedrichs/Wegner/Richter* in Winter/Hennig/Gerhard, Grundlagen der Schiffsfinanzierung, S. 855; *Röhrich*, AG 2004, R440, R442; OLG München, BeckRS 2012, 20261.

705 Vgl. Gabler, Wirtschaftslexikon, Stichwort „Reederei"; *Friedrichs/Wegner/Richter* in Winter/Hennig/Gerhard, Grundlagen der Schiffsfinanzierung, S. 856.

706 Zu beachten ist, dass die Definition des Reeders in anderen Gesetzen, z.B. im Seearbeitsrecht, von der Legaldefinition des § 476 HGB abweicht, vgl. *Paschke* in Oetker, HGB, § 476 Rn. 1.

707 *Paschke* in Oetker, HGB, § 476 Rn. 1. Zum Teil wird der Begriff Reeder aber auch entgegen der Legaldefinition in § 476 HGB ohne Berücksichtigung der Eigentumslage allgemein für ein Schifffahrtsunternehmen verwendet, vgl. *Levedag* in MünchHdb. GesR II, § 71 Rn. 174, wonach „Nach dem Erwerb des Schiffes durch den Fonds [...] der Reeder regelmäßig aufgrund eines Bereederungsvertrags tätig [wird...] und für den Eigentümer-Fonds gegenüber den Nutzern des Schiffes [... auftritt]"; vgl. auch FG Hamburg, BeckRS 2008, 26025597.

708 *Friedrichs/Wegner/Richter* in Winter/Hennig/Gerhard, Grundlagen der Schiffsfinanzierung, S. 858.

bezeichnet, welcher für den Eigentümer des Schiffs – also den Reeder – die technische und kaufmännische Betriebsführung (das Schiffsmanagement) übernimmt[709].

c) *Time-Charter und Bareboat-Charter*

Während der sog. Betriebsphase erwirtschaftet die Fondsgesellschaft die laufenden Einnahmen durch die Vercharterung des Schiffes[710]. Zu unterschieden ist zwischen zwei verschiedenen Arten an Charterverträgen: Die Time-Charter – welche am häufigsten vorkommt – und die Bareboat-Charter[711]. Bei der Bareboat-Charter wird lediglich das „nackte" Schiff überlassen, ohne dass die Fondsgesellschaft weitergehende Pflichten erfüllen muss[712]. Die Bareboat Charter ist seit der Reform des Seehandelsrechts im Jahr 2013 im HGB gesetzlich verankert. Gemäß § 553 Abs. 1 HGB wird durch den Schiffsmietvertrag (Bareboat Charter) der Vermieter verpflichtet, dem Mieter ein bestimmtes Seeschiff ohne Besatzung zu überlassen und ihm den Gebrauch dieses Schiffes während der Mietzeit zu gewähren; die Instandhaltungspflicht trifft nach § 554 Abs. 2 HGB den Mieter. Da im Falle der Bareboat-Charter die Vorteile der Tonnagesteuer nicht genutzt werden können, kommt diese Art der Charter bei Schiffsfonds nur selten vor[713].

Bei der Time-Charter wird dem Charterer nicht nur das bloße Schiff überlassen, sondern die Fondsgesellschaft rüstet das Schiff voll aus und übergibt es betriebsbereit, ladefähig und bemannt an den Charterer[714]. Die Fondsgesellschaft ist gegenüber dem Charterer während der Nutzungsüberlassung für die Einsatzfähigkeit des Schiffes verantwortlich und trägt sämtliche Fixkosten des Schiffsbetriebs[715]. Bei der Time-Charter fällt der Fondsgesellschaft demnach eine ganze Reihe an Aufgaben zu wie z.B. die Pflege und Instandhaltung des Schiffes, die Anstellung der Besatzung

709 *Arndt/Lüdicke* in Lüdicke/Arndt, Geschlossene Fonds, S. 286. Der Begriff der Partner-Reederei nach § 489 Abs. 1 HGB a.F. bezeichnet eine spezielle Gesellschaftsform, welche jedoch mit der Reform des Seehandelsrechts im Jahr 2013 abgeschafft wurde, vgl. BGBl. 2013 I, S. 831.

710 *Levedag* in MünchHdb. GesR II, § 71 Rn. 177; *Durchardt/Gillitzer*, DStR 2001, 1624, 1629.

711 *Arndt/Lüdicke* in Lüdicke/Arndt, Geschlossene Fonds, S. 286; *Friedrichs/Wegner/Richter* in Winter/Hennig/Gerhard, Grundlagen der Schiffsfinanzierung, S. 859 f.; *Levedag* in MünchHdb. GesR II, § 71 Rn. 174.

712 *Arndt/Lüdicke* in Lüdicke/Arndt, Geschlossene Fonds, S. 291 ff.; *Friedrichs/Wegner/Richter* in Winter/Hennig/Gerhard, Grundlagen der Schiffsfinanzierung, S. 859 f.

713 *Arndt/Lüdicke* in Lüdicke/Arndt, Geschlossene Fonds, S. 292; siehe unten Tonnagesteuer, D. III. 2. f), S. 145 f.

714 *Arndt/Lüdicke* in Lüdicke/Arndt, Geschlossene Fonds, S. 291 ff.

715 Vgl. § 564 HGB. *Arndt/Lüdicke* in Lüdicke/Arndt, Geschlossene Fonds, S. 291 f.; *Friedrichs/Wegner/Richter* in Winter/Hennig/Gerhard, Grundlagen der Schiffsfinanzierung, S. 859 f.

und des Kapitäns sowie allgemein die Betriebsführung des Schiffes[716]. Kommt die Fondsgesellschaft der Pflicht zur Zur-Verfügungstellung eines einsatzfähigen Schiffes nicht nach, steht dem Charterer nicht nur das Recht zu, die Charter zu mindern oder Schadensersatz zu verlangen, sondern darüber hinaus können sich Sonderkündigungsrechte ergeben[717]. Im Zuge des Gesetzes zur Reform des Seehandelsrechts vom 20.04.2013 hat der Gesetzgeber eine Legaldefinition des bereits vorher gängigen Begriffs der Time-Charter im Bereich des Seehandelsrechts normiert[718]. So ist die Time-Charter nun als Zeitchartervertrag in den §§ 557 bis 569 HGB geregelt. Unter einem Zeitchartervertrag ist gemäß § 557 Abs. 1 HGB ein Vertrag zu verstehen, durch welchen sich der Zeitvercharterer verpflichtet, dem Zeitcharterer zu dessen Verwendung ein bestimmtes Seeschiff mit Besatzung auf Zeit zu überlassen und mit diesem Schiff Güter oder Personen zu befördern oder andere vereinbarte Leistungen zu erbringen. Der Zeitvercharterer hat dem Zeitcharterer gemäß § 559 Abs. 1 HGB ein Schiff bereitzustellen, das zum vertragsgemäßen Gebrauch geeignet ist und der Zeitvercharterer schuldet während der Vertragslaufzeit gemäß § 560 HGB die Erhaltung des vertragsgemäßen Zustands des Schiffes.

Geschlossenen Schiffsfonds weisen die Besonderheit auf, dass die in der Konzeptionsphase abgeschlossenen Charterverträge typischerweise nur einen relativ kurzen Zeitraum der Fondslaufzeit abdecken[719]. Die mit dem Charterer vereinbarte Festlaufzeit beläuft sich in aller Regel nur auf einen Zeitraum zwischen zwei und acht Jahren (sog. Anfangscharter)[720]. Im Chartervertrag ist zwar oftmals die Option vereinbart, den Chartervertrag zu bestimmten Konditionen zu verlängern[721]. Diese Option steht aber üblicherweise nur dem Charterer zu[722]. Macht dieser von der Verlängerungsoption keinen Gebrauch, muss die Fondsgesellschaft nach Ablauf der Anfangscharter einen neuen Charterer gewinnen (sog. Anschlusscharter)[723].

---

716 Da die Fondsgesellschaft mangels eigenem Fachpersonals diese Aufgaben nicht selbst übernehmen will und kann, wird hierfür in aller Regel ein sog. Vertragsreeder eingeschaltet, vgl. *Arndt/Lüdicke* in Lüdicke/Arndt, Geschlossene Fonds, S. 286; ausführlich dazu siehe unten Vertragsreeder, D. III. 2. d), S. 143 f.

717 *Arndt/Lüdicke* in Lüdicke/Arndt, Geschlossene Fonds, S. 296.

718 BGBl. 2013 I, S. 831.

719 *Arndt/Lüdicke* in Lüdicke/Arndt, Geschlossene Fonds, S. 286; *Röhrich,* AG 2004, R440, R444; LG Hamburg, BeckRS 2010, 24378.

720 *Röhrich,* AG 2004, R440, R444; *Arndt/Lüdicke* in Lüdicke/Arndt, Geschlossene Fonds, S. 286; LG Hamburg, BeckRS 2010, 24378.

721 *Friedrichs/Wegner/Richter* in Winter/Hennig/Gerhard, Grundlagen der Schiffsfinanzierung, S. 859; *Arndt/Lüdicke* in Lüdicke/Arndt, Geschlossene Fonds, S. 286.

722 *Friedrichs/Wegner/Richter* in Winter/Hennig/Gerhard, Grundlagen der Schiffsfinanzierung, S. 880.

723 LG Hamburg, BeckRS 2010, 24378.

d) Vertragsreeder

Die Fondsgesellschaft schließt mit der Reederei bzw. mit einer der Reederei nahestehenden Bereederungsgesellschaft einen Geschäftsbesorgungsvertrag über die Bereederung des Schiffes ab (sog. Bereederungsvertrag)[724]. Auf Grundlage des Bereederungsvertrags übernimmt der sog. „Vertragsreeder" die technische-nautische Betriebsführung des Schiffes für die Fondsgesellschaft[725]. Hierzu zählen unter anderem die Erstausrüstung des Schiffes, dessen laufende Pflege und Instandhaltung, die Bemannung und Befrachtung sowie die Buchführung[726]. Zudem schließt der Vertragsreeder üblicherweise für die Fondsgesellschaft als deren Vertreter Verträge mit Dritten ab. Insbesondere der Abschluss des Vertrags über den Bau des Schiffes mit der Werft, die Charterverträge sowie die Versicherungsverträge erfolgen regelmäßig durch den im Namen der Fondsgesellschaft handelnden Vertragsreeder[727]. Darüber hinaus übernimmt der Vertragsreeder während der Bauphase üblicherweise die Überwachung der Werft hinsichtlich des Baufortschritts und der Auslieferung sowie die Abnahme des Schiffes im Rahmen des sog. Bauaufsichtsvertrags[728]. Oftmals wird auch die Verwertung des Schiffes am Ende der Fondslaufzeit vom Vertragsreeder durchgeführt[729]. Eine Besonderheit bei geschlossenen Schiffsfonds ist somit in der dominierenden Rolle des Vertragsreeders zu sehen[730]. Letztlich werden sämtliche Funktionen und Aufgaben im Zusammenhang mit dem Schifffahrtsbetrieb dem Vertragsreeder übertragen, da die Fondsgesellschaft selbst weder das notwendige spezifische Fachwissen, noch das nötige Personal zur Umsetzung hat[731].

Die Fondsgesellschaft steht typischerweise in einer engen Beziehung zu einer bestimmten Reederei, die entweder selbst als Vertragsreeder tätig wird oder eine Tochtergesellschaft bzw. eine andere nahestehende Gesellschaft als Vertragsreeder einsetzt[732]. Oftmals sind die Reederei und der Fondsanbieter gesellschaftsrechtlich miteinander verbunden oder gehören derselben Unternehmensgruppe an. Zum Teil werden der Fondsanbieter und der Vertragsreeder sogar gemeinsam als die Fondsinitiatoren im Sinne der hinter der Auflage des Fonds stehenden Unternehmen

---

724 *Levedag* in MünchHdb. GesR II, § 71 Rn. 174; vgl. FG Hamburg, DStRE 2013, 1351.

725 *Arndt/Lüdicke* in Lüdicke/Arndt, Geschlossene Fonds, S. 286 ff.

726 *Friedrichs/Wegner/Richter* in Winter/Hennig/Gerhard, Grundlagen der Schiffsfinanzierung, S. 858 f.; vgl. *Schmidt*, JuS 2011, 179 f.; FG Hamburg, DStRE 2012, 786.

727 *Arndt/Lüdicke* in Lüdicke/Arndt, Geschlossene Fonds, S. 286 ff.; vgl. *Schmidt*, JuS 2011, 179, 180; FG Hamburg, BeckRS 2008, 26025597.

728 *Arndt/Lüdicke* in Lüdicke/Arndt, Geschlossene Fonds, S. 287; FG Hamburg, DStRE 2013, 1351.

729 *Arndt/Lüdicke* in Lüdicke/Arndt, Geschlossene Fonds, S. 286; FG Hamburg, DStRE 2013, 1351.

730 *Levedag* in MünchHdb. GesR II, § 71 Rn. 174; *Kaiser-Blum/Götzenberger*, BB 2009, 1111, 1112.

731 *Arndt/Lüdicke* in Lüdicke/Arndt, Geschlossene Fonds, S. 286.

732 *Levedag* in MünchHdb. GesR II, § 71 Rn. 174.

bezeichnet[733]. Der Hintergrund der Auflage eines Schiffsfonds ist häufig, dass eine Reederei ein bestimmtes Schiff in ihrer Flotte benötigt[734]. Teilweisen bestellt der Vertragsreeder das Schiff bereits vor der Gründung der Fondsgesellschaft bei der Werft unter Einsetzung einer zwischengeschalteten Objekt-Gesellschaft, in welche die Fondsgesellschaft später eintritt[735].

e) *Gesellschaftsrechtliche Struktur der Fondsgesellschaft*

Die gesellschaftsrechtliche Struktur der Fondsgesellschaft entspricht im Wesentlichen dem Grundtypus geschlossener Fonds. Anleger beteiligen sich direkt oder mittelbar über einen Treuhänder als Kommanditisten an der Fondgesellschaft[736]. Die Geschäftsführung und Vertretung der Fondsgesellschaft wird von der Komplementär-GmbH übernommen, welche sich kapitalmäßig nicht an der Fondsgesellschaft beteiligt[737].

Eine Besonderheit besteht jedoch darin, dass sich bei geschlossenen Schiffsfonds nicht nur das Fondshaus – regelmäßig mit geringem Kapitaleinsatz – an der Fondsgesellschaft als Gründungskommanditist beteiligt[738]. Auch der Vertragsreeder fungiert regelmäßig als Gründungskommanditist und beteiligt sich somit kapitalmäßig an der Fondsgesellschaft[739]. Die Höhe der Beteiligung des Vertragsreeders variiert im Einzelfall stark[740]. Zum Teil sichert sich der Vertragsreeder über eine entsprechend hohe Kommanditbeteiligung eine Sperrminorität oder in seltenen Fällen sogar eine Mehrheit[741]. Durch die gesellschaftsrechtliche Beteiligung des Vertragsreeders wird erreicht, dass dieser unmittelbar am wirtschaftlichen Erfolg oder Misserfolg des Fonds teilnimmt[742]. Dies soll sich einerseits auf die Motivation des Vertragsreeders positiv auswirken und andererseits das Vertrauen der Anleger in das Fondskonzept stärken[743].

---

733 *Friedrichs/Wegner/Richter* in Winter/Hennig/Gerhard, Grundlagen der Schiffsfinanzierung, S. 860; FG Hamburg, DStRE 2014, 675.

734 *Friedrichs/Wegner/Richter* in Winter/Hennig/Gerhard, Grundlagen der Schiffsfinanzierung, S. 858.

735 *Arndt/Lüdicke* in Lüdicke/Arndt, Geschlossene Fonds, S. 287.

736 *Friedrichs/Wegner/Richter* in Winter/Hennig/Gerhard, Grundlagen der Schiffsfinanzierung, S. 854; BGH, DStR 2013, 1295; FG Hamburg, BeckRS 2014, 94601.

737 FG Hamburg, BeckRS 2012, 96548; FG Hamburg, DStRE 2012, 786.

738 *Levedag* in MünchHdb. GesR II, § 71 Rn. 175; *Röhrich*, AG 2004, R440, R442.

739 *Arndt/Lüdicke* in Lüdicke/Arndt, Geschlossene Fonds, S. 286 f.; *Levedag* in MünchHdb. GesR II, § 71 Rn. 175; FG Hamburg, DStRE 2014, 675; FG Hamburg, DStRE 2013, 1351; FG Hamburg, BeckRS 2008, 26025597.

740 *Arndt/Lüdicke* in Lüdicke/Arndt, Geschlossene Fonds, S. 286 f.

741 *Arndt/Lüdicke* in Lüdicke/Arndt, Geschlossene Fonds, S. 286 f.

742 *Arndt/Lüdicke* in Lüdicke/Arndt, Geschlossene Fonds, S. 286 f.

743 *Arndt/Lüdicke* in Lüdicke/Arndt, Geschlossene Fonds, S. 286 f.

f) Tonnagesteuer

Geschlossene Schiffsfonds sind heute als diejenige Art geschlossener Fonds anzusehen, bei der Steuervorteile die größte Rolle spielen[744]. Schiffsfonds waren in der Vergangenheit ebenso wie geschlossene Immobilienfonds üblicherweise als Verlustzuweisungsmodell strukturiert bis der Gesetzgeber dieses Modell weitestgehend ausgeschlossen hat[745]. Heute beruht der Steuervorteil bei Schiffsfonds auf der im Jahre 1999 eingeführten Sonderregelung im Hinblick auf die sog. Tonnagesteuer[746].

Die Fondsgesellschaft, welche als Eigentümerin und Betreiberin des Schiffes das unternehmerische Risiko trägt, betreibt einen Gewerbebetrieb nach § 15 Abs. 2 EStG. Die laufenden Einnahmen aus der Vercharterung sowie die Einnahmen aus der späteren Verwertung des Schiffes sind demnach als Einkünfte aus Gewerbebetrieb zu versteuern[747]. Grundsätzlich erfolgt die Ermittlung des zu versteuernden Gewinns anhand eines konkreten Vergleichs des Betriebsvermögens am Ende des Wirtschaftsjahres mit dem Betriebsvermögen am Schluss des vorangegangenen Wirtschaftsjahres[748].

In Bezug auf die Gewinnermittlung besteht bei Handelsschiffen im internationalen Verkehr gemäß § 5a EStG unter bestimmten Voraussetzungen die Möglichkeit, auf Antrag anstelle der konkreten Ermittlung des Gewinns auf der Grundlage eines Vermögensvergleichs die pauschale Gewinnermittlung anhand der Tonnage zu wählen[749]. Voraussetzung für die pauschale Gewinnermittlung nach § 5a EStG ist, dass es sich um Gewinne von im internationalen Verkehr betriebenen Handelsschiffen handelt, die Geschäftsleitung des Gewerbebetriebs im Inland sitzt und auch die Bereederung der Handelsschiffe im Inland durchgeführt wird. Gemäß § 5a Abs. 2 S. 2 EStGB zählt die Vercharterung eines Schiffes nur dann als Betrieb eines Handelsschiffes im internationalen Verkehr, wenn der Vercharterer das Schiff ausrüstet. Da der Vercharterer nur bei dem Time-Charter die Ausrüstung des Schiffes schuldet, nicht hingegen bei dem Bareboat-Charter, können die Steuervorteile der Tonnagesteuer nur im Falle der Time-Charter genutzt werden[750]. Unter dem Begriff Tonnage ist der in Bruttoregistertonnen angegebene Rauminhalt eines Schiffes zu

---

744 Vgl. *Röhrich*, AG 2004, R440, R442 ; *Durchardt/Gillitzer*, DStR 2001, 1624, 1629.

745 *Friedrichs/Wegner/Richter* in Winter/Hennig/Gerhard, Grundlagen der Schiffsfinanzierung, S. 853.

746 *Durchardt/Gillitzer*, DStR 2001, 1624, 1629; *Arndt/Lüdicke* in Lüdicke/Arndt, Geschlossene Fonds, S. 304 ff.; *Sagasser* in Assmann/Schütze, Hdb. des Kapitalanlagerechts, § 27 Rn. 380 ff. Zur Entwicklung der Tonnagesteuer, vgl. *Hofmeister* in Blümich/Heuermann, EStG, KStG, GewStG, § 5a EStG Rn. 2 f.

747 *Levedag* in MünchHdb. GesR II, § 71 Rn. 178.

748 Vgl. §§ 4 ff. EstG. Ausführlich zur Gewinnermittlung nach dem EstG, vgl. *Wied* in Blümich/Heuermann, EStG, KStG, GewStG, § 4 Rn. 38 ff.

749 *Kaiser-Blum/Götzenberger*, BB 2009, 1111.

750 *Hofmeister* in Blümich/Heuermann, EStG, KStG, GewStG, § 5a EStG Rn. 38; *Arndt/Lüdicke* in Lüdicke/Arndt, Geschlossene Fonds, S. 290.

verstehen, also die Frachtkapazität[751]. Für die Gewinnermittlung ist nur die potentielle Auslastung des Schiffes maßgeblich, ohne dass es auf den tatsächlich erwirtschafteten Gewinn ankommt[752]. Die zu zahlende Pauschale ergibt sich aus den in § 5a EStG geregelten Staffelbeträgen und ist sehr gering bemessen[753]. Es wird davon ausgegangen, dass die Tonnagegewinnsteuer üblicherweise lediglich drei bis fünf Tageseinnahmen eines Handelsschiffes entspricht, so dass die Tonnagegewinnermittlung als erheblicher Steuervorteil anzusehen ist[754]. Hinzu kommt, dass im Falle der Tonnagegewinnermittlung die Gewinne aus der späteren Veräußerung des Schiffes mitabdeckt werden gemäß § 5a Abs. 5 S. 1 EStG, so dass keine weitere Steuerpflicht anfällt[755]. Der nach § 5a EStG ermittelte Gewinn ist zugleich für die auf Ebene der Fondsgesellschaft anfallende Gewerbesteuer maßgeblich. Die Erträge aus der Beteiligung an geschlossenen Schiffsfonds sind für den Anleger mit zwischen 1 und 2 Prozent nahezu steuerfrei[756]. Die Steuervorteile der Tonnagegewinnermittlung werden vom überwiegenden Großteil der Schiffsfonds genutzt, nur in seltenen Fällen sind Schiffsfonds etwa als vermögensverwaltende GmbH & Co. KG aufgelegt[757].

g) Fremdfinanzierung, Währungsrisiken und sonstige Besonderheiten

Bei einem geschlossenen Schiffsfonds sind auf der Ausgabenseite die Anschaffungskosten für das Schiff, die Schiffsbetriebskosten und die Zins- und Tilgungszahlungen

---

751 *Levedag* in MünchHdb. GesR II, § 71 Rn. 183; *Sagasser* in Assmann/Schütze, Hdb. des Kapitalanlagerechts, § 27 Rn. 382.

752 *Durchardt/Gillitzer*, DStR 2001, 1624, 1629; *Taetzner/Lange*, BB 2008, 2771, 2772.

753 *Kaiser-Blum/Götzenberger*, BB 2009, 1111.

754 *Dißars/Kahl-Hinsch*, DStR 2013, 2092. *Röhrich* geht davon aus, dass für den Anleger bei einer Anlagesumme von 100.000 Euro ca. 100 Euro Tonnagesteuer anfallen vgl. *Röhrich*, AG 2004, R440, R442.

755 *Sagasser* in Assmann/Schütze, Hdb. des Kapitalanlagerechts, § 27 Rn. 387; *Dißars/Kahl-Hinsch*, DStR 2013, 2092; *Röhrich*, AG 2004, R440, R442.

756 Gemäß § 5a Abs. 4a S. 2 EStG ist bei einer Personengesellschaft der ermittelte Gewinn den Gesellschaftern entsprechend ihrem Anteil am Gesellschaftsvermögen zuzurechnen. Zur niedrigen Steuerlast, vgl. *Taetzner/Lange*, BB 2008, 2771, 2776, die aber darauf hinweisen, dass die pauschale Gewinnermittlung nachteilig sein könne, wenn die Fondsgesellschaft gar keine Gewinne erwirtschafte. *Kaiser-Blum/Götzenberger*, BB 2009, 1111 halten diesem Risikohinweis entgegen, dass die steuerlichen Vorteile der Tonnagegewinnermittlung das Risiko der Steuerpflicht im Falle von ausbleibenden Gewinnen bei weitem überwiegen, da die Tonnagegewinnsteuer in der Regel nur drei bis vier Tageseinnahmen eines Schiffes entspreche.

757 Vgl. *Arndt/Lüdicke* in Lüdicke/Arndt, Geschlossene Fonds, S. 290. Zu den Problemen im Hinblick auf die Tonnagegewinnermittlung und zu Überlegungen hinsichtlich der Abschaffung der Tonnagebesteuerung *Dißars/Kahl-Hinsch*, DStR 2013, 2092 ff.

im Rahmen der Fremdfinanzierung die wichtigsten Faktoren[758]. Üblich sind Fremdkapitalquoten von fünfzig bis siebzig Prozent[759]. In Bezug auf die Fremdfinanzierung besteht bei Schiffsfonds die Besonderheit, dass Schiffshypothekendarlehen zum Einsatz kommen[760]. Diese zeichnen sich dadurch aus, dass als besonderes Sicherungsmittel eine im Schiffsregister einzutragende Schiffshypothek bestellt wird[761]. Die Fremdfinanzierung teilt sich bei Schiffsfonds üblicherweise in eine Zwischen- und eine Endfinanzierung auf, wobei die Besonderheit besteht, dass der Darlehensvertrag hinsichtlich der Endfinanzierung oftmals noch nicht abgeschlossen ist, wenn die Anleger dem Fonds beitreten[762]. Bei Schiffsfonds erfolgen alle Einnahmen und ein Großteil der Ausgaben in US-Dollar, so dass Währungsrisiken als typische Besonderheit von Schiffsfonds anzusehen sind[763]. Eine weitere Besonderheit bei der der Auflage eines Schiffsfonds ist darin zusehen, dass in der Konzeptionsphase die Einholung einer Vielzahl an öffentlich-rechtlichen Genehmigungen erforderlich ist[764].

3. Zusammenfassung

Der durch die Finanzmarktkrise eingebrochene Welthandel und der darauf beruhende Rückgang des Bedarfs an Schiffen zum Gütertransport hat zu einem tiefgreifenden Einbruch der Schiffsfondsbranche mit zahlreichen Insolvenzen von Fondsgesellschaften geführt[765]. Hiervon hat sich die Branche noch immer nicht erholt, weshalb die aktuelle Bedeutung von Schiffsfonds im Vergleich zu anderen Arten an geschlossenen Fonds abgenommen hat. Schiffsfonds investieren zumeist in

758 *Durchardt/Gillitzer*, DStR 2001, 1624, 1628; *Kaiser-Blum/Götzenberger*, BB 2009, 1111, 1112.

759 *Arndt/Lüdicke* in Lüdicke/Arndt, Geschlossene Fonds, S. 288; *Friedrichs/Wegner/Richter* in Winter/Hennig/Gerhard, Grundlagen der Schiffsfinanzierung, S. 860.

760 *Sagasser* in Assmann/Schütze, Hdb. des Kapitalanlagerechts, § 27 Rn. 380; *Levedag* in Müller/Hoffmann, Beck'sches Hdb. der Personengesellschaften,§ 71 Rn. 175; FG Hamburg, DStRE 2012, 786. Die Schiffshypothek ist im Schiffsrechtegesetz (SchiffRG) geregelt. Zu den Einzelheiten zu den Besonderheiten der Schiffshypotheken bei geschlossenen Schiffsfonds, vgl. *Arndt/Lüd*icke in Lüdicke/Arndt, Geschlossene Fonds, S. 288.

761 *Friedrichs/Wegner/Richter* in Winter/Hennig/Gerhard, Grundlagen der Schiffsfinanzierung, S. 860.

762 Häufig wird nur ein sog. Term Sheet mit der Bank vereinbart über die Endfinanzierung, vgl. ausführlich *Arndt/Lüdicke* in Lüdicke/Arndt, Geschlossene Fonds, S. 297 f.

763 *Sagasser* in Assmann/Schütze, Hdb. des Kapitalanlagerechts, § 27 Rn. 380; *Durchardt/Gillitzer*, DStR 2001, 1624, 1628; *Arndt/Lüdicke* in Lüdicke/Arndt, Geschlossene Fonds, S. 297; OLG München, BeckRS 2012, 20261.

764 *Friedrichs/Wegner/Richter* in Winter/Hennig/Gerhard, Grundlagen der Schiffsfinanzierung, S. 861.

765 *Arndt/Lüdicke* in Lüdicke/Arndt, Geschlossene Fonds, S. 282.

den Erwerb eines einzelnen Containerschiffes[766]. Es existieren jedoch auch Schiffsfonds, welche in andere Schiffsarten (z.B. Tankschiffe oder Massengutfracher), in eine Flotte an verschiedenen Schiffen oder über Dachfondskonstruktionen in verschiedene Schiffsfonds investieren[767]. Die Rendite erwirtschaften Schiffsfonds durch die laufenden Chartereinnahme sowie durch den Veräußerungserlös, welcher durch den Verkauf des Schiffes am Ende der fünfzehn- bis fünfundzwanzigjährigen Fondslaufzeit erzielt wird[768].

In seltenen Fällen wird zwischen der Fondsgesellschaft und dem Charterer die sog. Bareboat-Charter vereinbart, wonach dem Charterer das „nackte" Schiff zur Nutzung überlassen wird, ohne dass die Fondsgesellschaft zur Instandhaltung oder sonstigen Leistungen verpflichtet ist[769]. Üblicherweise verchartert die Fondsgesellschaft das Schiff im Wege der sog. Time-Charter[770]. Dies bedeutet, dass die Fondsgesellschaft dem Charterer das Schiff voll bemannt und betriebsbereit übergeben muss und während der gesamten Nutzungsphase für die Einsatzfähigkeit des Schiffes verantwortlich ist[771]. Die Ausrüstung des Schiffes sowie sämtliche sonstigen Leistungen im Zusammenhang mit der technischen und wirtschaftlichen Betriebsführung des Schiffes überträgt die Fondsgesellschaft mittels eines sog. Bereederungsvertrags auf einen Vertragsreeder[772]. Bei dem Vertragsreeder handelt es sich regelmäßig um eine Reederei bzw. eine Tochtergesellschaft einer Reederei, mit welcher das Fondshaus eng zusammenarbeitet[773].

Bei Schiffsfonds besteht in steuerlicher Hinsicht die Besonderheit, dass die zu versteuernden gewerblichen Einkünfte auf Antrag gemäß § 5a EStG nach der Tonnage ermittelt werden (sog. Tonnagesteuer)[774]. Die Gewinnermittlung nach der Tonnagesteuer richtet sich nicht nach den tatsächlich erwirtschafteten Einnahmen,

---

766 *Levedag* in MünchHdb. GesR II, § 71 Rn. 173; *Sagasser* in Assmann/Schütze, Hdb. des Kapitalanlagerechts, § 27 Rn. 380.

767 *Durchardt/Gillitzer*, DStR 2001, 1624, 1628; *Arndt/Lüdicke* in Lüdicke/Arndt, Geschlossene Fonds, S. 284; *Friedrichs/Wegner/Richter* in Winter/Hennig/Gerhard, Grundlagen der Schiffsfinanzierung, S. 854.

768 *Durchardt/Gillitzer*, DStR 2001, 1624, 1628; *Röhrich*, AG 2004, R440, R443; *Taetzner/Lange*, BB 2008, 2771, 2772; *Levedag* in MünchHdb. GesR II, § 71 Rn. 174.

769 *Arndt/Lüdicke* in Lüdicke/Arndt, Geschlossene Fonds, S. 291 ff.; *Friedrichs/Wegner/Richter* in Winter/Hennig/Gerhard, Grundlagen der Schiffsfinanzierung, S. 859 f.

770 *Friedrichs/Wegner/Richter* in Winter/Hennig/Gerhard, Grundlagen der Schiffsfinanzierung, S. 858 f.

771 Vgl. § 564 HGB. *Arndt/Lüdicke* in Lüdicke/Arndt, Geschlossene Fonds, S. 291 f.; *Friedrichs/Wegner/Richter* in Winter/Hennig/Gerhard, Grundlagen der Schiffsfinanzierung, S. 859 f.

772 *Arndt/Lüdicke* in Lüdicke/Arndt, Geschlossene Fonds, S. 286 ff.

773 *Friedrichs/Wegner/Richter* in Winter/Hennig/Gerhard, Grundlagen der Schiffsfinanzierung, S. 860; *Levedag* in MünchHdb. GesR II, § 71 Rn. 174.

774 *Taetzner/Lange*, BB 2008, 2771, 2776; *Durchardt/Gillitzer*, DStR 2001, 1624, 1629; *Sagasser* in Assmann/Schütze, Hdb. des Kapitalanlagerechts, § 27 Rn. 387; *Dißars/Kahl-Hinsch*, DStR 2013, 2092.

sondern erfolgt lediglich pauschal auf der Basis der Frachtkapazität des Schiffes[775]. Die nach der Tonnagesteuergewinnermittlung zu zahlenden Pauschalbeträge sind sehr gering angesetzt, weshalb Schiffsfonds diese Möglichkeit in aller Regel nutzen[776]. Aufgrund der sog. Tonnagesteuer sind Schiffsfonds als die Art geschlossener Fonds anzusehen, bei denen Steuervorteile bis zum heutigen Tage eine große Rolle spielen[777].

IV. Windfonds

Eine weitere Art geschlossener Fonds sind sog. Erneuerbare-Energie-Fonds, welche in Anlagen zur Erzeugung regenerativer Energien investieren. Vor dem Hintergrund der sog. Energiewende und der staatlichen Förderungen erneuerbarer Energien durch gesetzliche Vergütungsmechanismen sind Erneuerbare-Energie-Fonds eine beliebte Kapitalanlage[778]. Für viele Anleger im Bereich der Erneuerbare-Energie-Fonds stellt es zudem einen besonderen Anreiz dar, mit der Fondsbeteiligung ein umweltpolitisch befürwortetes Projekt zu unterstützen[779]. Im Folgenden sollen Windfonds näher dargestellt werden, da diese im Bereich der Erneuerbare-Energie-Fonds eine besondere Stellung einnehmen[780]. Zum einen bestehen Windfonds in zeitlicher Hinsicht am längsten am Markt und zum anderen haben Windfonds im Bereich der Erneuerbare-Energie-Fonds einen großen Marktanteil, weshalb die Windenergie auch als „Zugpferd der erneuerbaren Energien“ bezeichnet wird[781].

---

775 *Durchardt/Gillitzer*, DStR 2001, 1624, 1629; *Taetzner/Lange*, BB 2008, 2771, 2772.

776 *Kaiser-Blum/Götzenberger*, BB 2009, 1111; *Arndt/Lüdicke* in Lüdicke/Arndt, Geschlossene Fonds, S. 289 f.

777 *Röhrich*, AG 2004, R440, R442; *Durchardt/Gillitzer*, DStR 2001, 1624, 1629.

778 Ein Überblick über das investierte Eigenkapital in Energie-Fonds im Zeitraum zwischen 2003 und 2012 findet sich auf S. 17 der Broschüre des Verbands für geschlossene Fonds (VGF) „VGF Branchenzahlen 2012 Broschüre“ VGF. Die Branchenzahlen sind abrufbar unter www.sachwerteverband.de/fileadmin/downloads/zahlen/branchenzahlen/branchenzahlen_2012/VGF_Branchenzahlen_2012_Broschuere.pdf, zuletzt aufgerufen am 02.08.2015.

779 *Bost* in Lüdicke/Arndt, Geschlossene Fonds, S. 378.

780 Windfonds sind jedoch nur eine von mehreren Möglichkeiten für Anleger, über einen geschlossenen Fonds in erneuerbare Energien zu investieren. Neben Windfonds weisen Solarfonds, die in Photovoltaik-Anlagen zur Erzeugung von Solarenergie investieren, einen großen Marktanteil auf. Daneben existieren im Bereich der erneuerbaren Energien noch weitere Fondsprodukten wie z.B. Fonds, die in Anlagen zur Energieerzeugung durch Wasserkraft, Bio-Masse (insbesondere Biogas) oder Geothermie investieren.

781 *Billhardt* in Gerhard/Rüschen/Sandhövel, Finanzierung erneuerbarer Energien, S. 399. Zu Beginn wurden, mangels Ausreifung der Technik bei den anderen erneuerbaren Energien, allein Windfonds aufgelegt. Aus diesem Grund bestehen bei Windfonds die meisten Erfahrungswerte. Zwischenzeitlich wurde mehr Eigenkapital im Bereich der Solarfonds gezeichnet als bei Windfonds. So wurden nach den

1. Investitionsgegenstand und Renditeerwirtschaftung

Investitionsgegenstand von Windfonds ist die Errichtung bzw. der Erwerb von Windenergieanlagen – auch Windkraftwerke oder Windräder genannt – zur Erzeugung von Energie, welche sodann von der Fondsgesellschaft bzw. einer Tochtergesellschaft der Fondsgesellschaft (Projektgesellschaft) betrieben werden[782]. In aller Regel investieren Windfonds nicht in eine einzelne Windenergieanlage, sondern betreiben einen aus mehreren Windenergieanlagen bestehenden Windpark[783]. Üblicherweise steht bereits in der Konzeptionsphase fest, an welchem Standort der konkrete Windpark errichtet werden soll; zum Teil befindet sich dieser zum Zeitpunkt des Erwerbs im Stadium der Errichtung oder ist schon fertiggestellt[784]. Die Rendite erwirtschaftet sich bei Windfonds aus dem Entgelt für den erzeugten Strom, der in das Netz eines Netzbetreibers eingespeist wird[785]. Anders als bei anderen Arten geschlossener Fonds spielt der Veräußerungserlös der Windenergieanlagen am Ende der Fondslaufzeit für die Renditeerwirtschaftung keine wesentliche Rolle[786]. Der Grund hierfür ist darin zu sehen, dass die Lebensdauer der Windenergieanlagen regelmäßig mit der Fondslaufzeit übereinstimmt[787]. Die Laufzeit eines Windfonds beträgt regelmäßig zwanzig Jahren zuzüglich des Jahres der Inbetriebnahme[788].

2. Besonderheiten

Windfonds weisen in verschiedener Hinsicht Besonderheiten gegenüber typischen geschlossenen Fonds auf, welche im Folgenden dargestellt werden sollen. Sofern

---

Quartalszahlen der Mitgliedsunternehmen des bsi etwa im 2. Quartal 2013 186,5 Mio. Euro Eigenkapital inklusive Agio platziert, hiervon entfielen 96,5 Mio. Euro an Solarfonds und 81,9 Mio. Euro an Windfonds.

782 *Durchardt/Gillitzer*, DStR 2001, 1624, 1630; *Levedag* in MünchHdb. GesR II, § 71 Rn. 184.

783 *Bost* in Lüdicke/Arndt, Geschlossene Fonds, S. 378 f.; *Levedag* in MünchHdb. GesR II, § 71 Rn. 184; BFH, FR 2011, 662; BGH, MDR 2009, 562.

784 *Bost* in Lüdicke/Arndt, Geschlossene Fonds, S. 382.

785 *Levedag* in MünchHdb. GesR II, § 71 Rn. 184; *Durchardt/Gillitzer*, DStR 2001, 1624, 1630.

786 Zwar besteht die Möglichkeit, im Rahmen der Verschrottung einzelne Teile der Windenergieanlagen zu veräußern und hieraus einen Erlös zu erzielen. In der Regel deckt dieser Veräußerungserlös jedoch lediglich einen Teil der Kosten ab, die sich aus dem Abbau des Windparks ergeben.

787 *Durchardt/Gillitzer*, DStR 2001, 1624, 1630; *Billhardt* in Gerhard/Rüschen/Sandhövel, Finanzierung erneuerbarer Energien, S. 413; Bundesverband für Windenergie e.V., Grüne Anlage, S. 9; FG Köln, DStRE 2008, 860. Mangels Erfahrungswerten kalkulierten Initiatoren in der Vergangenheit bei Windfonds damit, dass die Windenergieanlagen für einen wesentlich längeren Zeit genutzt werden konnten, was den wirtschaftlichen Erfolg dieser Fonds beeinträchtigte bzw. zerstörte.

788 Bundesverband für Windenergie e.V., Grüne Anlage, S. 8; *Wischott/Krohn/Nogens*, DStR 2009, 1737, 1741.

sich die Ausführungen nicht auf spezifischen Besonderheiten im Hinblick auf die Erzeugung von Energie durch Windkraft beziehen, können die nachfolgend beschriebenen Besonderheiten grundsätzlich auf andere Arten von Erneuerbare-Energie-Fonds übertragen werden[789].

a) *Förderung durch das Erneuerbare-Energien-Gesetz*

Die staatliche Förderung von erneuerbaren Energien spielt im Rahmen von Windfonds – ebenso wie bei anderen Erneuerbare-Energien-Fonds – eine entscheidende Rolle[790]. Das Gesetz für den Vorrang Erneuerbarer Energien, welches allgemein auch als Erneuerbare-Energien-Gesetz (EEG) bezeichnet wird, trat am 01.04.2000 in Kraft und dient nach § 1 Abs. 1 EEG dem Zweck der Ermöglichung einer nachhaltigen Entwicklung der Energieversorgung insbesondere im Interesse des Klima- und Umweltschutzes, der Verringerung der volkswirtschaftlichen Kosten der Energieversorgung auch durch die Einbeziehung langfristiger externer Effekte, der Schonung fossiler Energieressourcen sowie der Förderung der Weiterentwicklung von Technologien zur Erzeugung von Strom aus erneuerbaren Energien[791]. Das EEG wurde zuletzt durch das Erneuerbare Energien Gesetz 2014 reformiert, seitdem lautet die amtliche Abkürzung EEG 2014[792]. Das EEG enthält konkrete Zielvorgaben, welche seit Einführung des Gesetzes immer wieder angepasst wurden. In der aktuellen Fassung des EEG 2014 ist die Zielsetzung, den Anteil an erneuerbaren Energien am Bruttostromverbrauch in Deutschland bis zum Jahr 2050 auf mindestens 80 Prozent zu erhöhen, wobei bis zum Jahr 2025 bereits 40 bis 45 Prozent und bis zum Jahr 2035 55 bis 60 Prozent erreicht sein sollen[793]. Nach dem sog. Ausbaupfad in § 3 Nr. 1 EEG 2014 sollen die in § 1 Abs. 2 EEG 2014 gesteckten Zielen unter anderem durch eine jährliche Steigerung der installierten Leistung der Windenergieanlagen an Land um 2.500 Megawatt pro Jahr (netto) erreicht werden. Für Windenergieanlagen auf See ist im Jahr 2020 eine Steigerung der installierten Leistung auf insgesamt 6.500 Megawatt angestrebt sowie eine Steigerung auf 15.000 Megawatt im Jahr 2030.

Um diese Ziele zu erreichen, verpflichtet der Gesetzgeber die Netzbetreiber über das EEG dazu, Anlagen zur Erzeugung von Strom aus erneuerbaren Energien

---

789 Zu Solarenergiefonds ausführlich *Lohmann* in Lüdicke/Arndt, Geschlossene Fonds, S. 358 ff.

790 *Bozicevic*, AG 2003, R256, R260.

791 Bereits vor Inkrafttreten des EEG bestand nach dem Stromeinspeisungsgesetz vom 07.12.1990 eine gesetzlich geregelte Abnahmepflicht sowie ein gesetzlich garantiertes Vergütungssystem für Strom aus Windenergie (BGBl. 1990 I, S. 2633). Am 01.04.2000 trat das Erneuerbare Energien Gesetz in Kraft (BGBl. 2000 I, S. 305), welches das Vergütungssystem modifizierte und Festpreisvergütung einführte. Ausführlich zu der gesetzlichen Entwicklung des EEG im Hinblick auf Windenergie *Prall* in Altrock/Oschmann/Theobald, EEG, § 29 Rn. 16 ff.

792 BGBl. 2014 I, S. 1066.

793 § 1 Abs. 2 EEG 2014.

vorrangig an das Stromnetz anzuschließen und den daraus erzeugten Strom abzunehmen, zu übertragen und zu verteilen[794]. Ein wesentlicher Bestandteil der Förderung der Erzeugung von Strom aus erneuerbaren Energien durch das EEG besteht darüber hinaus in der gesetzlichen Regelung einer Mindesteinspeisevergütung, welche die Netzbetreiber den Anlagebetreibern für den abgenommenen Strom zu errichten haben[795]. Die gesetzliche Einspeisevergütung gilt ab dem Zeitpunkt der erstmaligen Einspeisung von Strom ins Netz zwanzig Jahre lang zuzüglich des Jahres der Inbetriebnahme und die Höhe der gesetzlichen Einspeisevergütung lag regelmäßig weit über dem Marktpreisniveau[796]. Die Kosten für die Förderung erneuerbarer Energien werden über die EGG-Umlage finanziert[797].

Durch die Reform des EEG im Jahr 2014 sollten unter anderem die Kosten für die Förderung erneuerbarer Energien gesenkt werden und zum Zwecke der Integration von erneuerbaren Energien in den Markt ist nunmehr eine grundsätzliche Verpflichtung zur Direktvermarktung vorgesehen in Abkehr zur gesetzlich festgeschriebenen Einspeisevergütung[798]. Nach Inkrafttreten des EEG 2014 sind die Betreiber von Anlagen zur Erzeugung von Strom aus erneuerbaren Energien grundsätzlich dazu verpflichtet, den Strom selbst zu vermarkten und werden hierbei unter bestimmten Voraussetzungen durch eine vom Netzbetreiber zu errichtende Marktprämie finanziell gefördert[799]. Diese Marktprämie stellt lediglich einen Zuschuss zum erzielten Veräußerungspreis für den Strom dar[800]. Die Förderung erneuerbarer Energien durch den Anspruch des Anlagenbetreibers auf eine Einspeisevergütung ist grundsätzlich nur noch für die Betreiber von kleineren Anlagen vorgesehen bei gleichzeitiger Reduzierung der Höhe der Einspeisevergütung im Vergleich zur vormaligen Rechtslage[801]. Für Strom aus vor dem 01.01.2016 in Betrieb genommenen Anlagen besteht ein Anspruch auf die Einspeisevergütung im Falle einer Leistung von höchstens 500 kW, bei nach dem 31.12.2015 in Betrieb genommenen Anlagen verringert sich die zulässige Maximalleistung auf 100 kW. Darüber hinaus sieht der Gesetzgeber eine Einspeisevergütung in Ausnahmefällen vor[802]. Die Einspeisevergütung in Ausnahmefällen ist

794 Um die effektive Durchsetzbarkeit dieser Ansprüche sicherzustellen, entsteht zwischen dem Anlagenbetreiber und dem Netzbetreiber gemäß ein gesetzliches Schuldverhältnis, welches nun in § 7 EEG 2014 geregelt ist.

795 Vgl. *Sailer/Kantenwein* in Reshöft/Schäfermeister, EEG, Einleitung Rn. 107 ff.; *Wustlich*, NVwZ 2014, 1113.

796 *Durchardt/Gillitzer*, DStR 2001, 1624, 1630, *Bost* in Lüdicke/Arndt, Geschlossene Fonds, S. 392.

797 *Wustlich*, NVwZ 2014, 1113 f.

798 Die Grundsätze des EEG 2014 sind in § 2 EEG 2014 geregelt.

799 §§ 2 Abs. 2, 19 Abs. 1 Nr. 1 EEG 2014.

800 *Thomas*, NVwZ 2014, 1139.

801 §§ 19 Abs. 1 Nr. 2 i.V.m. 37 EEG 2014, vgl. hierzu *Wustlich*, NVwZ 2014, 1113 f.; Thomas, NVwZ 2014, 1139 f.

802 §§ 19 Abs. 1 Nr. 2 i.V.m. 38 EEG 2014.

an keine Voraussetzungen geknüpft, hat aber eine Reduzierung der für die Höhe der Förderung maßgeblichen anzulegenden Werte zur Folge[803].

Während bei allen anderen Arten geschlossener Fonds die erwirtschafteten Einnahmen ausschließlich von der möglichst günstigen, privatautonomen Ausgestaltung der Nutzungs- und Kaufverträge durch individuelles Aushandeln mit dem jeweiligen Vertragspartner abhängen und sich vertragliche Risiken wie Kündigungsrechte verwirklichen können, waren die laufenden Erträge bei Windfonds – die entsprechende tatsächliche Stromerzeugung vorausgesetzt – aufgrund der Einspeisevergütung zumindest vor Inkrafttreten des EEG 2014 von Anfang an mit weitgehender Planungssicherheit kalkulierbar[804]. Aufgrund der Gesetzesreform durch das EEG 2014 besteht diese garantierte Mindesteinspeisevergütung nur noch für die Betreiber kleinerer Anlagen. Jedoch werden Betreiber von Anlagen zur Erzeugung von Strom aus erneuerbaren Energien auch weiterhin gefördert, da diesen im Fall der geförderten Direktvermarktung ein Anspruch auf die Marktprämie zusteht. Zudem besteht insofern weiterhin Planungssicherheit, als dass durch die Regelung der Einspeisevergütung in Ausnahmefällen zumindest eine gewisse Absicherung der Einnahmen gegeben ist.

b) Windparks

Windparks, die von geschlossenen Fonds betrieben werden, befinden sich überwiegend auf dem Festland (sog. On-Shore-Bereich)[805]. Off-Shore-Windparks, also Windparks auf hoher See bzw. im Küstenvorfeld von Meeren auf Festlandsockeln, haben sich als Investitionsgegenstand von geschlossenen Fonds bislang noch nicht durchgesetzt[806]. Die Gründe hierfür sind in der noch unausgereiften technischen Entwicklung und der hohen Kostenintensität von Off-Shore-Windparks zu sehen[807]. Da geeignete Standorte im On-Shore-Bereich aufgrund der bereits vorhandenen weiten Verbreitung von Windkraftanlagen in Deutschland schwer zu finden sind, investieren inzwischen viele geschlossene Fonds in Windparks im Ausland, sofern dort nationale Gesetze eine dem Vorbild des EEG entsprechende Einspeisevergütung

803 *Wustlich*, NVwZ 2014, 1113, 1117.

804 *Levedag* in MünchHdb. GesR II, § 71 Rn. 184; *Durchardt/Gillitzer*, DStR 2001, 1624, 1630; *Bozicevic*, AG 2003, R256, R260.

805 *Bost* in Lüdicke/Arndt, Geschlossene Fonds, S. 378.

806 Ausführlich zu Off-Shore-Windparks unter Erläuterung der zur Förderung dieser Energieerzeugungsmöglichkeit eingeführten EEG-Vorschriften, vgl. *Butler/Heinickel/Hinderer*, NVwZ 2013, 1377 ff.; *Bost* in Lüdicke/Arndt, Geschlossene Fonds, S. 392 f.

807 *Bost* in Lüdicke/Arndt, Geschlossene Fonds, S. 378; *Billhardt* in Gerhard/Rüschen/Sandhövel, Finanzierung erneuerbarer Energien, S. 421. Jedoch sind derzeit am Markt einige Projektentwicklungsfonds im Off-Shore-Bereich erhältlich.

garantieren[808]. Zudem sind Windfonds anzutreffen, die veraltete Windkraftanlagen durch leistungsstärkere, neue Windkraftanlagen ersetzen (sog. Repowering)[809]. Bislang gibt es aber nur wenige geschlossene Fonds, die in Repowering investieren, was unter anderem am derzeitig fehlenden Bedarf an solchen Erneuerungen liegt[810].

Eine grundlegende Voraussetzung für den Windfonds ist das Finden eines geeigneten Standorts[811]. Für die Eignung eines Standorts zum Betrieb eines Windparks ist die dortige Windgeschwindigkeit entscheidend[812]. Ist das Windaufkommen zu schwach, kann die Windenergieanlage nicht optimal genutzt werden und es wird kein oder nur wenig Strom erzeugt[813]. Dies wirkt sich negativ auf das Einkommen des Fonds aus, da sich die Vergütung nach den tatsächlich erzeugten Kilowattstunden richtet[814]. Auch ein zu starkes Windaufkommen ist schädlich, da ab einer bestimmten Windgeschwindigkeit die Windkraftanlage aus Sicherheitsgründen abgeschaltet werden muss[815]. Bereits relativ geringfügige Abweichungen von der prognostizierten Windgeschwindigkeit können die Renditerwartung des Fonds erheblich beeinträchtigen[816]. Der Initiator lässt üblicherweise im Vorfeld der

808 *Bost* in Lüdicke/Arndt, Geschlossene Fonds, S. 378. Zu den Problemen im On-Shore-Bereich, vgl. *Prall* in Altrock/Oschmann/Theobald, EEG, § 29 Rn. 15. Zurzeit finden sich vor allem Fondsprodukte am Markt, die in Windparks in Polen investieren.

809 *Peters*, WM 2002, 110, 112; *Bost* in Lüdicke/Arndt, Geschlossene Fonds, S. 378; *Billhardt* in Gerhard/Rüschen/Sandhövel, Finanzierung erneuerbarer Energien, S. 417.

810 *Bost* in Lüdicke/Arndt, Geschlossene Fonds, S. 378.

811 *Bost* in Lüdicke/Arndt, Geschlossene Fonds, S. 379.

812 *Durchardt/Gillitzer*, DStR 2001, 1624, 1630; *Bost* in Lüdicke/Arndt, Geschlossene Fonds, S. 379; Bundesverband für Windenergie e.V., Grüne Anlage, S. 3; OLGR Hamm 2007, 453; BGH, MDR 2009, 562.

813 Die für klassische Windparks verwendeten Windenergieanlagen erzeugen ab einer Windgeschwindigkeit von 3–4 m/s Strom, vgl. *Prall* in Altrock/Oschmann/Theobald, EEG, § 29 Rn. 6; *Bost* in Lüdicke/Arndt, Geschlossene Fonds, S. 390.

814 Nach § 16 Abs. 1 S. 2 EEG besteht der Vergütungsanspruch nur für Strom, den der Netzbetreiber abgenommen hat, ausführlich *Lehnert/Thomas* in Altrock/Oschmann/Theobald, EEG, § 16 Rn. 32 ff.; *Durchardt/Gillitzer*, DStR 2001, 1624, 1630; *Bost* in Lüdicke/Arndt, Geschlossene Fonds, S. 390.

815 Bei den kleineren Windenergieanlagen verringert sich die Leistung ab Windgeschwindigkeiten von über 13 m/s, da sich die Strömungsverhältnisse an den Rotorblättern verschlechtern. Bei Windgeschwindigkeiten ab 25–30 m/s müssen gängige Windenergieanlagen abgeschaltet werden, da die Gefahr von Beschädigungen der Anlage besteht, vgl. *Kahle/Reshöft* in Reshöft/Schäfer-meister, EEG, § 29 Rn. 13; *Prall* in Altrock/Oschmann/Theobald, EEG, § 29 Rn. 6; *Bost* in Lüdicke/Arndt, Geschlossene Fonds, S. 390.

816 *Durchardt/Gillitzer*, DStR 2001, 1624, 1630. In der Vergangenheit waren einige Windfonds gezwungen, Insolvenz anzumelden wegen Nichterreichen der prognostizierten Erträge aufgrund eines geringeren Windaufkommens, vgl. BGH, BB 2009, 1098; LG Münster, BeckRS 2009, 11584.

Entscheidung über den Standort von mehreren externen Gutachtern die an dem jeweiligen Standort zu erwartenden Energieerträge sowie die Wahrscheinlichkeit von Abweichungen in sog. Windgutachten analysieren[817].

c) *Projektgesellschaft*

Die Fondsgesellschaft ist üblicherweise nicht von Anfang an in den Entwicklungsprozess des Windparks eingebunden, da dies mehrere Jahre in Anspruch nehmen würde, in denen keinerlei Einnahmen erwirtschaftet werden[818]. Windfonds investieren in der Regel nur in solche Windparkprojekte, bei denen der Standort bereits feststeht, die öffentlich-rechtlichen Genehmigungen zumindest beantragt sind und die wichtigsten Voraussetzungen für die Errichtung des Windparks zumindest teilweise vorliegen[819]. Der Initiator bedient sich hierzu regelmäßig der Dienste sog. Projektentwickler, welche die Windparkprojekte vorbereiten bzw. zum Teil auch bereits fertig errichten und die Projektrechte in einer Projektgesellschaft bündeln[820]. Die Fondsgesellschaft erwirbt sodann nicht den Windpark bzw. die Projektrechte selbst vom Projektentwickler, sondern sämtliche Gesellschaftsanteile an der Projektgesellschaft im Wege des Share-Deals[821].

Durch die Projektentwickler werden bereits im Vorfeld auf Ebene der Projektgesellschaften Verträge mit Grundstückseigentümern, Netzbetreibern und Bauunternehmen abgeschlossen[822]. Die Fondsgesellschaft kann nicht ohne Zustimmung des jeweiligen Vertragspartners in die bestehenden Verträge eintreten, da eine Vertragsübernahme eine dreiseitige Vereinbarung oder zumindest eine zweiseitige Vereinbarung zwischen der ausscheidenden und der eintretenden Vertragspartei mit Zustimmung der dritten Partei voraussetzt[823]. Bei einem

---

817 *Durchardt/Gillitzer*, DStR 2001, 1624, 1630; *Billhardt* in Gerhard/Rüschen/Sandhövel, Finanzierung erneuerbarer Energien, S. 406; BGH, MDR 2009, 562; OLGR Hamm 2007, 453. Von dem prognostiziertem Ertrag sind technische Abschläge (für interne Netzverluste, den Eigenverbrauch, gegenseitige Abschattungseffekte der einzelnen Windenergieanlagen, etc.) sowie ein kaufmännischer Sicherheitsabschlag vorzunehmen, vgl. *Bost* in Lüdicke/Arndt, Geschlossene Fonds, S. 379; Bundesverband für Windenergie e.V., Grüne Anlage, S. 3 f.

818 *Bost* in Lüdicke/Arndt, Geschlossene Fonds, S. 380.

819 *Bost* in Lüdicke/Arndt, Geschlossene Fonds, S. 380.

820 *Bost* in Lüdicke/Arndt, Geschlossene Fonds, S. 380.

821 *Bost* in Lüdicke/Arndt, Geschlossene Fonds, S. 379 Fn. 321, 361; *Peters*, WM 2013, 2016, 2017; *Wischott/Krohn/Nogens*, DStR 2009, 1737; *Billhardt* in Gerhard/Rüschen/Sandhövel, Finanzierung erneuerbarer Energien, S. 10. Die Projektgesellschaft wird auch als Special Purpose Vehikel, SPV (Einzweckgesellschaft), bezeichnet, vgl. *Peters*, WM 2013, 2016, 2017.

822 *Bost* in Lüdicke/Arndt, Geschlossene Fonds, S. 380; *Billhardt* in Gerhard/Rüschen/Sandhövel, Finanzierung erneuerbarer Energien, S. 410.

823 BGH, NJW 1985, 2528; BGH, NJW 1998, 531; BGH, NJW-RR 1996, 1394, *Roth* in MüKo/BGB, Rn. 191.

Erwerb der Projektgesellschaft im Wege des Share-Deals stellen sich diese Probleme nicht, da die erworbene Projektgesellschaft Vertragspartnerin gegenüber Dritten bleibt[824]. Außerdem liegen in der Regel die erforderlichen behördlichen Genehmigungen für den Windpark vor und die Projektgesellschaft ist Inhaberin dieser Genehmigungen bzw. die Genehmigungen wurden bereits für die Projektgesellschaft beantragt[825]. In der Regel bedarf die Errichtung eines Windparks einer bundesimmissionsschutzrechtlichen Genehmigung nach § 4 BImSchG i.V.m. 1.6 Anhang 1 zur 4. BImSchV, da die von Windfond betriebenen Windenergieanlagen üblicherweise eine Gesamthöhe von weit über fünfzig Meter haben[826]. Die bundesimmissionsschutzrechtliche Genehmigung schließt wegen deren Konzentrationswirkung alle anderen notwendigen öffentlich-rechtlichen Genehmigungen ein (z.B. die ggf. nach der jeweils einschlägigen Landesbauordnung erforderliche Baugenehmigung)[827].

d) Errichtung des Windparks durch Generalunternehmer/-übernehmer

Bei Windfonds besteht regelmäßig ein Vertragsverhältnis zu einem Generalunternehmer oder Generalübernehmer, da die Fondsgesellschaft bzw. die Projektgesellschaft den Windpark mangels des hierfür notwendigen Personals nicht selbst errichtet[828]. Der Generalunternehmer bzw. Generalübernehmer schuldet in aller Regel die „schlüsselfertige" Fertigstellung des Windparks samt Netzanschluss zu einem bestimmten Zeitpunkt in alleiniger Verantwortung gegen Zahlung einer pauschalen Vergütung[829]. Zu diesem Zweck schließt der Generalunternehmer bzw. Generalübernehmer mit anderen Bauunternehmern Verträge über die Erbringung einzelner Bauleistungen ab und übernimmt die Koordination zwischen den verschiedenen Baubeteiligten sowie deren Überwachung[830]. Der Generalunternehmer bzw. Generalübernehmer trägt das Risiko, dass sich Verzögerungen oder Mängel hinsichtlich bestimmter Bauleistungen auf die im nächsten Schritt erfolgenden

824 Vgl. *Wischott/Krohn/Nogens*, DStR 2009, 1737; *Jenn*, ZfBR-Beil. 2012, 13 ff.

825 *Bost* in Lüdicke/Arndt, Geschlossene Fonds, S. 379, 361.

826 *Billhardt* in Gerhard/Rüschen/Sandhövel, Finanzierung erneuerbarer Energien, S. 417 gehen davon aus, dass die Windenergieanlagen, welche heutzutage handelsüblich sind, eine Nabenhöhe von mehr 100 m aufweisen.

827 Ausführlich zu öffentlich-rechtlichen Genehmigungen im Zusammenhang mit Windenergieanlagen *Prall* in Altrock/Oschmann/Theobald, EEG, § 29 Rn. 29 ff.; *Kahle/Reshöft* in Reshöft/Schäfermeister, EEG, § 29 Rn. 19 ff.; *Billhardt* in Gerhard/Rüschen/Sandhövel, Finanzierung erneuerbarer Energien, S. 408 ff.; *Jenn*, ZfBR-Beil. 2012, 13 ff.

828 *Billhardt* in Gerhard/Rüschen/Sandhövel, Finanzierung erneuerbarer Energien, S. 410.

829 *Wischott/Krohn/Nogens*, DStR 2009, 1737, 1740; *Billhardt* in Gerhard/Rüschen/Sandhövel, Finanzierung erneuerbarer Energien, S. 410.

830 *Bost* in Lüdicke/Arndt, Geschlossene Fonds, S. 382.

Bauleistungen eines anderen Baubeteiligten auswirken (sog. Schnittstellenrisiko)[831]. Oftmals wird die rechtzeitige Fertigstellung der Windenergieanlagen – welche unter anderem wegen der gesetzlichen Einspeisevergütung für den wirtschaftlichen Erfolg des Fonds wichtig ist – dadurch abgesichert, dass der Generalunternehmer im Falle von Abnahmeverzögerungen pauschalierte Vertragsstrafen errichten muss[832].

Häufig erwirbt die Fondsgesellschaft im Wege eines Share-Deals von einem Projektentwickler sämtliche Anteile an der Projektgesellschaft, die bereits einen Generalunternehmervertrag abgeschlossen hat[833]. In diesem Fall bleibt die Projektgesellschaft Vertragspartnerin des Generalunternehmers. Erwirbt die Fondsgesellschaft den fertiggestellten Windpark im Wege eines Asset-Deals, müssen die (Gewährleistungs- und Garantie-) Ansprüche gegen den Generalunternehmer bzw. -übernehmer vom Verkäufer an die Fondsgesellschaft bzw. eine eigens von der Fondsgesellschaft gegründete Projektgesellschaft abgetreten werden, damit insofern eigene vertragliche Ansprüche bestehen[834]. Zum Teil übernimmt die Fondsgesellschaft das Windparkprojekt auch zu einem frühen Zeitpunkt, so dass die Fondsgesellschaft selbst bzw. die Projektgesellschaft den Generalunternehmervertrag aushandelt[835]. In Einzelfällen kommt es vor, dass der Windfonds gar keinen Generalunternehmer einsetzt, sondern eigenständig verschiedene Bauunternehmen beauftragt und deren Koordination und Überwachung selbst übernimmt[836].

e) Eigentum und Grundstücksnutzungsrechte

Während bei geschlossenen Immobilienfonds die Fondsgesellschaft das Grundstück erwirbt (und mit dem Grundstück zugleich Eigentum an den dort befindlichen Immobilien als wesentliche Bestandteile des Grundstücks nach § 946 i.V.m § 94 Abs. 1 BGB), findet bei Windfonds ein Eigentumserwerb im Hinblick auf das Grundstück, auf welchem der Windpark betrieben wird, regelmäßig nicht statt[837]. Lediglich hinsichtlich der Windenergieanlagen erfolgt ein Eigentumserwerb. Die einzelnen Windenergieanlagen stellen in der Regel Scheinbestandteile des Grundstücks i.S.d. § 95 BGB dar und sind deshalb sonderrechtsfähig[838]. Es besteht seitens

831 *Cloppenburg*, ZfBR-Beil. 2012, 3, 5; *Bost* in Lüdicke/Arndt, Geschlossene Fonds, S. 383 Fn. 330, 366 ff.

832 *Cloppenburg*, ZfBR-Beil. 2012, 3, 11.

833 *Bost* in Lüdicke/Arndt, Geschlossene Fonds, S. 383 Fn. 331, S. 360 ff.

834 *Bost* in Lüdicke/Arndt, Geschlossene Fonds, S. 382.

835 *Bost* in Lüdicke/Arndt, Geschlossene Fonds, S. 382.

836 *Wischott/Krohn/Nogens*, DStR 2009, 1737, 1740; *Bost* in Lüdicke/Arndt, Geschlossene Fonds, S. 383 Fn. 331, 366 ff.; *Cloppenburg*, ZfBR-Beil. 2012, 3, 5.

837 *Bost* in Lüdicke/Arndt, Geschlossene Fonds, S. 380; *Peters*, WM 2002, 110, 111.

838 Im Falle einer – verkehrsüblichen – im Grundbuch eingetragenen Dienstbarkeit zugunsten der Fondsgesellschaft bzw. der Projektgesellschaft ergibt sich die Eigenschaft als Scheinbestandteil aus § 95 Abs. 1 S. 2 BGB, anderenfalls aus der

des Fonds oftmals kein Interesse, Eigentum an dem Grundstück zu erwerben, wegen der abnutzungsbedingten, begrenzten „Lebenszeit" der Windenergieanlagen. Das Grundstück selbst erfährt durch den Windpark keine dauerhafte Wertsteigerung, die für den Windfonds bei der Veräußerung genutzt werden könnte[839]. Ein weiterer Grund für die Bevorzugung von schuldrechtlichen Nutzungsrechten ist darin zu sehen, dass im Falle eines Eigentumserwerbs am Grundstück Grunderwerbssteuer ausgelöst wird[840].

Die Fondsgesellschaft bzw. eine zwischengeschaltete Projektgesellschaft lässt sich vom Grundstückseigentümer regelmäßig das Recht einräumen, auf dem Grundstück einen Windpark zu errichten und zu betreiben[841]. Mit dem jeweiligen Grundstückseigentümer wird in der Regel ein Mietvertrag abgeschlossen[842]. Der Pachtvertrag nach § 581 Abs. 1 BGB unterscheidet sich vom Mietvertrag nach § 535 Abs. 1 BGB dadurch, dass beim Mietvertrag bloß der Mietgegenstand an sich zur Nutzung überlassen wird, während beim Pachtvertrag das Recht des Pächters zur Ziehung der Früchte der verpachteten Sache hinzutritt. Wind ist nach allgemeiner Auffassung nicht als Frucht i.S.d. § 99 BGB eines Grundstücks anzusehen[843]. Deshalb sind die Nutzungsverträge – entgegen der häufig anzutreffenden Bezeichnung als Pachtvertrag – im Regelfall rechtlich als Mietvertrag zu qualifizieren[844]. Das schuldrechtliche Recht auf Nutzungsüberlassung wird üblicherweise durch die Bestellung

---

Verbindung zu einem nur „vorübergehenden Zweck" wegen der mietvertraglich festgelegten Rückbauverpflichtung, vgl. ausführlich *Peters*, WM 2002, 110, 113 ff.; *Bost* in Lüdicke/Arndt, Geschlossene Fonds, S. 384; OLG Schleswig, WM 2005, 1909; LG Flensburg, WM 2000, 2112.

839 *Durchardt/Gillitzer*, DStR 2001, 1624, 1630.

840 Auch Erbbaurechte lösen Grunderwerbssteuer aus, vgl. *Bost* in Lüdicke/Arndt, Geschlossene Fonds, S. 380.

841 *Levedag* in MünchHdb. GesR II, § 71 Rn. 184; *Bost* in Lüdicke/Arndt, Geschlossene Fonds, S. 380 f. Um zu vermeiden, dass mit der Errichtung der Windenergieanlagen auf dem Grundstück nach § 94 Abs. 1 BGB ein gesetzlicher Eigentumsübergang der Windenergieanlagen auf den Grundstückseigentümer stattfindet, werden die Nutzungsverträge – durch entsprechende Rückbauverpflichtungen etc. – so ausgestaltet, dass die Windenergieanlagen nur Scheinbestandteile des Grundstücks i.S.d. § 95 Abs. 1 BGB sind, *Stresemann* in MüKo/BGB, § 94 Rn. 17; ausführlich *Peters* WM 2002, 110, 111 ff.

842 *Peters*, WM 2002, 110, 111; *Bost* in Lüdicke/Arndt, Geschlossene Fonds, S. 380 f. Der Bundesverband für Windenergie e.V. sieht den Pachtvertrag als Regelfall und den Eigentumserwerb als Ausnahme an, vgl. Der Bundesverband für Windenergie e.V., Grüne Anlage, S. 6.

843 Zur Verneinung des Vorliegens einer Frucht i.S.d. § 99 BGB im Falle von Wind mit der Begründung des fehlenden Sachcharakters, vgl. *Jickeli/Stieper* in Staudinger, BGB, 2011, § 99 Rn. 10; *Stresemann* in MüKo/BGB, § 99 Rn. 5.

844 So auch *Bost* in Lüdicke/Arndt, Geschlossene Fonds, S. 380 f.; *Peters*, WM 2002, 110, 111. Dagegen geht z.B. der Bundesverband für Windenergie e.V. vom Vorliegen eines Pachtvertrags aus, vgl. Bundesverband für Windenergie e.V., Grüne Anlage,

einer im Grundbuch einzutragenden beschränkt persönlichen Dienstbarkeit (§ 1090 Abs. 1 BGB) dinglich abgesichert[845]. Neben Nutzungsrechten an dem Grundstück, auf welchem der Windpark betrieben werden soll, sind zudem oftmals Nutzungsrechte an weiteren Grundstücken für Anschlussleitungen an das Stromnetz notwendig, die ebenfalls mit beschränkt persönlichen Dienstbarkeiten dinglich abgesichert werden[846]. Die Fondsgesellschaft bzw. die Projektgesellschaft schuldet gegenüber dem Grundstückseigentümer aus dem Miet- bzw. Pachtvertrag üblicherweise den Rückbau der Windenergieanlagen nach Ablauf der vereinbarten Nutzungsdauer[847].

f) Fremdfinanzierung

Windfonds nutzen häufig in hohem Maße Fremdkapital. Der VGF ging in seiner Stellungnahme vom 17.08.2012 zum Diskussionsentwurf zum AIFM-Umsetzungsgesetz von einer durchschnittlichen Fremdkapitalquote in Höhe von 72 Prozent aus bei geschlossenen Fonds, die in erneuerbare Energien investieren[848]. Ein Grund für die hohe Fremdkapitalquote ist darin zu sehen, dass mit der gesetzlich garantierten Einspeisevergütung eine besondere Sicherheit auf der Einnahmenseite des Fonds zur Verfügung steht, was sich auch auf die Darlehensvergabe durch die fremdfinanzierenden Banken auswirkt[849]. Auch wenn nach Inkrafttreten des EEG 2014 nur noch für kleinere Anlagen eine Einspeisevergütung vorgesehen ist, sind im die Einnahmen von Windfonds durch die Einspeisevergütung in Ausnahmefällen nach § 34 EEG 2014 zumindest in gewissem Umfang finanziell abgesichert und es besteht bei der geförderten Direktvermarktung ein Anspruch auf die Marktprämie. Als Sicherheit verlangen die Banken üblicherweise die Einräumung von Sicherungseigentum an den Windenergieanlagen, die Verpfändung der Anteile an der Projektgesellschaft sowie die Sicherheitsabtretung bzw. die Pfändung der wichtigsten vertraglichen

---

S. 6; ebenso *Durchardt/Gillitzer*, DStR 2001, 1624, 1630; *Wischott/Krohn/Nogens*, DStR 2009, 1737, 1741.

845 *Jenn*, ZfBR-Beil. 2012, 13, 19; *Peters*, WM 2002, 110, 111; *Bost* in Lüdicke/Arndt, Geschlossene Fonds, S. 381; vgl. OLGR Naumburg 2002, 411.

846 *Bost* in Lüdicke/Arndt, Geschlossene Fonds, S. 381. Hinzu kommt, dass für den Flächenverbrauch der Windenergieanlage aus Gründen des Umweltschutzes oftmals Ausgleichsmaßnahmen nach § 1a BauGB auf anderen Grundstücken notwendig sind, welche von der Fondsgesellschaft wiederrum gemietet oder erworben werden müssen.

847 *Wischott/Krohn/Nogens*, DStR 2009, 1737, 1741; *Durchardt/Gillitzer*, DStR 2001, 1624, 1630; *Billhardt* in Gerhard/Rüschen/Sandhövel, Finanzierung erneuerbarer Energien, S. 413.

848 Stellungnahme des VGF Stellungnahme zum Diskussionsentwurf eines Gesetzes zur Umsetzung der Richtlinie 2011/61/EU über die Verwalter alternativer Investmentfonds (AIFM-UmsG), 17.08.2012, S. 11.

849 Stellungnahme des VGF Stellungnahme zum Diskussionsentwurf eines Gesetzes zur Umsetzung der Richtlinie 2011/61/EU über die Verwalter alternativer Investmentfonds (AIFM-UmsG) vom 17.08.2012 S. 11.

Rechte wie etwa der Rechte aus dem Mietvertrag sowie der Vergütungsansprüche aus dem Einspeisevertrag[850]. Zudem verlangen die Banken die Absicherung der Nutzungsrechte durch entsprechende Dienstbarkeiten an den genutzten Grundstücken[851]. Das Vorliegen von Windgutachten ist ebenfalls regelmäßige Bedingung für den Abschluss des Darlehensvertrags[852].

g) Vertrag mit dem Netzbetreiber

Das EEG sieht ein gesetzliches Schuldverhältnis zwischen dem Anlagenbetreiber und dem Netzbetreiber vor[853]. Dennoch wird zur Regelung von Haftungsfragen, Kündigungsrechten und der Vertragslaufzeit sowie zur Konkretisierung technischer Details bezüglich der Einspeisung des Stroms und zur Netzanbindung regelmäßig ein schuldrechtlicher Vertrag abgeschlossen[854]. Dies gilt seit Inkrafttreten des EEG 2014 umso mehr, da nunmehr eine grundsätzliche Pflicht des Anlagenbetreibers zur Direktvermarktung des Stroms gilt und eine gesetzlich festgeschriebene Einspeisevergütung nur für kleinere Anlagen und in Ausnahmefällen vorgesehen ist.

h) Betreiben des Windparks

Nach Fertigstellung des Windparks wird dieser in Betrieb genommen. Ein wesentlicher Unterschied zwischen Windfonds und anderen Arten geschlossener Fonds ist darin zu sehen, dass die Fondsgesellschaft den fertigen Windpark nicht Dritten gegen Entgelt zur Nutzung überlässt, sondern selbst mittelbar über die Projektgesellschaft als Anlagenbetreiber tätig ist. Die technische und kaufmännische Betriebsführung der

---

850 *Bost* in Lüdicke/Arndt, Geschlossene Fonds, S. 383 ff. Zur Sonderrechtsfähigkeit nach § 95 BGB der Windenergieanlagen als Voraussetzung für deren Sicherheitsübereignung, vgl. *Peters* WM 2002, 110 ff. Auch die Ansprüche gegenüber Versicherungen, dem Generalunternehmer werden regelmäßig sicherungshalber abgetreten oder verpfändet ebenso wie Ansprüche aus Betriebsführungs- und Wartungsverträgen, vgl. *Bost* in Lüdicke/Arndt, Geschlossene Fonds, S. 384. Zu den üblichen Bedingungen der finanzierenden Banken, vgl. *Peters* WM 2013, 2016, 2017.

851 *Peters*, WM 2013, 2016, 2018; *Bost* in Lüdicke/Arndt, Geschlossene Fonds, S. 384. Da bei Windfonds oftmals kein Eigentumserwerb an dem Grundstück erfolgt, können die Kreditverbindlichkeiten selten über Grundpfandrechte abgesichert werden.

852 *Bost* in Lüdicke/Arndt, Geschlossene Fonds, S. 383.

853 § 7 EEG 2014.

854 *Bost* in Lüdicke/Arndt, Geschlossene Fonds, S. 383; *Lehnert* in Altrock/Oschmann/Theobald, EEG, § 4 Rn. 52 ff. Auch die Gesetzesbegründung zu § 4 EEG bei der Änderung des im EEG im Jahr 2009 (BT-Drucks. 16/8148, S. 41) enthält den Hinweis, dass der Abschluss eines Vertrags zur Regelung insbesondere von technischen Fragen der Einbindung einer Anlage in das Netz sinnvoll sein könne. Kritisch zur Zweckmäßigkeit von vertraglichen Vereinbarungen, vgl. *Sommerfeldt* in Reshöft/Schäfermeister, EEG, § 4 Rn. 37 ff.

Windenergieanlagen wird typischerweise an Dritte ausgelagert durch den Abschluss von Betriebsführungsverträgen[855]. Da Windenergieanlagen automatisch und meist ferngesteuert betrieben werden, erfordert der laufende Betrieb kein ständig anwesendes Personal vor Ort[856]. Die Betriebsführung umfasst insbesondere die ständige Fernüberwachung des Windparks durch Onlinebetriebskontrolle und regelmäßige Qualitätssichtkontrollen, die Veranlassung und Prüfung von Reparaturen, Wartungs-Gewährleistungsarbeiten, das Berichtswesen bezüglich der Windenergieanlagen sowie die Koordination mit Vertragspartnern und Versicherungen in Schadensfällen[857]. Zum Teil übernimmt der Projektentwickler, von welchem die Fondsgesellschaft den Windpark erworben hat, diese Funktionen gegen Entgelt[858].

i) Wartung und Instandhaltung

Bei Windenergieanlagen handelt es sich um Investitionsgegenstände, die nur durch aufwendige Wartungs- und Instandhaltungsmaßnahmen während der Betriebsphase in funktionstüchtigem Zustand bleiben. Die Wartung- und Instandhaltungsarbeiten übernimmt die Fondsgesellschaft bzw. die Projektgesellschaft nicht selbst, sondern lässt diese Aufgaben von Dritten ausführen[859]. Häufig wird die Wartung und Instandhaltung zumindest für einen gewissen Zeitraum – zumeist zwölf bis fünfzehn Jahre – vom Hersteller der Windenergieanlagen übernommen[860]. Der Hersteller oder eine Tochtergesellschaft des Herstellers bzw. das Unternehmen, welches die Instandhaltung und Wartung der Anlage übernimmt, gibt regelmäßig

855 *Bost* in Lüdicke/Arndt, Geschlossene Fonds, S. 385.

856 *Billhardt* in Gerhard/Rüschen/Sandhövel, Finanzierung erneuerbarer Energien, S. 414.

857 *Billhardt* in Gerhard/Rüschen/Sandhövel, Finanzierung erneuerbarer Energien, S. 414; *Bost* in Lüdicke/Arndt, Geschlossene Fonds, S. 385; *Jenn*, ZfBR-Beil. 2012, 13, 23.

858 *Billhardt* in Gerhard/Rüschen/Sandhövel, Finanzierung erneuerbarer Energien, S. 413.

859 *Bost* in Lüdicke/Arndt, Geschlossene Fonds, S. 385. Die Kosten für die Wartung und Instandhaltung des Windparks belaufen sich in den ersten 15 Jahren regelmäßig auf ca. 11 % des Jahresumsatzes. Danach ist regelmäßig von einer Steigerung der Kosten auszugehen, da in den letzten Jahren regelmäßig größere Reparaturen zu erwarten sind. Der Bundesverband für Windenergie e.V. geht in Bezug auf die Reparaturkosten von einem „Badewannenverlauf" aus, wonach die Kosten zu Beginn wegen der fehlenden Erfahrung und zum Ende der Nutzungszeit wegen der Abnutzung besonders hoch sind, Bundesverband für Windenergie e.V., Grüne Anlage, S. 7 f.

860 *Billhardt* in Gerhard/Rüschen/Sandhövel, Finanzierung erneuerbarer Energien, S. 413; *Bost* in Lüdicke/Arndt, Geschlossene Fonds, S. 385; *Jenn*, ZfBR-Beil. 2012, 13, 22.

eine Garantie ab, mit welcher die technische Verfügbarkeit der Windenergieanlagen zu einem bestimmten Prozentsatz (zumeist ca. 97 Prozent) zugesichert wird[861].

3. Zusammenfassung

Windfonds sind eine Unterart der sog. Erneuerbare-Energien-Fonds, welche Anlagen zur Erzeugung von Strom aus regenerativen Energien zum Investitionsgegenstand haben. Windfonds investieren in den Erwerb bzw. die Errichtung eines aus mehreren Windkraftanlagen bestehenden Windparks, den die Fondsgesellschaft nach der Fertigstellung selbst betreibt. Die Rendite erwirtschaftet sich durch das Entgelt für den durch den Windpark erzeugten Strom, welcher von Netzbetreibern in das Stromnetz eingespeist wird[862]. Ein wesentliches Merkmal von Windfonds – ebenso wie von anderen geschlossenen Fonds im Bereich Erneuerbare Energien – ist das Profitieren von der staatlichen Förderung von Anlagen zur Erzeugung von Strom aus erneuerbarer Energie durch das Gesetz für den Vorrang Erneuerbarer Energien (sog. Erneuerbare-Energien-Gesetz EEG). Durch das EEG verpflichtet der Gesetzgeber die Netzbetreiber, Anlagen zur Erzeugung von Strom aus erneuerbaren Energien vorrangig an die Netze für die allgemeine Versorgung mit Elektrizität anzuschließen, den Strom zu übertragen und zu verteilen. Vor Inkrafttreten des EEG 2014 konnten die Anlagebetreiber vom Netzbetreiber eine gesetzlich festgelegte Einspeisevergütung verlangen, welche weit über den Marktpreisen lag[863]. Der Anspruch auf die gesetzlich garantierte Einspeisevergütung galt für die Dauer von zwanzig Kalenderjahren zuzüglich des Jahres der Inbetriebnahme. Bei Windfonds bestand insofern weitgehende Planungssicherheit, als dass bei entsprechender Stromerzeugung die Einnahmen für die gesamte Fondslaufzeit durch die gesetzlich garantierte Einspeisevergütung nach dem EEG kalkulierbar waren[864].

Durch die Einführung des EEG 2014 wurde die finanzielle Förderung von Windenergie zurückgefahren zur Senkung der damit verbundenen Kosten, welche über die EEG-Umlage finanziert werden. Um den Strom aus erneuerbarer Energien besser in den Markt zu integrieren, sind Anlagenbetreiber nunmehr grundsätzlich zur Direktvermarktung des Stroms verpflichtet und erhalten statt einer Einspeisevergütung vom Netzbetreiber unter bestimmten Voraussetzungen eine Marktprämie im Sinne eines Zuschusses zum Veräußerungserlös[865]. Eine Einspeisevergütung ist nur noch für kleinere Anlagen und in Ausnahmefällen vorgesehen, wobei die Einspeisevergütung in Ausnahmefällen in der Höhe reduziert ist. Durch die Regelung

861 *Bost* in Lüdicke/Arndt, Geschlossene Fonds, S. 385.

862 *Levedag* in MünchHdb. GesR II, § 71 Rn. 184; *Durchardt/Gillitzer*, DStR 2001, 1624, 1630.

863 *Durchardt/Gillitzer*, DStR 2001, 1624, 1630; *Bost* in Lüdicke/Arndt, Geschlossene Fonds, S. 378.

864 *Levedag* in MünchHdb. GesR II, § 71 Rn. 184; *Durchardt/Gillitzer*, DStR 2001, 1624, 1630; *Bozicevic*, AG 2003, R256, R260.

865 *Thomas*, NVwZ 2014, 1139.

der Einspeisevergütung in Ausnahmefällen besteht für Windfonds jedenfalls zumindest ein gewisses Maß an Planungssicherheit fort.

Typischerweise betreibt die Fondsgesellschaft den Windpark nicht selbst, sondern durch eine 100 prozentige Tochtergesellschaft als Projektgesellschaft. Die Zwischenschaltung der Projektgesellschaft beruht darauf, dass die Fondsgesellschaft den Windpark regelmäßig nicht selbst entwickelt, sondern von sog. Projektentwicklern die Projektrechte an einem entwickelten Windparks erwirbt[866]. Die Projektentwickler haben in aller Regel bereits Verträge mit Grundstückseigentümern, Netzbetreibern und Generalunternehmern bzw. Generalübernehmern zur Errichtung des Parks abgeschlossen und die erforderlichen öffentlich-rechtlichen Genehmigungen liegen bereits vor oder sind zumindest beantragt[867]. Diese Projektrechte sind in aller Regel in der Projektgesellschaft gebündelt, welche die Fondsgesellschaft im Wege des Share-Deals erwirbt. Zum Teil erwirbt die Fondsgesellschaft auch bereits fertig errichtete Windparks.

Üblicherweise erwirbt die Fondsgesellschaft kein Eigentum an den Grundstücken, auf denen der Windpark errichtet wird, sondern schließt lediglich Mietverträge mit den Grundstückseigentümern ab, welche durch Dienstbarkeiten dinglich abgesichert werden[868].

Entsprechend der Grundstruktur geschlossener Fonds ist die Fondsgesellschaft in erster Linie als Kapitalsammelbecken zu verstehen. Üblicherweise übernehmen weder die Fondsgesellschaft selbst, noch die den Windpark betreibende Projektgesellschaft die technische und kaufmännische Betriebsführung. Die technische und kaufmännische Betriebsführung, welche unter anderem die Überwachung der Windenergieanlage sowie die Behebung von auftretenden Problemen beinhaltet, wird typischerweise auf Dritte ausgelagert[869]. Dasselbe gilt für die Instandhaltung und Wartung der Windenergieanlage[870]. Diese Aufgaben werden häufig zumindest für den Zeitraum von zwölf bis fünfzehn Jahren vom Hersteller der Windenergieanlagen übernommen, welcher in Bezug auf die technische Verfügbarkeit der Windenergieanlagen meist Garantien abgibt[871].

---

866 *Bost* in Lüdicke/Arndt, Geschlossene Fonds, S. 380; *Billhardt* in Gerhard/Rüschen/Sandhövel, Finanzierung erneuerbarer Energien, S. 410.

867 *Bost* in Lüdicke/Arndt, Geschlossene Fonds, S. 380.

868 *Levedag* in MünchHdb. GesR II, § 71 Rn. 184; *Bost* in Lüdicke/Arndt, Geschlossene Fonds, S. 380 f.

869 *Bost* in Lüdicke/Arndt, Geschlossene Fonds, S. 385; *Jenn*, ZfBR-Beil. 2012, 13, 23; *Billhardt* in Gerhard/Rüschen/Sandhövel, Finanzierung erneuerbarer Energien, S. 414.

870 *Bost* in Lüdicke/Arndt, Geschlossene Fonds, S. 385.

871 *Billhardt* in Gerhard/Rüschen/Sandhövel, Finanzierung erneuerbarer Energien, S. 413; *Bost* in Lüdicke/Arndt, Geschlossene Fonds, S. 385; *Jenn*, ZfBR-Beil. 2012, 13, 22.

V. Projektentwicklungsfonds

Eine weitere Art von geschlossenen Fonds sind Projektentwicklungsfonds, welche zum Teil auch als Opportunity-Fonds bezeichnet werden[872]. Diese zeichnen sich dadurch aus, dass nicht bzw. nicht vorrangig in Sachwerte investiert wird, sondern in die Entwicklung von Projekten. Initiatoren von Projektentwicklungsfonds werben in den Prospekten damit, dass die Projektentwicklung der ertragsstärkste Teil der Wertentwicklungskette darstellt und Anlegern mit Projektentwicklungsfonds daher die Möglichkeit geboten wird, direkt an der Quelle der Wertentwicklung zu investieren[873]. Der Marktanteil von Projektentwicklungsfonds war in den vergangenen Jahren relativ gering; diese sind im Bereich der geschlossenen Fonds als Nische anzusehen[874]. Erst seit einigen Jahren stehen Projektentwicklungsfonds privaten Kleinanlegern als Möglichkeit der Kapitalanlage offen[875]. Zuvor wurden Projektenwicklungsfonds oder ähnliche Anlageprodukte im Bereich der Projektentwicklung allein für institutionelle Anleger aufgelegt, vereinzelt auch für private Großinvestoren[876].

1. Investitionsgegenstand und Renditeerwirtschaftung

Investitionsgegenstand von Projektentwicklungsfonds ist die Entwicklung von einzelnen oder mehreren Projekten, oftmals handelt es sich um Projekte zur Neuerrichtung oder Sanierung von Gewerbe- und/oder Wohnimmobilien[877]. Es kommen jedoch auch andere Projekte aus den verschiedensten Bereichen in Betracht, so existieren z.B. Projektentwicklungsfonds, welche in die Projektierung von Anlagen zur Erzeugung von Strom aus erneuerbaren Energien investieren wie z.B. Windparks. Projektentwicklungsfonds sind typischerweise nicht darauf ausgelegt, dass die

---

872 *Rohmert*, Der Immobilienbrief 2003 (40), 8, 9; *von Stockhausen*, Finanzwelt 02/2014, Immobilien - eine ganz moderne Liebesgeschichte Wohnimmobilie, Fonds oder Projektentwicklung.

873 Gros, Projektentwicklungsfonds, S. 30.

874 Projektentwicklungsfonds werden in den Branchenzahlen des VGF bzw. des bsi nicht als eigene Fondskategorie ausgezeichnet. In der Verlagsbeilage der Börsen-Zeitung vom 05.02.2013, Nr. 24 geht der Geschäftsführer der Hamburger One Group *Lahcen Knapp* davon aus, dass der Anteil an Projektentwicklungsfonds im vorherigen Jahr im Vergleich zu klassischen Immobilienfonds bei lediglich 2,4 % lag. In dem Artikel ist eine Statistik der Scope Group veröffentlicht, wonach die Summe des Eigenkapitals im Bereich der Projektentwicklungsfonds im Jahr 2008 373.630.000 Euro betrug, 2009 92.801.000 Euro, 2010 192.896.000 Euro und im Jahr 2011 93.002.000 Euro.

875 Gros, Projektentwicklungsfonds, S. 21; *Oehme*, Der Immobilienbrief 2003 (38), 8.

876 *Rissel/Eschweiler* in Schäfer/Conzen, Praxishandbuch der Immobilien-Projektentwicklung, S. 180 f.; *Jesch* in Jesch/Schilder/Striegel, Rechtshandbuch Immobilien-Investitionen, S. 592.

877 *Schulte/Bone-Winkel* in Schulte/Bone-Winkel, Handbuch Immobilien-Projektentwicklung, S. 58; *Isenhöfer/Väth* in Schulte, Immobilienökonomie, Band 1, S. 162 ff.

Fondsgesellschaft nach der abgeschlossenen Projektentwicklung die Objekte selbst betreibt. Vielmehr werden die Projekte schnellstmöglich an Dritte veräußert. Die Rendite erwirtschaftet sich bei Projektentwicklungsfonds deshalb ausschließlich aus dem Verkauf der entwickelten Projekte. Die Laufzeit eines Projektentwicklungsfonds ist entsprechend kurz ausgelegt und beträgt regelmäßig drei bis sechs Jahre[878].

2. Besonderheiten

Da Projektentwicklungsfonds sich sowohl im Hinblick auf den Investitionsgegenstand, als auch hinsichtlich der Renditeerwirtschaftung grundlegend von typischen geschlossenen Fonds unterscheiden, weichen Projektentwicklungsfonds in verschiedenerlei Hinsicht vom Grundmuster eines geschlossenen Fonds ab.

a) Laufzeit, Risiko und Renditerwartung

Eine wesentliche Besonderheit von Projektentwicklungsfonds im Vergleich zu geschlossenen Fonds in der typischen Ausgestaltung ist in der kurzen Fondslaufzeit zu sehen[879]. Während geschlossene Fonds die Anleger üblicherweise über einen langen Zeitraum von zehn bis dreißig dreißig Jahren binden, zeichnen sich Projektentwicklungsfonds durch Fondslaufzeiten zwischen drei und sechs Jahren aus[880]. Ein Grund hierfür ist darin zu sehen, dass Projektentwicklungsfonds im Gegensatz zu Fonds nach dem sog. Betreibermodell keine langjährige Betriebsphase beinhalten, sondern lediglich die Voraussetzungen für den Betrieb bzw. die Durchführung eines Projektes schaffen mit dem Ziel der möglichst raschen gewinnbringenden Veräußerung des entwickelten Objektes.

Projektentwicklungsfonds sind im Vergleich zu anderen Arten geschlossener Fonds besonders riskant, weshalb sie zum Teil als gänzlich ungeeignete Kapitalanlage für private Kleinanleger bezeichnet werden[881]. Der Grund für das hohe Risiko ist darin zu sehen, dass bei einem Scheitern des Projekts (z.B. an der erforderlichen Baugenehmigung) kein veräußerbarer Wert entsteht mit der Folge des Totalverlustes der Einlage[882]. Aus diesem Grund investieren Projektentwicklungsfonds in Abweichung zu den anderen Arten geschlossener Fonds teilweise nicht nur

---

878 *Durchardt/Gillitzer*, DStR 2001, 1624, 1626; vgl. *Arndt/Fischer* in Lüdicke/Arndt, Geschlossene Fonds, S. 280.

879 *Arndt/Fischer* in Lüdicke/Arndt, Geschlossene Fonds, S. 280; *Durchardt/Gilitzer*, DStR 2001, 1624, 1626; *Oehme*, Der Immobilienbrief 2003 (38), 8, 9.

880 *Durchardt/Gillitzer*, DStR 2001, 1624, 1626 gehen davon aus, dass die Fondslaufzeit regelmäßig zwischen 2 und 4 Jahren beträgt. *Arndt/Fischer* in Lüdicke/Arndt, Geschlossene Fonds, S. 280 halten eine Laufzeit von 4 bis 8 Jahren für üblich; vgl. auch OLG Hamm, BeckRS 2014, 04916.

881 *Rissel/Eschweiler* in Schäfer/Conzen, Praxishandbuch der Immobilien-Projektentwicklung, S. 1805; *Rohmert*, Der Immobilienbrief 2003 (38), 9.

882 *Arndt/Fischer* in Lüdicke/Arndt, Geschlossene Fonds, S. 280; *Rissel/Eschweiler* in Schäfer/Conzen, Praxishandbuch der Immobilien-Projektentwicklung, S. 184.

in einen einzelnen Vermögensgegenstand bzw. eine sehr geringe Anzahl an Vermögensgegenständen ist, sondern in die Entwicklung mehrerer Projekte, um die Risiken zu streuen. Dies gilt insbesondere im Bereich der Immobilienprojektentwicklung[883]. Allerdings werden – auch im Immobilienbereich – durchaus Projektentwicklungsfonds aufgelegt, welche die Entwicklung eines einzelnen Projekts zum Gegenstand haben. Korrespondierend mit dem erhöhten Risiko, ist auch die Renditeerwartung bei Projektentwicklungsfonds üblicherweise wesentlich höher als bei geschlossenen Fonds mit konservativen Investitionsgegenständen wie Immobilien, da im Rahmen der erfolgreichen Entwicklung und Veräußerung eines Projekts oftmals die größte Wertschöpfung möglich ist[884].

b) Projektentwicklung

Eine Legaldefinition oder eine allgemein anerkannte Bestimmung des Begriffs der Projektentwicklung existiert nicht[885]. Zumeist werden bei Projekten, welche Bauleistungen zum Gegenstand haben, die Planung und die Errichtung als Phasen der Projektentwicklung verstanden[886]. Am Anfang steht entweder die Idee für ein bestimmtes Projekt und die darauf gerichtete Suche nach einem geeigneten Standort oder das Vorliegen eines Standorts und dem Entwurf einer Nutzungskonzeption für diesen Standort (Initiierungsphase)[887]. Liegen sowohl der Standort, als

883 Projektentwicklungsfonds der PROJECT Investment Gruppe, welche auf Immobilienprojektentwicklungen spezialisiert ist, investieren nach Angabe des Geschäftsführers immer in mindestens 15 verschiedene Immobilienprojekte, vgl. *Götza*, Der Immobilienbrief 2013 (310), 21, 22.

884 *Oehme* geht von zweistelligen Erträgen aus, vgl. *Oehme*, Der Immobilienbrief 2003 (38), 8. *Durchardt/Gillitzer*, DStR 2001, 1624, 1626 gehen von einer Renditeerwartung zwischen 20 und 30 % p.a. aus. Der Prokurist/Executive als Director von HCI Immobilien Consult GmbH Alexander Lübeß hält 10–15 % Rendite für die „typische Messlatte" vgl. Gros, Projektentwicklungsfonds, S. 60. Projektentwicklungsfonds mit derartig hoher Rendite sind aktuell auf dem Markt jedoch nicht erhältlich, üblich sind zwischen 7 und 10 %.

885 Folgende Definition hat sich im Bereich der Immobilienprojektentwicklung durchgesetzt: „Durch Projektentwicklung sind die Faktoren Standort, Projektidee und Kapital so miteinander zu kombinieren, dass einzelwirtschaftlich wettbewerbsfähige, arbeitsplatzschaffende und -sichernde sowie gesamtwirtschaftlich sozial- und umweltverträgliche Immobilienobjekte geschaffen und dauerhaft rentabel genutzt werden können", vgl. *Bone-Winkel/Ortmann/Schleich* in Schulte/Bone-Winkel, Handbuch Immobilien-Projektentwicklung, S. 113; *Isenhöfer/Väth* in Schulte, Immobilienökonomie, Band 1, S. 151.

886 *Billhardt* in Gerhard/Rüschen/Sandhövel, Finanzierung erneuerbarer Energien, S. 404.

887 *Schulte/Bone-Winkel* in Schulte/Bone-Winkel, Handbuch Immobilien-Projektentwicklung, S. 37 ff.; *Billhardt* in Gerhard/Rüschen/Sandhövel, Finanzierung erneuerbarer Energien, S. 405 ff.

auch die Nutzungskonzeption als grob umrissenes Projekt vor, erfolgt im Rahmen einer groben Projektkonzeption die Prüfung der Realisierungsfähigkeit anhand verschiedener Analysen (z.B. Markt-, Wettbewerbs-, Standort- und Risikoanalysen) und Machbarkeitsstudien[888]. Ergibt sich aus der Prüfung, dass die Realisierung des Projekts möglich ist, geht die Projektentwicklung über in die Projektkonkretisierungsphase, welche den Abschluss der Verträge mit Projektpartnern sowie zum Teil auch die Sicherstellung der Finanzierung umfasst[889]. Die Projektentwicklung beinhaltet die Schaffung aller tatsächlichen und rechtlichen Voraussetzungen, die für das Projekt notwendig sind. Hierzu gehört die Sicherung des Eigentumserwerbs bzw. des Erwerbs von Nutzungsrechten an Grundstücken bzw. beweglichen Sachen, welche für die Realisierung des Projekt erforderlich sind, der Abschluss sonstiger projektbezogener Verträge sowie die Schaffung der öffentlich-rechtlichen Voraussetzungen (z.B. die Einholung einer Baugenehmigung)[890].

Nach Abschluss der Konzeptionsphase mit positiver Entscheidung hinsichtlich der Durchführung des Projekts beginnt die Phase des Projektmanagements, in welcher die Umsetzung der Konzeption durch die Organisation, Leitung und Steuerung der Planungs- und Ausführungsarbeiten erfolgt[891]. Zur Realisierung des Projekts übernimmt häufig der Projektentwickler die Bauausführung als Bauherr, insbesondere die Immobilienprojektentwicklung umfasst oftmals die schlüsselfertige Errichtung der Immobilie durch den Projektentwickler[892]. Ist die Errichtung bzw. Sanierung einer Immobilie, einer Anlage zur Erzeugung von Energie oder einer sonstigen baulich zu schaffenden Sache Gegenstand der Projektentwicklung, so wird zumeist ein Generalunternehmer- bzw. Generalübernehmer mit der Errichtung beauftragt und ggf. zusätzlich ein Generalplaner für die Planungsleistungen[893]. Es kommt auch vor, dass die Projektentwicklung alleine die Schaffung der Voraussetzungen der Realisierung des Projekts umfasst, ohne dass die Bauausführung selbst

888 *Isenhöfer/Väth* in Schulte, Immobilienökonomie, Band 1, S. 167 ff.; *Schulte/Bone-Winkel* in Schulte/Bone-Winkel, Handbuch Immobilien-Projektentwicklung, S. 41 ff.; *Billhardt* in Gerhard/Rüschen/Sandhövel, Finanzierung erneuerbarer Energien, S. 406.

889 *Schulte/Bone-Winkel* in Schulte/Bone-Winkel, Handbuch Immobilien-Projektentwicklung, S. 37 ff.; *Schäfer/Conzen* in Schäfer/Conzen, Praxishandbuch der Immobilien-Projektentwicklung, S. 6 f.

890 *Schulte/Bone-Winkel* in Schulte/Bone-Winkel, Handbuch Immobilien-Projektentwicklung, S. 53; *Billhardt* in Gerhard/Rüschen/Sandhövel, Finanzierung erneuerbarer Energien, S. 406 f.

891 *Homann* in Schulte, Immobilienökonomie, Band 1, S. 231; *Schulte/Bone-Winkel* in Schulte/Bone-Winkel, Handbuch Immobilien-Projektentwicklung, S. 54.

892 *Schulte/Bone-Winkel* in Schulte/Bone-Winkel, Handbuch Immobilien-Projektentwicklung, S. 54; *Isenhöfer/Väth* in Schulte, Immobilienökonomie, Band 1, S. 153.

893 Vgl. *von Stockhausen*, Finanzwelt 02/2014, Immobilien - eine ganz moderne Liebesgeschichte Wohnimmobilie, Fonds oder Projektentwicklung; *Homann* in Schulte, Immobilienökonomie, Band 1, S. 269 ff.; *Billhardt* in Gerhard/Rüschen/Sandhövel, Finanzierung erneuerbarer Energien, S. 411.

vorgenommen wird. So ist etwa bei dem oben genannten Beispiel der Entwicklung eines Windparks denkbar, dass sich die Projektentwicklung beschränkt auf die Suche eines geeigneten Standorts, den Abschluss aller notwendigen Verträge (u.a. der Vertrag zur Sicherung der Grundstücksnutzung, der Generalunternehmervertrag zur Errichtung des Windparks und dem Vertrag mit dem Netzbetreiber) sowie der Beibringung aller öffentlich-rechtlichen Genehmigungen, ohne dass vor dem Verkauf des Projekts mit der Errichtung des Windpark durch den Projektentwickler begonnen wird.

Der letzte Teil der Projektentwicklung ist die Vermarktung des Projekts[894]. Diese erfolgt möglichst frühzeitig, um den gewinnbringenden Verkauf sicher zu stellen[895]. Bei Immobilienprojektentwicklungen wird auch der Abschluss von Mietverträgen zu einem frühen Zeitpunkt angestrebt, da dies die Attraktivität der Immobilie für Käufer erhöht und für die Finanzierbarkeit häufig wichtig ist.

c) Projektentwickler

Projektentwicklungsfonds sind ebenso wie die anderen Arten geschlossener Fonds in erster Linie Kapitalsammelbecken. In aller Regel übernimmt deshalb die Fondsgesellschaft die Konzeptions-, Planungs-, Management- und Vermarktungsleistungen der Projektentwicklung nicht selbst. Vielmehr wird hierfür üblicherweise ein auf die Projektentwicklung spezialisiertes Unternehmen beauftragt[896]. Aus der Sicht von Projektentwicklern übernehmen Projektentwicklungsfonds die Funktion zwischenfinanzierender Banken, weshalb im Zusammenhang mit Projektentwicklungsfonds teilweise von „Übergangsfinanzierung" die Rede ist[897]. Oftmals arbeiten die Initiatoren von Projektentwicklungsfonds mit einem oder mehreren bestimmten Projektentwicklern zusammen[898]. Dies ist insofern vorteilhaft, als dass die Fähigkeiten des Projektentwicklers besser eingeschätzt werden können, die notwendige Vertrauensbasis gegebenen ist und der Abstimmungsaufwand geringer ist[899]. Der Initiator schließt mit Projektentwicklern häufig bereits im Vorfeld von konkreten Projektentwicklungen Rahmenverträge ab[900]. Zusätzlich werden bisweilen lokale

---

894 *Schulte/Bone-Winkel* in Schulte/Bone-Winkel, Handbuch Immobilien-Projektentwicklung, S. 53; *Schäfer/Conzen* in Schäfer/Conzen, Praxishandbuch der Immobilien-Projektentwicklung, S. 6 ff.

895 *Reutter/Jordan/Wulff* in Schäfer/Conzen, Praxishandbuch der Immobilien-Projektentwicklung, S. 147; *Götza*, Der Immobilienbrief 2013 (310), 21, 22.

896 *Arndt/Fischer* in Lüdicke-Arndt, Geschlossene Fonds, S. 280 f.

897 *Oehme*, Der Immobilienbrief 2003 (38), 8; *Durchardt/Gillitzer*, DStR 2001, 1624, 1626.

898 Gros, Projektentwicklungsfonds, S. 20.

899 Gros, Projektentwicklungsfonds, S. 31.

900 *Rissel/Eschweiler* in Schäfer/Conzen, Praxishandbuch der Immobilien-Projektentwicklung, S. 181 f.

Projektentwickler vor Ort beauftragt[901]. Teilweise arbeiten Projektentwicklungsfonds jedoch aus Gründen der Risikostreuung auch mit verschiedenen Projektentwicklern zusammen, ohne diese vorher zu kennen. Dies betrifft insbesondere solche Projektentwicklungsfonds, die in eine Vielzahl an einzelnen Projektentwicklungen investieren. Voraussetzung für die Zusammenarbeit ist dann regelmäßig, dass der jeweilige Projektentwickler bestimmte Kriterien erfüllt, wie z.B. das Vorliegen eines bestimmten Track-Records[902].

Im Vertrag mit dem Projektentwickler wird vereinbart, dass dieser die Entwicklung und ggf. auch die Fertigstellung des Projekts in einem vertraglich festgelegten qualitativen Zustand zu einem bestimmten Zeitpunkt schuldet[903]. Die Einhaltung des Fertigstellungstermins wird oftmals dadurch abgesichert, dass gegen den Projektentwickler im Falle von Verspätungen pauschalierte Schadensersatzansprüche bestehen[904]. Um im Hinblick auf die Kosten der Projektierung Planungssicherheit zu erreichen, ist oftmals ein Globalpauschalpreis vereinbart[905]. Es kommen jedoch auch verschiedene andere Vergütungsmodelle in Betracht, wie insbesondere Vergütungsvereinbarungen mit erfolgsbezogenem Bestandteil zur Erhöhung der Motivation des Projektentwicklers. Eine Besonderheit besteht bei Projektentwicklungsfonds darin, dass die Durchführung der Projektentwicklung zwar ausgelagert wird, die Fondsgesellschaft bzw. eine von der Fondsgesellschaft gehaltene Objektgesellschaft aber dennoch häufig an den unternehmerischen Entscheidungen der Projektentwicklung beteiligt ist. Durch die Vereinbarung von weitreichenden Kontroll- und Informationsrechten sichert sich der Fondsinitiator regelmäßig die Möglichkeit, den Fortschritt der Projektentwicklung zu überwachen und notfalls einzuschreiten[906]. Zu diesem Zweck ist der Projektentwickler üblicherweise verpflichtet, in bestimmten Zeitabständen (oft monatlich) über den aktuellen Stand Bericht zu erstatten[907].

Häufig sind Projektentwicklungsfonds nicht an dem gesamten Entwicklungsprozess beteiligt, sondern investieren nur in solche Projektentwicklungen, die bereits einen gewissen Entwicklungsstand aufweisen. Zum Teil ist der Initiator selbst als Projektentwickler tätig und verpflichtet sich gegenüber der Fondsgesellschaft zur Erbringung von Projektentwicklungsleistungen gegen Entgelt durch den Abschluss

901 Gros, Projektentwicklungsfonds, S. 31; OLG Hamm, BeckRS 2014, 04916.

902 *von Stockhausen*, Finanzwelt 02/2014, Immobilien - eine ganz moderne Liebesgeschichte Wohnimmobilie, Fonds oder Projektentwicklung. Unter dem Track Record ist die Erfolgs- und Erfahrungsgeschichte eines Projektentwicklers zu verstehen.

903 *Arndt/Fischer* in Lüdicke-Arndt, Geschlossene Fonds, S. 280 f.

904 *Arndt/Fischer* in Lüdicke-Arndt, Geschlossene Fonds, S. 280 f.

905 *Arndt/Fischer* in Lüdicke-Arndt, Geschlossene Fonds, S. 280.

906 *Arndt/Fischer* in Lüdicke-Arndt, Geschlossene Fonds, S. 279; *Rissel/Eschweiler* in Schäfer/Conzen, Praxishandbuch der Immobilien-Projektentwicklung, S. 190; Gros, Projektentwicklungsfonds, S. 38 f.

907 *Arndt/Fischer* in Lüdicke-Arndt, Geschlossene Fonds, S. 279; *Rissel/Eschweiler* in Schäfer/Conzen, Praxishandbuch der Immobilien-Projektentwicklung, S. 190.

von Geschäftsbesorgungsverträgen[908]. In diesem Fall ist der Projektentwicklungsfonds oft schon zu einem früheren Zeitpunkt in die Entwicklung der Projekte eingebunden und bereits bei der Projektkonzeption beteiligt.

d) Objektgesellschaft (SPV)

Projektentwicklungsfonds werden oftmals als sog. Doppelstock-Modell strukturiert, welches sich dadurch auszeichnet, dass sich die Anleger in der Regel nicht an der Gesellschaft beteiligen, welche die Vermögensgegenstände bzw. die Projektrechte hält[909]. Denn die Fondsgesellschaft investiert nicht direkt in projektbezogene Vermögensgegenstände oder den Erwerb von Projektrechten. Vielmehr hält die Fondsgesellschaft in der Regel Gesellschaftsanteile an sog. Objektgesellschaften, auch Special Purpose Vehiclel (SPV) genannt. Auf Ebene der Objektgesellschaften findet die Projektentwicklung statt. Die Fondsgesellschaft investiert somit nur mittelbar in die Projektentwicklungen, indem sie den Objektgesellschaften (Eigen- oder Fremd-) Kapital zur Verfügung stellt[910]. Für jedes einzelne Projekt wird entweder vom Initiator oder vom jeweiligen Projektentwickler eine Objektgesellschaft gegründet[911]. Die Objektgesellschaft wird üblicherweise entweder als GmbH oder als GmbH & Co. KG strukturiert[912]. Häufig ist der Projektentwickler am Eigenkapital der Objektgesellschaft ebenfalls geringfügig beteiligt zur Sicherstellung des Interessengleichlaufs zwischen Fondsgesellschaft und Projektentwickler und zur Stärkung des Vertrauens der Anleger in die Kapitalanlage[913]. Auch die Geschäftsführung der Objektgesellschaft wird zum Teil gemeinsam ausgeübt durch eine Person aus dem Umfeld des Fondsinitiators und eine weitere Person aus dem Umfeld des Projektentwicklers[914].

Die Objektgesellschaft hält sämtliche Projektrechte für das jeweilige Projekt und ist Vertragspartnerin gegenüber den Projektpartnern. Ist etwa der Erwerb eines Grundstückes notwendig für die Durchführbarkeit des Projektes, so schließt die Objektgesellschaft den Grundstückskaufvertrag ab und wird Eigentümerin des Grundstücks. Auch alle anderen projektbezogenen, schuldrechtlichen Verträge

---

908 Gros, Projektentwicklungsfonds, S. 20.

909 *Arndt/Fischer* in Lüdicke-Arndt, Geschlossene Fonds, S. 278 f.; Gros, Projektentwicklungsfonds, S. 11.

910 Vgl. OLG Hamm, BeckRS 2014, 04916.

911 *Conradi/Wiemann* in Schulte/Bone-Winkel, Handbuch Immobilien-Projektentwicklung, S. 386; *Billhardt* in Gerhard/Rüschen/Sandhövel, Finanzierung erneuerbarer Energien, S. 410.

912 *Conradi/Wiemann* in Schulte/Bone-Winkel, Handbuch Immobilien-Projektentwicklung, S. 386, 433.

913 *Rissel/Eschweiler* in Schäfer/Conzen, Praxishandbuch der Immobilien-Projektentwicklung, S. 190; Gros, Projektentwicklungsfonds, S. 40.

914 Gros, Projektentwicklungsfonds, S. 30, 40.

schließt die Objektgesellschaft ab, z.B. Mietverträge[915]. Dasselbe gilt für öffentlich-rechtliche Genehmigungen; auch diese beantragt die Objektgesellschaft. Die Zwischenschaltung der Objektgesellschaft hat den Hintergrund, dass die Veräußerung der Projektentwicklung bzw. die Übertragung der Projektrechte einfacher ist, wenn das gesamte Projekt mit sämtlichen Projektrechten durch die Übertragung der Anteile an der Objektgesellschaft im Wege des Share-Deals erfolgen kann[916]. Da die Projektrechte in den Objektgesellschaften gebündelt sind, wird der Erwerber der Gesellschaftsanteile der Objektgesellschaft automatisch mittelbar Inhaber der Projektrechte. Würde die Fondsgesellschaft selbst alle Vermögensgegenstände halten und wäre Inhaberin der Projekterechte, müssten sämtliche Projektrechte einzeln im Wege des Asset-Deals auf den Käufer übertragen werden. Dies ist zum einen komplizierter und zum anderen insbesondere bei vertraglichen Rechten problematisch, da der Erwerber als Dritter nicht ohne Zustimmung des Vertragspartners in die bestehenden Verträge eintreten kann. Ein weiterer Vorteil des Doppelstock-Modells ist darin zu sehen, dass durch die Zwischenschaltung der Objektgesellschaft eine Haftungsabschirmung erfolgt[917].

e) Fremdfinanzierung

Besonderheiten bestehen bei Projektentwicklungsfonds außerdem im Hinblick auf die Fremdfinanzierung. Während ein typisches Merkmal geschlossener Fonds die Aufnahme von Fremdkapital in größerem Umfang zur Nutzung des Leverage Effektes ist, finanzieren sich Projektentwicklungsfonds teilweise ausschließlich mit Eigenkapital[918]. Als Grund wird häufig ein freiwilliger Verzicht aufgrund der risikoerhöhenden Wirkung der Fremdfinanzierung angegeben[919]. Der Hintergrund für die reine Eigenkapitalfinanzierung ist jedoch häufig vor allem darin zu sehen, dass Banken bei der Fremdfinanzierung von Projektentwicklungsfonds sehr zurückhaltend sind aufgrund des hohen Risikos[920]. Dies gilt umso mehr, seit dem die

915 *Conradi/Wiemann* in Schulte/Bone-Winkel, Handbuch Immobilien-Projektentwicklung, S. 386.

916 *Billhardt* in Gerhard/Rüschen/Sandhövel, Finanzierung erneuerbarer Energien, S. 410.

917 *Billhardt* in Gerhard/Rüschen/Sandhövel, Finanzierung erneuerbarer Energien, S. 410.

918 Der Grund für eine reine Eigenkapitalfinanzierung ist häufig, dass Banken zur Fremdfinanzierung von Projektentwicklungsfonds nicht bereits sind, vgl. OLG Hamm, BeckRS 2014, 04916.

919 Z.B. wirbt die PROJECT Investment Gruppe, die Projektentwicklungsfonds im Immobilienbereich auflegt, mit ihrem Sicherheitskonzept, welches beinhaltet, dass auf keiner Ebene Fremdkapital aufgenommen wird, vgl. *Götza*, Der Immobilienbrief 2013 (310), 21, 22.

920 *Arndt/Fischer* in Lüdicke/Arndt, Geschlossene Fonds, S. 279; Gros, Projektentwicklungsfonds, S. 15 ff.

Eigenkapitalanforderungen an Banken bei der Vergabe von risikoreichen Krediten gestiegen sind[921].

Im Falle der Aufnahme von Bankdarlehen zur Fremdfinanzierung gilt bei Projektentwicklungsfonds die Besonderheit, dass Fremdkapital üblicherweise nicht auf Ebene der Fondsgesellschaft, sondern auf Ebene der einzelnen Objektgesellschaften aufgenommen wird[922]. Da die Objektgesellschaften in der Regel über kaum eigenes Vermögen verfügen, stehen den fremdfinanzierenden Banken regelmäßig kaum Sicherheiten zur Verfügung[923]. Aufgrund der Zwischenschaltung einer Objektgesellschaft (Doppelstock-Modell) können Banken als Darlehensgeber und anderen Gläubiger der Objektgesellschaft grundsätzlich nicht auf das Vermögen der Fondsgesellschaft und die Einlagen der Anleger zurückgreifen, da Anspruchsgegnerin allein die Objektgesellschaft ist[924].

f) Blind-Pool

Ein typisches Merkmal von Projektentwicklungsfonds ist darin zu sehen, dass diese häufig als sog. Blind-Pools aufgelegt werden, also den Anlegern die konkreten zu finanzierenden Projektentwicklungen zum Zeitpunkt des Beitritts nicht bekannt sind[925]. Festgelegt ist jedoch, in welche Art an Projektentwicklungen investiert wird, also z.B. in die Entwicklung von Wohnimmobilienprojekten. Zudem sind in aller Regel weitere Investitionskriterien vorgegeben, welche die Fondsgesellschaft einhalten muss[926]. Solche Investitionskriterien beziehen sich häufig auf die geographische Lage der Projekte (z.B. Wohnimmobilien in bestimmten Metropolen in Deutschland), ein bestimmtes Entwicklungsstadium des Projekts (z.B. abgeschlossene Sicherung des Grundstücks) oder das Vorliegen bestimmter Merkmale wie einem bestimmten Vermietungsstand (z.B. dass zwei Drittel der Wohnungen einer Wohnimmobilie bereits vermietet sind)[927]. Das Verfahren hinsichtlich der Investitionsentscheidung

---

921 *Arndt/Fischer* in Lüdicke/Arndt, Geschlossene Fonds, S. 280; *Oehme*, Der Immobilienbrief 2013 (38), 8. Die erhöhten Eigenkapitalanforderungen gehen auf die als Basel II und Basel III bekannten Basler Aufsichtsstandards zurück, welche Anforderungen an Finanzinstitute im Hinblick auf die risikobezogene Eigenkapitalausstattung enthalten. Zu Basel III, vgl. *Winterfeld* in Schimansky/Bunte/Lwowski, Bankrechts-Handbuch, § 124a Rn. 110 ff.

922 *Arndt/Fischer* in Lüdicke/Arndt, Geschlossene Fonds, S. 280.

923 *Arndt/Fischer* in Lüdicke/Arndt, Geschlossene Fonds, S. 279.

924 *Arndt/Fischer* in Lüdicke/Arndt, Geschlossene Fonds, S. 279.

925 *Jesch* in Jesch/Schilder/Striegel, Rechtshandbuch Immobilien-Investitionen, S. 592; *Arndt/Fischer* in Lüdicke-Arndt, Geschlossene Fonds, S. 279; *Oehme*, Der Immobilienbrief 2003 (38), 8, 9; OLG Hamm, BeckRS 2014, 04916.

926 *Rissel/Eschweiler* in Schäfer/Conzen, Praxishandbuch der Immobilien-Projektentwicklung, S. 181; *Jesch* in Jesch/Schilder/Striegel, Rechtshandbuch Immobilien-Investitionen, S. 592.

927 So investiert die PROCET Investment Gruppe z.B. nur in Immobilien in bestimmten Metropolen, vgl. *Götza*, Der Immobilienbrief 2013 (310), 21, 22.

sieht regelmäßig vor, dass der Initiator oder eine ihm nahestehende Gesellschaft bzw. die Geschäftsführung des Fonds nach geeigneten Projekten sucht und bei erfolgsversprechenden Projekten eine Due Diligence zur Ermittlung der Chancen und Risiken des jeweiligen Projekts vornimmt[928]. Die Investitionsentscheidung trifft entweder die Geschäftsführung der Fondsgesellschaft oder ein hierfür eingerichteter Beirat[929]. Häufig wird vor oder nach Beitritt der Anleger ein Investitionsbeirat gegründet, welchem die Auswahlentscheidung überlassen ist oder der hierbei zumindest unterstützend tätig ist[930]. Der einzelne Anleger hat in aller Regel keinen Einfluss darauf, in welche Projektentwicklung die Fondsgesellschaft investiert[931].

Projektentwicklungsfonds treten jedoch nicht zwangsläufig als Blind-Pool auf. Es gibt durchaus Projektentwicklungsfonds, bei denen die zu entwickelnden Projekte zum Zeitpunkt des Vertriebsstarts vollständig feststehen. Dies ist häufiger der Fall, wenn der Projektentwicklungsfonds die Entwicklung eines einzelnen Projektes zum Gegenstand hat[932]. Insbesondere wenn Details eines geplanten Projekts nicht an die Öffentlichkeit gelangen sollen, werden jedoch auch Projektentwicklungsfonds mit nur einer einzelnen Projektentwicklung als Blind-Pool aufgelegt (z.B. ohne Angaben des Standorts des Projekts). Möglich sind auch Mischformen. So investieren Projektentwicklungsfonds im Bereich der Immobilienprojektentwicklung teilweise in eine Vielzahl an Projektentwicklungen, bei denen ein oder zwei Projekte bei Vertriebsstart feststehen und ansonsten ein Blind-Pool vorliegt.

g) Keine Betriebsphase

Projektentwicklungsfonds weichen vom sog. Betreibermodell ab, wonach die Fondsgesellschaft einen Sachwert als Vermögensgegenstand erwirbt und diesen über längere Zeit selbst betreibt. Anders als bei typischen geschlossenen Fonds tritt die Fondsgesellschaft bei Projektentwicklungsfonds also nicht als Betreiberin auf. Projektentwicklungsfonds zeichnen sich typischerweise dadurch aus, dass die fertig entwickelten Projekte möglichst kurz gehalten werden. Bestenfalls wird das Projekt unmittelbar nach Fertigstellung bzw. nach Schaffung sämtlicher Voraussetzungen für die Umsetzung der Projektentwicklung an Dritte veräußert. Vereinzelt sind zwar geschlossene Immobilienfonds anzutreffen, welche zunächst selbst die komplette Projektentwicklung vornehmen, um das Projekt sodann entsprechend einem herkömmlichen geschlossenen Fonds selbst zu betreiben. Solche Konstruktionen stellen

928 *Rissel/Eschweiler* in Schäfer/Conzen, Praxishandbuch der Immobilien-Projektentwicklung, S. 191 f.
929 *Arndt/Fischer* in Lüdicke/Arndt, Geschlossene Fonds, S. 279.
930 *Arndt/Fischer* in Lüdicke/Arndt, Geschlossene Fonds, S. 279.
931 Projektentwicklungsfonds erfordern aus diesem Grund ein hohes Maß an Vertrauen in die Fähigkeiten der Personen, die die Investitionsentscheidungen treffen, vgl. *Rohmert*, Der Immobilienbrief, 2003 (38), 9; Gros, Projektentwicklungsfonds, S. 20.
932 Vgl. Gros, Projektentwicklungsfonds, S. 31.

jedoch die Ausnahme dar; Projektentwicklungsfonds haben üblicherweise alleine die Projektierung zum Gegenstand.

h) Ausschüttungen an Anleger

Während der Projektentwicklung wird auf Ebene der Objektgesellschaften in der Regel noch kein bezifferbarer wirtschaftlicher Wert geschaffen und die Objektgesellschaften verfügen über keine laufenden Einnahmen. Aus diesem Grund erwirtschaften Projektentwicklungsfonds aus der Verwaltung der gehaltenen Vermögensgegenstände – also den Gesellschaftsbeteiligungen an den Objektgesellschaften – anders als geschlossene Fonds nach dem Betreibermodell keine laufenden Einnahmen. Oft werden erst mit dem letztendlichen Verkauf der Objektgesellschaften nach Abschluss der Projektentwicklung Einkünfte erzielt. Aus diesem Grund kommt es vor, dass die Anleger bei Projektentwicklungsfonds keine laufenden Ausschüttungen erhalten, sondern erst am Ende der Fondslaufzeit nach dem Verkauf der Objektgesellschaft, in welcher die Projektrechte des fertig entwickelten Projekts gebündelt sind[933]. Dieses Returnmodell ist insbesondere bei Projektentwicklungsfonds, welche die Entwicklung eines einzelnen Projektes zum Gegenstand haben, häufiger anzutreffen. Oftmals erhalten die Anleger von Projektentwicklungsfonds aber trotz der fehlenden Erwirtschaftung von Einkünften vor dem Verkauf der Objektgesellschaften von Beginn an Ausschüttungen. Zum Teil werden die laufenden Ausschüttungen der Anleger aus den Liquiditätsmitteln der Fondsgesellschaft beglichen, also letztlich durch die Kommanditeinlagen der Anleger. Zum Teil werden auch schon vor dem Verkauf der Objektgesellschaft Einkünfte erzielt, z.B. indem Käufer an den Bautenstand gekoppelte Ratenzahlungen leisten. Dies setzt freilich eine frühzeitige, erfolgreiche Vermarktung voraus[934].

3. Zusammenfassung

Projektentwicklungsfonds investieren in die Entwicklung von bestimmten Projekten wie z.B. Immobilienprojekte zur Errichtung von Gewerbe- und/oder Wohnimmobilien[935]. Es kommen aber auch verschiedenste andere Projekte als Investitionsgegenstand in Frage wie z.B. die Projektierung von Anlagen zur Erzeugung von Strom.

---

933 Vgl. Interview mit Jan Gehrmann vom Bankhaus Wölbern in Gros, Projektentwicklungsfonds, S. 64.

934 Vgl. die Ausführungen zur PROJECT Investment Gruppe, wonach durch Ratenzahlungen von Käufern Eigenkapital frei wird zur Investition in neue Projekte, vgl. *Götza*, Der Immobilienbrief 2013 (310), 21, 22. Teilweise sind Projektentwicklungsfonds so strukturiert, dass die Fondsgesellschaft die für die Ausschüttungen notwendigen Mittel erwirtschaftet mit Zins- und Tilgungszahlungen aus Darlehen, welche die Fondsgesellschaft den Objektgesellschaften zur Verfügung gestellt hat.

935 *Schulte/Bone-Winkel* in Schulte/Bone-Winkel, Handbuch Immobilien-Projektentwicklung, S. 58; *Isenhöfer/Väth* in Schulte, Immobilienökonomie, Band 1, S. 162 ff.

Sofern die zu entwickelnden Projekte Bauleistungen beinhalten, können sowohl die Planung des Projekts als auch die Errichtung des geplanten Sachwertes Gegenstand der Projektentwicklung sein[936]. Im Gegensatz zu Fonds nach dem sog. Betreibermodell sind Projektentwicklungsfonds allein bei der Entwicklung der Projekte beteiligt, ohne dass die fertig entwickelten Objekte später selbst von der Fondsgesellschaft betrieben werden. Die Rendite erwirtschaftet sich aus diesem Grund allein durch die Veräußerung der Projekte, ohne dass die Fondsgesellschaft durch die bloße Verwaltung laufende Nutzungsentgelte einnimmt.

Projektentwicklungsfonds weichen in verschiedenerlei Hinsicht von typischen geschlossenen Fonds ab. So stellen die kurzen Laufzeiten von drei bis sechs Jahren ein typisches Merkmal von Projektentwicklungsfonds dar[937]. Darüber hinaus investieren Projektentwicklungsfonds häufig in eine Vielzahl an Projektentwicklungen, was zu einer Risikomischung führt. Typischerweise werden Projektentwicklungsfonds als Blind-Pool aufgelegt, d.h. die Investitionsentscheidungen erfolgen erst nach dem Beitritt der Anleger[938]. Projektentwicklungsfonds sind üblicherweise als sog. Doppelstock-Modell strukturiert. Die Projektentwicklung findet nicht auf Ebene der Fondsgesellschaft statt, sondern vielmehr auf der Ebene von zwischengeschalteten Objektgesellschaften, welche für jedes einzelne Projekt gegründet werden[939]. Die Gesellschaftsanteile der Objektgesellschaften, welche auch als Special Purpose Vehikel (SPV) bezeichnet werden, werden von der Fondsgesellschaft gehalten[940]. Sämtliche Projektrechte wie z.B. öffentlich-rechtliche Genehmigungen und vertragliche Rechte werden auf der Ebene der Objektgesellschaft gebündelt, welche gegenüber den Projektbeteiligten selbständig als Vertragspartnerin auftritt. Die Fondsgesellschaft selbst ist demnach nur mittelbar Inhaberin der Projektrechte und hält lediglich die Anteile an den Objektgesellschaften unmittelbar in ihrem Vermögen, denen sie Fremd- oder Eigenkapital zur Verfügung stellt. Sofern Fremdkapital von Banken eingesetzt wird, wird dieses auf Ebene der Objektgesellschaft aufgenommen. Teilweise handelt es sich bei Projektentwicklungsfonds aber auch um reine Eigenkapitalfinanzierungen, was nicht zuletzt mit der Zurückhaltung von Banken bei der Ausgabe von Krediten für Projektenwicklungsfonds aufgrund des hohen Risikos zusammenhängt.

Für die Durchführung der Projektentwicklung beauftragen die Objektgesellschaften externe Projektentwickler, vereinzelt übernimmt dies jedoch auch der Initiator

---

936 *Billhardt* in Gerhard/Rüschen/Sandhövel, Finanzierung erneuerbarer Energien, S. 404.

937 Vgl. *Durchardt/Gilitzer*, DStR 2001, 1624, 1626; *Arndt/Fischer* in Lüdicke/Arndt, Geschlossene Fonds, S. 280.

938 *Arndt/Fischer* in Lüdicke/Arndt, Geschlossene Fonds, S. 278 f.

939 *Conradi/Wiemann* in Schulte/Bone-Winkel, Handbuch Immobilien-Projektentwicklung, S. 386; *Billhardt* in Gerhard/Rüschen/Sandhövel, Finanzierung erneuerbarer Energien, S. 410.

940 *Conradi/Wiemann* in Schulte/Bone-Winkel, Handbuch Immobilien-Projektentwicklung, S. 386; *Arndt/Fischer* in Lüdicke/Arndt, Geschlossene Fonds, S. 278 f.

selbst bzw. eine dem Initiator nahestehende Gesellschaft[941]. In aller Regel wird mit einem externen Projektentwickler die Erbringung einer bestimmten Projektentwicklung in einem bestimmten qualitativen Zustand zu einem festgelegten Termin vereinbart. Üblicherweise ist die Geschäftsführung des Projektentwicklungsfonds bzw. der Objektgesellschaft an der Projektentwicklung trotz der Einschaltung eines externen Projektentwicklers insofern beteiligt, als dass sich diese bei Abschluss des Vertrags mit dem Projektentwickler weitreichende Kontroll- und Informationsrechten sichert. Vor diesem Hintergrund verpflichtet sich der Projektentwickler häufig zur regelmäßigen Berichterstattung, um die Überwachung des Entwicklungsfortschritts sowie ein ggf. notwendiges Einschreiten zu ermöglichen[942].

VI. Private Equity Fonds

Eine weitere Unterart der geschlossenen Fonds stellen Private Equity Fonds dar. Unter dem Begriff Private Equity wird externes Beteiligungskapital für nicht börsennotierte Unternehmen verstanden[943]. Bei Private Equity Fonds wird seitens der Initiatoren von Anlegern Kapital eingesammelt, welches in einer Fondsgesellschaft gebündelt und sodann in Form von Eigenkapital oder als eigenkapitalähnliche Mittel in Unternehmen investiert wird[944]. Private Equity Fonds genossen in der Vergangenheit teilweise einen schlechten Ruf und standen im Fokus öffentlicher Kritik[945]. Anders als bei den anderen Fondstypen waren Gegenstand der Kritik hier jedoch nicht Missstände im Bereich des Anlegerschutzes, sondern vielmehr wurden Private Equity Fonds die Ausplünderung von Unternehmen ohne Rücksichtnahme auf die Arbeitnehmer vorgeworfen als negative Auswüchse des Kapitalismus[946]. Nicht die Anleger, sondern die den Investitionsgegenstand bildenden Unternehmen und deren Arbeitnehmer wurden in der Vergangenheit zum Teil als Opfer betrachtet[947].

---

941 Gros, Projektentwicklungsfonds, S. 20.

942 *Arndt/Fischer* in Lüdicke/Arndt, Geschlossene Fonds, S. 279; *Rissel/Eschweiler* in Schäfer/Conzen, Praxishandbuch der Immobilien-Projektentwicklung, S. 190; Gros, Projektentwicklungsfonds, S. 38 f.

943 Private Equity wird teilweise auch als privates Beteiligungskapital umschrieben, vgl. OLG Frankfurt, GWR 2013, 340; *Sagasser* in Assmann/Schütze, Hdb. des Kapitalanlagerechts, § 27 Rn. 392. Der Gegenbegriff zu Private Equity ist Public Equity bzw. Quoted Equity. Hiermit ist börsliches Eigenkapital gemeint, vgl. *Feldhaus* in Feldhaus/Veith, Frankfurter Kommentar zu Private Equity, Kap. 1 Rn. 2.

944 BMF-Schreiben, 16.12.2003, DStR 2004, 181; *Sagasser* in Assmann/Schütze, Hdb. des Kapitalanlagerechts, § 27 Rn. 392; *Kind* in Lüdicke/Arndt, Geschlossene Fonds, S. 418 f.

945 Gündel/Katzorke, Private Equity, S. 13; *Otto*, AG 2013, 357; *Schneider*, AG 2006, 577 ff.; *Weber-Rey*, AG 2005, R281.

946 *Feldhaus* in Feldhaus/Veith, Frankfurter Kommentar zu Private Equity, Kap. 1 vor Rn. 1; *Otto*, AG 2013, 357.

947 *Otto*, AG 2013, 357.

Basierend auf einer Rede des damaligen SPD-Vorsitzenden Franz Müntefering am 19.11.2004 sowie vor allem auf Grund von dessen Aussage in dem nachfolgenden Interview am 17.04.2005 hat sich für Private Equity Fonds der Begriff der „Heuschrecken“ eingeprägt, welche Unternehmen aufkaufen, ausplündern und dann weiterziehen[948].

1. Investitionsgegenstand und Renditeerwirtschaftung

Der Investitionsgegenstand bei Private Equity Fonds sind üblicherweise Beteiligungen an nicht börsennotierten Unternehmen; üblich sind Beteiligungen an zwischen zehn und fünfzig Unternehmen[949]. Diese Unternehmen werden gemeinhin als Zielunternehmen oder auch Target bezeichnet, nach dem Beteiligungserwerb wird häufig der Begriff Portfoliogesellschaft verwendet[950]. Private Equity Fonds stellen den Zielunternehmen für eine begrenzte Zeit Eigenkapital oder eigenkapitalähnliche Mittel zur Verfügung[951]. Zum Zeitpunkt des Beitritts der Anleger steht üblicherweise noch nicht fest, in welche Unternehmensbeteiligungen konkret investiert wird (sog. Blind-Pool)[952]. Jedoch verfolgen Private Equity Fonds typischerweise eine Investmentstrategie, welche Einschränkungen im Hinblick auf die möglichen Zielunternehmen enthalten z.B. im Hinblick auf die Unternehmensphase des Zielunternehmens (z.B. Later Stage), den Hintergrund des Kapitalbedarfs des Zielunternehmens (etwa sog. Management-Buy-Outs) und die geographische Lage des Zielunternehmens[953]. Häufig spezialisieren sich Private Equity Häuser auf bestimmte Branchen (z.B. Computer-Software/Life Science), da auf dieses Weise Erfahrungswerte und ein gewisses Expertenwissen begründet und zur Wertsteigerung genutzt werden kann[954]. Die Zeichnungssumme, bei welcher der Fonds geschlossen

---

948 Im Interview mit der Bild am Sonntag vom 17.04.2005 war folgende Aussage von Franz Müntefering zu lesen: „Manche Finanzinvestoren verschwenden keinen Gedanken an die Menschen, deren Arbeitsplätze sie vernichten – sie bleiben anonym, haben kein Gesicht, fallen wie Heuschreckenschwärme über Unternehmen her, grasen sie ab und ziehen weiter. Gegen diese Form von Kapitalismus kämpfen wir.“

949 Gündel/Katzorke, Private Equity, S. 199; BMF-Schreiben, 16.12.2003, DStR 2004, 181; *Gajo*, AG 2002, R38; *Kind* in Lüdicke/Arndt, Geschlossene Fonds, S. 418 ff.

950 *Sagasser* in Assmann/Schütze, Hdb. des Kapitalanlagerechts, § 27 Rn. 392; *Kind* in Lüdicke/Arndt, Geschlossene Fonds, S. 418; BMF-Schreiben, 16.12.2003, DStR 2004, 181.

951 *Sagasser* in Assmann/Schütze, Hdb. des Kapitalanlagerechts, § 27 Rn. 392; *Feldhaus* in Feldhaus/Veith, Frankfurter Kommentar zu Private Equity, Kap. 1 Rn. 3 ff.

952 Brettel/Kaufmann/Kühn/Sobczak, Private Equity Investoren, S. 29; *Kind* in Lüdicke/Arndt, Geschlossene Fonds, S. 422 f.; *Rudolph*, ZGR 2008, 161, 163.

953 Gündel/Katzorke, Private Equity, S. 201. Ausführlich dazu siehe unten Arten und Hintergründe von Private Equity Transaktionen, D. VI. 2. c), S. 181 ff.

954 *Feldhaus* in Feldhaus/Veith, Frankfurter Kommentar zu Private Equity, Kap. 1 Rn. 53; Gündel/Katzorke, Private Equity, S. 201.

wird, liegt bei Private Equity Fonds oftmals deutlich höher als bei den anderen Arten geschlossener Fonds. Üblich sind 100 bis 500 Mio. Euro; es gibt aber auch Private Equity Fonds, die das Zeichnungskapital weitaus höher ansetzen[955]. Die Unternehmensbeteiligungen werden nicht langfristig gehalten, sondern mittelfristig durch Verkauf, Börsengang o.ä. verwertet (sog. Exit)[956]. Die Rendite für die Anleger des Private Equity Fonds erwirtschaftet sich aus dem Verkauf der Portfoliogesellschaften[957]. Das Ziel eines jeden Private Equity Fonds ist der möglichst günstige Kauf von Unternehmensbeteiligungen sowie deren Verwertung nach möglichst kurzer Zeit zu einem möglichst hohen Preis, da in diesem Fall die höchste Rendite zu erwirtschaften ist[958]. Im Gegensatz zu geschlossenen Fonds nach dem sog. Betreiber-Modell, bei denen die Nutzungsentgelte während der Betriebsphase eine Haupteinnahmequelle darstellen, spielen die laufenden Einkünfte in der Zeit des Haltens der Beteiligungen keine bzw. nur eine untergeordnete Rolle[959]. Die laufenden Einnahmen durch die Ausschüttungen der Portfoliogesellschaften sind lediglich hinsichtlich der Fremdkapitalkosten von Bedeutung[960]. Je kürzer die Verwaltungsphase ist und je schneller die möglichst günstig erworbenen Unternehmensbeteiligungen teuer verwertet werden können, desto besser für den Private Equity Fonds, da in diesem Fall die Rendite des eingesetzten Geldes am höchsten ist[961]. Die Laufzeit von Private Equity Fonds beträgt gewöhnlich sieben bis zwölf Jahre und ist somit kürzer als bei den meisten anderen Arten geschlossener Fonds[962].

2. Besonderheiten

Private Equity Fonds weichen in einigen Aspekten von der Grundstruktur typischer geschlossener Fonds ab. Diese Besonderheiten sind zum Teil der Tatsache geschuldet, dass im Gegensatz zu den meisten anderen Fondstypen nicht (direkt oder über eine

---

955 *Veith* in Feldhaus/Veith, Frankfurter Kommentar zu Private Equity, Kap. 1 Rn. 64.

956 BMF-Schreiben, 16.12.2003, DStR 2004, 181; *Inhester/Herrmann* in MünchHdb. GesR II, § 26 Rn. 124.

957 *Kind* in Lüdicke/Arndt, Geschlossene Fonds, S. 418; *Sagasser* in Assmann/Schütze, Hdb. des Kapitalanlagerechts, § 27 Rn. 401; *Levedag* in MünchHdb. GesR II, § 71 Rn. 201.

958 *Kind* in Lüdicke/Arndt, Geschlossene Fonds, S. 418.

959 *Watermeyer* in Müller/Hoffmann, Beck'sches Hdb. der Personengesellschaften, § 16 Rn. 6; *Inhester/Herrmann* in MünchHdb. GesR II, § 26 Rn. 123.

960 *Kind* in Lüdicke/Arndt, Geschlossene Fonds, S. 418; *Inhester/Herrmann* in MünchHdb. GesR II, § 26 Rn. 123.

961 *Kind* in Lüdicke/Arndt, Geschlossene Fonds, S. 418; *Watermeyer* in Müller/Hoffmann, Beck'sches Hdb. der Personengesellschaften, § 16 Rn. 6; *Inhester/Herrmann* in MünchHdb. GesR II, § 26 Rn. 123.

962 Brettel/Kaufmann/Kühn/Sobczak, Private Equity Investoren, S. 27; *Rudolph*, ZGR 2008, 161, 162; *Feldhaus* in Feldhaus/Veith, Frankfurter Kommentar zu Private Equity, Kap. 1 Rn. 165; *Sagasser* in Assmann/Schütze, Hdb. des Kapitalanlagerechts, § 27 Rn. 401; *Inhester/Herrmann* in MünchHdb. GesR II, § 26 Rn. 127.

zwischengeschaltete Gesellschaft) in Sachwerte investiert wird, sondern in Unternehmensbeteiligungen.

a) *Arten von Private Equity Fonds*

Zu unterscheiden ist zwischen verschiedenen Arten von Private Equity Fonds. Zum einen existieren Private Equity Fonds als Direkt-Investment-Fonds, bei denen sich der Private Equity Fonds direkt selbst bzw. über eine zwischengeschaltete Erwerbsgesellschaft an den Zielunternehmen beteiligt[963]. Zum anderen treten Private Equity Fonds als Dachfondskonstruktionen in Erscheinung, bei denen sich der Anleger an einem Dachfonds beteiligt, welcher sich dann wiederrum an größeren Private Equity Fonds beteiligt[964]. Investitionsgegenstand des Dachfonds ist somit die Beteiligung an Private Equity Fonds; der Dachfonds investiert nur mittelbar über andere Private Equity Fonds in operativ tätige Zielgesellschaften, wobei durch die Investition in verschiedene Private Equity Fonds eine zusätzliche Risikostreuung erreicht wird[965]. Bei sog. Feeder-Fonds beteiligt sich die Fondsgesellschaft an einem einzelnen, bestimmten Private Equity Fonds und „füttert" diesen an[966]. Weitere Arten an Private Equity Fonds sind Mezzaninefonds, bei denen keine gesellschaftsrechtliche Beteiligung an den Zielgesellschaften erfolgt, sondern nur die Bereitstellung von Mezzaninekapital sowie Parallelfonds[967]. Bei Parallelfonds wird aus steuerlichen Gründen – insbesondere für Anleger aus dem Ausland – neben dem „normalen" Private Equity Fonds ein separates Investmentvehikel geschaffen, welches im Gleichlauf mit dem „normalen" Private Equity Fonds in die Zielgesellschaften investiert[968].

b) *Anlegerkreis und Vertrieb*

Anders als typische geschlossene Fonds richten sich Private Equity Fonds grundsätzlich nicht an private Kleinanleger, sondern vielmehr an institutionelle Anleger wie Versicherungen, Banken und Pensionskassen sowie an Investoren aus dem Bereich der öffentlichen Hand[969]. Darüber hinaus investieren auch größere Unternehmen

963 *Kind* in Lüdicke/Arndt, Geschlossene Fonds, S. 421 f.

964 *Levedag* in MünchHdb. GesR II, § 71 Rn. 205; *Veith* in Feldhaus/Veith, Frankfurter Kommentar zu Private Equity, Kap. 1 Rn. 135 f.; *Kind* in Lüdicke/Arndt, Geschlossene Fonds, S. 427.

965 *Levedag* in MünchHdb. GesR II, § 71 Rn. 205.

966 *Kind* in Lüdicke/Arndt, Geschlossene Fonds, S. 427 f.; *Feldhaus* in Feldhaus/Veith, Frankfurter Kommentar zu Private Equity, Kap. 1 Rn. 54. Es gibt auch Private Equity Fonds, an denen lediglich ein einzelner Anleger (z.B. eine Bank) beteiligt ist.

967 *Kind* in Lüdicke/Arndt, Geschlossene Fonds, S. 428 f.

968 *Kind* in Lüdicke/Arndt, Geschlossene Fonds, S. 429.

969 *Sagasser* in Assmann/Schütze, Hdb. des Kapitalanlagerechts, § 27 Rn. 392; *Feldhaus* in Feldhaus/Veith, Frankfurter Kommentar zu Private Equity, Kap. 1 Rn. 53; *Watermeyer* in Müller/Hoffmann, Beck'sches Hdb. der Personengesellschaften, § 16 Rn. 6.

und sehr vermögende Privatpersonen häufig in Private Equity Fonds[970]. Obwohl diesen Anlegern eine direkte Beteiligung an den jeweiligen Zielunternehmen teilweise finanziell durchaus möglich wäre, wählen diese häufig die mittelbare Investition in die Zielunternehmen über die Beteiligung an dem Private Equity Fonds. Neben der Risikostreuung bietet die mittelbare Investition in mehrere Zielunternehmen den Vorteil des Expertenwissens des Private Equity Fonds. Zudem spricht für eine Beteiligung an dem Private Equity Fonds, dass im Unterschied zur Direktbeteiligung an den Zielgesellschaften die Anleger des Private Equity Fonds anonym bleiben und somit nicht Gefahr laufen, aus Gründen der gesellschaftlichen Verantwortung bzw. des Ansehens in der Öffentlichkeit bei einer wirtschaftlichen Notlage des jeweiligen Zielunternehmens finanziell einspringen zu müssen[971]. Es gibt auch Private Equity Fonds, welche eigens für einen bestimmten Anleger (z.B. eine Bank) aufgelegt werden und an denen lediglich dieser einzelne Anleger beteiligt ist. Direkt-Investment-Fonds sind für private Kleinanleger nicht zugänglich, da hier regelmäßig 500.000 Euro oder sogar noch weit mehr als Mindesteinlage erbracht werden müssen[972]. Allerdings hat sich der Private Equity Bereich im Übrigen in den vergangenen Jahren immer mehr für private Kleinanleger geöffnet[973]. Insbesondere Dachfonds bieten privaten Kleinanlegern die Möglichkeit, in Private Equity Fonds zu investieren[974]. Inzwischen unterscheiden sich die geforderten Mindesteinlagen bei solchen auf private Kleinanleger ausgerichteten Private Equity Fonds in Form von Dachfondskonstruktionen nicht mehr von anderen Arten geschlossener Fonds[975]. Möglich ist Privatanlegern häufig auch die Beteiligung an einem sog. Feeder-Fonds[976]. Sowohl bei der Investition in einen Dachfonds, als auch bei der Beteiligung an einem Feeder-Fonds wird die Fondsgesellschaft, an welcher sich der Anleger direkt beteiligt, somit als Kapitalsammelbecken zur Investition in

---

970 Brettel/Kaufmann/Kühn/Sobczak, Private Equity Investoren, S. 25.

971 Vgl. Gündel/Katzorke, Private Equity, S. 199.

972 Nach Angaben von *Kind* belaufen sich die Mindesteinlagen bei Private Equity Fonds im mittleren bis höheren Bereich regelmäßig zwischen 3 und 20 Mio. USD, vgl. *Kind* in Lüdicke/Arndt, Geschlossene Fonds, S. 421 f. *Gündel/Katzorke* gehen im mittleren bis höheren Bereich hingegen von Mindesteinlagen in einer Bandbreite zwischen 500.000 Euro und 5 bis 10 Mio. Euro aus, vgl. Gündel/Katzorke, Private Equity, S. 201.

973 *Gajo,* AG 2002, R38, R43; Brettel/Kaufmann/Kühn/Sobczak, Private Equity Investoren, S. 24.

974 Brettel/Kaufmann/Kühn/Sobczak, Private Equity Investoren, S. 24; *Veith* in Feldhaus/Veith, Frankfurter Kommentar zu Private Equity, Kap. 1 Rn. 135 f.; *Kind* in Lüdicke/Arndt, Geschlossene Fonds, S. 427.

975 *Kind* in Lüdicke/Arndt, Geschlossene Fonds, S. 427 geht bei Private Equity Fonds in Form von Dachfondskonstruktionen von Mindesteinlagen ab 20.000 Euro aus; *Watermeyer* in Müller/Hoffmann, Beck'sches Hdb. der Personengesellschaften, § 16 Rn. 6 nimmt eine Mindestbeteiligung zwischen 15.000 und 25.000 USD an. Ein Blick auf die aktuell angebotenen Fondsbeteiligungen im Internet zeigt jedoch, dass Beteiligungen schon ab 5.000 bis 10.000 Euro gezeichnet werden können.

976 *Kind* in Lüdicke/Arndt, Geschlossene Fonds, S. 427 f.

einen Private Equity Fonds genutzt, zu dem die privaten Kleinanleger direkt keinen Zugang hätten[977].

Entsprechend dem besonderen Anlegerkreis bestehen bei Private Equity Fonds im Hinblick auf den Vertrieb Besonderheiten. Insbesondere bei Direkt-Investment-Fonds verläuft der Vertrieb häufig durch sog. Road Shows oder Investor Meetings[978]. Hierbei handelt es sich um Informations- bzw. Verkaufsveranstaltungen, bei denen den persönlich anwesenden potentiellen Anlegern die Vermögensanlage erläutert wird[979]. Aufgrund des engen Adressatenkreises bestand mangels Vorliegens eines öffentlichen Vertriebs bzw. aufgrund der Ausnahmevorschriften nach § 2 Abs. 1 Nr. 3 VermAnlG (sog. Private Placements) bei Private Equity Fonds vor Inkrafttreten des KAGB oftmals keine gesetzliche Prospektpflicht und -haftung. Um den nach allgemeinen zivilrechtlichen Grundsätzen bestehenden Aufklärungspflichten zu genügen, wurden die wesentlichen Eigenschaften und Risiken in einem Private Placement Memorandum (PPM) festgehalten, welches interessierten Anleger ausgehändigt wurde[980]. Handelt es sich um Dachfondskonstruktionen, bei denen sich private Kleinanleger über einen zwischengeschalteten Fonds mittelbar an großen Private Equity Fonds beteiligen, so unterscheidet sich der Vertrieb der Dachfondsanteile nicht vom typischen Vertrieb von Anteilen an geschlossenen Fonds.

c) Arten und Hintergründe von Private Equity Transaktionen

Sowohl im Hinblick auf die Zielgesellschaften als auch in Bezug auf die Struktur der Beteiligung ist zwischen typischen Private Equity Fonds und Venture Capital abzugrenzen[981]. Venture Capital stellt eine Unterart der Private Equity Fonds dar, die sich jedoch grundlegend von üblichen Private Equity Fonds unterscheidet[982]. Unter dem Begriff Venture Capital wird Kapital verstanden, welches in den frühen Phasen eines Unternehmens eingesetzt wird zur Finanzierung der Gründung bzw. des Aufbaus des Unternehmens[983]. Bei den Zielgesellschaften handelt es sich häufig um junge Wachstumsunternehmen mit innovativen Ideen z.B. aus High-Tech-Branchen,

---

977 *Kind* in Lüdicke/Arndt, Geschlossene Fonds, S. 427.

978 *Feldhaus* in Feldhaus/Veith, Frankfurter Kommentar zu Private Equity, Kap. 1 Rn. 159.

979 *Feldhaus* in Feldhaus/Veith, Frankfurter Kommentar zu Private Equity, Kap. 1 Rn. 159.

980 *Feldhaus* in Feldhaus/Veith, Frankfurter Kommentar zu Private Equity, Kap. 1 Rn. 159.

981 *Levedag* in MünchHdb. GesR II, § 71 Rn. 198; *Gabrysch* in Breithaupt/Ottersbach, Kompendium Gesellschaftsrecht, S. 114 Rn. 60 ff.; *Möller*, BB 2006, 971; *Duchardt/Gillitzer*, DStR 2001, 1624, 1630 f.

982 *Kind* in Lüdicke/Arndt, Geschlossene Fonds, S. 419; *Gajo*, AG 2002, R38, R39.

983 *Feldhaus* in Feldhaus/Veith, Frankfurter Kommentar zu Private Equity, Kap. 1 Rn. 6 ff.; *Sagasser* in Assmann/Schütze, Hdb. des Kapitalanlagerechts, § 27 Rn. 392; *Möller*, BB 2006, 971. Venture Capital dient der sog. Early-Stage-Finanzierung, welche die Seed-Phase und die Start-up-Phase beinhaltet, vgl. *Gajo*, AG 2002, R38,

die mangels entsprechender Sicherheiten den Kapitalbedarf zur Umsetzung des Geschäftskonzepts nicht über Bankkredite abdecken können[984]. Venture Capital zeichnet sich aus Sicht des Fonds dadurch aus, dass zumeist ohne oder nur mit wenig Fremdkapital in Minderheitsbeteiligungen an Unternehmen in frühen Phasen investiert wird mit extrem hohem Risiko[985]. Da der Untersuchungsgegenstand dieser Arbeit Private Equity Fonds in der typischen Ausgestaltung sind und sich Venture Capital Fonds grundlegend von typischen Private Equity Fonds unterscheiden, soll Venture Capital im Folgenden nicht näher behandelt werden.

Außerhalb des Venture Capital Bereichs investieren Private Equity Fonds hingegen regelmäßig nur in etablierte Unternehmen[986]. Die Zielgesellschaften können grundsätzlich Unternehmen aus sämtlichen Branchen sein, ausschlaggebend ist das Wertsteigerungspotential des Unternehmens[987]. Vorzugsweise handelt es sich um Unternehmen mit einem hohen Marktanteil, die in einem Markt mit hohen Eintrittsbarrieren agieren[988]. Zum Teil spezialisieren sich Private Equity Häuser auf bestimmte Finanzierungsphasen, Branchen, Unternehmensgrößen und/oder auf bestimmte geographische Gebiete[989]. Regelmäßig ist der Erwerb von Mehrheitsbeteiligungen an den Zielgesellschaften angestrebt[990]. Typisch für Private Equity Fonds ist der

---

R40; *Feldhaus* in Feldhaus/Veith, Frankfurter Kommentar zu Private Equity, Kap. 1 Rn. 6 ff.

984 *Feldhaus* in Feldhaus/Veith, Frankfurter Kommentar zu Private Equity, Kap. 1 Rn. 6; *Rudolph*, ZGR 2008, 161, 167 f.; *Kind* in Lüdicke/Arndt, Geschlossene Fonds, S. 418; *Sagasser* in Assmann/Schütze, Hdb. des Kapitalanlagerechts, § 27 Rn. 392.

985 *Rudolph*, ZGR 2008, 161, 167 f.; *Gajo*, AG 2002, R38, R40; *Gabrysch* in Breithaupt/Ottersbach, Kompendium Gesellschaftsrecht, S. 114 Rn. 63.

986 *Möller*, BB 2006, 971; *Gabrysch* in Breithaupt/Ottersbach, Kompendium Gesellschaftsrecht, S. 114 Rn. 63 ff.; Brettel/Kaufmann/Kühn/Sobczak, Private Equity Investoren, S. 11.

987 Brettel/Kaufmann/Kühn/Sobczak, Private Equity Investoren, S. 38. Einige Branchen sind jedoch aufgrund bestimmter Faktoren wie einer stabilen Marktteilnehmerstruktur und einem zu erwartenden Marktwachstum besonders geeignet. So fanden in der Vergangenheit viele Private Equity Transaktionen in der Dienstleistungsbranche, der Kommunikationsbranche sowie in der Automobilzulieferindustrie statt, wohingegen etwa die Baubranche bei Private Equity Fonds wenig beliebt ist, vgl. *Feldhaus* in Feldhaus/Veith, Frankfurter Kommentar zu Private Equity, Kap. 1 Rn. 176; *Wengenroth/Maier*, EStB 2004, 252, 253.

988 Markteintrittsbarrieren gewähren eine gewisse Sicherheit in Bezug auf die Entwicklung der eigenen Marktposition in der Zukunft, da die Wettbewerbssituation bei einer begrenzten Anzahl an Konkurrenten besser eingeschätzt werden kann, vgl. Brettel/Kaufmann/Kühn/Sobczak, Private Equity Investoren, S. 47.

989 *Feldhaus* in Feldhaus/Veith, Frankfurter Kommentar zu Private Equity, Kap. 1 Rn. 53; Brettel/Kaufmann/Kühn/Sobczak, Private Equity Investoren, S. 40.

990 *Gabrysch* in Breithaupt/Ottersbach, Kompendium Gesellschaftsrecht, S. 114 Rn. 68; *Mayer-Ueller*, AG 2013, 828; *Feldhaus* in Feldhaus/Veith, Frankfurter Kommentar zu Private Equity, Kap. 1 Rn. 4.

Beteiligungserwerb mit einem hohen Maß an Fremdkapital durch die Aufnahme von Bankdarlehen[991]. Bei den Zielgesellschaften von Private Equity Fonds handelt es sich in der Regel um Unternehmen, deren Anteile nicht an einer Börse gehandelt werden[992]. In aller Regel handelt es sich bei den Zielunternehmen um Kapitalgesellschaften; Beteiligungen an Zielgesellschaften in der Rechtsform von Personengesellschaften kommen nur sehr selten vor[993]. Private Equity Fonds investieren typischerweise nicht in Beteiligungen eines einzigen Unternehmens, sondern erwerben aus Gründen der Risikostreuung Beteiligungen an einer Vielzahl verschiedener Unternehmen[994].

Typischerweise handelt es sich bei den Zielgesellschaften um Unternehmen mit Bedarf an Eigenkapital, bei denen ein Umbruch ansteht[995]. Die Mehrheit der Private Equity Transaktionen hat sog. Management-Buy-Outs (MBO) zum Gegenstand[996]. Als Buy Out wird generell die Übernahme eines Unternehmens verstanden[997]. Unter dem Begriff Management-Buy-Out ist die Übernahme der Zielgesellschaft durch das bisherige Management mit Hilfe des Private Equity Fonds zu verstehen[998]. Diese Übernahme verläuft dergestalt, dass der Private Equity Fonds eine Mehrheitsbeteiligung an der Zielgesellschaft aufkauft, wobei das bisherige Management der Zielgesellschaft beibehalten wird und sich selbst mit geringen Beteiligungsquoten kapitalmäßig an der Zielgesellschaft beteiligt[999]. Die meisten Private Equity

---

991 *Gabrysch* in Breithaupt/Ottersbach, Kompendium Gesellschaftsrecht, S. 114 Rn. 63; *Rudolph*, ZGR 2008, 161, 169 ff.

992 BMF-Schreiben, 16.12.2003, DStR 2004, 181; *Gajo*, AG 2002, R38; *Kind* in Lüdicke/Arndt, Geschlossene Fonds, S. 418 ff. Die Investition in Beteiligungen an börsennotierten Unternehmen ist jedoch nicht ausgeschlossen. So erwarb zum Beispiel The Blackstone Group AG im Jahr 2006 ein 4,6 % Aktienpaket an der Deutschen Telekom AG, weitere Beispiele bei *Feldhaus* in Feldhaus/Veith, Frankfurter Kommentar zu Private Equity, Kap. 1 Rn. 2. Die Tatsache, dass Beteiligungen an börsennotierten Gesellschaften eher selten Investitionsgegenstand von Private Equity Fonds sind, hängt mit den für börsennotierte Gesellschaften geltenden strengen gesetzlichen Anforderungen etwa beim Anteilserwerb zusammen und dem damit verbundenen höheren Aufwand, vgl. ausführlich hierzu *Mayer-Ueller*, AG 2013, 828 ff.

993 *Watermeyer* in Müller/Hoffmann, Beck'sches Hdb. der Personengesellschaften, § 16 Rn. 6; BMF-Schreiben, 16.12.2003, DStR 2004, 181.

994 Brettel/Kaufmann/Kühn/Sobczak, Private Equity Investoren, S. 28; *Kind* in Lüdicke/Arndt, Geschlossene Fonds, S. 419.

995 *Feldhaus* in Feldhaus/Veith, Frankfurter Kommentar zu Private Equity, Kap. 1 Rn. 21 ff.; *Wengenroth/Maier*, EStB 2004, 252; *Möller*, BB 2006, 971.

996 Brettel/Kaufmann/Kühn/Sobczak, Private Equity Investoren, S. 12; *Veith* in Feldhaus/Veith, Frankfurter Kommentar zu Private Equity, Kap. 1 Rn. 59; *Gajo*, AG 2002, R38 ff.

997 Brettel/Kaufmann/Kühn/Sobczak, Private Equity Investoren, S. 11 f.

998 *Gajo*, AG 2002, R38, R40.

999 Üblich sind Beteiligungsquoten von 10 %, vgl. *Gabrysch* in Breithaupt/Ottersbach, Kompendium Gesellschaftsrecht, S. 114 Rn. 64; Brettel/Kaufmann/Kühn/Sobczak, Private Equity Investoren, S. 15; *Gajo*, AG 2002, R38 R40.

Transaktionen sind sog. Leveraged-Buy-Outs (LBO)[1000]. Hierunter ist der fremdfinanzierte Erwerb der Anteile an der Zielgesellschaft durch den Private Equity Fonds zu verstehen[1001]. Umgekehrt treten Private Equity Fonds auch beim sog. Buy-In in Erscheinung, also dem Einbringen eines neuen, externen Managements in die Zielgesellschaft[1002]. Der Hintergrund einer Privat Equity Transaktion kann aus Sicht des Zielunternehmens z.B. die Konzernrestrukturierung sein, etwa wenn Geschäftsbereiche außerhalb des Kerngeschäfts ausgesondert werden sollen[1003]. Auch bei der Sanierung von Unternehmen, die sich in einer Krise befinden, kommen Private Equity Fonds als Investoren zur Finanzierung des Turnarounds in Frage[1004]. Teilweise dient die Private Equity Transaktion auch der Vorbereitung eines Börsengangs des Zielunternehmens[1005].

d) Eigenkapital und eigenkapitalähnliche Mittel

Das von den Anlegern erhaltene Eigenkapital sowie das aufgenommene Fremdkapital investiert der Private Equity Fonds in den Erwerb von Beteiligungen an Zielunternehmen sowie in die Ausstattung dieser Gesellschaften mit Eigenkapital[1006]. Eigenkapital zeichnet sich wegen der Haftungs- und Garantiefunktion durch ein erhöhtes Risiko aus, da Verluste des Unternehmens zuerst das Eigenkapital angreifen[1007]. Regelmäßig stellen Private Equity Fonds den Zielgesellschaften (welche nach dem Anteilserwerb als Portfoliogesellschaft bezeichnet werden) zusätzlich zu dem Eigenkapital oder auch teilweise stattdessen eigenkapitalähnliche Mittel zur Verfügung[1008]. Im Hinblick auf die Risiko- und Renditeverteilung sowie in Bezug auf die Bilanzierung weisen eigenkapitalähnliche Mittel sowohl Merkmale des Eigen-, als auch des Fremdkapitals auf, weshalb diese Finanzierungsform auch als

1000 *Rudolph*, ZGR 2008, 161, 169.
1001 *Gabrysch* in Breithaupt/Ottersbach, Kompendium Gesellschaftsrecht, S. 114 Rn. 64 f.; *Gajo*, AG 2002, R38, R40; *Möller*, BB 2006, 971.
1002 *Veith* in Feldhaus/Veith, Frankfurter Kommentar zu Private Equity, Kap. 1 Rn. 59; *Gabrysch* in Breithaupt/Ottersbach, Kompendium Gesellschaftsrecht, S. 114 Rn. 64.
1003 Sog. „Carve-Out", vgl. *Gabrysch* in Breithaupt/Ottersbach, Kompendium Gesellschaftsrecht, S. 114 Rn. 68; *Veith* in Feldhaus/Veith, Frankfurter Kommentar zu Private Equity, Kap. 1 Rn. 24 f.; *Levedag* in MünchHdb. GesR II, § 71 Rn. 198.
1004 *Möller*, BB 2006, 971; *Feldhaus* in Feldhaus/Veith, Frankfurter Kommentar zu Private Equity, Kap. 1 Rn. 26.
1005 BMF-Schreiben, 16.12.2003, DStR 2004, 181; *Kind* in Lüdicke/Arndt, Geschlossene Fonds, S. 424; *Gajo*, AG 2002, R38, R40.
1006 *Sagasser* in Assmann/Schütze, Hdb. des Kapitalanlagerechts, § 27 Rn. 392; *Feldhaus* in Feldhaus/Veith, Frankfurter Kommentar zu Private Equity, Kap. 1 Rn. 3 ff.
1007 Gündel/Katzorke, Private Equity, S. 21.
1008 *Sagasser* in Assmann/Schütze, Hdb. des Kapitalanlagerechts, § 27 Rn. 392; *Feldhaus* in Feldhaus/Veith, Frankfurter Kommentar zu Private Equity, Kap. 1 Rn. 3 ff.

hybrides Kapital oder Mezzanine-Kapital bezeichnet wird[1009]. Im Fall der Insolvenz der Portfoliogesellschaft wird der Private Equity Fonds bei Bereitstellung solcher Mezzanine-Finanzierungen erst nach der Befriedigung der mit Sicherheiten ausgestatteten Gläubiger – namentlich der fremdfinanzierenden Banken – aber vor den Eigenkapitalgebern aus der Insolvenzmasse befriedigt[1010]. Mezzanine-Finanzierung tritt häufig in Form von Nachrangdarlehen in Erscheinung[1011]. Hierbei handelt es sich um Fremdkapital, welches aufgrund eines Rangrücktritts gegenüber klassischem Fremdkapital nur nachrangig besichertes ist[1012]. Mezzanine-Kapital wird außerdem häufig durch Genussrechte gewährt oder mittels stiller Beteiligung[1013]. Bei der Zuführung von Eigenkapital an die Portfoliogesellschaften bzw. bei einer Gewährung von eigenkapitalähnlichen Mitteln besteht das Risiko des Totalverlustes der Investition[1014]. Aufgrund des hohen Risikos und der hohen Renditerwartung werden die Beteiligungen an Private Equity Fonds auch als Wagniskapitalbeteiligungen bezeichnet[1015].

e) Steuerrecht und Regulierung

Das Steuerrecht spielte bei der Strukturierung von Private Equity Fonds zumindest in der Vergangenheit eine große Rolle. Bis zur Einführung der sog. Abgeltungssteuer im Jahr 2009 hatte die in steuerlicher Hinsicht vermögensverwaltende Tätigkeit des Private Equity Fonds grundsätzlich zur Folge, dass die Gewinne aus den Veräußerungen der Zielgesellschaften auf Ebene der Anleger steuerfrei bzw. steuerbegünstigt waren[1016]. Um diesen immensen steuerlichen Vorteil zu nutzen, waren Private Equity Fonds in aller Regel darauf ausgelegt, dass sie in steuerlicher Hinsicht keinen Gewerbebetrieb darstellten, sondern als vermögensverwaltende Gesellschaft eingestuft wurden[1017]. Um eine gewerbliche Prägung nach § 15 Abs. 3 Nr. 2 EStG zu vermeiden,

1009 *Kind* in Lüdicke/Arndt, Geschlossene Fonds, S. 419; Gündel/Katzorke, Private Equity, S. 24 ff.

1010 Gündel/Katzorke, Private Equity, S. 24 ff.

1011 *Weitnauer*, GWR 2012, 193 ff.; Brettel/Kaufmann/Kühn/Sobczak, Private Equity Investoren, S. 76.

1012 Brettel/Kaufmann/Kühn/Sobczak, Private Equity Investoren, S. 76.

1013 Brettel/Kaufmann/Kühn/Sobczak, Private Equity Investoren, S. 76.

1014 *Kind* in Lüdicke/Arndt, Geschlossene Fonds, S. 430 f.; Brettel/Kaufmann/Kühn/Sobczak, Private Equity Investoren, S. 45.

1015 *Kind* in Lüdicke/Arndt, Geschlossene Fonds, S. 419; *Möller*, BB 2006, 971. Der Gesetzgeber verwendete den Begriff der Wagniskapitalbeteiligung mit Einführung des Wagniskapitalbeteiligungsgesetzes (WKBG) nur noch für bestimmte Venture Capital Fonds, während für Private Equity Fonds der Begriff der Unternehmensbeteiligung verwendet wurde, BT-Drucks. 16/6311, S. 25.

1016 *Fischer* in Lüdicke/Arndt, Geschlossene Fonds, S. 433 ff.; *Levedag* in MünchHdb. GesR II, § 71 Rn. 207 ff.

1017 *Veith* in Feldhaus/Veith, Frankfurter Kommentar zu Private Equity, Kap. 1 Rn. 68 ff.; *Watermeyer* in Müller/Hoffmann, Beck'sches Hdb. der Personengesellschaften, § 16 Rn. 6 ff.; *Ernst*, BB 2005, 2213.

wurde – ebenso wie bei geschlossenen Immobilienfonds – häufig eine geschäftsführende Kommanditistin eingesetzt unter Ausschluss jeglicher Geschäftsführungskompetenz der Komplementär-GmbH[1018]. Das Bundesministerium der Finanzen veröffentlichte im sog. Private Equity Erlass vom 16.12.2003 unter Berücksichtigung der Rechtsprechung des Bundesfinanzhofs eine Reihe von Kriterien zur Abgrenzung zwischen einer gewerblichen und einer vermögensverwaltenden Tätigkeit[1019]. Kriterien, die nach dem Private Equity Erlass für eine vermögensverwaltende Tätigkeiten sprechen, sind unter anderem, dass die Fondsgesellschaft die Beteiligungen an den Zielgesellschaften im Wesentlichen mit Eigenkapital finanziert und für mindestens drei bis fünf Jahre hält[1020]. Zwar bestehen noch immer Unterschiede zwischen der Besteuerung gewerblicher und vermögensverwaltender Private Equity Fonds, im Ergebnis fallen diese Unterschiede heute aber kaum mehr ins Gewicht[1021]. Insofern hat die Bedeutung des Steuerrechts seit Einführung der Abgeltungssteuer abgenommen[1022].

Eine Besonderheit im Vergleich zu anderen Arten geschlossener Fonds ist darin zu sehen, dass im Hinblick auf Private Equity Fonds eine spezielle Regulierung existierte. Im Gesetz über Unternehmensbeteiligungsgesellschaften (UBGG) waren in Bezug auf Private Equity Fonds unter anderem Anlagegrenzen und eine staatliche Aufsicht vorgesehen[1023]. Dasselbe galt für diejenigen Venture Capital Fonds, welche unter das Wagniskapitalbeteiligungsgesetz (WKBG) fielen[1024]. Allerdings handelte es sich bei diesen beiden Gesetzeswerken nicht um zwingend anwendbares Recht[1025]. Vielmehr konnten sich Private Equity Fonds und Venture Capital Fonds

---

1018 Siehe ausführlich dazu oben Geschäftsführende Kommanditistin, D. II. 2. f), S. 132 f.; *Ernst*, BB 2005, 2213; *Veith* in Feldhaus/Veith, Frankfurter Kommentar zu Private Equity, Kap. 1 Rn. 71; *Sagasser* in Assmann/Schütze, Hdb. des Kapitalanlagerechts, § 27 Rn. 392. Die steuerliche Gewerblichkeit kann sich bei einer selbst nicht gewerblich tätigen KG nach § 15 Abs. 3 Nr. 1 EStG auch daraus ergeben, dass Anteile an gewerblich tätigen oder geprägten Personengesellschaft gehalten werden (gewerbliche Infektion oder Abfärbung). Eine solche gewerbliche Infektion wird dadurch vermieden, dass sich Private Equity Fonds nicht an gewerblich tätigen Personengesellschaften beteiligen, vgl. *Ernst*, BB 2005, 2213, 2214; *Veith* in Feldhaus/Veith, Frankfurter Kommentar zu Private Equity, Kap. 1 Rn. 73.

1019 BMF-Schreiben, 16.12.2003, DStR 2004, 181 ff.; BFHE 130, 157; BFHE 162, 236; BFH, FR 1991, 420; *Sagasser* in Assmann/Schütze, Hdb. des Kapitalanlagerechts, § 27 Rn. 405 ff.; *Fischer*, FR 2002, 597, 599 ff.

1020 BMF-Schreiben, 16.12.2003, DStR 2004, 181, 182.

1021 Vgl. hierzu ausführlich *Fischer* in Lüdicke/Arndt, Geschlossene Fonds, S. 433 ff.

1022 *Fischer* in Lüdicke/Arndt, Geschlossene Fonds, S. 434.

1023 Das Gesetz über Unternehmensbeteiligungsgesellschaften (UBGG) trat am 09.09.1998 in Kraft, BGBl. 1998 I, S. 2765 und wurde seitdem bereits einige Male geändert.

1024 Das Wagniskapitalbeteiligungsgesetz (WKBG) trat im Rahmen des Gesetzes zur Modernisierung der Rahmenbedingungen für Kapitalbeteiligungen (MoRaKG) am 19.08.2008 in Kraft, BGBl. 2008 I, S. 1672. Inzwischen wurde das WKBG aufgehoben.

1025 *Bärenz/Steinmüller* in Dornseifer/Jesch/Klebeck/Tollmann, AIFM-Richtlinie, vor Abschnitt 2 Rn. 5; *Weiser/Jang*, BB 2011, 1219, 1220.

freiwillig dem UBGG bzw. dem WKBG unterwerfen und kamen im Gegenzug dazu in den Genuss bestimmter steuerlicher Vorteile[1026]. Die praktische Bedeutung der Regulierung des UBGG und des WKBG war jedoch gering, da einerseits von den schwachen steuerlichen Privilegien wenig Anreizwirkung ausging und andererseits die gesetzlichen Vorgaben zum Teil als schwer umsetzbar angesehen wurden[1027].

f) Erwerbsgesellschaft und Akquisitionsfinanzierung

Einige Besonderheiten bestehen bei Private Equity Fonds im Hinblick auf den Erwerb der Beteiligungen und die Fremdfinanzierung. In aller Regel erwirbt nicht die Fondsgesellschaft selbst die Anteile an dem Zielunternehmen, sondern es wird eine sog. Erwerbsgesellschaft zwischengeschaltet, auch Akquisitionsgesellschaft genannt[1028]. Häufig handelt es sich bei der Erwerbsgesellschaft um eine 100 prozentige Tochtergesellschaft des Private Equity Fonds. Es kommt jedoch auch vor, dass die Anteile an der Erwerbsgesellschaft von mehreren Private Equity Fonds gemeinsam gehalten werden[1029]. Die Aufnahme von Fremdkapital zur Finanzierung des Erwerbs der Anteile der Zielgesellschaft erfolgt sodann nicht auf Ebene der Fondsgesellschaft, sondern auf Ebene der zwischengeschalteten Erwerbsgesellschaft[1030]. Oftmals wird der Beteiligungserwerb mit 75 bis 80 Prozent mit Fremdkapital finanziert[1031]. Der Hintergrund der hohen Fremdkapitalquote liegt neben dem Kapitalbedarf darin, dass Private Equity Fonds eine extrem hohe Rendite auf das eingesetzte Eigenkapital anstreben, was nur durch Nutzung der Hebeleffekte (Leverage) erreicht werden kann[1032]. Zum Teil erzielen Private Equity Fonds, die als Direkt-Investment-Fonds aufgelegt werden, Jahresrenditen von bis zu fünzig Prozent[1033].

Eine Besonderheit ist darin zu sehen, dass im Bereich von Private Equity Transaktionen häufig die Zielgesellschaft – also der Investitionsgegenstand des Private

---

1026 *Weiser/Jang*, BB 2011, 1219, 1220.

1027 *Kind* in Lüdicke/Arndt, Geschlossene Fonds, S. 424; *Kramer/Recknagel,* DB 2011, 2077, 2078.

1028 *Kind* in Lüdicke/Arndt, Geschlossene Fonds, S. 422; *Weitnauer,* AG 2013, 672, 673 f.

1029 *Kind* in Lüdicke/Arndt, Geschlossene Fonds, S. 419.

1030 Hierbei spielen insbesondere auch steuerrechtliche Erwägungen eine Rolle, da die Aufnahme von Fremdkapital auf Ebene der Fondsgesellschaft nach dem „Private Equity Erlass" des BMF gegen eine vermögensverwaltende Tätigkeit spricht, vgl. BMF-Schreiben, 16.12.2003, DStR 2004, 181, 182; *Kind* in Lüdicke/Arndt, Geschlossene Fonds, S. 419 ff.

1031 *Rudolph*, ZGR 2008, 161, 163; *Feldhaus* in Feldhaus/Veith, Frankfurter Kommentar zu Private Equity, Kap. 1 Rn. 236; *Kind* in Lüdicke/Arndt, Geschlossene Fonds, S. 419.

1032 *Gabrysch* in Breithaupt/Ottersbach, Kompendium Gesellschaftsrecht, S. 114 Rn. 65; *Kind* in Lüdicke/Arndt, Geschlossene Fonds, S. 419; Brettel/Kaufmann/Kühn/Sobczak, Private Equity Investoren, S. 28 f.; ausführlich zu den Gründen für die hohe Fremdkapitalquote unter kritischer Betrachtung des Leverage Effektes, *Rudolph,* ZGR 2008, 161, 169 ff.

1033 *Kind* in Lüdicke/Arndt, Geschlossene Fonds, S. 419.

Equity Fonds – selbst in die Finanzierung des Anteilserwerbs eingebunden ist. Diese Einbindung der Zielgesellschaft in die Akquisitionsfinanzierung erfolgt dergestalt, dass die von den fremdfinanzierenden Banken geforderten Sicherheiten regelmäßig an Vermögensgegenständen der Zielgesellschaften bestellt werden[1034]. Häufig wird darüber hinaus nach dem Erwerb der Gesellschaftsanteile die Erwerbsgesellschaft auf die Zielgesellschaft verschmolzen (sog. Debt-Push-Down-Gestaltung)[1035]. Zum Teil ist auch die umgekehrte Variante anzutreffen, bei welcher die Erwerbsgesellschaft auf die Zielgesellschaft verschmolzen wird (sog. Merger-Buy-Out)[1036]. Durch beide Arten der Verschmelzung gehen die Verbindlichkeiten der Erwerbsgesellschaft aus der Fremdfinanzierung auf die Zielgesellschaft über, so dass die Zielgesellschaft letztlich die Fremdfinanzierungskosten ihres eigenen Erwerbs trägt[1037]. Private Equity Fonds nutzen so den Cash-Flow des Zielunternehmens, um die Akquisitionsfinanzierung zu bedienen[1038].

Unabhängig von einer solchen Verschmelzung sollen die Fremdfinanzierungskosten für den Beteiligungserwerb die Rendite des Private Equity Fonds nicht schmälern, weshalb die Begleichung der Zins- und Tilgungszahlungen der Erwerbsgesellschaft mit den laufenden Ausschüttungen aus den Zielgesellschaften beglichen werden sollen[1039]. Vor dem Hintergrund der angestrebten Akquisitionsfinanzierung mit den Mitteln der Zielgesellschaft ist es für Private Equity Fonds von besonderer Bedeutung, dass es sich bei den Zielgesellschaften um stabile Unternehmen mit hohem Cash-Flow handelt[1040]. In Frage kommen aus diesem Grund nur etablierte Unternehmen, die schon seit längerer Zeit am Markt bestehen, mit kontinuierlichen Einnahmen (sog. Later Stage)[1041].

1034 *Kind* in Lüdicke/Arndt, Geschlossene Fonds, S. 419; Brettel/Kaufmann/Kühn/Sobczak, Private Equity Investoren, S. 82.

1035 *Boxberger* in Dornseifer/Jesch/Klebeck/Tollmann, AIFM-Richtlinie, Art. 30 Rn. 6; *Weitnauer* AG 2013, 672, 67; *Schröder/Rahn,* GWR 2014, 49, 53; *Blasche*, GWR 2010, 132.

1036 *Boxberger* in Dornseifer/Jesch/Klebeck/Tollmann, AIFM-Richtlinie, Art. 30 Rn. 7; *Schröder/Rahn*, GWR 2014, 49, 53.

1037 *Weitnauer*, AG 2013, 672, 677; ausführlich *Blasche*, GWR 2010, 132 ff. In der Vergangenheit hat diese Vorgehensweise teilweise zu Insolvenzen von Zielgesellschaften geführt, welche durch die Fremdfinanzierungskosten finanziell überfordert waren; solche Insolvenzen stellen jedoch die Ausnahme dar, vgl. *Boxberger* in Dornseifer/Jesch/Klebeck/Tollmann, AIFM-Richtlinie, Art. 30 Rn. 6; ausführlich mit Beispielen insolventer Portfoliogesellschaften, vgl. *Morshäuser/Falkner*, NZG 2009, 526 ff.

1038 Weitnauer AG 2013, 672, 677.

1039 Die Erwerbsgesellschaft ist Gesellschafterin der Portfoliogesellschaften und erhält somit die laufenden Gewinnausschüttungen, vgl. *Feldhaus* in Feldhaus/Veith, Frankfurter Kommentar zu Private Equity, Kap. 1 Rn. 176.

1040 *Feldhaus* in Feldhaus/Veith, Frankfurter Kommentar zu Private Equity, Kap. 1 Rn. 56; Brettel/Kaufmann/Kühn/Sobczak, Private Equity Investoren, S. 37.

1041 Deshalb sind Unternehmen in der Anfangsphase, die (noch) keine stabilen, laufenden Gewinne erwirtschaften für typische Private Equity Fonds als Target

g) *Investitionsphase*

Anders als bei den anderen Typen geschlossener Fonds, bei denen in der Investitionsphase von Beginn an feststehende Assets in der Anfangsphase von der Fondsgesellschaft angeschafft und über die Fondslaufzeit gehalten werden, investieren Private Equity Fonds nahezu über die komplette Fondslaufzeit in verschiedenste Zielunternehmen. Vor der Investition steht die Suche nach geeigneten Gesellschaften an. Die Phase der Transaktionsgenerierung wird bei Private Equity Fonds häufig als „Deal Flow" bezeichnet[1042]. Bei der aktiven Deal Flow Generierung suchen Private Equity Fonds teilweise selbst auf der Basis einer aktiven Marktanalyse geeignete Zielunternehmen durch eigenständige Recherche mittels Datenbanken, Presseveröffentlichungen und Nutzung von persönlichen Netzwerken, um sodann an die potentiellen Zielunternehmen mit dem Angebot einer Private Equity Transaktion heranzutreten[1043]. In den meisten Fällen nutzen Private Equity Fonds für die Transaktionsgenerierung jedoch Vermittlungsleistungen Dritter[1044]. Investmentbanken sind hierbei die wichtigsten Transaktionsvermittler[1045]. Diese geben gegen entsprechendes Entgelt – welches in der Regel relativ hoch ist – Informationsprospekte über geeignete Targets aus und ersparen den Private Equity Fonds damit die aufwändige Eigenrecherche[1046]. Zum Teil geht die Vermittlung auch von klassischen Banken aus, deren Geschäftskunden eine Private Equity Finanzierung wünschen oder kapitalsuchende Unternehmen treten selbst an Private Equity Häuser heran (passive Deal Flow Generierung)[1047]. Öffentliche Bieterverfahren sind bei Private Equity Fonds grundsätzlich wenig beliebt, da diese weit höhere finanzielle und organisatorische Aufwendungen mit sich bringen, die Erfolgschancen in Bezug auf das Zustandekommen der Transaktion geringer und der Kaufpreis in der Regel

---

ungeeignet. In diesen frühen Phasen kommt Venture Capital zum Einsatz, vgl. *Feldhaus* in Feldhaus/Veith, Frankfurter Kommentar zu Private Equity, Kap. 1 Rn. 6 ff.; *Levedag* in MünchHdb. GesR II, § 71 Rn. 198; *Gajo*, AG 2002, R38, R40; *Gabrysch* in Breithaupt/Ottersbach, Kompendium Gesellschaftsrecht, S. 114 Rn. 63.

1042 Brettel/Kaufmann/Kühn/Sobczak, Private Equity Investoren, S. 31; *Feldhaus* in Feldhaus/Veith, Frankfurter Kommentar zu Private Equity, Kap. 1 Rn. 167.

1043 *Feldhaus* in Feldhaus/Veith, Frankfurter Kommentar zu Private Equity, Kap. 1 Rn. 168; Brettel/Kaufmann/Kühn/Sobczak, Private Equity Investoren, S. 31 ff.

1044 Brettel/Kaufmann/Kühn/Sobczak, Private Equity Investoren, S. 33 gehen davon aus, dass zwischen 60 % und 70 % aller Private Equity Transaktionen durch die Vermittlung von Dritten zustande kommt.

1045 Brettel/Kaufmann/Kühn/Sobczak, Private Equity Investoren, S. 34.

1046 Brettel/Kaufmann/Kühn/Sobczak, Private Equity Investoren, S. 34 f.; *Feldhaus* in Feldhaus/Veith, Frankfurter Kommentar zu Private Equity, Kap. 1 Rn. 167 ff.; *Gabrysch* in Breithaupt/Ottersbach, Kompendium Gesellschaftsrecht, S. 114 Rn. 68.

1047 *Feldhaus* in Feldhaus/Veith, Frankfurter Kommentar zu Private Equity, Kap. 1 Rn. 169 ff.

höher ist[1048]. Zur Vorbereitung der Investitionsentscheidung wird mittels einer Vorabanalyse geprüft, ob die Zielgesellschaft der Investmentstrategie des Private Equity Fonds entspricht (sog. Investment Fit) und ob die Transaktion grundsätzlich machbar ist (Feasibility)[1049]. Bevor die Beteiligungen erworben werden, findet im Rahmen einer Due Diligence eine umfassende Prüfung des Zielunternehmens auf rechtliche, wirtschaftliche und steuerliche Faktoren mit dem Ziel der Erkennung von Risiken sowie zur Preisfindung statt[1050].

Sobald sich der Private Equity Fonds den Erwerb der Beteiligungen vertraglich gesichert hat, steht die Investition des eingezahlten Kapitals an. Eine Besonderheit besteht bei Private Equity Fonds insofern, als dass die Anleger die von ihnen zu errichtende Einlage der Fondsgesellschaft regelmäßig nicht sofort als Kommanditkapital zur Verfügung stellen[1051]. Vielmehr ruft die Fondsgesellschaft das Kapital von den Anlegern häufig erst dann ab, wenn konkreter Kapitalbedarf zum Beteiligungserwerb besteht[1052]. Die Anleger verpflichten sich, das Kapital innerhalb einer bestimmten Frist in den Fonds einzuzahlen; üblich sind Abruffristen von vier Wochen[1053]. Der Grund, warum die Anleger nicht wie bei anderen Fondstypen sofort zum Zeitpunkt ihres Beitritts ihre Kommanditeinlage leisten, ist darin zu sehen, dass Private Equity Fonds eine extrem hohe Rendite anstreben. Diese ist nicht zu erwirtschaften, wenn das eingezahlte Kapital bis zur Investition „auf der Bank liegt". Bei der Beteiligung von privaten Kleinanlegern an Dachfonds wird hingegen – entsprechend dem Vorbild typischer geschlossener Fonds – sofort mit dem Beitritt die Leistung der vollständigen Einlage fällig.

1048 Brettel/Kaufmann/Kühn/Sobczak, Private Equity Investoren, S. 43.

1049 *Feldhaus* in Feldhaus/Veith, Frankfurter Kommentar zu Private Equity, Kap. 1 Rn. 176; Brettel/Kaufmann/Kühn/Sobczak, Private Equity Investoren, S. 45 ff.

1050 Nach *Feldhaus* soll eine Due Diligence im Private Equity Bereich durchschnittlich 16 Tage in Anspruch nehmen und 215.000 Euro kosten, vgl. *Feldhaus* in Feldhaus/Veith, Frankfurter Kommentar zu Private Equity, Kap. 1 Rn. 175; Hettler/Stratz/Hörtnagel, Beck'sches Mandatshandbuch Unternehmenskauf, S. 88. Allgemein zur Due Diligence bei Private Equity Transaktionen, vgl. *Feldhaus* in Feldhaus/Veith, Frankfurter Kommentar zu Private Equity, Kap. 1 Rn. 178 ff.; Brettel/Kaufmann/Kühn/Sobczak, Private Equity Investoren, S. 53 ff.

1051 *Rudolph*, ZGR 2008, 161, 162.

1052 *Rudolph*, ZGR 2008, 161, 162; *Veith* in Feldhaus/Veith, Frankfurter Kommentar zu Private Equity, Kap. 1 Rn. 64.

1053 *Veith* in Feldhaus/Veith, Frankfurter Kommentar zu Private Equity, Kap. 1 Rn. 64.

h) *Einfluss des Private Equity Fonds auf das Management der Portfoliogesellschaften*

Private Equity Fonds sind typischerweise am Management der Portfoliogesellschaften nicht aktiv beteiligt[1054]. Auch der Businessplan im Hinblick auf die angestrebte Wertsteigerung des Zielunternehmens wird zumindest im Grundsatz vom Management der Zielgesellschaft entworfen, noch bevor sich der Private Equity Fonds an dem Zielunternehmen beteiligt[1055]. In der Regel wird das bisherige Management, welches bereits vor dem Beteiligungserwerb durch den Private Equity Fonds für die Geschäftsführung der Zielgesellschaft zuständig war, beibehalten[1056].

Hält der Private Equity Fonds die Mehrheitsbeteiligung, so kann er über die Gesellschafterstellung weitgehenden Einfluss auf die Portfoliounternehmen ausüben[1057]. Dies gilt insbesondere dann, wenn das Portfoliounternehmen eine GmbH ist, da den Gesellschaftern der GmbH gegenüber der Geschäftsführung ein umfangreiches Weisungsrecht zusteht[1058]. Aus diesem Grund streben Private Equity Fonds grundsätzlich den Erwerb von Mehrheitsbeteiligungen an[1059]. Erwirbt der Private Equity Fonds hingegen lediglich eine Minderheitsbeteiligung, so sind Sicherungsmechanismen zugunsten des Private Equity Fonds erforderlich, um eine gewisse Einflussnahme auf das Management der Portfoliogesellschaften zu gewährleisten und sicherzustellen, dass das Management sich den Erwartungen entsprechend verhält[1060]. Häufig werden im Beteiligungsvertrag bestimmte zu erreichende Ziele vereinbart, von deren Erreichen die Fälligkeit eines Teils des Kaufpreises abhängt (sog. Meilensteine oder Thresholds)[1061]. Regelmäßig wird ein Beirat oder ein sonstiges Kontrollorgan eingerichtet, in welchem die Fondsgesellschaft vertreten ist[1062]. Üblich

1054 Eine unternehmerische Tätigkeit der Fondsgesellschaft auf Ebene der Portfoliogesellschaft führt nach dem „Private Equity Erlass" des BMF vom 16.12.2003 zur Annahme einer gewerblichen Tätigkeit, vgl. BMF-Schreiben, 16.12.2003, DStR 2004, 181, 182.

1055 Brettel/Kaufmann/Kühn/Sobczak, Private Equity Investoren, S. 38 ff.

1056 *Feldhaus* in Feldhaus/Veith, Frankfurter Kommentar zu Private Equity, Kap. 1 Rn. 176. Anders ist dies jedoch im Falle eines sog. Buy-Ins, bei welchem ein externes Management die Private Equity Beteiligung nutzt um das bisherige Management abzulösen.

1057 *Inhester* in MünchHdb. GesR II, § 26 Rn. 124; *Feldhaus* in Feldhaus/Veith, Frankfurter Kommentar zu Private Equity, Kap. 1 Rn. 250.

1058 *Feldhaus* in Feldhaus/Veith, Frankfurter Kommentar zu Private Equity, Kap. 1 Rn. 250.

1059 *Rudolph*, ZGR 2008, 161, 163.

1060 *Feldhaus* in Feldhaus/Veith, Frankfurter Kommentar zu Private Equity, Kap. 1 Rn. 251.

1061 *Feldhaus* in Feldhaus/Veith, Frankfurter Kommentar zu Private Equity, Kap. 1 Rn. 251; *Kind* in Lüdicke/Arndt, Geschlossene Fonds, S. 426; zum Beteiligungsvertrag, vgl. *Weitnauer*, NZG 2001, 1065 ff.

1062 *Kind* in Lüdicke/Arndt, Geschlossene Fonds, S. 426.

sind auch Zustimmungsvorbehalte des Private Equity Fonds bezüglich bestimmter, besonders einschneidender Maßnahmen[1063]. Grundsätzlich bemisst sich das Maß der Einflussnahme nach dem Erfolg des Managements der Portfoliogesellschaft[1064]. So übt der Private Equity Fonds regelmäßig nur wenig Einfluss auf, wenn sich die Portfoliogesellschaft positiv entwickelt, während die Einflussnahme beim Vorliegen von Problemen steigt[1065]. Wenn sich das Management der Portfoliogesellschaft als ungeeignet erweist und die Wertsteigerung bzw. die Portfoliogesellschaft als solche in ihrer Substanz gefährdet ist, sorgt der Private Equity Fonds in der Regel für einen Austausch des Managements[1066].

Obwohl keine aktive Teilhabe am Management der Portfoliogesellschaft stattfindet, beeinflussen Private Equity Fonds die wirtschaftliche Entwicklung der Portfoliogesellschaften, indem Private Equity Fonds das Management der Portfoliogesellschaft bei der Ausschöpfung von Wertsteigerungspotentialen unterstützen[1067]. Eine Wertsteigerung des Portfoliounternehmens kann etwa durch Umsatzsteigerungen erreicht werden z.B. durch Marketingstrategien oder durch Steigerung der Ertragskraft durch Senkung der Kosten[1068]. Um Wertsteigerungspotentiale der Portfoliogesellschaften auszuschöpfen – was für den Erfolg des Private Equity Fonds notwendig ist – bringt der Private Equity Fonds seine geschäftliche Erfahrung ein und stellt den Portfoliounternehmen Ressourcen zur Verfügung wie etwa Netzwerke (sog. Mentoring)[1069]. Der Private Equity Fonds unterstützt die Portfoliogesellschaften mit kaufmännischen und branchenspezifischen Beratungsleistungen und tritt

1063 Brettel/Kaufmann/Kühn/Sobczak, Private Equity Investoren, S. 94 f.

1064 Um einen Gleichlauf der Interessen des Private Equity Fonds und dem Management der Portfoliounternehmen sicherzustellen, sind regelmäßig auf Ebene der Portfoliogesellschaft Management-Beteiligungen vorgesehen; das Management der Portfoliogesellschaft übernimmt also selbst Gesellschaftsanteile an der Portfoliogesellschaft. Üblich sind Management-Beteiligungen in Höhe von ca. 10 % des Kapitals der Portfoliogesellschaft. Der Hintergrund dieser Management-Beteiligung ist in der Motivation des Managements zu sehen, da dieses nicht nur eine erfolgsunabhängige Tätigkeitsvergütung für die Übernahme der Geschäftsführung erhält, sondern selbst unmittelbar am Gewinn bzw. Verlust der Gesellschaft beteiligt ist. Die Motivation des Managements wird zudem oftmals durch den Abschluss von Zielvereinbarungen gefördert, wonach das Management etwa beim Exit im Falle der Überschreitung eines bestimmten Veräußerungserlöses überproportional an diesem Gewinn beteiligt wird, vgl. Brettel/Kaufmann/Kühn/Sobczak, Private Equity Investoren, S. 15.

1065 *Gabrysch* in Breithaupt/Ottersbach, Kompendium Gesellschaftsrecht, S. 114 Rn. 69.

1066 Brettel/Kaufmann/Kühn/Sobczak, Private Equity Investoren, S. 95 ff.

1067 *Feldhaus* in Feldhaus/Veith, Frankfurter Kommentar zu Private Equity, Kap. 1 Rn. 254.

1068 Ausführlich zu Wertschöpfungsmaßnahmen, vgl. *Feldhaus* in Feldhaus/Veith, Frankfurter Kommentar zu Private Equity, Kap. 1 Rn. 254 ff.

1069 *Feldhaus* in Feldhaus/Veith, Frankfurter Kommentar zu Private Equity, Kap. 1 Rn. 278.

zum Teil auch bei der Kommunikation mit Banken in Finanzierungsfragen auf[1070]. Private Equity wird aus diesem Grund auch als „aktives Beteiligungskapital“ oder „Smart Money“ bezeichnet[1071].

i) Exits und Ausschüttungen

Anders als bei den anderen Arten geschlossener Fonds, bei denen die Assets üblicherweise erst am Ende der Fondslaufzeit verwertet werden, erfolgt bei Private Equity Fonds die Verwertung der Beteiligungen bereits sukzessive während der sieben- bis zwölfjährigen Fondslaufzeit[1072]. Die Beteiligungen an den Portfoliounternehmen werden in der Regel zwei bis fünf Jahre vom Private Equity Fonds gehalten, bevor der Exit erfolgt[1073]. Bei ungünstiger Marktlage kommt jedoch auch eine längere Verwaltungsphase in Betracht[1074]. Zu unterscheiden ist zwischen verschiedenen Exit-Strategien. Oftmals erfolgt der Exit dergestalt, dass die Beteiligungen an den Portfoliogesellschaften an ein drittes Unternehmen im Wege einer M&A Transaktion weiterveräußert werden (Trade Sale)[1075]. Teilweise werden die Gesellschaftsbeteiligungen hierbei an einen institutionellen oder strategischen Investor verkauft, als Käufer kommen aber auch die ursprünglichen Gründungsgesellschafter des Portfoliounternehmens (sog. Buy Back) oder andere Investoren (sog. Secondary Purchase) wie z.B. andere Private Equity Fonds in Frage[1076]. Eine weitere Exit-Möglichkeit besteht darin, die Portfoliogesellschaft an einer Wertpapierbörse zu notieren, um sodann die Aktien – ggf. nach einer bestimmten Haltedauer – zu verkaufen (Initial Public Offering, IPO)[1077]. Als Notlösung kommt die Liquidation der Portfoliogesellschaft als Exit-Strategie in Betracht (sog. Write Off)[1078]. Die Gewinne, welche der Private Equity Fonds aus der Verwertung der Beteiligungen an

---

1070 *Gabrysch* in Breithaupt/Ottersbach, Kompendium Gesellschaftsrecht, S. 114 Rn. 69; *Rudolph*, ZGR 2008, 161, 163.

1071 *Rudolph*, ZGR 2008, 161, 163.

1072 *Sagasser* in Assmann/Schütze, Hdb. des Kapitalanlagerechts, § 27 Rn. 401; Brettel/Kaufmann/Kühn/Sobczak, Private Equity Investoren, S. 27; *Rudolph*, ZGR 2008, 161, 162; *Feldhaus* in Feldhaus/Veith, Frankfurter Kommentar zu Private Equity, Kap. 1 Rn. 165.

1073 *Kind* in Lüdicke/Arndt, Geschlossene Fonds, S. 422; *Inhester* in MünchHdb. GesR II, § 26 Rn. 127; *Sagasser* in Assmann/Schütze, Hdb. des Kapitalanlagerechts, § 27 Rn. 401.

1074 *Kind* in Lüdicke/Arndt, Geschlossene Fonds, S. 422.

1075 *Gajo*, AG 2002, R38, R43.

1076 *Feldhaus* in Feldhaus/Veith, Frankfurter Kommentar zu Private Equity, Kap. 1 Rn. 305; *Kind* in Lüdicke/Arndt, Geschlossene Fonds, S. 419.

1077 *Rudolph*, ZGR 2008, 161, 164; *Kind* in Lüdicke/Arndt, Geschlossene Fonds, S. 418 f.; ausführlich *Feldhaus* in Feldhaus/Veith, Frankfurter Kommentar zu Private Equity, Kap. 1 Rn. 292 ff.

1078 *Gabrysch* in Breithaupt/Ottersbach, Kompendium Gesellschaftsrecht, S. 114 Rn. 70; *Rudolph* ZGR 2008, 161, 164.

den Portfoliogesellschaften erwirtschaftet, werden regelmäßig an die Anleger ausgeschüttet[1079]. Eine Reinvestition der Einnahmen aus den Verwertungen in andere Zielgesellschaften findet zumeist nicht satt[1080]. Die Anleger erhalten im Laufe der Fondslaufzeit immer wieder Ausschüttungen aus den Verkäufen von Portfoliogesellschaften.

j) Struktur der Fondsgesellschaft und Carried Interest

Entsprechend dem Grundmuster geschlossener Fonds beteiligen sich die Anleger als Kommanditisten an der Fondsgesellschaft, welche üblicherweise als GmbH & Co. KG strukturiert ist[1081]. Teilweise werden Private Equity Fonds auch in der Rechtsform ausländischer Personengesellschaften aufgelegt, diese sollen hier jedoch nicht näher behandelt werden[1082]. Abweichend von der Beteiligungsstruktur sonstiger geschlossener Fonds sind mittelbare Beteiligungen über Treuhandkommanditisten im Bereich der Direkt-Investments-Fonds bei Private Equity Fonds ungewöhnlich. Im Falle einer Dachfondsstruktur ist außer dem Private Equity Fonds, in den der Dachfonds investiert, zusätzlich die Struktur des Dachfonds selbst zu beachten (also der Dachfondsgesellschaft, an der sich die Anleger beteiligen). Die Struktur des Dachfonds entspricht üblicherweise im Wesentlichen der Struktur von Private Equity Fonds mit dem Unterschied, dass sich Anleger häufig nicht nur direkt als Kommanditist, sondern auch mittelbar über einen Treuhänder beteiligen können[1083].

Die Geschäftsführung und Vertretung des Privat Equity Fonds obliegt meist aus steuerlichen Gründen nicht der Komplementär-GmbH, sondern einer geschäftsführenden Kommanditistin (meist in der Rechtsform einer GmbH), welche oftmals als Management-Gesellschaft bezeichnet wird[1084]. Die Komplementär-GmbH ist kapitalmäßig regelmäßig nicht an dem Fonds beteiligt[1085]. Die Managementgesellschaft

1079 *Wengenroth/Maier*, EStB 2004, 252, 254;

1080 Dies hat steuerliche Hintergründe: Bei einer Reinvestition der Einnahmen würde das Vorliegen einer gewerblichen Tätigkeit angenommen werden, vgl. *Wengenroth/Maier*, EStB 2004, 252, 254.

1081 *Sagasser* in Assmann/Schütze, Hdb. des Kapitalanlagerechts, § 27 Rn. 400; *Veith* in Feldhaus/Veith, Frankfurter Kommentar zu Private Equity, Kap. 1 Rn. 60; *Inhester* in MünchHdb. GesR II, § 26 Rn. 126; Brettel/Kaufmann/Kühn/Sobczak, Private Equity Investoren, S. 26;. Neben der GmbH & Co. KG werden insbesondere ausländische Personengesellschaften häufig für die Fondsgesellschaft eingesetzt. Seit Einführung der Abgeltungssteuer im Jahr 2009 sind Private Equity Fonds zum Teil auch als Kapitalgesellschaft aufgelegt worden, da die steuerlichen Vorteile der GmbH & Co. KG stark an Gewicht eingebüßt haben, vgl. *Kind* in Lüdicke/Arndt, Geschlossene Fonds, S. 425.

1082 *Veith* in Feldhaus/Veith, Frankfurter Kommentar zu Private Equity, Kap. 1 Rn. 60.

1083 *Levedag* in MünchHdb. GesR II, § 71 Rn. 205.

1084 *Kind* in Lüdicke/Arndt, Geschlossene Fonds, S. 426; *Levedag* in MünchHdb. GesR II, §71 Rn. 203.

1085 BMF-Schreiben, 16.12.2003, DStR 2004, 181.

erhält eine jährliche Tätigkeitsvergütung für die Übernahme des Managements in Höhe von durchschnittlich 1,25 bis 2,5 Prozent der geleisteten Einlagen (sog. Management Fee)[1086]. Darüber hinaus ist das Management des Private Equity Fonds – also in der Regel die geschäftsführende Kommanditistin, hinter welcher der Fondsinitiator steht – anders als bei typischen geschlossenen Fonds selbst typischerweise mit ein bis zwei Prozent kapitalmäßig am Private Equity Fonds beteiligt[1087]. Durch diese Beteiligung soll das Vertrauen der Anleger in den Fonds gestärkt werden, da der Initiator auf diese Weise direkt am Gewinn und Verlust des Fonds teilnimmt und insofern selbst ein finanzielles Risiko eingeht[1088]. Die Management-Gesellschaft partizipiert aufgrund ihrer Gesellschafterstellung an den Gewinnausschüttungen der Fondsgesellschaft, die sich aus den Veräußerungen der Portfoliogesellschaften ergeben[1089]. Typisch für Private Equity Fonds ist, dass die Ausschüttungen nicht für alle Gesellschafter gleich verlaufen. Vielmehr erhält die Management-Gesellschaft an dem auszuschüttenden Gewinn einen höheren Anteil, als ihr aus der Kapitalbeteiligung an sich zustehen würde[1090]. Diese disquotale Gewinnbeteiligung wird als Carried Interest bezeichnet[1091]. Von dem durch den Exit erwirtschafteten Gewinn erhält die Management-Gesellschaft üblicherweise zwanzig Prozent[1092]. Der Carried Interest wird jedoch typischerweise nur dann ausbezahlt, wenn die Anleger eine

---

1086 Mit dieser Vergütung müssen die laufenden Kosten für das Management bestritten werden. Hierzu gehören etwa die Kosten für die eigene Organisation (Personalkosten etc.) sowie die im Rahmen der Vorbereitung und Durchführung der Transaktionen anfallenden Kosten (Due Diligence etc.) und allgemein Rechts- und Steuerberatungskosten, *Feldhaus* in Feldhaus/Veith, Frankfurter Kommentar zu Private Equity, Kap. 1 Rn. 163; *Sagasser* in Assmann/Schütze, Hdb. des Kapitalanlagerechts, § 27 Rn. 400; *Watrin*, BB 2002, 811, 812; *Boxberger/Klebeck*, BKR 2013, 441, 446 f.

1087 Brettel/Kaufmann/Kühn/Sobczak, Private Equity Investoren, S. 25; *Veith* in Feldhaus/Veith, Frankfurter Kommentar zu Private Equity, Kap. 1 Rn. 61; *Kind* in Lüdicke/Arndt, Geschlossene Fonds, S. 422; *Boxberger/Klebeck*, BKR 2013, 441, 447; BMF-Schreiben, 16.12.2003, DStR 2004, 181; *Inhester* in MünchHdb. GesR II, § 26 Rn. 127.

1088 *Kind* in Lüdicke/Arndt, Geschlossene Fonds, S. 422.

1089 *Kind* in Lüdicke/Arndt, Geschlossene Fonds, S. 422; *Watermeyer* in Müller/Hoffmann, Beck'sches Hdb. der Personengesellschaften, § 16 Rn. 6; *Boxberger/Klebeck*, BKR 2013, 441, 444.

1090 *Inhester* in MünchHdb. GesR II, § 26 Rn. 127; Brettel/Kaufmann/Kühn/Sobczak, Private Equity Investoren, S. 26.

1091 *Sagasser* in Assmann/Schütze, Hdb. des Kapitalanlagerechts, § 27 Rn. 400; ausführlich zu Carried Interests, vgl. *Watrin*, BB 2002, 811 ff. Zur Besteuerung der Carried Interests, vgl. *Veith* in Feldhaus/Veith, Frankfurter Kommentar zu Private Equity, Kap. 1 Rn. 110 ff.; *Boxberger/Klebeck*, BKR 2013, 441, 447.

1092 *Feldhaus* in Feldhaus/Veith, Frankfurter Kommentar zu Private Equity, Kap. 1 Rn. 163; *Inhester* in MünchHdb. GesR II, § 26 Rn. 127; *Boxberger/Klebeck*, BKR 2013, 441, 447.

bestimmte, zuvor festgelegte Mindestrendite erhalten haben[1093]. Diese vorrangig zu erfüllende Mindestrendite der Anleger wird als Hurdle Rate bezeichnet und bewegt sich in der Regel im Rahmen von sechs bis zehn Prozent[1094]. Durch dieses System der Erfolgsbeteiligung soll der Gleichlauf der Interessen der Anleger und des Managements sichergestellt und die Motivation der Management-Gesellschaft erhöht werden[1095].

3. Zusammenfassung

Die auch als „Heuschrecken" bekannten Private Equity Fonds sind aufgrund der Mindesteinlagen in Millionenhöhe auf institutionelle Anleger, Unternehmer und sehr vermögende Privatpersonen zugeschnitten[1096]. Über Dachfondskonstruktionen und sog. Feeder-Fonds, welche in größere Private Equity Fonds investieren, stehen Private Equity Fonds jedoch auch dem breiten Anlegerpublikum offen[1097]. Der Investitionsgegenstand von Private Equity Fonds sind Beteiligungen an nicht börsennotierten Unternehmen, welche vor dem Erwerb als Zielgesellschaft bzw. Target und nach dem Erwerb als Portfoliogesellschaft bezeichnet werden[1098]. Das von den Anlegern eingesammelte Kapital wird dazu eingesetzt, den Zielgesellschaften Eigenkapital oder eigenkapitalähnliche Mittel zur Verfügung zu stellen[1099]. Während der sieben- bis zwölfjährigen Fondslaufzeit werden die Unternehmensbeteiligungen über einen Zeitraum von zwei bis fünf Jahren gehalten, innerhalb welchem eine Wertsteigerung des Portfoliounternehmens erfolgen soll[1100]. Die Rendite erwirtschaften Private Equity Fonds dadurch, dass die Beteiligungen an den Portfoliounternehmen nach der Wertsteigerung zu einem möglichst teuren Preis wieder veräußert werden[1101].

1093 *Sagasser* in Assmann/Schütze, Hdb. des Kapitalanlagerechts, § 27 Rn. 400; *Watrin*, BB 2002, 811, 812.

1094 *Rudolph*, ZGR 2008, 161, 177; *Inhester* in MünchHdb. GesR II, § 26 Rn. 127; *Kind* in Lüdicke/Arndt, Geschlossene Fonds, S. 422.

1095 *Feldhaus* in Feldhaus/Veith, Frankfurter Kommentar zu Private Equity, Kap. 1 Rn. 163; *Watrin*, BB 2002, 811, 813.

1096 *Sagasser* in Assmann/Schütze, Hdb. des Kapitalanlagerechts, § 27 Rn. 392; *Feldhaus* in Feldhaus/Veith, Frankfurter Kommentar zu Private Equity, Kap. 1 Rn. 53; *Watermeyer* in Müller/Hoffmann, Beck'sches Hdb. der Personengesellschaften, § 16 Rn. 6.

1097 *Kind* in Lüdicke/Arndt, Geschlossene Fonds, S. 422 ff.

1098 BMF-Schreiben, 16.12.2003, DStR 2004, 181; *Gajo*, AG 2002, R38; *Kind* in Lüdicke/Arndt, Geschlossene Fonds, S. 418 ff.

1099 *Sagasser* in Assmann/Schütze, Hdb. des Kapitalanlagerechts, § 27 Rn. 392; vgl. *Feldhaus* in Feldhaus/Veith, Frankfurter Kommentar zu Private Equity, Kap. 1 Rn. 3 ff.

1100 *Feldhaus* in Feldhaus/Veith, Frankfurter Kommentar zu Private Equity, Kap. 1 Rn. 254.

1101 *Kind* in Lüdicke/Arndt, Geschlossene Fonds, S. 418; *Sagasser* in Assmann/Schütze, Hdb. des Kapitalanlagerechts, § 27 Rn. 401; *Levedag* in MünchHdb. GesR II, § 71 Rn. 201.

Private Equity Fonds investieren typischerweise nicht nur in ein einzelnes Unternehmen, sondern erwerben Beteiligungen von einer Vielzahl an nicht börsennotierten Kapitalgesellschaften. Da die konkreten Beteiligungen, in welche der Private Equity Fonds investiert, zum Zeitpunkt des Beitritts der Anleger üblicherweise noch nicht feststehen, handelt es sich bei Private Equity Fonds üblicherweise um sog. Blind-Pools[1102]. Allerdings ist in der Regel in einer sog. Investmentstrategie von vorneherein festgelegt, in welche Art von Unternehmen der Private Equity Fonds zu investieren hat[1103]. Die Fondsgesellschaft erwirbt die Beteiligungen an den Zielgesellschaften in aller Regel nicht selbst, sondern mittelbar über eine Erwerbsgesellschaft. Private Equity Fonds streben hohe Rendite an, weshalb zur Nutzung des Leverage Effekts üblicherweise in hohem Maße Fremdkapital zum Einsatz kommt[1104]. Die Fremdkapitalaufnahme findet auf der Ebene der Erwerbsgesellschaft statt. Die mit den Darlehensverbindlichkeiten belastete Erwerbsgesellschaft wird häufig nach dem Erwerb der Gesellschaftsanteile auf die Zielgesellschaft verschmolzen oder umgekehrt, so dass die Zielgesellschaft letztlich selbst die Kosten des Anteilserwerbs trägt[1105]. In jedem Fall wird der Cash-Flow des Zielunternehmens dazu genutzt, die Finanzierung des Anteilserwerbs zu bedienen[1106].

Bei den Zielgesellschaften handelt es sich in der Regel um etablierte, mittelständische Unternehmen, bei denen aufgrund eines anstehenden Umbruchs Kapitalbedarf besteht[1107]. Es kommen zwar noch verschiedene andere Situationen in Betracht (z.B. Restrukturierung oder Nachfolge), jedoch ist der Hintergrund von Private Equity Transaktionen in den meisten Fällen die Übernahme des Unternehmens durch das bisherige Management mithilfe des Private Equity Fonds. Dies wird als Management-Buy-Out (MBO) bezeichnet bzw. bei Fremdfinanzierung des Beteiligungserwerbs als Leveraged Buy Out (LBO)[1108]. Hierbei erwirbt der Private Equity

1102 Brettel/Kaufmann/Kühn/Sobczak, Private Equity Investoren, S. 29; *Kind* in Lüdicke/Arndt, Geschlossene Fonds, S. 422 f.; *Rudolph*, ZGR 2008, 161, 163.

1103 *Feldhaus* in Feldhaus/Veith, Frankfurter Kommentar zu Private Equity, Kap. 1 Rn. 53.

1104 *Feldhaus* in Feldhaus/Veith, Frankfurter Kommentar zu Private Equity, Kap. 1 Rn. 236; *Kind* in Lüdicke/Arndt, Geschlossene Fonds, S. 419.

1105 *Boxberger* in Dornseifer/Jesch/Klebeck/Tollmann, AIFM-Richtlinie, Art. 30 Rn. 6 f.; *Weitnauer*, AG 2013, 672, 677; *Schröder/Rahn*, GWR 2014, 49, 53; *Blasche*, GWR 2010, 132.

1106 *Kind* in Lüdicke/Arndt, Geschlossene Fonds, S. 422.

1107 *Möller*, BB 2006, 971; *Gabrysch* in Breithaupt/Ottersbach, Kompendium Gesellschaftsrecht, S. 114 Rn. 63 ff.; Brettel/Kaufmann/Kühn/Sobczak, Private Equity Investoren, S. 11.

1108 Brettel/Kaufmann/Kühn/Sobczak, Private Equity Investoren, S. 12; *Veith* in Feldhaus/Veith, Frankfurter Kommentar zu Private Equity, Kap. 1 Rn. 59; *Gajo*, AG 2002, R38 ff.; *Rudolph*, ZGR 2008, 161, 169.

Fonds die Mehrheitsbeteiligung an der Zielgesellschaft und das bisherige Management der Zielgesellschaft führt diese weiter[1109].

Der Private Equity Fonds ist zwar nicht aktiv am Management der Portfoliogesellschaften beteiligt, nimmt typischerweise aber dennoch Einfluss auf die wirtschaftliche Entwicklung der Portfoliogesellschaften. Diese Einflussnahme erfolgt in rechtlicher Hinsicht im Falle einer (zumeist angestrebten) Mehrheitsbeteiligung über die Gesellschafterstellung, ansonsten über speziell eingerichtete Beiräte oder sonstige Kontrollorgane[1110]. Um die Wertsteigerungspotentiale der Portfoliounternehmen auszuschöpfen, unterstützten Private Equity Fonds die Portfoliounternehmen üblicherweise durch Beratungsleistungen, Einbringung des branchenspezifischen, kaufmännischen Wissens und die Zurverfügungstellung von bestehenden Netzwerken[1111]. Aufgrund dieser Unterstützung ist im Zusammenhang mit Private Equity Fonds zum Teil auch von „aktivem Beteiligungskapital" oder „Smart Money" die Rede[1112].

1109 *Gajo*, AG 2002, R38, R40; *Gabrysch* in Breithaupt/Ottersbach, Kompendium Gesellschaftsrecht, S. 114 Rn. 64; Brettel/Kaufmann/Kühn/Sobczak, Private Equity Investoren, S. 15.

1110 *Kind* in Lüdicke/Arndt, Geschlossene Fonds, S. 426.

1111 *Feldhaus* in Feldhaus/Veith, Frankfurter Kommentar zu Private Equity, Kap. 1 Rn. 278; *Gabrysch* in Breithaupt/Ottersbach, Kompendium Gesellschaftsrecht, S. 114 Rn. 69; *Rudolph*, ZGR 2008, 161, 163.

1112 *Rudolph*, ZGR 2008, 161, 163.

E. Regulierung geschlossener Fonds nach dem KAGB

Mit Inkrafttreten des Kapitalanlagegesetzbuchs (KAGB) am 22.07.2013 erfuhr die Regulierung geschlossener Fonds eine fundamentale Änderung[1113]. Der Bundesverband Sachwerte und Investmentvermögen (bsi) – welcher vormals als Verband Geschlossene Fonds e.V. (VGF) auftrat und im Zuge des Inkrafttretens des KAGB eine Umbenennung und Neuausrichtung vornahm –, bezeichnet das Jahr des Inkrafttretens des KAGB in seinem Branchenbericht 2013 treffend als das Jahr des Übergangs der „alten Welt der geschlossenen Fonds“ hin zur „neuen Welt“[1114]. Im Folgenden sollen nach einer Darstellung der Entstehung, der Hintergründe und der Gesetzessystematik des KAGB die wichtigsten neuen Regelungen des KAGB herausgestellt werden, welche für geschlossene Fonds von Bedeutung sind.

I. Das Kapitalanlagegesetzbuch

Der deutsche Gesetzgeber nahm die Pflicht zur Umsetzung der Richtlinie über die Verwalter Alternativer Investmentfonds 2011/61/EU (sog. AIFM-Richtlinie) zum Anlass, mit dem KAGB ein Regelwerk für die gesamte Fondsbranche zu schaffen[1115].

1. Gesetzgebungsverfahren

Am 21.07.2011 trat die AIFM-Richtlinie in Kraft und war von den Mitgliedsstaaten innerhalb einer Frist von zwei Jahren in nationales Recht umzusetzen[1116]. Die Umsetzung der AIFM-Richtlinie erfolgt in Deutschland durch das Gesetz zur Umsetzung der Richtlinie 2011/61/EU über die Verwalter alternativer Investmentfonds (sog. AIFM-UmsG), dessen Kernstück das KAGB darstellt[1117]. Der erste Entwurf zum KAGB wurde vom Bundesministerium der Finanzen am 20.07.2012

1113 BGBl 2013 I, S. 1981; BT-Drucks. 17/12294; *Jesch/Alten*, RdF 2013, 191; *Jäger/Maas/Renz*, CCZ 2014, 63. *Escher* befürwortet aufgrund der Änderungen des KAGB im Bereich der geschlossenen Fonds eine wissenschaftliche Einordnung geschlossener Fonds unter das Bankrecht, vgl. *Escher* in Habersack/Mülbert/Nobbe/Wittig, Bankrechtstag 2013, S. 124.

1114 Vgl. S. 10 ff. der bsi Branchenzahlenerhebung 2013.

1115 BT-Drucks. 17/12294, S. 2.

1116 Richtlinie 2011/61/EU des Europäischen Parlaments und des Rates vom 08.06.2011 über die Verwalter alternativer Investmentfonds und zur Änderung der Richtlinien 2003/41/EG und 2009/65/EG und der Verordnungen (EG) Nr. 1060/2009 und (EU) Nr. 1095/2010. Der deutsche Gesetzgeber war nach Art. 66 Abs. 1 S. 1 AIFM-RL verpflichtet, die AIFM-Richtlinie bis zum 22.07.2013 in nationales Recht umzusetzen.

1117 BGBl. 2013 I, S. 1981; *Wallach*, RdF 2013, 92.

veröffentlicht. Es handelte sich hierbei um einen Diskussionsentwurf und es wurden verschiedene Interessenverbände und Branchenvertreter zu Stellungnahmen aufgerufen. Die im Zusammenhang mit dem Konsultationsverfahren eingegangenen Stellungnahmen zum KAGB-E vom 20.07.2012 befürworteten den Gesetzesentwurf zwar größtenteils in seiner Gesamtheit, enthielten aber scharfe Kritik hinsichtlich einzelner Regelungen, die über die Vorgaben der AIFM-Richtlinie hinausgingen[1118]. Im Bereich der geschlossenen Fonds wurden unter anderem die Leveragebegrenzung auf dreißig Prozent, die Beschränkung der zulässigen Anlageobjekte sowie das Verbot von Ein-Objekt-Fonds für Privatanleger scharf kritisiert[1119]. Die Kritikpunkte wurden zum großen Teil in dem am 12.12.2012 veröffentlichten Gesetzesentwurf der Bundesregierung berücksichtigt[1120]. Dieser Entwurf wurde dem Bundesrat am 21.12.2012 zur Abstimmung zugeleitet[1121]. Der Finanzausschuss des Bundestags veröffentlichte am 10.05.2013 eine Beschlussempfehlung mit geringfügigen Änderungsvorschlägen[1122]. Am 16.05.2013 verabschiedete der Bundestag das AIFM-Umsetzungsgesetz in der vom Finanzausschuss vorgeschlagenen Fassung. Nachdem der Bundestag den Gesetzesentwurf an den Bundesrat zugeleitet hat und dieser nicht den Vermittlungsausschuss anrief, trat das AIFM-Umsetzungsgesetz schließlich am 22.07.2013 – und damit innerhalb des zweijährigen Umsetzungszeitraums der AIFM-Richtlinie – in Kraft[1123]. Flankiert wird das AIFM-Umsetzungsgesetz von dem AIFM-Steueranpassungsgesetz[1124]. Im Rahmen des sog. „KAGB-Reparaturgesetzes", welches am 19.07.2014 in Kraft trat, nahm der Gesetzgeber verschiedene Korrekturen vor; insbesondere eine aufgrund europäischer Vorgaben erforderliche Änderung der Legaldefinition des geschlossenen AIF[1125].

1118 Für den Bereich der geschlossenen Fonds ist die Stellungnahme des VGF vom 17.08.2012 am bedeutendsten, vgl. Stellungnahme des VGF Stellungnahme zum Diskussionsentwurf eines Gesetzes zur Umsetzung der Richtlinie 2011/61/EU über die Verwalter alternativer Investmentfonds (AIFM-UmsG), 17.08.2012, S. 11.

1119 Zur Zusammenfassung der wesentlichen Kritikpunkte, vgl. Stellungnahme des VGF Stellungnahme zum Diskussionsentwurf eines Gesetzes zur Umsetzung der Richtlinie 2011/61/EU über die Verwalter alternativer Investmentfonds (AIFM-UmsG), 17.08.2012, S. 6 ff.

1120 *Niewerth/Rybarz*, WM 2013, 1154.

1121 BR-Drucks. 791/12, 21.12.2012.

1122 BT-Drucks. 17/13395, 10.05.2013.

1123 BR-Drucks. 375/13, 07.06.2013. Beim AIFM-Umsetzungsgesetz handelt es sich um ein Einspruchsgesetz. Zu den Bedenken des Bundesrates in Bezug auf die Erhöhung der Leveragebegrenzung von 30 % auf 60 %, vgl. BR-Drucks. 791/12, S. 12. Zum Gesetzgebungsprozess, vgl. *Niewerth/Rybarz*, WM 2013, 1154.

1124 *Niewerth/Rybarz*, WM 2013, 1154.

1125 Gesetz zur Anpassung von Gesetzen auf dem Gebiet des Finanzmarktes, BGBl. 2014 I, S. 934.

2. Umsetzungsgesetz der AIFM-Richtlinie

Die Motivation des deutschen Gesetzgebers zur Schaffung des KAGB ist in der Pflicht zu sehen, die AIFM-Richtlinie in nationales Recht umzusetzen. Aus diesem Grund spielt die AIFM-Richtlinie für das KAGB eine bedeutende Rolle.

a) Hintergrund

Die AIFM-Richtlinie ist eine Reaktion des europäischen Gesetzgebers auf die Finanzkrise ab dem Jahr 2007[1126]. Auf europäischer Ebene beschränkte sich die Regulierung im Fondsbereich vor Inkrafttreten der AIFM-Richtlinie auf sog. Organsimen für gemeinsame Anlagen in Wertpapiere (OGAW) und deren Verwalter. Diese wurden durch die sog. OGAW-Richtlinie reguliert, welche bereits im Jahr 1985 in Kraft trat und im Laufe der Zeit mehrfach geändert wurde[1127]. Der Anwendungsbereich der OGAW-Richtlinie war ausschließlich auf Investmentfonds begrenzt, die in Wertpapiere oder bestimmte andere liquide Finanzanlagen investierten. Andere Fondstypen wie insbesondere geschlossene Fonds waren von der OGAW-Richtlinie nicht betroffen. Im Vorfeld des Erlasses der AIFM-Richtlinie beschränkten sich die Forderungen einer Ausdehnung der europarechtlichen Regulierung auf andere Fondstypen allein auf Hedgefonds[1128]. Erst später wurden auch Private Equity Fonds als potentiell riskante Anlagevehikel für das Europäische Finanzsystem eingeschätzt und als regulierungsbedürftig betrachtet. So enthielt der sog. Rasmussen-Bericht des Europäischen Parlaments vom 11.09.2008 Empfehlungen zur Regulierung von Hedgefonds und Private Equity mit der Aufforderung an die Kommission zur Unterbreitung entsprechender Legislativvorschläge[1129].

Auf dem G20-Gipfel Anfang April 2009 in London, welcher zur Hochphase der Finanzkrise stattfand, haben sich die Staats- und Regierungschef darauf geeinigt, die bestehenden Regulierungs- und Aufsichtsmaßnahmen auszuweiten auf sämtliche systemrelevanten Finanzinstitutionen, -instrumente und -märkte[1130]. Am 30.04.2009

1126 *Schaffelhuber* spricht von einem „Regulierungs-Tsunami", der durch die Finanzkrise ausgelöst wurde, vgl. *Schaffelhuber*, GWR 2011, 488.

1127 Richtlinie 85/611/EWG des Rates vom 20.12.1985 zur Koordinierung der Rechts- und Verwaltungsvorschriften betreffend bestimmte Organismen für gemeinsame Anlagen in Wertpapieren (OGAW). Mit der Richtlinie 2009/65/EG vom 13.07.2009 wurde die OGAW neu gefasst.

1128 Noch in dem am 25.02.2009 veröffentlichten sog. De-Larosière-Bericht zu den bestehenden Aufsichtsstrukturen mit Neuordnungsvorschläge, welcher 2008 vor dem Hintergrund der Finanzkrise auf Anfrage der Europäischen Kommission bei einer Expertengruppe in Auftrag gegeben wurde, wurden allein Hedgefonds thematisiert.

1129 Entwurf einer Entschließung des Europäischen Parlaments mit Empfehlungen an die Kommission zu Hedgefonds und Private Equity A6-0338/2008.

1130 G20-Erklärung London 2009.

veröffentlichte die Europäische Kommission daraufhin einen Vorschlag zum Erlass einer Richtlinie über Verwalter alternativer Investmentfonds. Die Kommission hielt die Regulierung sämtlicher Verwalter von allen Arten von Fonds für erforderlich, die nicht bereits unter die OGAW-Richtlinie fallen, da eine bloße Regulierung von Hedge-Fonds und Private Equity Fonds in Anbetracht der sich dann eröffnenden Schlupflöcher ineffektiv sei und weil auch bei anderen Fondsarten mitunter die gleichen Risiken bestünden[1131]. Somit sollten nunmehr auch andere Arten von geschlossenen Fonds als Hedge-Fonds und Private Equity Fonds der AIFM-Richtlinie unterfallen[1132]. Das europäische Gesetzgebungsverfahren zum Erlass der AIFM-Richtlinie nahm aufgrund kontroverser Debatten einige Zeit in Anspruch[1133]. Der finale Richtlinienentwurf wurde am 11.11.2010 in erster Lesung im ordentlichen Gesetzgebungsverfahren verabschiedet, woraufhin die AIFM-Richtlinie schließlich am 01.07.2011 im Amtsblatt veröffentlicht wurde und am 21.07.2011 in Kraft trat[1134].

b) Ziele

Mit der AIFM-Richtlinie sollen die Verwalter von sämtlichen kollektiven Investitionsvehikeln einer Regulierung unterworfen werden, welche nicht bereits durch die OGAW-Richtlinie reguliert sind[1135]. Die AIFM-Richtlinie verfolgt nach dem Willen des europäischen Gesetzgebers hiermit im Wesentlichen vier Ziele[1136]. An erster Stelle steht die Bekämpfung von sog. Systemrisiken[1137]. Hiermit sind solche Risiken gemeint, welche das Potential gravierender negativer Folgen für den europäischen Finanzmarkt sowie die Realwirtschaft in sich bergen[1138]. Zwar sieht der europäische

1131 Kommissionsvorschlag zur AIFM-RL, 30.04.2009, S. 5.

1132 Der Kommissionsvorschlag zur AIFM-RL nennt neben Hedgefonds und Private Equity Fonds als Beispiele für alternative Investmentfonds „Immobilienfonds, Rohstofffonds, Infrastrukturfonds und andere Arten institutioneller Fonds", vgl. Kommissionsvorschlag zur AIFM-RL, 30.04.2009, S. 2.

1133 *Tollmann* in Dornseifer/Jesch/Klebeck/Tollmann, AIFM-Richtlinie, Einleitung Rn. 16.

1134 Amtsblatt der EU L 174/1, 01.07.2011.

1135 Art. 2 Abs. 2 a) i.V.m. Art. 4 Abs. 1 a) AIFM-RL; Erwägungsgrund (3) AIFM-RL.

1136 *Tollmann* in Dornseifer/Jesch/Klebeck/Tollmann, AIFM-Richtlinie, Einleitung Rn. 17.

1137 Aus der wiederholten Hervorhebung der Systemrisiken in den Erwägungsgründen (z.B. Erwägungsgrund (2) der AIFM-RL), der ausdrücklichen Bezugnahme im Gesetzestext selbst (z.B. im Rahmen der Hebelfinanzierung Art. 25 Abs. 1 AIFM-RL) und der historischen Entwicklung der AIFM-RL aus der Finanzkrise heraus ergibt sich, dass das Hauptaugenmerk des europäischen Gesetzgebers im Schutz des Systems vor weiteren Finanzkrisen zu sehen ist, so auch *Tollmann* in Dornseifer/Jesch/Klebeck/Tollmann, AIFM-Richtlinie, Einleitung Rn. 17 ff.; *Jesch/Alten*, RdF 2013, 191, 192; *Krause*, RdF 2013, 4.

1138 Der Begriff der Systemrisiken ist legaldefiniert in Art. 2c der Verordnung (EU) Nr. 1092/2010 vom 24.11.2010 über die Finanzaufsicht in der Europäischen Union

Gesetzgeber die Ursachen der Finanzkrise nicht in alternativen Investmentfonds bzw. dem Verhalten der Manager solcher Fonds begründet, jedoch sollen diese Geschäfte dennoch die Märkte für Finanzinstrumente erheblich beeinflussen und Risiken über das Finanzsystem verbreiten oder verstärken können[1139]. Nach Erwägungsgrund (2) der AIFM-Richtlinie erschweren unkoordinierte Maßnahmen einzelner Mitgliedsstaaten ein wirksames Management der Risiken, weshalb die AIFM-Richtlinie auf die Festlegung gemeinsamer Anforderungen hinsichtlich der Zulassung von und der Aufsicht über Manager von alternativen Investmentfonds (sog. AIFM) abzielt, um für die Risiken sowie deren Folgen für die Anleger und die Märkte in der EU ein kohärentes Vorgehen zu gewährleisten.

Neben der Bekämpfung von Systemrisiken stellt auch der Schutz der (professionellen) Anleger ein erklärtes Ziel der AIFM-Richtlinie dar[1140]. Ein weiteres Ziel, welches durch die AIFM-Richtlinie verfolgt wird, ist die Schaffung eines EU-Binnenmarktes für AIFM und die Errichtung eines harmonisierten Regulierungs- und Kontrollrahmens für die Tätigkeit aller AIFM innerhalb der EU[1141]. Zuletzt ist noch die Verbesserung des Schutzes der Zielunternehmen von Private Equity Fonds als Ziel der AIFM-Richtlinie zu nennen[1142].

c) Regelungsgegenstand

Bemerkenswert an der AIFM-Richtlinie ist, dass die Regulierung grundsätzlich nicht an die alternativen Investmentfonds (AIF) anknüpft, sondern an die Verwalter der Fonds (Alternative Investment Fund Manager, AIFM), wie bereits aus der Bezeichnung der Richtlinien ersichtlich ist (AIFM-Richtlinie und nicht AIF-Richtlinie)[1143].

---

auf Makroebene und zur Errichtung eines Ausschusses für Systemrisiken, vgl. hierzu *Tollmann* in Dornseifer/Jesch/Klebeck/Tollmann, AIFM-Richtlinie, Einleitung Rn. 18.

1139 Ob von geschlossenen Fonds mit regelmäßig verhältnismäßig geringen Volumina jedoch tatsächlich Risiken ausgehen, die das Finanzsystem der EU gefährden, ist zu bezweifeln, so auch *Kobabe* in Möllers/Kloyer, Das neue KAGB, Rn. 912. Kritisch zur Systemrelevanz von Fonds auch *Jesch/Geyer*, BKR 2012, 359, nach deren Ansicht Systemrisiken allenfalls bei Hedgefonds vorliegen und selbst in diesem Bereich erst „nach langem Suchen" „hin und wieder" zu finden seien.

1140 Dies kommt z.B. in Erwägungsgrund (2) AIFM-RL zum Ausdruck.

1141 Erwägungsgrund (4) AIFM-RL. Im Zuge dieser Harmonisierung soll die Zulassung eines AIFM in einem Mitgliedsstaat diesen dazu berechtigten, ohne das Durchlaufen weiterer Zulassungsverfahren AIF auch in anderen Mitgliedsstaaten zu verwalten und unter Einhaltung bestimmter Meldepflichten AIF innerhalb der EU zu vertreiben, vgl. *Möllers/Seidenschwann* in Möllers/Kloyer, Das neue KAGB, Rn. 14.

1142 Diese Zielsetzung der AIFM-Richtlinie ergibt sich aus den Erwägungsgründen (53) ff. AIFM-RL, vgl. hierzu *Tollmann* in Dornseifer/Jesch/Klebeck/Tollmann, AIFM-Richtlinie, Einleitung Rn. 19; *Jesch/Alten*, RdF 2013, 191, 192.

1143 Erwägungsgrund (10) AIFM-RL.

Der europäische Gesetzgeber sah von dem Erlass von Vorschriften für die Fonds selbst (z.B. hinsichtlich der Portfoliostruktur und -Zusammensetzung) bewusst ab, da er solche Vorgaben auf EU-Ebene für unverhältnismäßig hielt. Als weiteres Argument gegen eine europarechtliche Regulierung der Fonds nennt Erwägungsgrund (10) der AIFM-RL, dass eine Harmonisierung auf diesem Gebiet in Anbetracht der Vielzahl unterschiedlicher Arten an Fonds äußerst schwierig wäre. Regelungen für und die Aufsicht über die Fonds soll deshalb weiterhin den Mitgliedsstaaten obliegen[1144]. Obwohl die Regulierung grundsätzlich nicht an den Fonds, sondern an den Fondsmanager anknüpft, enthält aber auch die AIFM-Richtlinie vereinzelt Vorschriften, die von diesem Grundsatz abweichen, z.B. bei Fonds, welche die Kontrolle über nicht börsennotierte Unternehmen und Emittenten erlangen (vgl. Art. 26 ff. AIFM-RL).

Der Regelungsgegenstand der AIFM-Richtlinie ist außerdem insofern eingeschränkt, als dass nur solche AIF in die Regulierung der AIFM-Richtlinie einbezogen sind, die ausschließlich an professionelle Anleger (institutionelle Anleger und andere professionelle Anleger i.S.d. Anhangs II der MiFID-RL) vertrieben werden dürfen[1145]. Der Schutz von Privatanlegern ist deshalb nicht von der AIFM-Richtlinie bezweckt[1146]. Der europäische Gesetzgeber räumt den Mitgliedstaaten aber die Möglichkeit ein, den Vertrieb von Anteilen an AIF an Privatanleger durch nationale Regelungen zuzulassen, welche über die Vorgaben der AIFM-Richtlinie hinaus gehen dürfen[1147].

3. Gesetzeswerk für die gesamte Fondsbranche

Das KAGB geht über eine bloße eins zu eins Umsetzung der AIFM-Richtlinie hinaus, da sich der deutsche Gesetzgeber dagegen entschieden hat, nur ein Gesetz für die Verwalter alternativer Investmentvermögen zur Umsetzung der AIFM-Richtlinie zu erlassen. Neben der reinen Umsetzung der AIFM-Richtlinie sollte durch das KAGB vielmehr ein geschlossenes Regelwerk für alle Arten an (offenen wie geschlossenen) Investmentfonds und deren Manager geschaffen werden[1148]. Die Regelung in

1144 *Niewerth/Rybarz* nennen als mutmaßlichen weiterer Grund für die Regulierung der Manager anstelle der Fonds, dass die Fondsprodukte aus steuerlichen und regulatorischen Gründen oftmals nicht am Ort der eigentlichen Marktaktivität aufgelegt werden, sondern außerhalb der EU an sog. „Offshore-Finanzplätzen, vgl. *Niewerth/Rybarz*, WM 2013, 1154, 1155.

1145 Erwägungsgrund (10) AIFM-RL. Ausführlich zum Schutz der professionellen Anleger als Ziel der AIFM-Richtlinie, vgl. *Tollmann* in Dornseifer/Jesch/Klebeck/Tollmann, AIFM-Richtlinie, Einleitung Rn. 20 f.; *Bußalb/Unzicker*, BKR 2012, 309, 310.

1146 *Bußalb/Unzicker*, BKR 2012, 309, 310.

1147 Art. 43 AIFM-RL.

1148 BT-Drucks. 17/12294, S. 2. *Niewerth/Rybarz*, WM 2013, 1154, 1155. Neben der Umsetzung der AIFM-RL und der OGAW-RL enthält das KAGB Vorschriften, welche

einem Gesetzbuch sollte laut der Gesetzesbegründung des AIFM-Umsetzungsgesetz zur Verwirklichung des EU-Binnenmarktes im Investmentfondsbereich beitragen. Darüber hinaus sollte auf diesem Wege erreicht werden, dass der Anlegerschutz einen einheitlichen hohen Standard erfährt.

Aufgrund der grundlegenden Unterschiede zwischen offenen und geschlossenen Fonds wurde teilweise die Sinnhaftigkeit der Schaffung eines Gesetzbuches für die gesamte Fondsbranche bezweifelt[1149]. Für die Schaffung eines einheitlichen Gesetzbuches sprach aber die Vermeidung von Doppelregelungen, da die von der AIFM-Richtlinie aufgestellten Anforderungen an die Fondsmanager zum Teil an die Vorschriften der OGAW-Richtlinie angelehnt sind, auf welcher viele der Vorschriften des Investmentgesetzes als vor Inkrafttreten des KAGB geltendes Regelwerk für offene Fonds beruhten[1150]. Mit der Schaffung eines einheitlichen Gesetzbuches konnte eine Zersplitterung der ohnehin schon komplexen Vorschriften zu Fonds vermieden werden. Allerdings ist vorab bereits festzuhalten, dass die Vorschriften des KAGB aufgrund der Regelungsdichte und der angewandten Verweistechnik mitunter schwer verständlich sind und selbst von Experten nicht auf Anhieb durchdrungen werden können, was unter anderem auch dem Charakter als geschlossenes Regelwerk für den gesamten Investmentbereich geschuldet sein mag[1151].

a) Offene Fonds – Aufhebung des Investmentgesetzes

Vor Inkrafttreten des KAGB unterlagen offene Fonds und deren Manager (sog. Kapitalanlagegesellschaften) der Regulierung des Investmentgesetzes. Das Investmentgesetz diente seinerseits der Umsetzung europäischer Vorgaben durch die OGAW-Richtlinie, welche die Regulierung bestimmter Wertpapierfonds und deren Manager zum Gegenstand hatte[1152]. Darüber hinaus fand das Investmentgesetz auch für bestimmte andere Investmentvermögen Anwendung, die nicht Gegenstand der OGAW-Richtlinie waren z.B. offene Immobilienfonds[1153]. Da das KAGB nunmehr die gesamte Fondsbranche in einem einzigen Gesetzbuch regelt, wurde

---

der Europäischen Verordnung über Risikokapitalfonds und der Europäischen Verordnung über Europäische Fonds für soziales Unternehmertum entstammen, vgl. *Jesch/Alten*, RdF 2013, 191, 193.

1149 Die Schaffung eines geschlossenen Regelwerks für den Investmentbereich wurde als schwieriges Unterfangen betrachtet, da offene Fonds nach dem InvG und geschlossene Fonds bis dahin rechtlich und steuerlich grundlegend anders behandelt wurden („unverwandt"), vgl. *Krause/Kleback*, RdF 2013, 4, 5. Kritisch zur Regelungsdichte im Hinblick auf Transparenz, vgl. *Jesch/Alten*, RdF 2013, 191, 193; *Emde/Dreibus*, BKR 2013, 89, 90.

1150 BT-Drucks. 17/12294, S. 187; *Niewerth/Rybarz*, WM 2013, 1154, 1156.

1151 In diese Richtung gehend auch *Jesch/Alten*, RdF 2013, 191, 193.

1152 *Weitnauer* in Möllers/Kloyer, Das neue KAGB, Rn. 400; *Niewerth/Rybarz*, WM 2013, 1154, 1155; *Jesch/Alten*, RdF 2013, 191, 192.

1153 *Voigt* in Möllers/Kloyer, Das neue KAGB, Rn. 189; *Niewerth/Rybarz*, WM 2013, 1154, 1155.

das Investmentgesetz im Zuge des AIFM-Umsetzungsgesetzes aufgehoben[1154]. Die Regelungen des Investmentgesetzes wurden nach redaktioneller Anpassung größtenteils in den für offene Fonds geltenden Teil des KAGB übertragen. Zum Teil wurden Vorschriften des Investmentgesetzes, welche für offene Fonds galten, im KAGB auf geschlossene Fonds übertragen[1155].

b) Geschlossene Fonds – Änderung des Vermögensanlagengesetzes

Die Schaffung des KAGB als Regelungswerk für die gesamte Fondsbranche erforderte Anpassungen und Änderungen in anderen Gesetzeswerken[1156]. So wurde insbesondere der Anwendungsbereich des VermAnlG, welches vor Inkrafttreten des KAGB für Beteiligungen an geschlossenen Fonds anwendbar war und unter anderem die Prospektpflicht und -haftung regelte, im Rahmen des AIFM-Umsetzungsgesetzes geändert. Dieses ist nur noch für solche Vermögensanlagen einschlägig, die nicht dem KAGB unterfallen[1157]. Laut der Gesetzesbegründung wurde der für den Anwendungsbereich maßgebliche § 1 Abs. 2 Nr. 3 VermAnlG a.F. („Anteile an sonstigen geschlossen Fonds“) gestrichen, weil Anteile an geschlossenen Fonds in den Anwendungsbereich des KAGB fallen[1158].

c) Privatanleger

Während die AIFM-Richtlinie nur Anforderungen an die Manager von AIF für professionelle Anleger aufstellt, enthält das KAGB auch Vorschriften für AIF, die Privatanlegern zugänglich sind. Der deutsche Gesetzgeber hat insofern von der Möglichkeit nach Art. 43 AIFM-RL Gebrauch gemacht. Die Vorgaben der AIFM-Richtlinie sind im Hinblick auf Privatanleger als Mindeststandards anzusehen; den Mitgliedstaaten steht es frei, strengere Vorschriften zu erlassen[1159]. Um dem Schutzbedürfnis privater

---

1154 BT-Drucks. 17/12994, S. 307.

1155 Als Beispiel für eine Regelung des KAGB, die nicht der AIFM-RL, sondern dem Investmentgesetz entstammt, ist die auf § 67 Abs. 4 InvG beruhende Vorschrift § 261 Abs. 4 KAGB über die eingeschränkte Zulässigkeit von Währungsrisiken im Bereich der für Privatanleger zugänglichen Publikumsfonds zu nennen.

1156 BT-Drucks. 17/12294, S. 307 ff.

1157 § 1 Abs. 2 VermAnlG n.F.; *Jäger/Maas/Renz*, CCZ 2014, 63, 65; *Jesch*, BB 2012, 2895, 2899.

1158 BT-Drucks. 17/12294, S. 310.

1159 Art. 43 Abs. 1 AIFM-RL; BT-Drucks. 17/12294, S. 188. Die Möglichkeit strengere Vorschriften zu erlassen, als durch die AIFM-Richtlinie vorgegeben, gilt im Übrigen nicht nur im Bereich der Privatanleger; sofern das Funktionieren des Europapasses nicht behindert wird, können die Mitgliedsstaaten auch bei den Anforderungen an AIFM, die AIF nur an professionelle Anleger vertreiben bzw. auch hinsichtlich der AIF über die Vorgaben der AIFM-Richtlinie hinausgehen. Im Hinblick auf AIF, die an Privatanleger vertrieben werden, kann die Funktionsfähigkeit des Europapasses strengeren nationalen Gesetzen, die über die AIFM-

Anleger gerecht zu werden, hat sich der deutsche Gesetzgeber im Bereich der Fonds, welche auch Privatanlegern zugänglich sind, für eine strengere Regulierung der Manager entschieden und darüber hinaus auch die Fondsprodukte selbst einer Vielzahl an Anforderungen unterworfen (z.B. zulässige Anlageobjekte, gesellschaftsrechtliche Vorgaben für die Fondsgesellschaft etc.)[1160]. In Bezug auf AIF, welche an Privatanleger vertrieben werden, geht der deutsche Gesetzgeber somit weit über die Vorgaben der AIFM-Richtlinie hinaus[1161].

4. Ziele des KAGB

Das AIFM-Umsetzungsgesetz, dessen Kernstück das KAGB darstellt, verfolgt nach der Gesetzesbegründung das Ziel, ein in sich geschlossenes Regelwerk aufzustellen, welches die bisherige Aufsicht und Regulierung in diesem Bereich fortentwickelt unter Umsetzung der europäischen Vorgaben zur Förderung der Schaffung eines einheitlichen europäischen Binnenmarktes[1162]. Da die Gesetzesbegründung auf die europäischen Vorgaben verweist, sind die Ziele der AIFM-Richtlinie zugleich als Ziele des KAGB anzusehen, also insbesondere die wirksame Überwachung und Vermeidung von Systemrisiken[1163]. Der Anlegerschutz ist zwar auch ein Ziel der AIFM-Richtlinie, jedoch kommt dieser Zielsetzung im Rahmen des KAGB eine weitaus größere Bedeutung zu. Denn während die AIFM-Richtlinie auf Fonds für professionelle Anleger zugeschnitten ist und somit lediglich den Schutz der professionellen Anleger bezweckt, dient das KAGB auch dem Schutz von Privatanlegern[1164]. Diese weisen im Vergleich zu professionellen Anlegern ein weitaus höheres Schutzbedürfnis auf[1165]. Die Vorschriften des KAGB sind in weitem Umfang vom Ziel der Stärkung des Anlegerschutzes im Hinblick auf Privatanleger geprägt[1166].

5. Rechtsgrundlagen

Das Regelwerk des KAGB, welches für sich genommen bereits als hochkomplex zu bezeichnen ist, kann nicht isoliert betrachtet werden. Vielmehr sind neben dem KAGB eine Vielzahl an weiteren Regelwerken auf nationaler und europäischer Ebene zu beachten.

Richtlinie hinausgehen nicht entgegenstehen. Denn der Europapass gilt nur für den Vertrieb von AIF an professionelle Anleger.

1160 Vgl. BT-Drucks. 17/12294, S. 188; *Voigt* in Möllers/Kloyer, Das neue KAGB, Rn. 170.

1161 Kritisch *Kobabe* in Möllers/Kloyer, Das neue KAGB, Rn. 914; *Wallach*, RdF 2013, 92, 103.

1162 BT-Drucks. 17/12294, S. 2.

1163 Ausführlich dazu siehe oben Ziele, E. I. 2. b), S. 202 f.

1164 BT-Drucks. 17/12294, S. 1.

1165 BT-Drucks. 17/12294, S. 188.

1166 Diese Schwerpunktsetzung wird teilweise als zu weitgehend kritisiert, vgl. *Wallach*, RdF 2013, 92, 103; *Kloyer* in Möllers/Kloyer, Das neue KAGB, Rn. 908.

a) AIFM-Richtlinie

Bei der AIFM-Richtlinie handelt es sich aufgrund ihres Rechtscharakters als Richtlinie i.S.d. Art. 288 Abs. 3 AEUV (vormals Art. 249 Abs. 3 EGV) grundsätzlich nicht um unmittelbar geltendes Recht in Deutschland, sondern es bedurfte eines entsprechenden nationalen Umsetzungsgesetzes durch den deutschen Gesetzgeber[1167]. Allein die Vorschriften dieses Umsetzungsgesetzes – in diesem Fall das KAGB – sind für den Rechtsanwender in Deutschland bindend. Die AIFM-Richtlinie ist damit insofern keine Rechtsgrundlage, welche unmittelbar zu beachten ist. Jedoch spielt die AIFM-Richtlinie dennoch im Zusammenhang mit dem KAGB eine große Rolle. Denn einzelne Vorschriften und Fragen zur Anwendbarkeit des KAGB können nicht alleine durch die Auslegung des KAGB selbst beantwortet werden. Vielmehr ist bei dem KAGB als Umsetzungsgesetz der AIFM-Richtlinie eine richtlinienkonforme Auslegung angezeigt[1168]. Nach ständiger Rechtsprechung des EuGH sind die Gerichte in den Mitgliedsstaaten wegen des Umsetzungsgebots und dem Grundsatz der Gemeinschaftstreue bei der Auslegung des nationalen Umsetzungsgesetzes dazu verpflichtet, sich soweit wie möglich am Wortlaut und Zweck der Richtlinie auszurichten, um das mit der Richtlinie verfolgte Ziel zu erreichen[1169].

b) Level II Verordnungen

Die AIFM-Richtlinie stellt eine Rahmenrichtlinie dar, welche durch sog. Level II Verordnungen konkretisiert wird[1170]. Bei letzteren handelt es sich um Verordnungen, die nicht im üblichen europäischen Gesetzgebungsverfahren durch das Europäische Parlament und den Rat erlassen werden, sondern durch die Kommission. Der Begriff „Level II" erklärt sich daraus, dass diese Rechtsakte die zweite Ebene des vierstufigen Lamfalussy-Verfahrens darstellen. Da der Gesetzgebungsprozess auf europäischer Ebene im Bereich der Finanzmarktregulierung als zu langwierig, intransparent und sperrig erschien, folgte der Europäische Gesetzgeber den Empfehlungen des Lamfalussy-Berichts und führte im Jahr 2002 das Lamfalussy-Verfahren als beschleunigtes Gesetzgebungsverfahren ein[1171].

Auf der ersten Stufe des Lamfalussy-Verfahrens steht der Erlass eines Rahmengesetzes im Wege des üblichen Gesetzgebungsverfahrens auf europäischer Ebene durch das Europäische Parlament und den Rat. In diesem Rahmengesetz – auch Basisrechtsakt genannt –, werden die politischen Grundentscheidungen und die

1167 Gemäß Art. 288 Abs. 3 AEUV ist die Richtlinie lediglich im Hinblick auf das verfolgte Ziel für die Mitgliedsstaaten verbindlich, die Wahl der Form und Mittel zur Erreichung dieses Ziels ist Sache der Mitgliedsstaaten.

1168 *Krause*, RdF 2013, 4, 6.

1169 Art. 288 Abs. 3 AEUV i.V.m Art. 4 Abs. 3 EUV. Zum Gebot der richtlinienkonformen Auslegung EuGH, EuZW 2005, 433; BGH, NJW 2009, 427; BGH, NJW 1984, 2021.

1170 *Kuper* in Möllers/Kloyer, Das neue KAGB, Rn. 103 ff.

1171 *Schmolke*, NZG 2005, 912 ff.

Grundzüge des Rechtsakts vorgegeben und die Kommission wird zur Konkretisierung des Rahmengesetzes durch detaillierte Durchführungsbestimmungen ermächtigt[1172]. Auf der zweiten Stufe (Level II) erfolgt diese Konkretisierung durch Rechtsakte, welche die Kommission erlässt[1173]. Bei dem Entwurf der Konkretisierungsmaßnahmen wird die Kommission von dem Committee of European Securities Regulators (CESR) bzw. seit dem 01.01.2011 von der Europäischen Wertpapier- und Marktaufsichtsbehörde European Securities and Markets Authority (ESMA) sowie dem Europäischen Wertpapierausschuss (ESC) unterstützt[1174]. Die dritte Stufe betrifft die Umsetzung und Durchführung der Rechtsakte unter anderem durch Einflussnahme auf die nationalen Aufsichtsbehörden, während Stufe vier die Überwachung der Einhaltung der EU-Vorgaben durch die Kommission umfasst[1175].

Seit dem 01.01.2011 kann der Basisrechtsakt die Kommission zum Erlass von sog. technischen Regulierungs- und Durchführungsstandards in Form von Verordnungen oder Beschlüssen nach einem speziellen Verfahren ermächtigen[1176]. Bei diesen technischen Regulierungs- und Durchführungsstandards handelt es sich um Level II Maßnahmen mit der Besonderheit, dass diese zwar formell von der Kommission

---

1172 Lamfalussy-Bericht, S. 29 ff.; *Kuper* in Möllers/Kloyer, Das neue KAGB, Rn. 106. Art. 12 Abs. 3, Art. 14 Abs. 4 und Art. 15 Abs. 5 AIFM-RL enthalten Ermächtigungen zum Erlass für delegierte Rechtsakte; Art. 3 Abs. 5 AIFM-RL betrifft Durchführungsrechtsakte.

1173 Bei den Rechtsakten der Kommission handelt es sich um delegierte Rechtsakte nach Art. 290 AEUV oder um Durchführungsrechtsakte nach Art. 291 AEUV, vgl. *Kuper* in Möllers/Kloyer, Das neue KAGB, Rn. 106; *Rötting/Lang*, EuZW 2012, 8; *Schmolke*, NZG 2005, 912, 913.

1174 Diese Unterstützung beinhaltet unter anderem die Durchführung von Konsultationen durch den CESR bzw. die ESMA. Die europäische Wertpapier- und Marktaufsichtsbehörde ESMA wurde vor dem Hintergrund der Empfehlung des sog. De-Larosière-Berichts, welchen die Kommission im Zuge der Finanzkrise in Auftrag gab, mit der Verordnung (EU) Nr. 1095/2010 vom 24.11.2010 errichtet im Rahmen des Europäischen System der Finanzaufsicht (ESFS). Bevor die ESMA ins Leben gerufen wurde, oblagen die Aufgaben im Rahmen des Lamfalussy-Verfahrens dem Committee of European Securities Regulators (CESR). Die ESMA trat in die Stellung des CESR ein und übernahm sämtliche Funktionen. Darüber hinaus erweiterte der europäische Gesetzgeber die Befugnisse der ESMA. Hierzu ausführlich *Walla,* BKR 2012, 265, 267; *Baur/Boegl,* BKR 2011, 177 ff.

1175 Lamfalussy-Bericht, S. 46 ff.; *Schmolke* NZG 2005, 912, 913 f.

1176 Z.B. Art. 4 Abs. 4 AIFM-RL. *Walla,* BKR 2012, 265, 267. Die Vorschriften zu technischen Regulierungsstandards, welche delegierte Rechtsakte nach Art. 290 AEUV darstellen und technischen Durchführungsstandards i.S.d. Art. 291 AEUV finden sich in Art. 10 ff. und Art. 15 der Verordnung (EU) Nr. 1095/2010 des Europäischen Parlaments und des Rates vom 24.11.010 zur Errichtung einer Europäischen Aufsichtsbehörde (Europäische Wertpapier- und Marktaufsichtsbehörde), zur Änderung des Beschlusses Nr. 716/2009/EG und zur Aufhebung des Beschlusses 2009/77/EG der Kommission (sog. ESMA-Verordnung). Ausführlich hierzu *Rötting/ Lang,* EuZW 2012, 8 ff.

erlassen werden, die ESMA aber eine federführende Position einnimmt, da diese die Entwürfe erstellt und die Kommission Änderungen nur nach Abstimmung mit der ESMA vornehmen darf[1177]. Bei den Level II Verordnungen handelt es sich um Verordnungen im Sinne vom Art. 288 Abs. 2 AEUV, so dass die Regelungen in den Mitgliedstaaten unmittelbar – also ohne das Erfordernis eines nationalen Umsetzungsgesetzes – Anwendung finden. Die Level II Verordnungen stehen als Unionsrecht in der Gesetzeshierarchie über dem einfachen nationalen Recht, so dass die Level II Verordnungen gegenüber dem KAGB Vorrang genießen[1178].

Die AIFM-Richtlinie enthält eine Vielzahl an Ermächtigungen zum Erlass von Level II Verordnungen[1179]. Eine wichtige Level II Verordnungen ist die Delegierte Verordnung (EU) Nr. 231/2013 vom 19.12.2012, welche Konkretisierungen zu verschiedenen Regelungen der AIFM-Richtlinie in sich vereinigt[1180].

c) Empfehlungen und Leitlinien der ESMA

Darüber hinaus sind als Rechtsgrundlagen auf europäischer Ebene die Leitlinien und Empfehlungen der ESMA zu nennen. Hierbei handelt es sich um Level III Maßnahmen im Rahmen des oben erläuterten Lamfalussy-Verfahrens[1181]. Die dritte Stufe betrifft die Umsetzung und Anwendung der Rechtsakte, welche auf den beiden ersten Stufen erlassen wurden, durch die nationalen Aufsichtsbehörden. Um die Kohärenz, Effizienz und Einheitlichkeit der Aufsichtspraxis in den einzelnen Mitgliedsstaaten zu gewährleisten, spricht die ESMA Leitlinien für die nationalen Verwaltungsvorschriften und Empfehlungen für Auslegungsfragen aus[1182]. Dementsprechend enthält die AIFM-Richtlinie an verschiedenen Stellen Regelungen, wonach die ESMA zu bestimmten Themen die Existenz von Leitlinien sicherzustellen

---

1177 Gemäß dem Erwägungsgrund (23) ESMA-Verordnung vom (EU) Nr. 1095/2010 vom 24.11.2010 soll die Kommission die von der ESMA ausgearbeiteten Entwürfe nur „in äußerst begrenzten Fällen und unter außergewöhnlichen Umständen" abändern.

1178 BVerfG, NJW 1971, 2122; BVerfG, NJW 2012, 45; Maurer, Allgemeines Verwaltungsrecht, § 4 Rn. 9.

1179 Kritisch zu Level II Maßnahmen, vgl. *Escher* in Habersack/Mülbert/Nobbe/Wittig, Bankrechtstag 2013, S. 128.

1180 Delegierte Verordnung (EU) Nr. 231/2013 der Kommission vom 19.12.2012 zur Ergänzung der Richtlinie 2011/61/EU des Europäischen Parlaments und des Rates im Hinblick auf Ausnahmen, die Bedingungen für die Ausübung der Tätigkeit, Verwahrstellen, Hebelfinanzierung, Transparenz und Beaufsichtigung. *Wallach*, RdF 2013, 92 spricht von einer „Überlagerung" des KAGB durch diese delegierte Verordnung.

1181 *Boxberger* in Dornseifer/Jesch/Klebeck/Tollmann, AIFM-Richtlinie, § 13 Rn. 21.

1182 Lamfalussy-Bericht S. 46 ff.; Art. 16 der ESMA-Verordnung (EU) Nr. 1095/2010 vom 24.11.2010. Darüber hinaus soll die ESMA die Regulierungspraxis der Mitgliedsstaaten miteinander vergleichen und im Rahmen von sog. peer reviews abfragen.

hat[1183]. So existieren z.B. Leitlinien zu Schlüsselbegriffen der Richtlinie über die Verwalter alternativer Investmentfonds (AIFMD) vom 13.08.2013 sowie Leitlinien für solide Vergütungspolitiken unter Berücksichtigung der AIFMD vom 3.07.2013.

Die Empfehlungen und Leitlinien der ESMA richten sich in erster Linie an die nationalen Aufsichtsbehörden, welche alle erforderlichen Anstrengungen zu deren Befolgung zu unternehmen haben[1184]. Die Empfehlungen und Leitlinien sind insofern unverbindlich, als dass eine Nichtbefolgung keine Sanktionen nach sich zieht[1185]. Jedoch müssen die nationalen Aufsichtsbehörden eine Begründung abgeben, wenn eine Befolgung der jeweiligen Leitlinien bzw. Empfehlungen nicht angestrebt ist[1186]. Die ESMA kann die Tatsache, dass die Aufsichtsbehörde eines Mitgliedstaates den Empfehlungen bzw. Leitlinien nicht nachkommt, veröffentlichen. Durch diese „Prangerwirkung" kommt den Leitlinien und Empfehlungen eine gewisse faktische Verbindlichkeit zu[1187]. Trotz des Rechtscharakters als „soft law" haben die Leitlinien und Empfehlungen zudem insofern praktische Bedeutung, als dass deutsche Gerichte diese in der Vergangenheit als Auslegungshilfe herangezogen haben[1188].

d) Rechtsverordnungen auf nationaler Ebene

Auf nationaler Ebene existieren im Zusammenhang mit dem KAGB Rechtsverordnungen, die im Wege exekutiver Normsetzung entstanden sind. Das KAGB enthält an mehreren Stellen Ermächtigungen zum Erlass von Rechtsverordnungen i.S.d. Art. 80 GG zugunsten des Bundesministeriums der Finanzen[1189]. Nahezu sämtliche Verordnungsermächtigungen des KAGB sind mit einem Zusatz versehen, wonach das Bundesfinanzministerium die Ermächtigung mittels Rechtsverordnung auf die BaFin übertragen kann, welche der Rechts- und Fachaufsicht des Bundesfinanzministeriums untersteht[1190]. Von dieser Möglichkeit zur Subdelegation hat das Bundesfinanzministerium Gebrauch gemacht in § 1 Abs. 3a BaFinBefugV[1191]. Die BaFin

1183 Z.B. Art. 13 Abs. 2 AIFM-RL.

1184 Art. 16 Abs. 3 der ESMA-Verordnung (EU) Nr. 1095/2010 vom 24.11.2010; *Boxberger/Klebeck*, BKR 2013, 441, 443.

1185 *Rötting/Lang*, EuZW 2012, 8, 10.

1186 Dieses Verfahren wird als „comply or complain" bezeichnet, vgl. *Kuper* in Möllers/Kloyer, Das neue KAGB, Rn. 106. Andere sprechen von „comply or explain", so *Walla*, BKR 2012, 265, 267 oder von „act or explain-Mechanismus", so *Rötting/Lang*, EuZW 2012, 8, 10.

1187 *Baur/Boegl*, BKR 2011, 177, 183; *Rötting/Lang*, EuZW 2012, 8, 10.

1188 *Walla*, BKR 2012, 265, 267; vgl. BVerwG, NVwZ 2011, 1012.

1189 Z.B. §§ 26 Abs. 8, 29 Abs. 6, 30 Abs. 5 KAGB.

1190 Eine Verordnungsermächtigung zugunsten des Bundesfinanzministeriums im Rahmen des KAGB, welche nicht die Befugnis zur Subdelegation an die BaFin beinhaltet, ist in § 49 Abs. 8 KAGB enthalten.

1191 Verordnung zur Übertragung von Befugnissen zum Erlass von Rechtsverordnungen auf die Bundesanstalt für Finanzdienstleistungsaufsicht vom 13.12.2002 (BGBl.

hat z.B. am 16.07.2013 die Verordnung zur Konkretisierung der Verhaltensregeln und Organisationsregeln nach dem Kapitalanlagegesetzbuch (sog. KAVerOV) verabschiedet, welche zeitgleich mit dem KAGB am 22.07.2013 in Kraft trat[1192]. Rechtsverordnungen des Bundesfinanzministeriums bzw. der BaFin, welche im Rahmen der Verordnungsermächtigung wirksam erlassen wurden, sind unmittelbar geltendes Recht und stehen in der Gesetzeshierarchie unterhalb der formellen Gesetze, welche der Bundestag erlassen hat[1193].

e) Verlautbarungen und Richtlinien der BaFin

Die BaFin kann außerhalb der gesetzlichen Ermächtigung zum Erlass von Rechtsverordnungen i.S.d. Art. 80 GG durch das Bundesfinanzministerium mit entsprechender Subdelegation keine allgemeinverbindlichen Normen zur Konkretisierung bzw. Auslegung der Vorschriften des KAGB erlassen, weil sie als Verwaltungsbehörde nicht zur Rechtssetzung befugt ist. Jedoch kann die BaFin als zuständige Aufsichtsbehörde zur Durchsetzung des Aufsichtsrechts intern norminterpretierende Verwaltungsvorschriften festlegen und für betroffene Marktteilnehmer Informationen über die Aufsichtspraxis als informelle Maßnahme im Wege schlichten Verwaltungshandelns veröffentlichen[1194]. Auf dieser Grundlage hat die BaFin hinsichtlich

---

2003 I, S. 3), zuletzt geändert durch die Verordnung vom 19.12.2014 (BGBl. 2014 I, S. 2336). Der „Umweg" über die Verordnungsermächtigung des BMF und die Einräumung der Möglichkeit der Subdelegation an die BaFin ist Art. 80 GG geschuldet, welcher die möglichen Verordnungsempfänger abschließend nennt und eine direkte Ermächtigung der BaFin zum Erlass von Rechtsverordnungen ausschließt. Ausführlich zur Normsetzungsbefugnis von Kapitalmarktaufsichtsbehörden, vgl. *Halfpap*, BKR 2009, 65 ff.

1192 Kapitalanlage-Verhaltens-und-Organisationsverordnung vom 16.07.2013 (BGBl. 2013 I, S. 2460), vgl. *Emde/Dreibus*, BKR 2013, 89, 92. Weitere von der BaFin auf der Grundlage des KAGB und der Subdelegation nach § 1 Abs. 3a BaFinBefugnV erlassene Rechtsverordnungen sind z.B. die Verordnung über den Gegenstand der Prüfung und die Inhalte der Prüfungsberichte für externe Kapitalverwaltungsgesellschaften, Investmentaktiengesellschaften, Investmentkommanditgesellschaften und Sondervermögen (KAPrüfbV) und die Verordnung über die Schlichtungsstelle nach § 342 des KAGB (KASchlichtV).

1193 BVerfGE 8, 155; BVerfGE 19, 17.

1194 Häufig werden die Verlautbarungen der BaFin als norminterpretierende Verwaltungsvorschriften charakterisiert, vgl. *Bußalb* in Möllers/Kloyer, Das neue KAGB, Rn. 583. So hat auch der BGH den Emittentenleitfaden der BaFin als norminterpretierende Verwaltungsvorschrift bezeichnet, vgl. BGH, NZG 2008, 300. Allerdings ist zu beachten, dass sich die Kompetenz zum Erlass von Verwaltungsvorschriften nach einhelliger Auffassung aus dem Weisungsrecht der übergeordneten Behörde bzw. dem Behördenleiter gegenüber der Bediensteten ergibt und sich Verwaltungsvorschriften somit nur an Behörden bzw. verwaltungsinterne Personen richten können. Sofern Adressat der Verlautbarung aber offensichtlich Außenstehende wie z.B. Marktteilnehmer sind, kann es sich nicht um Verwaltungsvorschriften

der Aufsichtspraxis im Zusammenhang mit dem KAGB bereits verschiedene Auslegungsentscheidungen, Rundschreiben, FAQs und Merkblätter veröffentlicht. In der Literatur und Fachpresse viel diskutiert wurde z.B. das Auslegungsschreiben zum Anwendungsbereich des KAGB und zum Begriff des "Investmentvermögens" vom 14.06.2013.

Den Verlautbarungen der BaFin kommt im Außenverhältnis zu den Marktteilnehmern keine rechtliche Bindungswirkung zu, da diese keinen Rechtsnormcharakter aufweisen[1195]. Aus demselben Grund tritt im Verhältnis zur Rechtsprechung keine unmittelbare Bindungswirkung ein, da die Gerichte allein an die Gesetze gebunden sind[1196]. So können Gerichte z.B. bei Auslegungsfragen zu Vorschriften des KAGB ohne weiteres von den Auslegungsschreiben der BaFin abweichen[1197]. Dennoch kommt diesen Veröffentlichungen eine erhebliche praktische Bedeutung zu[1198]. Zum einen ergibt sich eine faktische Außenwirkung daraus, dass die BaFin in der Aufsichtspraxis gemäß ihrer Veröffentlichungen handelt, weshalb z.B. eine Erlaubniserteilung zum Geschäftsbetrieb einer Kapitalverwaltungsgesellschaft nur bei Vorliegen der von der BaFin gestellten Voraussetzungen erfolgt[1199]. Zum anderen entfalten die Verlautbarungen über den Gleichheitsgrundsatz nach Art. 3 Abs. 1 GG Bindungswirkung nach außen, da die BaFin nicht ohne sachlichen Grund von ihrer Aufsichtspraxis abweichen darf (Selbstbindung der Verwaltung)[1200].

Dies gilt auch für Richtlinien, welche die BaFin auf der Grundlage von gesetzlichen Ermächtigungen festlegt. So kann die BaFin z.B. gemäß § 4 Abs. 2 KAGB Richtlinien erlassen für die Festlegung von Fondskategorien. Da es sich bei einer solchen Richtlinie nicht um eine Rechtsverordnung infolge einer Verordnungsermächtigung i.S.d. Art. 80 GG handelt und somit eine Rechtssetzungsbefugnis der BaFin ausgeschlossen ist, handelt es sich hierbei nach vorherrschender Meinung lediglich um normkonkretisierende Verwaltungsvorschriften ohne Rechtsnormcharakter[1201].

---

ohne Außenwirkung handeln, vgl. *Bedkowski*, BB 2009, 1482 f. Bei solchen Veröffentlichungen ist deshalb die Einordnung als schlichtes Verwaltungshandeln vorzuziehen, so auch *Köndgen* in Berger/Steck/Lübbehüsen, InvG, § 5 Rn. 16; *Schäfer* in Boos/Fischer/Schulte-Mattler/Achtelik, KWG, § 6 Rn. 15 ff.

1195 *Boxberger* in Weitnauer/Boxberger/Anders, KAGB, § 5 Rn. 2; *Bußalb* in Möllers/Kloyer, Das neue KAGB, Rn. 583; *Heidelbach* in Schwark/Zimmer, Kapitalmarktrechts-Kommentar, Einl. Rn. 25; *Seitz*, Die InvestmentKG, S. 270.

1196 Zur Bindungswirkung von Verlautbarungen der BaFin, vgl. BGH, NZG 2008, 300; *Bedkowski*, BB 2009, 394, 399 f.

1197 Es bleibt bei sämtlichen BaFin-Verlautbarungen insofern eine Rechtsunsicherheit bestehen, als dass immer das Risiko einer abweichenden Beurteilung durch die Rechtsprechung bleibt, vgl. BGH, NZG 2008, 300; *Bedkowski*, BB 2009, 394, 399 f.

1198 *Boxberger* in Weitnauer/Boxberger/Anders, KAGB, § 5 Rn. 2; *Bußalb* in Möllers/Kloyer, Das neue KAGB, Rn. 583.

1199 *Bußalb* in Möllers/Kloyer, Das neue KAGB, Rn. 583; *Bedkowski*, BB 2009, 1482 ff.

1200 *Bedkowski*, BB 2009, 394, 400.

1201 *Boxberger* in Weitnauer/Boxberger/Anders, KAGB, § 4 Rn. 6.

6. Zusammenfassung

Das KAGB trat am 22.07.2013 in Kraft und dient der Umsetzung der Richtlinie über die Verwalter Alternativer Investmentfonds 2011/61/EU (sog. AIFM-RL)[1202]. Durch die AIFM-Richtlinie sollen nach dem Willen des europäischen Gesetzgebers die Verwalter von sämtlichen kollektiven Investitionsvehikeln einer Regulierung unterworfen werden, welche nicht bereits durch die OGAW-Richtlinie reguliert sind[1203]. Die AIFM-Richtlinie ist als Maßnahme im Zusammenhang mit der Finanzkrise zu sehen und verfolgt vorrangig den Zweck der Bekämpfung von Systemrisiken[1204]. Der Adressat des Regulierungsregimes der AIFM-Richtlinie ist grundsätzlich allein der Fondsmanager; die Regulierung der Fonds wollte der europäische Gesetzgeber den Mitgliedsstaaten überlassen[1205]. Darüber hinaus richten sich die Vorschriften der AIFM-Richtlinie ausschließlich an die Manager solcher alternativer Investmentfonds, welche an professionelle Anleger vertrieben werden[1206]. Allerdings gestattet die AIFM-Richtlinie den Mitgliedsstaaten die Zulassung des Vertriebs von AIF an Privatanlegern, wobei die nationalen Anforderungen an die Fondsmanager und die Fonds in diesem Fall strenger sein dürfen als die Anforderungen der AIFM-Richtlinie[1207].

Der deutsche Gesetzgeber setzt mit dem KAGB die europäischen Vorgaben der AIFM-Richtlinie nicht eins zu eins in einem gesonderten Gesetz um. Vielmehr wollte der deutsche Gesetzgeber mit dem KAGB ein geschlossenes Regelwerk für den gesamten Investmentfondsbereich schaffen einschließlich der Regulierung offener Fonds, welche vormals im Investmentgesetz geregelt waren[1208]. Das KAGB unterwirft ausweislich der Gesetzesbegründung offene und geschlossene Fonds sowie deren Manager einer umfassenden Regulierung[1209]. Der deutsche Gesetzgeber machte zwar von der Möglichkeit in Art. 43 AIFM-RL Gebrauch und ließ den Vertrieb von AIF an Privatanleger zu. Gleichzeitig erlies der deutsche Gesetzgeber aber im Rahmen des KAGB jedoch Regelungen, die über die Vorgaben der AIFM-Richtlinie hinausgehen, da die Anforderungen an die Manager von AIF, welche an Privatanleger vertrieben werden, strenger sind und darüber hinaus auch die Fonds selbst einer weitreichenden Regulierung unterworfen werden[1210].

1202 Richtlinie 2011/61/EU des Europäischen Parlaments und des Rates vom 08.06.2011 über die Verwalter alternativer Investmentfonds und zur Änderung der Richtlinien 2003/41/EG und 2009/65/EG und der Verordnungen (EG) Nr. 1060/2009 und (EU) Nr. 1095/2010. Der deutsche Gesetzgeber war nach Art. 66 Abs. 1 S. 1 AIFM-RL verpflichtet, die AIFM-Richtlinie bis zum 22.07.2013 in nationales Recht umzusetzen.

1203 Art. 2 Abs. 2 a) i.V.m. Art. 4 Abs. 1 a) AIFM-RL; Erwägungsgrund (3) AIFM-RL.

1204 Erwägungsgrund (2), (3) AIFM-RL.

1205 Erwägungsgrund (10) AIFM-RL.

1206 Erwägungsgrund (71) AIFM-RL.

1207 Art. 43 AIFM-RL.

1208 BT-Drucks. 17/12294, S. 2.

1209 BT-Drucks. 17/12294, S. 2.

1210 Vgl. BT-Drucks. 17/12294, S. 188; *Voigt* in Möllers/Kloyer, Das neue KAGB, Rn. 170.

Für den Rechtsanwender ist nicht nur das KAGB selbst als Rechtsgrundlage zu beachten, sondern im Wege der richtlinienkonformen Auslegung ist auch die zugrundeliegende AIFM-Richtlinie zu berücksichtigen. Darüber hinaus spielen sog. Level II Verordnungen, welche in Deutschland unmittelbar geltendes Recht darstellen, sowie Empfehlungen und Leitlinien der europäischen Wertpapieraufsichtsbehörde ESMA eine wichtige Rolle. Zu beachtende Rechtsgrundlagen sind weiterhin Rechtsverordnungen i.S.d. Art. 80 GG des Bundesfinanzministeriums bzw. der BaFin. Zudem sind Verlautbarungen der BaFin (z.B. Auslegungsschreiben), in welchen die BaFin ihre Aufsichtspraxis im Wege schlichten Verwaltungshandelns veröffentlicht, bei der Auslegung des KAGB heranzuziehen.

II. Gesetzessystematik und Klärung der neuen Begriffe des KAGB

Das KAGB unterwirft sowohl offene, als auch geschlossene Fonds sowie deren Verwaltungsgesellschaften einer weitreichenden Regulierung unter Einführung einer Vielzahl an neuen Begriffen. Im Folgenden soll die Regelungssystematik des KAGB erläutert werden ebenso wie die wichtigsten Begriffe des KAGB.

1. Trennung zwischen dem Fonds (AIF) und dem Fondsmanager (AIFM/KVG)

Wie sich bereits aus der Betitelung der dem KAGB zugrundeliegenden AIFM-Richtlinie (Alternative Investment Fund Manager Directive) ergibt, steht als Adressat der Regulierung der Richtlinie nicht der Fonds selbst im Vordergrund, sondern dessen Manager. In Umsetzung der europäischen Vorgaben trennt das KAGB zwischen dem Fonds als Investitionsvehikel (auch Anlageprodukt oder AIF genannt) einerseits und der Verwaltungsgesellschaft (AIFM) andererseits. Das KAGB verwendet den Begriff „Investmentvermögen“ als Oberbegriff für sämtliche Arten von Fonds, die in den Anwendungsbereich des KAGB fallen[1211]. Nach der Legaldefinition gemäß § 1 Abs. 1 S. 1 KAGB ist unter einem Investmentvermögen jeder Organismus zu verstehen, der von einer Anzahl an Anlegern Kapital einsammelt, um dieses Kapital gemäß einer festgelegten Anlagestrategie zum Nutzen der Anleger zu investieren, wobei operativ tätige Unternehmen außerhalb des Finanzsektors vom Begriff des Investmentvermögens ausgenommen sind. Jedes Investmentvermögen nach dem KAGB muss zwingend durch eine Verwaltungsgesellschaft verwaltet werden. Dies kommt in § 17 Abs. 3 KAGB zum Ausdruck, wonach für jedes Investmentvermögen (nur) eine Kapitalverwaltungsgesellschaft zuständig ist, welche die Verantwortung trägt für die Einhaltung der Vorschriften des KAGB.

1211 BT-Drucks. 17/12294, S. 201; *Tollmann* in Dornseifer/Jesch/Klebeck/Tollmann, AIFM-Richtlinie, Art. 4 Rn. 45; *Niewerth/Rybarz*, WM 2013, 1154, 1157.

Die Trennung zwischen dem Fonds und der Verwaltungsgesellschaft ist bekannt aus dem Recht der offenen Fonds nach dem Investmentgesetz[1212]. Das im Zuge des AIFM-Umsetzungsgesetzes aufgehobene Investmentgesetz unterschied zwischen dem offenen Fonds als rechtlich nicht selbständigem Sondervermögen und der Kapitalanlagegesellschaft, welche für die Verwaltung des offenen Fonds zuständig war und einer Erlaubnispflicht bei der BaFin unterlag[1213]. Nach Inkrafttreten des KAGB ist nun auch im Bereich der geschlossenen Fonds grundsätzlich zwischen dem Fonds selbst als Investmentvermögen i.S.d. KAGB und der dazugehörigen Verwaltungsgesellschaft zu trennen.

2. Investmentvermögen in Form von AIF und OGAW

Der Begriff des Investmentvermögens gemäß § 1 Abs. 1 S. 1 KAGB ist der Oberbegriff für alle Arten von Fonds im Anwendungsbereich des KAGB unabhängig von der Rechtsform und dem Charakter als offener oder geschlossener Fonds[1214]. Jedoch findet eine Differenzierung zwischen verschiedenen Arten an Investmentfonds statt, für welche jeweils unterschiedliche Regelungen gelten z.B. hinsichtlich der Vertriebsvoraussetzungen und der Produktanforderungen[1215]. Dabei wird eine systematische Unterscheidung vorgenommen zwischen Organismen für gemeinsame Anlagen in Wertpapiere (OGAW) und alternativen Investmentfonds (AIF).

Unter einem OGAW ist gemäß der Legaldefinition in § 1 Abs. 2 KAGB ein Investmentvermögen zu verstehen, welches die Anforderungen der OGAW-Richtlinie erfüllt[1216]. Vereinfacht ausgedrückt handelt es sich bei OGAW um Wertpapierfonds, die in bestimmte Wertpapiere oder andere Finanzinstrumente investieren[1217]. OGAW können gemäß § 1 Abs. 2, 4 Nr. 1 KAGB ausschließlich als offene Fonds auftreten[1218]. Die OGAW-Richtlinie wurde in Deutschland ursprünglich im Investmentgesetz umgesetzt; OGAW waren vor Inkrafttreten des KAGB in §§ 46–65 InvG als

1212 Die Kapitalverwaltungsgesellschaft i.S.d. KAGB entspricht der Kapitalanlagegesellschaft des aufgehobenen InvG, vgl. *Geurts/Schubert* WM 2014, 2154, 2155, Fn. 14; *Poelzig/Volmer*, DNotZ 2014, 483; *Emde/Dreibus*, BKR 2013, 89, 90 f.; *Eckhold/Balzer* in Assmann/Schütze, Hdb. des Kapitalanlagerechts, § 22 Rn. 78.

1213 *Steck/Gringel* in Berger/Steck/Lübbehüsen, InvG, vor § 6 Rn. 1 ff.

1214 BT-Drucks. 17/12294, S. 201; *Tollmann* in Dornseifer/Jesch/Klebeck/Tollmann, AIFM-Richtlinie, Art. 4 Rn. 45; *Niewerth/Rybarz*, WM 2013, 1154, 1157.

1215 *Volhard/Jang* in Weitnauer/Boxberger/Anders, KAGB, § 1 Rn. 32.

1216 Richtlinie 2009/65/EG des Europäischen Parlament und des Rates vom 13.97.2009 zur Koordinierung der Rechts- und Verwaltungsvorschriften betreffend bestimmte Organismen für gemeinsame Anlagen in Wertpapieren (OGAW).

1217 *Emde/Dreibus*, BKR 2013, 89, 90.

1218 *Geurts/Schubert*, WM 2014, 2154, 2155; *Tollmann* in Möllers/Kloyer, Das neue KAGB, Rn. 1067.

richtlinienkonforme Sondervermögen normiert. Seit dem Inkrafttreten des AIFM-Umsetzungsgesetzes sind diese Regelungen im KAGB zu finden[1219].

Bei allen Investmentvermögen, die nicht als OGAW i.S.d. § 1 Abs. 2 KAGB zu qualifizieren sind, handelt es sich nach der Legaldefinition in § 1 Abs. 3 KAGB um alternative Investmentfonds (AIF). AIF sind nach dieser Auffangregelung alle offenen Fonds, die vormals durch das InvG reguliert waren ohne zugleich OGAW zu sein (wie z.B. offene Immobilienfonds oder Hedgefonds) sowie alle sonstigen Fondsarten, die keine OGAW sein können wie insbesondere geschlossene Fonds[1220]. Geschlossene Fonds können demnach ausschließlich als AIF auftreten; die Regelungen für OGAW spielen keine Rolle.

Unter den Begriff des AIF fallen sowohl inländische AIF, als auch EU-AIF und ausländische AIF[1221]. Inländische AIF zeichnen sich gemäß der Legaldefinition in § 1 Abs. 7 KAGB dadurch aus, dass sie dem deutschen Recht unterliegen. Dementsprechend ist für das Vorliegen eines EU-AIF bzw. eines ausländischen AIF die Anwendbarkeit des Rechts eines EU-Mitgliedsstaates oder eines anderen Vertragsstaates des Abkommens über den Europäischen Wirtschaftsraum bzw. Drittstaates maßgebend[1222].

3. Offene und geschlossene Investmentvermögen

Das KAGB unterscheidet außerdem zwischen offenen und geschlossenen Investmentvermögen. Je nachdem, ob es sich um ein Investmentvermögen des offenen oder geschlossenen Typs handelt, finden andere Regelungsabschnitte des KAGB Anwendung. Unterschiede gelten z.B. bei den Produktvorschriften für die Fonds selbst (wie etwa bei den Anlagegrenzen und der Beschränkung des Einsatzes von Leverage) sowie bei den Vorschriften in Bezug auf die Bewertung und das Liquiditätsmanagement[1223]. Gemäß der Legaldefinition in § 1 Abs. 5 KAGB sind alle AIF, die keine offenen AIF sind, als geschlossene AIF zu qualifizieren. Als Kriterium zur Abgrenzung zwischen offenen und geschlossenen AIF stellt das KAGB auf die Möglichkeit der Anleger ab, die Anteile gegen Auszahlung zurückzugeben.

1219 BT-Drucks. 17/12294, S. 190; *Volhard/Jang* in Weitnauer/Boxberger/Anders, KAGB, § 1 Rn. 33.

1220 *Volhard/Jang* in Weitnauer/Boxberger/Anders, KAGB, § 1 Rn. 33; *Poelzig/Volmer*, DNotZ 2014, 483, 487; *Bußalb* in Möllers/Kloyer, Das neue KAGB, Rn. 577.

1221 Ausländische AIF sind nach der Legaldefinition in § 1 Abs. 9 KAGB solche AIF, die dem Recht eines Drittstaates unterliegen.

1222 Ausführlich hierzu *Volhard/Jang* in Weitnauer/Boxberger/Anders, KAGB, § 1 Rn. 45 f.

1223 Die Unterscheidung zwischen offenen und geschlossenen AIF zeigt sich z.B. in § 30 Abs. 1 S. 1 KAGB (Liquiditätsmanagement), welcher der Umsetzung von Art. 16 Abs. 1 AIFM-RL dient. Ausführlich zu den Unterschieden zwischen offenen und geschlossenen AIF, vgl. *Geurts/Schubert,* WM 2014, 2154 2157 ff.

Ein offenes Investmentvermögen liegt gemäß § 1 Abs. 4 Nr. 1 KAGB vor, wenn es sich bei dem Investmentvermögen um einen OGAW handelt, da das Recht des Anlegers zur Rückgabe der Anteile dann bereits gesetzlich festgelegt und sogar Teil der Definition des OGAW ist[1224]. Bei der Qualifizierung eines offenen AIF verweist § 1 Abs. 4 Nr. 2 KAGB auf Art. 1 Abs. 2 Level II VO (EU) Nr. 694/2014[1225]. Hiernach liegt ein offener AIF vor, wenn die Anteile vor Beginn der Liquidations- bzw. Auslaufphase auf Ersuchen des Anlegers zurückgenommen oder zurückgekauft werden mit direkten oder indirekten Vermögenswerten des AIF nach bestimmten Verfahren, die in der Satzung, den Vertragsbedingungen, dem Prospekt oder den Emmissionsunterlagen des AIF festgelegt sind[1226]. Auf die Häufigkeit der Rücknahmemöglichkeit bzw. der Möglichkeit zur ordentlichen Kündigung kommt es entgegen der ersten Fassung des § 1 Abs. 4 KAGB nicht mehr an[1227].

Da bei geschlossenen Fonds keine „Rückgaberechte“ existieren, ist auf das Recht des Anlegers zur ordentlichen Kündigung der Fondsgesellschaft abzustellen[1228]. Vor Inkrafttreten des KAGB war bei geschlossenen Fonds in der Rechtsform der GmbH & Co. KG das Recht zur ordentlichen Kündigung in der Regel vor Ablauf der

---

1224 Art. 1 Abs. 2 b) OGAW-Richtlinie 2009/65/EG; vgl. *Volhard/Jang* in Weitnauer/ Boxberger/ Anders, KAGB, § 1 Rn. 35.

1225 Bei der Verordnung handelt es sich um die Delegierte Verordnung (EU) Nr. 694/2014 der Kommission vom 17.12.2013 zur Ergänzung der Richtlinie 2011/61/EU des Europäischen Parlaments und des Rates im Hinblick auf technische Regulierungsstandards zur Bestimmung der Arten von Verwaltern alternativer Investmentfonds.

1226 Bei der Differenzierung zwischen offenen und geschlossenen AIF spielen nach Art. 1 Abs. 2 a.E. Level II Verordnung (EU) Nr. 694/2014 Kapitalherabsetzungen im Zusammenhang mit Ausschüttungen ebensowenig eine Rolle wie die Frage der Handelbarkeit der Anteile am Sekundärmarkt, vgl. *Geurts/Schubert*, WM 2014, 2154, 2155 ff.

1227 Zunächst sollte die Differenzierung zwischen offenen und geschlossenen AIF gemäß der ursprünglichen Fassung des § 1 Abs. 4 KAGB danach erfolgen, ob die Anleger mindestens einmal jährlich die Möglichkeit zur Anteilsrückgabe haben. Diese Regelung beruhte auf dem Entwurf der ESMA im Rahmen der regulatory technical standards on types of AIFMs vom 02.04.2013, welcher jedoch von der Europäischen Kommission nicht gebilligt wurde. Nachdem daraufhin die Level II Verordnung (EU) Nr. 694/2014 vom 17.12.2013 abgeändert wurde, stellte sich die ursprüngliche Fassung des § 1 Abs. 4 KAGB als europarechtswidrig heraus. Im Rahmen des Gesetzes zur Anpassung von Gesetzen auf dem Gebiet des Finanzmarktes vom 15.07.2014, BGBl. 2014 I S. 940 (sog. KAGB-Reparaturgesetz) wurde sodann der Verweis auf Art. 1 Abs. 2 Level II Verordnung (EU) Nr. 694/2014 in § 1 Abs. 4 Nr. 2 KAGB eingefügt, vgl. hierzu *Geurts/Schubert*, WM 2014, 2154, 2154 ff.; *Escher* in Habersack/Mülbert/Nobbe/Wittig, Bankrechtstag 2013, S. 127 f.; *Volhard/Jang* in Weitnauer/Boxberger/Anders, KAGB, § 1 Rn. 38 ff.; *Klebeck/Kolbe*, BB 2014, 707, 708.

1228 *Tollmann* in Möllers/Kloyer, Das neue KAGB, Rn. 1067 Fn. 26; *Geurts/Schubert*, WM 2014, 2154, 2156 f.

geplanten Fondslaufzeit ausgeschlossen zum Schutz des Fondsvermögens vor Abfindungsansprüchen ausscheidender Anleger[1229]. Die möglichen Rechtsformen für geschlossene Fonds sind im KAGB beschränkt auf die Investmentaktiengesellschaft mit fixem Kapital und die geschlossene Investmentkommanditgesellschaft (§ 139 KAGB)[1230]. Bei der in der Praxis bedeutsameren Investmentkommanditgesellschaft ist das Recht zur ordentlichen Kündigung gemäß § 161 Abs. 1 KAGB von Gesetzes wegen ausgeschlossen; das allgemeine Gesellschaftsrecht des HGB wird insoweit vom KAGB als lex specialis verdrängt[1231]. Es liegt damit bei geschlossenen Fonds in der Form der geschlossenen Investmentkommanditgesellschaft nach § 1 Abs. 4, 5 KAGB zwingend ein geschlossener AIF vor.

4. Spezial-AIF und Publikums-AIF

Eine bedeutende Schnittstelle des KAGB ergibt sich aus der Differenzierung zwischen Publikums-AIF und Spezial-AIF. Das Abgrenzungskriterium zwischen diesen beiden Arten an AIF ist der jeweilige Anlegerkreis[1232]. Spezial-AIF zeichnen sich gemäß der Legaldefinition in § 1 Abs. 6 S. 1 KAGB dadurch aus, dass die Fondsanteile aufgrund schriftlicher Vereinbarungen oder nach den konstituierenden Dokumenten des AIF ausschließlich von professionellen und semiprofessionellen Anlegern erworben werden dürfen[1233]. Publikums-AIF i.S.d. KAGB sind gemäß § 1 Abs. 6 S. 2 KAGB alle übrigen AIF, die nicht als Spezial-AIF zu qualifizieren sind.

1229 *Hanke*, BKR 2014, 441; *Kurz*, DB 2013, 503, 507.

1230 Ausführlich dazu siehe unten Rechtsformzwang, E. III. 6. a), S. 260.

1231 Zur Bedeutung der Investmentkommanditgesellschaft, vgl. *Bäuml*, FR 2013, 640, 646; *Wallach*, RdF 2013, 92, 100; *Rüber/Reiff*, BB 2014, 1634, 1635; *Böhme*, BB 2014, 2380. Vor Inkrafttreten des KAGB war die Gesellschaftsdauer der Fondsgesellschaft in der Regel unbefristet und das Recht zur ordentlichen Kündigung wurde für die Dauer der geplanten Fondslaufzeit ausgeschlossen (vgl. BGH, WM 1967, 316). Das Recht zur ordentlichen Kündigung kann bei der auf unbestimmte Zeit eingegangenen Personengesellschaft nicht gänzlich ausgeschlossen werden, vgl. *Roth* in Baumbach/Hopt, HGB, § 132 Rn. 12; BGHZ 23, 15. Aus diesem Grund ist davon auszugehen, dass bei geschlossenen Fonds unter dem KAGB in Form der Investmentkommanditgesellschaft die Gesellschaftsdauer wegen des generellen Ausschlusses der ordentlichen Kündigung nach § 161 Abs. 1 KAGB bestimmt sein muss, vgl. *Geurts/Schubert*, WM 2014, 2154 ff.

1232 Ausführlich zur „Zwei-Klassengesellschaft" des KAGB, welche durch die Unterscheidung zwischen professionellen und semiprofessionellen Anlegern einerseits und Privatanlegern andererseits stattfindet, *Zetzsche* in Möllers/Kloyer, Das neue KAGB, Rn. 316 ff. Zur Problematik des Eintritts von Privatanlegern in Spezial-AIF siehe *Paul*, ZIP 2016, 1009 ff.

1233 Im KAGB-Gesetzesentwurf vom 20.07.2012 wurde bei der Legaldefinition des Spezial-AIF noch darauf abgestellt, dass nach den Vereinbarungen mit der Verwaltungsgesellschaft oder nach den konstituierenden Dokumenten des AIF keine Anteile von Privatanlegern gehalten werden dürfen. Durch die jetzige Formulierung

Die AIFM-Richtlinie stellt lediglich Regelungen für die Manager von solchen AIF auf, die ausschließlich an professionelle Anleger vertrieben werden (also Spezial-AIF i.S.d. § 1 Abs. 6 S. 1 KAGB)[1234]. Der deutsche Gesetzgeber hat von der Ermächtigung in Art. 43 Abs. 1 AIFM-RL Gebrauch gemacht und den Vertrieb von AIF an Privatanleger zugelassen. Hierbei geht er über die in der AIFM-Richtlinie angelegten Anlegertypen (professionelle Anleger einerseits und Kleinanleger, also Privatanleger, andererseits) hinaus mit der Einführung des semiprofessionellen Anlegers als eine eigenständige Anlegerkategorie[1235]. Privatanleger i.S.d. KAGB sind gemäß § 1 Abs. 19 Nr. 31 KAGB alle Anleger, die keine semiprofessionellen oder professionellen Anleger sind. Der deutsche Gesetzgeber ordnet semiprofessionelle Anleger demnach anders als die AIFM-Richtlinie nicht als Privatanleger ein, sondern stellt sie grundsätzlich den professionellen Anlegern gleich[1236].

Im Hinblick auf Publikums-AIF, an denen sich Privatanleger beteiligen können, sieht der deutsche Gesetzgeber das Regulierungsregime der AIFM-Richtlinie als Mindeststandard an und geht wegen dem erhöhten Schutzbedürfnis von Privatanlegern weit über die Vorgaben der AIFM-Richtlinie hinaus[1237]. Im Gegensatz dazu sollten bei Spezial-AIF, an denen sich ausschließlich professionelle und semiprofessionelle Anleger beteiligen, die Vorschriften der AIFM-Richtlinie grundsätzlich eins zu eins umgesetzt werden[1238].

a) *Professionelle Anleger*

Der Begriff des professionellen Anlegers ist in § 1 Abs. 19 Nr. 32 KAGB legaldefiniert. Das KAGB stellt hier entsprechend der Legaldefinition in Art. 4 Abs. 1ag) AIFM-Richtlinie auf den Begriff des professionellen Kunden nach Anhang II der

---

bringt der Gesetzgeber zum Ausdruck, dass es für die Abgrenzung zwischen Spezial-AIF und Publikums-AIF allein darauf ankommt, dass die Anleger zum Zeitpunkt des Anteilerwerbs Privatanleger oder semiprofessionelle bzw. professionelle Anleger sind, vgl. *Zetzsche* in Möllers/Kloyer, Das neue KAGB, Rn. 344. Der Begriff des Spezial-AIF i.S.d. KAGB stimmt nicht überein mit dem vor Inkrafttreten des KAGB geltenden Begriff des Spezialfonds nach § 2 Abs. 3 S. 1 InvG, welcher legaldefiniert war als Sondervermögen, dessen Anteile ausschließlich von nicht-natürlichen Anlegern gehalten werden durften, *Volhard/Jang* in Weitnauer/Boxberger/Anders, KAGB, § 1 Rn. 40; *Zetzsche* in Möllers/Kloyer, Das neue KAGB, Rn. 316.

1234 *Tollmann* in Dornseifer/Jesch/Klebeck/Tollmann, AIFM-Richtlinie, Art. 4 Rn. 220.

1235 *Tollmann* in Dornseifer/Jesch/Klebeck/Tollmann, AIFM-Richtlinie, Art. 4 Rn. 242 Fn. 191.

1236 BT-Drucks. 17/12294, S. 188; *Zetzsche*, Prinzipien der kollektiven Vermögensanlage, S. 603.

1237 BT-Drucks. 17/12294, S. 188.

1238 BT-Drucks. 17/12294, S. 188. Zur Problematik des sog. Überfremdungsschutzes von Spezial-AIF gegen eine Infiltration durch den nachträglichen Eintritt von Privatanlegern siehe *Paul*, ZIP 2016, 1009 ff; *Paefgen* in Ebenroth/Boujong/Joost/Strohn, 4. Auflage 2018, § 177a HGB Anh. C, Vor § 1 KAGB Rn. 53 ff.

Richtlinie 2004/39/EG (Finanzmarktrichtlinie bzw. Markets in Financial Instruments Directives, sog. MiFID) ab[1239]. Hiernach liegt ein professioneller Anleger dann vor, wenn ein Anleger i.S.d. Anhang II MiFID als professioneller Kunde angesehen oder auf Antrag als professioneller Kunde behandelt werden kann. Professionelle Kunden im Sinne der MiFID zeichnen sich durch besondere Erfahrung, Sachverstand und Kenntnisse in Bezug auf die Anlageentscheidung und die Risikobeurteilung aus. Anhang II der MiFID unterscheidet zwischen sog. geborenen und gekorenen professionellen Kunden[1240].

Geborene professionelle Kunden nach Abschnitt I. Anhang II MiFID sind Rechtspersönlichkeiten, die per se als professionelle Kunden im Sinne der Richtlinie angesehen werden. Geborene professionelle Kunden sind nach dem abschließenden Katalog z.B. regulierte Unternehmen wie Banken, Wertpapierfirmen und andere zugelassene oder beaufsichtigte Finanzinstitute sowie Versicherungsgesellschaften und Pensionsfonds. Auch große Unternehmen mit hohen Geschäftsvolumen und bestimmte andere institutionelle Anleger, deren Haupttätigkeit die Anlage in Finanzinstrumente ist, fallen unter die Kategorie der geborenen professionellen Kunden[1241].

Gekorene professionelle Kunden hingegen werden nur auf Antrag hin bei Vorliegen bestimmter Mindestvermögen und Mindestmarkterfahrungen als professionelle Kunden eingestuft nach Ablauf eines vorgeschriebenen Verfahrens[1242]. Voraussetzung für die Einstufung als gekorener professioneller Kunde nach der MiFID ist, dass mindestens zwei der folgenden drei Merkmale erfüllt werden: Der Kunde hat an dem relevanten Markt während der vier vorhergehenden Quartale durchschnittlich pro Quartal zehn Geschäfte von erheblichem Umfang getätigt, das Portfolio des Kunden, welches definitionsgemäß Bardepots und Finanzinstrumente umfasst,

---

1239 Die Abkürzung „MiFID“ beruht auf der englischen Bezeichnung der Richtlinie 2004/39/EG Markets in Financial Instruments Directive. Der Begriff des professionellen Kunden nach Anhang II MiFID spiegelt sich in § 31a Abs. 2, 7 WpHG wider, vgl. *Zetzsche* in Möllers/Kloyer, Das neue KAGB, Rn. 340 f.; *Tollmann* in Dornseifer/Jesch/Klebeck/Tollmann, AIFM-Richtlinie, Art. 4 Rn. 224.

1240 *Tollmann* in Dornseifer/Jesch/Klebeck/Tollmann, AIFM-Richtlinie, Art. 4 Rn. 224; *Volhard/Jang* in Weitnauer/Boxberger/Anders, KAGB, § 1 Rn. 101; *Weitnauer*, AG 2013, 672 f.

1241 *Wallach*, RdF 2013, 92, 94. Ausführlich zu den einzelnen Gruppen geborener professioneller Kunden nach § 31a Abs. 2 WpHG, vgl. *Koch* in Schwark/Zimmer, Kapitalmarktrechts-Kommentar, § 31a Rn. 6 ff.

1242 Umstritten ist, ob der Anleger die Qualifizierung nach § 1 Abs. 19 Nr. 32 KAGB als gekorener professioneller Anleger durch das Antragserfordernis selbst in der Hand hat. *Tollmann* geht von einem solchen Antragserfordernis aus, vgl. *Tollmann* in Dornseifer/Jesch/Klebeck/Tollmann, AIFM-Richtlinie, Art. 4 Rn. 224. Nach *Zetzsche* soll es für die Qualifikation als professioneller Anleger i.S.d. KAGB allein maßgeblich sein, ob es sich um einen potentiellen professionellen Anleger i.S.d. Anhang II MiFID (2004/39/EG) handelt, ohne dass etwaige Anträge oder Vereinbarungen eine Rolle spielen, *Zetzsche* in Möllers/Kloyer, Das neue KAGB, Rn. 340.

übersteigt 500.000 Euro oder der Kunde ist oder war mindestens ein Jahr lang in einer beruflichen Position im Finanzsektor tätig, die Kenntnisse über die geplanten Geschäfte oder Dienstleistungen voraussetzt. Die Anforderungen an professionelle Anleger nach § 1 Abs. 19 Nr. 32 KAGB sind demnach hoch und werden von den meisten Anlegern nicht erfüllt.

b) Semiprofessionelle Anleger

Der deutsche Gesetzgeber bildete im Rahmen der Ermächtigung zur Zulassung des Vertriebs von AIF an Privatanleger nach Art. 43 Abs. 1, 2 AIFM-RL eine eigene Anlegerart heraus: Den semiprofessionellen Anleger[1243]. Dieser wäre nach der Kategorisierung der AIFM-Richtlinie an sich als Privatanleger bzw. nach der Terminologie der AIFM-Richtlinie als Kleinanleger zu qualifizieren, da dieser die Voraussetzungen eines professionellen Anlegers nicht erfüllt. Der Hintergrund der Einführung des semiprofessionellen Anlegers ist darin zu sehen, dass verschiedene Anlegergruppen, die unter dem Investmentgesetz als institutionelle Anleger angesehen wurden (wie z.B. Versorgungswerke oder Stiftungen), die hohen Voraussetzungen des professionellen Anlegers i.S.d. § 1 Abs. 19 Nr. 32 KAGB unter Umständen nicht erfüllt hätten und somit ohne entsprechende gesetzliche Regelung nicht in Spezial-AIF hätten investieren dürfen[1244]. Der deutsche Gesetzgeber führt deshalb semiprofessionelle Anleger ein und stellt diese grundsätzlich den professionellen Anlegern gleich[1245].

Gemäß der Legaldefinition in § 1 Abs. 19 Nr. 33 a) KAGB ist Voraussetzung für das Vorliegen eines semiprofessionellen Anlegers, dass dieser sich zu einer Investition von mindestens 200.000 Euro verpflichtet und dass der Anleger in einem separaten Dokument angibt, sich der mit der Anlage verbundenen Verpflichtung sowie deren Risiken bewusst zu sein. Der Anleger muss in der Lage sein, die Anlageentscheidung, deren Risiken und die Angemessenheit für seine persönlichen Verhältnisse zu verstehen[1246]. Die Verwaltungsgesellschaft ist verpflichtet, den Sachverstand, die Erfahrungen und Kenntnisse des Anlegers zu bewerten und muss dem Anleger

---

1243 Nach der Gesetzesbegründung ist die Definition des semiprofessionellen Anlegers angelehnt an den Begriff des sog. semiprofessionellen Privatanlegers in Art. 6 Verordnung über Risikokapitalfonds (EU) Nr. 345/2013 (EuVECA-VO), wobei die Mindestanlagesumme jedoch aus § 2 Nr. 3 c) VermAnlG übernommen wurde, BT-Drucks. 17/12294, S. 204.

1244 *Wollenhaupt/Beck*, DB 2013, 1950, 1953; *Volhard/Jang* in Weitnauer/Boxberger/Anders, KAGB, § 1 Rn. 104; *Tollmann* in Dornseifer/Jesch/Klebeck/Tollmann, AIFM-Richtlinie, Art. 4 Rn. 221 f.; *Emde/Dreibus*, BKR 2013, 89, 94.

1245 BT-Drucks. 17/12294, S. 188. Eine Gleichstellung erfolgt lediglich dann nicht, wenn zwingende Regelungen der AIFM-Richtlinie – nach welcher semiprofessionelle Anleger i.S.d. KAGB gemäß Art. 4 Abs. 1ag) AIFM-RL Privatanleger sind – entgegenstehen (z.B. bei den Vorschriften zum Europapass, der nur beim Vertrieb an professionelle Anleger vorgesehen ist), vgl. *Volhard/Jang* in Weitnauer/Boxberger/Anders, KAGB, § 1 Rn. 103.

1246 *Volhard/Jang* in Weitnauer/Boxberger/Anders, KAGB, § 1 Rn. 105.

das Vorliegen der Voraussetzungen schriftlich bestätigen. Die Bewertung und die schriftliche Bestätigung können auch durch eine von der Verwaltungsgesellschaft beauftragten Vertriebsgesellschaft vorgenommen werden.

Darüber hinaus werden gemäß § 1 Abs. 19 Nr. 33 b) KAGB Geschäftsleiter oder Mitarbeiter des AIF bzw. Mitglieder der Geschäftsleitung der externen Verwaltungsgesellschaft bei der Investition in Anteile des eigenen bzw. verwalteten AIF als semiprofessionelle Anleger qualifiziert. Eine weitere Möglichkeit als semiprofessioneller Anleger eingestuft zu werden, besteht gemäß § 1 Abs. 19 Nr. 33 c) KAGB darin, mindestens zehn Millionen Euro in den AIF zu investieren; auf das Vorliegen einer Expertise oder sonstiger Voraussetzungen kommt es dann nicht an.

Da geschlossene Fonds oftmals auf private Kleinanleger ausgerichtet sind, welche die Mindesteinlage von 200.000 Euro nicht leisten können und auch die sonstigen Anforderungen an semiprofessionelle Anleger nicht erfüllen, handelt es sich bei den Anlegern häufig um Privatanleger i.S.d. § 1 Abs. 19 Nr. 31 KAGB. Aus diesem Grund sind geschlossene Fonds im Anwendungsbereich des KAGB mangels Beschränkung des Anlegerkreises auf professionelle und semiprofessionelle Anleger oftmals Publikums-AIF i.S.d. § 1 Abs. 6 S. 2 KAGB.

5. Die Kapitalverwaltungsgesellschaft

In Umsetzung der Vorgaben der AIFM-Richtlinie ist für geschlossenen Fonds im Anwendungsbereich des KAGB zwingend eine Verwaltungsgesellschaft einzusetzen.

a) Begrifflichkeiten

Der Begriff der Verwaltungsgesellschaft i.S.d. KAGB ist in § 17 Abs. 1 KAGB in Verbindung mit § 1 Abs. 14, 16 KAGB legal definiert[1247]. Gemäß § 1 Abs. 14 KAGB sind Verwaltungsgesellschaften AIF-Verwaltungsgesellschaften und OGAW-Verwaltungsgesellschaften. AIF-Verwaltungsgesellschaften unterteilen sich wiederum nach dem Kriterium des Sitzes in AIF-Kapitalverwaltungsgesellschaften, EU-AIF-Verwaltungsgesellschaften und ausländische AIF-Verwaltungsgesellschaften.

AIF-Kapitalverwaltungsgesellschaft sind gemäß § 1 Abs. 16 KAGB Kapitalverwaltungsgesellschaften nach § 17 Abs. 1 KAGB, die mindestens einen AIF verwalten oder zu verwalten beabsichtigen. Nach der Legaldefinition in § 17 Abs. 1 S. 1 KAGB sind von dem Begriff Kapitalverwaltungsgesellschaft (KVG) Unternehmen erfasst, die ihren satzungsmäßigen Sitz sowie ihre Hauptverwaltung in Deutschland haben und deren Geschäftsbetrieb darauf ausgerichtet ist, inländische Investmentvermögen, EU-Investmentvermögen oder ausländische AIF zu verwalten[1248].

1247 *Eckhold/Balzer* in Assmann/Schütze, Hdb. des Kapitalanlagerechts, § 22 Rn. 79.

1248 Der Begriff der KVG ist angelehnt an die Legaldefinition der Kapitalanlagegesellschaft nach dem aufgehobenen § 6 Abs. 1 S. 1 InvG und setzt Art. 4 Abs. 1 b) AIFM-RL um, vgl. BT-Drucks. 17/12294, S. 211; *Poelzig/Volmer*, DNotZ 2014, 483, 493; *Emde/Dreibus*, BKR 2013, 89, 90 f.

In der Terminologie des KAGB ist der AIFM im Sinne der AIFM-Richtlinie also die Verwaltungsgesellschaft, welche bei satzungsmäßigem Sitz und Hauptverwaltung in Deutschland als KVG bezeichnet wird[1249].

b) Bestimmung der Kapitalverwaltungsgesellschaft

Mitunter kann die Frage, wer innerhalb der Organisationsstruktur eines AIF als KVG anzusehen ist, Schwierigkeiten bereiten. Gemäß § 17 Abs. 1 S. 1 KAGB erfolgt die Qualifizierung als erlaubnispflichtige KVG ausschließlich danach, ob der Geschäftsbetrieb des Unternehmens auf die Verwaltung von Investmentvermögen ausgerichtet ist; formelle Kriterien spielen hierbei keine Rolle[1250]. Der Begriff der Verwaltung eines Investmentvermögens ist in § 17 Abs. 1 S. 2 KAGB legaldefiniert. Hiernach liegt die Verwaltung eines Investmentvermögens dann vor, wenn mindestens die Portfolioverwaltung oder das Risikomanagement für ein oder mehrere Investmentvermögen erbracht werden. Allerdings ist zu beachten, dass es im Rahmen des § 17 KAGB ausweislich der Gesetzesbegründung allein um die Frage geht, wann ein erlaubnispflichtiges Verwalten eines Investmentvermögens vorliegt[1251]. Aus § 23 Nr. 10 KAGB ergibt sich, dass der KVG die Erlaubnis zum Geschäftsbetrieb zwingend zu versagen ist, wenn die KVG für ein Investmentvermögen die Portfolioverwaltung erbringt, ohne auch das Risikomanagement zu erbringen und umgekehrt[1252]. Zur Gewährleistung einer funktionierenden Aufsicht darf für jedes Investmentvermögen gemäß § 17 Abs. 3 KAGB nur eine einzige verantwortliche KVG als zentrale Akteurin zuständig sein. Hieraus folgt, dass die (erlaubnisfähige) Verwaltung eines Investmentvermögens entgegen dem insofern missverständlichen Wortlaut des § 17 Abs. 1 S. 2 KAGB sowohl die Portfolioverwaltung, als auch das Risikomanagement beinhaltet.

1249 Die deutsche Legaldefinition der KVG nach § 17 Abs. 1 S. 1 KAGB weicht insofern von der Legaldefinition des AIFM nach Art. 4 Abs. 1 b) AIFM-RL ab, als dass der europäische Gesetzgeber nur juristische Personen, deren reguläre Geschäftstätigkeit die Verwaltung eines oder mehreren AIF ist, als AIFM definiert. Da Unternehmen auch nicht-juristische Personen sein können, ist der deutsche Begriff der KVG zunächst weiter gefasst. Allerdings regelt der deutsche Gesetzgeber die gesellschaftsrechtlichen Anforderungen an die KVG lediglich an anderer Stelle und schränkt hier die zulässigen Rechtsformen ein (z.B. in § 18 Abs. 1 KAGB).

1250 So kommt es bei der Bestimmung der KVG gerade nicht darauf an, wer eine Erlaubnis beantragt bzw. als KVG zugelassen ist, vgl. *Jesch/Alten,* RdF 2013, 191, 195; *Tollmann* in Dornseifer/Jesch/Klebeck/Tollmann, AIFM-Richtlinie, Art. 5 Rn. 2.

1251 BT-Drucks. 17/12294, S. 211 f.

1252 Dass die KVG nach § 23 Nr. 10 KAGB sowohl die Portfolioverwaltung und das Risikomanagement erbringen muss, um erlaubnisfähig zu sein, steht einer Auslagerung nach § 36 KAGB nach der Gesetzesbegründung zu § 23 KAGB nicht entgegen, vgl. BT-Drucks. 17/12294 S. 216. Hiernach soll unter „Erbringung" der Portfolioverwaltung bzw. des Risikomanagements nicht die tatsächliche Erbringung zu verstehen sein, sondern die Fähigkeit der Erbringung der beiden Funktionen.

Trotz der weitreichenden Bedeutung der Portfolioverwaltung und des Risikomanagement werden diese Begriffe weder im KAGB, noch in der AIFM-Richtlinie oder den dazugehörigen Gesetzesbegründungen definiert. Während die Anforderungen an das Risikomanagement in § 29 KAGB geregelt sind und sich hieraus die Bedeutung des Risikomanagements i.S.d. KAGB zumindest ableiten lässt, wird der zentrale Begriff der Portfolioverwaltung vom KAGB und der AIFM-Richtlinie schlicht vorausgesetzt.

Aus der Legaldefinition der kollektiven Vermögensverwaltung in § 1 Abs. 19 Nr. 24 KAGB ergibt sich lediglich, welche Tätigkeiten der Gesetzgeber nicht als Bestandteile der Portfolioverwaltung ansieht. Dort wird der Begriff der kollektiven Vermögensverwaltung legaldefiniert als Portfolioverwaltung, Risikomanagement, administrative Tätigkeiten, Vertrieb eigener Investmentanteile und Tätigkeiten im Zusammenhang mit den Vermögensgegenständen des AIF. Hierdurch bringt der Gesetzgeber zum Ausdruck, dass administrative Tätigkeiten (wie z.B. Fondsbuchhaltung oder Rechnungslegung), der Vertrieb und Tätigkeiten im Zusammenhang mit den Vermögensgegenständen nicht zum Bereich der Portfolioverwaltung zählen[1253].

Anhaltspunkte für die Auslegung des Begriffs der Portfolioverwaltung ergeben sich daraus, wie der Gesetzgeber die Tätigkeit der externen KVG der Investmentaktiengesellschaft mit fixem Kapital und der geschlossenen Investmentkommanditgesellschaft beschreibt. Gemäß § 144 Abs. 1 S. 2 KAGB obliegt der externen KVG neben der Ausführung der allgemeinen Verwaltungstätigkeit insbesondere auch die Anlage und Verwaltung der Mittel der Investmentaktiengesellschaft mit fixem Kapital. Im Falle der Fremdverwaltung einer geschlossenen Investmentkommanditgesellschaft obliegt der externen KVG gemäß § 154 Abs. 1 S. 2 KAGB insbesondere die Anlage und die Verwaltung des Kommanditanlagevermögens[1254]. Die Anlage und Verwaltung des Kommanditanlagevermögens betrifft mindestens die konkrete Verwendung des von den Anlegern eingesammelten Kapitals, also das Treffen von Entscheidungen über den Kauf und Verkauf von Vermögensgegenständen für den AIF[1255]. Auch die BaFin geht davon aus, dass die Entscheidung über den Kauf und Verkauf von Vermögensgegenständen bzw. die diesbezügliche Dispositionsbefugnis der KVG zum Kernbestandteil der Portfolioverwaltung gehören, wie in den

---

1253 *Niewerth/Rybarz*, WM 2013, 1154, 1158. Anders als die Portfolioverwaltung und das Risikomanagement müssen diese Tätigkeiten jedoch nicht zwingend von der KVG selbst vorgenommen werden und deren Ausüben führt nicht zu einer Qualifizierung des jeweiligen Unternehmens als erlaubnispflichtige KVG.

1254 Nach *Winterhalder* ergibt sich aus der Verwendung des Begriffs „insbesondere“ in § 154 Abs. 1 S. 1 KAGB, dass neben der Anlage und Verwaltung des Gesellschaftsvermögens auch die allgemeine Verwaltungstätigkeit der externen KVG obliegt, vgl. *Winterhalder* in Weitnauer/Boxberger/Anders, KAGB, § 17 Rn. 42.

1255 Die Entscheidungsfreiheit der KVG ist jedoch insofern eingeschränkt, als dass die KVG die Anlagebedingungen beachten muss und im Interesse der Anleger zu handeln hat, *Rüber/Reiff*, BB 2014, 1634, 1635.

Antworten 15 und 16 der FAQ zum Thema Auslagerung zum Ausdruck kommt[1256]. Da der externen KVG „insbesondere" die Anlage und Verwaltung des Fondsvermögens obliegen, können jedoch noch weitere Tätigkeiten von der Portfolioverwaltung i.S.d. § 17 Abs. 1 S. 2 KAGB erfasst sein, zumal § 144 Abs. 1 S. 2 KAGB ausdrücklich die „Ausführung der allgemeinen Verwaltungstätigkeit" nennt. Welche Tätigkeiten neben dem An- und Verkauf von Vermögensgegenständen zur Portfolioverwaltung i.S.d. KAGB zu zählen sind, ist bislang ungeklärt und umstritten[1257].

Ausweislich der Gesetzesbegründung zu § 1 Abs. 19 Nr. 24 KAGB beruht die Legaldefinition der kollektiven Vermögensverwaltung auf Anhang II der OGAW-Richtlinie (2009/65/EG), welcher Aufgaben auflistet, die zur „gemeinsamen Portfolioverwaltung" zählen[1258]. Der deutsche Gesetzgeber setzte die Vorgaben der OGAW-Richtlinie im Investmentgesetz um, weshalb zur Auslegung des Begriffs der Portfolioverwaltung i.S.d. § 17 Abs. 1 S. 2 KAGB der Begriff der kollektiven Fremdverwaltung des Investmentgesetzes herangezogen werden kann[1259]. Die Pflicht der Kapitalanlagegesellschaft zur Verwaltung von Sondervermögen im Sinne der kollektiven Fremdverwaltung war in § 9 InvG geregelt[1260]. Unter der Verwaltung i.S.d. § 9 InvG wurde gemeinhin die Anschaffung und die Veräußerung von Vermögensgegenständen sowie die Einkunftserzielung aus Vermögensgegenständen für gemeinschaftliche Rechnung der Anleger verstanden[1261]. Dies spricht dafür, neben dem An- und Verkauf von Vermögensgegenständen auch die Einkunftserzielung aus den Vermögensgegenständen des AIF als Bestandteil der Portfolioverwaltung i.S.d. § 17 Abs. 1 S. 2 KAGB anzusehen.

1256 BaFin, FAQ vom 10.07.2013, zuletzt geändert am 12.05.2014, WA 41-Wp 2137-2013/0036, Frage 15, 16; vgl. *Escher* in Habersack/Mülbert/ Nobbe/Wittig, Bankrechtstag 2013, S. 137.

1257 *Steck* in Emde/Dornseifer/Dreibus/Hölscher, InvG, § 9 Rn. 14 ff; *Winterhalder* in Weitnauer/Boxberger/Anders, KAGB, § 17 Rn. 20; *Volhard/Jang* in Dornseifer/Jesch/Klebeck/Tollmann, AIFM-Richtlinie, Art. 6 Rn. 10. *Bußalb/Unzicker* gehen ohne nähere Begründung davon aus, dass unter dem Begriff der Portfolioverwaltung im Sinne der AIFM-RL die Verwaltung von Finanzinstrumenten und anderen Anlageobjekten wie z.B. Immobilien oder Schiffen zu verstehen ist, vgl. *Bußalb/Unzicker*, BKR 2012, 309, 313. *Escher* geht davon aus, dass mit Portfolioverwaltung i.S.d. KAGB das Treffen der wesentlichen Anlage-, Risiko- und Finanzierungsentscheidungen gemeint ist, vgl. *Escher* in Habersack/Mülbert/ Nobbe/Wittig, Bankrechtstag 2013, S. 137 f.

1258 BT-Drucks. 17/12294, S. 203.

1259 *Eckhold/Balzer* in Assmann/Schütze, Hdb. des Kapitalanlagerechts, § 22 Rn. 79; *Volhard/Jang* in Dornseifer/Jesch/Klebeck/Tollmann, AIFM-Richtlinie, Art. 6 Rn. 10; *Winterhalder* in Weitnauer/Boxberger/Anders, KAGB, § 17 Rn. 20.

1260 *Steck* in Emde/Dornseifer/Dreibus/Hölscher, InvG, § 9 Rn. 14.

1261 *Köndgen* in Berger/Steck/Lübbehüsen, InvG, § 9 Rn. 21; *Winterhalder* in Weitnauer/Boxberger/Anders, KAGB, § 17 Rn. 20; vgl. *Steck* in Emde/Dornseifer/Dreibus/Hölscher, InvG, § 9 Rn. 14 ff.

Die Frage, wer bei geschlossenen Fonds in der Struktur, wie sie vor Inkrafttreten des KAGB üblich war, als KVG anzusehen ist, bereitet Schwierigkeiten[1262]. Auf den ersten Blick scheint sich als Fondsmanager das Geschäftsleitungsorgan des Fonds aufzudrängen, also bei der typischen Rechtsform der GmbH & Co. KG die Komplementär-GmbH (bzw. die geschäftsführende Kommanditistin). Da es nach § 17 Abs. 1 S. 1 KAGB bei der Bestimmung der KVG darauf ankommt, wer den Fonds verwaltet i.S.d. § 17 Abs. 1 S. 2 KAGB ist allein entscheidend, wer für die Portfolioverwaltung oder das Risikomanagement tatsächlich die Verantwortung trägt[1263]. Dies ist aber nicht zwangsläufig das Geschäftsleitungsorgan der Fondsgesellschaft.

Bei typischen Fonds entscheidet in der Regel der Fondsinitiator in der Konzeptionsphase, in welchen konkreten Vermögensgegenstand (z.B. Immobilie oder Schiff) der geschlossene Fonds zu welchen Konditionen investiert und verhandelt die mit dem Erwerb verbundenen Verträge für die – oftmals erst später gegründete – Fondsgesellschaft. In diesem Fall ist der Fondsinitiator als KVG anzusehen, da dieser die Anlageentscheidung für die Fondsgesellschaft trifft, was die Kernfunktion der Portfolioverwaltung darstellt[1264]. Zudem übernimmt der Fondsinitiator in dieser Fallkonstellation im Hinblick auf das Risikomanagement eine wichtige Funktion, da der Fondsinitiator die dem Projekt anhaftenden Risiken in der Konzeptionsphase prüft und bewertet (z.B. im Rahmen der Due Diligence vor dem Erwerb des Vermögensgegenstands)[1265].

Andererseits übernimmt auch die Geschäftsführung der Fondsgesellschaft – also die Komplementär-GmbH oder die aus steuerlichen Gründen eingesetzte geschäftsführende Kommanditistin – Aufgaben im Zusammenhang mit der Vermögensverwaltung, z.B. durch die Bestellung von Sicherheiten an Vermögensgegenständen der Fondsgesellschaft im Zuge der Fremdfinanzierung des Erwerbs des Vermögensgegenstandes[1266]. Auch die laufende Verwaltung des Fondsvermögens sowie die Überwachung von Risiken obliegen während der Fondslaufzeit der Geschäftsführung der Fondsgesellschaft. Überdies entscheidet die Geschäftsführung der Fondsgesellschaft am Ende der Fondslaufzeit darüber, zu welchem konkreten Zeitpunkt und zu welchen Bedingungen der Vermögensgegenstand verwertet wird. Aus diesen Gründen kann durchaus auch die Komplementär-GmbH der Fondsgesellschaft bzw.

1262 *Kramer/Recknagel*, DB 2011, 2077, 2080; *Krause/Klebeck*, BB 2012, 2063, 2065; vgl. *Klebeck/Kolbe*, BB 2014, 707, 709 f.

1263 *Winterhalder* in Weitnauer/Boxberger/Anders, KAGB, § 17 Rn. 53.

1264 *Tollmann* und *Winterhalder* gehen davon aus, dass bei typischen geschlossenen Fonds der Fondsinitiator bzw. das Emissionshaus als AIFM anzusehen ist. Dies gelte jedoch nicht, wenn die Anlageentscheidung nicht vom Fondsinitiator getroffen wird, z.B. bei sog. Blind-Pools, vgl. *Tollmann* in Dornseifer/Jesch/Klebeck/Tollmann, AIFM-Richtlinie, Art. 5 Rn. 31 f.; *Winterhalder* in Weitnauer/Boxberger/Anders, KAGB, § 17 Rn. 61.

1265 *Kramer/Recknagel*, DB 2011, 2077, 2080; *Tollmann* in Dornseifer/Jesch/Klebeck/Tollmann, AIFM-Richtlinie, Art. 5 Rn. 31.

1266 Vgl. *Böhme*, BB 2014, 2380, 2383.

die geschäftsführende Kommanditistin als KVG i.S.d. § 17 Abs. 1 KAGB angesehen werden[1267].

Je nach konkreter Fallgestaltung kommen darüber hinaus Dritte wie z.B. eine externe Verwaltungs-GmbH als KVG in Betracht, sofern diese von der Fondsgesellschaft mit entsprechenden Kompetenzen ausgestattet ist (z.B. durch die Ermächtigung zum Treffen von Anlageentscheidungen oder durch die Einräumung von Dispositionsbefugnissen über Vermögensgegenstände der Fondsgesellschaft)[1268].

Wer aufgrund der Erbringung der Portfolioverwaltung oder des Risikomanagements als KVG einzustufen ist, hängt von der Aufgabenverteilung im Einzelfall ab[1269]. Werden verschiedene Aufgaben im Bereich der Portfolioverwaltung und des Risikomanagements von verschiedenen Akteuren eigenverantwortlich vorgenommen, so stellt unter Umständen jeder dieser Akteure eine erlaubnispflichtige, aber gemäß § 23 Nr. 10 KAGB nicht erlaubnisfähige KVG dar. Die Struktur geschlossener Fonds muss dann durch die eindeutige Zuweisung der Portfolioverwaltung und des Risikomanagements an eine KVG an die Anforderungen des KAGB angepasst werden[1270].

6. Interne und externe Kapitalverwaltungsgesellschaft

Das KAGB sieht zwei verschiedene Arten der Verwaltung von Investmentvermögen durch die KVG vor. Gemäß § 17 Abs. 2 KAGB ist einerseits die Fremdverwaltung des Investmentvermögens möglich durch die Bestellung einer externen KVG. Andererseits besteht bei Investmentvermögen in Gesellschaftsform die Möglichkeit, dass sich das Investmentvermögen selbst verwaltet (interne KVG).

a) Externe Kapitalverwaltungsgesellschaft

Gemäß der Legaldefinition in § 17 Abs. 2 Nr. 1 KAGB zeichnet sich eine externe KVG dadurch aus, dass das Investmentvermögen (bei eigener Rechtspersönlichkeit) oder ein Dritter im Namen des Investmentvermögens (wie z.B. der Fondinitiator bei Investmentvermögen ohne eigene Rechtspersönlichkeit) eine externe KVG bestellt und diese externe KVG aufgrund der Bestellung für die Verwaltung des Investmentvermögens verantwortlich ist.

Die Bestellung der externen KVG erfolgt durch den Abschluss eines Geschäftsbesorgungsvertrags nach §§ 675, 611 BGB zwischen der externen KVG und dem AIF[1271].

1267 *Kramer/Recknagel*, DB 2011, 2077, 2080.

1268 *Kramer/Recknagel*, DB 2011, 2077, 2080; *Winterhalder* in Weitnauer/Boxberger/Anders, KAGB, § 17 Rn. 53.

1269 *Kramer/Recknagel*, DB 2011, 2077, 2080.

1270 Zur Erreichung der Erlaubnisfähigkeit der KVG, vgl. *Kramer/Recknagel*, DB 2011, 2077, 2080.

1271 *Tollmann* in Dornseifer/Jesch/Klebeck/Tollmann, AIFM-Richtlinie, Art. 5 Rn. 15; *Eckhold/Balzer* in Assmann/Schütze, Hdb. des Kapitalanlagerechts, § 22 Rn. 81;

Mit der Bestellung entstehen nicht nur schuldrechtliche Pflichten der externen KVG gegenüber dem AIF als Vertragspartner. Vielmehr muss die KVG als Adressatin der Regulierung des KAGB umfangreiche gesetzliche Pflichten erfüllen, welche nicht vertraglich abbedungen werden können. Zudem entsteht durch die Bestellung als KVG ein gesetzliches Schuldverhältnis zwischen der KVG und den Anlegern der verwalteten AIF; die KVG muss kraft Gesetzes die Interessen der Anleger wahren[1272]. Aufgrund der Überlagerung durch das Aufsichtsrecht ist die Bestellung der externen KVG mehr als nur der Abschluss eines schuldrechtlichen Vertrags zwischen AIF und KVG[1273]. Bei der Fremdverwaltung handelt es sich im Übrigen nicht um einen Fall der Auslagerung[1274]. Im Unterschied zur Auslagerung wird bei der Bestellung einer externen KVG nicht nur die Verwaltungstätigkeit auf ein anderes Unternehmen übertragen, sondern auch die damit einhergehende Verantwortung[1275].

Die konkreten Anforderungen an die externe KVG sind in § 18 KAGB geregelt. So muss eine externe KVG die Rechtsform der AG, der GmbH oder der GmbH & Co. KG aufweisen; andere Rechtsformen sind unzulässig[1276]. Darüber hinaus muss die externe KVG zwingend über ein internes Aufsichtsorgan verfügen, welches die Geschäftsführung überwacht[1277]. Bei der AG besteht die Pflicht zur Errichtung eines Aufsichtsrats bereits nach dem Aktiengesetz, weshalb insofern keine Regelung im KAGB notwendig war. Liegt eine externe KVG in der Rechtsform der GmbH vor, so ist abweichend von § 52 GmbHG zwingend die Einrichtung eines Aufsichtsrates

---

Winterhalder in Weitnauer/Boxberger/Anders, KAGB, § 17 Rn. 36. Unter dem Begriff der Geschäftsbesorgung i.S.d. § 675 BGB ist nach h.M. eine selbstständige Tätigkeit wirtschaftlicher Art zu verstehen, welche nicht in einer bloßen Leistung an einen anderen, sondern in der Wahrnehmung seiner Vermögensinteressen besteht, vgl. *Heermann* in MüKo/BGB, § 675 Rn. 12; BGH, NJW 1966, 1452; BGH, NJW 1989, 1216.

1272 *Wallach*, ZGR 2014, 289, 301; *Tollmann* in Dornseifer/Jesch/Klebeck/Tollmann, AIFM-Richtlinie, Art. 5 Rn. 15.

1273 *Tollmann* in Dornseifer/Jesch/Klebeck/Tollmann, AIFM-Richtlinie, Art. 5 Rn. 15; vgl. *Eckhold/Balzer* in Assmann/Schütze, Hdb. des Kapitalanlagerechts, § 22 Rn. 81.

1274 Dies ist z.B. in § 154 Abs. 1 S. 3 KAGB ausdrücklich geregelt.

1275 *Winterhalder* in Weitnauer/Boxberger/Anders, KAGB, § 17 Rn. 34.

1276 Die Legaldefinition der externen KVG nach § 17 Abs. 2 Nr. 1 KAGB setzt Art. 5 Abs. 1 S. 2 a) AIFM-RL um, wobei die Legaldefinition des externen AIFM ausdrücklich fordert, dass es sich bei dem externen AIFM um eine juristische Person handeln muss. Da die GmbH & Co. KG keine juristische Person ist, stellt sich insoweit die Frage der Richtlinienkonformität, vgl. *Freitag*, NZG 2013, 329, 332 f.; *Wallach*, ZGR 2014, 289, 299; *Niewerth/Rybarz*, WM 2013, 1154, 1158 f.; *Volhard/Jang* in Dornseifer/Jesch/Klebeck/Tollmann, AIFM-Richtlinie, Art. 6 Rn. 43. Ausführlich dazu siehe unten Interne Kapitalverwaltungsgesellschaft, E. II. 6. e), S. 237 f.

1277 Die Pflicht zur Einrichtung eines Aufsichtsorgans beruht nicht auf Vorgaben der AIFM-RL. Der deutsche Gesetzgeber orientierte sich hierbei an § 6 Abs. 2–4 InvG, BT-Drucks. 17/12294, S. 212.

vorgesehen. Im Falle der Rechtsform der GmbH & Co. KG ist ein Beirat zu gründen (§ 18 Abs. 2 KAGB)[1278].

Eine weitere Besonderheit in gesellschaftsrechtlicher Hinsicht besteht darin, dass im Gesellschaftsvertrag bzw. in der Satzung der externen KVG gemäß § 20 Abs. 5 S. 2 KAGB ausdrücklich geregelt sein muss, dass die externe KVG neben den zur Anlage des eigenen Vermögens erforderlichen Geschäften nur die in § 20 Abs. 3 KAGB genannten Geschäfte und Tätigkeiten betreibt[1279]. Nach § 20 Abs. 3 KAGB darf die externe KVG außer der kollektiven Vermögensverwaltung eine Reihe an abschließend bestimmten Dienstleistungen und Nebendienstleistungen erbringen wie z.B. die individuelle Vermögensverwaltung und Anlageberatung sowie die Finanzportfolioverwaltung. Das KAGB sieht für die externe KVG außerdem Kapitalanforderungen vor; so muss die externe KVG unter anderem nach § 25 Abs. 1 Nr. 1 b) insbesondere mit einem Anfangskapital von mindestens 125.000 Euro ausgestattet sein[1280].

b) Aufgaben der externen Kapitalverwaltungsgesellschaft

Schwierigkeiten bereitet die Frage, welche konkreten Aufgaben auf die externe KVG übertragen werden müssen[1281]. Die externe KVG muss nach § 17 Abs. 2 Nr. 1 KAGB aufgrund der Bestellung für die Verwaltung des AIF zuständig sein, wobei die Verwaltung des AIF gemäß § 17 Abs. 1 S. 2 KAGB zwingend die Portfolioverwaltung und das Risikomanagement beinhaltet; diese Kernfunktionen müssen beide von der KVG erbracht werden bzw. die KVG muss diesbezüglich die Letztverantwortung tragen (§ 23 Nr. 10 KAGB). Die Kompetenzen im Zusammenhang mit der Portfolioverwaltung und dem Risikomanagement, welche an sich Aufgaben der Geschäftsführung des AIF darstellen, sind demnach zur Erfüllung der Vorgaben des KAGB zwingend vom AIF auf die externe KVG zu übertragen.

Zum Teil wird angenommen, dass neben der Portfolioverwaltung und dem Risikomanagement auch allgemeine Verwaltungstätigkeiten zwingend auf die externe KVG zu übertragen sind[1282]. Begründet wird diese Auffassung damit, dass im Falle des Vorliegens einer Investmentaktiengesellschaft mit fixem Kapital der externen KVG gemäß nach § 144 S. 2 KAGB *neben der allgemeinen Verwaltungstätigkeit* insbesondere die Anlage und Verwaltung der Mittel der Investmentaktiengesellschaft

---

1278 *Winterhalder* in Weitnauer/Boxberger/Anders, KAGB, § 18 Rn. 20 Rn. 19 ff. Zu den Praxisschwierigkeiten im Zusammenhang mit der vom KAGB geforderten Besetzung des Kontrollorgans, vgl. *Hartrott/Goller,* BB 2013, 1603, 1606.

1279 *Winterhalder* in Weitnauer/Boxberger/Anders, KAGB, § 20 Rn. 85; *Poelzig/Volmer,* DNotZ 2014, 483, 489.

1280 Ausführlich dazu siehe unten Kapitalanforderungen, E. III. 3. a), S. 248 f.; *Winterhalder* in Weitnauer/Boxberger/Anders, KAGB, § 25 Rn. 8 ff.

1281 *Rüber/Reiff,* BB 2014, 1634, 1635.

1282 Vgl. *Wallach,* ZGR 2014, 289, 300 f.; *Fischer/Friedrich,* ZBB 2013, 153, 155.

mit fixem Kapital obliegt[1283]. Dies gelte auch für fremdverwaltete Investmentkommanditgesellschaft nach § 154 Abs. 1 KAGB, obwohl dies im Gesetzestext nicht zum Ausdruck kommt[1284]. Durch die Verwendung des Wortes „insbesondere" bringt der Gesetzgeber zum Ausdruck, dass die Anlage und Verwaltung des Kommanditanlagevermögens nicht die einzigen Aufgaben der KVG sind[1285].

Aus diesen Gründen wird zum Teil angenommen, dass die externe KVG für sämtliche Tätigkeiten der kollektiven Vermögensverwaltung i.S.d. § 1 Abs. 19 Nr. 24 KAGB zuständig sein müsse[1286]. Namentlich sind dies – neben der Portfolioverwaltung und dem Risikomanagement – administrative Tätigkeiten, der Vertrieb eigener Investmentanteile sowie Tätigkeiten im Zusammenhang mit Vermögensgegenständen des AIF. Nach dem Wortlaut des § 17 Abs. 1 S. 2 KAGB fallen diese Tätigkeiten nicht zwingend in den Zuständigkeitsbereich der externen KVG. Dies kommt auch in Anhang I der AIFM-Richtlinie deutlich zum Ausdruck, welcher zur richtlinienkonformen Auslegung heranzuziehen ist. Anhang I der AIFM-RL trennt ausdrücklich zwischen der Portfolioverwaltung und dem Risikomanagement als zwingende Aufgaben des AIFM einerseits und andererseits Aufgaben, die der AIFM im Rahmen der kollektiven Vermögensverwaltung zusätzlich übernehmen *kann*. Dennoch gehen die BaFin und Stimmen in der Literatur davon aus, dass nicht nur die Portfolioverwaltung und das Risikomanagement, sondern alle Aufgaben der kollektiven Vermögensverwaltung zwingend der externen KVG obliegen müssen[1287]. Begründet wird diese Auffassung unter anderem damit, dass der AIF lediglich ein Fondsvehikel und keine operativ tätige Gesellschaft sei[1288]. Die zwingende Verantwortlichkeit der externen KVG für sämtliche Tätigkeiten der kollektiven Vermögensverwaltung ist

1283 *Winterhalder* in Weitnauer/Boxberger/Anders, KAGB, § 17 Rn. 42.

1284 *Winterhalder* in Weitnauer/Boxberger/Anders, KAGB, § 17 Rn. 42.

1285 *Winterhalder* in Weitnauer/Boxberger/Anders, KAGB, § 17 Rn. 42.

1286 *Paul* in Weitnauer/Boxberger/Anders, KAGB, § 154 Rn. 8; a.A. *Winterhalder* in Weitnauer/Boxberger/Anders, KAGB, § 17 Rn. 43.

1287 *Wallach*, ZGR 2014, 289, 300 f.; BaFin, FAQ vom 10.07.2013, zuletzt geändert am 12.05.2014, WA 41-Wp 2137-2013/0036, Frage 2.

1288 *Wallach*, ZGR 2014, 289, 300; BaFin, FAQ vom 10.07.2013, zuletzt geändert am 12.05.2014, WA 41-Wp 2137-2013/0036, Frage 1. Die BaFin zieht als Argument für die zwingende Zuständigkeit der KVG für sämtliche Tätigkeiten im Zusammenhang mit der kollektiven Vermögensverwaltung das Diskussionspapier der ESMA vom 23.02.2012 heran. Dort sieht die ESMA in Abschnitt III Nr. 10 es als Auslagerung an, wenn der AIFM Tätigkeiten im Zusammenhang mit der kollektiven Vermögensverwaltung nicht selbst ausübt, vgl. discussion paper, key concepts of the Alternative Investment Fund Managers Directive and types of AIFM, 23.02.2012, Ref. ESMA/2012/117. Allerdings findet sich diese Auffassung nicht in der finalen Fassung der Leitlinien; vgl. ESMA, Leitlinien zu Schlüsselbegriffen (ESMA/2013/611), 13.08.2013.

jedoch abzulehnen, da dies nicht aus dem Gesetzeswortlaut des KAGB hervorgeht und dem eindeutigen Wortlaut des Anhangs I der AIFM-RL widerspricht[1289].

Im Zusammenhang mit den zu übertragenden Aufgaben wird außerdem diskutiert, ob der externen KVG eine gesetzliche Verfügungsbefugnis über die Vermögensgegenstände des AIF zusteht[1290]. Aus einigen Vorschriften des KAGB ergibt sich, dass der Gesetzgeber von einer solchen Verfügungsbefugnis ausgeht. So regelt z.B. § 84 Abs. 1 KAGB, dass die AIF-KVG im Hinblick auf Publikums-AIF eine Reihe an Geschäften nur mit vorheriger Zustimmung der Verwahrstelle durchführen darf; betroffen sind z.B. Verfügungen über Vermögensgegenstände des geschlossenen Publikums-AIF sowie Belastungen dieser Vermögensgegenstände. Der Gesetzgeber setzt demnach eine entsprechende Verfügungsbefugnis der KVG über die Vermögensgegenstände des Publikums-AIF voraus. Aus diesem Grund wird diskutiert, ob in die entsprechenden Vorschriften des KAGB eine gesetzlich eingeräumte Verfügungsbefugnis der externen KVG hineinzulesen ist[1291]. Da es sich bei der gesetzlichen Verfügungsbefugnis um ein einschneidendes Recht zu Lasten des AIF als Eigentümer handelt, ist eine ausdrückliche gesetzliche Regelung zu erwarten[1292]. Während der Gesetzgeber in § 93 Abs. 1 KAGB im Falle der Fremdverwaltung von Sondervermögen der KVG eine gesetzliche Verfügungsbefugnis ausdrücklich einräumt, fehlt eine solche Regelung bei den Investmentvermögen in Gesellschaftsform des KAGB. Eine analoge Anwendung des § 93 Abs. 1 KAGB für extern verwaltete geschlossene AIF scheitert daran, dass dem Gesetzgeber keine planwidrige Regelungslücke unterstellt werden kann[1293]. Zudem ist die Interessenlage bei einem geschlossenen AIF als Fondsvehikel in Gesellschaftsform nicht vergleichbar mit der Interessenlage bei einem Fondsvehikel in Vertragsform, bei dem aufgrund der fehlenden eigenen Rechtspersönlichkeit die KVG zwingend verfügungsbefugt sein muss[1294]. Die Verfügungsmacht über die Vermögensgegenstände des AIF, welche Vorschriften des KAGB der KVG teilweise voraussetzen, muss der externen KVG aus diesem Grund von der Fondsgesellschaft bzw. vom organschaftlichen Vertreter der Fondsgesellschaft im Wege der rechtsgeschäftlichen Bevollmächtigung eingeräumt werden[1295].

1289 So auch *Paul* in Weitnauer/Boxberger/Anders, KAGB, § 154 Rn. 8; *Tollmann* in Dornseifer/Jesch/Klebeck/Tollmann, AIFM-Richtlinie, Art. 20 Rn. 27.

1290 *Böhme*, BB 2014, 2380, 2381 ff.

1291 *Böhme*, BB 2014, 2380, 2381 ff.

1292 *Böhme*, BB 2014, 2380, 2385, 2383 f.

1293 *Paul* in Weitnauer/Boxberger/Anders, KAGB, § 154 Rn. 12.

1294 *Paul* in Weitnauer/Boxberger/Anders, KAGB, § 154 Rn. 12; vgl. *Böhme*, BB 2014, 2380, 2383 f.

1295 *Böhme*, BB 2014, 2380, 2385; *Fischer/Friedrich*, ZBB 2013, 153, 155; *Wagner*, ZfBR 2015, 113, 119.

c) *Aufgaben des extern verwalteten AIF*

Der KVG müssen zwingend die Aufgaben im Zusammenhang mit der Portfolioverwaltung und dem Risikomanagement übertragen werden, da diese Aufgaben die Kernfunktionen darstellen, welche die KVG ausmachen (§ 17 Abs. 1 S. 2 KAGB). Zum Teil wird angenommen, dass darüber hinaus sämtliche Kompetenzen der Geschäftsführung des AIF im Zusammenhang mit der kollektiven Vermögensverwaltung auf die externe KVG zu übertragen sind[1296]. Es stellt sich die Frage, wie die Kompetenzen der externen KVG von den Kompetenzen des AIF abzugrenzen sind und welche Kompetenzen dem extern verwalteten AIF bzw. dessen Geschäftsführung außerhalb der Portfolioverwaltung und dem Risikomanagement verbleiben.

In dem gesetzlich vorgegebenen Unternehmensgegenstand des AIF kommt zum Ausdruck, dass die Verwaltungstätigkeit einen Großteil der Tätigkeit des AIF ausmacht, weshalb das KAGB eine weitreichende Kompetenzübertragung auf die externe KVG fordert[1297]. So muss z.B. nach § 150 Abs. 2 KAGB der Unternehmensgegenstand der geschlossenen Investmentkommanditgesellschaft zwingend auf „die Anlage und Verwaltung ihrer Mittel zur gemeinschaftlichen Kapitalanlage zum Nutzen der Anleger" beschränkt sein[1298]. Umstritten ist deshalb, ob der Geschäftsführung des extern verwalteten AIF überhaupt noch Kompetenzen verbleiben.

Das KAGB selbst enthält trotz der grundlegenden Bedeutung keinerlei ausdrückliche Regelung hierzu[1299]. In der Literatur wird teilweise die Auffassung vertreten, dass die Organe des AIF abgesehen von den wenigen Funktionen, die das KAGB gesetzlich zwingend vorschreibt (wie z.B. die Bestellung der Verwahrstelle), letztlich gar keine Kompetenzen mehr habe und der AIF deshalb lediglich als „leere Hülle" fungiere[1300]. Die externe KVG sei kraft Gesetzes zwingend für die Verwaltung des AIF zuständig und es blieben daneben keinerlei Restfunktionen für die Organe des AIF übrig[1301]. Gestützt wird diese Auffassung auf die

1296 Ausführlich dazu siehe oben Aufgaben der externen Kapitalverwaltungsgesellschaft, E. II. 6. b), S. 231 f.; vgl. *Winterhalder* in Weitnauer/Boxberger/Anders, KAGB, § 17 Rn. 43; a.A. *Paul* in Weitnauer/Boxberger/Anders, KAGB, § 154 Rn. 8.

1297 Rüber/Reiff, BB 2014, 1634; *Wallach*, ZGR 2014, 289, 300.

1298 *Paul* in Weitnauer/Boxberger/Anders, KAGB, § 154 Rn. 7.

1299 Nach *Zetzsche* handelt es sich bei der Fremdverwaltung des Investmentvermögens durch eine externe KVG um „die fondsrechtlich erlaubte Variante des gesellschaftsrechtlich inkriminierten Betriebsführungsvertrags", vgl. *Zetzsche*, AG 2013, 613, 614. *Paul* hingegen verneint das Vorliegen eines Betriebsführungsvertrags mit dem Argument, dass die externe KVG nicht die Betriebsführung, sondern nur die Vermögensverwaltung für das Investmentvermögen übernehme, vgl. *Paul* in Weitnauer/Boxberger/Anders, KAGB, § 154 Rn. 4.

1300 *Winterhalder* in Weitnauer/Boxberger/Anders, KAGB, § 17 Rn. 43; *Zetzsche*, AG 2013, 613, 621, kritisch *Paefgen* in Ebenroth/Boujong/Joost/Strohn, 4. Auflage 2018, § 177a HGB Anh. C, Vor § 1 KAGB Rn. 66.

1301 *Zetzsche*, AG 2013, 613, 621; *Winterhalder* in Weitnauer/Boxberger/Anders, KAGB, § 17 Rn. 43.

Verlautbarung der BaFin in Frage 2 der FAQ zum Thema Auslagerung gemäß § 36 KAGB, wonach die extern verwaltete Investmentgesellschaft nach Ansicht der BaFin als reines Fondsvehikel anzusehen sei und nicht als operative Gesellschaft, da die operativen Risiken aus Anlegerschutzgesichtspunkten bei der KVG gebündelt sein sollen[1302]. Nach einer in der Literatur vertretenen Ansicht obliegen selbst genuin gesellschaftsrechtliche Tätigkeiten wie die Organisation der Gesellschafterversammlung des AIF nicht den Gesellschaftsorganen des AIF, sondern der externen KVG. Auch die Vertretungsmacht der Geschäftsführung des AIF sei ausgehöhlt, da diese lediglich als „Beurkundungsautomat" der KVG zum Einsatz komme[1303]. Selbst solchen Aufgaben, welche das KAGB ausdrücklich dem AIF zuweist, sei nach dieser Literaturmeinung keine Bedeutung zuzumessen. So seien z.B. die Auswahl und Überwachung der externen KVG keine tatsächlichen Kompetenzen der Geschäftsführung des AIF, da diesen die hierzu nötigen Informationen und der erforderliche „Apparat" fehle[1304].

Die Betrachtung des extern verwalteten AIF als bloße „leere Hülle" ohne eigene Kompetenzen ist jedoch abzulehnen. Es ist vielmehr davon auszugehen, dass die Bestellung der externen KVG die Organisationsstruktur des AIF grundsätzlich unberührt lässt und die Geschäftsführung des AIF außerhalb der zwingend zu übertragenden Verwaltungszuständigkeit der KVG weiterhin für die eigenverantwortliche Leitung des AIF zuständig bleibt[1305]. Hierfür spricht, dass der Gesetzgeber an die Geschäftsführung des AIF eine Reihe an Anforderungen stellt. So muss z.B. die Geschäftsführung der geschlossenen Investmentkommanditgesellschaft mindestens aus zwei natürlichen Personen bestehen, welche zuverlässig sein müssen und die erforderliche fachliche Eignung *zur Leitung des AIF* aufweisen müssen. Diese Anforderungen wären sinnlos, wenn die Geschäftsführung letztlich ohnehin keinerlei Kompetenzen hätte. Ein weiteres Argument gegen einen kompletten Kompetenzverlust des extern verwalteten AIF bzw. dessen Geschäftsführung ist darin zu sehen, dass das allgemeine Gesellschaftsrecht für den AIF weiterhin Anwendung findet, sofern keine Regelungen des KAGB entgegenstehen (§ 149 S. 2 KAGB). Eine ausdrückliche Regelung, wonach der Geschäftsführung des AIF keine Kompetenzen zustehen im Falle der Bestellung einer externen KVG, ist im KAGB aber nicht enthalten. Vielmehr obliegen der Geschäftsführung des AIF nach dem KAGB ausdrücklich bestimmte Aufgaben wie z.B. die Erstellung von Anlagebedingungen und

1302 BaFin, FAQ vom 10.07.2013, zuletzt geändert am 12.05.2014, WA 41-Wp 2137-2013/0036, Frage 2.

1303 *Zetzsche*, AG 2013, 613, 621; vgl. *Winterhalder* in Weitnauer/Boxberger/Anders, KAGB, § 17 Rn. 43.

1304 *Zetzsche*, AG 2013, 613, 621.

1305 *Escher* in Habersack/Mülbert/Nobbe/Wittig, Bankrechtstag 2013, S. 145; *Wagner*, ZfBR 2015, 113, 116; vgl. *Fischer/Friedrich*, ZBB 2013, 153, 155.

die Bestellung und Kündigung der externen KVG, wobei dies auch die Überwachung der externen KVG beinhaltet[1306].

Auch ein Vergleich mit der Rechtslage der extern verwalteten Investmentaktiengesellschaft nach dem durch das AIFM-Umsetzungsgesetz aufgehobenen Investmentgesetz spricht dafür, dass die Bestellung der externen KVG die Organisationsstruktur des AIF grundsätzlich unberührt lässt. In § 96 Abs. 4 S. 1 InvG war geregelt, dass die Investmentaktiengesellschaft durch eine Kapitalanlagegesellschaft fremdverwaltet werden kann. Der Kapitalanlagegesellschaft oblag gemäß § 96 Abs. 4 S. 2 InvG neben der allgemeinen Verwaltungstätigkeit insbesondere die Anlage und Verwaltung der Mittel der Investmentaktiengesellschaft[1307]. Obwohl mit der Verwaltung ein wesentlicher Teil der Rechte und Pflichten des Vorstands auf die Kapitalanlagegesellschaft übertragen wurde, ließ die Fremdverwaltung nach der Gesetzesbegründung des Investmentgesetz sowie nach einhelliger Auffassung im Schrifttum die Organisationsstruktur der Investmentaktiengesellschaft sowie auch die allgemeinen Rechte und Pflichten der Organe der Gesellschaft im Übrigen unberührt[1308]. Die fremdverwaltende Kapitalanlagegesellschaft übernahm demnach keinerlei aktienrechtliche oder sonstigen allgemeine Zuständigkeiten und Aufgaben der Investmentaktiengesellschaft; der Vorstand blieb weiterhin grundsätzlich zuständig für die eigenverantwortlichen Leitung der Investmentaktiengesellschaft[1309]. Die Situation der extern verwalteten Investmentaktiengesellschaft nach dem Investmentgesetz ist durchaus vergleichbar mit der Bestellung einer externen KVG nach dem KAGB, da es in beiden Fällen um die Fremdverwaltung einer Fondsgesellschaft durch eine externe Verwaltungsgesellschaft geht und auch der Wortlaut der Tätigkeitsbeschreibung der Verwaltungsgesellschaften identisch ist („neben der allgemeinen Verwaltungstätigkeit insbesondere die Anlage und Verwaltung der Mittel der zu verwaltenden Gesellschaft). Der Gesetzgeber hat sich bei einer Vielzahl an Normen des KAGB in weitem Umfang an Vorschriften des Investmentgesetzes orientiert[1310]. Aus diesem Grund wird allgemein davon ausgegangen, dass § 96 InvG dem Gesetzgeber als Vorbild diente bei den Regelungen zur externen KVG des KAGB[1311]. Dies spricht dafür, dass die Rechtsauffassung, wonach die Fremdverwaltung der Investmentaktiengesellschaft nach § 96 Abs. 4 InvG die

---

1306 *Wallach*, ZGR 2014, 289, 300; vgl. *Paefgen* in Ebenroth/Boujong/Joost/Strohn, 4. Auflage 2018, § 177a HGB Anh. C, Vor § 1 KAGB Rn. 64.

1307 BT-Drucks. 16/5576, S. 85.

1308 BT-Drucks. 16/5576, S. 85; *Dornseifer* in Emde/Dornseifer/Dreibus/Hölscher, InvG, § 96 Rn. 69 ff.; *Fischer/Steck* in Berger/Steck/Lübbehüsen, InvG, 2010 § 96 Rn. 33.

1309 BT-Drucks. 16/5576 S. 85; *Dornseifer* in Emde/Dornseifer/Dreibus/Hölscher, InvG, § 96 Rn. 69 ff.; *Fischer/Steck* in Berger/Steck/Lübbehüsen, InvG, 2010 § 96 Rn. 33.

1310 So wird z.B. auch im Rahmen in der Gesetzesbegründung zur externen KVG in § 18 KAGB auf Vorschriften des InvG verwiesen, BT-Drucks. 17/12294, S. 212.

1311 *Wallach*, ZGR 2014, 289, 301; *Böhme*, BB 2014, 2380, 2381; *Zetzsche*, AG 2013, 613, 621; *Fischer/Friedrich*, ZBB 2013, 153, 155; vgl. *Winterhalder* in Weitnauer/Boxberger/Anders, KAGB, § 17 Rn. 43.

Organisationsstruktur der Investmentaktiengesellschaft grundsätzlich unberührt lässt, durchaus auf die Kompetenzabgrenzung zwischen der externen KVG und dem AIF nach dem KAGB übertragen werden kann[1312].

Dementsprechend geht auch die BaFin davon aus, dass die Einberufung der Gesellschafter- bzw. Hauptversammlung auf Ebene des AIF trotz Bestellung der externen KVG weiterhin von den Organen des AIF ausgeübt werden[1313]. Zu den Aufgaben, welche beim extern verwalteten AIF verbleiben gehören nach Auffassung der BaFin des Weiteren die Aufnahme neuer Kommanditisten, die Beschlussfassung, die Entscheidung über die Auflegung und Schließung von Teilgesellschaftsvermögen sowie die Entscheidung über die Ausgabe und Rücknahme der Anteile[1314].

d) Fremdverwaltung und Prinzip der Selbstorganschaft

Zum Teil wird in der Literatur die Frage aufgeworfen, ob die weitgehende Übertragung von Geschäftsführungskompetenzen auf die externe KVG im Falle der geschlossenen Investmentkommanditgesellschaft zu einem Verstoß gegen den bei Personengesellschaften geltenden Grundsatz der Selbstorganschaft verstößt[1315]. Das Spezialgesellschaftsrecht des KAGB ist gemäß § 149 Abs. 1 S. 2 KAGB vorrangig gegenüber den Vorschriften des HGB (lex specialis); das allgemeinere Personengesellschaftsrecht des HGB und des – über §§ 161 Abs. 2, 105 Abs. 3 HGB anwendbaren – BGB findet nur insoweit Anwendung, als das keine Vorschriften des KAGB entgegenstehen. Der aus dem allgemeinen Personengesellschaftsrecht hergeleitete Grundsatz der Selbstorganschaft kann deshalb nicht durch die Bestellung einer externen KVG verletzt sein, da diese Möglichkeit durch das vorrangige KAGB ausdrücklich eröffnet wird nach § 154 Abs. 1 S. 1 KAGB[1316].

Zu beachten ist in diesem Zusammenhang außerdem die sog. „Holiday-Inn"-Entscheidung des BGH, in welcher sich der BGH mit dem Verstoß gegen das Prinzip der Selbstorganschaft einer KG im Falle eines Betriebsführungsvertrags beschäftigte[1317]. Der Entscheidung lag der Sachverhalt zugrunde, dass eine KG eine Betriebsgesellschaft mit der Führung des Hotelbetriebs im Namen und auf Rechnung der KG beauftragte, wobei die Komplementär-GmbH der Betriebsgesellschaft weder

1312 *Fischer/Friedrich*, ZBB 2013, 153, 155; vgl. *Rüber/Reiff*, BB 2014, 1634, 1637.

1313 BaFin, FAQ vom 10.07.2013, zuletzt geändert am 12.05.2014, WA 41-Wp 2137-2013/0036, Frage 2.

1314 BaFin, FAQ vom 10.07.2013, zuletzt geändert am 12.05.2014, WA 41-Wp 2137-2013/0036, Frage 2.

1315 *Wagner*, ZfBR 2015, 113, 114; *Escher* in Habersack/Mülbert/Nobbe/Wittig, Bankrechtstag 2013, S. 141 ff.; *Rüber/Reiff*, BB 2014, 1634, 1636 f.; *Wallach*, ZGR 2014, 289, 323 ff.

1316 *Escher* hält den Grundsatz der Selbstorganschaft für unanwendbar aufgrund des „aufsichtsrechtlichen Verbandszweckes", vgl. *Escher* in Habersack/Mülbert/Nobbe/Wittig, Bankrechtstag 2013, S. 141 ff.; hierzu *Wallach*, ZGR 2014, 289, 323 ff.

1317 BGH, NJW 1982, 1817.

konkrete noch allgemeine Weisungen erteilen durfte. Der BGH hat einen Verstoß gegen den Grundsatz der Selbstorganschaft abgelehnt mit der Begründung, dass der Komplementär-GmbH trotz der Abgabe wesentlicher Kompetenzen und des fehlenden Weisungsrechts die Verantwortung für das Betreiben des Hotels geblieben ist. Der Abschluss des Betriebsführungsvertrags sei gerade Ausfluss der Rechte der Komplementär-GmbH. Letztere habe durch die Möglichkeit der Überwachung und Kündigung der Betriebsgesellschaft die Hoheit über den Betriebsführungsvertrag behalten. Zudem sei die Betriebsgesellschaft in ihrem Handeln nicht völlig frei, sondern müsse im Interesse der KG handeln. Diese Erwägungen können auf die Bestellung einer externen KVG übertragen werden, da auch die geschlossene Investmentkommanditgesellschaft zumindest insofern die Hoheit über den Verwaltungsvertrag behält, als dass sie den Geschäftsbesorgungsvertrag mit der externen KVG außerordentlich kündigen kann (§ 154 Abs. 1 S. 4, 5 KAGB)[1318]. Die externe KVG ist in ihrer Tätigkeit ebenfalls nicht völlig frei, sondern z.B. an die Anlagebedingungen gebunden und nach § 26 Abs. 1 S. 1 KAGB dazu verpflichtet, im ausschließlichen Interesse der Anleger zu handeln.

e) Interne Kapitalverwaltungsgesellschaft

Der AIF kann sich aber auch selbst verwalten. Nach der Legaldefinition in § 17 Abs. 2 Nr. 2 S. 1 KAGB ist die KVG das Investmentvermögen (also der AIF) selbst, wenn die Rechtsform des AIF eine interne Verwaltung zulässt und wenn der Vorstand bzw. die Geschäftsführung des AIF sich dazu entscheidet, keine externe KVG zu bestellen[1319]. Die Rechtsform des AIF lässt dann eine interne Verwaltung zu, wenn

---

1318 *Rüber/Reiff*, BB 2014, 1634, 1636 f.; *Escher* in Habersack/Mülbert/Nobbe/Wittig, Bankrechtstag 2013, S. 145; kritisch *Wallach* der im Ergebnis einen Verstoß gegen das Prinzip der Selbstorganschaft aber ebenfalls ablehnt, *Wallach*, ZGR 2014, 289, 324 ff. *Rüber/Reiff* gehen unter Heranziehung der Holiday-In-Entscheidung des BGH davon aus, dass die steuerliche Entprägung der Fondsgesellschaft durch den Einsatz einer geschäftsführenden Kommanditistin weiterhin möglich ist, vgl. *Rüber/Reiff*, BB 2014, 1634, 1636.

1319 Die Definition der internen KVG nach § 17 Abs. 2 Nr. 2 KAGB übernimmt die Legaldefinition der Selbstverwaltung nach Art. 5 Abs. 1 S. 2 b) AIFM-RL. Nach Art. 4 Abs. 1 b) AIFM-RL muss der AIFM allerdings zwingend eine juristische Person sein. Aus diesem Grund geht *Freitag* davon aus, dass die interne Verwaltung bei einem AIF in Form der KG europarechtswidrig ist, da die KG gerade keine juristische Person ist, sondern eine Personengesellschaft, vgl. *Freitag*, NZG 2013, 329, 332 f. Überwiegend wird die GmbH & Co. KG jedoch als zulässig angesehen. Nach *Wallach* ist der in der AIFM-RL verwendete Begriff der „legal person" vom deutschen Gesetzgeber fälschlicherweise als juristische Person übersetzt worden. Gemeint sei mit legal person eine rechtsfähige Person, vgl. Wallach, ZGR 2014, 289, 299. Nach *Niewerth/Rybarz* ist eine intern verwaltete KG zumindest dann zulässig, wenn die Verwaltungstätigkeit nach der internen Organisationsstruktur der KG einer juristischen Person wie z.B. der Komplementär-GmbH obliegt, vgl. *Niewerth/Rybarz*,

es sich um einen AIF in Gesellschaftsform handelt. Ausgeschlossen ist eine interne Verwaltung hingegen bei Investmentvermögen in Form von Sondervermögen, da diese aufgrund der fehlenden Rechtspersönlichkeit eine externe KVG bestellen müssen, um überhaupt handlungsfähig zu sein[1320]. Eine interne Verwaltung ist bei geschlossenen AIF immer möglich, da diese nicht als Sondervermögen, sondern nur in Gesellschaftsform aufgelegt werden können.

Eine interne Verwaltung liegt vor, wenn bei einer geschlossenen Investmentkommanditgesellschaft der Komplementär-GmbH die Verwaltung obliegt, da dann keine externe Gesellschaft mit der Verwaltung des AIF beauftragt wird[1321]. Auch im Falle der Übertragung der Verwaltung auf eine geschäftsführende Kommanditistin ist von einem intern verwalteten AIF auszugehen[1322]. Gemäß § 17 Abs. 2 Nr. 2 S. 2 KAGB wird im Falle der internen Verwaltung das Investmentvermögen selbst als

---

WM 2013, 1154, 1158 f.; *Volhard/Jang* argumentiert, dass die GmbH & Co. KG als „quasi-juristische Person" anzusehen sein, vgl. *Volhard/Jang* in Dornseifer/Jesch/Klebeck/Tollmann, AIFM-Richtlinie, Art. 6 Rn. 43. Kritisch in Bezug auf eine generelle Unzulässigkeit der internen Verwaltung einer KG auch *Weiser/Hüwel*, BB 2013, 1091, 1093, Fn. 41. Zur nachträglichen Änderung der Verwaltungsform siehe *Paefgen* in Ebenroth/Boujong/Joost/Strohn, 4. Auflage 2018, § 177a HGB Anh. C, Vor § 1 KAGB Rn. 61.

1320 *Tollmann* in Dornseifer/Jesch/Klebeck/Tollmann, AIFM-Richtlinie, Art. 5 Rn. 13; *Winterhalder* in Weitnauer/Boxberger/Anders, KAGB, § 17 Rn. 49; *Weiser/Hüwel*, BB 2013, 1091, 1092; *Zetzsche*, AG 2013, 613, 614.

1321 *Weiser/Hüwel*, BB 2013, 1091, 1093; *Jesch*, BB 2012, 2895, 2898.

1322 Dies ist umstritten. Zum Teil wird in der Übertragung der Verwaltung auf die geschäftsführende Kommanditistin generell die Bestellung einer externen KVG gesehen, *Weitnauer*, BKR 2011, 143, 144; *Jesch*, BB 2012, 2895, 2898; so wohl auch *Herring/Loff*, DB 2012, 2029, 2030. Andere nehmen im Fall der Verwaltung des AIF durch die geschäftsführende Kommanditistin generell eine interne Verwaltung an, *Bußalb/Unzicker*, BKR 2012, 309, 313; *Kloyer* in Möllers/Kloyer, Das neue KAGB, Rn. 897, *Winterhalder* in Weitnauer/Boxberger/Anders, KAGB, § 17 Rn. 63. Eine weitere Auffassung differenziert danach, ob der geschäftsführenden Kommanditistin die Geschäftsführung im Gesellschaftsvertrag zugewiesen wird und eine organschaftliche Geschäftsführungsbefugnis vorliegt oder ob lediglich eine rechtsgeschäftliche Übertragung der Geschäftsführungs- und Verwaltungstätigkeit stattfindet. Im ersteren Fall wird von einer internen Verwaltung ausgegangen, während im letzteren Fall eine Fremdverwaltung angenommen wird, *Weiser/Hüwel*, BB 2013, 1091, 1093; so wohl auch *Zetzsche*, AG 2013, 613, 614; *Winterhalder* in Weitnauer/Boxberger/Anders, KAGB, § 17 Rn. 63. Der europäische Gesetzgeber hat in Erwägungsgrund (20) AIFM-RL eindeutig den Willen zum Ausdruck gebracht, dass eine Selbstverwaltung nicht nur im Falle der Verwaltung des AIF durch das Leitungsgremium des AIF vorliegt, sondern auch bei der Verwaltung durch eine andere interne Ressource. Der Erwägungsgrund (20) AIFM-RL ist im Wege der richtlinienkonformen Auslegung des § 17 KAGB heranzuziehen. Zumindest in dem Fall, wenn die geschäftsführende Kommanditistin organschaftlich die Geschäftsführung übernimmt, liegt die Annahme einer externen Ressource fern.

KVG zugelassen; AIF und KVG sind also identisch. Auch wenn im Rahmen der Organisationsstruktur des AIF eine andere Gesellschaft für die Verwaltung des AIF zuständig ist (z.B. die Komplementär-GmbH), wird nicht diese Gesellschaft als erlaubnispflichtige KVG qualifiziert, sondern der AIF selbst ist die KVG. Handelt es sich bei dem Investmentvermögen z.B. um eine geschlossene Investmentkommanditgesellschaft i.S.d. §§ 146 ff. KAGB, so ist die geschlossene Investmentkommanditgesellschaft zugleich AIF und KVG.

Entscheidet sich der Vorstand bzw. die Geschäftsführung des AIF zur Selbstverwaltung, so hat dies zur Folge, dass die für die KVG geltenden Vorschriften des KAGB unmittelbar auf den AIF selbst anzuwenden sind. Darüber hinaus enthält das KAGB einige Sonderregelungen für intern verwaltete AIF. So wird z.B. von der intern verwalteten geschlossenen Investmentkommanditgesellschaft in gesellschaftsrechtlicher Hinsicht die Einrichtung eines Beirats gefordert, welcher die Geschäftsführung bei der Einhaltung der Anlagebedingungen überwacht (§ 154 Abs. 3 KAGB). Die Anforderungen an die Mitglieder des Beirats entsprechen den Voraussetzungen, welche die Mitglieder des internen Kontrollorgans der externen KVG erfüllen müssen. Anders als die externe KVG, welche im Rahmen der Kapitalanforderungen mit einem Anfangskapital von mindestens 125.000 Euro ausgestattet sein muss, wird im Falle der internen KVG ein Mindestanfangskapital von 300.000 Euro gefordert (§ 25 Abs. 1 Nr. 1 KAGB). Eine intern verwaltete KVG darf außer der Verwaltung der eigenen AIF keine anderen Tätigkeiten ausüben gemäß § 20 Abs. 7 KAGB; die bei der externen KVG zulässige Erbringung von Dienstleistungen und Nebendienstleistungen ist der internen KVG versperrt.

Während die externe KVG für mehrere AIF als Verwalter bestellt werden kann, ist im Falle der Selbstverwaltung für jede interne KVG, also für jeden einzelnen Fonds, eine Erlaubnis der BaFin nach § 20 KAGB notwendig[1323]. Da mit der Erlaubnis ein nicht unerheblicher zeitlicher und finanzieller Aufwand verbunden ist, gründen Fondsinitiatoren in aller Regel eine externe KVG, welche sodann als Verwalter mehrerer AIF bestellt wird[1324].

7. Zusammenfassung

Der Begriff des Investmentvermögens ist der Oberbegriff für sämtliche Arten von Fonds im Anwendungsbereich des KAGB[1325]. Das KAGB unterscheidet systematisch zwischen verschiedenen Arten von Investmentvermögen, für welche sodann unterschiedliche Regelungen Anwendung finden. Zunächst wird zwischen Organismen

Auch ohne organschaftliche Bestellung kann durchaus argumentiert werden, dass die bloße Gesellschafterstellung das Vorliegen einer externen KVG ausschließt.

1323 *Wallach*, ZGR 2014, 289, 300; *Böhme*, BB 2014, 2380.

1324 *Rüber/Reiff*, BB 2014, 1634, 1635; *Wallach*, ZGR 2014, 289, 300; *Herring/Loff*, DB 2012, 2029, 2030; *Böhme*, BB 2014, 2380; *Jesch*, BB 2012, 2895, 2898.

1325 BT-Drucks. 17/12294, S. 201; *Tollmann* in Dornseifer/Jesch/Klebeck/Tollmann, AIFM-Richtlinie, Art. 4 Rn. 45; *Niewerth/Rybarz*, WM 2013, 1154, 1157.

für gemeinsame Anlagen in Wertpapieren (OGAW) nach der sog. OGAW-Richtlinie (2009/65/EG) und alternativen Investmentfonds (AIF) differenziert. Alle Investmentvermögen, die keine OGAW sind, fallen gemäß § 1 Abs. 3 KAGB unter den Begriff des AIF. Da lediglich offene Fonds, die vor Inkrafttreten des KAGB im Investmentgesetz als richtlinienkonforme Sondervermögen geregelt waren, die Anforderungen eines OGAW erfüllen, können geschlossene Fonds ausschließlich als AIF im Sinne KAGB auftreten[1326]. AIF werden wiederum unterteilt in offene und geschlossene AIF, wobei gemäß § 1 Abs. 5 KAGB alle AIF, die keine offenen AIF sind, als geschlossene AIF anzusehen sind. Als Abgrenzungskriterium zwischen offenen und geschlossenen AIF wird auf das Recht der Anleger zur Rückgabe der Anteile vor Beginn der Liquidations- bzw. Auslaufphase des AIF abgestellt. Da den Anlegern bei typischen geschlossenen Fonds vor Ablauf der geplanten Fondslaufzeit kein Recht zur ordentlichen Kündigung zusteht und im Falle eines AIF in Form der geschlossenen Investmentkommanditgesellschaft die ordentliche Kündigung gesetzlich ausgeschlossen ist nach § 161 Abs. 1 KAGB, stellen geschlossene Fonds nach den Begrifflichkeiten des KAGB geschlossene AIF dar.

Eine weitere Differenzierung nimmt das KAGB anhand des Anlegerkreises durch die Unterscheidung zwischen Spezial-AIF und Publikums-AIF vor. Alle AIF, die nicht als Spezial-AIF zu qualifizieren sind, sind Publikums-AIF. Spezial-AIF zeichnen sich nach der Legaldefinition in § 1 Abs. 6 KAGB dadurch aus, dass deren Anteile ausschließlich von semiprofessionellen und professionellen Anlegern erworben werden dürfen. Das KAGB übernimmt die Legaldefinition des professionellen Anlegers aus Art. 4 Abs. 1 ag) AIFM-RL und stellt auf den Begriff der professionellen Kunden nach Anhang II der MiFID (2004/39/EG) ab. Die Anforderungen hiernach sind streng, die Voraussetzungen an professionelle Anleger erfüllen z.B. Banken und Versicherungen[1327]. Den Begriff des semiprofessionellen Anlegers hat der deutsche Gesetzgeber ohne entsprechende Grundlage in der AIFM-RL eigenständig herausgebildet[1328]. Ein semiprofessioneller Anleger liegt unter anderem dann vor, wenn sich der Anleger zu einer Mindesteinlage von 200.000 Euro verpflichtet und über einen gewissen Erfahrungsschatz und Sachverstand verfügt[1329]. Alle sonstigen Anleger sind als Privatanleger zu qualifizieren, die sich nur an Publikums-AIF beteiligen dürfen.

Ein zentraler Begriff des KAGB ist der der Kapitalverwaltungsgesellschaft (KVG). Die KVG ist entsprechend den Vorgaben durch die AIFM-Richtlinie als AIFM vorrangige Regulierungsadressatin; sie bedarf einer Erlaubnis der BaFin und muss eine Vielzahl an Vorschriften des KAGB erfüllen. Nach der Legaldefinition in § 17 Abs. 1 S. 1 KAGB sind unter Kapitalverwaltungsgesellschaften Unternehmen zu verstehen,

---

1326 *Tollmann* in Möllers/Kloyer, Das neue KAGB, Rn. 1067.

1327 *Wallach*, RdF 2013, 92, 94; *Tollmann* in Dornseifer/Jesch/Klebeck/Tollmann, AIFM-Richtlinie, Art. 4 Rn. 224 ff.

1328 *Wollenhaupt/Beck*, DB 2013, 1950, 1953; *Volhard/Jang* in Weitnauer/Boxberger/Anders, KAGB, § 1 Rn. 104; *Emde/Dreibus*, BKR 2013, 89, 94.

1329 *Volhard/Jang* in Weitnauer/Boxberger/Anders, KAGB, § 1 Rn. 103 ff.

die ihren satzungsmäßigen Sitz sowie ihre Hauptverwaltung in Deutschland haben und deren Geschäftsbetrieb darauf ausgerichtet ist, inländische Investmentvermögen, EU-Investmentvermögen oder ausländische AIF zu verwalten. Nach § 17 Abs. 1 S. 2 KAGB umfasst die Verwaltung eines Investmentvermögens einerseits die Portfolioverwaltung und andererseits das Risikomanagement.

Geschlossene Fonds können gemäß § 17 Abs. 2 KAGB entweder durch eine externe KVG fremdverwaltet werden oder der geschlossene AIF kann sich selbst verwalten (interne KVG). Bei der Fremdverwaltung bestellt das Investmentvermögen eine externe KVG durch den Abschluss eines Geschäftsbesorgungsvertrags nach §§ 675, 611 BGB, welche aufgrund dieser Bestellung für die Verwaltung des Investmentvermögens verantwortlich ist § 17 Abs. 2 Nr. 2 KAGB[1330]. Der geschlossene AIF muss der externen KVG zur Erfüllung der Anforderungen des KAGB weitreichende Geschäftsführungs- und Vertretungsbefugnisse einräumen, da zumindest die Portfolioverwaltung und das Risikomanagement zwingend letztverantwortlich von der externen KVG ausgeübt werden müssen[1331]. Dem extern verwalteten geschlossene AIF bzw. dessen Geschäftsführung verbleiben deshalb nur noch wenige Kompetenzen wie z.B. die die Organisation von Gesellschafterversammlungen, die Erstellung von Anlagebedingungen sowie die Überwachung der externen KVG[1332]. Eine interne KVG liegt vor, wenn die Geschäftsführung bzw. der Vorstand des AIF sich entscheidet, keine externe KVG zu bestellen (z.B. wenn bei der geschlossenen Investmentkommanditgesellschaft die Komplementär-GmbH die Verwaltung übernimmt)[1333]. Im Falle der internen Verwaltung ist der geschlossene AIF gemäß § 17 Abs. 2 Nr. 2 KAGB selbst die KVG.

III. Überblick über die Neuerungen des KAGB

Das KAGB stellt ein umfassendes und komplexes Regelwerk dar, welches den Fondsgesellschaften sowie insbesondere den dazugehörigen Verwaltungsgesellschaften

---

1330 *Winterhalder* in Weitnauer/Boxberger/Anders, KAGB, § 17 Rn. 36; *Tollmann* in Dornseifer/Jesch/Klebeck/Tollmann, AIFM-Richtlinie, Art. 5 Rn. 15.

1331 Der konkrete Umfang der Verwaltungstätigkeiten, die zwingend von der KVG auszuüben sind, ist umstritten, vgl. *Paul* in Weitnauer/Boxberger/Anders, KAGB, § 154 Rn. 8; *Wallach*, ZGR 2014, 289, 300 f.; BaFin, FAQ vom 10.07.2013, zuletzt geändert am 12.05.2014, WA 41-Wp 2137-2013/0036, Frage 2.

1332 Die Abgrenzung zwischen den Kompetenzen des fremdverwalteten AIF und den Kompetenzen der externen KVG ist umstritten, zum Teil wird der fremdverwaltete AIF nur noch als „leere Hülle" angesehen, *Winterhalder* in Weitnauer/Boxberger/Anders, KAGB, § 17 Rn. 43; *Zetzsche*, AG 2013, 613, 621; siehe oben Aufgaben des extern verwalteten AIF, E. II. 6. c), S. 233 ff.

1333 *Weiser/Hüwel*, BB 2013, 1091, 1093. Ob die Verwaltung durch die geschäftsführende Kommanditistin einen Fall der internen Verwaltung oder der Fremdverwaltung darstellt, ist umstritten, vgl. *Bußalb/Unzicker*, BKR 2012, 309, 313; *Winterhalder* in Weitnauer/Boxberger/Anders, KAGB, § 17 Rn. 63.

eine Vielzahl an Pflichten auferlegt und den Umfang der Aufsichtstätigkeit der BaFin immens erweitert. Um die Bedeutung der Frage der Anwendbarkeit des KAGB für geschlossenen Fonds zu verdeutlichen, soll im Folgenden ein Überblick über die wichtigsten Vorschriften des KAGB gegeben werden.

1. Erlaubnis und Aufsicht der BaFin

Eine wesentliche Neuerung für geschlossene Fonds im Anwendungsbereich des KAGB besteht darin, dass der Fondsmanager (die KVG) gemäß § 20 Abs. 1 S. 1 KAGB einer schriftlichen Erlaubnis der BaFin bedarf und der laufenden Aufsicht der BaFin untersteht[1334]. Die Erlaubnispflicht nach § 20 KAGB ist als Verbot mit Erlaubnisvorbehalt anzusehen, welches die Gewerbefreiheit nach Art. 12 Abs. 1 GG einschränkt[1335]. Liegen die Voraussetzungen für die Erlaubniserteilung vor und ist keiner der in § 23 KAGB abschließend bestimmten Versagungsgründe gegeben, so besteht ein Anspruch des Antragstellers auf die Erlaubniserteilung als begünstigenden Verwaltungsakt[1336]. Die BaFin kann die Erlaubnis gemäß § 20 Abs. 1 S. 2 KAGB auf die Verwaltung bestimmter Investmentvermögen beschränken[1337]. In der Praxis hat sich gezeigt, dass die BaFin von dieser Möglichkeit Gebrauch macht und die Erlaubnis in aller Regel auf die Verwaltung von Investmentvermögen mit bestimmten Assets beschränkt (z.B. Verwaltung von Investmentvermögen mit Immobilien als Anlageobjekt)[1338].

Die Erlaubnis zum Geschäftsbetrieb einer KVG erteilt die BaFin nur auf Antrag, welcher gemäß § 22 Abs. 1 Nr. 1–14 KAGB eine Vielzahl an Angaben und Unterlagen enthalten muss[1339]. Das Erlaubnisverfahren ist in § 22 Abs. 2–5 KAGB geregelt.

1334 *Volhard/Jang* in Dornseifer/Jesch/Klebeck/Tollmann, AIFM-Richtlinie, Art. 7 Rn. 24; *Jesch/Alten*, RdF 2013, 191 ff. Die Erlaubnis nach § 20 KAGB berechtigt die KVG unter Einhaltung der zusätzlichen Voraussetzungen nach § 53 KAGB zur grenzüberschreitenden Verwaltung von EU-AIF (sog. Managementpass), vgl. *Wilkowski/Grulke* in Weitnauer/Boxberger/Anders, KAGB, § 53 Rn. 1 ff.; *Wollenhaupt/Beck*, DB 2013, 1950, 1955.

1335 *Bußalb* in Möllers/Kloyer, Das neue KAGB, Rn. 595.

1336 *Winterhalder* in Weitnauer/Boxberger/Anders, KAGB, § 20 Rn. 16.

1337 § 20 Abs. 1 S. 2 KAGB, vgl. hierzu *Bußalb* in Möllers/Kloyer, Das neue KAGB, Rn. 595.

1338 Diese Beschränkung der Erlaubnis hat Auswirkungen darauf, welche Anforderungen an die fachliche Eignung der Geschäftsführer der KVG zu stellen sind, vgl. *Winterhalder* in Weitnauer/Boxberger/Anders, KAGB, § 20 Rn. 29.

1339 So ist z.B. ein geeigneter Nachweis der zum Geschäftsbetrieb erforderlichen Mittel nach § 25 KAGB gefordert sowie zahlreiche Angaben zu verschiedensten Bereichen wie z.B. zu den Geschäftsleitern der KVG, Inhabern bedeutender Beteiligungen und den Anlagestrategien. Der Erlaubnisantrag muss einen Geschäftsplan enthalten, welcher die Organisationsstruktur der KVG beinhaltet und Angaben darüber enthält, wie die KVG ihren Pflichten nach dem KAGB nachkommen will. Außerdem sind dem Erlaubnisantrag die Gründungsdokumente der zu verwaltenden AIF (also

Die BaFin muss grundsätzlich innerhalb von drei Monaten nach Einreichung des vollständigen Erlaubnisantrags entscheiden, ob sie der KVG die Erlaubnis erteilt oder nicht. Diese Frist kann von der BaFin um bis zu drei weitere Monate verlängert werden, wenn die BaFin dies aufgrund besonderer Umstände im Einzelfall für notwendig hält. In der Praxis zieht sich das Erlaubnisverfahren oftmals über einen längeren als den vorgenannten Zeitaum hin. Neben weiteren Versagungsgründen ist die Erlaubnis nach § 23 Nr. 8 KAGB zwingend zu versagen, wenn die KVG nicht dazu bereit oder nicht dazu in der Lage ist, die zum beantragten Geschäftsbetrieb erforderlichen organisatorischen Vorkehrungen zu treffen und wenn die KVG die Anforderungen des KAGB nicht einhalten kann[1340].

Ist die Erlaubnis einmal erteilt, so stellt der Entzug dieser Erlaubnis im Rahmen der laufenden Aufsicht das schärfste Schwert der BaFin dar[1341]. In § 39 KAGB sind Fälle geregelt, in denen die bereits erteilte Erlaubnis erlischt oder von der BaFin aufgehoben werden kann. Neben den allgemeinen verwaltungsrechtlichen Möglichkeiten zur Aufhebung eines begünstigenden Verwaltungsakts (§§ 48, 49 VwVfG) kann die BaFin die Erlaubnis der KVG unter anderem dann aufheben, wenn die KVG nachhaltig gegen Vorschriften des KAGB verstößt. Gemäß § 5 Abs. 6 KAGB kann die BaFin außerdem Anordnungen treffen, die zur Durchsetzung der Gebote und Verbote des KAGB geeignet und erforderlich sind. Zudem kann die BaFin unter Beachtung des Verhältnismäßigkeitsgrundsatzes alle geeigneten und erforderlichen Anordnungen zur Sicherstellung der Einhaltung der Regelungen in den Anlagebedingungen, der Satzung oder dem Gesellschaftsvertrag treffen.

2. Ausnahmeregelungen

In § 2 KAGB sind verschiedene Ausnahmevorschriften geregelt. Die Rechtsfolgen der einzelnen Ausnahmeregelungen unterscheiden sich stark; zum Teil ist das KAGB gänzlich unanwendbar. In den meisten Fällen wird das Erlaubnisverfahren nach §§ 20 ff. KAGB durch ein vereinfachtes Registrierungsverfahren ersetzt und es finden nur bestimmte Vorschriften des KAGB Anwendung, wobei sich die KVG freiwillig dem KAGB in seiner Gesamtheit unterwerfen kann.

a) Holdinggesellschaften (§ 2 Abs. 1 KAGB)

Gemäß § 2 Abs. 1 Nr. 1 KAGB ist das KAGB auf Holdinggesellschaften nicht anzuwenden. Der Begriff der Holdinggesellschaft ist in § 2 Abs. 1 Nr. 1 KAGB legal

---

die Satzungen bzw. Gesellschaftsverträge) und die Anlagebedingungen beizufügen, vgl. BaFin, Merkblatt zum Erlaubnisverfahren für eine AIF-Kapitalverwaltungsgesellschaft nach § 22 KAGB-E, 22.03.2013.

1340 *Winterhalder* sieht in § 23 Nr. 8 KAGB eine Art Auffang- bzw. Generalklausel und hat insoweit verfassungsrechtliche Bedenken, vgl. *Winterhalder* in Weitnauer/Boxberger/Anders, KAGB, § 23 Rn. 24 ff.

1341 *Bußalb* in Möllers/Kloyer, Das neue KAGB, Rn. 602.

definiert, wobei der deutsche Gesetzgeber Art. 4 Abs. 1 o) AIFM-RL eins zu eins umsetzt. Voraussetzung für das Eingreifen der Ausnahmebestimmung ist hiernach zum einen, dass die Holdinggesellschaft eine Beteiligung an einem oder mehreren anderen Unternehmen hält, deren Unternehmensgegenstand darin besteht, durch ihre Tochterunternehmen oder verbundene Unternehmen oder Beteiligungen jeweils eine Geschäftsstrategie zu verfolgen, den langfristigen Wert der Tochterunternehmen, der verbundenen Unternehmen oder der Beteiligung zu fördern. Des Weiteren setzt die Ausnahmebestimmung kumulativ voraus, dass die Holdinggesellschaft entweder auf eigene Rechnung tätig ist und dass deren Anteile zum Handel auf einem organisierten Markt i.S.d. § 2 Abs. 5 WpHG in der Europäischen Union zugelassen sind oder dass die Holdinggesellschaft nicht mit dem Hauptzweck gegründet wurde, ihren Anlegern durch die Veräußerung ihrer Tochterunternehmen oder verbundenen Unternehmen eine Rendite zu verschaffen. Der Hauptzweck muss sich hierbei aus dem Jahresbericht der Holdinggesellschaft oder einem anderen amtlichen Dokument ergeben. Liegt eine Holdinggesellschaft in diesem Sinne vor, so ist die Anwendbarkeit des KAGB insgesamt zu verneinen und es müssen keinerlei Vorschriften des KAGB beachtet werden[1342].

b) Schwellenwertregelung (§ 2 Abs. 4 KAGB – Spezial-AIF)

Eine wichtige Ausnahmevorschrift für sog. „kleine AIFM" stellt § 2 Abs. 4 KAGB dar, welche auf Art. 3 Abs. 2 AIFM-RL beruht und zu einer weitgehenden Unanwendbarkeit der Vorschriften des KAGB führt. Die Ausnahmevorschrift des § 2 Abs. 4 S. 1 KAGB greift ein, wenn die KVG direkt und über ihr zurechenbare Gesellschaften ausschließlich Spezial-AIF verwaltet, deren verwaltete Vermögensgegenstände bestimmte Schwellenwerte nicht überschreiten und wenn die KVG nicht von der Möglichkeit Gebrauch macht, sich freiwillig dem gesamten KAGB zu unterwerfen (sog. Opt-in)[1343]. Da es sich bei den verwalteten AIF ausschließlich um Spezial-AIF handeln darf, müssen sämtliche Anleger professionelle oder semiprofessionelle Anleger sein[1344]. Die verwalteten Vermögensgegenstände der Spezial-AIF dürfen einschließlich der durch Leverage erworbenen Vermögensgegenstände insgesamt den Schwellenwert von 100 Mio. Euro nicht überschreiten. Der Schwellenwert erhöht sich auf 500 Mio. Euro, wenn für die Spezial-AIF kein Leverage eingesetzt wird und die Anleger innerhalb von fünf Jahren nach Tätigung der ersten Anlage keine Rücknahmerechte ausüben können. Nach der Legaldefinition in § 1 Abs. 19 Nr. 25 KAGB ist unter Leverage jede Methode zu verstehen, mit der die KVG das Risiko eines von ihr verwalteten Investmentvermögens durch

1342 Zur Bedeutung in der Praxis siehe *Paefgen* in Ebenroth/Boujong/Joost/Strohn, 4. Auflage 2018, § 177a HGB Anh. C, § 1 KAGB Rn. 37.

1343 *Nelle/Klebeck*, BB 2013, 2499, 2500; *Tollmann* in Dornseifer/Jesch/Klebeck/Tollmann, AIFM-Richtlinie, Art. 3 Rn. 61 f.

1344 Siehe dazu oben Spezial-AIF und Publikums-AIF, E. II. 4., S. 219 ff.

Kreditaufnahme, Wertpapierdarlehen, in Derivate eingebettete Hebelfinanzierung oder auf andere Weise erhöht[1345].

Liegen die Voraussetzungen des § 2 Abs. 4 KAGB vor, so finden lediglich die §§ 1–17, 42, 44 Abs. 1, 4–7 KAGB Anwendung[1346]. Die KVG bedarf keiner Erlaubnis nach § 20 KAGB, sondern unterliegt lediglich der Pflicht zur Registrierung nach § 44 Abs. 1 Nr. 1 KAGB. Bei den Pflichten, welche das KAGB an die registrierungspflichtige KVG stellt, handelt es sich im Wesentlichen um Berichtspflichten gegenüber der BaFin[1347]. Der Großteil der Vorschriften des KAGB ist unanwendbar; so finden z.B. die umfangreichen Verhaltens- und Organisationspflichten sowie das Verwahrstellenerfordernis keine Anwendung[1348]. Auch die gesellschaftsrechtlichen Anforderungen, welche das KAGB an die registrierungspflichtige KVG und die von ihr verwalteten Spezial-AIF stellt, stehen weit hinter den Vorschriften für erlaubnispflichtige KVG zurück[1349]. Der Hintergrund der Ausnahmeregelung ist, dass eine vollumfängliche Regulierung dieser „kleinen AIFM" wegen des hohen Aufwands und der Kosten im Hinblick auf den Verhältnismäßigkeitsgrundsatz Bedenken aufwirft, zumal der europäische Gesetzgeber das Vorliegen von Systemrisiken bei diesen relativ niedrigen Fondsvolumen verneint[1350].

c) Schwellenwertregelung (§ 2 Abs. 5 KAGB – Publikums-AIF)

Der deutsche Gesetzgeber hat mit § 2 Abs. 5 KAGB zudem eine weitere Schwellenwertregelung erlassen für die Verwalter von Fonds, an denen sich auch Privatanleger beteiligen können (Publikums-AIF). Voraussetzungen des § 2 Abs. 5 S. 1 KAGB ist, dass die KVG und ihr zurechenbare Gesellschaften ausschließlich inländische

1345 In Art. 2 VO (EU) Nr. 231/2013, 19.12.2012 ist geregelt, wie die Vermögenswerte der Spezial-AIF im Rahmen der Schwellenwertregelung zu berechnen sind. Nach dem Merkblatt der BaFin vom 30.08.2013 sollen für die Berechnung der Vermögenswerte von AIF mit Sitz in Deutschland die Buchführungsvorschriften des HGB zur Anwendung kommen unter Berücksichtigung der Vorgaben des Art. 2 VO (EU) Nr. 231/2013, 19.12.2012, vgl. BaFin, Merkblatt vom 30.08.2013, WA 41-Wp 2137-2013/0044.

1346 *Boxberger* bezeichnet die Rechtsfolge der §§ 2 Abs. 4, 4a, und 4b als Regulierung „light", vgl. *Boxberger*, GWR 2013, 415 ff.

1347 So muss die BaFin z.B. regelmäßig über die wichtigsten Instrumente, mit denen die KVG handelt sowie über größten Risiken und die Konzentrationen der verwalteten AIF Bericht erstattet werden, um der BaFin die Überwachung von Systemrisiken zu ermöglichen. Die laufenden Berichtspflichten der registrierungspflichtigen KVG werden in Art. 110 VO (EU) Nr. 231/2013, 19.12.2012 konkretisiert. Die ESMA hat Leitlinien zu den Berichtspflichten gemäß Art. 3 (3) d, 24 (1), (2)und (4) AIFM-RL am 08.08.2014 veröffentlicht.

1348 *Boxberger/Röder* in Weitnauer/Boxberger/Anders, KAGB, § 2 Rn. 27 f.

1349 *Boxberger*, GWR 2013, 415, 416 ff.; *Nelle/Klebeck*, BB 2013, 2499, 2504 f.

1350 Erwägungsgrund (17) AIFM-RL; *Nelle/Klebeck*, BB 2013, 2499, 2499; *Tollmann* in Dornseifer/Jesch/Klebeck/Tollmann, AIFM-Richtlinie, Art. 3 Rn. 19.

geschlossene AIF verwalten, bei denen es sich nicht ausschließlich um Spezial-AIF handelt, deren Vermögenswerte einschließlich der durch Leverage erworbenen Vermögensgegenstände insgesamt den Schwellenwert von 100 Mio. Euro nicht überschreiten. Die Rechtsfolge des § 2 Abs. 5 KAGB ist zum Schutz der Privatanleger – im Gegensatz zu § 2 Abs. 4 KAGB – nicht die weitgehende Unanwendbarkeit des KAGB. Zwar führt auch die Schwellenwertregelung des § 2 Abs. 5 KAGB dazu, dass die KVG anstelle einer Erlaubnis nach § 20 KAGB lediglich einer Registrierung nach § 44 Abs. 1 Nr. 1 KAGB bedarf. Die Mehrzahl der sonstigen Vorschriften des KAGB bleibt jedoch anwendbar, insbesondere die strengen Produktvorschriften für Publikums-AIF (z.B. der Assetkatalog, die Risikomischung und die Leverage-Begrenzung)[1351]. Nicht anwendbar sind z.B. die gesellschaftsrechtlichen Anforderungen an geschlossene inländische Investmentvermögen nach §§ 139–161 KAGB (sog. Spezialgesellschaftsrecht des KAGB). Auch im Rahmen des § 2 Abs. 5 KAGB hat die KVG die Möglichkeit, sich freiwillig dem KAGB in seiner Gesamtheit zu unterwerfen.

d) Kleinstfonds (§ 2 Abs. 4a KAGB)

Die Ausnahmevorschriften für sog. Kleinstfonds nach § 2 Abs. 4a KAGB hat der deutsche Gesetzgeber ohne entsprechende Grundlage in der AIFM-Richtlinie erst im Nachhinein durch Übernahme der Beschlussempfehlung des Finanzausschusses in den Gesetzesentwurf aufgenommen[1352]. Voraussetzung der Ausnahmevorschrift des § 2 Abs. 4a KAGB ist das Vorliegen einer internen KVG, welche einen inländischen geschlossenen Publikums-AIF verwaltet, dessen Anteile von höchstens fünf natürlichen Personen gehalten werden und dessen Vermögensgegenstände einschließlich der durch Leverage erworbenen Vermögensgegenstände den Wert von fünf Millionen Euro nicht übersteigen. Liegen diese Voraussetzungen vor und macht die KVG nicht von der Opt-in Möglichkeit Gebrauch, so gelten – wie bei der Schwellenwertregelung für Spezial-AIF nach § 2 Abs. 4 KAGB – lediglich §§ 1–17, 42, 44 Abs. 1, 4–7 KAGB. Die KVG bedarf demnach der Registrierung bei der BaFin und muss bestimmten Berichtspflichten nachkommen.

1351 *Boxberger*, GWR 2013, 415, 417 f.; *Boxberger/Röder* in Weitnauer/Boxberger/Anders, KAGB, § 2 Rn. 36.

1352 Der Grund für diese Ausnahmevorschrift ist zum einen, dass die vollumfängliche Erfüllung sämtlicher Vorschriften des KAGB bei derart kleinen Fondsvolumen wegen des Aufwands und der Kosten Bedenken im Hinblick auf die Verhältnismäßigkeit aufwirft. Zum anderen geht der Gesetzgeber davon aus, dass sich bei einem derart kleinen Anlegerkreis die Anleger und der Fondsverwalter untereinander kennen, weshalb keine strengen Informationspflichten erforderlich seien, vgl. Beschlussempfehlung und Bericht des Finanzausschusses, BT-Drucks. 17/13395, S. 401 f.

e) Genossenschaften (§ 2 Abs. 4b KAGB)

Ebenfalls erst später ins KAGB aufgenommen wurde die Ausnahmeregelung § 2 Abs. 4b KAGB, durch welche sog. Bürgerbeteiligungen zur Finanzierung und zum Betrieb von Energieprojekten aus dem Anwendungsbereich des KAGB herausgenommen werden sollten[1353]. Die Ausnahmevorschrift § 2 Abs. 4b KAGB setzt voraus, dass es sich um eine interne KVG handelt, die einen inländischen geschlossenen Publikums-AIF in der Rechtsform der Genossenschaft verwaltet, dessen verwaltete Vermögensgegenstände einschließlich der durch Leverage erworbenen Vermögensgegenstände den Schwellenwert von 100 Mio. Euro nicht übersteigen. In Bezug auf den Publikumsfonds wird neben der zwingenden Rechtsform der Genossenschaft gefordert, dass §§ 53–64c GenG anwendbar sind und dass in der Satzung der Genossenschaft der Ausschluss von Nachschusspflichten sowie eine mindestens einjährige Kündigungsfrist geregelt ist. Zudem muss gemäß § 2 Abs. 4b Nr. 3 KAGB aufgrund gesetzlicher Regelungen die Erzielung eines Mindestertrags aus der Nutzung des Sachwerts, in welchen der inländische geschlossene Publikums-AIF investiert ist, langfristig sichergestellt sein. Dies ist der Fall bei einer Anlage zur Erzeugung von Strom aus erneuerbaren Energien, für welche eine gesetzlich garantierte Einspeisevergütung nach dem EEG gilt[1354]. Sofern die KVG sich nicht freiwillig dem KAGB in seiner Gesamtheit unterwirft, unterliegt die KVG lediglich der Registrierungspflicht nach § 44 KAGB sowie laufenden Berichtspflichten gegenüber der BaFin.

f) Weitere Ausnahmeregelungen gemäß § 2 KAGB

Des Weiteren ist das KAGB nach den Ausnahmeregelungen in § 2 Abs. 1 Nr. 2–7 KAGB auf bestimmte staatliche oder sonstige Einrichtungen und Unternehmen unanwendbar. So findet das KAGB z.B. keine Anwendung auf bestimmte Einrichtungen der betrieblichen Altersvorsorge bzw. deren Vermögensverwalter, supranationale Einrichtungen (z.B. die Europäische Zentralbank oder der Internationale Währungsfonds) und Einrichtungen, die Gelder zur Unterstützung von Sozialversicherungs- und Pensionssystemen verwalten. Das KAGB findet nach § 2 Abs. 2 KAGB außerdem im Hinblick auf die Erbringung von Wertpapierdienstleistungen für AIF keine Anwendung auf Finanzinstitute und Kreditinstitute, die über eine Erlaubnis nach dem KWG verfügen und somit bereits reguliert sind[1355]. Nach § 2 Abs. 3 KAGB ist das KAGB darüber hinaus nicht anwendbar auf AIF-Kapitalverwaltungsgesellschaften, soweit diese einen oder mehrerer AIF verwalten, deren Anleger die

1353 BR-Drucks. 791/1/12; Beschlussempfehlung und Bericht des Finanzausschusses, BT-Drucks. 17/13395, S. 402; *Boxberger/Röder* in Weitnauer/Boxberger/Anders, KAGB, § 2 Rn. 33.

1354 *Boxberger/Röder* in Weitnauer/Boxberger/Anders, KAGB, § 2 Rn. 35.

1355 Durch § 2 Abs. 2 KAGB wird Art. 6 Abs. 8 AIFM-RL umgesetzt, vgl. *Boxberger/Röder* in Weitnauer/Boxberger/Anders, KAGB, § 2 Rn. 15; *Volhard/Jang* in Dornseifer/Jesch/Klebeck/Tollmann, AIFM-Richtlinie, Art. 6 Rn. 40 f.

AIF-KVG selbst oder eine Mutter- oder Tochtergesellschaft der AIF-KVG oder eine andere Tochtergesellschaft einer Muttergesellschaft der AIF-KVG ist, sofern keiner dieser Anleger selbst ein AIF ist (sog. Konzernprivileg)[1356]. Im Falle des Vorliegens eines registrierten Europäischen Risikokapitalfonds ist gemäß § 2 Abs. 6 KAGB allein Kapitel 5 des KAGB anwendbar; gemäß § 2 Abs. 7 KAGB ist die Anwendbarkeit des KAGB für registrierte KVG nach der VO (EU) Nr. 346/2013 über Europäische Fonds für soziales Unternehmertum vom 17.04.2013 auf Kapitel 6 beschränkt.

3. Pflichten der Kapitalverwaltungsgesellschaft

Das KAGB knüpft in Umsetzung der Vorgaben der AIFM-Richtlinie in erster Linie an die KVG als Regulierungsadressatin an und stellt eine Vielzahl an Pflichten und Anforderungen auf, welche die KVG zu erfüllen hat.

a) Kapitalanforderungen

Die Kapitalanforderungen nach § 25 Abs. 1 Nr. 1 KAGB fordern ein Anfangskapital in Höhe von mindestens 300.000 Euro im Falle einer internen KVG, die externe KVG muss mit einem Anfangskapital in Höhe von 125.000 Euro ausgestattet sein. Der Begriff des Anfangskapitals ist in § 1 Abs. 19 Nr. 1 KAGB legal definiert. Bei der GmbH und Aktiengesellschaft ist dies das Stammkapital bzw. Grundkapital ohne die Vorzugsaktien und die Rücklagen, bei der KVG in Form der KG ist unter dem Anfangskapital das eingezahlte Geschäftskapital und die Rücklagen nach Abzug der Entnahmen der persönlich haftender Gesellschafter und der diesen gewährten Kredite zu verstehen[1357].

Neben dem Anfangskapital muss die KVG gemäß § 25 Abs. 1 Nr. 2 KAGB über zusätzliche fondsvolumenabhängige Eigenmittel verfügen, wenn der Wert der verwalteten Investmentvermögen 250 Mio. Euro übersteigt[1358]. Gefordert wird die Vorhaltung von wenigstens 0,02 des Betrages, um den der Wert der verwalteten Investmentvermögen den Betrag von 250 Mio. Euro übersteigt. Die Gesamtsumme bestehend aus dem Anfangskapital (§ 25 Abs. 1 Nr. 1 KAGB) und den geforderten zusätzlichen fondsvolumenabhängigen Eigenmitteln (§ 25 Abs. 1 Nr. 2 KAGB) ist in der Höhe auf maximal zehn Millionen Euro begrenzt.

Unabhängig vom Anfangskapital und den fondsvolumenabhängigen Eigenmitteln nach § 25 Abs. 1 Nr. 1 und 2 KAGB muss die KVG gemäß § 25 Abs. 4 S. 1 KAGB zu jeder Zeit über Eigenmittel in Höhe von mindestens einem Viertel der Kosten

---

1356 § 2 Abs. 3 KAGB setzt Art. 3 Abs. 1 AIFM-RL um, vgl. *Boxberger/Röder* in Weitnauer/Boxberger/Anders, KAGB, § 2 Rn. 16 ff.; *Tollmann* in Dornseifer/Jesch/Klebeck/Tollmann, AIFM-Richtlinie, Art. 3 Rn. 8 ff.

1357 Ausführlich *Winterhalder* in Weitnauer/Boxberger/Anders, KAGB, § 25 Rn. 6 ff.; *Tollmann* in Dornseifer/Jesch/Klebeck/Tollmann, AIFM-Richtlinie, Art. 4 Rn. 141 ff.

1358 Die bei der Berechnung des Fondsvolumen zu berücksichtigenden Investmentvermögen sind in § 25 Abs. 3 S. 1 KAGB geregelt.

verfügen, die in der Gewinn- und Verlustrechnung des letzten Jahresabschlusses unter den allgemeinen Verwaltungsaufwendungen sowie den Abschreibungen und Wertberichtigungen auf immaterielle Anlagewerte und Sachanlagen ausgewiesen sind[1359]. Liegt noch kein Jahresabschluss vor, der als Anhaltspunkt für die fixen Kosten der KVG herangezogen werden kann, so sind die Aufwendungen auszuweisen, die im Geschäftsplan für das laufende Jahr für die entsprechenden Posten vorgesehen sind.

Zur Abdeckung der potentiellen Risiken, die aus den Geschäftstätigkeiten der KVG entstehen, muss die KVG darüber hinaus wahlweise entweder über zusätzliche Eigenmittel verfügen oder eine geeignete Berufshaftpflichtversicherung abschließen. Die Definition der Berufshaftungsrisiken sowie die Anforderungen an deren Abdeckung durch zusätzliche Eigenmittel oder eine Berufshaftpflichtversicherung sind in Art. 12–15 VO (EU) Nr. 231/2013, 19.12.2012 konkretisiert[1360].

Die in § 25 KAGB geforderten Eigenmittel sind gemäß § 25 Abs. 7 KAGB entweder in liquiden Mitteln zu halten oder in Vermögensgegenstände zu investieren, die kurzfristig durch die Umwandlung in Bankguthaben liquide gemacht werden können, ohne spekulative Positionen zu enthalten.

b) Allgemeine Verhaltens- und Organisationspflichten

Das KAGB legt der KVG zudem allgemeine Organisationspflichten auf[1361]. Gemäß § 28 Abs. 1 S. 1 KAGB muss die KVG über eine ordnungsgemäße Geschäftsorganisation verfügen, welche gewährleistet, dass die von der KVG zu beachtenden gesetzlichen Vorgaben eingehalten werden[1362]. Zu den Anforderungen an eine

1359 Die an den Fixkosten der KVG orientierten Eigenmittel nach § 25 Abs. 4 KAGB sind unabhängig von den auf 10 Mio. Euro begrenzten Kapitalanforderungen nach § 25 Abs. 1 KAGB (Anfangskapital und ggf. zusätzliche fondsvolumenabhängige zusätzliche Eigenmittel). Dies bedeutet, dass die Eigenmittel nach § 25 Abs. 4 KAGB nicht zu den Kapitalanforderungen des § 25 Abs. 1 KAGB addiert werden. Eine Addition ist vielmehr nur insoweit vorzunehmen, wie die in § 25 Abs. 4 KAGB geforderten Eigenmittel die Kapitalanforderungen des § 25 Abs. 1 KAGB übersteigen, vgl. Gesetzesbegründung zu § 20 Abs. 4 KAGB, BT-Drucks. 17/12294, S. 217. Vgl. im Ergebnis ebenso BaFin, Merkblatt zum Erlaubnisverfahren für eine AIF-Kapitalverwaltungsgesellschaft nach § 22 KAGB-E, 22.03.2013, A I 1 c); *Winterhalder* in Weitnauer/Boxberger/Anders, KAGB, § 25 Rn. 23.

1360 Ausführlich *Volhard/Jang* in Dornseifer/Jesch/Klebeck/Tollmann, AIFM-Richtlinie, Art. 9 Rn. 18 ff.; *Jesch/Alten*, RdF 2013, 191 197 f.

1361 Zum Teil basieren die Vorgaben des KAGB hinsichtlich der allgemeinen Organisationspflichten auf § 9a InvG.

1362 Diese auch als „Compliance-Generalklausel" bezeichnete allgemeine Norm wird in den folgenden – nicht abschließenden – Bestimmungen sowie in Art. 57–66 Level II VO (EU) Nr. 231/2013 und der Kapitalanlage-Verhaltens- und Organisationsverordnung (KAVerOV) konkretisiert, vgl. *Kort/Lehmann* in Möllers/Kloyer, Das neue KAGB, Rn. 487; *Kort*, AG 2013, 582.

ordnungsgemäße Geschäftsorganisation zählen hiernach unter anderem das Verfügen über angemessene und geeignete personelle und technische Ressourcen sowie eine ordnungsgemäßen Verwaltung und Buchhaltung und die vollständige Dokumentation der ausgeführten Geschäfte[1363]. Neben weiteren allgemeinen Verhaltens- und Organisationspflichten besteht zudem die Pflicht zur Einrichtung angemessener Kontrollverfahren, welche insbesondere das Bestehen einer internen Revision beinhalten und gewährleisten, dass die KVG das verwaltete Vermögen in Übereinstimmung mit den Anlagebedingungen, der Satzung bzw. dem Gesellschaftsvertrag des AIF und den gesetzlichen Vorgaben anlegt[1364]. Gemäß Art. 61 Abs. 2 Level II VO (EU) Nr. 231/2013 ist zwingend eine permanente und wirksame unabhängig arbeitende Compliance-Funktion einzurichten und aufrechtzuerhalten[1365]. Die Compliance-Anforderungen unterstehen weitgehend dem Verhältnismäßigkeitsprinzip, was der deutsche Gesetzgeber durch die wiederholte Betonung der Angemessenheit (z.B. in § 28 Abs. 1 S. 2 Nr. 1, 2, 5 KAGB) zum Ausdruck bringt und auch auf europäischer Ebene in Art. 57 ff. Level II VO (EU) Nr. 231/2013 wiederholt ausdrücklich festgelegt ist[1366].

c) *Risikomanagement*

Neben der Portfolioverwaltung erklärt das KAGB das Risikomanagement zur zentralen Kernfunktion der KVG (§ 17 Abs. 1 S. 2 KAGB). Hierin zeigt sich, dass dem Risikomanagement ein hoher Stellenwert eingeräumt wird, obgleich der Begriff des Risikomanagements im KAGB nicht legaldefiniert wird. Die Anforderungen, welche das KAGB an das Risikomanagement stellt, sind in § 29 KAGB geregelt[1367]. Gemäß § 29 Abs. 1 S. 1 KAGB muss die KVG eine dauerhafte

---

1363 Außerdem beinhaltet die ordnungsgemäße Geschäftsorganisation geeignete Regelungen für persönliche Geschäfte der Mitarbeiter (§ 28 Abs. 1 S. 2 Nr. 3 KAGB) und für die Anlage des eigenen Vermögens der KVG (§ 28 Abs. 1 S. 2 Nr. 4 KAGB) sowie angemessene Kontroll- und Sicherheitsvorkehrungen für den Einsatz elektronischer Datenverarbeitung (§ 28 Abs. 1 S. 2 Nr. 5 KAGB).

1364 *Kort/Lehmann* beziehen die nach § 28 Abs. 1 S. 2 Nr. 2 KAGB geforderten angemessenen personellen und technischen Ressourcen auf die Compliance-Organisation, vgl. *Kort/Lehmann* in Möllers/Kloyer, Das neue KAGB, Rn. 500.

1365 Die Compliancefunktion ist funktional zu trennen von der Innenrevision und der Risikocontrollingfunktion, vgl. Kort, AG 2013, 582, 584; *Kort/Lehmann* in Möllers/Kloyer, Das neue KAGB, Rn. 545 ff.; *Kort*, AG 2013, 582, 586.

1366 *Kort*, AG 2013, 582, 584; ausführlich zu den Allgemeinen Organisationspflichten *Kort/Lehmann* in Möllers/Kloyer, Das neue KAGB, Rn. 487 ff; *Paefgen* in Ebenroth/Boujong/Joost/Strohn, 4. Auflage 2018, § 177a HGB Anh. C, Vor § 1 KAGB Rn. 102 ff.

1367 § 29 KAGB beruht auf Art. 15 AIFM-RL. Konkretisierungen finden sich einerseits in Art. 38–45 und 50–56 Level II VO (EU) Nr. 231/2013 sowie andererseits in § 5 der Kapitalanlage-Verhaltens- und Organisationsverordnung (KAVerOV), welche von der BaFin auf der Grundlage des § 29 Abs. 6 KAGB erlassen wurde.

Risikocontrollingfunktion einrichten und aufrechterhalten. Diese ist von den operativen Bereichen – insbesondere vom Portfoliomanagement – funktionell und hierarchisch zu trennen[1368]. Die Anforderungen an die funktionale und hierarchische Trennung werden in Art. 42 AIFM-RL konkretisiert: Hiernach ist eine personelle Trennung zwischen Risikomanagement und Portfoliomanagement erforderlich. Zudem dürfen Personen, die mit der Ausübung der Risikocotrollingfunktion betraut sind, nicht Personen aus dem operativen Bereich unterstehen und auch die Vergütung muss unabhängig von den operativen Tätigkeiten der operativen Einheiten auf der Grundlage der Erreichung der Ziele im Zusammenhang mit der Risikocontrollingfunktion erfolgen. Sofern die Einrichtung einer separaten Risikocontrollingsfunktion unverhältnismäßig ist, muss die KVG in jedem Fall zumindest nachweisen, dass aufgrund besonderer Schutzvorkehrungen gegen Interessenkonflikte ein unabhängiges Risikocontrolling möglich ist und dass der Risikomanagementprozess der KVG trotzdem den Anforderungen nach § 29 Abs. 1–6 KAGB entspricht und durchgehend wirksam ist[1369].

Darüber hinaus muss die KVG gemäß § 29 Abs. 2 KAGB zwingend über Risikomanagementsysteme verfügen, die insbesondere gewährleisten, dass die für die jeweiligen Anlagestrategien wesentlichen Risiken der Investmentvermögen jederzeit erfasst, gemessen, gesteuert und überwacht werden können. Die Risikomanagementsysteme müssen mindestens einmal jährlich überprüft und ggf. angepasst werden[1370]. Nach § 29 Abs. 3 KAGB ist die KVG zudem unter anderem verpflichtet, bei der Tätigung von Anlagen für Rechnung des Investmentvermögens angemessene Sorgfaltsprüfungsprozesse (Due Diligence) und Stresstests durchzuführen[1371].

1368 *Josek* in Dornseifer/Jesch/Klebeck/Tollmann, AIFM-Richtlinie, Art. 15 Rn. 152 ff.; *Timmerbeil/Spachmüller,* DB 2012, 1425 f.

1369 Die Anforderungen an die Schutzvorkehrungen gegen Interessenskonflikte werden konkretisiert in Art. 43 VO (EU) Nr. 231/2013, 19.12.2012, vgl. *Timmerbeil/Spachmüller,* DB 2012, 1425, 1426. Zur Frage, ob und inwieweit der KVG ein Ermessensspielraum zusteht siehe *Paefgen* in Ebenroth/Boujong/Joost/Strohn, 4. Auflage 2018, § 177a HGB Anh. C, Vor § 1 KAGB Rn. 110 ff.

1370 Die Anforderungen an die Risikomanagementsysteme sind in Art. 38 ff. VO (EU) Nr. 231/2013, 19.12.2012 näher konkretisiert, gefordert wird eine Gesamtheit aus Prozessen und Strukturen. Unter anderem sind quantitative und qualitative Risikolimits für jeden verwalteten AIF festzulegen, welche durch geeignete Vorkehrungen, Verfahren und Prozesse einzuhalten sind, vgl. *Timmerbeil/Spachmüller,* DB 2012, 1425, 1427; *Josek* in Dornseifer/Jesch/Klebeck/Tollmann, AIFM-Richtlinie, Art. 15 Rn. 263 ff.

1371 *Swoboda* in Weitnauer/Boxberger/Anders, KAGB, § 29 Rn. 12 ff.; *Timmerbeil/Sprachmüller,* DB 2012, 1425, 1427; *Josek* in Dornseifer/Jesch/Klebeck/Tollmann, AIFM-Richtlinie, Art. 15 Rn. 263 ff.

d) Interessenkonflikte

Entsprechend den Vorgaben der AIFM-Richtlinie erlegt § 27 KAGB der KVG verschiedene Pflichten im Zusammenhang mit Interessenkonflikten auf[1372]. Die KVG hat alle angemessenen administrativen und organisatorischen Vorkehrungen zur wirksamen Ermittlung, Vorbeugung, Beilegung und Beobachtung von Interessenkonflikten zu treffen zum Schutz der Investmentvermögen und ihrer Anleger. Der Gesetzgeber hat insbesondere Interessenkonflikte zwischen der KVG oder einer ihr nahestehenden Person (Führungskräfte oder Mitarbeiter der KVG sowie Personen, die über ein Kontrollverhältnis mit der KVG unmittelbar oder mittelbar verbunden sind) einerseits und dem verwalteten Investmentvermögen bzw. einem Anleger andererseits im Blick[1373]. Ferner sind unter anderem Interessenkonflikte zwischen dem Investmentvermögen bzw. seinen Anlegern und einem anderen Investmentvermögen bzw. seinen Anlegern betroffen[1374].

Art. 31 Level II VO (EU) Nr. 231/2013 verlangt die schriftliche Festlegung von Grundsätzen für den Umgang mit Interessenkonflikten, welche unter anderem Verfahren zur Prävention, Steuerung und Überwachung beinhalten. § 27 Abs. 3 KAGB schreibt innerhalb der Struktur der KVG eine Trennung von solchen Aufgaben und Verantwortungsbereichen vor, die im Hinblick auf Interessenkonflikte miteinander nicht vereinbar sein könnten oder das Potential systematischer Interessenkonflikte in sich bergen[1375]. Der Gesetzgeber geht davon aus, dass sich das Bestehen von Interessenkonflikten trotz der geforderten Maßnahmen nicht immer ausschließen lässt und schreibt für diesen Fall eine Offenlegung der Interessenkonflikte gegenüber den Anlegern vor. Zudem müssen für die bestehenden Interessenkonflikte angemessene Systeme und Verfahren entwickelt werden.

e) Liquiditätsmanagement

Zur Umsetzung des Art. 16 AIFM-RL verpflichtet § 30 Abs. 1 KAGB die KVG zur Etablierung eines angemessenen Liquiditätsmanagementsystems für jedes von ihr verwaltete Investmentvermögen. Diese Pflicht gilt lediglich dann nicht, wenn es sich um ein geschlossenes Investmentvermögen handelt, welches kein Leverage einsetzt. Hinter den Vorschriften zum Liquiditätsmanagement steht die Intention, dass die

1372 Art. 30 Level II VO (EU) Nr. 231/2013 enthält eine Darstellung der verschiedenen Arten an Interessenkonflikten.

1373 So können sich z.B. aus der Ausgestaltung der Vergütung, welche die KVG für die die Übernahme der Verwaltungstätigkeit erhält, Interessenkonflikte ergeben, vgl. *Boxberger/Klebeck*, BKR 2013, 441, 443 ff.

1374 Ein Interessenkonflikt zwischen Investmentvermögen kann z.B. entstehen, wenn die KVG zwei Investmentvermögen verwaltet, welche in dieselbe Assetklasse investieren und deshalb im Wettbewerb zueinander stehen können, vgl. *Swoboda* in Weitnauer/Boxberger/Anders, KAGB, § 27 Rn. 6.

1375 *Swoboda* in Weitnauer/Boxberger/Anders, KAGB, § 27 Rn. 8.

Fonds auch bei schwankender Marktlage und bei der Investition in illiquide Assets – also Vermögensgegenständen, die schwer auf die Schnelle „zu Geld gemacht" werden können– stets in der Lage sein sollen, die bestehenden Verbindlichkeiten (wie z.B. die Zins- und Tilgungsverbindlichkeiten der Fremdfinanzierung) zu erfüllen[1376].

Die KVG ist unter anderem zur Festlegung von Verfahren verpflichtet, welche ihr die Überwachung der Liquiditätsrisiken ermöglichen und muss gewährleisten, dass das Liquiditätsprofil der Anlagen des Investmentvermögens in Einklang steht mit dem den zugrunde liegenden Verbindlichkeiten des Investmentvermögens. Die Anforderungen an das Liquiditätsmanagement und die Verfahren sind in Art. 46–48 Level II VO (EU) Nr. 231/2013 konkretisiert. Gefordert ist z.B. die Sicherstellung der Vorhaltung einer in Anbetracht der bestehenden Verbindlichkeiten angemessenen Liquiditätshöhe unter Berücksichtigung der relativen Liquidität der Assets sowie die Umsetzung und Aufrechterhaltung von Liquiditätsmessvorkehrungen und -verfahren zur Bewertung der relevanten quantitativen und qualitativen Risiken[1377]. Die Einhaltung der Vorgaben im Hinblick auf das Liquiditätsmanagement und die Verfahren sind der BaFin gegenüber nachzuweisen und müssen schriftlich dokumentiert sowie mindestens einmal jährlich überprüft und bei Bedarf aktualisiert werden[1378]. Zudem ist die KVG zur Bewertung und Überwachung der Liquiditätsrisiken verpflichtet, regelmäßige Stresstests durchzuführen[1379].

f) Vergütungssysteme

Nach der Auffassung des europäischen Gesetzgebers trugen die Vergütungssysteme für Fondsmanager zur Finanzkrise durch Anreize zur Eingehung von Risiken aufgrund hoher Erfolgsvergütungen und fehlenden Konsequenzen im Verlustfall bei, weshalb Art. 13 AIFM-RL die Vergütungssysteme der Staatsaufsicht unterwirft[1380]. Der die europäischen Vorgaben des Art. 13 AIFM-RL umsetzende § 37 Abs. 1 KAGB verpflichtet AIF-Verwaltungsgesellschaften dazu, für Führungskräfte, Risikoträger, Mitarbeiter mit Kontrollfunktionen sowie Mitarbeiter, die eine Gesamtvergütung in

---

1376 *Swoboda* in Weitnauer/Boxberger/Anders, KAGB, § 30 Rn. 1; *Josek* in Dornseifer/Jesch/Klebeck/Tollmann, AIFM-Richtlinie, Art. 16 Rn. 1, 46.

1377 Ausführlich zu den Anforderungen in Bezug auf das Liquiditätsmanagement, vgl. *Josek* in Dornseifer/Jesch/Klebeck/Tollmann, AIFM-Richtlinie, Art. 16 Rn. 49 ff.; *Swoboda* in Weitnauer/Boxberger/Anders, KAGB, § 30 Rn. 6 ff.

1378 Art. 47 Abs. 2 Level II VO (EU) Nr. 231/2013.

1379 § 30 Abs. 2 KAGB; Art. 46 Level II VO (EU) Nr. 231/2013.

1380 Vgl. Erwägungsgrund (24) AIFM-RL. Der Hintergrund für die gesetzlichen Vorgaben zu den Vergütungssystemen ist darin zu sehen, dass an Stelle der Erzielung kurzfristiger Gewinne unter Inkaufnahme hoher Risiken Vergütungssysteme mit Langzeitorientierung treten sollen, vgl. *Wallach* RdF 2013, 92, 96; *Boxberger* in Dornseifer/Jesch/Klebeck/Tollmann, AIFM-Richtlinie, Art. 13 Rn. 1. Kritisch zur Regulierung der Vergütungssysteme, welche als Entwicklung zum „allgemeinwohlverträglichen Vertrag" gesehen wird, vgl. *Boxberger/Klebeck*, BKR 2013, 441 ff.

der Einkommensstufe von Geschäftsleitern und Risikoträgern erhalten, ein Vergütungssystem festzulegen, welches mit einem wirksamen Risikomanagementsystem im Einklang steht und diesem förderlich ist[1381]. Das Vergütungssystem darf außerdem keine Anreize zur Eingehung von Risiken setzen, die nicht vereinbar sind mit dem Risikoprofil, den Anlagebedingungen oder dem Gesellschaftsvertrag der verwalteten Investmentvermögen.

Die Verpflichtung hinsichtlich der Vergütungssysteme bezieht sich nach dem ausdrücklichen Wortlaut des § 37 Abs. 1 KAGB ausschließlich auf die Vergütungen, welche intern an Führungskräfte und Mitarbeiter der KVG ausbezahlt werden; nicht betroffen ist z.B. die Vergütung, welche das Investmentvermögen im Falle der Bestellung einer externen KVG auf der Grundlage des Geschäftsbesorgungsvertrags an diese errichtet[1382]. In Anbetracht der Vielfalt von Arten und Strukturen von AIFM war die Vorgabe eines konkreten Vergütungssystems untauglich, weshalb die Vergütungsregulierung einem prinzipienorientierten Ansatz folgt[1383]. So muss z.B. die Vergütungspolitik in Einklang stehen mit der Geschäftsstrategie, den Zielen, Werten und Interessen des AIFM, der verwalteten AIF und der Anleger und bei variablen Vergütungsmodellen sind bestimmte Vorgaben insbesondere bezüglich der Risikoausrichtung und Auszahlungsverfahren einzuhalten[1384]. Gefordert ist darüber

1381 Konkretisiert werden die Anforderungen an die Vergütungssysteme durch Anhang II der AIFM-RL, welche durch den Verweis in § 37 Abs. 3 KAGB unmittelbar Anwendung finden. Die Vorgaben in Anhang II der AIFM-RL werden wiederum durch die Leitlinien für solide Vergütungspolitiken unter Berücksichtigung der AIFM-RL vom 03.07.2013, ESMA/2013/232 konkretisiert. Die BaFin hat im Schreiben vom 22.07.2013, WA 41-Wp 2137-2013/0037, erklärt, dass sie die Leitlinien der ESMA für solide Vergütungspolitiken unter Berücksichtigung der AIFMD heranzieht bis zum Erlass einer nationalen Rechtsverordnung auf der Grundlage des § 37 KAGB.

1382 *Boxberger* in Weitnauer/Boxberger/Anders, KAGB, § 37 Rn. 6. Überwiegend wird davon ausgegangen, dass der europäischen Gesetzgeber die Vergütung im Verhältnis zwischen AIFM und AIF bei Bestellung eines externen AIFM versehentlich nicht geregelt hat, vgl. *Boxberger* in Dornseifer/Jesch/Klebeck/Tollmann, AIFM-Richtlinie, Art. 13 Rn. 13; *Boxberger/Klebeck*, BKR 2013, 441, 443. Zur Erstreckung der Vergütungsregulierung im Falle der Auslagerung, vgl. *Boxberger/Klebeck*, BKR 2013, 441, 445.

1383 *Boxberger/Klebeck*, BKR 2013, 441, 443.

1384 Z.B. sind nach Nr. 1 g) Anhang II AIFM-RL die Bemessungskriterien für erfolgsabhängige Vergütungsmodelle (individuelle Leistung des Mitarbeiters sowie Entwicklung des AIF und des AIFM) vorgegeben, das Verhältnis zwischen variabler und fester Vergütung muss angemessen und so konzipiert sein, dass ein Ausbleiben des variablen Teils der Gesamtvergütung aufgrund der Höhe der Festvergütung möglich ist (Nr. 1 j) Anhang II AIFM-RL) und es werden Malus- und Rückzahlungsvereinbarungen gefordert (Nr. 1 o) Anhang II AIFM-RL).

hinaus – sofern verhältnismäßig – die Einrichtung eines Vergütungsausschusses und es bestehen im Hinblick auf die Vergütungssysteme Offenlegungspflichten[1385].

g) *Jahresberichte*

Die KVG ist zuständig für die Erstellung der Jahresberichte für sämtliche von ihr verwalteten AIF nach den Vorgaben in §§ 135, 158 KAGB[1386]. Diese Jahresberichte sind der BaFin gemäß § 35 Abs. 3 KAGB auf Verlangen vorzulegen; handelt es sich bei dem verwalteten AIF um einen inländischen geschlossenen Publikums-AIF ist der Jahresbericht bzw. der Jahresabschluss und der Lagebericht auch ohne entsprechendes Verlangen der BaFin vorzulegen[1387].

4. Auslagerung

Unter bestimmten Voraussetzungen ist es der KVG gestattet, Aufgaben an Dritte auszulagern. Die Voraussetzungen der Auslagerung sind in § 36 KAGB geregelt, zusätzlich finden die Art. 20 AIFM-RL konkretisierenden Vorschriften der Art. 75–82 Level II VO (EU) Nr. 231/2013 Anwendung[1388]. Unter die strengen Vorschriften zur Auslagerung i.S.d. § 36 KAGB fallen nur Auslagerungen solcher Tätigkeiten, welche zur Durchführung der Geschäfte wesentlich sind; die Übertragung bloßer unwesentlicher Hilfstätigkeiten hingegen nicht[1389].

1385 Der Erlaubnisantrag muss nach § 22 Abs. 1 Nr. 8 KAGB Angaben zur Vergütungspolitik und zur Vergütungspraxis enthalten, welche die BaFin im Merkblatt zum Erlaubnisverfahren vom 22.03.2013 konkretisiert hat. Gegenüber Anlegern findet insoweit eine Offenlegung statt, als dass der Jahresbericht Angaben zur Vergütungspolitik und -praxis enthält. Zudem sollen AIFM nach Ziffer 160 der Leitlinien für solide Vergütungspolitiken unter Berücksichtigung der AIFMD zusätzliche Offenlegungspflichten erwägen. Ausführlich zu den Transparenzanforderungen im Zusammenhang mit § 37 KAGB, vgl. *Boxberger/Klebeck*, BKR 2013, 441, 449 ff.; *Boxberger* in Weitnauer/Boxberger/Anders, KAGB, § 37 Rn. 27 ff. *Paefgen* geht in Bezug auf die Vergütungssysteme von einem Ermessensspielraum der KVG aus, *Paefgen* in Ebenroth/Boujong/Joost/Strohn, 4. Auflage 2018, § 177a HGB Anh. C, § 128 KAGB Rn. 14.

1386 Die Vorschriften des KAGB werden in Bezug auf die Rechnungslegung in der Kapitalanlage-Rechnungslegungs- und -Bewertungsverordnung (KARBV) konkretisiert.

1387 §§ 107 Abs. 3, 123 Abs. 5, 160 Abs. 4 KAGB; BT-Drucks. 17/12294, S. 220.

1388 BaFin, FAQ vom 10.07.2013, zuletzt geändert am 12.05.2014, WA 41-Wp 2137-2013/0036. Die Einschränkungen in Bezug auf Auslagerungen sind auch im Hinblick auf die Zulässigkeit von Organisationsformen wie das sog. Private Labeling und den Einsatz einer Master-KVG von Bedeutung, vgl. *Seidenschwann*, Die Master-KVG - Grenzen der Auslagerung im Rahmen der AIFM-Regulierung, S. 1 ff.

1389 Erwägungsgrund (82) Level II VO (EU) Nr. 231/2013; BaFin, FAQ vom 10.07.2013, zuletzt geändert am 12.05.2014, WA 41-Wp 2137-2013/0036, Frage 3; *Weiser/Hüwel*, BB 2013, 1091, 1093 f. So auch Erwägungsgrund (32) AIFM-RL, wonach

Voraussetzung für jede Auslagerung i.S.d. § 36 KAGB ist gemäß § 36 Abs. 1 Nr. 1 KAGB die Rechtfertigung der gesamten Auslagerungsstruktur anhand von objektiven Gründen, welche in Art. 76 Abs. 1 b) Level II VO (EU) Nr. 231/2013 konkretisiert sind. Neben der Kosteneinsparung können dies die Optimierung von Geschäftsfunktionen und -verfahren, besondere Fachkenntnisse des Auslagerungsunternehmens oder der Zugang des Auslagerungsunternehmen zu globalen Handelsplattformen sein[1390]. Im Hinblick auf das Auslagerungsunternehmen wird verlangt, dass dieses über ausreichende Ressourcen zur Erfüllung der übertragenen Aufgaben verfügt und dass die Geschäfte des Auslagerungsunternehmens durch zuverlässige und erfahrene Personen geführt werden[1391]. Die Auslagerung ist der BaFin vor Inkrafttreten der Auslagerungsvereinbarung anzuzeigen und gegenüber den Anlegern im Verkaufsprospekt offen zu legen[1392]. Besondere Voraussetzungen gelten, wenn die Portfolioverwaltung oder das Risikomanagement ausgelagert werden sollen[1393].

Die Auslagerung ändert nichts an der Haftung der KVG, da diese sich das Verschulden des Auslagerungsunternehmens zurechnen lassen muss[1394]. Die KVG muss jederzeit zur Überwachung des Auslagerungsunternehmens in der Lage sein und hat sich zu diesem Zwecke gegenüber dem Auslagerungsunternehmen vertragliche Weisungs- und Kündigungsrechte zu sichern. Die Auslagerung ist vom Umfang her insoweit begrenzt, als dass die KVG trotz der Auslagerung noch als Verwaltungsgesellschaft anzusehen sein muss und nicht zur bloßen Briefkastenfirma verkommen darf[1395]. Dies ist z.B. dann anzunehmen, wenn die KVG in zentralen Angelegenheiten

---

die Übertragung bloßer Hilfsaufgaben nicht den strengen Regelungen zur Auslagerung unterliegen soll.

1390 Art. 78 Abs. 1 Level II VO (EU) Nr. 231/2013, vgl. hierzu *Tollmann* in Dornseifer/Jesch/Klebeck/Tollmann, AIFM-Richtlinie, Art. 20 Rn. 47 ff.; *Weiser/Hüwel*, BB 2013, 1091, 1095.

1391 § 36 Abs. 1 Nr. 2 KAGB; Art. 77 VO (EU) Nr. 231/2013, 19.12.2012; *Weiser/Hüwel*, BB 2013, 1091, 1095; *Tollmann* in Dornseifer/Jesch/Klebeck/Tollmann, AIFM-Richtlinie, Art. 20 Rn. 57 ff.

1392 *Kloyer* in Möllers/Kloyer, Das neue KAGB, Rn. 904 ff.

1393 § 36 Abs. 3 KAGB; Art. 78 VO (EU) Nr. 231/2013 vom 19.12.2012. Während die weitgehende Auslagerung des Risikomanagements nach allgemeiner Auffassung zulässig ist, ist die Zulässigkeit der Auslagerung der Portfolioverwaltung umstritten. Die BaFin hält dies gemäß § 36 grundsätzlich für möglich, vgl. BaFin, FAQ vom 10.07.2013, zuletzt geändert am 12.05.2014, WA 41-Wp 2137-2013/0036, Frage 11; a.A. *Tollmann* in Möllers/Kloyer, Das neue KAGB, Rn. 1080; *Tollmann* in Dornseifer/Jesch/Klebeck/Tollmann, AIFM-Richtlinie, Art. 20 Rn. 129.

1394 Ausführlich zur zentralen Verantwortung der KVG für die Portfolioverwaltung und das Risikomanagement *Paefgen* in Ebenroth/Boujong/Joost/Strohn, 4. Auflage 2018, § 177a HGB Anh. C, Vor § 1 KAGB Rn. 164 ff.

1395 Art. 82 Level II VO (EU) Nr. 231/2013; dazu ausführlich *Paefgen* in Ebenroth/Boujong/Joost/Strohn, 4. Auflage 2018, § 177a HGB Anh. C, Vor § 1 KAGB Rn. 165 ff.

selbst keine Entscheidungsgewalt mehr hat bzw. keine Geschäftsleitungsfunktionen mehr ausüben kann[1396].

5. Verwahrstelle

Eine einschneidende Neuerung für geschlossene Fonds, die unter das KAGB fallen, stellt die zwingende Beauftragung einer Verwahrstelle dar[1397]. Die Verwahrstelle entspricht der Depotbank, welche vor Inkrafttreten des KAGB für offene Fonds nach dem Investmentgesetz ein Bestandteil des sog. Investmentdreiecks war[1398]. Die KVG muss sicherstellen, dass für jeden der von ihr verwalteten AIF eine Verwahrstelle beauftragt wird[1399]. Die Bezeichnung „Verwahrstelle" ist nur im Falle von Finanzinstrumenten zutreffend, da nur Finanzinstrumente tatsächlich im Sinne der körperlichen Aufbewahrung verwahrt werden können[1400]. Bei allen Vermögensgegenständen, die keine Finanzinstrumente sind wie z.B. Immobilien oder Schiffe, beschränkt sich die Verwahrungsfunktion mangels Verwahrfähigkeit auf die Prüfung und Aufzeichnung der Eigentumslage der Vermögensgegenstände des AIF[1401].

1396 Ausführlich hierzu *Tollmann* in Möllers/Kloyer, Das neue KAGB, Rn. 1075 ff.; *Weiser/Hüwel*, BB 2013, 1091, 1096; *Volhard/Jang* in Weitnauer/Boxberger/Anders, KAGB, § 36 Rn. 49; *Niewerth/Rybarz*, WM 2013, 1154, 1159; *Wallach*, RdF 2013, 92, 97.

1397 Die Regelungen zur Verwahrstelle für AIF-Verwahrstellen finden sich in §§ 80–90 KAGB, darüber hinaus gelten Art. 83–102 Level II VO (EU) Nr. 231/2013.

1398 *Kobbach/Anders*, NZG 2012, 1170, 1171; *Emde/Dreibus*, BKR 2013, 89, 96 f.; *Wallach*, RdF 2013, 92, 97; *Hartrott/Goller*, BB 2013, 1603, 1607; *Zetzsche*, Prinzipien der kollektiven Vermögensanlage, S. 508.

1399 Die Bestellung der Verwahrstelle kann bei der externen Verwaltung entweder durch den AIF oder die KVG erfolgen, die KVG ist nach der Gesetzbegründung aufgrund ihrer Pflicht zur Sicherstellung in jedem Fall für die Beauftragung der Verwahrstelle verantwortlich, BT-Drucks. 17/12294, S. 231. Die Beauftragung hat durch einen schriftlichen Vertrag zu erfolgen, welcher einen vorgegebenen Mindestinhalt haben muss (z.B. hinsichtlich des Informationsaustausches, der von der Verwahrstelle zu erbringenden Leistungen sowie zur Kündigung). Die Anforderungen an den Inhalt des Verwahrstellenvertrags ergeben sich aus § 80 Abs. 1 S. 2 KAGB und Art. 83 Level II VO (EU) Nr. 231/2013.

1400 Hält die Fondsgesellschaft keine Finanzinstrumente, sondern Sachwerte oder Unternehmensbeteiligungen an nicht börsennotierten Gesellschaften in ihrem Vermögen – wie dies bei geschlossenen Fonds typischerweise der Fall ist –, so ist der durch die AIFM-Richtlinie vorgegebene Begriff Verwahrstelle irreführend, so auch *Tollmann* in Dornseifer/Jesch/Klebeck/Tollmann, AIFM-Richtlinie, Art. 21 Rn. 182.

1401 *Wallach*, RdF 2013, 92, 98; *Tollmann* in Dornseifer/Jesch/Klebeck/Tollmann, AIFM-Richtlinie, Art. 21 Rn. 181, 242 ff.; *Boxberger* in Weitnauer/Boxberger/Anders, KAGB, § 81 Rn. 8.

Der Verwahrstelle kommt eine umfangreiche Kontrollfunktion zu[1402]. So hat die Verwahrstelle unter anderem die Zahlungsströme der AIF zu überwachen und muss sicherzustellen, dass sämtliche Geldmittel ordnungsgemäß auf ein bestimmtes Konto fließen[1403]. Die Verwahrstelle ist gegenüber der KVG weisungsgebunden, sofern die Weisungen nicht gegen die Anlagebedingungen oder das KAGB verstoßen. Die Verwahrstelle ist demnach vor der Ausführung von Weisungen der KVG zu einer Rechtmäßigkeitskontrolle verpflichtet[1404]. Ein weiteres Kontrollinstrument ist bei Publikums-AIF darin zu sehen, dass bestimmte, vom Gesetzgeber als besonders riskant eingestufte Geschäfte, der Zustimmung der Verwahrstelle bedürfen wie z.B. Kreditaufnahmen oder Verfügungen über die Assets des AIF[1405].

Mögliche Verwahrstellen sind bestimmte Kreditinstitute und Wertpapierfirmen im Sinne der EU-BankenaufsichtsVO (EU) Nr. 575/2013 (sog. CRR-VO)[1406]. Darüber hinaus hat der deutsche Gesetzgeber von der durch Art. 21 Abs. 3 AIFM-RL eingeräumten Möglichkeit Gebrauch gemacht und lässt unter bestimmten Voraussetzungen sog. Treuhänder als Verwahrstelle zu. Namentlich muss der Treuhänder gemäß § 83 Abs. 3 KAGB einer gesetzlich anerkannten obligatorischen berufsmäßigen Registrierung sowie berufsständischen oder Rechts- oder Verwaltungsvorschriften unterliegen sowie ausreichende finanzielle und berufliche Garantien bieten zur wirksamen Erfüllung der mit der Verwahrstellenfunktion einhergehenden Pflichten[1407]. Solche Treuhänder können z.B. Wirtschaftsprüfer, Steuerberater, Notare

---

1402 § 83 KAGB und Art. 85 ff. Level II VO (EU) Nr. 231/2013. Zur Kontrollfunktion und den einzelnen Pflichten der Verwahrstelle, vgl. *Boxberger* in Weitnauer/Boxberger/Anders, KAGB, § 83 Rn. 1 ff.; *Kobbach/Anders*, NZG 2012, 1170, 1171; *Kobabe* in Möllers/Kloyer, Das neue KAGB, Rn. 1016 ff.

1403 *Boxberger* in Weitnauer/Boxberger/Anders, KAGB, § 83 Rn. 26 ff.

1404 BT-Drucks. 17/12294, S. 233 f.; *Boxberger* in Weitnauer/Boxberger/Anders, KAGB, § 83 Rn. 12 ff.; vgl. *Tollmann/Specht* in Dornseifer/Jesch/Klebeck/Tollmann, AIFM-Richtlinie, Art. 21 Rn. 266 f. Als Beispiel für die Rechtmäßigkeitskontrolle nennt die Gesetzesbegründung die Prüfung beim Erwerb eines Vermögensgegenstandes, ob die gesetzlichen und vertraglichen Anlagegrenzen eingehalten wurden, vgl. BT-Drucks. 17/12294, S. 233 f. Zum Ermessensspielraum der Verwahrstelle siehe *Paefgen* in Ebenroth/Boujong/Joost/Strohn, 4. Auflage 2018, § 177a HGB Anh. C, Vor § 1 KAGB Rn. 90.

1405 Die Zustimmungsvorbehalte lehnen sich an die InvG-Regelungen an und haben keine Grundlage in der AIFM-RL oder hierauf basierenden europäischen Rechtsakte, weshalb die Zustimmungsvorbehalte gemäß § 84 Abs. 1 KAGB nur für Publikums-AIF gelten. Bei Publikums-AIF bedürfen außerdem die Auswahl und der Wechsel der Verwahrstelle der Genehmigung der BaFin gemäß §§ 87 i.V.m. 69 Abs. 1 S. 1 KAGB.

1406 Die Anforderungen an die Kreditinstitute und Wertpapierfirmen ergeben sich aus § 80 Abs. 2, 7 KAGB, vgl. ausführlich hierzu *Boxberger* in Weitnauer/Boxberger/Anders, KAGB, § 80 Rn. 11 ff.

1407 Die BaFin hat am 18.07.2013 ein Merkblatt zu den Anforderungen an Treuhänder als Verwahrstelle nach § 80 Absatz 3 KAGB veröffentlicht. Ausführlich zur

oder Anwälte sein[1408]. Das KAGB sieht in § 88 KAGB ein scharfes Haftungsregime für die Verwahrstelle vor[1409].

6. Spezialgesellschaftsrecht

Neben den umfangreichen Vorgaben für KVGen enthält das KAGB ein Spezialgesellschaftsrecht, welches auf Ebene der Fondsgesellschaften (also der AIF) beachtet werden muss. Diese Vorgaben beruhen nicht auf der AIFM-Richtlinie, da die Regulierung der Fondsvehikel nach der Konzeption des europäischen Gesetzgebers den Mitgliedsstaaten überlassen bleibt[1410]. Der Fokus des deutschen Gesetzgebers lag bei der Schaffung des Spezialgesellschaftsrechts des KAGB in erster Linie auf der Intensivierung des Anlegerschutzes[1411]. Die Regelungen wurden teilweise aus dem für offene Fonds konzipierten und im Zuge des KAGB aufgehobenen Investmentgesetz entnommen und auf geschlossene Investmentvermögen übertragen, zum Teil beruhen die gesellschaftsrechtlichen Vorschriften des KAGB auch auf dem von der Rechtsprechung herausgebildeten Sonderrecht zur Publikums-KG[1412]. Die gesellschaftsrechtlichen Vorschriften des KAGB sind im Verhältnis zum allgemeinen Gesellschaftsrecht (HGB, AktG) lex specialis; letzteres findet weiterhin Anwendung, sofern das KAGB keine abweichenden Regelungen enthält[1413]. Das gleiche gilt für das richterrechtliche Sonderrecht zur Publikums-KG[1414].

Treuhänder-Verwahrstelle *Boxberger* in Weitnauer/Boxberger/Anders, KAGB, § 80 Rn. 14 ff.

1408 Die Gesetzesbegründung des KAGB nimmt Bezug auf den Erwägungsgrund (34) AIFM-RL, wonach Verwahrstelle beispielsweise ein Notar, ein Rechtsanwalt oder eine Registrierstelle sein kann, betont aber, dass die Verwahrstellenfunktion nicht auf bestimmte Berufsgruppen begrenzt ist, BT-Drucks. 17/12294, S. 232. Hierzu *Emde/Dreibus*, BKR 2013, 89, 97; *Wallach*, RdF 2013, 92, 97; *Kobabe* in Möllers/Kloyer, Das neue KAGB, Rn. 1011.

1409 Ausführlich zur Haftung der Verwahrstelle *Kobabe* in Möllers/Kloyer, Das neue KAGB, Rn. 1023; *Boxberger* in Weitnauer/Boxberger/Anders, KAGB, § 88 Rn. 1 ff.; *Wallach*, RdF 2013, 92, 98; kritisch *Möllers* in Möllers/Kloyer, Das neue KAGB, Rn. 653.

1410 Erwägungsgrund (10) AIFM-RL.

1411 *Silberberger* in Weitnauer/Boxberger/Anders, KAGB, § 140 Rn. 2; *Zetzsche*, AG 2013, 613, 624 f. geht gar von einer Einebnung der gesellschaftsformspezifischen Unterschiede zwischen AG und KG durch das KAGB aus.

1412 Ausführlich dazu siehe oben Rechtsprechung zur Publikums-KG, C. I. 1., S. 63 ff.; *Voigt* in Möllers/Kloyer, Das neue KAGB, Rn. 173; *Kloyer* in Möllers/Kloyer, Das neue KAGB, Rn. 889; a.A. *Ulrich*, GmbHR 2014, R168, wonach das richterrechtliche Sonderrecht zu Publikumsgesellschaften kaum ins KAGB integriert wurde.

1413 §§ 140 Abs. 1, 149 Abs. 1 KAGB; vgl. dazu *Ulrich*, GmbHR 2014, R168.

1414 *Paefgen* in Ebenroth/Boujong/Joost/Strohn, 4. Auflage 2018, § 177a HGB Anh. C, Vor § 1 KAGB Rn. 8; nach Anlegergruppen differenzierend *Seitz*, Die Investment-KG, S. 236 ff.

a) *Rechtsformzwang*

Während vor Inkrafttreten des KAGB in Bezug auf die Rechtsform geschlossener Fonds keinerlei gesetzliche Vorgaben existierten, dürfen geschlossene inländische Investmentvermögen gemäß § 139 KAGB nunmehr nur noch entweder als Investmentaktiengesellschaft mit fixem Kapital oder als geschlossene Investmentkommanditgesellschaft aufgelegt werden[1415]. Hierbei handelt es sich nicht um eigenständige Rechtsformen, sondern um eine Subspezies der AG bzw. der KG, auf welche mit Ausnahme der vorrangigen Sondervorschriften des KAGB die allgemeinen Vorschriften des AktG bzw. HGB Anwendung finden[1416]. Der Rechtsformzwang, auch Typenzwang genannt, dient nach der Gesetzesbegründung des KAGB dem Zweck, Haftungsrisiken für die Anleger auszuschließen[1417]. So ist insbesondere die aus Haftungsgesichtspunkten problematische Rechtsform der BGB-Gesellschaft für geschlossenen Fonds unter dem KAGB nicht mehr zulässig[1418].

Entsprechend der gängigen Fondsstrukturierung als GmbH & Co. KG vor Inkrafttreten des KAGB fällt die Wahl in der Praxis auch nach dem Inkrafttreten des KAGB in aller Regel auf die Rechtsform der geschlossenen Investmentkommanditgesellschaft (in Form der geschlossenen Investment-GmbH & Co. KG), während der Investmentaktiengesellschaft mit fixem Kapital nur eine sehr geringe praktische Bedeutung zukommt[1419]. Aus diesem Grund liegt der Schwerpunkt der folgenden Ausführungen auf der geschlossenen Investmentkommanditgesellschaft; häufig existieren jedoch Parallelvorschriften für die Investmentaktiengesellschaft mit fixem Kapital aufgrund der Übertragung der Regelungen des Investmentgesetz für beide geschlossene Investmentgesellschaften[1420].

1415 *Freitag*, NZG 2013, 329 f.; *Klebeck/Kolbe*, BB 2014, 707, 708; kritisch *Zetzsche/Preiner*, WM 2013, 2101, 2102 welche den numerus clausus der Rechtsformen als „Relikt überkommener Produktregulierung" bezeichnen.

1416 BT-Drucks. 17/12294, S. 247, 249; *Silberberger* in Weitnauer/Boxberger/Anders, KAGB, § 139 Rn. 5; kritisch *Freitag*, NZG 2013, 329, 335.

1417 BT-Drucks. 17/12294, S. 246.

1418 *Wiedemann*, NZG 2013, 1041, 1042; *Kobabe* in Möllers/Kloyer, Das neue KAGB, Rn. 939. Zu den gesellschaftsrechtlichen und strafrechtlichen Konsequenzen eines Verstoßes gegen den Rechtsformzwang, vgl. *Freitag*, NZG 2013, 329, 330 f.

1419 *Bäuml*, FR 2013, 640, 646; *Wallach*, RdF 2013, 92, 100; *Rüber/Reiff*, BB 2014, 1634, 1635; *Böhme*, BB 2014, 2380; *Kloyer* in Möllers/Kloyer, Das neue KAGB, Rn. 872; *Klebeck/Kolbe*, BB 2014, 707, 708.

1420 *Kloyer* in Möllers/Kloyer, Das neue KAGB, Rn. 887, 894. Eine Besonderheit bei der Investmentaktiengesellschaft besteht darin, dass durch die Möglichkeit zur Rücknahme der Aktien der Investmentaktiengesellschaft im KAGB zugunsten der Anleger das Prinzip des festen Grundkapitals aufgegeben wird, da die Rücknahme der Aktien zu einer Herabsetzung des Grundkapitals außerhalb der Kapitalerhaltungsvorschriften führt, vgl. *Poelzig/Volmer*, DNotZ 2014, 483, 489 f.

b) *Gesellschaftsvertrag bzw. Satzung*

Das KAGB enthält zwingende Vorgaben zur Form und zum Inhalt des Gesellschaftsvertrags der geschlossenen Investmentkommanditgesellschaft sowie zur Satzung der Investmentaktiengesellschaft mit fixem Kapital. So ist bei der Investmentkommanditgesellschaft aus Transparenzgründen die Schriftform des Gesellschaftsvertrags zwingend[1421]. Sowohl der Unternehmensgegenstand der Investmentkommanditgesellschaft, als auch der satzungsmäßig festgelegte Unternehmensgegenstand der Investmentaktiengesellschaft mit fixem Kapital ist durch das KAGB vorgegeben. So muss der gesellschaftsvertraglich festgelegte Unternehmensgegenstand der geschlossenen Investmentkommanditgesellschaft gemäß § 150 Abs. 2 KAGB zwingend ausschließlich auf die Anlage und Verwaltung ihrer Mittel nach einer festgelegten Anlagestrategie zur gemeinschaftlichen Kapitalanlage entweder nach den §§ 261–272 bei Vorliegen einer geschlossenen Publikumsinvestmentkommanditgesellschaft oder im Falle einer Spezialinvestmentkommanditgesellschaft nach §§ 273–277 KAGB und §§ 285–292 KAGB zum Nutzen der Anleger gerichtet sein[1422]. Darüber hinaus gelten noch weitere inhaltlichen Vorgaben für den Gesellschaftsvertrag z.B. in Bezug auf Gesellschafterversammlungen und die Beschränkung des Anlegerkreises auf professionelle und semiprofessionelle Anleger im Falle des Vorliegens einer Spezialinvestmentkommanditgesellschaft[1423].

c) *Organisationsverfassung und sonstige Vorgaben*

Auch die Organisationsverfassung sowie die Anforderungen an die Geschäftsführer bzw. den Vorstand weichen vom allgemeinen Gesellschaftsrecht ab[1424]. Die Geschäftsführung bzw. der Vorstand muss zwingend von zwei natürliche Personen ausgeübt werden; tritt bei der geschlossenen Investmentkommanditgesellschaft eine juristische Person als Komplementär auf, so genügt die Geschäftsführung durch zwei natürliche Personen auf Ebene der Komplementär-GmbH[1425]. An die Geschäftsführer werden verschiedene Anforderungen hinsichtlich der fachlichen

1421 Bereits das richterrechtliche Sonderrecht zur Publikums-KG sah zumindest zum Teil ein Schriftformerfordernis des Fondsgesellschaftsvertrags vor. Im Falle eines Verstoßes gegen das Formerfordernis ist der Gesellschaftsvertrag nichtig nach § 125 S. 1 BGB, unter Anwendung der Lehre der fehlerhaften Gesellschaft bei Vollzug der Gesellschaft, vgl. *Freitag*, NZG 2013, 329, 333.

1422 Entsprechendes gilt für die Investmentaktiengesellschaft mit fixem Kapital nach § 142 KAGB.

1423 Ausführlich zu den inhaltlichen Anforderungen an den Gesellschaftsvertrag, vgl. *Freitag*, NZG 2013, 329, 333 ff.; *Zetzsche*, AG 2013, 613, 615 ff.

1424 *Ulrich*, GmbHR 2014, R168.

1425 § 147 bzw. § 153 KAGB. Die Pflicht zur Bestellung zwei natürlicher Personen zur Geschäftsleitung entstammt dem aufgehobenen § 106 InvG, BT-Drucks. 17/12294, S. 251. Für die Annahme einer Gesamtgeschäftsführungs- und Gesamtvertretungsbefugnis, vgl. *Freitag*, NZG, 329, 334; *Zetzsche*, AG 2013, 613, 619.

Eignung und der persönlichen Integrität gestellt, zudem müssen sie Pflichten in Bezug auf die Vermeidung und Lösung von Interessenkonflikten erfüllen[1426]. Das KAGB verpflichtet die Geschäftsführung einer geschlossenen Investmentkommanditgesellschaft bzw. den Vorstand einer Investmentaktiengesellschaft mit fixem Kapital dazu, im ausschließlichen Interesse der Gesellschafter und der Integrität des Marktes zu handeln[1427].

Die Organisationsverfassung der Investmentkommanditgesellschaft nach dem KAGB schreibt im Falle des Vorliegens einer internen KVG die Einrichtung eines Beirats als Kontrollorgan zur Überwachung der Einhaltung der Anlagebedingungen vor[1428]. Eine wesentliche Neuerung in struktureller Hinsicht ist bei der geschlossenen Investmentkommanditgesellschaft darin zu sehen, dass mittelbare Beteiligungen über einen Treuhandkommanditisten nach § 152 Abs. 1 S. 1 KAGB nur noch bei der geschlossenen Publikumsinvestmentkommanditgesellschaft zulässig sind; im Rahmen einer Spezialinvestmentkommanditgesellschaft bleibt semiprofessionellen und professionellen Anlegern die Möglichkeit einer mittelbaren Beteiligung verwehrt[1429]. Der über einen Treuhandkommanditisten mittelbar an einer geschlossenen Publikumsinvestmentkommanditgesellschaft beteiligte Anleger ist gemäß § 152 Abs. 1 S. 3 KAGB im Innenverhältnis der Gesellschaft und der Gesellschafter rechtlich so zu stellen, als ob er unmittelbar als Kommanditist beteiligt wäre[1430].

1426 Zu den Vorgaben bezüglich der Geschäftsführung, vgl. *Zetzsche,* AG 2013, 613, 619 f.

1427 *Zetzsche,* AG 2013, 613, 615; *Wiedemann*, NZG 2013, 1041, 1043. Ausführlich zur Bedeutung der Integrität des Marktes, vgl. *Kloyer* in Möllers/Kloyer, Das neue KAGB, Rn. 884 f., der aufgrund der Verpflichtung zur Wahrung der Integrität des Marktes eine analoge Anwendung der Pflichten der Organe nach dem WpHG befürwortet. Hiergegen ist jedoch einzuwenden, dass es für eine Analogie an einer planwidrigen Regelungslücke fehlt.

1428 Die Einrichtung eines Kontrollorgans auf Ebene der Fondsgesellschaft ist bei der Bestellung einer externen KVG nicht erforderlich, da hier bereits auf Ebene der KVG zwingend die Einrichtung eines Aufsichtsrats bzw. Beirats vorgeschrieben ist, vgl. BT-Drucks. 17/12294, S. 251.

1429 Kritisch hierzu *Kloyer,* welcher zu Recht nach dem Sinn und Zweck des Verbots der mittelbaren Kommanditbeteiligung für semiprofessionelle und professionelle Anleger fragt, vgl. *Kloyer* in Möllers/Kloyer, Das neue KAGB, Rn. 889 f.

1430 Hierbei knüpft der Gesetzgeber an das bestehende richterrechtliche Sonderrecht zur Publikums-KG an, ausführlich dazu siehe oben Rechtsprechung zur Publikums-KG, C. I. 1., S. 63 ff.; vgl. BGHZ 196, 131; BGH, NZG 2013, 379; *Voigt* in Möllers/Kloyer, Das neue KAGB, Rn. 173; *Wiedemann,* NZG 2013, 1041, 1044 ff. Ausführlich dazu *Paefgen* in Ebenroth/Boujong/Joost/Strohn, 4. Auflage 2018, § 177a HGB Anh. C, § 152 KAGB Rn. 3 ff.

d) Besonderer Anlegerschutz bei der Investmentkommanditgesellschaft

Das KAGB enthält darüber hinaus mehrere Sondervorschriften für die geschlossene Investmentkommanditgesellschaft, welche zum Schutz der Anleger von den Haftungsbestimmungen des HGB abweichen[1431]. So wird zur Verhinderung des Haftungsrisikos aus § 176 Abs. 2 HGB der Eintritt eines Kommanditisten in eine bestehende geschlossene Investmentkommanditgesellschaft gemäß § 152 Abs. 4 KAGB kraft Gesetz erst wirksam mit der Eintragung des Kommanditisten ins Handelsregister. Handelt es sich um eine geschlossene Publikumsinvestmentkommanditgesellschaft in der Anfangsphase, ist zudem eine Zustimmung zum Geschäftsbeginn vor der Eintragung der Gesellschaft im Handelsregister ausgeschlossen, so dass auch das Haftungsrisiko nach § 176 Abs. 1 KAGB beseitigt ist. Eine Nachhaftung der Kommanditisten nach dem Ausscheiden aus der bestehenden Gesellschaft ist ausgeschlossen, da die Erfüllung des Abfindungsanspruchs gemäß § 152 Abs. 6 S. 1 KAGB nicht als Rückgewähr der Kommanditeinlage zu werten ist. Ebenso ist gemäß § 161 Abs. 3 KAGB eine Haftung der Kommanditisten für die Verbindlichkeiten der geschlossenen Investmentkommanditgesellschaft nach der Beendigung der Liquidation der Gesellschaft ausgeschlossen[1432].

Vor einem ungewollten Wiederaufleben der Haftung nach § 172 Abs. 4 HGB schützt das KAGB die Anleger der geschlossenen Investmentkommanditgesellschaft insofern, als dass eine Rückgewähr der Einlage oder eine Ausschüttung, welche den Wert der Kommanditeinlage unter den Betrag der Einlage herabsenkt, erst nach vorheriger Zustimmung des Kommanditisten erfolgen darf. Der Kommanditist ist vor der Zustimmung auf die haftungsrechtlichen Konsequenzen einer solchen Auszahlung hinzuweisen[1433]. Im Falle einer mittelbaren Beteiligung erstreckt sich das Zustimmungserfordernis sowie die Hinweispflicht zusätzlich auf den mittelbar beteiligten Anleger. Auch hinsichtlich der Einlagepflicht des Anlegers im Innenverhältnis zur Gesellschaft privilegiert das KAGB den Anleger insofern, als dass in keinem Fall Nachschusspflichten bestehen; § 707 BGB ist bei der geschlossenen Investmentkommanditgesellschaft kraft Gesetz unabdingbar[1434].

1431 *Wiedemann*, NZG 2013, 1041, 1043; *Emde/Dreibus*, BKR 2013, 89, 93; kritisch *Kloyer* in Möllers/Kloyer, Das neue KAGB, Rn. 890 ff.

1432 Zu den Haftungsrisiken der Anleger vor Inkrafttreten des KAGB siehe Haftung, B. II. 3. a), S. 51 ff.

1433 Die Rechtsfolgen eines fehlenden Hinweises bzw. der fehlenden Zustimmung sind umstritten. Teilweise wird zum Schutz der Gläubiger eine Haftung nach § 172 Abs. 4 HGB befürwortet, so *Freitag*, NZG 2013, 329, 335. Andere lehnen eine solche Haftung zumindest bei Privatanlegern aus Anlegerschutzgesichtspunkten ab, so *Zetzsche*, AG 2013, 613, 625.

1434 *Freitag*, NZG 2013, 329, 335; *Wiedemann*, NZG 2013, 1041, 1042. Hieraus folgert *Paefgen* zu Recht, dass die „Sanieren oder Ausscheiden"-Rechtsprechung des BGH (vgl. BGHZ 183, 1 ff.) keine Anwendung finden kann, vgl. *Paefgen* in Ebenroth/Boujong/Joost/Strohn, 4. Auflage 2018, § 177a HGB Anh. C, § 152 KAGB Rn. 1, § 127 Rn. 10.

e) Anlagebedingungen

Zusätzlich zum Gesellschaftsvertrag schreibt das KAGB die zwingende Erstellung von Anlagebedingungen vor[1435]. In den Anlagebedingungen wird festgelegt, wie das Fondsvermögen verwendet wird und welche Grundsätze für dessen Anlage gelten[1436]. Die Anlagebedingungen sind kein Bestandteil des Gesellschaftsvertrags, sondern zwingend als ergänzendes gesellschaftsrechtliches Dokument zu erstellen[1437]. Aus den Anlagebedingungen in Verbindung mit dem Gesellschaftsvertrag bzw. der Satzung des AIF bestimmt sich das Rechtsverhältnis zwischen der Fondsgesellschaft und den Anlegern[1438]. Die Anlagebedingungen müssen zwingend vor der Ausgabe der Anteile schriftlich festgehalten werden und sind zudem zu veröffentlichen[1439]. Liegt ein Publikums-AIF vor, so müssen die Anlagebedingungen inhaltliche Mindestangaben enthalten[1440]. Hierzu zählen neben der Bezeichnung des Publikums-AIF und der Angabe des Namens und des Sitzes der KVG z.B. die Angabe, welche Vermögensgegenstände in welchem Umfang für den Publikums-AIF erworben werden sowie Angaben zur Verwendung der Erträge (Ausschüttung oder Thesaurierung). Die Anlagebedingungen des Publikums-AIF bedürfen der Genehmigung der BaFin, ebenso spätere Änderungen[1441]. Im Falle eines Spezial-AIF fordert das KAGB keine inhaltlichen Mindestangaben und die Anlagebedingungen sowie

---

1435 § 151 KAGB bzw. § 143 KAGB. Die Regelungen zu den Anlagebedingungen beruhen auf den aufgehobenen Vorschriften §§ 96 Abs. 1 d), 43 InvG. Ausführlich zu den Anlagebedingungen *Paefgen* in Ebenroth/Boujong/Joost/Strohn, 4. Auflage 2018, § 177a HGB Anh. C, Vor § 1 KAGB Rn. 96 ff.

1436 *Bußalb* in Möllers/Kloyer, Das neue KAGB, Rn. 585.

1437 Zur Rechtsnatur der Anlagebedingungen bei Fondsvehikeln in Gesellschaftsform *Lorenz* in Weitnauer/Boxberger/Anders, KAGB, § 111 Rn. 5.

1438 Für geschlossene Publikums-AIF ist dies in § 266 Abs. 1 KAGB geregelt, für geschlossene inländische Spezial-AIF enthält § 273 KAGB eine entsprechende Regelung.

1439 §§ 151, 266 Abs. 1 bzw. 273 KGB.

1440 Die inhaltlichen Mindestangaben der Anlagebedingungen ergeben sich aus §§ 266 Abs. 2 i.V.m. 162 Abs. 2 Nr. 5–7, 9–14 KAGB. Die BaFin veröffentlicht auf ihrer Homepage bausteinartige Muster-Anlagebedingungen für Anlagebedingungen geschlossener Investmentvermögen, vgl. z.B. BaFin, Musterbausteine für Kostenklauseln geschlossener Publikumsinvestmentvermögen vom 30.09.2014, WA 41-Wp-2137-2013/0026.

1441 § 267 KAGB. Die BaFin prüft im Rahmen des Genehmigungsverfahrens die formelle und materielle Rechtmäßigkeit der Anlagebedingungen, vgl. auch *Weitnauer* in Möllers/Kloyer, Das neue KAGB, Rn. 422, 460. Sofern die Änderung der Anlagebedingungen nicht mit den bisherigen Anlagegrundsätzen vereinbar ist, zu einer Änderung der Kosten führen oder wesentliche Anlegerrechte betrifft, bedarf die Änderung außerdem der Zustimmung der qualifizierter Mehrheit der Anleger gemäß § 267 Abs. 3 KAGB.

wesentliche Änderungen der Anlagebedingungen sind der BaFin nur vorzulegen, ohne dass es einer Genehmigung bedarf.

7. Bewertung

Eine weitere wesentliche Neuerung für geschlossene Fonds unter dem KAGB stellen die Pflichten im Zusammenhang mit der Bewertung der Vermögensgegenstände und der Errechnung des Nettoinventarwerts je AIF-Anteil dar[1442]. Unter dem Nettoinventarwert ist der Wert zu verstehen, der sich aus einer Dividierung des Wertes des AIF durch die Anzahl der ausgegebenen Anteile ergibt[1443]. In Umsetzung der Vorgaben des europäischen Gesetzgebers, der die Verlässlichkeit und Objektivität der Anlagebewertung in der AIFM-Richtlinie als wesentlichen Aspekt des Anlegerschutzes erklärt, müssen gemäß § 272 Abs. 1 KAGB (i.V.m. § 286 Abs. 2 KAGB) die Vermögenswerte des geschlossenen AIF und der Nettoinventarwert je Anteil mindestens einmal jährlich sowie bei jeder Kapitalerhöhung und -herabsetzung bewertet bzw. errechnet und gegenüber den Anlegern offen gelegt werden. Die KVG muss eine interne Bewertungsrichtlinie erstellen, durch welche kohärente und geeignete Verfahren zur ordnungsgemäßen, transparenten und unabhängigen Bewertung festgelegt werden[1444]. Die konkreten Anforderungen an das Bewertungsverfahren ergeben sich aus Art. 67 ff. Level II VO (EU) Nr. 231/2013 sowie aus §§ 26 ff. KARBV[1445]. Es ist ein unabhängiger externer Bewerter zu bestellen; bei Verringerung des Risikos von Interessenkonflikten unter anderem durch funktionale Aufgabentrennung kann auch die KVG selbst oder die Verwahrstelle die Bewertung vornehmen[1446].

1442 Kritisch zu den Bewertungsvorschriften des KAGB, vgl. *Möllers/Harrer/Krüger*, WM 2011, 1537, 1540; *Weiser/Jang*, BB 2011, 1219, 1222 f.; *Volhard/El-Qalqili*, DB 2013, 2103 ff.

1443 §§ 168 S. 1 Abs. 1 i.V.m. 271 Abs. 1 bzw. 286 Abs. 1 KAGB. Bei der Ermittlung des Wertes des AIF sind die Verkehrswerte der Vermögensgegenstände zu Grunde zu legen. Die BaFin hat auf der Grundlage des § 168 Abs. 8 KAGB die Kapitalanlage-Rechnungslegungs- und Bewertungsverordnung (KARBV) erlassen, welche die Vorschriften zur Bewertung der Vermögenswerte konkretisiert, ausführlich dazu *Volhard/El-Qalqili*, DB 2013, 2103 ff.; *Kayser/Selkinski* in Weitnauer/Boxberger/Anders, § 168 Rn. 10 ff.

1444 Die Pflicht zur Erstellung der internen Bewertungsrichtlinie ist in §§ 271 Abs. 2 i.V.m. 169 KAGB geregelt für geschlossene Publikums-AIF bzw. §§ 286 Abs. 1 i.V.m. 169 KAGB für geschlossene Spezial-AIF.

1445 Zum Verhältnis der KARBV und der Level II VO (EU) Nr. 231/2013, vgl. *Volhard/El-Qalqili*, DB 2013, 2103, 2104 f.

1446 Die Anforderungen an den Bewerter sind in § 216 KAGB (i.V.m. § 271 Abs. 4 bzw. § 286 Abs. 1 KAGB) geregelt. Ausführlich hierzu *Tollmann* in Dornseifer/Jesch/Klebeck/Tollmann, AIFM-Richtlinie, Art. 19 Rn. 121 ff.; *Baum* in Weitnauer/Boxberger/Anders, § 216 Rn. 10 ff. Die Möglichkeit, dass die KVG die Bewertung selbst vornehmen kann, wurde wegen der Gefahr von Interessenkonflikten zum Teil scharf kritisiert. So empfahl der Bundesrat die Änderung des § 216 KAGB

Im Falle eines geschlossenen Publikums-AIF muss neben dieser laufenden jährlichen Bewertung zudem vor dem Erwerb von Vermögensgegenständen gemäß § 261 Abs. 5, 6 KAGB eine Bewertung vorgenommen werden[1447]. Diese Bewertung hat zwingend durch einen externen Bewerter zu erfolgen bzw. bei Vermögengegenständen über fünfzig Millionen Euro durch zwei externe Bewerter, welche nicht zugleich für die jährliche Bewertung zuständig sein dürfen. Die Investition ist nur zulässig, wenn die vom geschlossenen Publikums-AIF zu erbringende Gegenleistung für den Erwerb des Vermögensgegenstands den ermittelten Wert nicht wesentlich übersteigt.

8. Produktregulierung für geschlossene Publikums-AIF

Während die Regulierung der AIFM-Richtlinie sich grundsätzlich nur an die Fondsmanager richtet, enthält das KAGB im Bereich der Publikums-AIF eine Reihe von Vorschriften, welche den AIF – also die Fondsgesellschaft –, als Normadressaten im Blick haben (sog. Produktvorschriften)[1448]. Denn der deutsche Gesetzgeber hat von der Möglichkeit nach Art. 43 AIFM-RL Gebrauch gemacht und den Vertrieb von AIF an Privatanleger unter Einführung einer über die AIFM-Richtlinie hinausgehenden Regulierung der Fondsmanager sowie der Fonds selbst zugelassen. Um dem Schutzbedürfnis von Privatanlegern gerecht zu werden, beschränkt das KAGB die Anlagetätigkeit des Fonds in verschiedener Hinsicht und übernimmt viele der vormals für offene Publikumsfonds nach dem Investmentgesetz geltenden Vorschriften[1449]. Dieses Überschießen über die europäischen Vorgaben wird zum Teil kritisiert im Hinblick auf die Attraktivität des Fondsstandorts Deutschland; zudem wird der Nutzen der Produktvorschriften für den Anlegerschutz teilweise in Frage gestellt[1450].

---

dahingehend, das die Bewertung entsprechend den Bewertungsvorschriften des InvG durch Sachverständigenausschüsse vorgenommen werden muss, vgl. BR-Drucks. 791/1/12, S. 9 ff.

1447 Diese Pflicht zur Erstbewertung beruht nicht auf der AIFM-RL, sondern sind an die Vorschriften des aufgehobenen InvG angelehnt (§ 67 Abs. 5 InvG bzw. § 68 Abs. 2 InvG), BT-Drucks. 17/12294, S. 271.

1448 BT-Drucks. 17/12294, S. 187; *Tollmann* in Dornseifer/Jesch/Klebeck/Tollmann, AIFM-Richtlinie, Einleitung Rn. 24 f.

1449 BT-Drucks. 17/12294, S. 188.

1450 *Wallach*, RdF 2013, 92, 100 bezeichnet die Beschränkung von Anlageprodukten durch Produktregulierung als eine Bevormundung der Anleger und hält Aufklärung und Information für bessere Instrumente des Anlegerschutzes; ebenso *Emde/Dreibus*, BKR 2013, 89, 102, die dem Gesetzgeber das Leitbild des „entmündigten“ Bürgers unterstellen. Kritisch auch *Voigt* in Möllers/Kloyer, Das neue KAGB, Rn. 178.

a) Zulässige Vermögensgegenstände

Investitionsgegenstand von geschlossenen, inländischen Publikums-AIF dürfen nach dem KAGB nur bestimmte Vermögensgegenstände sein (sog. abschließender Asset-Katalog)[1451]. Zulässige Assets sind Sachwerte (§ 261 Abs. 1 Nr. 1 KAGB), Beteiligungen an ÖPP-Projektgesellschaften (§ 261 Abs. 1 Nr. 2 KAGB), Beteiligungen an Gesellschaften, die gemäß ihres Gesellschaftsvertrags nur Sachwerte und die zur Bewirtschaftung der Sachwerte erforderlichen Vermögensgegenstände oder Beteiligungen an solchen Gesellschaften erwerben dürfen (§ 261 Abs. 1 Nr. 3 KAGB), Beteiligungen an Unternehmen, die nicht zum Handel an einer Börse oder in einem organisierten Markt zugelassen sind (§ 261 Abs. 1 Nr. 4 KAGB), Beteiligungen an geschlossenen Publikums-AIF (§ 261 Abs. 1 Nr. 5 KAGB) und geschlossenen Spezial-AIF (§ 261 Abs. 1 Nr. 6 KAGB) sowie bestimmte Wertpapiere, Geldmarktinstrumente und Bankguthaben (§ 261 Abs. 1 Nr. 7 KAGB)[1452]. Der Diskussionsentwurf vom 20.07.2012 enthielt in § 225 Abs. 1 KAGB-E einen sehr viel enger gefassten Assetkatalog, welcher die konkreten zulässigen Sachwerte abschließend beschränkte auf Grundstücke und grundstücksgleiche Rechte, Schiffe, Flugzeuge und Anlagen zur Erzeugung von Strom aus Erneuerbaren Energien[1453]. Private Equity Fonds waren nach dem Diskussionsentwurf vom 20.07.2012 für Privatanleger ausgeschlossen[1454]. Da dies auf viel Kritik stieß, änderte der Gesetzgeber den starren Assetkatalog ab, ließ durch § 261 Abs. 1 Nr. 4 KAGB Private Equity Fonds auch für Privatanleger zu und zählt nunmehr in § 261 Abs. 1 KAGB lediglich beispielhaft verschiedene Sachwerte auf[1455].

b) Risikomischung

Eine wesentliche Neuerung des KAGB ist darin zu sehen, dass bei Investitionen für geschlossene Publikums-AIF der Grundsatz der Risikomischung beachtet werden

---

1451 Ausführlich hierzu *Silberberger* in Weitnauer/Boxberger/Anders, KAGB, § 261 Rn. 1 ff.

1452 ÖPP steht für öffentlich-private Partnerschaft.

1453 Ausführliche Kritik zur Fassung von § 225 Abs. 1 KAGB-E vom 20.07.2012, vgl. Stellungnahme des VGF Stellungnahme zum Diskussionsentwurf eines Gesetzes zur Umsetzung der Richtlinie 2011/61/EU über die Verwalter alternativer Investmentfonds (AIFM-UmsG), 17.08.2012, S. 18 ff.

1454 *Emde/Dreibus*, BKR 2013, 89, 94; *Kobabe* in Möllers/Kloyer, Das neue KAGB, Rn. 919.

1455 *Kobabe* in Möllers/Kloyer, Das neue KAGB, Rn. 919; *Voigt* in Möllers/Kloyer, Das neue KAGB, Rn. 174; *Wallach*, RdF 2013, 92, 100. Ausführlich zu den verbleibenden Einschränkungen (z.B. im Hinblick auf den Einsatz von Derivaten) *Paefgen* in Ebenroth/Boujong/Joost/Strohn, 4. Auflage 2018, § 177a HGB Anh. C, Vor § 1 KAGB Rn. 118 ff.

muss[1456]. Der Grundsatz der Risikomischung gilt gemäß § 262 Abs. 1 KAGB als erfüllt, wenn eine Investition in drei Sachwerten vorliegt, deren Wert im Wesentlichen gleichmäßig verteilt ist (formal-quantitative Risikomischung) oder wenn bei wirtschaftlicher Betrachtungsweise eine Streuung des Ausfallrisikos gewährleistet ist (qualitative Risikomischung)[1457]. Als Kriterium für die wirtschaftliche Betrachtungsweise nennt die Gesetzesbegründung beispielhaft die Nutzungsart des Sachwertes, so dass z.B. auch bei der Investition in lediglich eine einzelne gemischt genutzte Immobilie mit Gewerbe- und Wohnraummietern der Grundsatz der Risikomischung erfüllt sein kann[1458]. Das KAGB sieht hinsichtlich des Erfordernisses der Risikomischung eine Ausnahme vor für geschlossene Publikums-AIF, deren Anleger die Anforderungen an semiprofessionelle Anleger erfüllen mit der Modifikation, dass als Mindesteinlagen statt 200.000 Euro nur 20.000 Euro gefordert sind[1459]. Typische Ein-Objekt-Fonds sind nach dem KAGB demnach nur noch bei Vorliegen dieser Voraussetzungen zulässig[1460]. Die Ausnahme gilt aber nicht für AIF, die in Beteiligungen an nicht börsennotierten Unternehmen investieren (also z.B. Private Equity Fonds)[1461]. Zur Einhaltung der Risikomischung räumt der Gesetzgeber eine Anlaufphase von achtzehn Monaten nach Vertriebsstart ein[1462].

1456 Ausführlich zur Bedeutung der Risikomischung unter dem KAGB *Zetzsche*, Prinzipien der kollektiven Vermögensanlage, S. 123.

1457 Nach der Gesetzesbegründung ist mit der im Wesentlichen gleichmäßigen Verteilung gemeint, dass der Grundsatz der Risikomischung nicht durch die Investition in einen Sachwert umgangen wird, welcher nahezu den gesamten Wert des Fondsvermögens ausmacht, BT-Drucks. 17/12294, S. 271. Dies lässt darauf schließen, dass eine „im Wesentlichen gleichmäßige wertmäßige Verteilung“ nicht verlangt, dass jeder der Sachwerten ungefähr den gleichen Wert haben muss, so auch *Silberberger* in Weitnauer/Boxberger/Anders, KAGB, § 262 Rn. 4 ff. Die genauen Anforderungen an quantitative Risikostreuung sind jedoch unklar, vgl. *Emde/Dreibus*, BKR 2013, 89, 95.

1458 BT-Drucks. 17/12294, S. 271; *Niewerth/Rybarz*, WM 2013, 1154, 1165; *Silberberger* in Weitnauer/Boxberger/Anders, KAGB, § 262 Rn. 9 f.

1459 Die Ausnahmevorschrift zum Grundsatz der Risikomischung im KAGB-E vom 20.07.2012 sah eine Mindesteinlage von 50.000 Euro vor. Der Gesetzgeber hat die diesbezügliche Kritik berücksichtigt und die Mindesteinlage auf 20.000 Euro abgesenkt, vgl. VGF Stellungnahme zum Diskussionsentwurf eines Gesetzes zur Umsetzung der Richtlinie 2011/61/EU über die Verwalter alternativer Investmentfonds (AIFM-UmsG), 17.08.2012, S. 15. Kritisch dazu *Niewerth/Rybarz,* WM 2013, 1154, 1165.

1460 *Wallach*, RdF 2013, 92, 100; *Hartrott/Goller*, BB 2013, 1603, 1609. *Voigt* geht aus diesem Grund von einer Verschiebung der Anlegerklassen aus, da er einen Rückgang von Produkten für Anleger mit besonders geringen Mindesteinlagen prognostiziert, vgl. *Voigt* in Möllers/Kloyer, Das neue KAGB, Rn. 174.

1461 *Kobabe* in Möllers/Kloyer, Das neue KAGB, Rn. 929.

1462 Die achtzehnmonatige Anlaufphase war im ersten KAGB-E vom 30.07.2012 noch nicht vorgesehen, sondern wurde erst später aufgrund der dahingehenden

c) *Beschränkung von Leverage und Belastung*

Eine der umstrittensten Neuerungen des KAGB stellt die sog. Leverage-Beschränkung für geschlossene Publikums-AIF dar[1463]. Gemäß § 263 Abs. 1 KAGB ist die Kreditaufnahme bis zur Höhe von sechzig Prozent des Wertes des geschlossenen Publikums-AIF zulässig, wenn die Bedingungen marktüblich sind und die Kreditaufnahme in den Anlagebedingungen offen gelegt ist[1464]. Im Hinblick auf die Belastung der Sachwerte des Fonds sowie für die Abtretung und Belastung von Forderungen aus Rechtsverhältnissen, die sich auf diese Vermögensgegenstände beziehen, gelten die gleichen Anforderungen mit dem Unterschied, dass sich die sechzigprozentige Obergrenze nicht auf den Wert des geschlossenen AIF, sondern auf den Verkehrswert der Vermögenswerte des geschlossenen AIF bezieht[1465]. Hinzu kommt, dass die Belastung mit einer ordentlichen Wirtschaftsführung vereinbar sein muss und die Verwahrstelle dies durch ihre Zustimmung bestätigt[1466]. Im Zusammenhang mit dem Leverageeinsatz bestehen gemäß §§ 263 Abs. 2 i.V.m. 215 KAGB außerdem laufende Informationspflichten der KVG gegenüber der BaFin, welche zur Gewährleistung

Beschlussempfehlung des Finanzausschusses vom 10.05.2012 eingefügt, vgl. BT-Drucks. 17/13395. Der Begriff des Vertriebsstarts ist nicht legaldefiniert. *Niewerth/Rybarz* stellen auf den Zeitpunkt der Zeichnung des ersten Anteils ab, vgl. *Niewerth/Rybarz*, WM 2013, 1154, 116.

1463 *Voigt* in Möllers/Kloyer, Das neue KAGB, Rn. 174. Umstritten ist auch die Frage, ob die Beschränkungen nach § 263 KAGB nur auf Fondsebene oder auch auf Ebene etwaiger Objektgesellschaften gilt, vgl. *Niewerth/Rybarz*, WM 2013, 1154, 1166; *Swoboda* in Weitnauer/Boxberger/Anders, KAGB, § 274 Rn. 2 ff. Ausführlich dazu *Paefgen* in Ebenroth/Boujong/Joost/Strohn, 4. Auflage 2018, § 177a HGB Anh. C, Vor § 1 KAGB Rn. 126 ff.

1464 Hinsichtlich der der starren Quote von 60 % geht der deutsche Gesetzgeber über die europarechtlichen Vorgaben der AIFM-Richtlinie hinaus durch die Anlehnung an die Regelungen des aufgehobenen InvG.

1465 In der Gesetzesbegründung des KAGB werden die unterschiedlichen Bezugswerte nicht erwähnt und die Literatur nimmt zum Teil ohne Begründung einen Gleichlauf der Kreditaufnahme- und Belastungsgrenze an, vgl. *Emde/Dreibus*, BKR 2013, 89, 95. Die Obergrenzen im Hinblick auf Kreditaufnahmen (Wert des AIF) und Belastungen (Verkehrswert der Assets des AIF) unterscheiden sich dadurch, aber beim Wert des AIF neben dem Verkehrswert der Vermögensgegenstände des AIF die Verbindlichkeiten und Kredite berücksichtigt werden (vgl. §§ 271 Abs. 1 i.V.m. 168 Abs. 1 S. 2 KAGB), weshalb der zulässige Rahmen für Kreditaufnahmen bei strenger Wortlautauslegung wesentlich geringer ist als für Belastungen, kritisch dazu *Silberberger* in Weitnauer/Boxberger/Anders, KAGB, § 263 Rn. 4 f.; *Wagner*, ZfBR 2015, 113, 115. *Niewerth/Rybarz* stellen auch bei § 263 Abs. 1 KAGB auf den Verkehrswert der zum Publikums-AIF gehörenden Vermögensgegenstände ab, vgl. *Niewerth/Rybarz*, WM 2013, 1154, 1165 f.

1466 *Silberberger* kritisiert die fehlende Konkretisierung der „Marktüblichkeit", vgl. *Silberberger* in Weitnauer/Boxberger/Anders, KAGB, § 263 Rn. 7.

der Stabilität und Integrität des Finanzsystems den zulässigen Leverageumfang beschränken kann[1467].

Im Diskussionsentwurf des KAGB vom 20.07.2012 war die zulässige Höhe für Kreditaufnahmen und Belastungen noch auf dreißig Prozent des Publikums-AIF begrenzt. Durch die Erhöhung der Obergrenze für Kreditaufnahmen und Belastungen auf sechzig Prozent berücksichtigte der Gesetzgeber die scharfe Kritik in den Stellungnahmen zum Diskussionsentwurf und passte die Gesetzeslage an die marktüblichen Geschäftsmodelle geschlossener Fonds an[1468]. Zudem wurde im weiteren Gesetzgebungsverlauf eine Anlaufphase von achtzehn Monaten ab Vertriebsstart geregelt, während der die Leverage- und Belastungsgrenzen noch nicht gelten, was Zwischenfinanzierungen erleichtert, die bis zur Einwerbung der Anlegergelder unter Umständen notwendig sind[1469].

d) Währungsrisiken

Gemäß § 261 Abs. 4 KAGB hat die KVG sicherzustellen, dass die Vermögensgegenstände eines geschlossenen inländischen Publikums-AIF nur insoweit einem Währungsrisiko unterliegen, als der Wert der einem solchen Risiko unterliegenden Vermögensgegenstände dreißig Prozent des Wertes dieses AIF nicht übersteigt[1470]. Nach der Gesetzesbegründung zu § 261 Abs. 4 KAGB liegt bei Währungskongruenz kein Währungsrisiko vor, also z.B. wenn der Fonds in Immobilien in den USA investiert und die Nennwährung des Fonds US-Dollar sind[1471].

9. Produktregulierung für geschlossene Spezial-AIF

Im Bereich der ausschließlich auf professionelle und semiprofessionelle Anleger ausgerichteten Spezial-AIF sah der deutsche Gesetzgeber grundsätzlich die eins zu eins Umsetzung der AIFM-Richtlinie vor, weshalb mit Ausnahme der wenigen Fondsregelungen der AIFM-Richtlinie im Grundsatz eine reine Regulierung der

---

1467 Die Informationspflichten im Zusammenhang mit Leverage sowie die diesbezüglichen Eingriffsbefugnisse der BaFin gehen auf die Vorgaben des Art. 25 AIFM-RL zurück, da der europäische Gesetzgeber die Hebelfinanzierung als potentielle Ursache für Systemrisiken und Marktstörungen ansieht, vgl. Erwägungsgrund (49) AIFM-RL. Die Berechnung der Hebelfinanzierung und die Bedingungen, unter denen die BaFin den eingesetzten Leverageumfang beschränken oder sonstige Maßnahmen ergreifen darf, sind in Art. 6 ff., Art. 112 Level II VO (EU) Nr. 231/2013 geregelt.

1468 Die Zulassung einer Kreditaufnahme in der Höhe von 60 % des Fondsvermögens wurde vom Bundesrat aus Anleger- und Verbraucherschutzgründen kritisiert unter Forderung der Wiederaufnahme der dreißigprozentigen Obergrenze, vgl. Stellungnahme des BR zum AIFM-UmsG vom 01.02.2013, BR-Drucks. 791/12, S. 12.

1469 *Niewerth/Rybarz*, WM 2013, 1154, 1166.

1470 § 261 Abs. 4 KAGB beruht auf § 67 Abs. 4 InvG.

1471 BT-Drucks. 17/12294, S. 271.

Fondsmanager und gerade keine Produktregulierung vorgenommen wurde[1472]. Jedoch bestehen in Bezug auf den Leverageeinsatz für den Spezial-AIFnach §§ 274 S. 1, 215 KAGB Informationspflichten der KVG gegenüber der BaFin, welche den Leverageumfang zur Gewährleistung der Stabilität und Integrität des Finanzsystems beschränken kann[1473]. Auch die Belastung von Vermögensgegenständen des Spezial-AIF sowie die Abtretung und Belastung von Forderungen aus Rechtsverhältnissen, welche sich auf die Vermögensgegenstände des Spezial-AIF beziehen, unterliegen gemäß § 275 KAGB Beschränkungen. Anders als im Bereich der geschlossenen Publikums-AIF legt das KAGB für geschlossene Spezial-AIF aber keine starre Obergrenze für den Einsatz von Leverage oder Belastungen fest.

Die KVG darf gemäß § 285 KAGB für einen geschlossenen, inländischen Spezial-AIF nur in solche Vermögensgegenstände investieren, deren Verkehrswert ermittelt werden kann[1474]. Eine Sonderregelung besteht zudem gemäß § 277 KAGB wonach die KVG mit den Anlegern zwingend schriftlich vereinbaren muss, dass die Anteile oder Aktien des geschlossenen Spezial-AIF nur an professionelle und semiprofessionelle Anleger übertragen werden dürfen[1475].

10. Der Vertrieb

Die Vertriebsregulierung stellt auch nach Inkrafttreten des KAGB eine zentrale Säule der Regulierung geschlossener Fonds dar[1476]. Das KAGB differenziert bei der Vertriebsregulierung unter anderem danach, ob es sich um Anteile an Publikums-AIF oder Spezial-AIF handelt[1477]. Im Hinblick auf die Voraussetzungen der Zulässigkeit

1472 BT-Drucks. 17/12294, S. 188.

1473 Art. 25 AIFM-RL; *Baum* in Weitnauer/Boxberger/Anders, § 215 Rn. 1 ff.

1474 Laut der Gesetzesbegründung dient dieses Erfordernis dazu, eine Bewertung zu ermöglichen, vgl. BT-Drucks. 17/12294, S. 277. Kritisch *Swoboda* wonach ein Verkehrswert immer ermittelt werden könne. Da der Gesetzeswortlaut keine Möglichkeit zur Wertermittlung nach einer bestimmten Methode fordere, sei der Nutzen des § 285 KAGB zweifelhaft, vgl. *Swoboda* in Weitnauer/Boxberger/Anders, KAGB, § 277 Rn. 2.

1475 Der Hintergrund des § 277 KAGB ist darin zu sehen, dass Anteile an Spezial-AIF gemäß § 1 Abs. 6 KAGB allein von professionellen und semiprofessionelle Anteilen erworben werden dürfen, vgl. BT-Drucks. 17/12294, S. 27. Allerdings lässt § 1 Abs. 6 KAGB für die Qualifikation als Spezial-AIF als Alternative zur schriftlichen Vereinbarung eines Erwerbsverbots zwischen Anleger und KVG zu, dass dieses Verbot in den konstituierenden Dokumenten des AIF geregelt ist. Diese Alternative wird in § 277 KAGB nicht beachtet, weshalb *Swoboda* insoweit von einem Redaktionsversehen ausgeht, vgl. *Swoboda* in Weitnauer/Boxberger/Anders, KAGB, § 275 Rn. 2.

1476 Kritisch zur Vertriebsregulierung *Zetzsche* in Möllers/Kloyer, Das neue KAGB, Rn. 362.

1477 Die Vertriebsregulierung des KAGB beruht auf den Vorgaben der AIFM-Richtlinie, wobei der deutsche Gesetzgeber insbesondere beim Vertrieb geschlossener

des Vertriebs und der anwendbaren Vorschriften übernimmt § 295 KAGB eine Art „Lotsenfunktion"[1478].

a) Vertriebsbegriff

Die Legaldefinition des Vertriebs findet sich in § 293 Abs. 1 S. 1–3 KAGB. Hiernach ist unter dem Begriff des Vertriebs grundsätzlich das Anbieten und Platzieren von Anteilen oder Aktien eines Investmentvermögens zu verstehen, wobei verschiedene Fallkonstellationen vom Vertriebsbegriff ausgenommen sind wie z.B. die bloße Veröffentlichung des Nettoinventarwerts je Anteil oder die Erfüllung gesetzlicher Veröffentlichungspflichten. Dieser Vertriebsbegriff wird für Spezial-AIF insoweit eingeschränkt, als dass ein Vertrieb an professionelle und semiprofessionelle Anleger nur dann vorliegt, wenn die Initiative von der KVG ausgeht oder in ihrem Auftrag erfolgt und wenn sich deren Sitz bzw. Wohnsitz in einem Mitgliedsstaat der Europäischen Union oder in einem anderen Vertragsstaat des Abkommens über den Europäischen Wirtschaftsraum befindet[1479].

Im Vergleich zur vorherigen Rechtslage handelt es sich um eine Erweiterung des Vertriebsbegriffs, da nicht mehr an ein öffentliches Angebot angeknüpft wird und keine Ausnahmen für sog. Private Placements (z.B. bei Ausgabe von höchstens zwanzig Anteilen oder Mindesteinlagen von 200.000 Euro nach dem Vorbild des § 2 Nr. 3 VermAnlG) mehr vorgesehen sind[1480]. Die Vertriebsregulierung nach dem KAGB besteht einerseits aus der Vertriebsanzeige gegenüber der BaFin und andererseits aus verschiedenen Pflichten bei der Durchführung des Vertriebs, welche das Verhältnis zwischen der KVG bzw. dem jeweiligen Vertriebsträger und den Anlegern betreffen[1481].

Publikums-AIF über die europäischen Vorgaben weit hinausging. Hierbei orientierte sich der Gesetzgeber an den Vertriebsvorschriften des aufgehobenen InvG. Vereinzelt wurden auch Regelungen des Vermögensanlagengesetzes ins KAGB integriert, BT-Drucks. 17/12294, S. 285, 283; *Voigt* in Möllers/Kloyer, Das neue KAGB, Rn. 156; *Wallach*, RdF 2013, 92, 101.

1478 *Paul* in Weitnauer/Boxberger/Anders, KAGB, § 295 Rn. 3.

1479 Zu den Anforderungen an die Initiative der Anleger im Rahmen des § 293 Abs. 1 S. 3 KAGB *Paefgen* in Ebenroth/Boujong/Joost/Strohn, 4. Auflage 2018, § 177a HGB Anh. C, Vor § 1 KAGB Rn. 175.

1480 *Paul* in Weitnauer/Boxberger/Anders, KAGB, § 293 Rn. 1; *Kobabe* in Möllers/Kloyer, Das neue KAGB, Rn. 1028 f.; *Kurz*, DB 2013, 503, 507; *Wallach*, RdF 2013, 92, 100; ausführlich *Voigt* in Möllers/Kloyer, Das neue KAGB, Rn. 156 f.

1481 *Wollenhaupt/Beck*, DB 2013, 1950, 1957; *Werner*, StBW 2013, 811, 815 f.; *Emde/Dreibus*, BKR 2013, 89, 97.

b) Anzeigeverfahren und Prüfungsumfang der BaFin

Der Vertrieb von AIF-Anteilen in Deutschland setzt zunächst in jedem Fall die Durchführung eines Anzeigeverfahrens bei der BaFin voraus[1482]. Dieses Anzeigeverfahren tritt an die Stelle des vor Inkrafttreten des KAGB geforderten Billigungsverfahrens nach § 8 VermAnlG beim beabsichtigten Vertrieb von geschlossenen Fonds, welches sich lediglich auf den Verkaufsprospekt bezog[1483]. Beabsichtigt eine KVG den Vertrieb von Fondsanteilen, so ist sie nach den Vorschriften des KAGB grundsätzlich verpflichtet, diese Absicht der BaFin vorher anzuzeigen unter Einreichung eines Anzeigeschreibens. Dieses Anzeigeschreiben umfasst eine Vielzahl an Unterlagen und Angaben, z.B. einen Geschäftsplan, die Anlagebedingungen, den Fondsgesellschaftsvertrag und den Verkaufsprospekt sowie die wesentlichen Anlegerinformationen bzw. die Informationen nach § 307 KAGB[1484]. Sofern das Anzeigeschreiben vollständig ist und alle geforderten Angaben und Unterlagen vorliegen, teilt die BaFin der KVG innerhalb von zwanzig Arbeitstagen mit, ob mit dem Vertrieb begonnen werden darf.

Obwohl die Bezeichnung „Vertriebsanzeige“ eine bloße Mitteilungspflicht gegenüber der BaFin nahelegt, handelt es sich hierbei rechtlich um einen Erlaubnisantrag[1485]. Denn der Vertriebsstart ist erst dann zulässig, wenn ein positiver Bescheid ergeht und dieser der KVG mitgeteilt wird. Da die Vertriebsanzeige – unabhängig von der Art des AIF und dem Anlegerkreis – immer gefordert ist, ist nach dem KAGB somit jeder Vertrieb von Fondsanteilen genehmigungsbedürftig[1486]. Eine wesentliche Neuerung der Vertriebsregulierung des KAGB besteht im erheblich ausgeweiteten Prüfungsumfang der BaFin. Anders als nach der Rechtslage des VermAnlG findet nicht bloß eine Prüfung des Verkaufsprospekts auf Vollständigkeit und Kohärenz

---

1482 Die Anzeigepflicht beim beabsichtigten Vertrieb von inländischen Publikums-AIF in Deutschland ist in § 316 KAGB geregelt, die Anzeigepflichten im Zusammenhang mit dem Vertrieb von inländischen Spezial-AIF sowie EU-AIF an semi-professionelle und professionelle Anleger sind in § 321 KAGB normiert. Die §§ 320 ff. KAGB regeln das Anzeigeverfahren in verschiedenen weiteren Konstellationen.

1483 *Kobabe* in Möllers/Kloyer, Das neue KAGB, Rn. 1034; *Kurz*, DB 2013, 503, 507.

1484 Eine Übersicht darüber, welches Anzeigeschreiben in welcher Fallkonstellation durchzuführen ist, findet sich in den FAQ der BaFin vom 04.07.2013, vgl. BaFin, FAQ vom 04.07.2013, WA 41-Wp 2137-2013/0293, Nr. 2.11.

1485 Aus diesem Grund wird das Anzeigeverfahren auch als Vertriebserlaubnis oder -genehmigung bezeichnet, vgl. *Emde/Dreibus*, BKR 2013, 89, 98; *Jesch* in Dornseifer/Jesch/Klebeck/Tollmann, AIFM-Richtlinie, Art. 31 Rn. 10; *Kobabe* in Möllers/Kloyer, Das neue KAGB, Rn. 1039. Der missverständliche Begriff der Vertriebsanzeige ist zurückzuführen auf die Formulierung in Art. 31 Abs. 2 AIFM-RL, jedoch fordert Art. 31 Abs. 3 S. 3 AIFM-RL ausdrücklich die Mitteilung einer „positiven Entscheidung“ durch die Aufsichtsbehörde, bevor der AIFM mit dem Vertrieb des AIF beginnen darf.

1486 *Werner*, StBW 2013, 811, 816; *Emde/Dreibus*, BKR 2013, 89, 97; *Wallach*, RdF 2013, 92, 100.

statt, sondern es erfolgt (zumindest theoretisch) eine volle inhaltliche, materiellrechtliche Prüfung sämtlicher Dokumente des Anzeigeschreibens[1487]. Die Erweiterung des Prüfungsumfangs ergibt sich daraus, dass die BaFin den Vertrieb der Anteile untersagen kann, wenn die KVG oder die Verwaltung des AIF durch die KVG gegen Vorschriften des KAGB verstößt.

c) Verkaufsprospekt und wesentliche Anlegerinformationen bei geschlossenen Publikums-AIF

Das KAGB erlegt der KVG in § 268 Abs. 1 KAGB die Pflicht zur Erstellung eines Verkaufsprospekts und sog. wesentlicher Anlegerinformationen für die von ihr verwalteten geschlossenen Publikums-AIF auf. Gemäß §§ 268 Abs. 1 i.V.m. 165 Abs. 1 KAGB muss der Verkaufsprospekt alle Angaben enthalten, die erforderlich sind, damit sich der Anleger ein begründetes Urteil über die Vermögensanlage und die damit verbundenen Risiken bilden kann. Der Verkaufsprospekt muss redlich und eindeutig sein und darf nicht irreführend sein[1488]. Der geforderte Mindestinhalt des Verkaufsprospekts ergibt sich aus § 269 KAGB, welcher zum Großteil auf die Regelungen für offene Publikumsinvestmentvermögen verweist unter Ergänzung weiterer Pflichtangaben, die den Besonderheiten bei geschlossenen Fonds entsprechen. So sind etwa Angaben gefordert über die Übertragbarkeit der Anteile an der Investmentkommanditgesellschaft, ggf. Angaben zum Treuhandkommanditisten und Angaben zum Anlageobjekt, falls dieses zum Zeitpunkt der Prospekterstellung bereits feststeht[1489]. Im Vergleich zur Rechtslage vor Inkrafttreten des KAGB sind z.B. der Hinweis im Verkaufsprospekt auf das Recht des am Anteilserwerb Interessierten, bestimmte Informationen etwa über die Risikomanagementmethoden zu verlangen, neu hinzugekommen, ebenso wie die Pflicht zu detaillierten Angaben in Bezug auf Leverage und zur Verwahrstelle[1490].

1487 *Dieske* in Weitnauer/Boxberger/Anders, KAGB, § 320 Rn. 11.

1488 Zur geforderten Redlichkeit, Eindeutigkeit und fehlenden Irreführungsmöglichkeit, vgl. *Silberberger* in Weitnauer/Boxberger/Anders, KAGB, § 268 Rn. 3.

1489 Der Großteil der Vorschriften des KAGB zum Mindestinhalt des Verkaufsprospekts gemäß §§ 269 Abs. 1, 165 KAGB beruht auf Regelungen des aufgehobenen InvG. Zudem setzt der deutsche Gesetzgeber die Informationspflichten nach Art. 23 AIFM-RL um. § 269 Abs. 2, 3 KAGB übernehmen unter Vornahme von redaktioneller Änderungen die Vorschriften aus der VermVerkProspV, welche vor Inkrafttreten des KAGB für geschlossene Fonds die inhaltlichen Anforderungen an den Verkaufsprospekt nach § 7 VermAnlG konkretisierte, vgl. BT-Drucks. 17/ 12294, S. 273.

1490 Die inhaltlichen Anforderungen an den Verkaufsprospekt sind mit dem KAGB leicht gestiegen, vgl. *Silberberger* in Weitnauer/Boxberger/Anders, KAGB, § 269 Rn. 10.

Die zu erstellenden wesentlichen Anlegerinformationen sind dem Vermögensanlagen-Informationsblatt nach § 13 VermAnlG ähnlich[1491]. Die wesentlichen Anlegerinformationen müssen bestimmte Mindestangaben zu den wesentlichen Merkmalen des Fonds aufweisen (z.B. zum Risiko- und Ertragsprofil sowie zu den Anlagezielen und der Anlagepolitik). Sie sind kurz zu halten, in einer allgemeinverständlichen Sprache abzufassen und sollen dem Anleger die wesentlichen Merkmale des Fonds so darlegen, dass der Anleger diese ohne Heranziehung weiterer Dokumente verstehen kann. Ab dem Zeitpunkt des möglichen Vertriebsstarts hat die KVG den Verkaufsprospekt und die wesentlichen Anlegerinformationen in der aktuellen Fassung auf ihrer Internetseite zu veröffentlichen, wobei die Angaben im Verkaufsprospekt, denen eine wesentliche Bedeutung zukommt, sowie die wesentlichen Anlegerinformationen während der Vertriebsphase auf dem aktuellen Stand zu halten sind[1492].

d) Informationspflichten nach § 307 KAGB gegenüber semiprofessionellen und professionellen Anlegern

Zwar besteht bei Spezial-AIF weder eine Pflicht zur Erstellung eines Verkaufsprospekts, noch sind wesentliche Anlegerinformationen zu erstellen. Allerdings sind semi-professionellen und professionellen Anlegern gemäß § 307 Abs. 1 KAGB eine Vielzahl an Informationen zur Verfügung zu stellen[1493]. Hierzu zählen z.B. Informationen zur Anlagestrategie, zum Einsatz von Leverage und eine Beschreibung sämtlicher von den Anlegern zu tragenden Entgelte, Gebühren und Kosten. Da der Informationskatalog in § 307 Abs. 1 S. 1 Nr. 1–19 KAGB sehr umfangreich und detailliert ist, kommen die Informationspflichten bei Spezial-AIF einer Prospektpflicht nahe[1494]. In der Praxis wird deshalb ein Private Placement Memorandum (PPM) erstellt.

e) Plichten beim Vertrieb und laufende Informationspflichten gegenüber Anlegern

Ist ein Privatanleger am Erwerb eines Anteils bzw. einer Aktie an einem AIF interessiert, so muss er vor Vertragsschluss zwingend über den Nettoinventarwert des Anteils bzw. der Aktie informiert werden (§ 297 Abs. 2 KAGB). Darüber hinaus sind ihm die sog. Verkaufsunterlagen zur Verfügung zu stellen, welche aus dem Verkaufsprospekt, den wesentlichen Anlegerinformationen sowie dem letzten veröffentlichten Jahres-und Halbjahresbericht in der geltenden Fassung bestehen.

1491 Ausführlich hierzu *Weitnauer* in Möllers/Kloyer, Das neue KAGB, Rn. 468 ff.

1492 § 268 Abs. 1 S. 2, 2 S. 1 KAGB. Hierzu *Weitnauer* in Möllers/Kloyer, Das neue KAGB, Rn. 463.

1493 § 307 Abs. 1 KAGB dient der Umsetzung des Art. 23 AIFM-RL; BT-Drucks. 17/12294, S. 283.

1494 Geurts/Schubert, KAGB, S. 217; *Werner*, StBW 2013, 811, 816; *Emde/Dreibus*, BKR 2013, 89, 98.

Die Anlagebedingungen, der Gesellschaftsvertrag bzw. die Satzung des AIF und ggf. der Treuhandvertrag müssen entweder dem Verkaufsprospekt beigefügt sein oder der Anleger muss im Verkaufsprospekt darauf hingewiesen werden, wo diese Dokumente erhältlich sind (§ 297 Abs. 3 KAGB). Die Verkaufsunterlagen sind dem Anleger bzw. dem am Erwerb Interessierten entweder auf einem dauerhaften Datenträger zu übermitteln oder auf der Internetseite zu veröffentlichen. Der Anleger kann zudem jederzeit die kostenlose Überlassung der Verkaufsunterlagen in Papierform verlangen. Gefordert sind darüber hinaus Informationen im Zusammenhang mit dem Vertragsabschluss und Hinweise auf das neue spezialgesetzliche Widerrufsrecht nach § 305 KAGB; auf Verlangen müssen dem interessierten Erwerber zusätzliche Informationen erteilt werden z.B. über die Risikomanagementsysteme.

Semiprofessionellen und professionellen Anlegern, die am Erwerb einer Aktie oder eines Anteils interessiert sind, sind gemäß § 307 Abs. 1 S. 1 KAGB vor Vertragsschluss der letzte Jahresbericht zur Verfügung zu stellen sowie die in § 307 Abs. 1 S. 2 KAGB aufgelisteten Informationen. Wie diese Informationen zur Verfügung gestellt werden, ist in den Anlagenbedingungen oder der Satzung bzw. dem Gesellschaftsvertrag festzulegen. Bei Spezial-AIF müssen gemäß § 295 Abs. 1 S. 2 KAGB außerdem wirksame Vorkehrungen getroffen werden, die einen Vertrieb an Privatanleger verhindern[1495].

Darüber hinaus bestehen sowohl gegenüber Privatanlegern, als auch gegenüber semiprofessionellen und professionellen Anlegern laufende Offenlegungspflichten (§ 300 KAGB i.V.m § 308 Abs. 4 S. 2 KAGB)[1496]. Gefordert ist z.B. eine regelmäßige Offenlegung des prozentualen Anteils der schwer liquidierbaren Vermögensgegenstände des AIF, des Risikoprofils des AIF und der von der KVG eingesetzten Risikomanagementsysteme. Auch in Bezug auf die Jahresberichte der AIF bestehen laufende Transparenzpflichten; so sind z.B. die Jahresberichte der geschlossenen Investmentkommanditgesellschaft gemäß § 160 Abs. 3 KAGB gegenüber den Anlegern auf Anfrage hin offenzulegen.

f) Vertrieb mit Auslandsbezug (EU- und Drittstaaten-Vertriebspass)

Eine wesentliche Neuerung des KAGB stellt die Einführung des sog. EU-Vertriebspasses dar, welcher den grenzüberschreitenden Vertrieb von Fondsanteilen

---

1495 § 295 Abs. 1 S. 3 KAGB. In 1.5 der FAQ der BaFin vom 04.07.2013 sind Mindestanforderungen an die Vorkehrungen zur Verhinderung eines Vertriebs an Privatanleger festgelegt. Gefordert sind insbesondere drucktechnisch herausgestellte Hinweise in den Verkaufsunterlagen, eine dahingehende vertragliche Vereinbarung mit Vertriebspartnern sowie im Falle eines Online-Vertriebs getrennte und zugangsgesicherte Verkaufsportale, vgl. BaFin, FAQ vom 04.07.2013, WA 41-Wp 2137-2013/0293, Nr. 1.5.

1496 Die laufenden Offenlegungspflichten beruhen auf Art. 23 Abs. 4, 5 AIFM-RL und werden in Art. 118, Art. 199 Level II VO (EU) Nr. 231/2013 konkretisiert.

erheblich vereinfacht[1497]. Zur Erreichung eines Europäischen Binnenmarktes darf die in einem Mitgliedsstaat der Europäischen Union oder in einem anderen Vertragsstaat des Abkommens über den Europäischen Wirtschaftsraum zugelassene AIF-Verwaltungsgesellschaft nach der Durchführung eines Anzeigeverfahrens im Herkunftsstaat der Verwaltungsgesellschaft die von ihr verwalteten EU-AIF sowie inländische Spezial-AIF an professionelle Anleger und zum Teil auch an semiprofessionelle Anleger in der gesamten europäischen Union sowie den Vertragsstaaten des Abkommens über den Europäischen Wirtschaftsraum vertreiben[1498]. Im Anschluss an das erfolgreiche Anzeigeverfahren übermittelt die Aufsichtsbehörde des Herkunftsstaates innerhalb von zwanzig Arbeitstagen die Anzeigeunterlagen und eine Bescheinigung über die Zulassung der KVG bzw. EU-Verwaltungsgesellschaft an die zuständigen Behörden der jeweiligen Vertriebsstaaten, woraufhin der Vertrieb ab dem Zeitpunkt der Mitteilung der erfolgten Übermittlung dort begonnen werden darf[1499].

Darüber hinaus gestattet das KAGB den Vertrieb mit Auslandsbezug unter bestimmten Voraussetzungen auch außerhalb des EU-Vertriebspasses. Hierbei differenziert der Gesetzgeber danach, ob der Vertrieb auf professionelle Anleger, semiprofessionelle Anleger oder Privatanleger ausgerichtet ist, ob es sich um Publikums-AIF oder Spezial-AIF handelt, ob es sich um einen inländischen AIF, einen EU-AIF oder einen sog. Drittstaaten-AIF handelt sowie danach, wo die entsprechende Verwaltungsgesellschaft ihren Sitz hat (in Deutschland, einem anderen Mitgliedsstaat der Europäischen Union oder einem anderen Vertragsstaat des Abkommens über den Europäischen Wirtschaftsraum oder in einem Drittstaat)[1500]. Eine weitere Differenzierung wird außerdem in zeitlicher Hinsicht aufgrund des von der Europäischen Kommission auf der Grundlage des Art. 67 Abs. 6 AIFM-RL festgelegten Stichtags vorgenommen[1501]. Nach diesem Stichtag gilt auch für den Vertrieb

---

1497 *Voigt* in Möllers/Kloyer, Das neue KAGB, Rn. 139.

1498 § 323 KAGB regelt die Anzeigepflicht einer EU-AIF-Verwaltungsgesellschaft beim beabsichtigten Vertrieb von EU-AIF oder von inländischen Spezial-AIF an semiprofessionelle und professionelle Anleger im Inland („Incoming-AIF"). In diesem Fall überprüft die BaFin gemäß § 323 Abs. 1 KAGB lediglich, ob die Aufsichtsbehörde des Herkunftsstaats der EU-Verwaltungsgesellschaft das Anzeigeschreiben für den angezeigten AIF und die Zulassungsbescheinigung übermittelt hat. In § 331 KAGB ist die Anzeigepflicht einer AIF-Kapitalverwaltungsgesellschaft beim Vertrieb von EU-AIF oder inländischen AIF an professionelle Anleger in anderen Mitgliedstaaten der Europäischen Union oder in anderen Vertragsstaaten des Abkommens über den Europäischen Wirtschaftsraum („Outgoing-AIF") normiert.

1499 Der europäische Vertriebspass ist in Art. 32 AIFM-RL geregelt. Ausführlich hierzu *Zeidler* in Weitnauer/Boxberger/Anders, KAGB, § 331 Rn. 1 ff, § 323 Rn. 3 ff.

1500 §§ 295 Abs. 2–7, 317, 320 ff., 332 ff. KAGB. Ausführlich zu den möglichen Vertriebskonstellationen *Paul* in Weitnauer/Boxberger/Anders, KAGB, 2013 § 295 Rn. 6 ff.; *Wallach*, Rdf 2013, 92, 101 f.

1501 Bislang hat die Europäische Kommission von ihrer Ermächtigung nach Art. 67 Abs. 6 AIFM-RL keinen Gebrauch gemacht. Gemäß Art. 67 Abs. 6 AIFM-RL ist die

mit Drittstaatenbezug ein Drittstaaten-Vertriebspass[1502]. Verwaltungsgesellschaften mit Sitz in einem Drittstaat unterliegen hierbei der Aufsicht durch die zuständige Behörde in einem sog. Referenzmitgliedsstaat[1503]. Neben dem grenzüberschreitenden Vertrieb gestattet das KAGB im Übrigen auch die grenzüberschreitende Verwaltung von AIF und sieht hierfür unter anderem einen sog. Managementpass vor[1504].

11. Prospekthaftung

Neben der Aufsicht durch die BaFin stellt die Prospekthaftung ein elementares Mittel zur Rechtsdurchsetzung der Vorschriften des KAGB dar[1505]. Die spezialgesetzliche Prospekthaftung des KAGB ist in §§ 306, 307 KAGB geregelt.

a) Prospekthaftung gegenüber Privatanlegern bei fehlerhaftem Verkaufsprospekt

Sofern der Verkaufsprospekt hinsichtlich solcher Angaben, die für die Beurteilung der Anteile des Investmentvermögens von wesentlicher Bedeutung sind, unrichtig oder unvollständig ist, steht dem Privatanleger nach § 306 Abs. 1 KAGB ein Prospekthaftungsanspruch zu[1506]. Haftungsschuldner dieses Anspruchs sind neben der Verwaltungsgesellschaft diejenigen, die für den Verkaufsprospekt die Verantwortung übernommen haben (Prospektverantwortliche), sowie diejenigen, von denen der Erlass des Verkaufsprospekts ausgeht (Prospekterlasser) und derjenige, der diese Anteile oder Aktien im eigenen Namen gewerbsmäßig verkauft hat als Gesamtschuldner[1507]. Darüber hinaus kann nach § 306 Abs. 4 KAGB auch derjenige in

---

Kommission verpflichtet, den Rechtsakt innerhalb von drei Monaten nach Erhalt der diesbezüglichen Empfehlung und Stellungnahmen der ESMA zu erlassen, wobei die ESMA die Empfehlung und Stellungnahmen bis zum 22.07.2015 vorzulegen sind; ausführlich *Zeller* in Dornseifer/Jesch/Klebeck/Tollmann, AIFM-Richtlinie, Art. 67 Rn. 5 ff.

1502 *Wollenhaupt/Beck*, DB 2013, 1950, 1958; *Wallach*, RdF 2013, 92, 102; *Klebeck* in Weitnauer/Boxberger/Anders, KAGB, § 58 Rn. 1 ff.; *Zeller* in Dornseifer/Jesch/Klebeck/Tollmann, AIFM-Richtlinie, Art. 66 Rn. 1 ff.; *Voigt* in Möllers/Kloyer, Das neue KAGB, Rn. 159 ff.

1503 *Wollenhaupt/Beck*, DB 2013, 1950, 1958; *Klebeck* in Dornseifer/Jesch/Klebeck/Tollmann, AIFM-Richtlinie, Vor Kap. VII Rn. 42; *Emde/Dreibus*, BKR 2013, 89, 99; *Wallach*, RdF 2013, 92, 102.

1504 § 53 KAGB, vgl. dazu *Wilkowski/Grulke* in Weitnauer/Boxberger/Anders, KAGB, § 53 Rn. 1 ff.; *Wollenhaupt/Beck*, DB 2013, 1950, 1955.

1505 *Möllers* in Möllers/Kloyer, Das neue KAGB, Rn. 634.

1506 Die Regelung des § 306 KAGB ist größtenteils an § 127 InvG angelehnt. § 306 Abs. 5 KAGB überträgt Vorgaben des VermAnlG in das KAGB, vgl. BT-Drucks. 17/12294, S. 283.

1507 Die Prospektveranlasser und die Prospektverantwortlichen waren zunächst nicht als Haftungsschuldner vorgesehen, vgl. BT-Drucks. 17/12294, S. 141. Erst auf die

Anspruch genommen werden, der gewerbsmäßig Anteile vermittelt oder in fremden Namen verkauft hat[1508].

Voraussetzung des Prospekthaftungsanspruchs ist, dass der Anleger die Anteile an dem Investmentvermögen aufgrund des Verkaufsprospektes erworben hat. Ein Unterschied zur Prospekthaftung nach dem Vermögensanlagengesetz ist darin zu sehen, dass keine Beweislastumkehr zu Gunsten des Anlegers besteht und der Anleger deshalb die Kausalität zwischen dem fehlerhaften Prospekt und seiner Anlageentscheidung darlegen und beweisen muss[1509]. Nach § 306 Abs. 3 KAGB entfällt die Prospekthaftung einer Gesellschaft, einer Person oder derjenigen Stelle, die die Anteile im eigenen Namen gewerbsmäßig verkauft hat, wenn diese die Unrichtigkeit bzw. Unvollständigkeit des Verkaufsprospekts nicht kannte und die Unkenntnis nicht auf grober Fahrlässigkeit beruht[1510]. Eine Prospekthaftung bei einfacher Fahrlässigkeit ist demnach ausgeschlossen[1511]. Wer gewerbsmäßig den Verkauf der Anteile vermittelt oder die Anteile im eigenen Namen verkauft hat, haftet § 306 Abs. 4 KAGB nur bei positiver Kenntnis der Unrichtigkeit bzw. Unvollständigkeit des Verkaufsprospekts[1512].

Beschlussempfehlung des Finanzausschusses hin aufgenommen fügte der Gesetzgeber diese Haftungsschuldner in § 306 Abs. 1 KAGB in Anlehnung an § 20 Abs. 1 VermAnlG ein aufgrund der sonst entstehenden Schutzlücken, vgl. BT-Drucks. 17/13395, S. 657; *Schnauder*, jurisPR-BKR 10/2013, Anm. 1.

1508 Ausführlich zur Haftung von Anlage- und Abschlussvermittler sowie Anlageberater, vgl. *Hanke*, BKR 2014, 441, 446.

1509 *Schnauder* geht von einem Versehen des Gesetzgebers aus, vgl. *Schnauder*, NJW 2013, 3207, 3209. Dagegen spricht aber, dass bereits bei den insoweit als Vorgängernormen anzusehenden § 127 InvG und § 20 KAAG die fehlende Regelung einer Beweislastumkehr kritisiert und ein gesetzgeberisches Versehen diskutiert wurde. Ein Redaktionsversehen in drei Gesetzesgenerationen erscheint jedoch unwahrscheinlich, so auch *Paul* in Weitnauer/Boxberger/Anders, KAGB, § 306 Rn. 10; *Möllers* in Möllers/Kloyer, Das neue KAGB, Rn. 643; *Köndgen* in Berger/Steck/Lübbehüsen, InvG, § 127 Rn. 7; *Eckhold/Balzer* in Assmann/Schütze, Hdb. des Kapitalanlagerechts § 22 Rn. 130.

1510 Eine Haftungsbegrenzung in zeitlicher Hinsicht entsprechend § 20 Abs. 1 S. 1 VermAnlG, wonach das Erwerbsgeschäft innerhalb von zwei Jahren nach dem ersten öffentlichen Angebot stattgefunden haben muss, sieht der Haftungsanspruch für fehlerhafte Prospekte des KAGB nicht vor. Eine solche zeitliche Haftungsbeschränkung besteht lediglich bei der Haftung nach § 306 Abs. 5 KAGB, wenn gar kein Verkaufsprospekt veröffentlicht wurde.

1511 Die Darlegungs- und Beweislast für das Nichtvorliegen einer groben Fahrlässigkeit liegt beim Haftungsschuldner, vgl. *Paul* in Weitnauer/Boxberger/Anders, KAGB, § 306 Rn. 33.

1512 Die Darlegungs- und Beweislast im Rahmen des § 306 Abs. 4 KAGB obliegt dem Anleger als Anspruchsteller, vgl. *Paul* in Weitnauer/Boxberger/Anders, KAGB, § 306 Rn. 42. Zur Bedeutung der Haftungsbeschränkung in § 306 Abs. 4 KAGB in Bezug auf die Prospektprüfungspflicht der Anlageberater und -vermittler, vgl. *Hanke*, BKR 2014, 441, 447.

Als Rechtsfolge steht dem Privatanleger ein Anspruch auf Übernahme der Anteile gegen Erstattung des von ihm gezahlten Betrages zu[1513]. Ist der Anleger zum Zeitpunkt der Kenntniserlangung hinsichtlich der Unrichtigkeit bzw. Unvollständigkeit des Verkaufsprospekts nicht mehr Inhaber des Anteils, so kann er die Zahlung des Betrages verlangen, um welchen der von ihm gezahlte ursprüngliche Erwerbspreis den Rücknahmepreis oder den Wert des Anteils zum Zeitpunkt der Veräußerung übersteigt. Vereinbarungen, wonach die Prospekthaftungsansprüche nach § 306 KAGB im Voraus verkürzt oder ausgeschlossen werden, sind unwirksam. Abgesehen von der Verschlechterung der Prozessposition des Anlegers durch die unterbliebene Regelung einer Beweislastumkehr im Hinblick auf den Kausalzusammenhang zwischen Prospekt und Anlageentscheidung hat sich das spezialgesetzliche Prospekthaftungsregime insgesamt betrachtet durch die Neuregelung des KAGB im Bereich geschlossener Fonds kaum verändert[1514].

b) Sonstige „Prospekthaftung" gegenüber Privatanlegern

Dem Privatanleger steht außerdem nach § 306 Abs. 2 KAGB ein Anspruch gegen die Verwaltungsgesellschaft und denjenigen, der die Anteile im eigenen Namen gewerbsmäßig verkauft hat, als Gesamtschuldner zu, wenn die Angaben in den wesentlichen Anlegerinformationen irreführend, unrichtig oder nicht mit den einschlägigen Stellen des Verkaufsprospekts vereinbar sind. Darüber hinaus kann auch derjenige, der die Anteile vermittelt oder im fremden Namen verkauft hat in Anspruch genommen werden, sofern dieser bezüglich der Unrichtigkeit der wesentlichen Anlegerinformationen positive Kenntnis hatte. Im Übrigen gelten die

1513 Der gezahlte Betrag umfasst auch die mit dem Erwerb verbundenen Kosten wie z.B. das Agio, vgl. *Paul* in Weitnauer/Boxberger/Anders, KAGB, § 306 Rn. 23. Der Prospekthaftungsanspruch gegen die KVG bei Vorliegen eines intern verwalteten AIF ist problematisch, da die geschlossene Investmentkommanditgesellschaft als Personengesellschaft keine eigenen Anteile übernehmen kann und weil die Erstattung des bezahlten Betrages durch die Investmentkommanditgesellschaft als verbotswidrige Einlagenrückgewähr anzusehen wäre mit der Folge des Wiederauflebens der Kommanditistenhaftung nach §§ 149 Abs. 1 S. 2 KAGB, §§ 171 Abs. 1, 172 Abs. 4 S. 1 HGB, vgl. dazu *Paefgen* in Ebenroth/Boujong/Joost/Strohn, 4. Auflage 2018, § 177a HGB Anh. C, Vor § 1 KAGB Rn. 197; *Schnauder*, NJW 2013, 3207, 3210, *Paul* in Weitnauer/Boxberger/Anders, KAGB, § 306 Rn. 24; *Eckhold/Balzer* in Assmann/Schütze, Hdb. des Kapitalanlagerechts, § 22 Rn. 132. Zudem bestehen sowohl im Hinblick auf den Gläubigerschutz, als auch hinsichtlich des Schutzbedürfnisses der anderen Anleger Bedenken, vgl. *Ziegler*, DStR 2005, 30 ff.

1514 Im Hinblick auf das materiell-rechtliche Schutzniveau der Anleger eine Erhaltung des status quo annehmend, jedoch in prozessualen Hinsicht eine Verschlechterung monierend *Schnauder*, NJW 2013, 3207, 3209; a.A. *Möllers* in Möllers/Kloyer, Das neue KAGB, Rn. 679, wonach durch das KAGB die Rechtsposition des Anlegers im Bereich der geschlossenen Fonds verbessert wurde.

Ausführungen zur Haftung für fehlerhafte Verkaufsprospekte nach § 306 Abs. 1 KAGB entsprechend.

Sofern entgegen der bestehenden Prospektpflicht nach dem KAGB gar kein Verkaufsprospekt veröffentlicht wurde, steht dem Privatanleger ein Prospekthaftungsanspruch gegenüber dem Anbieter zu nach § 306 Abs. 5 S. 1 KAGB[1515]. Der Anspruch ist jedoch ausgeschlossen, wenn der Anleger zum Zeitpunkt des Anteilserwerbs die bestehende Prospektpflicht kannte oder wenn das Erwerbsgeschäft nicht im Zeitraum von zwei Jahren nach dem ersten Anbieten oder Platzieren der Anteile und vor Veröffentlichung eines Verkaufsprospekts erfolgte.

c) *Haftung für fehlerhafte Informationen nach § 307 KAGB gegenüber semiprofessionellen und professionellen Anlegern*

Auch semiprofessionellen und professionellen Anlegern steht nach dem KAGB ein spezialgesetzlicher „Prospekthaftungsanspruch" zu. Zwar besteht bei Spezial-AIF keine Pflicht zur Erstellung eines Verkaufsprospekts, jedoch gelten gegenüber semiprofessionellen und professionellen Anlegern umfangreiche Informationspflichten nach § 307 Abs. 1 KAGB. Diese Informationspflichten bilden den Anknüpfungspunkt der „Prospekthaftung" gegenüber semiprofessionellen und professionellen Anlegern. In Bezug auf die Voraussetzungen und die Rechtsfolgen der Haftung verweist der Gesetzgeber in § 307 Abs. 2 KAGB auf die Regelungen zur Haftung gegenüber Privatanlegern bei fehlerhaften Verkaufsprospekten, wobei anstelle des „Verkaufsprospekts" die „Informationen nach § 307 KAGB" maßgeblich sind. Insoweit kann auf die Ausführungen zur Haftung bei fehlerhaften Verkaufsprospekten gegenüber Privatanlegern verwiesen werden.

d) *Verhältnis zwischen der Prospekthaftung des KAGB und der zivilrechtlichen Prospekthaftung*

Es stellt sich die Frage, wie das Konkurrenzverhältnis zwischen der zivilrechtlichen Prospekthaftung des KAGB und der von der Rechtsprechung herausgebildeten bürgerlich-rechtlichen Prospekthaftung zu beurteilen ist. Gemäß § 306 Abs. 6 S. 2 KAGB (i.V.m § 307 Abs. 3 KAGB) bleiben von der Prospekthaftung des KAGB weiter gehende Ansprüche, welche sich nach Vorschriften des BGB zum Vertrags- oder Deliktsrecht ergeben, unberührt[1516]. Eine weitergehende Regelung zum Konkurrenzverhältnis enthält weder der Gesetzestext, noch die Gesetzesbegründung des KAGB. Das Konkurrenzverhältnis ist insbesondere wegen der spezialgesetzlichen

---

1515 Der Prospekthaftungsanspruch nach § 306 Abs. 5 KAGB wurde mit redaktionellen Anpassungen dem § 22 Abs. 1 VermAnlG nachgebildet, vgl. BT-Drucks. 17/12294, S. 283.

1516 Der Gesetzgeber übernahm die Regelung zum Konkurrenzverhältnis wortwörtlich aus § 20 Abs. 6 S. 2 VermAnlG, vgl. Gesetzesbegründung zu § 306 KAGB, BT-Drucks. 17/12294, S. 283.

Haftungsbeschränkung auf grobe Fahrlässigkeit nach § 306 Abs. 3 KAGB und den Unterschieden hinsichtlich des Kreises der Haftungsschuldner von Bedeutung[1517]. Aufgrund der fehlenden Übernahme der Beweislastumkehr nach § 20 Abs. 4 Nr. 1 VermAnlG im Hinblick auf die Kausalität zwischen dem fehlerhaften Verkaufsprospekt und der Anlageentscheidung hat die Bedeutung des Konkurrenzverhältnisses im Vergleich zur Rechtslage nach dem Vermögensanlagengesetz sogar noch an Bedeutung gewonnen.

Das Verhältnis zwischen der spezialgesetzlichen Prospekthaftung und der richterrechtlich herausgebildeten zivilrechtlichen Prospekthaftung *im engeren Sinn* ist seit Einführung der spezialgesetzlichen Prospekthaftung umstritten[1518]. Die Rechtsprechung bildete die zivilrechtliche Prospekthaftung ursprünglich heraus, da diesbezüglich keine gesetzlichen Regelungen existieren, obgleich ein Schutzbedürfnis der Anleger auf der Hand lag[1519]. Diese gesetzgeberische Lücke wurde durch die spezialgesetzliche Prospekthaftung, welche nunmehr im KAGB geregelt ist, geschlossen. Der Wille des Gesetzgebers hinsichtlich der Haftungsvoraussetzungen darf nicht durch die Rechtsprechung umgangen werden, weshalb entsprechend der herrschenden Ansicht zur spezialgesetzlichen Prospekthaftung des Vermögensanlagengesetzes vor Inkrafttreten des KAGB von einer Verdrängung der richterrechtlichen Prospekthaftung im engeren Sinn durch §§ 306, 307 KAGB auszugehen ist[1520].

Anders als bei der zivilrechtlichen Prospekthaftung im engeren Sinn fand die von der Rechtsprechung herausgebildete zivilrechtliche Prospekthaftung *im weiteren Sinn* – welche seit der Schuldrechtsreform ihre Grundlage in § 311 Abs. 2, 3 BGB hat –, vor Inkrafttreten des KAGB nach überwiegender Meinung neben der spezialgesetzlichen Prospekthaftung Anwendung[1521]. Jedoch wird die Anwendbarkeit der bürgerlich-rechtlichen Prospekthaftung im weiteren Sinn neben der spezialgesetzlichen Prospekthaftung nach §§ 306, 307 KAGB im Schrifttum zum Teil abgelehnt[1522].

1517 Siehe oben Verhältnis zwischen richterrechtlicher und spezialgesetzlicher Prospekthaftung, C. II. 2. d), S. 90 ff. Zu den Unterschieden zwischen der spezialgesetzlichen Prospekthaftung des VerkProspG und der richterrechtlichen Prospekthaftung im engeren Sinn, vgl. *Grunewald* in MüKo/HGB, § 161 Rn. 192 ff. Die damals geltenden Unterschiede gelten auch nach Inkrafttreten des KAGB fort.

1518 Ausführlich dazu siehe oben Verhältnis zwischen richterrechtlicher und spezialgesetzlicher Prospekthaftung, C. II. 2. d), S. 90 ff.

1519 Ausführlich dazu siehe oben Zivilrechtliche Prospekthaftung nach der Rechtsprechung, C. II. 1., S. 78 ff.

1520 *Schürnbrand*, NZG 2014, 256, 283; a.A. wohl *Horbach* in MünchHdb. GesR II, § 69 Rn. 53.

1521 Ausführlich dazu siehe oben Verhältnis zwischen richterrechtlicher und spezialgesetzlicher Prospekthaftung, C. II. 2. d), S. 90 ff.

1522 *Hanke*, BKR 2014, 441, 448; so wohl auch *Schnauder* der das Rechtsinstitut der zivilrechtlichen Prospekthaftung im Bereich der Kapitalmarktinformation durch die abschließenden Regelungen des KAGB endgültig abgeschafft betrachtet, vgl. *Schnauder*, NJW 3207, 3212. Da *Schnauder* hier nicht zwischen der zivilrechtlichen Prospekthaftung im engeren Sinn und der Prospekthaftung im weiteren Sinn

Begründet wird diese Auffassung damit, dass aufgrund des gesetzgeberischen Ziels der Schaffung eines geschlossenen Regelwerks für die Fondsbranche auch die bürgerlich-rechtliche Prospekthaftung im weiteren Sinn von §§ 306, 307 KAGB verdrängt wird[1523]. Dieser Verdrängung kann jedoch nur zugestimmt werden, soweit ein Konflikt zur spezialgesetzlichen Prospekthaftung des KAGB besteht[1524]. So kommt z.B. bei Falschangaben in einem anderen Dokument als dem Verkaufsprospekt oder bei Beratungsfehlern, die über den Verkaufsprospekt hinausgehen und auf einem persönlich in Anspruch genommenen Vertrauen gründen, ein Schadensersatzanspruch des Anlegers nach der bürgerlich-rechtlichen Prospekthaftung im weiteren Sinn als vorvertragliche Vertrauenshaftung nach § 311 Abs. 2, 3 BGB durchaus in Betracht[1525].

12. Übernahmesonderrecht

Im Bereich der Private Equity Fonds stellen die Sonderregelungen für AIF, welche die Kontrolle über nicht börsennotierte Unternehmen erlangen (sog. Übernahmesonderrecht) gemäß §§ 287–292 KAGB eine wichtige Neuerung dar[1526]. Hintergrund dieser Vorschriften ist das Streben des europäischen Gesetzgebers, die Zielunternehmen von Private Equity Transaktionen und deren Arbeitnehmer durch Verstärkung der Transparenzanforderungen zu schützen[1527]. Der Anwendungsbereich der §§ 287–292 ist gemäß § 287 Abs. 1 KAGB für solche KVG eröffnet, die AIF verwalten, welche entweder allein, gemeinsam oder auf Grund einer Vereinbarung den Kontrollerwerb über ein nicht börsennotiertes Unternehmen zum Ziel haben[1528]. Ebenso erfasst sind KVG, die aufgrund einer Vereinbarung mit anderen

---

differenziert, ist seiner Ansicht nach von der Verdrängung auch die bürgerlichrechtliche Prospekthaftung im weiteren Sinn erfasst.

1523 *Hanke*, BKR 2014, 441, 448; *Schnauder*, NJW 3207, 3212.

1524 So auch *Paul* in Weitnauer/Boxberger/Anders, KAGB, § 306 Rn. 56.

1525 *Möllers* in Möllers/Kloyer, Das neue KAGB, Rn. 6434; *Paul* in Weitnauer/Boxberger/Anders, KAGB, § 306 Rn. 56; *Schürnbrand*, NZG 2014, 256, 281 f.

1526 §§ 287–292 KAGB setzten nahezu wortgleich Art. 26 ff. AIFM-RL um. Da Private Equity Fonds in der Regel als geschlossene Spezial-AIF aufgelegt werden, ist das Übernahmesonderrecht systematisch bei den Vorschriften für geschlossene inländische Spezial-AIF verortet. Allerdings finden §§ 287–292 KAGB aufgrund des Verweises in § 261 Abs. 7 KAGB auch für geschlossene Publikums-AIF Anwendung.

1527 Erwägungsgrund (52) AIFM-RL; Stellungnahme des Ausschusses für Wirtschaft und Währung im Rahmen des sog. „Lehne-Berichts“ vom 09.07.2006; *Swoboda* in Weitnauer/Boxberger/Anders, KAGB, § 287 Rn. 1; *Viciano-Gofferje*, BB 2013, 2506; *Zetzsche*, NZG 2012, 1164.

1528 Eine Legaldefinition des nicht börsennotierten Unternehmens findet sich in § 1 Abs. 19 Nr. 27 KAGB. Umstritten ist, ob auch Personengesellschaften unter diesen Begriff fallen. Dafür *Söhner*, WM 2014, 2110, 2112; a.A. *Zetzsche*, NZG 2012, 1164; *Swoboda* in Weitnauer/Boxberger/Anders, KAGB, § 288 Rn. 4. Zum Begriff der gemeinsamen Kontrolle, vgl. *Zetzsche*, NZG 2012, 1164, 1165.

KVG zusammenarbeiten, wonach einer der von ihnen verwalteten AIF die Kontrolle über ein nicht börsennotiertes Unternehmen erlangen soll[1529]. Der Begriff des Kontrollerwerbs ist in § 288 Abs. 1 KAGB legaldefiniert als Erlangung von fünfzig Prozent der Stimmrechte des Unternehmens[1530]. Das Übernahmesonderrecht gemäß §§ 287–292 KAGB findet keine Anwendung, wenn es sich bei dem nichtbörsennotierten Unternehmen um ein kleineres oder mittleres Unternehmen i.S.d. Art. 2 Abs. 1 des Anhangs der Empfehlung 2003/361/EG der Kommission vom 06.05.2003 betreffend die Definition der Kleinstunternehmen sowie der kleinen und mittleren Unternehmen handelt, ebenso wenig wie bei Immobilienzweckgesellschaften.

a) Transparenzpflichten

Gemäß § 289 Abs. 1 KAGB besteht eine Mitteilungspflicht der KVG gegenüber der BaFin, wenn die Stimmwerte des von ihr verwalteten AIF an dem nicht börsennotierten Unternehmen die Schwellenwerte von zehn Prozent, zwanzig Prozent, dreißig Prozent, fünzig Prozent und fünfundsiebzig Prozent erreichen, überschreiten oder unterschreiten[1531]. Die in § 289 Abs. 1 KAGB geregelten Mitteilungspflichten setzen ausnahmsweise nicht das Anstreben des Kontrollerwerb voraus, sondern gelten auch bei bloßen Minderheitsbeteiligungen des AIF (§ 287 Abs. 3 KAGB).

Erlangt der AIF entweder allein oder gemeinsam mit einem oder mehreren anderen AIF die Kontrolle über das Zielunternehmen, so hat die KVG die BaFin, das Zielunternehmen und die bekannten bzw. ermittelbaren Anteilseigner des Zielunternehmens über die Umstände und das Datum der Kontrollerlangung sowie die Situation der Stimmrechte zu unterrichten. Darüber hinaus ist die KVG verpflichtet, die Geschäftsleitung der Zielgesellschaft zur Information der Arbeitnehmervertreter (bzw. der Arbeitnehmer selbst bei nicht vorhandener Arbeiternehmervertretung)

1529 Das Übernahmesonderrecht gilt zumindest teilweise auch bei dem Kontrollerwerb über Emittenten i.S.d. Art. 2 Abs. 1 d) Richtlinie 2004/109/EG, vgl. *Viciano-Gofferje*, BB 2013, 2506, 2508 ff.

1530 § 288 Abs. 2 KAGB sieht unter anderem eine Zurechnung der Stimmrechten von Unternehmen vor, die durch den AIF kontrolliert werden. Dies ist insbesondere deshalb wichtig, weil der AIF in der Regel nicht selbst die Unternehmensbeteiligungen erwirbt, sondern eine zwischengeschaltete Erwerbsgesellschaft, vgl. *Schröder/Rahn*, GWR 2014, 49, 50 f.; kritisch *Weitnauer*, AG 2013, 672, 674.

1531 § 289 KAGB ist an die Mitteilungspflichten nach § 21 WpHG angelehnt unter Auslassung einiger Schwellenwerte, vgl. *Söhner*, WM 2014, 2110, 2113 f.; *Werner*, StBW 2013, 811, 815. Umstritten ist, ob bei der Berechnung der Stimmrechte nach § 289 Abs. 1 KAGB die Zurechnungsvorschriften des § 288 Abs. 2 KAGB Anwendung finden. Bejahend *Viciano-Gofferje*, BB 2013, 2506, 2507 f.; *Bärenz/Käpplinger* in Dornseifer/Jesch/Klebeck/Tollmann, AIFM-Richtlinie, Art. 27 Rn. 19; a.A. *Söhner*, WM 2014, 2110, 2113 f. Kritisch zum Sinn und Zweck der Mitteilungspflicht *Möllers/Harrer/Krüger*, WM 2011, 1537, 1541.

anzuhalten und diese nach besten Kräften sicherzustellen[1532]. Nach der Kontrollerlangung bestehen gegenüber dem Zielunternehmen, den bekannten oder ermittelbaren Anteilseigner des Zielunternehmens sowie gegenüber der BaFin weitere Offenlegungspflichten der KVG z.B. im Hinblick auf die Identität der KVG, den Grundsätzen zur Steuerung und Vermeidung von Interessenkonflikten sowie bezüglich der Absichten des AIF im Hinblick auf die zukünftige Geschäftsentwicklung des Zielunternehmens. Gegenüber der BaFin und den Anlegern ist nach dem Kontrollerwerb offenzulegen, wie dieser finanziert wurde. Neben den Mitteilungs- und Offenlegungspflichten schreibt § 291 KAGB im Falle des Kontrollerwerbs der KVG erweiterte Berichtspflichten vor, welche sich wahlweise entweder auf den Jahresbericht und ggf. den Lagebericht des Zielunternehmens oder auf den Jahresabschluss bzw. Jahresbericht des AIF beziehen[1533].

b) Zerschlagen von Unternehmen (Asset Stripping)

Neben den Transparenzvorschriften sind in § 292 KAGB Schutzmechanismen gegen die „Zerschlagung von Unternehmen" vorgesehen[1534]. Es soll verhindert werden, dass Private Equity Fonds ein Zielunternehmen lediglich zur kurzfristigen Gewinnerzielung übernehmen und „ausschlachten" durch den Verkauf einzelner Vermögenswerte der Zielgesellschaft wie z.B. Grundstücken, Betriebsteilen oder Tochtergesellschaften (sog. Asset Stripping), um anschließend „Super-Dividenden" auszuschütten[1535]. Gemäß § 292 Abs. 1 KAGB ist innerhalb der ersten 24 Monate

---

1532 Ausführlich *Klebeck/Kolbe,* BB 2014, 707, 710 ff. Eine direkte Pflicht der KVG gegenüber der Arbeitnehmervertretung bzw. der Arbeitnehmer der Zielgesellschaft scheidet aus, da zwischen der KVG und den Arbeitnehmern keine direkte vertragliche Beziehung besteht. Es besteht keine unmittelbare Rechtsbeziehung zwischen den Gesellschaftern und den Arbeitnehmern einer Gesellschaft, zumal Gesellschafter der Zielgesellschaft nicht die KVG, sondern der AIF bzw. eine vom AIF gehaltene Erwerbergesellschaft ist, vgl. Erwägungsgrund (54) AIFM-RL; *Zetzsche,* NZG 2012, 1164, 1165; *van Kann/Redeker/Keiluweit,* DStR 2013, 1483, 1488. Die nicht börsennotierten Unternehmen selbst sind ebenfalls gemäß § 106 Abs. 2 S. 1 i.V.m. Abs. 3 Nr. 9a BetrVG gesetzlich zur Unterrichtung des Wirtschaftsausschusses bzw. des Betriebsrats verpflichtet.

1533 *Weitnauer,* AG 2013, 672, 675 f.; kritisch *Möllers/Harrer/Krüger,* WM 2011, 1537, 1541.

1534 Der Begriff „Zerschlagung von Unternehmen" wird zum Teil als irreführend empfunden, weil die Regelungen des § 292 KAGB nicht nur existenzvernichtende Maßnahmen verbietet, sondern bereits den exzessiven Vermögensabzug, vgl. *Weitnauer,* AG 2013, 672, 677. Andererseits ist nach § 292 KAGB z.B. die Veräußerung von Vermögensgegenständen der Zielgesellschaft uneingeschränkt möglich ebenso wie der Verkauf wesentlicher Betriebsteile, *van Kann/Redeker/Keiluweit,* DStR 2013, 1483, 1487.

1535 *Boxberger* in Dornseifer/Jesch/Klebeck/Tollmann, AIFM-Richtlinie, Art. 30 Rn. 2 ff.; *Möllers/Harrer/Krüger,* WM 2011, 1537, 1542; *Viciano-Gofferje,* BB 2013, 2506, 2510.

nach dem Kontrollerwerb die Handlungsfreiheit in Bezug auf Ausschüttungen, Kapitalherabsetzungen, die Rücknahme von Anteilen sowie den Ankauf eigener Anteile durch das Zielunternehmen beschränkt[1536]. Solche Maßnahmen darf die KVG nicht selbst gestatten, ermöglichen, unterstützen oder anordnen. Ist die KVG dazu berechtigt, im Leitungsgremium des Zielunternehmens die Stimmrechte des AIF auszuüben, so darf sie nicht für die genannten Maßnahmen stimmen. Darüber hinaus ist die KVG allgemein dazu verpflichtet, sich bestmöglich um die Verhinderung von Ausschüttungen und Kapitalherabsetzungen auf Ebene der Zielgesellschaft sowie Anteilsrücknahmen oder den Kauf eigener Anteile durch die Zielgesellschaft innerhalb der ersten 24 Monate nach dem Kontrollerwerb zu bemühen. In der Regel hat die KVG selbst keinen unmittelbaren Einfluss auf die Gesellschafter der Zielgesellschaft, da sich der von ihr verwaltete AIF typischerweise über eine sog. Erwerbsgesellschaft am Zielunternehmen beteiligt[1537]. In diesem Fall wird von der KVG die Einflussnahme über den AIF auf die Geschäftsführung der Erwerbsgesellschaft verlangt[1538].

Diese Einschränkungen gelten jedoch nur hinsichtlich solcher Ausschüttungen, welche dazu führen würden, dass das im vorangegangenen Jahresabschluss ausgewiesene Netto-Aktivvermögen der Zielgesellschaft den Betrag des gezeichneten Kapitals zuzüglich der gesetzlich oder in der Satzung vorgeschriebenen Rücklagen unterschreiten würde (§ 291 Abs. 2 Nr. 1 KAGB)[1539]. Ferner sind Ausschüttungen, welche über den Bilanzgewinn hinausgehen, generell verboten (§ 292 Abs. 2 Nr. 2 KAGB)[1540]. Der Rückkauf eigener Anteile darf nicht zu einer Herabminderung des Netto-Aktivvermögens unter das gezeichnete Kapital führen (§ 292 Abs. 2 Nr. 3 KAGB) und Kapitalherabsetzungen sind nur zum Verlustausgleich sowie zur Bildung einer Rücklage in Höhe von maximal zehn Prozent des herabgesetzten Kapitals zulässig (§ 291 Abs. 3 Nr. 2 KAGB). Die Regelungen des § 292 KAGB sind an die Kapitalerhaltungsvorschriften des Aktiengesetzes angelehnt[1541]. Die bei Private Equity Transaktionen übliche Verschmelzung der mit den Akquisitionsdarlehen

1536 Zum Begriff „Ausschüttungen“ siehe *Paefgen* in Ebenroth/Boujong/Joost/Strohn, 4. Auflage 2018, § 177a HGB Anh. C, Vor § 1 KAGB Rn. 158.

1537 *Weitnauer*, AG 2013, 672, 676.

1538 *Schröder/Rahn*, GWR 2014, 49, 52; *Weitnauer*, AG 2013, 672, 676.

1539 Unter dem Begriff Ausschüttungen ist die Zahlung von Dividenden und Zinsen im Zusammenhang mit den Anteilen zu verstehen (§ 292 Abs. 3 Nr. 1 KAGB). Umstritten ist, inwieweit ein Gewinnabführungsvertrag von der Ausschüttungssperre des § 292 KAGB betroffen ist, vgl. *Swoboda* in Weitnauer/Boxberger/Anders, KAGB, § 292 Rn. 19; *van Kann/Redeker/Keiluweit*, DStR 2013, 1483, 148 f.; *Weitnauer*, AG 2013, 672, 677.

1540 *Schröder/Rahn*, GWR 2014, 49, 52.

1541 *Viciano-Gofferje*, BB 2013, 2506, 2510; *Söhner*, WM 2110, 2115. Zu den Konsequenzen des § 292 KAGB im Zusammenspiel mit gesellschaftsrechtlichen Normen sowie der deliktischen Haftung nach § 823 Abs. 2 BGB, vgl. *Zetzsche*, NZG 2012, 1164, 1169.

belasteten Erwerbsgesellschaft auf die Zielgesellschaft bzw. der Besicherung des Akquisitionsdarlehens mit Vermögensgegenständen der Zielgesellschaft bleiben von den Regelungen des § 292 KAGB unberührt[1542].

13. Zusammenfassung

Das Regulierungsregime des KAGB ändert die rechtlichen Rahmenbedingungen für geschlossene Fonds grundlegend. Die Fondsmanager – sog. Kapitalverwaltungsgesellschaft (KVG) – der unter das KAGB fallenden geschlossenen Fonds unterliegen einer umfassenden Regulierung. Diese benötigen eine Erlaubnis der BaFin und müssen eine Vielzahl an Anforderungen erfüllen[1543]. So muss die KVG unter anderem mit einem Anfangskapital von mindestens 300.000 Euro im Falle der Selbstverwaltung (interne KVG) bzw. 125.000 Euro bei Vorliegen einer externen KVG ausgestattet sein und verschiedene weitere Kapitalanforderungen erfüllen[1544]. Neben allgemeinen Verhaltens- und Organisationspflichten – welche z.B. die Vorhaltung ausreichender technischer und personeller Ressourcen sowie eine ordnungsgemäße Verwaltung und Buchführung fordern – enthält das KAGB Regelungen zum Umgang mit Interessenkonflikten sowie zu den Vergütungssystemen[1545]. Eine wesentliche Neuerung des KAGB stellen darüber hinaus die Pflichten im Zusammenhang mit dem Liquiditätsmanagement sowie dem Risikomanagement dar[1546]. So fordert das KAGB neben der Einführung von Liquiditätsmanagementsystemen unter anderem die Einrichtung und Aufrechterhaltung einer dauerhaften Risikocontrollingfunktion, welche von den operativen Bereichen – insbesondere vom Portfoliomanagement – funktionell und hierarchisch zu trennen ist[1547]. Weitere wesentliche Neuerungen des KAGB sind in den Pflichten im Zusammenhang mit der Bewertung der Vermögensgegenstände zu sehen sowie in der zwingenden Beauftragung einer Verwahrstelle[1548]. Die Verwahrstelle

1542 *Paefgen* in Ebenroth/Boujong/Joost/Strohn, 4. Auflage 2018, § 177a HGB Anh. C, Vor § 1 KAGB Rn. 161; *Schröder/Rahn,* GWR 2014, 49, 52 f.; *Boxberger* in Dornseifer/Jesch/Klebeck/Tollmann, AIFM-Richtlinie, Art. 30 Rn. 26; *Weitnauer,* AG 2013, 672, 676; *van Kann/Redeker/Keiluweit,* DStR 2013, 1483, 1487.

1543 In bestimmten Ausnahmefällen nach § 2 KAGB (z.B. für sog. „kleine AIF“) sieht das KAGB die Möglichkeit vor, statt der Erlaubnis eine Registrierung zu beantragen unter der teilweisen Unanwendbarkeit des KAGB.

1544 § 25 KAGB, vgl. ausführlich *Winterhalder* in Weitnauer/Boxberger/Anders, KAGB, § 25 Rn. 1 ff.; *Tollmann* in Dornseifer/Jesch/Klebeck/Tollmann, AIFM-Richtlinie, Art. 4 Rn. 141 ff.

1545 §§ 28, 37 KAGB; vgl. *Wallach,* RdF 2013, 92, 96. Zu den Vergütungssystemen, vgl. *Boxberger* in Dornseifer/Jesch/Klebeck/Tollmann, AIFM-Richtlinie, Art. 13 Rn. 1.

1546 §§ 29, 30 KAGB.

1547 *Josek* in Dornseifer/Jesch/Klebeck/Tollmann, AIFM-Richtlinie, Art. 15 Rn. 152 ff.; *Timmerbeil/Spachmüller,* DB 2012, 1425 f.; *Swoboda* in Weitnauer/Boxberger/Anders, KAGB, § 30 Rn. 1 ff.

1548 § 272 Abs. 1 KAGB (i.V.m. § 286 Abs. 2 KAGB).

ist vergleichbar mit der Depotbank nach dem aufgehobenen Investmentgesetz und übt neben der Verwahrfunktion eine wichtige Kontrollfunktion aus, da die Verwahrstelle unter anderem die Zahlungsströme der AIF überwacht[1549].

Das KAGB enthält neben den Anforderungen an die KVG auch Vorschriften, welche unmittelbar für die Fondsgesellschaften (AIF) gelten. So gilt für alle Fondsvehikel in Gesellschaftsform nach dem KAGB ein Spezialgesellschaftsrecht[1550]. Geschlossene Fonds – welche in der Terminologie des KAGB als geschlossene, inländische Investmentvermögen auftreten – dürfen nur als Investmentaktienaktiengesellschaft mit fixem Kapital oder als geschlossene Investmentkommanditgesellschaft aufgelegt werden (sog. Typenzwang)[1551]. Dabei sind gemäß § 149 Abs. 1 S. 2 KAGB bzw. § 140 Abs. 1 S. 2 KAGB die gesellschaftsrechtlichen Besonderheiten des KAGB – vorrangig vor HGB und AktG – zu berücksichtigen.

Während das KAGB für geschlossene Spezial-AIF aufgrund der grundsätzlichen eins zu eins Umsetzung der AIFM-Richtlinie ansonsten kaum Vorgaben enthält, unterwirft das KAGB geschlossene Publikums-AIF weitgehenden Einschränkungen insbesondere hinsichtlich der Anlagetätigkeit[1552]. Von besonderer praktischer Bedeutung sind die Begrenzung von Kreditaufnahmen auf sechzig Prozent des Wertes des geschlossenen Publikums-AIF (sog. Leverage-Begrenzung) sowie der zu beachtende Grundsatz der Risikomischung[1553]. Ein-Objekt-Fonds sind nach dem KAGB nur noch ausnahmsweise zulässig, wenn sich die Anleger zu einer Einlage von mindestens 20.000 Euro verpflichten und sonstigen Anforderungen an semiprofessionelle Anleger erfüllt sind[1554].

Auch die Vertriebsregulierung geschlossener Fonds wurde durch das KAGB verschärft. Für geschlossene Publikums-AIF ist ein Verkaufsprospekt sowie wesentliche Anlegerinformationen zu erstellen; bei geschlossenen Spezial-AIF ist die Erstellung von umfangreichen Informationen nach § 307 KAGB gefordert. Ein sog. Private Placement ist nach dem KAGB nicht mehr möglich[1555]. Anstelle des Billigungsverfahrens des Verkaufsprospekts nach dem Vermögensanlagengesetz ist nun die Durchführung eines sog. Anzeigeverfahrens notwendig. Im Rahmen dieses Anzeigeverfahrens müssen der BaFin eine Vielzahl an Unterlagen und Angaben vorgelegt werden wie z.B. die Anlagebedingungen, der Fondsgesellschaftsvertrag

1549 § 83 KAGB, vgl. *Kobbach/Anders*, NZG 2012, 1170, 1171; *Emde/Dreibus*, BKR 2013, 89, 96 f.; *Boxberger* in Weitnauer/Boxberger/Anders, KAGB, § 83 Rn. 1 ff.

1550 *Silberberger* in Weitnauer/Boxberger/Anders, KAGB, § 140 Rn. 2; *Zetzsche*, AG 2013, 613, 624 f.

1551 §§ 139, 140 ff., 149 ff. KAGB, vgl. *Freitag*, NZG 2013, 329 f.; *Klebeck/Kolbe*, BB 2014, 707, 708; *Zetzsche/Preiner*, WM 2013, 2101, 2102.

1552 BT-Drucks. 17/12294, S. 188.

1553 §§ 262, 263 KAGB.

1554 § 206 Abs. 2 KAGB. *Wallach*, RdF 2013, 92, 100; *Hartrott/Goller*, BB 2013, 1603, 1609; *Voigt* in Möllers/Kloyer, Das neue KAGB, Rn. 174.

1555 *Kobabe* in Möllers/Kloyer, Das neue KAGB, Rn. 1028 f.; *Kurz*, DB 2013, 503, 507; *Wallach*, RdF 2013, 92, 100; *Voigt* in Möllers/Kloyer, Das neue KAGB, Rn. 156 f.

und der Verkaufsprospekt bzw. die Informationen nach § 307 KAGB[1556]. Anders als nach dem Vermögensanlagengesetz beschränkt sich der Prüfungsumfang der BaFin nicht nur auf die formelle Vollständigkeit sowie die Kohärenz und Verständlichkeit der Angaben des Verkaufsprospekts, sondern die BaFin nimmt eine vollumfängliche materiell-rechtliche Prüfung vor und kann den Vertrieb im Falle eines Verstoßes gegen das KAGB untersagen. Die Prospekthaftung nach dem KAGB ist im Wesentlichen gleich geblieben wie unter dem vormals geltenden Vermögensanlagengesetz; allerdings existiert keine Beweislastumkehr mehr zugunsten des Anleger im Hinblick auf den Kausalzusammenhang zwischen dem Verkaufsprospekt und der Anlageentscheidung[1557].

1556 Grundsätzlich hat dieses Anzeigeschreiben einen Geschäftsplan, die Anlagebedingungen (bzw. einen Verweis auf die zur Genehmigung eingereichten Anlagebedingungen bei Publikums-AIF) sowie den Gesellschaftsvertrag bzw. die Satzung des AIF und die Angabe der Verwahrstelle (bzw. bei Publikums-AIF einen Verweis auf die von der BaFin genehmigte Verwahrstelle) zu enthalten. Beim Vertrieb von Anteilen an inländischen Publikums-AIF muss das Anzeigeschreiben zusätzlich den Verkaufsprospekt und die wesentlichen Anlegerinformationen enthalten, wohingegen beim beabsichtigten Vertrieb von Spezial-AIF das Anzeigeschreiben die geforderten Informationen nach § 307 KAGB enthalten muss sowie Angaben zu Vorkehrungen, die zur Verhinderung eines Vertriebs an Privatanleger getroffen wurden. Zu Publikums-AIF vgl. § 316 Abs. 1 KAGB, dazu *Dieske* in Weitnauer/Boxberger/Anders, KAGB, § 316 Rn. 5 ff. Zu Spezial-AIF vgl. § 321 Abs. 1 KAGB, dazu *Zeidler* in Weitnauer/Boxberger/Anders, KAGB, § 321 Rn. 3 ff.; BaFin, FAQ vom 04.07.2013, WA 41-Wp 2137-2013/0293. Der geforderte Inhalt des Anzeigeschreibens beruht zum Teil auf den Vorgaben nach Art. 31 Abs. 2 AIFM-RL i.V.m. Anhang III AIFM-RL, bzw. beim grenzüberschreitenden Vertrieb auf Art. 32 Abs. 2 i.V.m. Anhang IV AIFM-RL. Die AIFM-RL ermächtigt die ESMA zum Entwurf eines Musteranzeigeschreibens (z.B. Art. 31 Abs. 5 AIFM-RL). Bislang wurde jedoch noch kein Musteranzeigeschreiben von der ESMA veröffentlicht.

1557 So auch *Schnauder*, NJW 2013, 3207, 3209; a.A. *Möllers* in Möllers/Kloyer, Das neue KAGB, Rn. 679, wonach durch das KAGB die Rechtsposition des Anlegers im Bereich der geschlossenen Fonds verbessert wurde.

F. Eröffnung des Anwendungbereichs des KAGB für geschlossene Fonds

Die vorstehend dargestellte umfassende Regulierung des KAGB trifft geschlossene Fonds bzw. deren Verwalter selbstverständlich nur dann, wenn der Anwendungsbereich des KAGB eröffnet ist. Obwohl nach der Zielsetzung des deutschen Gesetzgebers sämtliche Fonds und deren Manager und insbesondere geschlossene Fonds dem Regulierungsregime des KAGB unterworfen werden sollen, knüpft die Regelung des Anwendungsbereichs des KAGB nicht schlicht an das Vorliegen eines (offenen oder geschlossenen) Fonds an[1558]. Wäre dies der Fall, könnte die Frage, ob das KAGB für alle Arten geschlossener Fonds anwendbar ist, einfach beantwortet werden. Allerdings steht einer derartigen Regelung entgegen, dass der Begriff des geschlossenen Fonds im deutschen Recht zwar verwendet, aber nicht gesetzlich definiert ist. Aus diesem Grund und wegen der Vielzahl an Formen und Strukturen kollektiver Anlagevehikel wäre der Anwendungsbereich des KAGB bei einem Abstellen auf das Vorliegen eines geschlossenen Fonds zu unbestimmt. Zudem setzt der deutsche Gesetzgeber mit dem KAGB die AIFM-Richtlinie um und ist insofern an die europarechtlichen Vorgaben hinsichtlich des Anwendungsbereichs gebunden.

Entsprechend der Regelung des Anwendungsbereichs in der AIFM-Richtlinie hängt die Anwendbarkeit des KAGB vom Vorliegen verschiedener materieller Tatbestandsmerkmale ab, welche die Eigenschaften der regulierungsgegenständlichen kollektiven Anlagevehikel und Anlageprodukte abbilden[1559]. Allerdings kann bereits an dieser Stelle festgehalten werden, dass bei dem vom europäischen und deutschen Gesetzgeber gewählten Weg der Regelung des Anwendungsbereichs der AIFM-Richtlinie bzw. des KAGB erhebliche Unsicherheiten bestehen[1560].

I. Vorliegen eines Investmentvermögens

Das KAGB ist dann anwendbar, wenn ein Investmentvermögen i.S.d. § 1 Abs. 1 KAGB vorliegt[1561]. Zur Klärung der Frage, ob ein Fonds in den Anwendungsbereich des KAGB fällt, ist zu prüfen, ob dieser Fonds die Voraussetzungen eines Investmentvermögens

---

1558 BT-Drucks. 17/12294, S. 187.

1559 *Assmann* in Assmann/Schütze, Hdb. des Kapitalanlagerechts, § 5 Rn. 345.

1560 Loritz/Uffmann, WM 2013, 2193, 2194; *Krause/Klebeck*, RdF 2013, 4, 5; *Assmann* in Assmann/Schütze, Hdb. des Kapitalanlagerechts, § 5 Rn. 367; *Zetzsche/Preiner*, WM 2013, 2101.

1561 *Niewerth/Rybarz*, WM 2013, 1154, 1156; *Loritz/Rickmers*, NZG 2014, 1241, 1242.

i.S.d. § 1 Abs. 1 KAGB erfüllt[1562]. Aus diesem Grund ist der Begriff des Investmentvermögens als Schlüsselbegriff des KAGB anzusehen[1563].

1. Materieller Investmentfondsbegriff

Ausweislich der Gesetzesbegründung des KAGB gibt der Gesetzgeber den formellen Investmentfondsbegriff des nunmehr aufgehobenen Investmentgesetzes auf und legt dem KAGB entsprechend den Vorgaben der AIFM-Richtlinie einen materiellen Investmentfondsbegriff zugrunde[1564]. Das Investmentgesetz war nur auf solche inländischen Investmentvermögen anwendbar, die formal als Sondervermögen oder als Investmentaktiengesellschaft i.S.d. Investmentgesetzes aufgelegt wurden und die den Anforderungen des Investmentgesetzes im Hinblick auf die Risikomischung und der zulässigen Vermögensgegenstände entsprachen[1565]. Kollektive Anlagevehikel, welche nicht nach den Anforderungen des Investmentgesetzes strukturiert waren, fielen nicht unter das Regulierungsregime des Investmentgesetzes, waren aber dennoch weiterhin zulässig ggf. unter Beachtung anderer Gesetze wie dem Vermögensanlagengesetz[1566]. Der Fondsinitiator hatte es in der Hand, sich durch die Nichterfüllung der formalen Anforderungen (z.B. durch die Wahl einer im Investmentgesetz nicht vorgesehenen Rechtsform des Anlagevehikels) einer Regulierung durch das Investmentgesetz zu entziehen[1567]. Der Fondsinitiator konnte sich somit selbst entscheiden, ob er sich eines regulierten oder eines unregulierten Fondsvehikels bedient. Mit dem materiellen Investmentfondsbegriff des KAGB hingegen wird ein allumfassender Regulierungsansatz gewählt[1568]. Jedes Anlagevehikel, das aufgrund der Erfüllung der (materiellen) Tatbestandsvoraussetzungen des § 1 Abs. 1

1562 *Assmann* in Assmann/Schütze, Hdb. des Kapitalanlagerechts, § 5 Rn. 372.

1563 *Patzner/Schneider-Deters* in Patzner/Döser/Kempf, Investmentrecht, § 1 Rn. 1; Jesch/Alten, RdF 2013, 191, 193; *Wallach*, RdF 2013, 92; *Bäuml*, FR 2013, 640, 641; *Loritz/Rickmers*, NZG 2014, 1241, 1242; *Assmann* in Assmann/Schütze, Hdb. des Kapitalanlagerechts, § 5 Rn. 345.

1564 BT-Drucks. 17/12294, S. 188; BaFin, FachArt. vom 02.03.2013, AIFM-Umsetzungsgesetz: Regelungen für Verwalter alternativer Investmentfonds; *Krause* in Beckmann/Scholtz/Vollmer, Investment, vor § 405 Rn. 2 ff.; *Emde/Dreibus*, BKR 2013, 89, 90; *Voigt* in Möllers/Kloyer, Das neue KAGB, Rn. 137; *Bußalb/Unzicker*, BKR 2012, 309, 311; *Eckhold/Balzer* in Assmann/Schütze, Hdb. des Kapitalanlagerechts, § 22 Rn. 7; a.A. wohl *Tollmann* in Möllers/Kloyer, Das neue KAGB, Rn. 1066; *Kramer/Recknagel*, DB 2077, 2079 f.

1565 *Köndgen* in Berger/Steck/Lübbehüsen, InvG, § 1 Rn. 8; *Demleitner*, BB 2014, 2058; *Wallach*, RdF 2013, 92, 94; *Klebeck/Kolbe*, BB 2014, 707.

1566 BT-Drucks. 17/12294, S. 188; *Niewerth/Rybarz*, WM 2013, 1154, 1156; *Möllers/Seidenschwann* in Möllers/Kloyer, Das neue KAGB, Rn. 6, Fn. 19.

1567 *Tollmann* in Dornseifer/Jesch/Klebeck/Tollmann, AIFM-Richtlinie, Art. 2 Rn. 4 ff.; *Krause/Klebeck*, RdF 2013, 4, 5 f.; *Schneider* in Möllers/Kloyer, Das neue KAGB, Rn. 183; *Klebeck/Kolbe*, BB 2014, 707.

1568 *Tollmann* in Dornseifer/Jesch/Klebeck/Tollmann, AIFM-Richtlinie, Art. 2 Rn. 5.

KAGB als Investmentvermögen anzusehen ist, ist der Regulierung des KAGB unterworfen[1569]. Welche Rechtsform das Anlagevehikel aufweist und ob es als offener oder geschlossener Fonds aufgelegt ist, spielt für die Anwendbarkeit des KAGB keine Rolle[1570]. Eine Umgehung der Regulierung z.B. durch die Rechtsformwahl soll durch den materiellen Investmentfondsbegriff ausgeschlossen werden[1571]. Liegt ein Investmentvermögen vor, so muss dieses zwingend die Vorgaben des KAGB einhalten. Die Auflage eines Investmentvermögens ohne Beachtung der Vorschriften des KAGB ist nicht zulässig und zieht aufsichtsrechtliche, zivilrechtliche und in letzter Konsequenz sogar strafrechtliche Konsequenzen nach sich[1572].

2. Tatbestandsvoraussetzungen des Investmentvermögens

Das Investmentvermögen ist in § 1 Abs. 1 S. 1 KAGB legaldefiniert als ein Organismus für gemeinsame Anlagen, welcher von einer Anzahl von Anlegern Kapital einsammelt, um es nach einer festgelegten Anlagestrategie zum Nutzen der Anleger zu investieren und der kein operativ tätiges Unternehmen außerhalb des Finanzsektors ist. Der Begriff des Investmentvermögens nach dem KAGB entspricht der Legaldefinition des AIF gemäß Art. 4 Abs. 1 a) AIFM-RL mit dem Unterschied, dass OGAW gemäß Art. 4 a) ii) von der AIFM-Richtlinie ausgenommen sind[1573]. Der Grund, warum der deutsche Gesetzgeber im Gegensatz zum europäischen Gesetzgeber OGAW in den Investmentvermögensbegriff und damit in den Anwendungsbereich des KAGB aufnimmt, ist darin zu sehen, dass das KAGB als Regelwerk für die gesamte Fondsbranche auch offene Fonds nach der OGAW-RL erfasst[1574]. Die Legaldefinition des Investmentvermögens nach § 1 Abs. 1 KAGB weicht zudem insofern vom Begriff des AIF in Art. 4 Abs. 1 a) AIFM-RL ab, als dass der Richtlinientext operativ tätige Unternehmen außerhalb des Finanzsektors nicht ausdrücklich auf Ebene der Legaldefinition von dem Anwendungsbereich der AIFM-Richtlinie ausnimmt[1575].

Der Begriff des Investmentvermögens ist entsprechend den Vorgaben der AIFM-Richtlinie sehr weit gefasst, wobei die einzelnen Tatbestandsmerkmale weder im Gesetzestext des KAGB noch in der AIFM-Richtlinie näher erläutert werden[1576]. Konkretisierungen der Tatbestandsmerkmale des Investmentvermögens bzw. des AIF

1569 *Assmann* in Assmann/Schütze, Hdb. des Kapitalanlagerechts, § 5 Rn. 345.

1570 Dies geht aus der Gesetzesbegründung zu § 1 KAGB hervor, vgl. BT-Drucks. 17/12294, S. 201, und ist in Art. 2 Abs. 2 a) - c) AIFM-RL ausdrücklich geregelt.

1571 *Krause* in Beckmann/Scholtz/Vollmer, Investment, vor § 405 Rn. 2; *Klebeck/Kolbe*, BB 2014, 707; *Krause/Klebeck*, RdF 2013, 4, 5; *Schneider* in Möllers/Kloyer, Das neue KAGB, Rn. 183.

1572 *Wollenhaupt/Beck*, DB 2013, 1950; *Klebeck/Kolbe*, BB 2014, 707, 709.

1573 *Bäuml*, FR 2013, 640 f.

1574 BT-Drucks. 17/12294, S. 187.

1575 *Patzner/Schneider-Deters* in Patzner/Döser/Kempf, Investmentrecht, § 1 Rn. 11; *Zetzsche/ Preiner*, WM 2013, 2101; *Loritz/Uffmann*, WM 2013, 2193, 2200.

1576 *Burgard/Heiman*, WM 2014, 821, 822.

werden jedoch durch die BaFin und die ESMA vorgenommen. In diesem Zusammenhang ist insbesondere das Auslegungsschreiben der BaFin zum Anwendungsbereich des KAGB und zum Begriff des „Investmentvermögens“ von großer Bedeutung[1577]. Auf europäischer Ebene finden sich Konkretisierungen der Tatbestandsmerkmale des AIF insbesondere in den Leitlinien zu Schlüsselbegriffen der Richtlinie über die Verwalter alternativer Investmentfonds (ESMA/2013/611)[1578]. Ein Investmentvermögen i.S.d. § 1 Abs. 1 KAGB liegt nur dann vor, wenn sämtliche Tatbestandsmerkmale kumulativ erfüllt sind; die Verneinung eines Tatbestandsmerkmals hat die Unanwendbarkeit des KAGB zur Folge[1579].

a) Organismus

Als erstes Tatbestandsmerkmal des Investmentvermögens i.S.d. § 1 Abs. 1 S. 1 KAGB ist das Vorliegen eines Organismus erforderlich. Weder das KAGB, noch die AIFM-Richtlinie enthalten eine Legaldefinition dieses Begriffs[1580]. Obwohl der Begriff des Organismus für gemeinsame Anlage nicht nur im KAGB; sondern auch in europäischen Gesetzeswerken wie z.B. in der OGAW-Richtlinie verwendet wird, findet sich auch dort keine Legaldefinition des Begriffs „Organismus“[1581]. In ihrem Auslegungsschreiben zum Anwendungsbereich des KAGB und zum Begriff des „Investmentvermögens“ führt die BaFin aus, dass ein Organismus i.S.d. § 1 Abs. 1 S. 1 KAGB verlangt, „dass ein rechtlich oder wirtschaftlich (z.B. durch einen getrennten Rechnungskreis) verselbständigtes gepooltes Vermögen aufgelegt wird“[1582]. Dieses Begriffsverständnis stützt die BaFin auf die Leitlinien der ESMA zu den Schlüsselbegriffen (ESMA/2013/611), wonach sich ein Organismus für gemeinsame Anlagen unter anderem durch das Merkmal auszeichnet, dass das zum Zweck der Anlage eingesammelte Kapital der Anleger gebündelt wird, um eine Gemeinschaftsrendite für die Anleger zu erzielen[1583]. Das Vorliegen eines Organismus i.S.d. § 1 Abs. 1 S. 1 KAGB soll deshalb z.B. bei Vereinbarungen über Kooperationen zwischen

---

1577 BaFin, Auslegungsschreiben zum Anwendungsbereich des KAGB, 09.03.2015.

1578 ESMA, Leitlinien zu Schlüsselbegriffen (ESMA/2013/611), 30.01.2015.

1579 ESMA, Leitlinien zu Schlüsselbegriffen (ESMA/2013/611), 30.01.2015; *Eckhold/Balzer* in Assmann/Schütze, Hdb. des Kapitalanlagerechts, § 22 Rn. 7.

1580 *Kloyer* in Möllers/Kloyer, Das neue KAGB, Rn. 228.

1581 *Tollmann* in Dornseifer/Jesch/Klebeck/Tollmann, AIFM-Richtlinie, Art. 4 Rn. 7. Zum Begriff des „Organismus für gemeinsame Anlagen“ nach der OGAW-RL und zur Abgrenzung des Begriffs von AIF, vgl. *Kind/Haag*, DStR 2010, 1526, 1528 ff.

1582 BaFin, Auslegungsschreiben zum Anwendungsbereich des KAGB, 09.03.2015, Ziffer 1. Kritisch zur „Verwendung eines getrennten Rechnungskreises“ *Kloyer* in Möllers/Kloyer, Das neue KAGB, Rn. 232; *Eckhold/Balzer* in Assmann/Schütze, Hdb. des Kapitalanlagerechts, § 22 Rn. 8; *Loritz/Uffmann*, WM 2013, 2193, 2917.

1583 Nach den Leitlinien der ESMA zeichnet sich ein Organismus für gemeinsame Anlagen darüber hinaus dadurch aus, dass er keinen „allgemein-kommerziellen oder -industriellen Zweck verfolgt und sowie durch das Merkmal, dass den Anteilseignern des Organismus als Gruppe keine laufenden Ermessens- und Kontrollbefugnisse

Unternehmen zur Realisierung eines bestimmten Projekts mittels eines eigens dafür gegründeten Vehikels (sog. Joint Venture Vereinbarungen) dann zu verneinen sein, wenn in dem genutzten Vehikel keine gemeinsamen Gelder gebündelt werden[1584].

Auf die Rechtsform und Struktur kommt es für die Erfüllung des Tatbestandsmerkmals „Organismus" nicht an, gefordert ist lediglich ein abgrenzbares, eigenständiges Gebilde in irgendeiner Form[1585]. Ein Organismus i.S.d. § 1 Abs. 1 S. 1 KAGB kann somit sowohl in Form einer Gesellschaft, als auch in Vertragsform oder in einer sonstigen Form gebildet werden[1586]. Auch die Art und Weise der Beteiligung der Anleger spielt keine Rolle; diese müssen sich nicht zwingend als Gesellschafter an dem Organismus beteiligen, sondern die Beteiligung kann auch schuldrechtlicher oder mitgliedschaftlicher Natur sein[1587]. Die Frage des Vorliegens des Tatbestandsmerkmals des Organismus i.S.d. § 1 Abs. 1 S. 1 KAGB und die damit einhergehende Frage der Anwendbarkeit des KAGB ist jedoch strikt zu trennen von der Frage, welche Rechtsformen ein Investmentvermögen haben darf, um nicht gegen das KAGB zu verstoßen[1588].

b) *Für gemeinsame Anlagen*

Gemäß der Legaldefinition des Investmentvermögens in § 1 Abs. 1 S. 1 KAGB muss es sich um einen Organismus *für gemeinsame Anlagen* handeln[1589]. Das zweite Tatbestandsmerkmal ist somit „für gemeinsame Anlagen". Nach dem Auslegungsschreiben der BaFin zum Anwendungsbereich des KAGB soll eine gemeinsame Anlage dann vorliegen, wenn die Anleger an den Chancen und Risiken des Organismus

---

zustehen, vgl. ESMA, Leitlinien zu Schlüsselbegriffen (ESMA/2013/611), 13.08.2013, S. 6 VI. 12.

1584 BaFin, Auslegungsschreiben zum Anwendungsbereich des KAGB, 09.03.2015, Ziffer 1; *Eckhold/Balzer* in Assmann/Schütze, Hdb. des Kapitalanlagerechts, § 22 Rn. 10; *Kloyer* in Möllers/Kloyer, Das neue KAGB, Rn. 231; *Bäuml*, FR 2013, 640, 641; *Paefgen* in Ebenroth/Boujong/Joost/Strohn, 4. Auflage 2018, § 177a HGB Anh. C, § 1 KAGB Rn. 8.

1585 *Schneider* in Möllers/Kloyer, Das neue KAGB, Rn. 196.

1586 BaFin, Auslegungsschreiben zum Anwendungsbereich des KAGB, 09.03.2015, Ziffer 1.

1587 BaFin, Auslegungsschreiben zum Anwendungsbereich des KAGB, 09.03.2015, Ziffer 1; *Wallach*, RdF 2013, 92, 93; *Poelzig/Volmer*, DNotZ 2014, 483, 484; *Schneider* in Möllers/Kloyer, Das neue KAGB, Rn. 196; *Kloyer* in Möllers/Kloyer, Das neue KAGB, Rn. 234.

1588 Investmentvermögen nach dem KAGB dürfen nicht in jedweder Rechts- oder Vertragsform aufgelegt werden, sondern je nach konkreter Art des Investmentvermögens sind nur bestimmte Rechtsformen zulässig, vgl. BaFin, Auslegungsschreiben zum Anwendungsbereich des KAGB, 09.03.2015, Ziffer 1; *Bäuml*, FR 2013, 640, 641; *Poelzig/Volmer*, DNotZ 2014, 483, 484.

1589 Kritisch zum Nutzen des Tatbestandsmerkmal „für gemeinsame Anlagen", vgl. *Loritz/Uff-mann*, WM 2013, 2193, 2198.

beteiligt werden[1590]. Abgeleitet wird dieses Erfordernis aus den Leitlinien der ESMA zu den Schlüsselbegriffen (ESMA/2013/611), in denen es heißt, dass der Organismus die von den Anlegern eingesammelten Gelder bündeln müsse im Hinblick auf die Erzielung einer Gemeinschaftsrendite für die Anleger. Der Begriff der Gemeinschaftsrendite wird durch die ESMA definiert als die „erzielte Rendite aus der Risikobündelung infolge des Erwerbs, Besitzes oder Verkaufs von Anlagevermögen - einschließlich von Tätigkeiten zur Optimierung bzw. Steigerung des Wertes dieser Vermögensgegenstände“[1591].

Der Anleger muss nach Ansicht der BaFin über seinen Anteil an der Wertentwicklung des Organismus beteiligt sein – wobei sich der Wert des Organismus aus den gehaltenen Vermögensgegenständen abzüglich der Verbindlichkeiten ergebe – und somit letztlich die Gewinne und Verluste des Organismus tragen[1592]. Da eine gemeinschaftliche Risikotragung der Anleger sowie das gemeinschaftliche Profitieren von den Chancen laut BaFin maßgeblich ist für das Vorliegen einer gemeinsamen Anlage, muss der Entgeltanspruch des Anlegers für die Kapitalüberlassung zwingend erfolgsbezogen sein[1593]. Aus diesem Grund liegt nach Auffassung der BaFin z.B. keine gemeinsame Anlage und damit kein Investmentvermögen i.S.d. § 1 Abs. 1 S. 1 KAGB vor, wenn dem Anleger ein fixes Entgelt bzw. ein unbedingter Kapitalrückzahlungsanspruch zusteht[1594]. Eine gemeinsame Anlage sei daher typischerweise zu verneinen, wenn der Anleger mit dem Organismus einen Darlehensvertrag abschließt[1595]. Denn sofern der Darlehensvertrag nicht atypisch ausgestaltet ist mit einer Gewinn- und Verlustbeteiligung, besteht der Anspruch des Anlegers auf Rückzahlung der Darlehensvaluta und Zahlung der Zinsen unabhängig von der Wertentwicklung des Organismus. Die BaFin ist der Ansicht, eine gemeinsame Anlage sei wegen der fehlenden Erfolgsbezogenheit im Falle der Darlehensgewährung auch dann zu verneinen, wenn ein qualifizierter Rangrücktritt vereinbart

---

1590 BaFin, Auslegungsschreiben zum Anwendungsbereich des KAGB, 09.03.2015, Ziffer 1.

1591 Der Umstand, dass die Anleger ggf. unterschiedliche Rendite erhalten, spielt für die Frage des Vorliegens einer Gemeinschaftsrendite keine Rolle, vgl. ESMA, Leitlinien zu Schlüsselbegriffen (ESMA/2013/611), 30.01.2015, S. 3 f., Ziffer II. Eine gemeinsame Anlage i.S.d. § 1 Abs. 1 S. 1 KAGB erfordert somit nicht die einheitliche Ausgestaltung der Chancen- und Risikoverteilung aller Anleger, vgl. *Kloyer* in Möllers/Kloyer, Das neue KAGB, Rn. 235.

1592 BaFin, Auslegungsschreiben zum Anwendungsbereich des KAGB, 09.03.2015, Ziffer 2.

1593 BaFin, Auslegungsschreiben zum Anwendungsbereich des KAGB, 09.03.2015, Ziffer 2; *Krause/Klebeck*, RdF 2013, 4, 7. *Zetzsche/Preiner* halten für die Beurteilung eines „pooled returns“ bzw. einer Gemeinschaftsrendite eine insolvenzbezogene Betrachtung für vorzugswürdig, wonach es auf das Schicksal der Anlegergelder im Insolvenzfall ankommen soll, vgl. *Zetzsche/Preiner*, WM 2013, 2101, 2103.

1594 BaFin, Auslegungsschreiben zum Anwendungsbereich des KAGB, 09.03.2015, Ziffer 2.

1595 *Eckhold/Balzer* in Assmann/Schütze, Hdb. des Kapitalanlagerechts, § 22 Rn. 13.

wird. Bei einem solchen qualifizierten Rangrücktritt erklärt der Darlehensgeber neben dem Rangrücktritt hinter den Forderungen der anderen Gläubiger im Insolvenzfall, dass er seine Ansprüche aus dem Darlehensvertrag nicht geltend macht, wenn dadurch ein Grund zur Eröffnung des Insolvenzverfahrens eintreten würde[1596]. Außerhalb der (drohenden) Insolvenz berührt der qualifizierte Rangrücktritt den Rückzahlungsanspruch des Darlehensgebers nicht, weshalb grundsätzlich ein Kapitalrückzahlungsanspruch in voller Höhe ohne Rücksicht auf den Erfolg oder Misserfolg des Organismus besteht.

Unschädlich für das Vorliegen einer gemeinsamen Anlage sind nach Auffassung der BaFin Mindestzahlungszusagen im Rahmen sog. „Garantie-Fonds" (§ 20 Abs. 2 Nr. 7 KAGB) sowie die Verfolgung einer Anlagestrategie, nach welcher der Anleger mindestens den Betrag des investierten Kapitals zurückerhält, sofern hierdurch die Verlustbeteiligung des Anlegers nicht ausgeschlossen wird[1597]. Nach den von der BaFin gebildeten Beispielen ist eine gemeinsame Anlage im Fall der Beteiligung des Anlegers an einem Organismus in der Form einer Personengesellschaft in der Regel zu bejahen, weil hinsichtlich der Gesellschaftereinlagen kein unbedingter Rückzahlungsanspruch besteht und eine Gewinn- und Verlustbeteiligung gegeben ist. Obwohl die BaFin ihre Ausführungen auf Personengesellschaften beschränkt, liegt im Regelfall bei jedweder gesellschaftsrechtlichen Beteiligung des Anlegers eine gemeinsame Anlage vor, da eine Gesellschaftsbeteiligung quasi als Inbegriff der Wahrnehmung gemeinsamer Chancen und Risiken ohne unbedingten Kapitalrückzahlungsanspruch anzusehen ist[1598]. Bei stillen Beteiligung, Namensschuldverschreibungen und Genussrechten kommt es nach Auffassung der BaFin für die Qualifizierung als gemeinsame Anlage darauf an, ob eine Gewinn- und Verlustbeteiligung vereinbart ist oder ob die Verlustbeteiligung des Anleger ausgeschlossen wurde. Im ersten Fall sei eine gemeinsame Anlage zu bejahen, während bei Ausschluss der Verlustbeteiligungen eine gemeinsame Anlage und damit ein Investmentvermögen i.S.d. § 1 Abs. 1 S. 1 KAGB abzulehnen sei[1599].

c) Einsammeln von Kapital

Das dritte Tatbestandsmerkmal des Investmentvermögens i.S.d. § 1 Abs. 1 S. 1 KAGB ist das *Einsammeln von Kapital* von Anlegern. Auch dieser Begriff wird weder im

---

1596 *Poelzig/Volmer*, DNotZ 2014, 483, 484 f.

1597 BaFin, Auslegungsschreiben zum Anwendungsbereich des KAGB, 09.03.2015, Ziffer 2; *Eckhold/Balzer* in Assmann/Schütze, Hdb. des Kapitalanlagerechts, § 22 Rn. 12; *Volhard/Jang* in Weitnauer/Boxberger/Anders, KAGB, § 1 Rn. 7.

1598 *Kloyer* in Möllers/Kloyer, Das neue KAGB, Rn. 239; *Eckhold/Balzer* in Assmann/Schütze, Hdb. des Kapitalanlagerechts, § 22 Rn. 13; *Bäuml*, FR 2013, 640, 641 f.; *Poelzig/Volmer*, DNotZ 2014, 483, 484.

1599 BaFin, Auslegungsschreiben zum Anwendungsbereich des KAGB, 09.03.2015, Ziffer 2; *Schneider* in Möllers/Kloyer, Das neue KAGB, Rn. 200; *Poelzig/Volmer*, DNotZ 2014, 483, 484.

KAGB, noch in der AIFM-Richtlinie näher erläutert, sondern erst auf Ebene der Leitlinien der ESMA zu den Schlüsselbegriffen (ESMA/2013/611) konkretisiert, auf welche die BaFin in ihrem Auslegungsschreiben zum Anwendungsbereich des KAGB Bezug nimmt. Hiernach soll das Einsammeln von Kapital voraussetzen, dass „ein Organismus oder eine Person oder Unternehmen für Rechnung dieses Organismus direkte oder indirekte Schritte unternimmt, um gewerblich bei einem oder mehreren Anlegern Kapital zu beschaffen, um es gemäß einer festgelegten Anlagestrategie anzulegen“[1600]. Die Leitlinien der ESMA zu den Schlüsselbegriffen (ESMA/2013/611) führen weiter aus, dass es für das Vorliegen des Tatbestandsmerkmals des Einsammelns von Kapital weder eine Rolle spiele, ob diese Tätigkeit einmal, mehrfach oder dauerhaft erfolge, noch ob das Kapital in Form von Geld- oder Sacheinlagen eingeworben werde[1601]. Folgt man der Auffassung der BaFin und stellt auf die Gewerblichkeit der Kapitalbeschaffung ab, so ergibt sich hieraus, dass es beim Einsammeln von Kapital weder auf die Häufigkeit, noch auf den tatsächlichen Erfolg der Tätigkeit ankommt (wohl aber auf die Gewinnerzielungsabsicht)[1602].

Nach der Gesetzesbegründung zu § 2 KAGB, welche sich auf Erwägungsgrund (7) AIFM-RL stützt, sollen z.B. Family-Office-Vehikel, welche große private Vermögen investieren ohne Beschaffung von Fremdkapital, nicht vom Anwendungsbereich des KAGB bzw. der AIFM-Richtlinie erfasst sein[1603]. Mit Fremdkapital ist in diesem Zusammenhang nicht Leverage gemeint, sondern schlicht externes Kapital von

---

1600 BaFin, Auslegungsschreiben zum Anwendungsbereich des KAGB, 09.03.2015, Ziffer 3. Zum Teil finden sich in der Literatur Ausführungen, wonach ein „Einsammeln von Kapital“ i.S.d. § 1 Abs. 1 S. 1 KAGB zu bejahen ist, wenn zwischen dem Organismus und dem potentiellen Anleger eine gewerbliche Kommunikation stattfindet, vgl. *Volhard/Jang* in Weitnauer/Boxberger/Anders, KAGB, § 1 Rn. 14; *Bauml*, FR 2013, 640, 641; *Haisch/Helios*, BB 2013, 23, 24. Dies liegt daran, dass im Konsultationspapier der ESMA zu den „Guidelines on key concepts of the AIFMD“ vom 19.12.2012, S. 52 VII 11 b) als alternative Voraussetzung (“und/oder”) für das Vorliegen des Einsammelns von Kapital vorgesehen war: „commercial communication between the undertaking seeking capital or a person or entity acting on its behalf (typically, the AIFM), and the prospective investors, which aims at procuring the transfer of investors’ capital”, vgl. BaFin, Konsultation Anwendungsbereich des KAGB-E/Auslegung des Begriffs „Investmentvermögen“, WA 41-Wp 2137-2013/0001, 27.03.2013, Ziffer 3. An dem alternativen Merkmal der „gewerblichen Kommunikation“ wurde in der endgültigen Fassung der Leitlinien der ESMA zu den Schlüsselbegriffen jedoch nicht festgehalten.

1601 ESMA, Leitlinien zu Schlüsselbegriffen (ESMA/2013/611), 30.01.2015, S. 6 VII Ziffer 14.

1602 *Eckhold/Balzer* in Assmann/Schütze, Hdb. des Kapitalanlagerechts, § 22 Rn. 16; *Krause/Klebeck*, RdF 2013, 4, 8.

1603 BT-Drucks. 17/12294, S. 204; kritisch *Tollmann* in Dornseifer/Jesch/Klebeck/Tollmann, AIFM-Richtlinie, Art. 2 Rn. 127 ff.

Dritten[1604]. Die BaFin vertritt im Hinblick auf Family-Office-Vehikel die Auffassung, dass im Falle der Auflage eines Anlagevehikels auf Initiative von Familienmitgliedern das Vorliegen eines Investmentvermögens zu verneinen sei, weil es an einem gewerbsmäßigen Anwerben fehle[1605]. In den Leitlinien der ESMA zu den Schlüsselbegriffen (ESMA/2013/611) werden Family-Office-Vehikel im Rahmen einer Ausnahmeregelung für „bereits existierende Gruppen" vom Begriff der Kapitalbeschaffung ausgenommen[1606]. Diese Ausnahmeregelung setzt voraus, dass von einem Mitglied einer bereits bestehenden Gruppe Kapital in einen Organismus investiert wird und dass dieser Organismus ausschließlich zur Anlage des Privatvermögens dieses Mitglieds gegründet wurde. Der Begriff der bereits bestehenden Gruppe wird von der ESMA definiert als Gruppe von Familienmitgliedern, die bereits vor der Gründung des Organismus bestanden hat, wobei sich jedoch auch nach der Gründung des Organismus weitere Familienmitglieder der Gruppe anschließen dürfen. Die Alleinbegünstigten des Organismus müssen zwingend Familienmitglieder i.S.d. der Definition der Leitlinien der ESMA zu den Schlüsselbegriffen (ESMA/2013/611) sein[1607]. Aus dem Auslegungsschreiben der BaFin zum Anwendungsbereich des KAGB geht außerdem hervor, dass nach Ansicht der BaFin sog. Investmentclubs unter bestimmten Umständen mangels Einsammelns von Kapital aus dem Anwendungsbereich des KAGB herausfallen sollen[1608]. Unter einem Investmentclub sind laut BaFin Vereinigungen von natürlichen Personen zu verstehen, welche sich zum Zwecke der gemeinsamen Anlage des Privatvermögens in Wertpapiere oder andere Finanzprodukte zusammengefunden haben. Solche Investmentclubs sind laut BaFin dann nicht als Investmentvermögen i.S.d. § 1 Abs. 1 KAGB anzusehen, wenn

---

1604 BaFin, Auslegungsschreiben zum Anwendungsbereich des KAGB, 09.03.2015, Ziffer 3; *Volhard/Jang* in Weitnauer/Boxberger/Anders, KAGB, § 1 Rn. 15 Fn. 33; *Zetzsche/Preiner*, WM 2013, 2101, 2104.

1605 BaFin, Auslegungsschreiben zum Anwendungsbereich des KAGB, 09.03.2015, Ziffer 3. Zum Begriff „Family-Office", vgl. *Krause/Klebeck*, BB 2012, 2063.

1606 ESMA, Leitlinien zu Schlüsselbegriffen (ESMA/2013/611), 30.01.2015, S. 6 VII Ziffer 15. Die ESMA und die BaFin lehnen demnach im Ergebnis zwar beide das Tatbestandsmerkmal „Einsammeln von Kapital" bei sog. Family-Office-Vehikeln ab, jedoch mit unterschiedlichen Begründungen, vgl. *Eckhold/Balzer* in Assmann/Schütze, Hdb. des Kapitalanlagerechts, § 22 Rn. 17.

1607 Unter Familienmitglieder i.S.d. der Ausnahmereglung der ESMA für bereits bestehende Gruppen sind Ehepartner, Personen in eheähnlicher Gemeinschaft, Verwandte in gerade Linie sowie Tanten, Onkel, Cousinen, Cousins und die „Angehörigen einer Person" zu verstehen. Die BaFin sowie Stimmen in der Literatur gehen hinsichtlich der „Angehörigen einer Person" von einem Redaktionsversehen der ESMA aus; gemeint seien damit die „Hinterbliebenen einer Person" bzw. die Abkömmlinge, vgl. BaFin, Auslegungsschreiben zum Anwendungsbereich des KAGB, 09.03.2015, Ziffer 3; dazu *Volhard/Jang* in Weitnauer/Boxberger/Anders, KAGB, § 1 Rn. 15; *Zetzsche/Preiner*, WM 2013, 2101, 2105 Fn. 68.

1608 BaFin, Auslegungsschreiben zum Anwendungsbereich des KAGB, 09.03.2015, Ziffer 3 b).

keines der Mitglieder gewerbsmäßig am Markt angeworben wurde und dies auch in Zukunft nicht beabsichtigt ist. Umstritten ist, ob auch andere Gruppen, die bereits vor der Konkretisierung der Investitionsmöglichkeit bestanden, wie z.B. Multi-Family-Offices, mangels „Einsammelns von Kapital" aus dem Anwendungsbereich des KAGB herausfallen[1609].

Zum Teil wird in der Literatur aus dem Tatbestandsmerkmal „Einsammeln von Kapital" allgemein das Erfordernis eines aktiven Handelns, das auf Kapitalbeschaffung ausgerichtet ist, hineingelesen[1610]. Der Begriff „Einsammeln" legt das Erfordernis eines aktiven Zugehens des Organismus (oder einer Person bzw. eines Unternehmens für Rechnung dieses Organismus) auf die Anleger nahe; rein passive Vorgänge können schwerlich als „Einsammeln" angesehen werden[1611]. Für das Erfordernis einer Aktivität in Abgrenzung zu passivem Verhalten spricht auch die englische Sprachfassung der Leitlinien der ESMA zu den Schlüsselbegriffen (ESMA/2013/611), da dort der Begriff „activity" mehrfach verwendet wird. So ist z.B. von „commercial activtity" und von „the activity of raising capital" die Rede[1612].

d) Eine Anzahl von Anlegern

Das vierte Tatbestandsmerkmal des Investmentvermögens i.S.d. § 1 Abs. 1 S. 1 KAGB ist, dass das Kapital *von einer Anzahl von Anlegern* eingesammelt wird[1613]. Dieses Tatbestandsmerkmal wird legaldefiniert in § 1 Abs. 1 S. 2 KAGB, wonach eine Anzahl von Anlegern dann vorliegt, wenn die Anlagebedingungen, die Satzung oder der Gesellschaftsvertrag des Organismus den möglichen Anlegerkreis nicht auf einen

---

1609 Das Vorliegen des Tatbestandsmerkmals „Einsammeln von Kapital" wird bei Multi-Family-Offices überwiegend bejaht, vgl. *Paefgen* in Ebenroth/Boujong/Joost/Strohn, 4. Auflage 2018, § 177a HGB Anh. C, § 1 KAGB Rn. 12; *Volhard/Jang* in Weitnauer/Boxberger/Anders, KAGB, § 1 Rn. 17; *Zetzsche/Preiner*, WM 2013, 2101, 2104 ff.; *Eckhold/Balzer* in Assmann/Schütze, Hdb. des Kapitalanlagerechts, § 22 Rn. 18 ff.; *Escher* in Habersack/Mülbert/Nobbe/Wittig, Bankrechtstag 2013, S. 134; a. A. *Krause/Klebeck*, BB 2012, 2063, 2065 ff.; *Klinger*, NZWiSt 2014, 370, 373 f.

1610 *Krause* in Beckmann/Scholtz/Vollmer, Investment, vor § 405 Rn. 16; *Krause/Klebeck*, RdF 2013, 4, 8; *Loritz/Uffmann*, WM 2013, 2193, 2198; *Haisch/Helios*, BB 2013, 23, 24; *Hartrott/Goller*, BB 2013, 1603, 1604; *Schneider* in Möllers/Kloyer, Das neue KAGB, Rn. 202; *Klinger*, NZWiSt 2014, 370, 373; a.A. *Tollmann* in Dornseifer/Jesch/Klebeck/Tollmann, AIFM-Richtlinie, Art. 4 Rn. 10.

1611 Vgl. *Krause/Klebeck*, RdF 2013, 4, 8; *Hartrott/Goller*, BB 2013, 1603, 1604; a.A. *Tollmann* in Dornseifer/Jesch/Klebeck/Tollmann, AIFM-Richtlinie, Art. 4 Rn. 10; *Zetzsche/Preiner*, WM 2013, 2101, wonach die bloße gewerbliche Entgegennahme des Kapitals zu Anlagezwecken ausreicht für ein „Einsammeln von Kapital" i.S.d. § 1 Abs. 1 S. 1 KAGB.

1612 ESMA, Leitlinien zu Schlüsselbegriffen (ESMA/2013/611), 30.01.2015, S. 6 VII.

1613 Zur Abgrenzung zur individuellen Finanzportfolioverwaltung, vgl. *Zetzsche/Preiner*, WM 2013, 2101, 2104; *Tollmann* in Dornseifer/Jesch/Klebeck/Tollmann, AIFM-Richtlinie, Art. 2 Rn. 17.

Anleger beschränken. Diese Definition beruht nicht auf der AIFM-Richtlinie, findet sich aber in den Leitlinien der ESMA zu den Schlüsselbegriffen (ESMA/2013/611) wieder[1614]. Obwohl die Formulierung „Einsammeln von Kapital von einer *Anzahl* von Anlegern" sowie das Erfordernis eines Organismus für *gemeinsame* Anlagen dies nahe legen, muss ein Investmentvermögen i.S.d. § 1 Abs. 1 S. 1 KAGB somit tatsächlich nicht mehr als einen Anleger aufweisen[1615]. Maßgeblich ist allein, ob sich theoretisch mehr als ein Anleger an dem Organismus beteiligen kann oder ob der Beteiligung weiterer Anleger eine Regelung in den Anlagebedingungen, der Satzung oder dem Gesellschaftsvertrag des Organismus entgegensteht[1616].

Die BaFin erklärt im Auslegungsschreiben zum Anwendungsbereich des KAGB, dass solche Beteiligte, die allein der Organisationsstruktur des Organismus geschuldet sind und vom Initiator im Rahmen der Gründung des Organismus zwingend strukturell gestellt werden müssen, nicht als Anleger anzusehen seien, sofern sie sich nicht weiter bzw. nicht über eine ggf. gesellschaftsrechtlich geforderte Mindestbeteiligung hinaus am Organismus beteiligen können[1617]. Als Beispiel nennt die BaFin die Komplementär-GmbH oder die geschäftsführende Kommanditistin bei einem Organismus in der Form der GmbH & Co. KG[1618].

Auch wenn in den Anlagebedingung, der Satzung oder dem Gesellschaftsvertrag des Organismus festgelegt ist, dass sich an dem Organismus formell lediglich ein einziger Anleger beteiligen darf, ist unter Umständen dennoch das Vorliegen einer „Anzahl von Anlegern" zu bejahen. Denn sowohl die ESMA, als auch die BaFin wollen bei der Beurteilung nicht auf die formale Situation abstellen, sondern im Wege einer materiellen Betrachtung eine „Durchschau" vornehmen (sog. „Look-through"-Ansatz)[1619]. Als Beispiel nennt die BaFin in ihrem Auslegungsschreiben die Beteiligung der Anleger über einen Treuhänder. So könne durch die mittelbare

---

1614 ESMA, Leitlinien zu Schlüsselbegriffen (ESMA/2013/611), 30.01.2015, S. 7 VIII Ziffer 17; *Volhard/Jang* in Weitnauer/Boxberger/Anders, KAGB, § 1 Rn. 13; *Eckhold/Balzer* in Assmann/Schütze, Hdb. des Kapitalanlagerechts, § 22 Rn. 14.

1615 *Tollmann* in Dornseifer/Jesch/Klebeck/Tollmann, AIFM-Richtlinie, Art. 2 Rn. 15 ff.; *Zetzsche/Preiner*, WM 2013, 2101, 2104.

1616 BaFin, Auslegungsschreiben zum Anwendungsbereich des KAGB, 09.03.2015, Ziffer 4; *Eckhold/Balzer* in Assmann/Schütze, Hdb. des Kapitalanlagerechts, § 22 Rn. 14; *Schneider* in Möllers/Kloyer, Das neue KAGB, Rn. 206; kritisch Zetzsche/Preiner, WM 2013, 2101, 2104.

1617 BaFin, Auslegungsschreiben zum Anwendungsbereich des KAGB, 09.03.2015, Ziffer 4.

1618 Nach *Volhard/Jang* sollen allgemein Gründungskommanditisten dann nicht als Anleger i.S.d. § 1 Abs. 1 KAGB angesehen werden, wenn lediglich eine Minimalbeteiligung vorliegt, vgl. *Volhard/Jang* in Weitnauer/Boxberger/Anders, KAGB, § 1 Rn. 11.

1619 ESMA, Leitlinien zu Schlüsselbegriffen (ESMA/2013/611), 30.01.2015, S. 7 VIII Ziffer 18, 19; BaFin, Auslegungsschreiben zum Anwendungsbereich des KAGB, 09.03.2015, Ziffer 4; *Patzner/Schneider-Deters* in Patzner/Döser/Kempf, Investmentrecht, § 1 Rn. 8.

Beteiligung der Anleger über einen einzelnen Treuhandkommanditisten, welcher nach dem Gesellschaftsvertrag als einziger Anleger zugelassen ist, die Anwendbarkeit des KAGB nicht ausgeschlossen werden[1620]. Vielmehr sei für die Beurteilung einer Anzahl von Anlegern auf die hinter dem Treuhänder stehenden Anleger abzustellen[1621]. Auch bei Dachfondskonstruktionen sowie Master-/Feederstrukturen kann das Vorliegen einer „Anzahl von Anlegern" nach den Leitlinien der ESMA zu den Schlüsselbegriffen (ESMA/2013/611) nicht mit dem formalen Argument verneint werden, dass nach den jeweiligen Vertragsdokumenten nur ein einzelner Anleger des Organismus zulässig sei[1622].

e) Festgelegte Anlagestrategie

Ein wichtiges Tatbestandsmerkmal des Investmentvermögens i.S.d. § 1 Abs. 1 S. 1 KAGB stellt die *festgelegte Anlagestrategie* dar, nach welcher das eingesammelte Kapital zum Nutzen der Anleger investiert werden soll. Eine Legaldefinition dieses Begriffs findet sich weder im KAGB, noch in der AIFM-Richtlinie. Allerdings wird an mehreren Stellen im KAGB der Begriff der Anlagestrategie verwendet. So hat z.B. der Erlaubnisantrag der KVG gemäß § 22 Abs. 1 Nr. 10 KAGB entsprechend Art. 7 Abs. 3 a) AIFM-RL zwingend Angaben zu den Anlagestrategien zu enthalten, einschließlich Angaben zu den Arten der Zielfonds im Falle von Dachfondskonstruktionen, den Grundsätzen im Zusammenhang mit dem Einsatz von Leverage sowie Angaben über die Risikoprofile und sonstigen Eigenschaften der AIF, welche die KVG zu verwalten beabsichtigt wie insbesondere der Staat des Sitzes des AIF. Aus der Formulierung „einschließlich" folgt, dass es sich bei diesen Kriterien um Bestandteile der Anlagestrategie handelt. Darüber hinaus findet sich in Anhang IV Level II VO (EU) Nr. 231/2013 ein Formblatt zu den laufenden Berichtspflichten der KVG gegenüber der Aufsichtsbehörde, worin im Hinblick auf die Anlagestrategien Angaben zu den Vermögensgegenständen gefordert sind, in die der AIF investiert[1623]. Zwar handelt es sich hierbei um Vorschriften, welche die Anwendbarkeit des KAGB voraussetzen und lediglich die Anforderungen an die Angaben im Zusammenhang mit der Anlagestrategie regeln[1624]. Dennoch lassen sich aus den gesetzlichen Vor-

---

1620 *Klinger*, NZWiSt 2014, 370, 374; *Eckhold/Balzer* in Assmann/Schütze, Hdb. des Kapitalanlagerechts, § 22 Rn. 15.

1621 *Bäuml*, FR 2013, 640, 642; *Krause/Klebeck*, RdF 2013, 4, 8; *Eckhold/Balzer* in Assmann/Schütze, Hdb. des Kapitalanlagerechts, § 22 Rn. 15.

1622 ESMA, Leitlinien zu Schlüsselbegriffen (ESMA/2013/611), 30.01.2015, S. 7 VIII Ziffer 19.

1623 Die BaFin verweist in ihrem Merkblatt zum Erlaubnisverfahren für eine AIF-KVG nach § 22 KAGB-E vom 22.03.2013 in A 10 im Hinblick auf die Anforderungen zu den Angaben zur Anlagestrategie auf Anhang IV Level II VO (EU) Nr. 231/2013.

1624 Hiervon zu trennen ist die Frage, ob es sich um eine festgelegte Anlagestrategie i.S.d. § 1 Abs. 1 S. 1 KAGB handelt. Auch Anlagestrategien, welche die genannten Angaben nicht enthalten und die Anforderungen des KAGB damit nicht erfüllen,

schriften Anhaltspunkte ableiten, was der Gesetzgeber unter eine Anlagestrategie versteht. So zählen nach der Auffassung des deutschen und europäischen Gesetzgebers zur Anlagestrategie unter anderem der Einsatz von Leverage, die Risikoprofile der Fonds sowie die Vermögensgegenstände, in welche der Fonds investiert.

Weitere Anhaltspunkte für die Bestimmung des Tatbestandsmerkmals der „festgelegten Anlagestrategie" ergeben sich aus der Gesetzesbegründung des KAGB[1625]. Hiernach ist Voraussetzung für eine festgelegte Anlagestrategie i.S.d. § 1 Abs. 1 S. 1 KAGB, dass „die Kriterien, nach denen das eingesammelte Kapital angelegt werden soll, in einem über den einer allgemeinen Geschäftsstrategie hinausgehenden Umfang schriftlich genau bestimmt sind". Die Gesetzesbegründung des KAGB führt weiter aus, dass sich eine festgelegte Anlagestrategie durch die genaue Bestimmung der Anlagekriterien von einer allgemeinen Geschäftsstrategie eines operativ tätigen Unternehmens unterscheide sowie dadurch, dass die Handlungsspielräume des Verwalters in den Anlagebedingungen oder der Satzung bzw. dem Gesellschaftsvertrag eingeschränkt sind[1626].

In ihrem Auslegungsschreiben zum Anwendungsbereich des KAGB bezieht sich die BaFin bei der Konkretisierung des Tatbestandsmerkmals der „festgelegten Anlagestrategie" auf die Leitlinien der ESMA zu den Schlüsselbegriffen (ESMA/2013/611), ohne darüber hinaus eigene Konkretisierungen vorzunehmen[1627]. Nach den Leitlinien der ESMA zu den Schlüsselbegriffen (ESMA/2013/611) soll eine festgelegte Anlagestrategie voraussetzen, dass der Organismus eine Strategie verfolgt im Hinblick darauf, wie das Kapital zur Erzielung einer Gemeinschaftsrendite verwaltet werden soll. Die ESMA nennt vier Faktoren, welche kumulativ oder einzeln für das Vorliegen einer festgelegten Anlagestrategie sprechen sollen[1628]. Zur Annahme einer festgelegten Anlagestrategie ist es somit nach Ansicht der ESMA nicht erforderlich, dass sämtliche der vier Faktoren erfüllt sind; die ESMA will vielmehr im Rahmen einer Gesamtwürdigung das Vorliegen

---

können festgelegte Anlagestrategien i.S.d. § 1 Abs. 1 S. 1 KAGB sein und den Anwendungsbereich des KAGB eröffnen. Nach der Auffassung von *Loritz/Uffmann* wäre es sinnvoller gewesen, die festgelegte Anlagestrategie nicht als Voraussetzung für das Vorliegen eines Investmentvermögens und damit als Voraussetzung für die Anwendbarkeit des KAGB zu normieren, sondern lediglich als Voraussetzung im Rahmen des Antrags der KVG auf die Erlaubnis bzw. Registrierung, vgl. *Loritz/Uffmann*, WM 2014, 2193, 2199.

1625 Gesetzesbegründung zu § 1 KAGB, BT-Drucks. 17/12294, S. 201.

1626 Gemeint ist hiermit die Satzung bzw. der Gesellschaftsvertrag des Investmentvermögens, da § 1 KAGB das Investmentvermögen regelt.

1627 BaFin, Auslegungsschreiben zum Anwendungsbereich des KAGB, 09.03.2015, Ziffer 5.

1628 ESMA, Leitlinien zu Schlüsselbegriffen (ESMA/2013/611), 30.01.2015, S. 7 IX Ziffer 20.

einer festgelegten Anlagestrategie beurteilen[1629]. Als erstes Indiz für eine festgelegte Anlagestrategie nennt die ESMA den Umstand, dass die Anlagestrategie spätestens zum Zeitpunkt, wenn sich die Anleger verbindlich gegenüber dem Organismus verpflichten, bestimmt und festgelegt ist. Ein weiterer für das Vorliegen einer festgelegten Anlagestrategie sprechender Faktor ist die Festlegung der Anlagestrategie in einem Dokument, welches entweder selbst Teil der Vertragsbedingungen oder der Satzung des Investmentvermögens ist oder auf welches in den Vertragsbedingungen oder der Satzung Bezug genommen wird. Das Vorliegen eines rechtlich bindenden Anspruchs der Anleger gegenüber dem Organismus bzw. dessen Verwalter auf Einhaltung der Anlagestrategie ist ein weiterer Faktor, der nach Auffassung der ESMA für eine festgelegte Anlagestrategie spricht. Darüber hinaus spricht es für das Vorliegen einer festgelegten Anlagestrategie, wenn sog. Anlagerichtlinien existieren. Die ESMA konkretisiert den Begriff der Anlagerichtlinien dahingehend, dass hierunter Leitlinien im Hinblick auf die Verwaltung eines Organismus zu verstehen sind, in welchen andere Anlagekriterien festgelegt werden als die Anlagekriterien, welche in der Geschäftsstrategie von Organsimen mit allgemein-kommerziellen oder - industriellen Zweck niedergelegt sind[1630]. Gegenstand solcher Richtlinien können nach Ansicht der ESMA alle oder einzelne der nachfolgenden Kriterien sein: (1.) Die Anlage in bestimmte Kategorien von Vermögensgegenständen bzw. Einschränkungen hinsichtlich der Anlageaufteilung, (2.) die Verfolgung bestimmter Strategien, (3.) die Anlage in bestimmten geographischen Gebieten sowie (4.) Einschränkungen der Anlagetätigkeit im Hinblick auf den Einsatz von Leverage, (5.) Mindesthaltefristen und (6.) andere Einschränkungen zur Risikostreuung. Die Leitlinien der ESMA zur festgelegten Anlagestrategie weisen darauf hin, dass die Regulierung der AIFM-Richtlinie nicht dadurch umgangen werden soll, dass die Anlageentscheidung dem Verwalter überlassen bleibt.

Der letztgenannte Hinweis der ESMA wird in der Literatur teilweise so verstanden, dass die Anwendbarkeit der AIFM-Richtlinie nicht durch einen völligen Verzicht auf die Beschreibung der Anlageobjekte (sog. völlige Blind-Pool) ausgeschlossen werden kann[1631]. Andere Stimmen in der Literatur nehmen dennoch an, dass Fondsinitiatoren durch den Verzicht auf eine Beschreibung der Anlagestrategie die Anwendbarkeit des KAGB ausschließen können[1632]. Allgemein ist das Tatbestandsmerkmal der festgelegten Anlagestrategie Gegenstand von

---

1629 Vgl. *Krause* in Beckmann/Scholtz/Vollmer, Investment, vor § 405 Rn. 24; *Haisch/Helios*, BB 2013, 23, 25.

1630 ESMA, Leitlinien zu Schlüsselbegriffen (ESMA/2013/611), 30.01.2015, S. 7 IX Ziffer 21.

1631 *Volhard/Jang* in Weitnauer/Boxberger/Anders, KAGB, § 1 Rn. 20; *Eckhold/Balzer* in Assmann/Schütze, Hdb. des Kapitalanlagerechts, § 22 Rn. 22; *Zetzsche/Preiner*, WM 2013, 2101, 2106.

1632 *Klinger*, NZWiSt 2014, 370, 375; *Loritz/Uffmann*, WM 2014, 2193, 2199; *Krause/Klebeck*, RdF 2013, 4, 9; *Ulrich*, GmbHR 2014, R118.

Kritik aufgrund der schwierigen Abgrenzung zwischen einer festgelegten Anlagestrategie und einer bloßen Geschäftsstrategie eines operativ tätigen Unternehmens[1633]. In diesem Zusammenhang wird insbesondere argumentiert, dass auch ein „normales" operativ tätiges Unternehmen in aller Regel eine Unternehmensstrategie verfolgt, welche in der Regel auch einigermaßen konkret ist[1634]. Von einigen Stimmen im Schrifttum wird der Begriff der Anlagestrategie dahingehend ausgelegt, dass eine Anlagestrategie die Verfolgung von Anlagezielen beinhalte sowie Konzepte zur Erreichung dieser Anlageziele, also die Anlagepolitik und ggf. der hierfür gesetzte Zeitrahmen[1635]. In eine ähnliche Richtung geht *Krause*, der auf die Verfolgung eines Investmentzweckes abstellt[1636]. Unter dem Begriff Investmentzweck wird hierbei die Anschaffung und das passive Halten von Vermögensgegenständen verstanden. Sollen nach der Strategie des Unternehmens keine Vermögensgegenstände angeschafft werden bzw. besteht der Schwerpunkt der Zielsetzung nicht in der Anschaffung von Vermögensgegenständen, so ist das Vorliegen einer Anlagestrategie nach Auffassung von *Krause* zu verneinen[1637].

f) Investition zum Nutzen der Anleger

Gemäß der Legaldefinition des Investmentvermögens in § 1 Abs. 1 S. 1 KAGB muss das von den Anlegern eingesammelte Kapital nach einer festgelegten Anlagestrategie *zum Nutzen der Anleger* investiert werden. Dieses Tatbestandsmerkmal wird weder im Gesetzestext des KAGB oder der AIFM-Richtlinie näher erläutert, noch finden sich in den Leitlinien der ESMA zu den Schlüsselbegriffen (ESMA/2013/611) Konkretisierungen.

Die BaFin nimmt in ihrem Auslegungsschreiben zum Anwendungsbereich des KAGB zum Tatbestandsmerkmal „zum Nutzen der Anleger" Stellung, indem sie eine negative Abgrenzung vornimmt[1638]. Aus dem Auslegungsschreiben der BaFin zum Anwendungsbereich des KAGB geht hervor, dass das Tatbestandsmerkmal

---

1633 *Krause/Klebeck*, RdF 2013, 4, 9; *Schneider* in Möllers/Kloyer, Das neue KAGB, Rn. 208; *Klinger*, NZWiSt 2014, 370, 375.

1634 *Loritz/Uffmann*, WM 2014, 2193, 2199; *Krause/Klebeck*, RdF 2013, 4, 9; *Schneider* in Möllers/Kloyer, Das neue KAGB, Rn. 208; *Eckhold/Balzer* in Assmann/Schütze, Hdb. des Kapitalanlagerechts, § 22 Rn. 21; a. A. *Tollmann* in Dornseifer/Jesch/Klebeck/Tollmann, AIFM-Richtlinie, Art. 2 Rn. 59.

1635 *Eckhold/Balzer* in Assmann/Schütze, Hdb. des Kapitalanlagerechts, § 22 Rn. 21; *Bußalb/Unzicker*, BKR 2012, 309, 311; *Krause* in Beckmann/Scholtz/Vollmer, Investment, vor § 405 Rn. 25.

1636 *Krause* in Beckmann/Scholtz/Vollmer, Investment, vor § 405 Rn. 25.

1637 Abzustellen sei darauf, dass der Investmentzweck mindestens 90 % der Gesamtzielsetzung ausmache. Deshalb liege bei einer Bauprojektentwicklungsgesellschaft, die zur Wertschöpfung der Projektentwicklung ein Grundstück erwirbt, keine Anlagestrategie und damit kein Investmentvermögen vor, *Krause* in Beckmann/Scholtz/Vollmer, Investment, vor § 405 Rn. 25.

1638 *Patzner/Schneider-Deters* in Patzner/Döser/Kempf, Investmentrecht, § 1 Rn. 10.

„zum Nutzen der Anleger" nicht erfüllt sein soll, wenn das eingesammelte Kapital zum Nutzen des eigenen Unternehmens investiert wird[1639]. Die BaFin nennt im Auslegungsschreiben zum Anwendungsbereich des KAGB den folgenden Fall als Beispiel dafür, wann keine Investition zum Nutzen der Anleger vorliege: Eine Bank emittiert eine Schuldverschreibung in der Form eines Zertifikats und die Wertentwicklung dieses Zertifikats ist an verschiedene Wertpapiere als Underlying oder an einen selbst erstellten Index gekoppelt. Ist die Bank bei der Verwendung des vom Anleger überlassenen Kapitals frei und verspricht sie dem Anleger nicht etwa, die Anlegergelder z.B. in die Vermögenswerte zu investieren, welche dem selbsterstellten Index oder dem Referenzportfolio zugrunde liegen, so verfolgt die Bank nach Auffassung der BaFin ausschließlich eine eigene Gewinnerzielungsabsicht. Des Weiteren ist nach Auffassung der BaFin eine Investition zum Nutzen der Anleger in der Regel auch dann zu verneinen, wenn die Bank einen Teil der über die Zertifikate eingenommenen Gelder entweder in das Referenzportfolio investiert oder über einen Swap mit einem Dritten abbildet, sofern dies ausschließlich der Absicherung der eigenen Verlustrisiken der Bank gegenüber dem Inhaber des Zertifikats dient (Hedging). Hieraus ergibt sich nach Auffassung der BaFin, dass das Tatbestandsmerkmal „zum Nutzen der Anleger" jedenfalls dazu dient, Zertifikate von Fondsbeteiligungen abzugrenzen[1640].

In der Literatur wird die fehlende Trennschärfe dieses Abgrenzungskriteriums kritisiert, da letztlich bei jeder Gesellschaft die Verfolgung eigenwirtschaftlicher Zwecke mittelbar auch den Interessen der Gesellschafter dient, weil diese typischerweise am Erfolg des Unternehmens partizipieren[1641]. Darüber hinaus wird zu Recht darauf hingewiesen, dass das Tatbestandsmerkmal „zum Nutzen der Anleger" nicht verlangt, dass keinerlei wirtschaftliches Eigeninteresse des Organismus oder des Fondsinitiators besteht[1642]. Denn typischerweise werden Investmentvermögen von Fondsinitiatoren nicht ohne wirtschaftlichen Eigennutz aufgelegt[1643].

1639 BaFin, Auslegungsschreiben zum Anwendungsbereich des KAGB, 09.03.2015, Ziffer 6.

1640 *Schneider* in Möllers/Kloyer, Das neue KAGB, Rn. 215; *Eckhold/Balzer* in Assmann/Schütze, Hdb. des Kapitalanlagerechts, § 22 Rn. 24.

1641 *Eckhold/Balzer* in Assmann/Schütze, Hdb. des Kapitalanlagerechts, § 22 Rn. 24; *Krause* in Beckmann/Scholtz/Vollmer, Investment, vor § 405 Rn. 27; *Hartrott/Goller*, BB 2013, 1603, 1604; *Kloyer* in Möllers/Kloyer, Das neue KAGB, Rn. 251; *Wallach*, RdF 2013, 92, 93. Nach *Loritz/Rickmers* soll das Tatbestandsmerkmal „zum Nutzen der Anleger" gemeinsam mit dem Tatbestandsmerkmal „kein operativ tätiges Unternehmen außerhalb des Finanzsektors" eine gute Möglichkeit bieten, Fondsfinanzierungen von Unternehmensfinanzierungen außerhalb des Finanzsektors abzugrenzen, vgl. *Loritz/Rickmers*, NZG 2014, 1241, 1246 ff.

1642 *Eckhold/Balzer in* Assmann/Schütze, Hdb. des Kapitalanlagerechts, § 22 Rn. 24; *Kloyer* in Möllers/Kloyer, Das neue KAGB, Rn. 252; *Loritz/Uffmann*, WM 2013, 2193, 2200.

1643 *Loritz/Uffmann*, WM 2013, 2193, 2200.

Im Schrifttum wird in das Merkmal zum Nutzen der Anleger zudem hineingelesen, dass der Zweck des Investmentvermögens zumindest auch darin bestehen muss, einen Vermögenszuwachs bei den Anlegern zu erzielen[1644]. Allerdings wird es für ausreichend erachtet, wenn dieser Vermögenszuwachs darin besteht, dass steuerlich Verlustvorträge generiert werden[1645]. Werden jedoch ausschließlich Ziele verfolgt, die nicht kommerziell sind, soll das Vorliegen einer Investition zum Nutzen der Anleger ausgeschlossen sein[1646]. Aus diesem Grund sollen z.B. Stiftungen, bei denen sich die Anleger nicht selbst bestiften und die Erträge deshalb nicht den Anlegern zu Gute kommen, grundsätzlich keine Investmentvermögen i.S.d. § 1 Abs. 1 S. 1 KAGB darstellen[1647]. In der Literatur wird darüber hinaus zum Teil angenommen, dass sich aus dem Tatbestandsmerkmal des „Nutzens für die Anleger" ableiten lässt, dass sich die Gemeinschaftsrendite der Anleger unmittelbar aus der Wertentwicklung der Vermögensgegenstände ergeben muss, in die der Organismus investiert[1648].

g) Kein operativ tätiges Unternehmen außerhalb des Finanzsektors

Das letzte und gleichzeitig umstrittenste Tatbestandsmerkmal des Investmentvermögens i.S.d. § 1 Abs. 1 S. 1 KAGB ist, dass es sich bei dem Organismus für gemeinsame Anlagen nicht um ein *operativ tätiges Unternehmen außerhalb des Finanzsektors* handeln darf. Dieses negative Tatbestandsmerkmal beruht zumindest nicht unmittelbar auf der AIFM-Richtlinie, da es in der Legaldefinition des AIF in Art. 4 Abs. 1 AIFM-RL nicht enthalten ist[1649]. Auch im ersten Diskussionsentwurf des Bundesministeriums

---

1644 *Eckhold/Balzer* in Assmann/Schütze, Hdb. des Kapitalanlagerechts, § 22 Rn. 24; *Tollmann* in Dornseifer/Jesch/Klebeck/Tollmann, AIFM-Richtlinie, Art. 4 Rn. 25.

1645 *Eckhold/Balzer* in Assmann/Schütze, Hdb. des Kapitalanlagerechts, § 22 Rn. 24; *Patzner/ Schneider-Deters* in Patzner/Döser/Kempf, Investmentrecht, § 1 Rn. 10; *Tollmann* in Dornseifer/Jesch/Klebeck/Tollmann, AIFM-Richtlinie, Art. 4 Rn. 25.

1646 *Tollmann* in Dornseifer/Jesch/Klebeck/Tollmann, AIFM-Richtlinie, Art. 4 Rn. 25; *Eckhold/Bal-zer* in Assmann/Schütze, Hdb. des Kapitalanlagerechts, § 22 Rn. 24.

1647 *Zetzsche/Preiner*, WM 2013, 2101, 2106.

1648 *Volhard/Jang* in Weitnauer/Boxberger/Anders, KAGB, § 1 Rn. 20; *Tollmann* in Dornseifer/Jesch/Klebeck/Tollmann, AIFM-Richtlinie, Art. 4 Rn. 26; *Klinger*, NZWiSt 2014, 370, 375 f.; *Eckhold/Balzer* in Assmann/Schütze, Hdb. des Kapitalanlagerechts, § 22 Rn. 24; *Krause* in Beckmann/Scholtz/Vollmer, Investment, vor § 405 Rn. 28; *Paefgen* in Ebenroth/Boujong/Joost/Strohn, 4. Auflage 2018, § 177a HGB Anh. C, § 1 KAGB Rn. 27 ff.

1649 *Patzner/Schneider-Deters* in Patzner/Döser/Kempf, Investmentrecht, § 1 Rn. 11; *Loritz/Uffmann*, WM 2013, 2193, 2200; *Weiser*, BB 2013, 1091; *Schneider* in Möllers/ Kloyer, Das neue KAGB, Rn. 216; *Krause/Klebeck*, RdF 2013, 4, 19; a.A. *Tollmann* der das negative Tatbestandsmerkmal „operativ tätiges Unternehmen außerhalb des Finanzsektors" für eine rein deklaratorische Klarstellung hält, da sich dies schon aus der Definition des AIF nach der AIFM-RL ergebe, vgl. *Tollmann* in Dornseifer/Jesch/ Klebeck/ Tollmann, AIFM-Richtlinie, Art. 2 Rn. 45. In diese Richtung auch *Voigt* nach dem die Ausnahme operativ tätiger Unternehmen zwar nicht ausdrücklich in der

der Finanzen zum AIFM-Umsetzungsgesetz vom 20.07.2012 war der Begriff des Investmentvermögens i.S.d. KAGB-E noch nicht mit diesem Zusatz versehen. Erst im späteren Gesetzesentwurf der Bundesregierung vom 12.12.2012 wurde das Tatbestandsmerkmal „... und der kein operativ tätiges Unternehmen außerhalb des Finanzsektors ist" in die Legaldefinition des Investmentvermögens aufgenommen[1650]. In der Gesetzesbegründung wird die Aufnahme dieses negativen Tatbestandsmerkmals damit begründet, dass die auf der AIFM-Richtlinie beruhende Legaldefinition des Investmentvermögens aufgrund der sehr weiten Merkmale die Gefahr in sich berge, dass der Anwendungsbereich des Gesetzes auch für produzierende und andere operativ tätige Unternehmen eröffnet wird, welche keine Fonds sind und deren Regulierung nicht durch die AIFM-Richtlinie bezweckt wurde.

Obwohl die AIFM-Richtlinie im Rahmen der Legaldefinition des AIF in Art. 4 Abs. 1 AIFM-RL keine ausdrückliche Regelung zu operativen Unternehmen enthält, findet sich auch auf europäischer Ebene das Bestreben, operativ tätige Unternehmen vom Anwendungsbereich der AIFM-Richtlinie auszunehmen. Nach den Leitlinien der ESMA zu den Schlüsselbegriffen (ESMA/2013/611) ist eines der Merkmale, welche einen Organismus für gemeinsame Anlagen auszeichnet, dass der Organismus keinen „allgemein-kommerziellen oder -industriellen Zweck" verfolgt[1651]. Der Begriff des allgemein-kommerziellen Zwecks wird in den Begriffsbestimmungen der Leitlinien definiert als „Zweck der Verfolgung einer Geschäftsstrategie, die sich durch das Merkmal auszeichnet, dass überwiegend kommerzielle Tätigkeiten einschließlich Kauf, Verkauf und/oder dem Austausch von Waren oder Gütern und/oder Verkehr mit nicht-finanziellen Dienstleistungen ausgeübt werden"[1652]. Als Merkmal eines allgemein-industriellen Zwecks wird von der ESMA der Zweck der Verfolgung einer Geschäftsstrategie angesehen, welche unter anderem das Merkmal der überwiegenden Ausübung einer industriellen Tätigkeit aufweist, einschließlich der Produktion von Waren und der Errichtung von Immobilien. Auch eine Kombination aus der Verfolgung einer Geschäftsstrategie mit Merkmalen kommerzieller und industrieller Tätigkeiten führt nach Ansicht der ESMA zum Vorliegen eines allgemein-kommerziellen oder -industriellen Zwecks, welcher die Anwendbarkeit der AIFM-Richtlinie ausschließe[1653].

Konkretisierungen zum negativen Tatbestandsmerkmal des operativ tätigen Unternehmens außerhalb des Finanzsektors finden sich im Auslegungsschreiben der

AIFM-RL geregelt ist, jedoch „hineingelesen" werden kann, vgl. *Voigt* in Möllers/Kloyer, Das neue KAGB, Rn. 136.

1650 Zum Gesetzesentwurf der Bundesregierung vom 12.12.2012, vgl. BR-Drucks. 791/12, S. 18.

1651 ESMA, Leitlinien zu Schlüsselbegriffen (ESMA/2013/611), 30.01.2015, S. 6 VI Ziffer 12 a).

1652 ESMA, Leitlinien zu Schlüsselbegriffen (ESMA/2013/611), 30.01.2015, S. 3 II.

1653 ESMA, Leitlinien zu Schlüsselbegriffen (ESMA/2013/611), 30.01.2015, S. 3 II.

BaFin zum Anwendungsbereich des KAGB[1654]. Die BaFin bezieht sich hierbei auf die soeben erläuterten Leitlinien der ESMA zu den Schlüsselbegriffen (ESMA/2013/611), wonach die AIFM-Richtlinie unanwendbar ist für Organismen, die einen allgemein-kommerziellen oder -industriellen Zweck verfolgen. Dementsprechend ist nach Auffassung der BaFin das Vorliegen einer operativen Tätigkeit insbesondere bei solchen Unternehmen zu bejahen, welche Immobilien entwickeln oder errichten, Güter und Handelswaren produzieren, kaufen, verkaufen, tauschen oder sonstige Dienstleistungen außerhalb des Finanzsektors anbieten[1655]. Darüber hinaus führt die BaFin aus, dass das Tatbestandsmerkmal des operativ tätigen Unternehmens außerhalb des Finanzsektors unter bestimmten Voraussetzungen auch dann erfüllt sei, wenn sich Unternehmen im Rahmen ihrer operativen Tätigkeit Leistungen Dritter (fremder Dienstleister oder gruppeninterner Gesellschaften) bedienen. Voraussetzung hierfür ist nach Ansicht der BaFin aber, dass das operativ tätige Unternehmen trotz der Inanspruchnahme der Leistungen Dritter selbst die unternehmerischen Entscheidungen im laufenden Geschäftsbetrieb trifft, was sich aus der ausdrücklichen Vereinbarung von Gestaltungs-, Lenkungs- und Weisungsrechten ergibt[1656]. Für die Einordnung als operativ tätiges Unternehmen außerhalb des Finanzsektors ist es nach Auffassung der BaFin unschädlich, wenn das Unternehmen zusätzlich zur operativen Tätigkeit Investitionen zu Anlagezwecken tätigt. Allerdings gelte dies nur, solange diese Anlagetätigkeit als untergeordnete Neben- oder Hilfstätigkeit angesehen werden könne[1657].

Das negative Tatbestandsmerkmal des operativ tätigen Unternehmens außerhalb des Finanzsektors ist Gegenstand scharfer Kritik im Schrifttum[1658]. Denn die durch das Merkmal „operativ tätiges Unternehmen außerhalb des Finanzsektors" bezweckte Abgrenzung zwischen einem Fondsgeschäft und der Finanzierung „normaler" Unternehmen am Kapitalmarkt bereitet immense Schwierigkeiten[1659]. Zu bemängeln

1654 BaFin, Auslegungsschreiben zum Anwendungsbereich des KAGB, 09.03.2015, Ziffer 7.

1655 BaFin, Auslegungsschreiben zum Anwendungsbereich des KAGB, 09.03.2015, Ziffer 7.

1656 BaFin, Auslegungsschreiben zum Anwendungsbereich des KAGB, 09.03.2015, Ziffer 7.

1657 BaFin, Auslegungsschreiben zum Anwendungsbereich des KAGB, 09.03.2015, Ziffer 7.

1658 *Loritz/Rickmers*, NZG 2014, 1241, 1245 f.; *Hartrott/Goller*, BB 2013, 1603; *Poelzig/Volmer*, DNotZ 2014, 483, 486. *Escher* bezeichnet die Ausführungen der BaFin zur operativen Tätigkeit als „erste Gehversuche", vgl. *Escher* in Habersack/Mülbert/Nobbe/Wittig, Bankrechtstag 2013, S. 132.

1659 *Loritz/Rickmers*, NZG 2014, 1241 ff.; *Schneider* in Möllers/Kloyer, Das neue KAGB, Rn. 216. Nach *Wallach* ist das Negativtatbestandsmerkmal des operativen Unternehmens als Kehrseite des Merkmals der festgelegten Anlagestrategie zu verstehen, vgl. *Wallach*, RdF 2013, 92, 93; ebenso *Eckhold/Balzer* in Assmann/Schütze, Hdb. des Kapitalanlagerechts, § 22 Rn. 26.

ist in erster Linie, dass es an einer Definition des Begriffs „operative Tätigkeit außerhalb des Finanzsektors" bzw. an griffigen Kriterien zur Bestimmung eines operativ tätigen Unternehmens außerhalb des Finanzsektors fehlt[1660]. Die fehlende Trennschärfe des „schillernden" Begriffs des operativ tätigen Unternehmens außerhalb des Finanzsektors eröffnet so für Initiatoren geschlossener Fonds einen Spielraum für Gestaltungen, durch welche die Unanwendbarkeit des KAGB herbeigeführt werden kann[1661].

Im Schrifttum wird zum Teil vertreten, dass eine operative Tätigkeit eine Art aktiven Herstellungsprozess im Sinne einer aktiven Wertschöpfung bzw. Wertsteigerung durch Produktion oder andere aktive Vorgänge erfordere[1662]. Das Vorliegen einer operativen Tätigkeit sei hingegen zu verneinen im Falle eines bloßen „passiven Anlageverhaltens", bei welchem es um den reinen Einsatz von Geldmitteln zum Erwerb von Vermögensgegenständen und zum anschließenden Halten dieser Vermögensgegenstände gehe[1663]. Allerdings ist auch diese Abgrenzungsmethode der Kritik der fehlenden Trennschärfe ausgesetzt, zumal insbesondere bei gemischten Tätigkeiten die Anwendbarkeit des KAGB unklar ist[1664].

Zum Teil sprechen sich Stimmen in der Literatur dafür aus, das Augenmerk weniger auf die operative Tätigkeit und mehr auf die Tätigkeit *außerhalb des Finanzsektors* zu legen[1665]. Jedoch ist auch dieser Begriff weder im Gesetz, noch im Auslegungsschreiben der BaFin zum Anwendungsbereich des KAGB näher konkretisiert und somit ebenfalls unbestimmt[1666].

3. Rechtsfolgen einer irrtümlichen Verneinung der Anwendbarkeit des KAGB

Da die Anwendbarkeit des KAGB vom Vorliegen eines Investmentvermögens i.S.d. § 1 Abs. 1 KAGB abhängt und die einzelnen Tatbestandsmerkmale des Investmentvermögens mitunter Rechtsunsicherheiten in sich bergen, besteht die Gefahr von Fehleinschätzungen. So kann es vorkommen, dass Fondsinitiatoren aufgrund der

---

1660 *Poelzig/Volmer,* DNotZ 2014, 483, 486; *Eckhold/Balzer* in Assmann/Schütze, Hdb. des Kapitalanlagerechts, § 22 Rn. 31; *Krause/Klebeck,* RdF 2013, 4, 9.

1661 Vgl. *Loritz/Uffmann,* WM 2013, 2193, 2200; *Loritz/Rickmers,* NZG 2014, 1241, 1245 f.; *Poelzig/Volmer,* DNotZ 2014, 483, 486.

1662 *Krause/Klebeck,* RdF 2013, 4, 10.

1663 *Krause/Klebeck,* RdF 2013, 4, 10.

1664 *Schneider* in Möllers/Kloyer, Das neue KAGB, Rn. 218.

1665 *Kloyer* in Möllers/Kloyer, Das neue KAGB, Rn. 257; *Eckhold/Balzer* in Assmann/Schütze, Hdb. des Kapitalanlagerechts, § 22 Rn. 31; *Loritz/Rickmers,* NZG 2014, 1241, 1245.

1666 So auch *Loritz/Rickmers* die als Hilfestellung eine Heranziehung des Begriffs der Finanzbranche aus § 1 Abs. 19 i.V.m. § 1 Abs. 1, 1a KWG vorschlagen, vgl. *Loritz/Rickmers,* NZG 2014, 1241, 1245.

Auslegung eines oder mehrerer Tatbestandsmerkmale das Vorliegens eines Investmentvermögen und damit die Eröffnung des Anwendungsbereichs des KAGB verneinen und später die BaFin oder die Rechtsprechung den Anwendungsbereich des KAGB aufgrund einer abweichenden Auslegung des Investmentvermögensbegriffs doch als eröffnet ansieht. Um die Relevanz der Frage der Eröffnung des Anwendungsbereichs des KAGB zu verdeutlichen, sollen im Folgenden übersichtsartig die rechtlichen Konsequenzen der irrtümlichen Annahme der Unanwendbarkeit des KAGB erläutert werden.

a) *Strafrechtliche Konsequenzen*

Hält ein Fondsinitiator das KAGB für unanwendbar, da er fälschlich nicht von einem Investmentvermögen i.S.d. § 1 Abs. 1 S. 1 KAGB ausgeht und legt einen geschlossenen Fonds nach dem herkömmlichen Modell als GmbH & Co. KG auf ohne Berücksichtigung des KAGB, so ist der objektive Straftatbestand § 339 Abs. 1 Nr. 1 bzw. Nr. 2 KAGB verwirklicht[1667]. Hiernach wird derjenige, der vorsätzlich das Geschäft einer KVG betreibt ohne über die erforderliche Erlaubnis nach § 20 Abs. 1 KAGB bzw. Registrierung nach § 44 KAGB zu verfügen, mit einer Freiheitsstrafe von bis zu drei Jahren oder mit Geldstrafe bestraft. Unter dem Geschäft einer KVG ist gemäß § 17 Abs. 1 S. 1 KAGB die Verwaltung von inländischen Investmentvermögen, EU-Investmentvermögen oder ausländischen AIF zu verstehen. Wenn der Fondsinitiator von der Unanwendbarkeit des KAGB ausgeht, wird er für die Gesellschaft, welche aufgrund der Übernahme der Verwaltung i.S.d. § 17 Abs. 1 KAGB als KVG anzusehen ist (z.B. die Komplementär-GmbH oder die geschäftsführende Kommanditistin der Fondsgesellschaft) schon gar keinen entsprechenden Erlaubnis- bzw. Registrierungsantrag bei der BaFin stellen. Da somit die Geschäfte einer KVG ohne die hierfür erforderliche Erlaubnis bzw. Registrierung betrieben werden, ist der objektive Straftatbestand erfüllt; der subjektive Tatbestand erfordert Vorsatz, also Wissen und Wollen[1668]. Aufgrund der Tatsache, dass das Vorliegen eines Investmentvermögens und damit die Anwendbarkeit des KAGB inklusive der Erlaubnis- bzw. Registrierungspflicht der KVG mitunter schwierig zu beurteilen ist, kommt ein Verbotsirrtum nach § 17 StGB bzw. sogar ein Tatbestandsirrtum nach § 16 Abs. 1 S. 1 StGB wegen eines Irrtums über normative Tatbestandsmerkmale in Betracht. Ein strafrechtlich beachtlicher Irrtum wird insbesondere dann anzunehmen sein, wenn der Fondsinitiator sein Geschäftsmodell der BaFin vorstellt und diese eine Erlaubnis- bzw. Registrierungspflicht verneint[1669].

1667 *Demleitner*, BB 2014, 2058, 2060; *Klinger*, NZWiSt 2014, 370, 377; *Klebeck/Kolbe*, BB 2014, 707, 709; *Seitz*, Die InvestmentKG, S. 36.

1668 Ausführlich zum objektiven und subjektiven Tatbestand, vgl. *Zeidler* in Weitnauer/Boxberger/Anders, KAGB, § 339 Rn. 2 ff.

1669 *Zeidler* in Weitnauer/Boxberger/Anders, KAGB, § 339 Rn. 12, vgl. *Bedkowski*, BB 2009, 1482, 1483.

b) *Ordnungswidrigkeiten*

Neben dem Straftatbestand nach § 339 Abs. 1 Nr. 1, Abs. 2 KAGB ist bei einem verkannten Investmentvermögen zusätzlich die Verwirklichung verschiedener Ordnungswidrigkeiten nach § 340 KAGB zu befürchten, da die irrtümliche Annahme der Unanwendbarkeit des KAGB in aller Regel zu einem Verstoß gegen verschiedene Vorschriften des KAGB führen wird[1670]. So stellt es z.B. eine Ordnungswidrigkeit dar, wenn dem Verkaufsprospekt die Anlagebedingungen nicht beigefügt sind (§ 340 Abs. 2 Nr. 16 KAGB). Geht ein Fondsinitiator bei der Auflage eines geschlossenen Fonds fälschlicherweise von der Unanwendbarkeit des KAGB aus, so wird er in der Regel gar keine Anlagebedingungen erstellen und folglich auch nicht dem Verkaufsprospekt beifügen. Denn im Bereich der geschlossenen Fonds ergibt sich die Pflicht zur Erstellung von Anlagebedingungen als ein vom Fondsgesellschaftsvertrag zu trennendes Dokument allein aus dem KAGB. Die Ordnungswidrigkeiten im Rahmen des § 340 KAGB werden mit erheblichen Bußgeldern von bis zu 50.000 bzw. 100.000 Euro geahndet[1671].

c) *Aufsichtsrechtliche Folgen*

Geht der Fondsinitiator fälschlicherweise vom Nichtvorliegen eines Investmentvermögens und damit von der Unanwendbarkeit des KAGB aus und legt deshalb einen geschlossenen Fonds ohne Beachtung der Vorschriften des KAGB auf, so hat dies schwerwiegende aufsichtsrechtliche Konsequenzen zur Folge. Die BaFin setzt als zuständige Aufsichtsbehörde die Einhaltung der Gebote und Verbote des KAGB durch und ist insofern mit weitreichenden Eingriffsbefugnissen ausgestattet[1672]. Im Falle der Verwaltung eines Investmentvermögens ohne die hierfür erforderliche Erlaubnis bzw. Registrierung (sog. unerlaubtes Investmentgeschäft) ist die BaFin gemäß § 15 Abs. 2 S. 1 Nr. 1 i.V.m. Abs. 1 KAGB befugt, die sofortige Einstellung des Geschäftsbetriebs und die unverzügliche Abwicklung dieser Geschäfte anzuordnen[1673]. Wie bereits im Rahmen der strafrechtlichen Konsequenzen dargelegt, wird der Fondsinitiator in aller Regel die Fondsstruktur nicht an die Anforderungen des

1670 *Demleitner*, BB 2014, 2058, 2060.

1671 *Demleitner*, BB 2014, 2058, 2060.

1672 Vgl. § 5 Abs. 6 KAGB.

1673 Im Rahmen der Abwicklung kann die BaFin gemäß § 15 Abs. 2 Nr. 2 KAGB Weisungen erlassen und sie ist nach § 15 Abs. 2 Nr. 3 KAGB berechtigt, auf Kosten des Unternehmens, welches das unerlaubte Investmentgeschäft betreibt, eine geeignete Person als Abwickler zu bestellen. Zu beachten ist, dass die BaFin die Maßnahmen nach § 15 Abs. 1, 2 KAGB auch gegenüber Unternehmen bzw. deren Gesellschaftern und Organen ergreifen kann, die in die Anbahnung, den Abschluss oder die Abwicklung der unerlaubten Investmentgeschäfte einbezogen sind, also insbesondere gegenüber im Vertrieb tätiger Vermittler oder Treuhänder, vgl. *Baumann* in Weitnauer/Boxberger/Anders, KAGB, § 15 Rn. 10; *Demleitner*, BB 2014, 2058, 2060.

KAGB anpassen und damit keinen Antrag auf Erlaubnis bzw. Registrierung einer KVG bei der BaFin stellen, wenn er von der Unanwendbarkeit des KAGB ausgeht. Da die Anordnung der Abwicklung der Fondsgesellschaft im Ermessen der BaFin liegt und diese den Verhältnismäßigkeitsgrundsatz beachten muss, könnte die BaFin theoretisch auch als weniger einschneidende Maßnahme die Anpassung des Fondsmodells an das KAGB anordnen durch die Umstrukturierung der Fondsgesellschaft, Bestimmung einer KVG und Beschaffung einer Erlaubnis bzw. Registrierung für diese KVG[1674]. Eine solche nachträgliche Anpassung an die Vorgaben des KAGB dürfte jedoch aufgrund des weitgehenden strukturellen Anpassungsbedarfs sehr schwierig sein, zumal sich hier auch rechtliche Probleme ergeben z.B. aufgrund der notwendigen Anpassung des Fondsgesellschaftsvertrags sowie des Schutzbedürfnisses der bereits beigetretenen Anleger und Gesellschaftsgläubiger[1675]. In aller Regel wird die Auflage eines Fonds ohne Beachtung des KAGB aufgrund der irrtümlichen Annahme der Unanwendbarkeit deshalb die Anordnung der BaFin zur Abwicklung der Fondsgesellschaft zur Folge haben, was sowohl für den Fondsinitiator, als auch für die Anleger wirtschaftlich fatal ist[1676]. Hinzu kommt für den Fondsinitiator der Reputationsschaden, wenn die BaFin von der Möglichkeit Gebrauch macht, die Abwicklung öffentlich bekannt zu machen[1677]. Weitere Eingriffsbefugnisse ergeben sich aus § 314 Abs. 1 KAGB, wonach die BaFin unter anderem bei Verstößen gegen Vorschriften des KAGB alle zum Schutz der Anleger geeigneten und erforderlichen Maßnahmen, einschließlich der Untersagung des Vertriebs der Fondsanteile, ergreifen darf[1678].

d) Zivilrechtliche Ansprüche der Anleger

Geht der Fondsinitiator zu Unrecht vom Nichtvorliegen eines Investmentvermögens i.S.d. § 1 Abs. 1 S. 1 KAGB und damit von der Unanwendbarkeit des KAGB aus, haben die Anleger des Investmentvermögens unter Umständen zivilrechtliche Ansprüche

---

1674 Die BaFin ist ausweislich der Gesetzesbegründung zu § 15 KAGB aufgrund des Verhältnismäßigkeitsgrundsatzes z.B. gehalten, von einer förmlichen Anordnung der Abwicklung abzusehen, wenn das betroffene Unternehmen den Geschäftsbetrieb aufgrund eines informellen Apells freiwillig einstellt, vgl. BT-Drucks. 17/12294, S. 211. Auch kann die BaFin aufgrund des Verhältnismäßigkeitsgrundsatzes verpflichtet sein, mit einer Anordnung der Abwicklung zuzuwarten, wenn die KVG bereits einen Antrag auf Erlaubnis bzw. Registrierung gestellt hat und dieser Antrag Erfolgsaussichten hat.

1675 Vgl. *Freitag*, NZG 2013, 329, 330.

1676 So auch die Gesetzesbegründung zu § 15 KAGB, wonach unerlaubt betriebene Geschäfte in der Regel abzuwickeln sind und somit eine erhöhte Gefahr des Verlustes der Anlegergelder besteht, vgl. BT-Drucks. 17/12294, S. 211.

1677 *Baumann* in Weitnauer/Boxberger/Anders, KAGB, § 15 Rn. 11.

1678 *Demleitner*, BB 2014, 2058, 2060.

gegen den Fondsinitiator bzw. die KVG oder andere Beteiligte[1679]. Im Schrifttum wird zum Teil davon ausgegangen, dass von diesen zivilrechtlichen Ansprüchen der Anleger der größte Abschreckungseffekt vor dem Verstoß gegen Vorschriften des KAGB – insbesondere vor dem Betreiben eines unerlaubten Investmentgeschäfts – ausgeht[1680]. In Betracht kommen insbesondere Prospekthaftungsansprüche der Anleger. So steht dem Anleger bei der Unrichtigkeit oder Unvollständigkeit von Angaben im Verkaufsprospekt bzw. in den Informationen nach § 307 Abs. 1, 2 KAGB, die für die Beurteilung der Anteile wesentlich sind, ein Anspruch auf Übernahme der Anteile gegen Erstattung des Anteilskaufpreises nach § 306 Abs. 1 KAGB (ggf. i.V.m. § 307 Abs. 3 KAGB) zu[1681]. Prospekthaftungsansprüche, die auf die Erstattung des vom Anleger bezahlten Preises gegen Rückgabe der Anteile gerichtet sind, bestehen darüber hinaus auch dann, wenn entgegen den Vorgaben des KAGB gar kein Verkaufsprospekt bzw. gar keine Informationen nach § 307 Abs. 1 und 2 KAGB veröffentlicht wurden. Wenn der Fondsinitiator von der Unanwendbarkeit des KAGB ausgeht, hat er typischerweise entweder gar kein Verkaufsprospekt bzw. keine Informationen nach § 307 Abs. 1 KAGB veröffentlicht oder diese sind wegen der falschen Darstellung des Investmentvermögens als Fonds außerhalb des KAGB („Nichtinvestmentvermögen") hinsichtlich wesentlicher Angaben unrichtig[1682]. Sofern aufgrund des Vertriebs der Fondsanteile an Privatanleger eine Pflicht zur Erstellung wesentlicher Anlegerinformationen besteht, ergeben sich nach § 306 Abs. 2 KAGB auch aus unrichtigen und irreführenden Angaben in den wesentlichen Anlegerinformationen Ansprüche aus Prospekthaftung.

Darüber hinaus können sich auch aus anderen Rechtsgrundlagen zivilrechtliche Ansprüche ergeben[1683]. So kommen bei der zu Unrecht angenommenen Unanwend-

---

1679 *Krause* in Beckmann/Scholtz/Vollmer, Investment, vor § 405 Rn. 1; *Demleitner*, BB 2014, 2058, 2060; *Niewerth/Rybarz*, WM 2013, 1154, 1156; *Eckhold/Balzer* in Assmann/Schütze, Hdb. des Kapitalanlagerechts, § 22 Rn. 3.

1680 *Niewerth/Rybarz*, WM 2013, 1154, 1156.

1681 Ausführlich dazu siehe oben Prospekthaftung, E. III. 11., S. 278 ff.

1682 Vgl. *Demleitner*, BB 2014, 2058, 2060.

1683 Inwiefern eine Verletzung von Pflichten, welche das KAGB der KVG auferlegt (z.B. die Pflichten im Zusammenhang mit dem Risikomanagement) zu Schadensersatzansprüchen der Anleger führt, ist bislang noch weitgehend ungeklärt, vgl. *Möllers* in Möllers/Kloyer, Das neue KAGB, Rn. 648. *Demleitner* weist darauf hin, dass im Falle eines verkannten AIF häufig ein Widerrufsrecht der Anleger nach § 305 Abs. 7 KAGB i.V.m. §§ 312g Abs. 1, 355 Abs. 1 KAGB besteht, da oftmals keine den Anforderungen des Art. 246b EGBGB entsprechende Widerrufsbelehrung vorliege und deshalb die Widerrufsfrist nicht zu laufen beginne, vgl. *Demleitner*, BB 2014, 2058, 2060. Hiergegen ist jedoch einzuwenden, dass unabhängig von der Anwendbarkeit des KAGB ein Widerrufsrecht bei außerhalb von Geschäftsräumen geschlossener Verträge und Fernabsatzverträge besteht, über das nach Maßgabe des Art. 246b EGBGB informiert werden muss. Insofern spielt die irrige Annahme, es liege ein Fonds außerhalb des KAGB und kein Investmentvermögen i.S.d. § 1 Abs. 1 S. 1 KAGB vor, keine Rolle bei der Frage des Widerrufsrechts und der dazugehörigen Informationspflichten, zumal auch schon vor Inkrafttreten des KAGB

barkeit des KAGB insbesondere deliktische Ansprüche der Anleger in Frage, da z.B. § 339 KAGB und §§ 20, 44 KAGB nach h.M. als Schutzgesetze i.S.d. § 823 Abs. 2 BGB angesehen werden[1684]. Zu beachten ist, dass sich aus der fehlerhaften Beurteilung des Vorliegens eines Investmentvermögens i.S.d. § 1 Abs. 1 S. 1 KAGB auch nachteilhafte steuerliche Konsequenzen ergeben können[1685].

4. Zusammenfassung

Für die Frage, ob ein geschlossener Fonds bzw. der Verwalter des Fonds in den Anwendungsbereich des KAGB fällt, ist entscheidend, ob der Fonds ein Investmentvermögen i.S.d. § 1 Abs. 1 KAGB darstellt. Der Begriff des Investmentvermögens ist aus diesem Grund als Schlüsselbegriff des KAGB anzusehen[1686]. Das KAGB stellt ausweislich der Gesetzesbegründung entsprechend der Vorgaben der AIFM-Richtlinie auf den sog. „materiellen Investmentfondsbegriff" ab[1687]. Anders als beim sog. „formellen Investmentfondsbegriff" des aufgehobenen Investmentgesetzes spielen formale Gesichtspunkte wie z.B. die Rechtsform des kollektiven Anlagevehikels keine Rolle und die Anwendbarkeit des KAGB kann nicht dadurch ausgeschlossen werden, dass der Fondsinitiator den Fonds nicht nach den Vorgaben des KAGB strukturiert[1688]. Maßgeblich für die Anwendbarkeit des KAGB ist allein, ob die (materiellen) Tatbestandsvoraussetzungen des Investmentvermögens i.S.d. § 1 Abs. 1 KAGB vorliegen. Ist dies der Fall, so müssen die Vorschriften des KAGB zwingend beachtet werden; die Auflage des Fonds ohne Beachtung des KAGB ist unzulässig[1689].

Der Begriff des Investmentvermögens ist in § 1 Abs. 1 S. 1 KAGB legaldefiniert als „Organismus für gemeinsame Anlagen, der von einer Anzahl von Anlegern Kapital einsammelt, um es gemäß einer festgelegten Anlagestrategie zum Nutzen dieser Anleger zu investieren und der kein operativ tätiges Unternehmen außerhalb des Finanzsektors ist". Der Gesetzestext selbst enthält keine weiteren Erläuterungen

---

bei geschlossenen Fonds regelmäßig ein Widerrufsrecht aufgrund des Vorliegens eines Fernabsatzvertrags sowie entsprechende Informationspflichten bestanden.

1684 *Eckold*, ZBB 2016, 102, 103 ff; *Paefgen* in Ebenroth/Boujong/Joost/Strohn, 4. Auflage 2018, § 177a HGB Anh. C, Vor § 1 KAGB Rn. 58; *Zeidler* in Weitnauer/Boxberger/Anders, KAGB, § 339 Rn. 14; *Eckhold/Balzer* in Assmann/Schütze, Hdb. des Kapitalanlagerechts, § 22 Rn. 3 mit Verweis auf die Rechtsprechung zu § 32 KWG, BGH, NZG 2014, 189.

1685 *Demleitner*, BB 2014, 2058, 2059 Fn. 6; *Krause/Klebeck*, RdF 2013, 4; *Krause* in Beckmann/Scholtz/Vollmer, Investment, vor § 405 Rn. 1.

1686 *Assmann* in Assmann/Schütze, Hdb. des Kapitalanlagerechts, § 5 Rn. 345; *Patzner/Schneider-Deters* in Patzner/Döser/Kempf, Investmentrecht, § 1 Rn. 1; *Jesch/Alten*, RdF 2013, 191, 193; *Wallach*, RdF 2013, 92.

1687 BT-Drucks. 17/12294, S. 188; ausführlich hierzu *Krause* in Beckmann/Scholtz/Vollmer, Investment, vor § 405 Rn. 2 ff.; *Krause/Klebeck*, RdF 2013, 4, 5 f.; *Schneider* in Möllers/Kloyer, Das neue KAGB, Rn. 183.

1688 *Patzner/Schneider-Deters* in Patzner/Döser/Kempf, Investmentrecht, § 1 Rn. 1.

1689 *Wollenhaupt/Beck*, DB 2013, 1950; *Klebeck/Kolbe*, BB 2014, 707, 709.

zu den einzelnen Tatbestandsmerkmalen. Konkretisierungen finden sich jedoch zum Teil in der Gesetzesbegründung des KAGB und vor allem in dem Auslegungsschreiben der BaFin zum Anwendungsbereich des KAGB und zum Begriff des „Investmentvermögens" sowie in den Leitlinien der ESMA zu Schlüsselbegriffen der Richtlinie über die Verwalter alternativer Investmentfonds (ESMA/2013/611)[1690]. Trotz dieser Konkretisierungen zeichnen sich einige Tatbestandsmerkmale des Investmentvermögens durch ihre Unbestimmtheit aus und es bestehen deshalb im Hinblick auf den Anwendungsbereich des KAGB erhebliche Rechtsunsicherheiten[1691]. Insbesondere im Hinblick auf das negative Tatbestandsmerkmal „kein operativ tätiges Unternehmen außerhalb des Finanzsektors" fehlt es an griffigen Kriterien[1692]. Das rechtlich unverbindliche Auslegungsschreiben der BaFin zum Anwendungsbereich des KAGB enthält zwar Ausführungen zum Begriff der operativen Tätigkeit und nennt für den Immobilien- und Schiffsbereich Beispiele, in denen die BaFin eine operative Tätigkeit annimmt oder ablehnt[1693]. Eine Definition der Begriffe „operative Tätigkeit" oder „außerhalb des Finanzsektors" findet sich aber nicht. Die durch das negative Tatbestandsmerkmal des „operativ tätigen Unternehmens außerhalb des Finanzsektors" bezweckte Abgrenzung zwischen Investmentvermögen und „normalen" Unternehmen, die sich am Kapitalmarkt finanzieren, ist aus diesem Grund schwierig[1694].

Die Rechtsunsicherheiten im Zusammenhang mit den Tatbestandsmerkmalen des Investmentvermögens und damit zur Frage der Anwendbarkeit des KAGB sind insofern von großer Bedeutung, als dass die Auflage eines geschlossenen Fonds ohne Beachtung der Vorschriften des KAGB aufgrund der irrtümlichen Annahme der Unanwendbarkeit schwerwiegende aufsichtsrechtliche Konsequenzen, zivilrechtliche Schadensersatzansprüche und letztlich sogar strafrechtliche Folgen nach sich ziehen kann[1695]. Daneben besteht bei der fehlerhaften Beurteilung des Vorliegens eines Investmentvermögens die Gefahr von Steuernachteilen und bei Verstößen gegen bestimmte Vorschriften des KAGB drohen hohe Bußgelder[1696].

1690 BaFin, Auslegungsschreiben zum Anwendungsbereich des KAGB, 09.03.2015; ESMA, Leitlinien zu Schlüsselbegriffen (ESMA/2013/611), 30.01.2015.

1691 *Krause/Klebeck,* RdF 2013, 4, 5; *Geurts/Schubert,* WM 2014, 2154, 2155; *Zetzsche/Preiner,* WM 2013, 2101.

1692 *Poelzig/Volmer,* DNotZ 2014, 483, 486; *Eckhold/Balzer* in Assmann/Schütze, Hdb. des Kapitalanlagerechts, § 22 Rn. 31; *Krause/Klebeck,* RdF 2013, 4, 9.

1693 BaFin, Auslegungsschreiben zum Anwendungsbereich des KAGB, 09.03.2015, Ziffer 7.

1694 *Loritz/Rickmers,* NZG 2014, 1241 ff.; *Schneider* in Möllers/Kloyer, Das neue KAGB, Rn. 216.

1695 *Krause/Klebeck* bezeichnen die Fondsstrukturierung unter Geltung des materiellen Investmentfondsbegriffs aus diesem Grund als „gefahrgeneigte Arbeit", vgl. *Krause/Klebeck,* RdF 2013, 4.

1696 *Krause/Klebeck,* RdF 2013, 4; *Krause* in Beckmann/Scholtz/Vollmer, Investment, vor § 405 Rn. 1; *Demleitner,* BB 2014, 2058, 2060; *Emde/Dreibus,* BKR 2013, 89, 90.

II. Für welche der eingangs dargestellten Fondsarten ist der Anwendungsbereich des KAGB eröffnet?

Häufig findet sich im Schrifttum die Aussage, dass durch das KAGB nunmehr alle Arten bislang unregulierter bzw. nur eingeschränkt regulierter Fonds, also insbesondere geschlossene Fonds, einer umfassenden Regulierung unterworfen seien[1697]. Auch die Gesetzesbegründung des KAGB liest sich so, als ob sämtliche geschlossene Fonds unter das KAGB als geschlossenes Regelwerk für die gesamte Investmentfondsbranche fallen[1698]. Vor diesem Hintergrund erscheint die Frage, ob für die oben dargestellten Arten von geschlossenen Fonds der Anwendungsbereich des KAGB eröffnet ist, zunächst unverständlich. Jedoch ist die pauschale Aussage, dass geschlossene Fonds nunmehr in jedem Fall der Regulierung des KAGB unterworfen sind, falsch[1699]. Denn der Anwendungsbereich des KAGB ist – wie vorstehend dargestellt – nur dann eröffnet, wenn der geschlossene Fonds die oben dargestellten Tatbestandsvoraussetzungen des materiellen Begriffs des Investmentvermögens i.S.d. § 1 Abs. 1 KAGB erfüllt[1700]. Insbesondere die Auslegung des Investmentvermögensbegriffs i.S.d. § 1 Abs. 1 KAGB durch die BaFin in ihrem Auslegungsschreiben erweckt Zweifel daran, ob tatsächlich sämtliche Arten an geschlossenen Fonds in den Anwendungsbereich des KAGB fallen[1701]. Im Folgenden wird das Vorliegen eines Investmentvermögens und damit die Anwendbarkeit des KAGB für geschlossene Immobilienfonds, Schiffsfonds, Windfonds, Projektentwicklungsfonds und Private Equity Fonds untersucht.

1. Immobilienfonds

Die Anwendbarkeit des KAGB ist aufgrund des materiellen Investmentfondsbegriffs des KAGB für geschlossene Immobilienfonds nur dann eröffnet, wenn die Tatbestandsvoraussetzungen des Investmentvermögens i.S.d. § 1 Abs. 1 KAGB vorliegen. Geschlossene Immobilienfonds sind vor diesem Hintergrund nur dann vom Anwendungsbereich des KAGB erfasst, wenn sie als Organismus für gemeinsame Anlagen anzusehen sind, die von einer Anzahl an Anlegern Kapital einsammeln, um dieses Kapital zum Nutzen der Anleger nach einer festgelegten Anlagestrategie

---

1697 *Emde/Dreibus*, BKR 2013, 89, 90; *Klebeck/Kolbe*, BB 2014, 707; *Kramer/Recknagel*, DB 2011, 2077; *Fischer/Friedrich*, ZBB 2013, 153, 154.

1698 In der Gesetzesbegründung wird z.B. im Rahmen der Erläuterung des materiellen Fondsbegriffs davon ausgegangen, dass sämtliche Fonds nunmehr entweder als OGAW oder als AIF unter das KAGB fallen, BT-Drucks. 17/12294, S. 188.

1699 Vgl. *Loritz/Uffmann*, WM 2013, 2193 f.

1700 *Loritz/Uffmann*, WM 2013, 2193 f.; *Wagner*, ZfBR 2015, 113, 114.

1701 BaFin, Auslegungsschreiben zum Anwendungsbereich des KAGB, 09.03.2015, Ziffer 7; *Escher* in Habersack/Mülbert/Nobbe/Wittig, Bankrechtstag 2013, S. 132; *Klinger*, NZWiSt 2014, 370, 376; *Loritz/Uffmann*, WM 2013, 2193, 2201 Fn. 77; *Rohmert*, Der Immobilienbrief 2013 (299), 5 ff.; *Kobabe*, Börsen-Zeitung, 12.11.2013, S. B8.

zu investieren, ohne dass sie ein operativ tätiges Unternehmen außerhalb des Finanzsektors darstellen.

a) Organismus

Ein Investmentvermögen i.S.d. § 1 Abs. 1 S. 1 KAGB erfordert zunächst das Vorliegen eines Organismus. Nach Auffassung der BaFin und ESMA setzt ein Organismus voraus, dass das von den Anlegern eingesammelte Kapital in einem Vehikel gepoolt wird[1702]. Gefordert ist ein rechtlich oder wirtschaftlich verselbstständigtes Vermögen, wobei es weder auf die Rechtsform des Vermögens, noch auf die Art und Weise der Beteiligung der Anleger ankommt[1703]. Diese Voraussetzungen liegen bei geschlossenen Immobilienfonds in der typischen Ausgestaltung vor. Denn geschlossene Immobilienfonds werden – ebenso wie die anderen Arten geschlossener Fonds auch – typischerweise in der Rechtsform der GmbH & Co. KG aufgelegt, an welcher sich die Anleger unmittelbar als Kommanditist oder mittelbar über einen Treuhandkommanditisten beteiligen. Die für das Tatbestandsmerkmal des Organismus notwendige Poolung des Kapitals der Anleger in einem verselbständigten Vermögen ist durch die Bündelung der Anlegergelder in der Fondsgesellschaft gegeben. Auch im Fall der mittelbaren Beteiligung des Anlegers über einen Treuhandkommanditisten ist das Vorliegen eines Organismus zu bejahen, da es nicht auf die Art und Weise der Beteiligung des Anlegers an dem Vehikel (gesellschaftsrechtlich oder schuldrechtlich) ankommt und auch das dem Treuhandkommanditisten auf der Grundlage einer schuldrechtlichen Verpflichtung des Anlegers im Treuhandvertrag zur Verfügung gestellte Kapital als Kommanditeinlage in die Fondsgesellschaft eingebracht und dort gebündelt wird.

b) Für gemeinsame Anlagen

Bei dem Organismus muss es sich um einen solchen für gemeinsame Anlagen handeln. Die ESMA verlangt in ihren Leitlinien zu den Schlüsselbegriffen für das Vorliegen eines Organismus für gemeinsame Anlagen unter anderem eine Gemeinschaftsrendite. Diese definiert sie als „erzielte Rendite aus der Risikobündelung infolge des Erwerbs, des Besitzes oder des Verkaufs von Anlagevermögen“[1704]. Bei geschlossenen Immobilienfonds erwirtschaftet sich die Rendite hauptsächlich durch die laufenden Mieteinnahmen während der Fondslaufzeit und zu einem untergeordneten Teil aus dem schlussendlichen Verkauf der Immobilie. Dies steht der Annahme eines Organismus für gemeinsame Anlagen aber nicht entgegen, da die Rendite – anders als noch im Diskussionspapier der ESMA zu den Leitlinien zu den

1702 BaFin, Auslegungsschreiben zum Anwendungsbereich des KAGB, 09.03.2015, Ziffer 1.

1703 BaFin, Auslegungsschreiben zum Anwendungsbereich des KAGB, 09.03.2015, Ziffer 1.

1704 ESMA, Leitlinien zu Schlüsselbegriffen (ESMA/2013/611), 30.01.2015, S. 3 f Ziffer II.

Schlüsselbegriffen – nicht ausschließlich mit dem Verkauf der Assets erzielt werden muss, sondern auch aus dem Besitz der Assets erwirtschaftet werden kann[1705]. Die ESMA versteht unter dem Besitz des Anlagevermögens das Halten von Vermögensgegenständen. Gemeint sind also die Einkünfte, welche der Organismus während des Haltens der Assets erzielt z.B. durch die entgeltliche Nutzungsüberlassung an Dritte[1706]. Eine andere Auslegung des Begriffs „Besitzes" macht keinen Sinn, da alleine aus dem bloßen Besitz eines Vermögensgegenstands keine Rendite erzielt werden kann. Die bei geschlossenen Immobilienfonds erzielte Rendite ist vorrangig als Rendite infolge der Risikobündelung im Hinblick auf den Besitz anzusehen, da die Mieteinnahmen daraus resultieren, dass die Fondsgesellschaft die Immobilie in ihrem Vermögen hält (und Dritten zur Nutzung überlässt)[1707].

Die BaFin fordert darüber hinaus im Hinblick auf das Tatbestandsmerkmal für gemeinsame Anlagen i.S.d. § 1 Abs. 1 S. 1 KAGB eine Beteiligung des Anlegers an der Wertentwicklung des Organismus im Sinne einer Gewinn- und Verlustbeteiligung in Abgrenzung zu einem erfolgsunabhängigen, unbedingten Kapitalrückzahlungsanspruch. Diese Voraussetzungen liegen bei einem geschlossenen Immobilienfonds in der typischen Ausgestaltung als GmbH & Co. KG im Fall der unmittelbaren Beteiligung des Anlegers als Kommanditist unzweifelhaft vor, da sich der Gewinn oder Verlust der Fondsgesellschaft grundsätzlich in den Ausschüttungen an die Kommanditisten widerspiegelt und gerade kein unbedingter Kapitalrückzahlungsanspruch im Hinblick auf die Kommanditeinlage besteht. Auch bei der mittelbaren Beteiligung über einen Treuhandkommanditisten nimmt der Anleger am Gewinn und Verlust der Fondsgesellschaft ohne unbedingten Kapitalrückzahlungsanspruch teil, da der Treuhandkommanditist den Kommanditanteil lediglich treuhänderisch

1705 Das Diskussionspapier der ESMA zu den besagten Leitlinien zu den Schlüsselbegriffen stellte noch allein auf die Rendite aus dem Verkauf der Vermögensgegenstände ab, vgl. discussion paper, key concepts of the Alternative Investment Fund Managers Directive and types of AIFM, 23.02.2012, Ref. ESMA/2012/117, S. 10 Ziffer 28. In Umsetzung der Reaktionen der Marktteilnehmer auf das Diskussionspapier hat die ESMA die Definition der Gemeinschaftsrendite erweitert auf die aktuelle Definition, welche auch die Rendite aus der Risikobündelung im Hinblick auf den Besitz (i.S.d. Haltens) der Assets umfasst, vgl. hierzu *Tollmann* in Dornseifer/Jesch/Klebeck/ Tollmann, AIFM-Richtlinie, Art. 4 Rn. 24.

1706 In der englischen Sprachfassung der Leitlinien kommt die Gleichsetzung des Besitzes mit dem Halten des Vermögensgegenstand deutlicher zur Geltung „the return generated by the pooled risk arising from acquiring, holding or selling investment assets", so auch BaFin, Auslegungsschreiben zum Anwendungsbereich des KAGB, 09.03.2015, Ziffer 2.

1707 Die BaFin führt im Auslegungsschreiben zum Anwendungsbereich des KAGB zu Frage 4 aus, dass Voraussetzung für das Vorliegen einer Anlage i.S.d. § 1 Abs. 1 S. 1 KAGB nicht der Kauf und Verkauf von Vermögensgegenständen ist, sondern eine Anlage auch im Fall der Vermietung von Vermögensgegenständen vorliegt. Als Beispiel nennt die BaFin ausdrücklich Immobilienfonds, vgl. BaFin, Auslegungsschreiben zum Anwendungsbereich des KAGB, 09.03.2015, Frage 4.

für den Anleger hält auf der Grundlage des schuldrechtlichen Treuhandvertrags; die Pflicht zur Zahlung der Kommanditeinlage sowie die Teilnahme an den Ausschüttungen der Fondsgesellschaft und damit die Gewinn- und Verlustbeteiligung trifft aufgrund der Regelung im Treuhandvertrag (bzw. ggf. im Gesellschaftsvertrag der Fondsgesellschaft) den Anleger.

c) Einsammeln von Kapital

Eine weitere Voraussetzung für die Anwendbarkeit des KAGB auf geschlossene Immobilienfonds ist, dass das Tatbestandsmerkmal des Einsammelns von Kapital erfüllt ist. Die BaFin fordert hierfür in ihrem Auslegungsschreiben zum Anwendungsbereich des KAGB unter Bezugnahme auf die Leitlinien der ESMA zu den Schlüsselbegriffen, dass der Organismus bzw. ein Unternehmen oder eine Person für Rechnung des Organismus direkte oder indirekte Schritte unternimmt, um gewerblich Kapital bei Anlegern zu beschaffen, um es nach einer festgelegten Anlagestrategie anzulegen[1708]. Bei geschlossenen Immobilienfonds tritt die Fondsgesellschaft – entsprechend dem Grundtypus des geschlossenen Fonds – üblicherweise nur in Ausnahmefällen selbst an potentielle Anleger heran, weshalb der Organismus in aller Regel keine direkten Schritte zur gewerblichen Kapitalbeschaffung bei Anlegern unternimmt.

Die Fondsgesellschaft überträgt die Eigenkapitalvermittlung mittels Geschäftsbesorgungsverträgen in der Regel auf den Initiator bzw. eine initiatornahe Gesellschaft, welche sodann wiederrum externe Vertriebspartner wie z.B. Banken, freie Vertriebe und Steuerberater mit der Eigenkapitalvermittlung beauftragt. Als Entgelt für die Eigenkapitalvermittlung werden Vermittlungsprovisionen bezahlt, für welche das sog. Agio vorgesehen ist[1709]. Die externen Vertriebspartner werben potentielle Anleger im Rahmen einer Anlageberatung oder Anlagevermittlung an und stellen ihnen den Verkaufsprospekt zur Verfügung. Die direkten Schritte zur Beschaffung von Kapital werden bei geschlossenen Immobilienfonds somit von externen Vertriebspartnern unternommen. Diese Vertriebspartner handeln hierbei typischerweise gewerblich, da die Vertriebstätigkeit mit Gewinnerzielungsabsicht ausgeübt wird[1710].

1708 BaFin, Auslegungsschreiben zum Anwendungsbereich des KAGB, 09.03.2015, Ziffer 3.

1709 *Strohm* in Assmann/Schütze, Hdb. des Kapitalanlagerechts, 3. Auflage 2007, § 21 Rn. 23; *Horbach* in MünchHdb. GesR II, § 61 Rn. 12; *Koch* in Schwark/Zimmer, Kapitalmarktrechts-Kommentar, WpHG § 31d Rn. 70; *Loritz*, NZG 2008, 887; BGH, NZG 2007, 783; BGH, NZG 2011, 631; OLG München, NJOZ 2006, 2746.

1710 Auf die Häufigkeit und den Erfolg der Kapitaleinwerbung kommt es nicht an, vgl. *Eckhold/Bal-zer* in Assmann/Schütze, Hdb. des Kapitalanlagerechts, § 22 Rn. 16; *Krause/Klebeck*, RdF 2013, 4, 8. Dies entspricht auch den Leitlinien der ESMA zu den Schlüsselbegriffen, welche ein Einsammeln von Kapital auch dann annehmen,

Zu beachten ist, dass die Anforderungen, die die BaFin an das Tatbestandsmerkmal des Einsammelns von Kapital im Fall der Kapitalbeschaffung durch Dritte in ihrem Auslegungsschreiben aufstellt, von den Anforderungen abweichen, welche die ESMA in den Leitlinien zu den Schlüsselbegriffen für diesen Fall aufstellt. Die BaFin fordert in ihrem Auslegungsschreiben zum Anwendungsbereich des KAGB, das die mit der Kapitalbeschaffung betrauten Personen und Unternehmen *auf Rechnung* des Organismus handeln[1711]. In den Leitlinien der ESMA zu den Schlüsselbegriffen hingegen wird die Kapitalbeschaffung konkretisiert als Geschäftstätigkeit des Organismus oder einer Person oder Einrichtung, die *im Namen* des Organismus handelt, die darin besteht, direkte oder indirekte Schritte zu unternehmen, um Anleger zur Kapitalübertragung auf den Organismus bzw. zur Kapitaleinbindung zu bewegen mit dem Ziel, das eingesammelte Kapital nach einer festgelegten Anlagestrategie zu investieren[1712]. Als Normalfall bezeichnet die ESMA die Kapitalbeschaffung durch den AIFM. Die BaFin weicht demnach – obwohl sie sich ausdrücklich auf die Leitlinien der ESMA bezieht – insofern von der Konkretisierung der ESMA ab, als dass die ESMA bei Tätigwerden dritter Personen und Unternehmen für den Organismus für das Vorliegen des Tatbestandsmerkmals Einsammeln von Kapital ein *Handeln im Namen* des Organismus fordert, während die BaFin ein Handeln *für Rechnung* des Organismus genügen lässt. Es ist anzunehmen, dass die BaFin mit Absicht auf ein Handeln im Namen des Organismus als Voraussetzung verzichtet hat. Fraglich ist, wie diese Abweichung einzuordnen ist, was genau unter einem Handeln für Rechnung des Organismus zu verstehen ist und ob diese Voraussetzung bei dem mit der Eigenkapitalvermittlung beauftragten Initiator bzw. der initiatornahen Gesellschaft und den externen Vertriebspartnern vorliegt.

Die BaFin definiert in ihrem Auslegungsschreiben zum Anwendungsbereich des KAGB nicht näher, wann von einem Handeln für Rechnung des Organismus auszugehen ist. Im deutschen Recht wird der Begriff „für fremde Rechnung“ in verschiedenen Gesetzen verwendet, aber nirgends legaldefiniert. So ist z.B. beim Kommissionsgeschäft nach § 383 HGB geregelt, dass derjenige als Kommissionär anzusehen ist, der gewerbsmäßig den Kauf und Verkauf von Waren oder Wertpapieren in eigenem Namen und für Rechnung eines anderen übernimmt (sog. mittelbare Stellvertretung)[1713]. In diesem Zusammenhang wird das Handeln für fremde Rechnung als ein Geschäftsabschluss verstanden, bei dem vereinbarungsgemäß die Vor- und Nachteile nicht den Mittler treffen, welcher den Vertrag mit einem Dritten in eigenem Namen als

wenn die Kapitaleinwerbung nur ein einziges Mal stattfindet, vgl. ESMA, Leitlinien zu Schlüsselbegriffen (ESMA/2013/611), 30.01.2015, S. 6 VII Ziffer 14a.

1711 BaFin, Auslegungsschreiben zum Anwendungsbereich des KAGB, 09.03.2015, Ziffer 3.

1712 ESMA, Leitlinien zu Schlüsselbegriffen (ESMA/2013/611), 30.01.2015, S. 6 VII Ziffer 13.

1713 Zur mittelbaren Stellvertretung, vgl. *Schramm* in MüKo/BGB, vor §§ 164–181 Rn. 13.

Vertragspartner abschließt, sondern den Auftraggeber des Mittlers[1714]. Allerdings werden die Vertriebspartner geschlossener Immobilienfonds nicht selbst Vertragspartner bei dem für die Kapitaleinwerbung maßgeblichen Vertrag des Fondsbeitritts (also den Gesellschaftseintritt im Falle einer direkten Beteiligung als Kommanditist bzw. den Treuhandvertrag bei einer mittelbaren Beteiligung); zumal dies zumindest bei einer direkten Beteiligung als Kommanditist schon gesellschaftsrechtlich nicht möglich wäre. Die Vertriebspartner vermitteln lediglich den Vertragsschluss zwischen dem Anleger und der Fondsgesellschaft bzw. dem Treuhänder. Aus diesem Grund kann auf die Auslegung des Begriffs des Handelns für fremde Rechnung im Rahmen des § 383 HGB nur eingeschränkt zurückgegriffen werden kann.

Im deutschen Recht ruft der Begriff des Handelns in fremden Namen generell Assoziationen mit der Vertretung nach §§ 164 ff. BGB hervor. Dies könnte ein Grund sein, warum die BaFin in ihrem Auslegungsschreiben zum Anwendungsbereich des KAGB entgegen den Leitlinien der ESMA zu den Schlüsselbegriffen kein Handeln im Namen des Organismus fordert, sondern ein Handeln für Rechnung des Organismus. Gemäß § 164 Abs. 1 BGB wirkt eine Willenserklärung, welche jemand innerhalb der ihm zustehenden Vertretungsmacht im Namen des Vertretenen abgibt, unmittelbar für und gegen den Vertretenen. Unter dem Handeln in fremden Namen i.S.d. § 164 Abs. 1 BGB wird die Offenlegung der Fremdwirkung des Rechtsgeschäfts für den Vertretenen verstanden[1715]. Zwar ist das Handeln im fremden Namen neben dem Vorliegen einer eigenen Willenserklärung und der Vollmacht nur eine Voraussetzung der Vertretung i.S.d. § 164 Abs. 1 BGB, weshalb mit der bloßen Forderung des Handelns in fremden Namen auch nach dem deutschen Recht keine Vertretung i.S.d. §§ 164 ff. BGB gefordert ist. Trotzdem könnte die BaFin in ihrem Auslegungsschreiben zum Anwendungsbereich des KAGB auf die Verwendung des Begriffs des Handelns in fremden Namen verzichtet haben, um aufgrund von dessen Verbundenheit mit dem Recht der Stellvertretung nicht den Eindruck zu erwecken, für das Vorliegen des Einsammelns von Kapital sei im Falle der Eigenkapitalvermittlung durch Dritte eine Vertretung nach §§ 164 ff. BGB erforderlich. Denn die mit der Vermittlung von Anteilen an geschlossenen Fonds betrauten Vertriebspartner handeln bei dem für die Kapitaleinwerbung maßgeblichen Beitritt des Anlegers typischerweise nicht in Vertretung der Fondsgesellschaft bzw. des Treuhänders, da dies aufgrund der damit verbundenen notwendigen Vollmachtserteilung an eine Vielzahl an Vertriebsvermittler in aller Regel nicht gewollt ist.

Allgemein kann festgehalten werden, dass das Handeln auf fremde Rechnung grundsätzlich zumindest ein Dreipersonenverhältnis voraussetzt, bei welchem hinter einer Partei ein Dritter steht, den die wirtschaftlichen Folgen des Rechtsgeschäfts

---

1714 *Häuser* in MüKo/HGB, § 383 Rn. 45. Der Mittler ist nach dem Kommissionsvertrag gegenüber seinem Auftraggeber verpflichtet, die wirtschaftlichen Ergebnisse des Geschäftsabschlusses mit dem Dritten auf den Auftraggeber zu übertragen, vgl. *Martinek* in Oetker, HGB, § 383 Rn. 9.

1715 *Schramm* in MüKo/BGB, § 164 Rn. 16; BGH, NJW-RR 2006, 109.

treffen. Es ist zu vermuten, dass die BaFin durch das Merkmal der Kapitalbeschaffung für Rechnung des Organismus klarstellen wollte, dass es sich bei der Einwerbung der Anleger durch Dritte um eine vereinbarungsgemäß fremdnützige Tätigkeit zugunsten der Fondsgesellschaft handeln muss, ohne dass ein Handeln im Namen der Fondsgesellschaft i.S.d. der Vertretung nach §§ 164 ff. BGB gefordert ist. Diese Voraussetzung liegt bei der Eigenkapitalvermittlung bei geschlossenen Immobilienfonds vor. Externe Vertriebsvermittler handeln in diesem Sinn regelmäßig für Rechnung der Fondsgesellschaft, da diese für die Fondsgesellschaft Eigenkapital einwerben und der unmittelbare oder mittelbare Beitritt der Anleger zur Fondsgesellschaft die Vertriebsvermittler nur insofern betrifft, als dass hierdurch deren Provisionsanspruch begründet wird; die gesellschaftsrechtlichen oder schuldrechtlichen Rechtsfolgen der Kapitalbeschaffung infolge der Zeichnung eines Fondsanteils treffen aber allein die Fondsgesellschaft.

d) Eine Anzahl von Anlegern

Das Tatbestandsmerkmal des Einsammelns von Kapital von einer Anzahl an Anlegern erfordert gemäß § 1 Abs. 1 S. 2 KAGB, dass die Anlagebedingungen, die Satzung oder der Gesellschaftsvertrag des Organismus keine Regelung enthalten, wonach die Anzahl der möglichen Anleger auf einen einzigen Anleger beschränkt ist. Geschlossene Immobilienfonds sind typischerweise so konzipiert, dass sich bis zur Erreichung der Zeichnungssumme eine große Vielzahl von Anlegern beteiligen können. Demgemäß findet sich in den Vertragsdokumenten keine Einschränkung des Anlegerkreises auf einen einzelnen Anleger. In der Regel haben die Anleger bei geschlossenen Fonds die Wahl, ob sie sich unmittelbar als Kommanditist an der Fondsgesellschaft beteiligen oder eine mittelbare Beteiligung über einen Treuhandkommanditisten eingehen, weshalb auch bei Treuhandkonstruktionen in aller Regel im Gesellschaftsvertrag keine Beschränkung des Anlegerkreises auf den Treuhandkommanditisten vorgesehen ist. Selbst wenn jedoch eine solche Regelung im Gesellschaftsvertrag der Fondsgesellschaft enthalten wäre, würde dies aufgrund der von der BaFin und ESMA vorgenommenen „Durchschau“ auf die hinter dem Treuhandkommanditisten stehenden Anleger (sog. „Look-through“-Ansatz) nichts am Vorliegen einer Anzahl von Anlegern i.S.d. § 1 Abs. 1 KAGB ändern[1716].

e) Festgelegte Anlagestrategie

Voraussetzung für das Vorliegen eines Investmentvermögens und damit für die Anwendbarkeit des KAGB auf geschlossene Immobilienfonds ist außerdem eine festgelegte Anlagestrategie i.S.d. § 1 Abs. 1 S. 1 KAGB.

1716 Ausführlich dazu siehe oben Eine Anzahl von Anlegern, F. I. 2. d), S. 301 f.

i. *Gesetzesbegründung zum KAGB*

Laut der Gesetzesbegründung zum KAGB zeichnet sich eine festgelegte Anlagestrategie durch die schriftliche Bestimmung der Kriterien aus, nach denen das von den Anlegern eingesammelte Kapital angelegt werden soll[1717]. In Abgrenzung zu einer allgemeinen Geschäftsstrategie eines operativ tätigen Unternehmens seien die Anlagekriterien im Rahmen einer festgelegten Anlagestrategie schriftlich genau bestimmt und die Handlungsspielräume des AIF durch Regelungen im Gesellschaftsvertrag oder in den Anlagebedingungen eingeschränkt[1718]. In der Literatur wird teilweise nicht nur hinsichtlich der Einschränkung der Handlungsspielräume auf den Gesellschaftsvertrag oder die Anlagebedingungen abgestellt, sondern allgemein im Hinblick auf die festgelegte Anlagestrategie[1719]. Bei geschlossenen Fonds existierten jedoch vor Inkrafttreten des KAGB in der Regel keine separaten Anlagebedingungen i.S.d. §§ 266 bzw. 273 KAGB und der Gesell-schaftsvertrag der Fondsgesellschaft enthielt häufig keine explizite Regelung der Anlagekriterien. Der gesellschaftsvertraglich festgelegte Unternehmensgegenstand der Fondsgesellschaft war oftmals sehr allgemein gehalten (z.B. Erwerb, Vermietung, Verwaltung und Verkauf von Grundstücken und grundstücksgleichen Rechten), ohne dass der Gesellschaftsvertrag an anderer Stelle auf die Anlagetätigkeit weiter einging. Fordert man eine darüberhinausgehende Regelung der Kriterien, nach denen das eingesammelte Kapital angelegt werden soll, im Gesellschaftsvertrag, so ergeben sich bei geschlossenen Fonds Zweifel im Hinblick auf das Vorliegen einer festgelegten Anlagestrategie. Allerdings ist zu beachten, dass die Gesetzesbegründung bei der festgelegten Anlagestrategie im Hinblick auf die genaue Bestimmung der Anlagekriterien gerade nicht auf den Gesellschaftsvertrag abstellt, sondern nur das Vorliegen eines Dokuments in Schriftform fordert. Als solches Dokument kann auch der Verkaufsprospekt angesehen werden[1720]. In der Heranziehung des Verkaufsprospekts bei

---

1717 BT-Drucks. 17/12294, S. 201.

1718 Die Gesetzesbegründung lässt den Rechtsanwender darüber im Unklaren, welcher Detailierungsgrad bei einer festgelegten Anlagestrategie gefordert ist und in der Literatur wird häufig vorgebracht, dass die allgemeine Geschäftsstrategie bzw. der Businessplan von operativ tätigen Unternehmen oftmals ebenfalls sehr detailliert ist und eine Abgrenzung deshalb schwierig ist, vgl. *Loritz/Uffmann*, WM 2014, 2193, 2199; *Krause/Klebeck*, RdF 2013, 4, 9; *Schneider* in Möllers/Kloyer, Das neue KAGB, Rn. 208; *Eckhold/Balzer* in Assmann/Schütze, Hdb. des Kapitalanlagerechts, § 22 Rn. 21.

1719 So wohl *Loritz/Uffmann,* WM 2014, 2193, 2199; *Tollmann* in Dornseifer/Jesch/Klebeck/Toll-mann, AIFM-Richtlinie, Art. 2 Rn. 59. *Niewerth/Rybarz* vertreten, dass Immobilienaktiengesellschaften wegen dem Vorliegen einer bloß allgemeinen Unternehmensstrategie typischerweise nicht in den Anwendungsbereich des KAGB fallen, da der satzungsmäßige Unternehmensgegenstand von Immobilienaktiengesellschaften in der Regel lediglich die „Vornahme von Immobiliengeschäften jeder Art" vorsieht, *Niewerth/Rybarz,* WM 2013, 1154, 1156.

1720 Vgl. *Merkt*, BB 2013, 1986, 1996.

der Prüfung des Vorliegens einer festgelegten Anlagestrategie ist nicht deshalb ein Zirkelschluss zu sehen, weil der Verkaufsprospekt erst aufgrund der gesetzlicher Vorschriften erstellt wird. Denn der Verkaufsprospekt dient nicht nur der Erfüllung einer gesetzlichen Prospektpflicht. Vielmehr stellt der Verkaufsprospekt (bzw. das Private Placement Memorandum bei Private Placements) das zentrale Werbemittel beim Vertrieb geschlossener Fonds dar.

Aus den geforderten Mindestangaben im Erlaubnisantrag der KVG zur Anlagestrategie nach § 22 Abs. 1 Nr. 10 KAGB sowie aus den geforderten Angaben zur Anlagestrategie in dem Formblatt zu den laufenden Berichtspflichten der KVG in Anhang IV VO (EU) Nr. 231/2013 ergibt sich, dass insbesondere die Art der Vermögensgegenstände, in die investiert werden soll, der Einsatz von Leverage sowie die Risikoprofile der Fonds Bestandteile der Anlagestrategie darstellen. Typischerweise investieren geschlossene Immobilienfonds ausweislich des Verkaufsprospekts in den Erwerb einer Immobilie bzw. einer geringen Anzahl an Immobilien mit bestimmter Nutzungsart an einem konkret bezeichneten Standort (z.B. ein Einkaufszentrum in einem Stadtteil von Hamburg). Der Verkaufsprospekt enthält darüber hinaus typischerweise eine Beschreibung der Risiken sowie einen konkreten Investitions- und Finanzierungsplan, in welchem unter anderem die objektbezogenen Kosten (z.B. Kaufpreis), die Finanzierungskosten, Vergütungen für Dienstleitungen und sonstige Nebenkosten sowie die vorgesehene Fremdkapitalquote im Rahmen einer Prognose genau aufgeschlüsselt sind. Die Kriterien, nach denen das eingesammelte Kapital angelegt werden soll, sind somit in einem schriftlichen Dokument genau bestimmt. Im Vergleich zu einem Verkaufsprospekt weisen selbst sehr detaillierte Geschäftsstrategien von operativ tätigen Unternehmen regelmäßig einen weitaus geringeren Umfang an Vorgaben hinsichtlich der Verwendung des Kapitals und insbesondere im Hinblick auf die zu erwerbenden Vermögensgegenstände auf.

Zum Teil enthält der Gesellschaftsvertrag der Fondsgesellschaft eine Regelung zu den Anlagekriterien oder der Investitions- und Finanzierungsplan wird durch einen entsprechenden Verweis in den Gesellschaftsvertrag einbezogen. In diesem Fall schränkt der Gesellschaftsvertrag die Handlungsspielräume der Fondsgesellschaft ein. Sofern der Gesellschaftsvertrag selbst aber keine Bestimmung der Anlagekriterien enthält und auch der Investitions- und Finanzierungsplan nicht durch einen Verweis in den Gesellschaftsvertrag einbezogen wird, stellt sich die Frage, ob dem Vorliegen einer festgelegten Anlagestrategie nach der Gesetzesbegründung zu § 1 KAGB die fehlende Einschränkung der Handlungsspielräume des AIF im Gesellschaftsvertrag oder den Anlagebedingungen entgegensteht. Dagegen spricht, dass der Wortlaut der Gesetzesbegründung für eine festgelegte Anlagestrategie als Voraussetzung ausdrücklich nur die Bestimmung der Kriterien, nach denen das eingesammelte Kapital angelegt wird, in einem schriftlichen Dokument nennt. Die Einschränkung der Handlungsspielräume in den Anlagebedingungen, der Satzung oder im Gesellschaftsvertrag wird nur als Abgrenzungskriterium zu einer allgemeinen Geschäftsstrategie eines operativ tätigen Unternehmens herangezogen und ist gerade keine Voraussetzung für das Vorliegen einer festgelegten Anlagestrategie. Die fehlende Einschränkung der Handlungsspielräume im Gesellschaftsvertrag erscheint als Ausschlussgrund für eine festgelegte Anlagestrategie insofern ungeeignet, als dass die Aufnahme von Anlagekriterien in den Gesellschaftsvertrags aufgrund der Privatautonomie eine freie Entscheidung der Gründungsgesellschafter ist und die Anwendbarkeit des KAGB durch eine bloße Benennung der Anlagekriterien im Verkaufsprospekt leicht umgangen werden könnte. Hinzu kommt, dass bei der Festlegung der Anlagekriterien im Verkaufsprospekt die Handlungsspielräume des AIFM zumindest mittelbar eingeschränkt werden, indem bei Verstößen gegen die im Verkaufsprospekt festgelegten Anlagekriterien ggf. Prospekthaftungsansprüche von Anlegern drohen.

ii. Konkretisierungen der ESMA und der BaFin

Auch die ESMA nimmt in ihren Leitlinien zu den Schlüsselbegriffen (ESMA/2013/611) Konkretisierungen des Tatbestandsmerkmals der festgelegten Anlagestrategie vor, auf welche die BaFin in ihrem Auslegungsschreiben zum Anwendungsbereich des KAGB verweist[1721]. Nach Auffassung der ESMA ist eine festgelegte Anlagestrategie dann anzunehmen, wenn der Organismus im Rahmen einer Strategie festlegt, wie das im Organismus gebündelte Kapital verwaltet werden muss, um damit eine Gemeinschaftsrendite für die Anleger zu erzielen. Konkretisiert wird dies durch die Festlegung von vier typischen Merkmalen. Als ersten Faktor, der für eine festgelegte Anlagestrategie spricht, nennt die ESMA den Umstand, dass die Anlagestrategie spätestens zu dem Zeitpunkt der verbindlichen Beteiligung der Anleger bestimmt und festgelegt ist. Neben der Festlegung des konkreten Investitionsgegenstands sowie des detaillierten Investitions- und Finanzierungsplans mit Angaben zur Fremdfinanzierung enthält der Verkaufsprospekt geschlossener Immobilienfonds typischerweise eine Wirtschaftlichkeitsprognose, in der die geplanten (Miet-)Einnahmen während der Fondslaufzeit, welche die Rendite generieren, genau aufgeschlüsselt sind. Aus dem Verkaufsprospekt ergibt sich somit die Strategie im Hinblick darauf, wie das Kapital zur Erzielung der Gemeinschaftsrendite verwaltet werden muss. Da der Verkaufsprospekt vor dem Vertriebsstart und damit regelmäßig vor der ersten Beteiligung eines Anlegers erstellt wird, ist dieses erste Merkmal bei geschlossenen Immobilienfonds typischerweise erfüllt.

Als weiteres Merkmal einer festgelegten Anlagestrategie führt die ESMA an, dass die Strategie in einem Dokument ausgeführt ist, welches Teil der Anlagebedingungen oder des Gesellschaftsvertrags des Organismus ist oder auf welches dort Bezug genommen wird. Anlagebedingungen im Sinne eines separaten Vertragswerks zwischen Fondsgesellschaft und den Anlegern existieren bei geschlossenen Fonds außerhalb des KAGB nicht. Die Strategie findet sich im Verkaufsprospekt im Rahmen der Beschreibung des geschlossenen Immobilienfonds sowie im Investitions- und Finanzierungsplan und der Wirtschaftlichkeitsprognose. Zum Teil

1721 ESMA, Leitlinien zu Schlüsselbegriffen (ESMA/2013/611), 30.01.2015, IX S. 7 f.; BaFin, Auslegungsschreiben zum Anwendungsbereich des KAGB, 09.03.2015, Ziffer 5.

wird der konkrete Investitionsgegenstand und/oder der Investitions- und Finanzierungsplan im Gesellschaftsvertrag aufgeführt bzw. durch einen Verweis in das Vertragswerk einbezogen oder der Finanzierungs- und Investitionsplan ist als Anlage des Gesellschaftsvertrags ausgestaltet. In diesen Fällen kann argumentiert werden, dass auch das zweite der von der ESMA herausgebildeten Merkmale einer festgelegten Anlagestrategie erfüllt ist, da der Finanzierungs- und Investitionsplan als Strategie im Hinblick auf die Verwendung des Fondsvermögens zur Erzielung der Gemeinschaftsrendite angesehen werden kann.

Drittes Merkmal nach der ESMA soll sein, dass die Anleger gegenüber dem Organismus oder dessen Verwalter einen durchsetzbaren Anspruch auf Einhaltung der Anlagestrategie haben. Bei geschlossenen Immobilienfonds beteiligen sich die Anleger unmittelbar als Kommanditisten bzw. mittelbar über einen Treuhandkommanditisten an der Fondsgesellschaft. Aufgrund der gesellschaftsrechtlichen Beteiligung können Anleger grundsätzlich nur über die Ausübung von Gesellschafterrechten auf den Organismus (die Fondsgesellschaft) oder den Verwalter (in der Regel die Komplementär-GmbH als das Geschäftsführungsorgan der Fondsgesellschaft) Einfluss nehmen. Ein Anspruch des einzelnen Anlegers ohne Mehrheitsbeteiligung gegen die Geschäftsführung der Fondsgesellschaft auf die Vornahme bestimmter Handlungen in Bezug auf die Verwaltung des Fondsvermögens kommt grundsätzlich allenfalls über die Ausübung von Stimmrechten in der Gesellschafterversammlung in Betracht. Ein unmittelbarer schuldrechtlicher Anspruch auf die Vornahme bestimmter Handlungen gegenüber der Geschäftsführung besteht nicht. Bei Abweichungen von der im Verkaufsprospekt dargestellten Geschäftsstrategie kommen bei geschlossenen Immobilienfonds lediglich Prospekthaftungsansprüche der Anleger in Betracht. Aus diesem Grund ist das Merkmal des durchsetzbaren Anspruchs des Anlegers gegenüber dem Organismus oder dem Verwalter auf Einhaltung der Anlagestrategie bei geschlossenen Immobilienfonds zu verneinen.

Als letztes Merkmal einer festgelegten Anlagestrategie nennt die ESMA in ihren Leitlinien zu den Schlüsselbegriffen das Vorliegen sog. Anlagerichtlinien, welche die Anlagetätigkeit beschränken. Die ESMA stellt sechs Kriterien heraus, auf welche Anlagerichtlinien verweisen können, wobei diese Kriterien nicht alle erfüllt sein müssen; sogar ein einzelnes Kriterium soll zur Annahme einer Anlagerichtlinie als Indiz für eine festgelegte Anlagestrategie führen. Zu diesen Kriterien zählen (1) die Beschränkung der Anlage auf bestimmte Kategorien von Vermögensgegenständen, (2) die Verfolgung einer bestimmten Strategie sowie (3) die Beschränkung der Anlage auf Vermögensgegenstände in bestimmten geographischen Regionen. Auch (4) die Beschränkung auf ein bestimmtes Höchstmaß an Leverage oder (5) bestimmte Haltefristen sowie (6) Einschränkungen zur Risikostreuung stellen mögliche Kriterien der Anlagerichtlinien dar. Da die Verkaufsprospekte von geschlossenen Immobilienfonds konkrete Angaben zu den zu erwerbenden Immobilien und deren geographischem Standort sowie zum Einsatz von Fremdkapital enthalten, sind mehrere der von der ESMA genannten typische Kriterien von Anlagerichtlinien erfüllt. Aus der Beschreibung der Mindestlaufzeit des geschlossenen Immobilienfonds im Verkaufsprospekt und aus dem Zeitraum, für welchen im Gesellschaftsvertrag der Fondsgesellschaft das Recht der Anleger zur ordentlichen Kündigung ausgeschlossen ist, ergibt sich außerdem mittelbar eine Haltefrist. Dies gilt sowohl für den Anleger im Hinblick auf seinen Fondsanteil, als auch für die Fondsgesellschaft hinsichtlich der Immobilie, da der Immobilienfonds die Immobilie(n) bis zum Ablauf der Fondslaufzeit in ihrem Vermögen hält. Bei geschlossenen Immobilienfonds sind somit Anlagerichtlinien im Sinne der Leitlinien der ESMA zu Schlüsselbegriffen (ESMA/2013/611) gegeben, welche als letztes der vier von der ESMA aufgestellten Indizien für das Vorliegen einer festgelegten Anlagestrategie sprechen.

Die vier dargestellten Merkmale einer festgelegten Anlagestrategie, welche die ESMA in ihren Leitlinien den Schlüsselbegriffen aufgestellt hat, müssen nicht kumulativ erfüllt sein, sondern können auch einzeln auf das Vorliegen einer festgelegten Anlagestrategie hinweisen. Bei geschlossenen Immobilienfonds ist in der Regel zumindest die Strategie bereits vor dem Zeitpunkt der bindenden Beteiligung des Anlegers bestimmt und festgelegt und es liegen Anlagerichtlinien i.S.d. Leitlinien der ESMA zu den Schlüsselbegriffen vor. Das Fehlen eines durchsetzbaren Anspruchs der Anleger auf Einhaltung der Anlagestrategie sowie ggf. die Festlegung der Anlagestrategie in einem Dokument, welches nicht der Gesellschaftsvertrag oder die Anlagebedingungen ist und auf welches die Anlagebedingungen oder der Gesellschaftsvertrag auch keinen Bezug nehmen, steht einer Annahme einer festgelegten Anlagestrategie also nicht entgegen. Im Gegenteil spricht die Erfüllung von mindestens zwei der vier Merkmale für das Vorliegen einer festgelegten Anlagestrategie, da bereits ein einzelnes Merkmal ausreichen kann. Auch eine Gesamtabwägung spricht für das Vorliegen einer festgelegten Anlagestrategie, da bei geschlossenen Immobilienfonds durch die Festlegung auf konkrete Immobilien als Anlageobjekte, die Prognose der Mieteinnahmen und diee Festlegung der Fremdkapitalquote eine genaue Strategie hinsichtlich der Verwaltung des Kapitals zur Renditeerwirtschaftung verfolgt wird.

f) Investition zum Nutzen der Anleger

Des Weiteren müssten geschlossene Immobilienfonds das von den Anlegern eingesammelte Kapital *zum Nutzen der Anleger* investieren. Nach der negativen Abgrenzung, welche die BaFin in ihrem Auslegungsschreiben zum Anwendungsbereich des KAGB vornimmt, soll dieses Tatbestandsmerkmal dann zu verneinen sein, wenn das Kapital zum Nutzen des eigenen Unternehmens investiert werde[1722]. Bei geschlossenen Immobilienfonds dient die Investition des Kapitals typischerweise dem Zweck, eine Rendite für die Anleger zu generieren. Das Tatbestandsmerkmal der Investition zum Nutzen der Anleger ist aus diesem Grund in aller Regel erfüllt und steht einer Anwendbarkeit des KAGB nicht entgegen.

1722 BaFin, Auslegungsschreiben zum Anwendungsbereich des KAGB, 09.03.2015, Ziffer 6.

g) *Kein operativ tätiges Unternehmen außerhalb des Finanzsektors*

Voraussetzung für das Vorliegen eines Investmentvermögens i.S.d. § 1 Abs. 1 S. 1 KAGB und damit für die Anwendbarkeit des KAGB ist außerdem, dass geschlossene Immobilienfonds nicht als operativ tätige Unternehmen außerhalb des Finanzsektors anzusehen sind. Die BaFin definiert dieses negative Tatbestandsmerkmal in ihrem Auslegungsschreiben zum Anwendungsbereich nicht. Sie hält lediglich fest, dass Auslagerungen und Investitionstätigkeiten unter bestimmten Umständen einer operativen Tätigkeit nicht entgegenstehen sollen und nennt unter anderem für den Immobilienbereich Beispiele, wann eine operative Tätigkeit anzunehmen bzw. zu verneinen ist[1723]. So soll im Fall der Projektentwicklung einer Immobilie sowie beim Betrieb einer Immobilie eine operative Tätigkeit nach Auffassung der BaFin zu bejahen sein, wobei die BaFin als Beispiele für den Betrieb einer Immobilie den Betrieb eines Hotels oder einer Pflegeeinrichtung nennt. Hingegen seien der Erwerb, die Vermietung bzw. die Verpachtung, die Verwaltung und der Verkauf von Immobilien nicht als operative Tätigkeiten einzuordnen. Grundsätzlich besteht die wirtschaftliche Tätigkeit von geschlossenen Immobilienfonds typischerweise darin, Immobilien zu erwerben, um sie während der Fondslaufzeit zu halten und an Dritte zu vermieten bzw. zu verpachten und am Ende der Fondslaufzeit zu verkaufen[1724]. Daher üben geschlossene Immobilienfonds in der typischen Ausgestaltung nach den Vorgaben der BaFin grundsätzlich keine operative Tätigkeit aus und fallen damit als Investmentvermögen i.S.d. 1 Abs. 1 KAGB in den Anwendungsbereich des KAGB.

Obwohl das KAGB damit grundsätzlich auf typische geschlossene Immobilienfonds Anwendung findet, könnten aufgrund der von der BaFin genannten Beispiele für operative Tätigkeiten im Immobilienbereich bestimmte Arten an geschlossenen Immobilienfonds nach dem Auslegungsschreiben der BaFin zum Anwendungsbereich des KAGB doch als operativ tätige Unternehmen außerhalb des Finanzsektors anzusehen sein und somit aus Sicht der BaFin aus dem Anwendungsbereich des KAGB herausfallen.

i. Betrieb einer Immobilie

Teilweise investieren geschlossene Immobilienfonds in Gewerbeimmobilien wie Pflegeeinrichtungen, Seniorenresidenzen oder Hotels, weshalb in diesen Fällen an eine operative Tätigkeit geschlossener Immobilienfonds aufgrund des Betreibens einer Immobilie zu denken ist. Für das Vorliegen einer operativen Tätigkeit aufgrund des Betreibens einer Immobilie kann es aber nicht ausreichen, dass der Investitionsgegenstand des geschlossenen Immobilienfonds z.B. ein Hotel oder eine Pflegeeinrichtung ist. Es kommt vielmehr darauf an, ob der geschlossene Immobilienfonds diese auch selbst betreibt. Das Auslegungsschreiben der BaFin erläutert

1723 Auslegungsschreiben zum Anwendungsbereich des KAGB, 09.03.2015, Ziffer 7.

1724 Unter Immobilien sind nach § 1 Abs. 19 Nr. 21 KAGB Grundstücke, grundstücksgleiche Rechte und vergleichbare Rechte nach dem Recht anderer Staaten zu verstehen.

nicht näher, unter welchen Voraussetzungen eine Immobilie betrieben wird und eine allgemeingültige Definition des Begriffs des Betreibens einer Immobilie existiert nicht. Aus diesem Grund kann die Bestimmung des jeweiligen Betreibers der Immobilie Schwierigkeiten bereiten. Diese Schwierigkeiten werden durch die im Auslegungsschreiben der BaFin angesprochene Möglichkeit der Auslagerung noch verstärkt[1725]. Unter der Voraussetzung, dass die unternehmerischen Entscheidungen im laufenden Geschäftsbetrieb aufgrund ausdrücklich vereinbarter Gestaltungs-, Lenkungs- oder Weisungsrechten beim geschlossenen Immobilienfonds verbleiben, steht eine Auslagerung der Annahme einer operativen Tätigkeit nicht entgegen. Jedenfalls kann aber z.B. der bloße Erwerb einer Pflegeeinrichtung durch die Fondsgesellschaft und die anschließende Vermietung an ein Unternehmen, welches die Pflegeeinrichtung eigenverantwortlich führt (also z.B. die Verträge mit dem Pflegepersonal und den Bewohnern der Pflegeeinrichtung abschließt) ohne Einflussnahme der Fondsgesellschaft auf den laufenden Geschäftsbetrieb nicht die Annahme einer operativen Tätigkeit der Fondsgesellschaft begründen[1726]. In diesem Fall ändert sich durch die Investition in eine Pflegeeinrichtung nichts daran, dass die Tätigkeit der Fondsgesellschaft allein der eines typischen Vermieters entspricht, welcher ungeachtet des wirtschaftlichen Erfolgs des Mieters einen Anspruch auf Zahlung des Mietzinses hat. Dies ist bei geschlossenen Immobilienfonds in aller Regel der Fall, weshalb eine operative Tätigkeit typischerweise ausgeschlossen ist, auch wenn der Investitionsgegenstand des Fonds Pflegeeinrichtungen, Hotels oder andere gewerblich genutzten Immobilien sind.

ii. Errichtung einer Immobilie

Geschlossene Immobilienfonds erwerben teilweise Immobilien, die sich noch in der Bauphase befinden und treten sodann als Bauherr auf. Die BaFin bezieht sich in ihrem Auslegungsschreiben zum Anwendungsbereich des KAGB auf die Ausführungen der ESMA in den Leitlinien zu den Schlüsselbegriffen zum Vorliegen eines „allgemein-kommerziellen oder -industriellen Zwecks“[1727] und zieht die Schlussfolgerung, dass unter anderem solche Unternehmen als operativ tätig anzusehen sind, die Immobilien entwickeln oder errichten[1728]. Vor diesem Hintergrund kommt eine operative Tätigkeit geschlossener Immobilienfonds aufgrund der Errichtung einer Immobilie in Betracht. Allerdings sollen die Verwaltung und Vermietung von Immobilien nach dem Auslegungsschreiben der BaFin ausdrücklich keine operativen Tätigkeiten sein. Sofern geschlossene Immobilienfonds als Bauherr auftreten üben sie mit der Errichtung der Immobilie demnach einerseits eine operative Tätigkeiten aus, andererseits werden mit der Verwaltung und Vermietung der Immobilie aber

1725 Auslegungsschreiben zum Anwendungsbereich des KAGB, 09.03.2015, Ziffer 7.

1726 Vgl. *Schneider* in Möllers/Kloyer, Das neue KAGB, Rn. 219.

1727 ESMA, Leitlinien zu Schlüsselbegriffen (ESMA/2013/611), 30.01.2015, S. 6 VI Ziffer 12 a).

1728 Auslegungsschreiben zum Anwendungsbereich des KAGB, 09.03.2015, Ziffer 5.

auch nicht operative Tätigkeiten vorgenommen. Da sich die BaFin in ihrem Auslegungsschreiben zur Anwendbarkeit des KAGB zur Behandlung solcher Mischformen nicht äußert, besteht insofern besondere Rechtsunsicherheit.

Eine unterschiedliche Einstufung geschlossener Immobilienfonds im Hinblick auf das Vorliegen eines operativ tätigen Unternehmens je nach Phase macht jedenfalls keinen Sinn, da die plötzliche Anwendbarkeit des KAGB mit dem Ende der Errichtungsphase und dem Eintritt der Verwaltungs- und Vermietungsphase zur Folge hätte, dass die Fondsstruktur nachträglich an die Vorgaben des KAGB angepasst werden müsste. Dies ließe sich in der Praxis nur schwer umsetzen. Zudem erscheint es im Hinblick auf den Anlegerschutz nicht nachvollziehbar, wenn der Fonds nach dem Beitritt der Anleger an die Regulierung des KAGB angepasst würde, zumal viele Informationspflichten zum Schutz der Anleger an den Zeitpunkt vor dem Fondsbeitritt anknüpfen. Aus diesem Grund muss auch bei Mischtätigkeiten des geschlossenen Immobilienfonds das Vorliegen eines operativ tätigen Unternehmens und damit die Anwendbarkeit des KAGB für die Geschäftstätigkeit des geschlossenen Immobilienfonds insgesamt beantwortet werden.

Fraglich ist somit, ob bereits jede Projektentwicklungstätigkeit das Vorliegen einer operativen Tätigkeit i.S.d. § 1 Abs. 1 S. 1 KAGB zur Folge hat. Die BaFin stellt in ihrem Auslegungsschreiben nicht auf den Schwerpunkt der Tätigkeit ab, so dass nach dem Wortlaut des Auslegungsschreibens der BaFin zum Anwendungsbereich des KAGB jede noch so geringe Projektentwicklungsleistung ausreichen könnte, um das Vorliegen eines Investmentvermögens i.S.d. § 1 Abs. 1 KAGB zu verneinen mit der Konsequenz der Unanwendbarkeit des KAGB. Das Auslegungsschreiben der BaFin könnte so verstanden werden, dass die Fondsgesellschaft aufgrund ihres Auftretens als Bauherrin als operativ tätiges Unternehmen anzusehen ist, weil die Tätigkeit über den Erwerb, die Verwaltung, die Vermietung bzw. Verpachtung und den Verkauf der Immobilie hinausgeht und durch die Errichtung der Immobilie etwas produziert wird[1729].

Gegen eine solche Auslegung sprechen jedoch die Wertungen in den Leitlinien der ESMA zu Schlüsselbegriffen. Obwohl die AIFM-Richtlinie das negative Tatbestandsmerkmal des operativ tätigen Unternehmens außerhalb des Finanzsektors nicht enthält, nimmt auch die ESMA in ihren Leitlinien zu Schlüsselbegriffen eine Abgrenzung zwischen einem Organismus für gemeinsame Anlagen und einem „normalen" operativ tätigen Unternehmen vor. Hiernach soll ein Organismus für gemeinsame Anlagen dann ausscheiden, wenn der Organismus einen „allgemein-kommerziellen oder allgemein-industriellen Zweck" verfolgt[1730]. Die ESMA definiert den Begriff des allgemein-kommerziellen oder allgemein-industriellen Zwecks als den Zweck der Verfolgung einer Geschäftsstrategie, welche sich unter anderem durch Merkmale auszeichnen soll wie die überwiegende Ausübung einer kommerziellen Tätigkeit (einschließlich des Kaufs, Verkaufs und Tauschs von Waren

1729 Vgl. *Krause* in Beckmann/Scholtz/Vollmer, Investment, vor § 405 Rn. 25.
1730 ESMA, Leitlinien zu Schlüsselbegriffen (ESMA/2013/611), 30.01.2015, S. 3 II.

und Gütern sowie des Verkehrs mit nicht finanziellen Dienstleistungen) oder einer industriellen Tätigkeit (einschließlich der Produktion von Waren und der Errichtung von Immobilien) oder der überwiegenden Ausübung einer Kombination aus kommerzieller und industrieller Tätigkeit[1731]. Verfolgt ein Unternehmen demnach eine Geschäftsstrategie, die sich dadurch auszeichnet, dass die überwiegend ausgeübte Tätigkeit des Unternehmens die Errichtung von Immobilien ist, so soll nach Auffassung der ESMA das Vorliegen eines Organismus für gemeinsame Anlagen und damit die Anwendbarkeit der AIFM-Richtlinie ausscheiden. Wann von einem solchen Überwiegen auszugehen ist und welche Kriterien dabei maßgeblich sind, wird allerdings nicht näher erläutert, weshalb insofern Rechtsunsicherheit besteht[1732]. Im Gegensatz zum Auslegungsschreiben der BaFin regelt die ESMA durch die Forderung der *überwiegenden* Ausübung jedenfalls, dass der Schwerpunkt der Tätigkeit des Unternehmens auf der Immobilienerrichtung – und nicht etwa auf der anschließenden Verwaltung der Immobilie – liegen muss. Da bei geschlossenen Immobilienfond die Errichtungsphase der Immobilie üblicherweise in zeitlicher Hinsicht hinter der langjährigen Verwaltungsphase zurücktritt und auch die prognostizierte Rendite maßgeblich von den in der Verwaltungsphase zu erzielenden Mieteinnahmen abhängt, ist anzunehmen, dass der Schwerpunkt bei typischen geschlossenen Immobilienfonds auf der Verwaltungstätigkeit liegt und gerade nicht auf der Errichtung der Immobilie, weshalb ein allgemein-industrieller Zweck der Fondsgesellschaft nach den Leitlinien der ESMA zu den Schlüsselbegriffen zu verneinen ist. Die BaFin nimmt in ihrem Auslegungsschreiben zum Anwendungsbereich des KAGB im Zusammenhang mit der operativen Tätigkeit außerhalb des Finanzsektors Bezug auf die Leitlinien der ESMA zu Schlüsselbegriffen[1733]. Aus diesem Grund kann argumentiert werden, dass bei der Beurteilung des Vorliegens einer operativen Tätigkeit aufgrund von Projektentwicklungsleistungen nach dem Auslegungsschreiben der BaFin zum Anwendungsbereich des KAGB gleichermaßen darauf abzustellen ist, ob der geschlossene Immobilienfonds eine Geschäftsstrategie verfolgt, die überwiegend auf die Errichtung von Immobilien ausgerichtet ist oder ob der Schwerpunkt der Geschäftsstrategie auf der Verwaltung von Immobilien liegt[1734].

Unter Heranziehung dieser Wertungen kann bei geschlossenen Immobilienfonds mit einer Mischform aus der Errichtung der Immobilie und der anschließenden Verwaltung der Immobilie bei verständiger Auslegung zumindest dann keine operative Tätigkeit aufgrund der Projektentwicklung angenommen werden, wenn die Errichtung der Immobilie im Rahmen des Geschäftsmodells eindeutig nur eine untergeordnete Rolle spielt. Von einer solchen untergeordneten Bedeutung ist z.B.

1731 ESMA, Leitlinien zu Schlüsselbegriffen (ESMA/2013/611), 30.01.2015, S. 3 II.

1732 *Loritz/Uffmann*, WM 2013, 2193, 2201.

1733 BaFin, Auslegungsschreiben zum Anwendungsbereich des KAGB, 09.03.2015, Ziffer 7.

1734 So auch *Krause/Kleebeck*, RdF 2013 4, 10.

dann auszugehen, wenn die Fondsgesellschaft nur in einem geringen Umfang an der Projektentwicklung beteiligt ist und die Phase des Verwaltens planmäßig in zeitlicher Hinsicht sowie im Hinblick auf die Bedeutung für die prognostizierte Einnahmen und den Arbeitsaufwand eindeutig überwiegt. Da der Schwerpunkt der wirtschaftlichen Tätigkeit von geschlossenen Immobilienfonds in zeitlicher Hinsicht auf der langjährigen Verwaltungsphase liegt und die Renditen hauptsächlich durch die laufenden Mieteinnahmen erzielt werden, ist anzunehmen, dass eine operative Tätigkeit aufgrund des Vorliegens einer Projektentwicklung bei typischen geschlossenen Immobilienfonds in aller Regel ausscheidet.

Ein weiteres Argument, warum bei Mischformen auf den Schwerpunkt der Geschäftstätigkeit abzustellen ist, kann in den Ausführungen der BaFin im Zusammenhang mit Investitionstätigkeiten gesehen werden. So sollen nach dem Auslegungsschreiben der BaFin zum Anwendungsbereich des KAGB die Investitionstätigkeiten eines operativen Unternehmens zu Anlagezwecken (z.B. Anlage in Finanzinstrumente) dem Vorliegen einer operativen Tätigkeit nicht schaden, solange diese Investitionstätigkeiten nur untergeordnete Neben- oder Hilfstätigkeiten sind[1735]. Somit stellt die BaFin zumindest an dieser Stelle ausdrücklich auf den Schwerpunkt der Tätigkeit ab. Dies liegt somit auch bei Unternehmen nahe, die andere Mischformen aus operativen und nicht operativen Tätigkeiten ausüben. Generell wird im deutschen Recht häufig auf den Schwerpunkt einer Tätigkeit abgestellt, wenn eine Tätigkeit entweder der einen oder der anderen Kategorie zugeordnet werden muss. So kommt es z.B. im Rahmen des Verbraucherbegriffs nach § 13 BGB darauf an, dass das Rechtsgeschäft *nicht überwiegend* dem gewerblichen bzw. beruflichen Bereich einer natürlichen Person zuzurechnen ist.

Im Ergebnis ist festzuhalten, dass die Errichtung der Immobilie durch die Fondsgesellschaft nicht dazu führen kann, dass geschlossenen Immobilienfonds als operativ tätige Unternehmen anzusehen sind und damit aus dem Anwendungsbereich des KAGB fallen, da der Tätigkeitsschwerpunkt von geschlossenen Immobilienfonds regelmäßig auf der Verwaltung der Immobile und eben nicht auf der Errichtung der Immobilie liegt. Dieser Schwerpunkt ergibt sich üblicherweise trotz der Rechtsunsicherheit im Hinblick auf die maßgeblichen Kriterien (z.B. Zeitrahmen, Bedeutung für die Rendite, Arbeitsaufwand) bei geschlossenen Immobilienfonds relativ eindeutig, da in der Regel sämtliche der möglichen Kriterien für einen Schwerpunkt der Verwaltungsstätigkeit sprechen.

Da die Errichtung der Immobilie durch die Fondsgesellschaft nach der hier vertretenen Auffassung ohnehin nicht zu deren Einordnung als operativ tätiges Unternehmen führt, spielt die Tatsache, dass die Fondsgesellschaft bei der Errichtung der Immobilien keine eigenen Bauleistungen vornimmt, sondern die Fertigstellung der schlüsselfertigen Immobilie typischerweise an einen Generalunternehmer bzw. Generalübernehmer auslagert, keine Rolle. Dennoch sei an dieser Stelle auf diesen

1735 BaFin, Auslegungsschreiben zum Anwendungsbereich des KAGB, 09.03.2015, Ziffer 7.

Auslagerungssachverhalt hingewiesen. Selbst wenn man in der Errichtung der Immobilie durch die Fondsgesellschaft grundsätzlich eine operative Tätigkeit sehen möchte, welche zur Unanwendbarkeit des KAGB führt, so kann die Auslagerung der Immobilienerrichtung auf einen Generalunternehmer bzw. Generalübernehmer der Einordnung der Fondsgesellschaft als operativ tätiges Unternehmen entgegen stehen. Die BaFin ist der Ansicht, dass die Auslagerung operativer Tätigkeiten im Hinblick auf die Einstufung des auslagernden Unternehmens als operativ tätiges Unternehmen unschädlich sein soll, solange die unternehmerischen Entscheidungen im laufenden Geschäftsbetrieb dem Unternehmen selbst verbleiben[1736]. Der Generalunternehmer bzw. Generalübernehmer schuldet die Herstellung der Immobilie zu einem bestimmten Zeitpunkt in einem festgelegten qualitativen und quantitativen Zustand; auf welche Art und Weise er diesen geschuldeten Erfolg herbeiführt ist grundsätzlich allein Sache des Generalunternehmer bzw. Generalübernehmers. Aus diesem Grund kann argumentiert werden, dass der Fondsgesellschaft durch die Festlegung des vertraglich geschuldeten Erfolgs lediglich die wesentlichen Grundentscheidungen im Hinblick auf die Errichtung der Immobilie verbleiben und eine Beteiligung an den unternehmerischen Entscheidungen des laufenden Geschäftsbetriebs der Errichtung der Immobilie seitens der Fondsgesellschaft gerade nicht gewollt ist.

iii. Facility Management

Im Auslegungsschreiben der BaFin zum Anwendungsbereich des KAGB wird außerdem das Facility Management als operative Tätigkeit angesehen, ohne dass die BaFin den Begriff des Facility Managements definiert[1737]. Der Begriff des Facility Managements wird uneinheitlich verwendet[1738]. Gemeinhin wird hierunter die Verwaltung und Bewirtschaftung von Gebäuden, Anlagen und Einrichtungen verstanden; mithin die technische und kaufmännische Verwaltung einer Immobilie[1739]. Das Facility Management ist eine Tätigkeit, welche typischerweise bei der Verwaltung einer größeren Immobilie anfällt und welche bei geschlossenen Fonds üblicherweise an Dritte ausgelagert wird. Selbst wenn die Fondsgesellschaft die Verwaltung und Bewirtschaftung der Immobilie selbst vornimmt, kann hierin keine operative Tätigkeit gesehen werden, die zur Unanwendbarkeit des KAGB führt. Es ist anzunehmen, dass ein Facility Management i.S.d. Auslegungsschreibens der BaFin zum Anwendungsbereich des KAGB nur die Verwaltung und

1736 BaFin, Auslegungsschreiben zum Anwendungsbereich des KAGB, 09.03.2015, Ziffer 7.

1737 BaFin, Auslegungsschreiben zum Anwendungsbereich des KAGB, 09.03.2015, Ziffer 7.

1738 *Najork,* NJW 2006, 2881.

1739 *Arndt/Fischer* in Lüdicke/Arndt, Geschlossene Fonds, S. 260; vgl. ausführlich *Najork,* NJW 2006, 2881 ff.; *Eckhold/Balzer* in Assmann/Schütze, Hdb. des Kapitalanlagerechts, § 22 Rn. 28.

Bewirtschaftung von fremden Gebäuden erfasst. Denn nach dem Auslegungsschreiben der BaFin sollen der Erwerb, die Verwaltung, die Vermietung bzw. Verpachtung und der schlussendliche Verkauf einer Immobilie keine operativen Tätigkeiten sein[1740]. Übt die Fondsgesellschaft das Facility Management selbst aus, so ist anzunehmen, dass dies vom Begriff der Verwaltung einer Immobilie umfasst ist. Nach diesem Verständnis können nur solche Unternehmen wegen der Ausübung des Facility Managements als operativ tätig angesehen werden, die das Facility Management vornehmen, ohne bereits als Eigentümer im Rahmen der Verwaltung der Immobilie für das ggf. notwendige Facility Management verantwortlich zu sein[1741]. Für eine solche Auslegung spricht auch, dass gemäß Anlage I Nr. 2 c) AIFM-RL das Facility Management zu den Aufgaben zählt, welche die KVG im Rahmen der kollektiven Fondsverwaltung (neben der Portfolioverwaltung und dem Risikomanagement) zusätzlich ausüben kann[1742]. Hieraus folgt, dass die Ausübung des Facility Managements durch die Fondsgesellschaft nach der Vorstellung des europäischen Gesetzgebers nicht zur Unanwendbarkeit der AIFM-Richtlinie führt. Diese Wertung ist im Rahmen der richtlinienkonformen Auslegung des Tatbestandsmerkmals der „operativen Tätigkeit außerhalb des Finanzsektors" i.S.d. § 1 Abs. 1 S. 1 KAGB heranzuziehen. Eine die Anwendbarkeit des KAGB ausschließende operative Tätigkeit kann bei geschlossenen Immobilienfonds folglich nicht aufgrund der Ausübung des Facility Managements angenommen werden, wenn das Facility Management ein Bestandteil der Verwaltung der Immobilie ist.

h) Ergebnis

Es bestehen keine Zweifel, dass geschlossene Immobilienfonds in der typischen Ausgestaltung grundsätzlich als Investmentvermögen zu qualifizieren sind, weshalb der Anwendungsbereich des KAGB für geschlossene Immobilienfonds eröffnet ist[1743]. Einzig das negative Tatbestandsmerkmal der „operativen Tätigkeit außerhalb des Finanzsektors" i.S.d. § 1 Abs. 1 S. 1 KAGB bzw. die Konkretisierungen dieses Merkmals durch die BaFin in ihrem Auslegungsschreiben zum Anwendungsbereich des KAGB werfen in bestimmten Konstellationen Fragen auf und bieten Interpretationsspielräume[1744]. Nach Auffassung der BaFin stellen der Erwerb, die Verwaltung, die Vermietung bzw. Verpachtung sowie der Verkauf von Immobilien keine operativen

1740 BaFin, Auslegungsschreiben zum Anwendungsbereich des KAGB, 09.03.2015, Ziffer 7.

1741 *Eckhold/Balzer* in Assmann/Schütze, Hdb. des Kapitalanlagerechts, § 22 Rn. 28.

1742 Vgl. *Zetzsche/Preiner*, WM 2013, 2101, 2110.

1743 *Assmann* in Assmann/Schütze, Hdb. des Kapitalanlagerechts, § 5 Rn. 243; *Patzner/Schneider-Deters* in Patzner/Döser/Kempf, Investmentrecht, § 1 Rn. 13; *Krause* in Beckmann/Scholtz/Vollmer, Investment, vor § 405 Rn. 54 ff.

1744 *Wagner*, ZfBR 2015, 113, 114; *Jesch*, BB 2012, 2895, 2896.

Tätigkeiten dar[1745]. Da geschlossene Immobilienfonds genau diese Tätigkeiten ausüben, ist eine operative Tätigkeit nach dem Auslegungsschreiben der BaFin grundsätzlich zu verneinen und der Anwendungsbereich des KAGB damit eröffnet. Dies ist auch richtig, da geschlossene Immobilienfonds in der Gesetzesbegründung des KAGB ausdrücklich genannt werden als Fonds, welche in den Anwendungsbereich des KAGB fallen sollen[1746].

Das Vorliegen eines operativ tätigen Unternehmens und damit die Unanwendbarkeit des KAGB können jedoch diskutiert werden, sofern geschlossene Immobilienfonds die Immobilie während der Bauphase erwerben und die Fondsgesellschaft als Bauherrin die Immobilie errichtet. Denn nach dem Auslegungsschreiben der BaFin zum Anwendungsbereich des KAGB stellt die Errichtung einer Immobilie eine operative Tätigkeit dar. Aus dem Auslegungsschreiben der BaFin geht nicht hervor, wie Mischformen zu behandeln sind, bei denen der geschlossene Immobilienfonds an der Errichtung der später selbst zu verwaltenden und zu vermietenden Immobilie beteiligt ist. Nach der hier vertretenen Auffassung ist unter Heranziehung der Wertungen der ESMA in ihren Leitlinien zu den Schlüsselbegriffen auf den Schwerpunkt der Tätigkeit des Unternehmens abzustellen. Liegt der Schwerpunkt der Tätigkeit des Unternehmens auf der späteren Verwaltung und Vermietung der Immobilie und nicht auf der Errichtung der Immobilie, so kann in dem Unternehmen kein operativ tätiges Unternehmen i.S.d. § 1 Abs. 1 S. 1 KAGB gesehen werden. Hierfür spricht, dass sich die BaFin im Hinblick auf die Beurteilung der Errichtung einer Immobilie als operative Tätigkeit auf die Ausführungen der ESMA in ihren Leitlinien zu den Schlüsselbegriffen zum Vorliegen eines allgemein-kommerziellen oder -industriellen Zwecks bezieht und die ESMA hier ausdrücklich auf die *überwiegend* ausgeübte Tätigkeit abstellen will[1747]. Da die Errichtung der Immobilie bei geschlossenen Immobilienfonds üblicherweise sowohl im Hinblick auf den Zeitrahmen und den Arbeitsaufwand, als auch hinsichtlich der Bedeutung für die Rendite weit hinter der langjährigen Verwaltungs- und Vermietungsphase zurücksteht, ist die Fondsgesellschaft trotz Errichtung der Immobilie nicht als operativ tätiges Unternehmen anzusehen.

Ebenso wenig führen die von der BaFin genannten Beispiele für operative Tätigkeiten im Immobilienbereich – namentlich der Betrieb einer Immobilie und das Facility Management – zu einer Einordnung geschlossener Immobilienfonds als operativ tätige Unternehmen außerhalb des Finanzsektors. Denn auch wenn geschlossene Immobilienfonds zum Teil in Pflegeeinrichtungen oder ähnliche Immobilien investieren, so betreiben sie diese üblicherweise nicht selbst, sondern vermieten die Immobilie lediglich an Dritte. Die bloße Vermietung und Verwaltung der Immobilie soll nach dem Auslegungsschreiben der BaFin zum Anwendungsbereich des KAGB

1745 BaFin, Auslegungsschreiben zum Anwendungsbereich des KAGB, 09.03.2015, Ziffer 7.

1746 BT-Drucks. 17/12294, S. 187.

1747 ESMA, Leitlinien zu Schlüsselbegriffen (ESMA/2013/611), 30.01.2015, S. 3 II.

eindeutig keine operative Tätigkeit sein[1748]. Das Facility Management ist grundsätzlich als Teil der nicht operativen Verwaltung der Immobilie zu sehen, sofern es vom Eigentümer der Immobilie selbst ausgeübt wird. Aus diesem Grund kann das Facility Management – selbst wenn die Fondsgesellschaft diese Tätigkeit selbst ausüben würde – nicht zur Qualifizierung der Fondsgesellschaft als operativ tätiges Unternehmen führen, da die Fondsgesellschaft Eigentümerin der Immobilie ist.

2. Schiffsfonds

In Veröffentlichungen zum Thema der Anwendbarkeit des KAGB wird zum Teil pauschal behauptet, dass Schiffsfonds nach dem Auslegungsschreiben der BaFin zum Anwendungsbereich des KAGB[1749] nicht unter das Regulierungsregime des KAGB fallen[1750]. Die Frage der Anwendbarkeit des KAGB auf geschlossene Schiffsfonds kann jedoch nicht pauschal beantwortet werden, sondern bedarf einer Prüfung der Tatbestandsmerkmale des Investmentvermögens i.S.d. § 1 Abs. 1 KAGB im jeweiligen Einzelfall.

a) Organismus für gemeinsame Anlagen

Voraussetzung für ein Investmentvermögen ist gemäß § 1 Abs. 1 S. 1 KAGB zunächst das Vorliegen eines Organismus für gemeinsame Anlagen. Ein Organismus i.S.d. § 1 Abs. 1 S. 1 KAGB soll nach dem Auslegungsschreiben der BaFin zum Anwendungsbereich des KAGB dann vorliegen, wenn das von den Anlegern eingesammelte Kapital in einem wirtschaftlich oder rechtlich verselbständigten Vermögen gepoolt werde[1751]. Dies ist bei geschlossenen Schiffsfonds in der typischen Strukturierung als GmbH & Co. KG zu bejahen, da das Kapital der Anleger sowohl bei der direkten Beteiligung als Kommanditist, als auch bei einer mittelbaren Beteiligung über einen Treuhandkommanditisten in der Fondsgesellschaft rechtlich und wirtschaftlich verselbständigt ist. Bei dem Organismus handelt es sich nach Ansicht der BaFin dann um einen Organismus für gemeinsame Anlagen, wenn der Anleger am Gewinn und Verlust des Organismus beteiligt ist und ihm für die Kapitalüberlassung kein unbedingter Kapitalrückzahlungsanspruch zusteht[1752]. Auch diese Voraussetzung ist bei

---

1748 BaFin, Auslegungsschreiben zum Anwendungsbereich des KAGB, 09.03.2015, Ziffer 7.

1749 BaFin, Auslegungsschreiben zum Anwendungsbereich des KAGB, 09.03.2015, Ziffer 7.

1750 *Klinger*, NZWiSt 2014, 370, 376; *Loritz/Uffmann*, WM 2013, 2193, 2201 Fn. 77; *Rohmert*, Der Immobilienbrief 2013 (299), 5 ff.; *Kobabe*, Börsen-Zeitung, 12.11.2013, S. B8.

1751 BaFin, Auslegungsschreiben zum Anwendungsbereich des KAGB, 09.03.2015, Ziffer 1.

1752 BaFin, Auslegungsschreiben zum Anwendungsbereich des KAGB, 09.03.2015, Ziffer 2.

Schiffsfonds erfüllt, da die Anleger dem Organismus das Kapital unmittelbar oder mittelbar als Kommanditeinlage zur Verfügung stellen und somit keinen unbedingten Kapitalrückzahlungsanspruch haben, sondern über die Ausschüttungen am Gewinn und Verlust der Fondsgesellschaft beteiligt sind. Die Ausführungen zum Vorliegen eines Organismus für gemeinsame Anlagen im Rahmen von geschlossenen Immobilienfonds gelten im Übrigen für Schiffsfonds entsprechend[1753].

b) Einsammeln von Kapital von einer Anzahl von Anlegern

Die Anwendbarkeit des KAGB für Schiffsfonds setzt außerdem voraus, dass das Tatbestandsmerkmal des „Einsammelns von Kapital von einer Anzahl von Anlegern" erfüllt ist. Unter Bezugnahme auf die Leitlinien der ESMA konkretisiert die BaFin in ihrem Auslegungsschreiben zum Anwendungsbereich des KAGB den Begriff des Einsammelns von Kapital als das Unternehmen von direkten oder indirekten Schritten durch den Organismus oder durch eine für Rechnung des Organismus tätige Person oder Unternehmen, um gewerblich bei Anlegern Kapital zu beschaffen, um dieses Kapital gemäß einer festgelegten Anlagestrategie anzulegen[1754]. Die Fondsgesellschaft bedient sich zur Einwerbung von Anlegern bei Schiffsfonds ebenso wie bei geschlossenen Immobilienfonds und anderen Arten geschlossener Fonds der Leistungen des Fondsinitiators bzw. einer initiatornahen Gesellschaft sowie externer Vertriebspartner, welche hierfür als Gegenleistung Vermittlungsprovisionen erhalten. Hier gilt das zu geschlossenen Immobilienfonds ausgeführte entsprechend, weshalb dieses Tatbestandsmerkmal auch bei Schiffsfonds zu bejahen ist[1755]. Ebenso ist das Tatbestandsmerkmal der Anzahl von Anlegern gegeben, da auch Schiffsfonds grundsätzlich auf die Einwerbung einer Vielzahl von Anlegern ausgerichtet sind und dementsprechend in der Regel keine Beschränkung des möglichen Anlegerkreises auf einen einzigen Anleger im Gesellschaftsvertrag oder in den Anlagebedingungen geregelt ist.

c) Festgelegte Anlagestrategie

Ein die Anwendbarkeit des KAGB eröffnendes Investmentvermögen nach § 1 Abs. 1 S. 1 KAGB setzt zudem voraus, dass das von den Anlegern eingesammelte Kapital nach einer festgelegten Anlagestrategie angelegt wird. Die Gesetzesbegründung zu § 1 Abs. 1 KAGB verlangt für das Vorliegen einer festgelegten Anlagestrategie, dass die Kriterien, nach denen das eingesammelte Kapital verwendet werden soll, in einem schriftlichen Dokument genau bestimmt sind[1756]. Ähnlich wie bei

---

1753 Siehe oben Organismus, F. II. 1. a), S. 318 f. und Für gemeinsame Anlagen F. II. 1. b), S. 318 ff.

1754 BaFin, Auslegungsschreiben zum Anwendungsbereich des KAGB, 09.03.2015, Ziffer 3.

1755 Siehe oben Einsammeln von Kapital, F. II. 1. c), S. 320 ff.

1756 BT-Drucks. 17/12294, S. 201.

geschlossenen Immobilienfonds bezeichnet auch der Verkaufsprospekt von Schiffsfonds das zu erwerbende Schiff, die Risiken des Fonds werden erläutert und in einem Investitions- und Finanzierungsplan wird die Verwendung des Fondsvermögens einschließlich des aufzunehmenden Fremdkapitals genau aufgeschlüsselt. Da die Kriterien, nach denen das eingesammelte Kapital verwendet wird, somit im Verkaufsprospekt als schriftliches Dokument genau bestimmt sind, ist eine festgelegte Anlagestrategie nach der Konkretisierung der Gesetzesbegründung zu § 1 Abs. 1 KAGB bei Schiffsfonds ebenso wie bei geschlossenen Immobilienfonds zu bejahen. Das Tatbestandsmerkmal der festgelegten Anlagestrategie wird darüber hinaus im Auslegungsschreiben der BaFin konkretisiert, welche auf die Leitlinien der ESMA zu den Schlüsselbegriffen Bezug nimmt[1757]. Hiernach soll sich eine festgelegte Anlagestrategie durch die Verfolgung einer Strategie im Hinblick auf die Erzielung einer Gemeinschaftsrendite durch die Verwaltung des Kapitals auszeichnen, wobei die ESMA vier Faktoren als Hinweis auf eine festgelegte Anlagestrategie aufzählt[1758]. Auch hinsichtlich der Erfüllung dieser Faktoren entsprechen Schiffsfonds geschlossenen Immobilienfonds, weshalb an dieser Stelle auf die dortigen Ausführungen verwiesen werden kann[1759]. Die festgelegte Anlagestrategie ist bei geschlossenen Schiffsfonds daher auch unter zugrundlegung der Auffassung der ESMA und der BaFin zu bejahen.

d) Investition zum Nutzen der Anleger

Voraussetzung für das Vorliegen eines Investmentvermögens und der damit einhergehenden Anwendbarkeit des KAGB ist außerdem, dass das von den Anlegern eingesammelte Kapital gemäß der festgelegten Anlagestrategie zum Nutzen der Anleger investiert wird. Die BaFin nimmt in ihrem Auslegungsschreiben zum Anwendungsbereich des KAGB im Hinblick auf das Tatbestandsmerkmal der Investition zum Nutzen der Anleger lediglich eine negative Abgrenzung vor, wonach dieses Tatbestandsmerkmal dann zu verneinen sei, wenn das Kapital zum Nutzen des eigenen Unternehmens investiert werde[1760]. Die BaFin nennt als Beispiel hierfür eine Schuldverschreibung in Form eines Zertifikats durch eine Bank. Hierin zeigt sich, dass mit dem „eigenen Unternehmen" nach Ansicht der BaFin nicht bzw. nicht

1757 BaFin, Auslegungsschreiben zum Anwendungsbereich des KAGB, 09.03.2015, Ziffer 5.

1758 ESMA, Leitlinien zu Schlüsselbegriffen (ESMA/2013/611), 30.01.2015, S. 7 f IX; BaFin, Auslegungsschreiben zum Anwendungsbereich des KAGB, 09.03.2015, Ziffer 5.

1759 Siehe oben Festgelegte Anlagestrategie, F. II. 1. e), S. 323 ff.

1760 BaFin, Auslegungsschreiben zum Anwendungsbereich des KAGB, 09.03.2015, Ziffer 6.

nur der Organismus selbst gemeint ist, sondern auch das hinter dem Organismus stehende Unternehmen (im Beispielsfall die Bank)[1761].

Grundsätzlich dient die Investition des Kapitals der Anleger nach der festgelegten Anlagestrategie des Schiffsfonds dazu, mit den Chartereinnahmen sowie dem Verkauf des Schiffes am Ende der Fondslaufzeit unter Nutzung der Steuervorteile der sog. Tonnagesteuer eine bestimmte Rendite für die Anleger zu erwirtschaften. Der Hintergrund der Auflage eines Schiffsfonds ist oftmals, dass die hinter der Auflage eines Schiffsfonds stehende Reederei ein bestimmtes Schiff in ihrer Flotte benötigt. Anstatt dieses Schiff selbst zu erwerben, nutzen Reedereien teilweise Schiffsfonds zur Beschaffung des notwendigen Schiffs[1762]. Das wirtschaftliche Interesse der Reederei an der Beschaffung des Schiffs könnte der Investition zum Nutzen der Anleger entgegenstehen, da der Erwerb des Schiffs auch der Reederei dient. Das Auslegungsschreiben der BaFin enthält keine ausdrückliche Antwort auf die Frage, ob ein wirtschaftliches Eigeninteresse des Fondsinitiators neben dem Zweck der Generierung einer Rendite für die Anleger dem Tatbestandsmerkmal der Investition zum Nutzen der Anleger entgegensteht. Dagegen spricht aber die Tatsache, dass kaum ein Fondsinitiator den Aufwand, die Kosten und die Haftungsrisiken der Auflage eines Fonds ausschließlich im Interesse der Anleger auf sich nimmt, wenn er hiervon keinen eigenen wirtschaftlichen Nutzen hat[1763]. Dieser wirtschaftliche Vorteil kann darin bestehen, dass sich der Fondsinitiator bestimmte Leistungen (z.B. die Konzeption oder die Eigenkapitalvermittlung) vom Fonds vergüten lässt oder darin, dass der Fondsinitiator an der Beschaffung des Vermögenswertes an sich ein weitergehendes Interesse hat. Würde man das Tatbestandsmerkmal der Investition zum Nutzen eng auslegen und im Falle eines eigenwirtschaftlichen Interesses verneinen, hätte dies letztlich die Unanwendbarkeit des KAGB für die Mehrzahl an offenen und geschlossenen Fonds zur Folge, da Fondsinitiatoren nicht aus rein karitativen Zwecken für die Anleger handeln, sondern wirtschaftliche Unternehmen sind[1764]. Dies wäre mit dem Sinn und Zweck des KAGB, ein geschlossenes Regelwerk für sämtliche Fonds und deren Manager darzustellen, nicht vereinbar. Aus diesem Grund muss das Tatbestandsmerkmal der Investition zum Nutzen der Anleger weit ausgelegt werden[1765]. Dementsprechend wird in der Literatur zu Recht einhellig die

1761 So wohl *Kloyer* in Möllers/Kloyer, Das neue KAGB, Rn. 252. *Patzner/Schneider-Deters* interpretieren „zum Nutzen des eigenen Unternehmens“ dahingehend, dass die Investition des Kapitals nicht zum Nutzen des Vehikels selbst bzw. desjenigen, der das Vehikel betreibt, erfolgen darf, vgl. *Patzner/Schneider-Deters* in Patzner/Döser/Kempf, Investmentrecht, § 1 Rn. 10. *Eckhold/Bal-zer* stellen auf die Unschädlichkeit eines wirtschaftlichen Eigeninteresses des Investitionsunternehmens oder des Emittenten ab, vgl. *Eckhold/Balzer* in Assmann/Schütze, Hdb. des Kapitalanlagerechts, § 22 Rn. 24.

1762 Ausführlich dazu siehe oben Vertragsreeder, D. III. 2. d), S. 340 f.

1763 *Loritz/Uffmann,* WM 2013, 2193, 2200.

1764 Vgl. *Loritz/Uffmann,* WM 2013, 2193, 2200.

1765 Ebenso *Kloyer* in Möllers/Kloyer, Das neue KAGB, Rn. 252.

Auffassung vertreten, dass das Tatbestandsmerkmal der Investition zum Nutzen der Anleger nicht erfordert, dass keinerlei wirtschaftliches Eigeninteresse des Organismus oder des Fondsinitiators besteht[1766]. Sofern das Geschäftsmodell des Fonds trotz eines wirtschaftlichen Eigeninteresses zumindest auch auf die Erzielung eines Vermögenszuwachses der Anleger ausgerichtet ist, muss dies ausreichen.

Eine weitere Besonderheit von Schiffsfonds, welche dem Tatbestandsmerkmal der Investition zum Nutzen der Anleger entgegenstehen könnte, besteht in der kapitalmäßigen Beteiligung des Vertragsreeders an der Fondsgesellschaft. Bei Schiffsfonds ist der Vertragsreeder regelmäßig als Gründungskommanditist an der Fondsgesellschaft beteiligt, wobei die kapitalmäßige Beteiligung im Einzelfall sogar relativ hoch sein kann[1767]. Der Grund hierfür ist die gewünschte Teilhabe des Vertragsreeders am wirtschaftlichen Erfolg des Fonds, die Stärkung des Vertrauens der Anleger in den Vertragsreeder und den Fonds an sich sowie ggf. die Möglichkeit des Vertragsreeders, über Stimmrechte Einfluss auf die Fondsgesellschaft auszuüben[1768]. Die Investition des Kapitals der Anleger dient somit auch dem mit der Reederei gesellschaftsrechtlich verbundenen Vertragsreeder, da dieser als Kommanditist an den Ausschüttungen der Fondsgesellschaft teilnimmt. Zum Teil wird in der Literatur diskutiert, ob gesellschaftsrechtliche Beteiligungen des Fondsinitiators an der Fondsgesellschaft dem Tatbestandsmerkmal der Investition zum Nutzen der Anleger entgegenstehen[1769]. Allerdings ist zu beachten, dass eine Beteiligung des Fondsinitiators (oder einer mit ihm verbundenen Gesellschaft wie dem Vertragsreeder) am Investmentvermögen einer Investition zum Nutzen der Anleger von vornherein nicht schaden kann, wenn der Fondsinitiator in diesem Fall selbst als „Anleger" i.S.d. der Legaldefinition des Investmentvermögens nach § 1 Abs. 1 S. 1 KAGB anzusehen ist. Dies ist bei Beteiligungen, welche über die ggf. gesellschaftsrechtlich geforderte Mindestbeteiligungen nach der jeweiligen Rechtsform des Organismus hinausgehen, der Fall. Denn nach dem Auslegungsschreiben der BaFin sollen die Komplementär-GmbH oder die geschäftsführende Kommanditistin (nur dann) nicht als Anleger i.S.d. § 1 Abs. 1 KAGB zu qualifizieren sein, wenn sie sich nicht bzw. nur mit der gesellschaftsrechtlich geforderten Mindesteinlage beteiligen[1770]. Im Umkehrschluss daraus folgt, dass die BaFin bei

1766 *Kloyer* in Möllers/Kloyer, Das neue KAGB, Rn. 252; *Eckhold/Balzer* in Assmann/Schütze, Hdb. des Kapitalanlagerechts, § 22 Rn. 24; *Loritz/Uffmann*, WM 2013, 2193, 2200.

1767 Ausführlich dazu siehe oben Gesellschaftsrechtliche Struktur der Fondsgesellschaft, D. III. 2. e), S. 144; *Arndt/Lüdicke* in Lüdicke/Arndt, Geschlossene Fonds, S. 286 f.

1768 *Arndt/Lüdicke* in Lüdicke/Arndt, Geschlossene Fonds, S. 286 f.

1769 Vgl. *Loritz/Uffmann* die im Ergebnis das Tatbestandsmerkmal „zum Nutzen der Anleger" aber auch bei gesellschaftsrechtlichen Beteiligungen des Fondsinitiators bejahen, vgl. *Loritz/Uffmann*, WM 2013, 2193, 2200.

1770 BaFin, Auslegungsschreiben zum Anwendungsbereich des KAGB, 09.03.2015, Ziffer 4.

einer Beteiligung des Fondsinitiators bzw. einer Gesellschaft aus dessen Umfeld, die über den Betrag einer gesellschaftsrechtlich geforderten Minimalbeteiligung hinausgeht, die Anlegereigenschaft im Rahmen des § 1 Abs. 1 KAGB wohl bejahen will. Dem ist zuzustimmen. Aus diesem Grund ist eine gesellschaftsrechtliche Beteiligung des Fondsinitiators unschädlich im Hinblick auf das Merkmal „Investition zum Nutzen der Anleger".

e) Kein operativ tätiges Unternehmen außerhalb des Finanzsektors

Voraussetzung für das Vorliegen eines Investmentvermögens i.S.d. § 1 Abs. 1 S. 1 KAGB und somit für die Eröffnung des Anwendungsbereichs des KAGB ist darüber hinaus, dass es sich bei Schiffsfonds nicht um operativ tätige Unternehmen außerhalb des Finanzsektors handelt. Die BaFin definiert dieses Tatbestandsmerkmal in ihrem Auslegungsschreiben zwar nicht, führt aber unter anderem aus, unter welchen Umständen die Auslagerung von operativen Tätigkeiten und Investitionen zu Anlagezwecken einer operativen Tätigkeit entgegenstehen soll und nennt für den Schiffsbereich Beispiele für operative Tätigkeiten[1771]. So sollen nach dem aktuellen Auslegungsschreiben der BaFin zum Anwendungsbereich des KAGB sowohl der Charterer, als auch der Vertragsreeder operativ tätig sein[1772]. Eine operative Tätigkeit des Vercharterers soll nach Auffassung der BaFin dann vorliegen, wenn es sich um eine Time-Charter handelt, bei welcher der Vercharterer dem Charterer ein voll ausgerüstetes, bemanntes und einsatzfähiges Schiff überlässt und für die technisch-nautische Betriebsführung verantwortlich ist. Die BaFin führt aus, dass der Vercharterer im Rahmen einer Time-Charter gegenüber dem Kapitän weisungsbefugt sei, die Verantwortung für die Überwachung der Pflege und Instandhaltung sowie für die Seetüchtigkeit des Schiffes trage und allgemein für den funktionierenden Schiffsbetrieb verantwortlich sei[1773]. Die Annahme einer operativen Tätigkeit des Vercharterers im Falle der Time-Charter begründet die BaFin in ihrem Auslegungsschreiben zum Anwendungsbereich des KAGB damit, dass dem Vercharterer die technisch-nautische Betriebsführung obliege[1774].

i. Time-Charter

Bei geschlossenen Schiffsfonds werden die Schiffe typischerweise im Wege der Time-Charter verchartert; die bloße Überlassung des „nackten" Schiffes im Rahmen

1771 BaFin, Auslegungsschreiben zum Anwendungsbereich des KAGB, 09.03.2015, Ziffer 7.

1772 BaFin, Auslegungsschreiben zum Anwendungsbereich des KAGB, 09.03.2015, Ziffer 7.

1773 BaFin, Auslegungsschreiben zum Anwendungsbereich des KAGB, 09.03.2015, Ziffer 7.

1774 BaFin, Auslegungsschreiben zum Anwendungsbereich des KAGB, 09.03.2015, Ziffer 7.

der sog. Bareboat-Charter kommt in der Praxis sehr selten vor[1775]. Ein Grund hierfür ist darin zu sehen, dass Schiffsfonds regelmäßig die Steuervorteile der Tonnagesteuer nach § 5a EStG nutzen, was nur im Rahmen der Time-Charter möglich ist[1776]. Da die Fondsgesellschaft bei Schiffsfonds in der typischen Ausgestaltung im Rahmen eines Time-Charters als Vercharterer auftritt und aus diesem Grund für die technisch-nautische Betriebsführung verantwortlich ist, ist unter Zugrundelegung des Auslegungsschreibens der BaFin zunächst eine operative Tätigkeit anzunehmen. In der Literatur findet sich aus diesem Grund häufig die pauschale Feststellung, dass Schiffsfonds nach dem Auslegungsschreiben der BaFin zum Anwendungsbereich des KAGB von der Regulierung des KAGB ausgenommen sind, da diese aufgrund der operativen Tätigkeit nicht unter den Begriff des Investmentvermögens i.S.d. § 1 Abs. 1 S. 1 KAGB fallen sollen[1777]. Diese pauschale Aussage ist so jedoch nicht richtig. Denn der Annahme eines operativ tätigen Unternehmens könnte entgegenstehen, dass bei Time-Charter-Modellen die Fondsgesellschaft in aller Regel weitreichende Auslagerungen vornimmt.

ii. Auslagerung der operativen Tätigkeit

Geschlossene Schiffsfonds übertragen in aller Regel im Rahmen des Bereederungsvertrags die technisch-nautische Betriebsführung auf den Vertragsreeder, welcher die Ausrüstung und Instandhaltung des Schiffes sowie letztlich sämtliche im Rahmen des Schiffsbetriebs anfallenden Leistungen für die Fondsgesellschaft ausübt[1778]. Das Auslegungsschreiben der BaFin zum Anwendungsbereich des KAGB will Auslagerungen von operativen Tätigkeiten auf fremde Dienstleister oder gruppeninterne Gesellschaften nur dann als unschädlich ansehen im Hinblick auf die operative Tätigkeit eines Unternehmens, wenn die unternehmerischen Entscheidungen im laufenden Geschäftsbetrieb aufgrund der ausdrücklichen Vereinbarungen von Gestaltungs-, Lenkungs- und Weisungsrechten dem Unternehmen selbst verbleiben[1779].

Üblicherweise ist der Vertragsreeder bei Schiffsfonds hinsichtlich des laufenden Geschäftsbetriebs des Schiffes überwiegend eigenverantwortlich tätig ohne Einflussnahme des geschlossenen Schiffsfonds, zumal die Fondsgesellschaft in der Regel nicht über ausreichendes Personal mit dem erforderlichen Fachwissen verfügt[1780].

1775 Ausführlich dazu siehe oben Time-Charter und Bareboat-Charter, D. III. 2. c), S. 141 f.; *Arndt/Lüdicke* in Lüdicke/Arndt, Geschlossene Fonds, S. 291 f.

1776 Ausführlich dazu siehe oben Tonnagesteuer, D. III. 2. f), S. 145 f.; *Hofmeister* in Blümich/Heuermann, EStG, KStG, GewStG, § 5a EStG Rn. 38; *Arndt/Lüdicke* in Lüdicke/Arndt, Geschlossene Fonds, S. 291 f.

1777 *Loritz/Uffmann,* WM 2013, 2193, 2201 Fn. 77; *Rohmert,* Der Immobilienbrief 2013 (299), 8.

1778 *Friedrichs/Wegner/Richter* in Winter/Hennig/Gerhard, Grundlagen der Schiffsfinanzierung, S. 858 f.; *Schmidt,* JuS 2011, 179 f.; FG Hamburg, DStRE 2012, 786.

1779 BaFin, Auslegungsschreiben zum Anwendungsbereich des KAGB, 09.03.2015, Ziffer 7.

1780 Ausführlich dazu siehe oben Vertragsreeder, D. III. 2. d), S. 143 f.

Sofern dem Vertragsreeder dementsprechend im Bereederungsvertrag die technisch-nautische Betriebsführung übertragen wird, ohne dass sich der Schiffsfonds durch Gestaltungs-, Lenkungs- und Weisungsrechten die Entscheidungskompetenz in Bezug auf Entscheidungen im laufenden Geschäftsbetrieb einräumt, kann der Schiffsfonds nicht als operativ angesehen werden und unterfällt damit dem Anwendungsbereich des KAGB.

Allerdings ist es nicht ausgeschlossen, dass sich die Fondsgesellschaft im Bereederungsvertrag gegenüber dem Vertragsreeder durch die Vereinbarung von Gestaltungs-, Lenkungs- und Weisungsrechten die Einflussnahme bzw. das Letztentscheidungsrecht bei Entscheidungen im laufenden Geschäftsbetrieb vorbehält. Fraglich ist, ob die bloße Vereinbarung dieser Rechte zur Bejahung einer operativen Tätigkeit auf der Ebene des Schiffsfonds ausreichend ist. Das Auslegungsschreiben der BaFin zum Anwendungsbereich des KAGB enthält keine näheren Angaben zu den Anforderungen an das „Verbleiben der Entscheidungen im laufenden Geschäftsbetrieb". Insbesondere stellt sich die Frage, ob bzw. in welchem Umfang von der Fondsgesellschaft tatsächlich Entscheidungen im laufenden Geschäftsbetrieb getroffen werden müssen oder ob die bloß theoretische Möglichkeit zur Entscheidung über Fragen des laufenden Geschäftsbetriebs aufgrund der Vereinbarung von Lenkungs-, Gestaltungs- und Weisungsrechten genügt.

Im letzteren Fall käme es für das Vorliegen einer operativen Tätigkeit im Falle der Auslagerung alleine auf die formale Ausgestaltung des Bereederungsvertrags an, ohne Rücksicht darauf, ob der geschlossene Schiffsfonds mittels Ausübung seiner vertraglichen Lenkungs-, Gestaltungs- und Weisungsrechten tatsächlich auf den laufenden Geschäftsbetrieb Einfluss nimmt. In diesem Zusammenhang ist der Hinweis im Auslegungsschreiben der BaFin zum Anwendungsbereich des KAGB zu beachten, wonach die BaFin bei konkreten Anhaltspunkten überprüfen werde, ob die Voraussetzungen der operativen Tätigkeit im Fall von Auslagerungen auch tatsächlich dauerhaft vorliegen[1781]. Dieser Hinweis erschiene unpassend, wenn es alleine auf die rein formale Betrachtung der Ausgestaltung des Bereederungsvertrags im Hinblick auf Lenkungs-, Gestaltungs- und Weisungsrechte bei der Frage der Auslagerung von operativen Tätigkeiten ankäme. Denn in diesem Fall ergäbe sich die Unschädlichkeit der Auslagerung eindeutig aus dem Bereederungsvertrag. Sofern der Bereederungsvertrag nicht nachträglich geändert wird, wären die Voraussetzungen automatisch dauerhaft erfüllt. Auch die Prüfung, ob die Voraussetzungen *tatsächlich* vorliegen, spricht gegen eine rein formale Betrachtung des Bereederungsvertrags im Hinblick auf Lenkungs-, Gestaltungs- und Weisungsrechte. Der Hinweis der BaFin spricht somit dafür, dass es auch auf die tatsächliche Einflussnahme des Unternehmens auf die Entscheidungen im laufenden Geschäftsbetrieb ankommt und alleine die vertragliche Vereinbarung von Lenkungs-, Gestaltungs- und Weisungsrechten im Bereederungsvertrag nicht die operative Tätigkeit der

1781 BaFin, Auslegungsschreiben zum Anwendungsbereich des KAGB, 09.03.2015, Ziffer 7.

Fondsgesellschaft erhalten kann. Sofern der Vertragsreeder tatsächlich sämtliche unternehmerische Entscheidungen im laufenden Geschäftsbetrieb ohne jegliche Einflussnahme der Fondsgesellschaft trifft, kann dies somit nicht die Unanwendbarkeit des KAGB aufgrund einer operativen Tätigkeit des Schiffsfonds herbeiführen. Anderenfalls wäre der Umgehung des KAGB Tür und Tor geöffnet.

iii. Unternehmerische Entscheidungen

Zur Frage, in welchem Umfang der Schiffsfonds aber tatsächlich an den unternehmerischen Entscheidungen des laufenden Geschäftsbetriebs beteiligt sein muss, lässt sich dem Auslegungsschreiben der BaFin zum Anwendungsbereich des KAGB nichts entnehmen und es werden in der Literatur in diesem Zusammenhang Gestaltungsmöglichkeiten hinsichtlich der Herbeiführung der Unanwendbarkeit des KAGB gesehen[1782]. Dadurch, dass die BaFin auf die unternehmerischen Entscheidungen im *laufenden* Geschäftsbetrieb abstellen will[1783], zeigt sich zumindest, dass allein die Beteiligung der Fondsgesellschaft an wichtigen unternehmerischen Entscheidungen nicht ausreichen kann, um in der Fondsgesellschaft ein operativ tätiges Unternehmen zu sehen. Die Forderung des Verbleibens der unternehmerischen Entscheidungen im laufenden Geschäftsbetrieb im Auslegungsschreiben der BaFin zum Anwendungsbereich des KAGB könnte vielmehr auch so auszulegen sein, dass das Unternehmen zur Beibehaltung der operativen Tätigkeit trotz Auslagerung tatsächlich sämtliche unternehmerischen Entscheidungen im laufenden Geschäftsbetrieb selbst treffen muss.

Rechtsunsicherheit besteht darüber hinaus im Hinblick auf die Frage, welche Entscheidungen als *unternehmerische Entscheidungen* einzustufen sind und welche nicht[1784]. Das Auslegungsschreiben der BaFin definiert den Begriff der unternehmerischen Entscheidung nicht und auch im KAGB oder sonstigen Gesetzen findet sich keine Legaldefinition. Bei einem weiten Verständnis des Begriffs könnten alle Entscheidungen, die in irgendeiner Form den geschlossenen Fonds betreffen, als unternehmerische Entscheidungen verstanden werden. Dies würde dazu führen, dass letztlich alle Entscheidungen des laufenden Geschäftsbetriebs unternehmerische Entscheidungen wären. In diesem Fall käme dem Zusatz der unternehmerischen Entscheidung im Ergebnis gar keine Bedeutung zu, was für ein engeres Verständnis spricht.

Der Begriff der unternehmerischen Entscheidung findet sich z.B. bei der Begrenzung der Innenhaftung von Vorstandsmitgliedern einer Aktiengesellschaft nach der sog. Business Judgement Rule in § 93 Abs. 1 S. 2 AktG, wonach eine Pflichtverletzung des Vorstandsmitglied dann ausscheidet, wenn das Vorstandsmitglied bei einer unternehmerischen Entscheidung vernünftigerweise annehmen durfte, dass sein Handeln

---

1782 Vgl. *Klinger*, NZWiSt 2014, 370, 376.

1783 BaFin, Auslegungsschreiben zum Anwendungsbereich des KAGB, 09.03.2015, Ziffer 7.

1784 *Zetzsche/Preiner*, WM 2013, 2101, 2108.

auf der Grundlage angemessener Information beruht und dass er zum Wohle der Gesellschaft gehandelt hat[1785]. Eine allgemeingültige griffige Definition des Begriffs der unternehmerischen Entscheidung i.S.d. § 93 Abs. 1 S. 2 AktG existiert nicht[1786]. Unternehmerische Entscheidungen sollen sich jedoch nach h.M. dadurch auszeichnen, dass sie aufgrund der Zukunftsbezogenheit durch Prognosen geprägt sind und nicht durch justiziable Einschätzungen[1787]. Darüber hinaus sollen unternehmerische Entscheidungen i.S.d. § 93 Abs. 1 S. 2 AktG stets ein gewisses Risiko beinhalten[1788]. Zum Teil wird der Begriff der unternehmerischen Entscheidung in der Literatur zudem in Anlehnung an die Betriebswirtschaftslehre dahingehend eingeschränkt, dass unternehmerische Entscheidungen eine bewusste Auswahl zwischen mehreren alternativen Handlungsmöglichkeiten mit einer bestimmten wirtschaftlichen Tragweite voraussetzen[1789]. Diese wirtschaftliche Tragweite der Entscheidung könne aus dem Umfang oder dem Risiko für die Vermögens- oder Ertragslage herrühren oder aus der prägenden Beeinflussung der Gesamtentwicklung des Unternehmens in der Zukunft[1790]. Unternehmerische Entscheidungen i.S.d. der Business Judgement Rule in § 93 Abs. 1 S. 2 AktG werden zudem verneint, wenn dem Vorstandsmitglied keine tatsächliche oder rechtliche Handlungsalternative offensteht[1791]. Nach herrschender Meinung muss die Entscheidung rechtmäßig sein und darf nicht gegen öffentlich-rechtliche Pflichten verstoßen, satzungswidrig sein noch sonst gegen zivilrechtliche Pflichten verstoßen[1792]. *Krieger* und *Sailer* definieren unternehmerische Entscheidungen i.S.d. Business Judgement Rule als Entscheidungen, „die nach unternehmerischen Zweckmäßigkeitsgesichtspunkten zu treffen sind und bei denen der Vorstand frei ist, sich so oder anders zu verhalten“[1793]. Typische unternehmerischen Entscheidungen i.S.d. der Business Judgement Rule des § 93 Abs. 1 S. 2 AktG sind z.B. Entscheidungen über die Nutzung von Geschäftschancen nach Abwägung der

1785 Schon vor der Normierung der aus dem US-amerikanischen Recht stammenden Business Judgement Rule in § 93 Abs. 1 S. 2 AktG durch das Gesetz zur Unternehmensintegrität und Modernisierung des Anfechtungsrechts (UMAG) im Jahr 2005 war die Business Judgement Rule spätestens seit der sog. ARAG/Garmenbeck Entscheidung des BGH vom 21.04.1997 im deutschen Recht gefestigt, vgl. BGH NJW 1997, 1926; Gesetzesentwurf UMAG, vgl. BT-Drucks. 15/5092, S. 11; *Krieger/Sailer* in K. Schmidt/Lutter, AktG, § 93 Rn. 10; *Paefgen*, AG 2004, 245 ff.

1786 *Spindler* in MüKo/AktG, § 93 Rn. 41.

1787 Gesetzesentwurf UMAG, vgl. BT-Drucks. 15/5092, S. 11; *Spindler* in MüKo/AktG, § 93 Rn. 41.

1788 *Dauner/Lieb* in Henssler/Strohn, Gesellschaftsrecht, § 93 AktG Rn. 21; *Kock/Dinkel*, NZG 2004, 441, 442.

1789 *Spindler* in MüKo/AktG, § 93 Rn. 41; *Schneider*, DB 2005, 707, 708.

1790 *Spindler* in MüKo/AktG, § 93 Rn. 41; *Schneider*, DB 2005, 707, 708.

1791 *Semler* in Habersack/Hommelhoff/Hüffer/Schmidt, FS Ulmer 2003, S. 626, 640; *Schneider*, DB 2005, 707, 709 f.; a.A. *Paefgen*, AG 2004, 245, 251.

1792 *Dauner/Lieb* in Henssler/Strohn, Gesellschaftsrecht, § 93 AktG Rn. 20; *Schneider*, DB 2005, 707, 710.

1793 *Krieger/Sailer* in K. Schmidt/Lutter, AktG, § 93 Rn. 10.

Risiken, Investitionsentscheidungen und bei Entscheidungen im Zusammenhang mit der Personalpolitik[1794].

Die Erwägungen zur unternehmerischen Entscheidung i.S.d. der Business Judgement Rule nach § 93 Abs. 1 S. 2 AktG können nur eingeschränkt auf den Begriff der unternehmerischen Entscheidungen i.S.d. Auslegungsschreibens der BaFin zum Anwendungsbereich des KAGB übertragen werden. Die BaFin zeigt durch das Abstellen auf die unternehmerischen Entscheidungen im laufenden Geschäftsbetrieb[1795], dass gerade nicht nur wichtige Entscheidungen erfasst sein sollen, weshalb eine besondere wirtschaftliche Tragweite der Entscheidung im Rahmen der unternehmerischen Entscheidung i.S.d. Auslegungsschreibens der BaFin für die Anwendbarkeit des KAGB nicht gefordert sein kann. Zudem unterscheidet sich der Kontext der Verwendung des Begriffs der unternehmerischen Entscheidung grundlegend. Während es im Rahmen der Business Judgement Rule des § 93 Abs. 1 S. 2 AktG um die Haftungsprivilegierung der Vorstandsmitglieder zum Schutz des unternehmerischen Ermessens geht, dient der Begriff der unternehmerischen Entscheidung im Auslegungsschreiben der BaFin zum Anwendungsbereich des KAGB der Abgrenzung zwischen einem operativ tätigen Unternehmen und einem nicht operativ tätigen Unternehmen. Dies sind zwei grundverschiedene Zielsetzungen. Jedoch können die Kriterien der unternehmerischen Entscheidungen i.S.d. Business Judgement Rule nach § 93 Abs. 1 S. 2 AktG zumindest als grobe Anhaltspunkte bei der Frage des Vorliegens einer unternehmerischen Entscheidung i.S.d. Auslegungsschreiben der BaFin zum Anwendungsbereich des KAGB herangezogen werden. Solche Anhaltspunkte sind namentlich, dass Prognosen und Risiken bei den Entscheidungen eine Rolle spielen. Darüber hinaus ist für das Vorliegen einer Entscheidung zu fordern, dass in tatsächlicher und rechtlicher Hinsicht mehrere Handlungsalternativen bestehen[1796]. Typische unternehmerische Entscheidungen nach der Business Judgement Rule können damit auch als unternehmerische Entscheidungen i.S.d. Auslegungsschreiben der BaFin zum Anwendungsbereich des KAGB angesehen werden, also z.B. Entscheidungen über die Nutzung von Geschäftschancen sowie Investitions- und Personalentscheidungen.

iv. Auslegung der operativen Tätigkeit nach Sinn und Zweck

Bei der Auslegung des negativen Tatbestandsmerkmals der operativen Tätigkeit außerhalb des Finanzsektors zur Klärung der Anwendbarkeit des KAGB auf Schiffsfonds ist auch der Sinn und Zweck der Vorschrift des § 1 Abs. 1 S. 1 KAGB zu berücksichtigen. Dies gilt auch bei der Auslegung der Konkretisierungen des negativen Tatbestandsmerkmals des „operativ tätigen Unternehmens außerhalb des Finanzsektors“ im Auslegungsschreiben der BaFin zum Anwendungsbereich des KAGB.

1794 *Schneider*, DB 2005, 707, 711 f.

1795 BaFin, Auslegungsschreiben zum Anwendungsbereich des KAGB, 09.03.2015, Ziffer 7.

1796 Das bezweifelt *Paefgen*, AG 2004, 245, 251.

Dabei ist zu beachten, dass es sich bei dem Auslegungsschreiben nicht um eine Rechtsnorm handelt[1797]. Sofern die Ausführungen der BaFin zur operativen Tätigkeit im Schiffsbereich nicht mit dem Sinn und Zweck des KAGB vereinbar sind, wird die Rechtsprechung bei der Beurteilung des Vorliegens einer operativen Tätigkeit und damit bei der Entscheidung über die Eröffnung des Anwendungsbereichs des KAGB von der Auffassung der BaFin abweichen. Die BaFin entscheidet in Zweifelsfällen über das Vorliegen eines Investmentvermögens i.S.d. § 1 Abs. 1 KAGB und damit über die Anwendbarkeit des KAGB. Diese Entscheidung bindet zwar gemäß § 5 Abs. 3 KAGB die Verwaltungsbehörden, gegenüber der Rechtsprechung entfaltet die Entscheidung der BaFin jedoch keine Bindungswirkung[1798]. Selbst wenn auf der Grundlage des Auslegungsschreibens der BaFin zum Anwendungsbereich des KAGB eine operative Tätigkeit des Schiffsfonds angenommen werden kann, ist daher bei einem entgegenstehenden Sinn und Zweck des Gesetzes damit zu rechnen, dass die Rechtsprechung dennoch eine Anwendbarkeit des KAGB annehmen wird.

Nach der Gesetzesbegründung soll das KAGB als einheitliches Gesetzbuch für die gesamte Fondsbranche sowohl offene, als auch geschlossene Fonds einer Regulierung unterwerfen[1799]. Da der Begriff des geschlossenen Fonds weder in der Gesetzesbegründung des KAGB legaldefiniert wird, noch in einem anderen Gesetzeswerk eine Legaldefinition des Begriffs geschlossener Fonds zu finden ist, stellt sich die Frage, ob der deutsche Gesetzgeber auch Schiffsfonds als geschlossene Fonds betrachtet. Zweifel ergeben sich daraus, dass in der Gesetzesbegründung lediglich Immobilienfonds, Private Equity Fonds und Hedge Fonds erwähnt werden[1800]. Allerdings werden diese Fonds ausdrücklich nur als Beispiele aufgezählt. Mangels gegenteiliger Anhaltspunkte ist anzunehmen, dass mit geschlossenen Fonds all jene Fonds gemeint sind, die nach dem bisherigen Verständnis als geschlossene Fonds betrachtet wurden. Schiffsfonds im Sinne der oben erläuterten häufigsten Ausgestaltung als Time-Charter-Modell wurden in der Literatur sowie in der Rechtsprechung stets als geschlossene Fonds angesehen und stellten nach dem bisherigen Marktverständnis sogar den Prototyp des geschlossenen Fonds mit einem mobilen Sachwert als Investitionsgegenstand dar[1801]. Um die steuerlichen Vorteile der Tonnagebesteuerung zu nutzen, überlassen Schiffsfonds in aller Regel Dritten die Schiffe im Wege der Time-Charter, andere Nutzungsmodelle wie die Bareboat-Charter kommen selten vor. Schiffsfonds mit Time-Charter-Modell stellen damit eine der gängigsten Arten geschlossener Fonds dar, welche aufgrund zahlreicher Insolvenzen im Zusammenhang mit der Finanzkrise häufig in den Medien thematisiert wurden und bei denen in den letzten Jahren viele Privatanleger den

1797 Ausführlich dazu siehe oben Verlautbarungen und Richtlinien der BaFin, E. I. 5. e), S. 212 f.; *Bußalb* in Möllers/Kloyer, Das neue KAGB, Rn. 583; *Boxberger* in Weitnauer/Boxberger/Anders, KAGB, § 5 Rn. 2.

1798 *Boxberger* in Weitnauer/Boxberger/Anders, KAGB, § 5 Rn. 6.

1799 BT-Drucks. 17/12294, S. 2.

1800 BT-Drucks. 17/12294, S. 187.

1801 *Arndt/Lüdicke* in Lüdicke/Arndt, Geschlossene Fonds, S. 286; *Levedag* in Münch-Hdb. GesR II, § 71 Rn. 14; BGH, NJW-RR 2001, 1353, 1354.

Totalverlust ihrer Anlage hinnehmen mussten. Vor diesem Hintergrund ist davon auszugehen, dass gerade auch Schiffsfonds mit vereinbartem Time-Charter von dem Ziel des KAGB des deutschen Gesetzgebers erfasst sein sollten, sämtliche Arten an geschlossenen Fonds einer Regulierung zu unterwerfen.

Bei der Auslegung des Begriffs des operativ tätigen Unternehmens außerhalb des Finanzsektors im Hinblick auf Schiffsfonds ist auch die Gesetzesbegründung zu § 1 KAGB zu beachten. Hiernach soll durch dieses negative Tatbestandsmerkmal der Gefahr begegnet werden, dass aufgrund der weiten Legaldefinition des AIF in der AIFM-Richtlinie auch produzierende oder andere operativ tätige Unternehmen dem KAGB unterfallen, „die keine Fonds sind und deren Regulierung nicht mit Richtlinie 2011/61/EU bezweckt wurde“[1802]. Schiffsfonds, deren Geschäftsmodell die Vercharterung von Schiffen im Wege der Time-Charter beinhalten, sind nach dem bisherigen Marktverständnis aber Fonds und die AIFM-Richtlinie bezweckt gerade die Regulierung aller bislang unregulierten Fondsmanager[1803]. Eine Auslegung der Ausführungen der BaFin in ihrem Auslegungsschreiben zum Schiffsbereich[1804] dahingehend, dass solche Schiffsfonds grundsätzlich als operativ tätig anzusehen sind, widerspricht damit der Intention des Gesetzgebers mit dem negativen Tatbestandsmerkmal des operativ tätigen Unternehmens außerhalb des Finanzsektors nur Unternehmen vom Anwendungsbereich auszuschließen, die keine Fonds sind und daher nicht der Regulierung durch die AIFM-Richtlinie unterworfen sein sollen.

Auch aus der im Zuge des AIFM-Umsetzungsgesetzes vorgenommenen Änderung des Anwendungsbereichs des Vermögensanlagengesetzes ergibt sich, dass der Gesetzgeber davon ausgeht, dass sämtliche Arten an geschlossenen Fonds nach dem bisherigen Verständnis vom KAGB erfasst sind. Vor Inkrafttreten des AIFM-Umsetzungsgesetzes war das Vermögensanlagengesetz für „Anteile an sonstigen geschlossenen Fonds“ nach § 1 Abs. 2 Nr. 3 VermAnlG anwendbar war. Durch Art. 11 Nr. 1 b) AIFM-UmsG wurde § 1 Abs. 2 Nr. 3 VermAnlG aufgehoben. Wäre der Gesetzgeber davon ausgegangen, dass nur bestimmte Arten an geschlossenen Fonds in den Anwendungsbereich des KAGB fallen, so wäre eine Beibehaltung des § 1 Abs. 2 Nr. 3 VermAnlG sinnvoll gewesen, damit diejenigen geschlossenen Fonds, die nicht unter das KAGB fallen, weiterhin der Regulierung durch das Vermögensanlagengesetzes unterfallen. Nun lässt sich gegen diese Argumentation vorbringen, dass geschlossene Fonds außerhalb des Anwendungsbereichs des KAGB ungeachtet des § 1 Abs. 2 Nr. 3 VermAnlG ohnehin deshalb noch unter das VermAnlG fallen, weil geschlossene Fonds bereits unter § 1 Abs. 2 Nr. 1 VermAnlG („Anteile, die eine Beteiligung am Ergebnis eines Unternehmens gewähren“) und § 1 Abs. 2 Nr. 2 VermAnlG („Anteile an einem Vermögen, das der Emittent oder ein Dritter in eigenem Namen für fremde Rechnung hält oder verwaltet (Treuhandvermögen)“)

1802 BT-Drucks. 17/12294, S. 201.

1803 Siehe oben Ziele, E. I. 2. b), S. 202 f.; *Rotter/Gierke*, VuR 2014, 255, 258.

1804 BaFin, Auslegungsschreiben zum Anwendungsbereich des KAGB, 09.03.2015, Ziffer 7.

subsumiert werden können. § 1 Abs. 2 Nr. 3 VermAnlG wurde insofern ohnehin als überflüssig angesehen. Jedoch geht aus der Gesetzesbegründung zur Streichung des § 1 Abs. 2 Nr. 3 VermAnlG hervor, dass nicht die Überflüssigkeit dieses Auffangtatbestands der Grund für die Streichung war, sondern der Umstand, dass Anteile an geschlossenen Fonds künftig dem KAGB und nicht mehr dem Vermögensanlagengesetz unterfallen[1805]. Nach der Gesetzesbegründung kann das Vermögensanlagengesetz insbesondere für Genussrechte und Namensschuldverschreibungen weiterhin zur Anwendung gelangen; Anteile an geschlossenen Fonds, die nicht unter den Investmentvermögenbegriff fallen, werden nur im Zusammenhang mit den Übergangsregelungen des KAGB angesprochen[1806]. Dies lässt darauf schließen, dass der Gesetzgeber das Vermögensanlagengesetz im Hinblick auf geschlossene Fonds nicht mehr für anwendbar hält. Sofern der Gesetzgeber aber angenommen hätte, dass das KAGB für bestimmte Arten an geschlossenen Fonds wie Schiffsfonds mit vereinbartem Time-Charter keine Anwendung findet, ist anzunehmen, dass im Hinblick auf diese geschlossenen Fonds weiterhin das VermAnlG Geltung beanspruchen sollte. Denn anderenfalls würde sich der durch das AIFM-Umsetzungsgesetz bezweckte Anlegerschutz gerade ins Gegenteil verkehren, indem bestimmte Arten an geschlossenen Fonds im Gegensatz zur vorherigen Rechtslage keiner Prospektpflicht und -haftung mehr unterliegen würden und somit überhaupt nicht mehr reguliert wären.

All diese Erwägungen sprechen dafür, dass Sinn und Zweck des KAGB die Regulierung sämtlicher Arten geschlossener Fonds einschließlich Schiffsfonds in der typischen Ausgestaltung als Time-Charter-Modell ist[1807]. Dies wirkt sich auf die Auslegung des Tatbestandsmerkmals des operativ tätigen Unternehmens und damit auch auf die Auslegung der Ausführungen der BaFin zum Schiffsbereich im Auslegungsschreiben zum Anwendungsbereich des KAGB aus. Es ist vor diesem Hintergrund damit zu rechnen, dass die Rechtsprechung – ggf. entgegen der Auffassung der BaFin – das KAGB für Schiffsfonds in der typischen Ausgestaltung als Time-Charter-Modell entsprechend der Intention des Gesetzgebers für anwendbar hält und die Anwendbarkeit nicht am Vorliegen einer operativen Tätigkeit scheitern lässt.

Ein Widerspruch des Auslegungsschreibens der BaFin zum Anwendungsbereich des KAGB zum Willen des Gesetzgebers kann durch eine strenge Auslegung der Ausführungen der BaFin zur operativen Tätigkeit im Schiffsbereich vermieden werden. Dies könnte z.B. dadurch erreicht werden, dass bei der Auslagerung der technisch-nautischen Betriebsführung an einen Vertragsreeder die Anforderungen an das Verbleiben der unternehmerischen Entscheidungen im laufenden Geschäftsbetrieb hoch angesetzt werden, indem die Fondsgesellschaft die Entscheidungen im laufenden Geschäftsbetrieb selbst treffen muss, um selbst als operativ tätiges

1805 BT-Drucks. 17/12294, S. 310.
1806 BT-Drucks. 17/12294, S. 310.
1807 Vgl. *Loritz/Uffmann*, WM 2013, 2193, 2200.

Unternehmen angesehen werden zu können. Gegen eine derart strenge Auslegung könnte eingewandt werden, dass auch unstreitig operativ tätige Unternehmen üblicherweise Tätigkeiten auslagern und dass diese Auslagerung in aller Regel Entscheidungskompetenzen im Zusammenhang mit der ausgelagerten Tätigkeit beinhaltet. Bei operativ tätigen Unternehmen kann die Anwendbarkeit des KAGB aber dann z.B. an dem Tatbestandsmerkmal der festgelegten Anlagestrategie scheitern. Im Übrigen ist die Frage der Schädlichkeit der Auslagerung von Entscheidungskompetenzen in Bezug auf unternehmerische Entscheidungen im laufenden Geschäftsbetrieb für eine operative Tätigkeit im Rahmen der Prüfung des Anwendungsbereichs des KAGB nicht zu verwechseln mit der Frage, in welchem Umfang Tätigkeiten und Entscheidungskompetenzen im Falle der Anwendbarkeit des KAGB ausgelagert werden dürfen (§ 36 KAGB).

v. Richtlinienkonforme Auslegung

Da mit dem KAGB die AIFM-Richtlinie umgesetzt wird, ist bei der Frage, ob Schiffsfonds mit der Vereinbarung der Time-Charter als operativ tätiges Unternehmen aus dem Anwendungsbereich des KAGB fallen, auch der Wille des europäischen Gesetzgebers zu berücksichtigen. Im Fall von Zweifeln in Bezug auf die Auslegung der Tatbestandsmerkmale des Investmentvermögens, welche für die Eröffnung des Anwendungsbereichs des KAGB maßgeblich sind, ist eine richtlinienkonforme Auslegung vorzunehmen[1808]. Gemäß Art. 288 Abs. 3 AEUV sind Richtlinien für die Mitgliedstaaten im Hinblick auf das zu erreichende Ziel verbindlich. Aus Art. 4 Abs. 3 EUV ergibt sich die Pflicht der Mitgliedstaaten zur Ergreifung aller geeigneten Maßnahmen allgemeiner oder besonderer Art zur Erfüllung der Verpflichtungen aufgrund der Verträge zur EU. Das vom EuGH auf dieser Grundlage herausgebildete Gebot zur richtlinienkonformen Auslegung verpflichtet die nationalen Gerichte sowie sämtliche Träger öffentlicher Gewalt in den Mitgliedstaaten, die nationalen Gesetze soweit wie möglich am Wortlaut und Zweck der Richtlinie auszulegen, um die Zielsetzung der Richtlinie zu erreichen und auf diese Weise die Pflicht nach Art. 288 Abs. 3 AUEV zu erfüllen[1809].

Die AIFM-Richtlinie verfolgt das Ziel, die Verwalter sämtlicher Fonds, welche nicht bereits von der OGAW-Richtlinie erfasst sind, einer Regulierung zu unterwerfen; unabhängig davon, ob es sich um offene oder geschlossene Fonds handelt. Dies ergibt sich aus Art. 2 Abs. 2 a) i.V.m. Art. 4 Abs. 1 a) AIFM-RL sowie aus Erwägungsgrund (3) AIFM-RL, wonach der Geltungsbereich der AIFM-Richtlinie für AIFM eröffnet sein soll, welche das gesamte Spektrum an nicht unter die OGAW-Richtlinie fallende Fonds verwalten[1810]. Der Begriff des geschlossenen Fonds ist auch

---

1808 *Krause/Klebeck*, RdF 2013, 4, 6; *Rotter/Gierke*, VuR 2014, 255, 258.

1809 EuGH, NZA 1984, 157 (v. Colson u. Kamann) Rn. 26; EuGH, NJW 1994, 2473 (Faccini Dori); *Maria/Geismann* in Von der Groeben/Schwarze/Hatje, Europäisches Unionsrecht, Art. 288 AEUV Rn. 55.

1810 Ebenso *Krause/Klebeck*, RdF 2013, 4, 6; *Rotter/Gierke*, VuR 2014, 255, 258.

auf europäischer Ebene nicht definiert, jedoch kann davon ausgegangen werden, dass auch der europäische Gesetzgeber unter geschlossenen Fonds solche Fonds versteht, die nach dem oben beschriebenen bisherigen deutschen Verständnis als geschlossene Fonds bezeichnet wurden[1811]. Denn geschlossene Fonds sind als typische deutsche Vermögensanlage anzusehen, weshalb der europäische Gesetzgeber mit der Regulierung gerade geschlossene Fonds nach dem deutschem Begriffsverständnis im Blick hatte. Dies kommt auch in der Legaldefinition des geschlossenen AIF in Art. 1 Abs. 3 Level II VO (EU) Nr. 694/2014 zum Ausdruck, da die für geschlossene AIF maßgebliche fehlende Rückgabemöglichkeit vor dem Ablauf der geplanten Fondslaufzeit ein typisches Wesensmerkmal geschlossener Fonds in Abgrenzung zu offenen Fonds ist. Da Schiffsfonds in der typischen Ausgestaltung, bei welchen die Fondsgesellschaft als Verchartererin einer Time-Charter-Vereinbarung auftritt, nach dem bisherigen Verständnis unzweifelhaft geschlossene Fonds sind, bezweckt die AIFM-Richtlinie neben allen anderen Arten an geschlossenen Fonds auch die Regulierung dieser Schiffsfonds[1812].

Dieser Zweck muss bei der Auslegung des negativen Tatbestandsmerkmals des operativ tätigen Unternehmens außerhalb des Finanzsektors im Wege der richtlinienkonformen Auslegung berücksichtigt werden. Die Pflicht zur richtlinienkonformen Auslegung trifft sowohl die BaFin als Trägerin öffentlicher Gewalt, als auch die deutschen Gerichte. Vor dem Hintergrund der Pflicht zur richtlinienkonformen Auslegung kann das Auslegungsschreiben der BaFin zum Anwendungsbereich des KAGB im Schiffsbereich deshalb – entgegen einiger Stimmen in der Literatur und Fachpresse – nicht dahingehend ausgelegt werden, dass Schiffsfonds im Falle der Vereinbarung einer Time-Charter grundsätzlich aus dem Anwendungsbereich des KAGB fallen[1813]. Im Gegenteil gebietet es die richtlinienkonforme Auslegung des negativen Tatbestandsmerkmals des operativ tätigen Unternehmens außerhalb des Finanzsektors, eine operative Tätigkeit bei Schiffsfonds, welche das Schiff Dritten im Wege der Time-Charter überlassen, grundsätzlich zu verneinen. Dies kann durch die bereits bei der Auslegung nach dem Sinn und Zweck angesprochene strenge Auslegung der Ausführungen der BaFin zum Verhältnis zwischen Auslagerung und operativer Tätigkeit erreicht werden[1814]. So kann das Auslegungsschreiben der

1811 Ausführlich dazu siehe oben Erklärung des Begriffs „Geschlossene Fonds", B. I. 1., S. 31 ff.

1812 *Krause/Klebeck* gehen ebenfalls davon aus, dass die AIFM-RL die Verwalter sämtlicher Fondsvehikel einer Regulierung unterwerfen soll und verstehen die AIFM-RL aus diesem Grund als „flächendeckende Auffangregulierung", vgl. *Krause/Klebeck*, RdF 2013, 4, 6; so auch *Rotter/Gierke*, VuR 2014, 255, 258.

1813 *Loritz/Uffmann* bezweifeln die Richtlinienkonformität der Ausführungen der BaFin zum operativ tätigen Unternehmen außerhalb des Finanzsektors im Auslegungsschreiben zum Anwendungsbereich des KAGB, vgl. *Loritz/Uffmann,* WM 2013, 2193, 2200.

1814 Ausführlich dazu siehe oben Auslegung der operativen Tätigkeit nach Sinn und Zweck, F. II. 2. e) iv., S. 347 ff.

BaFin zum Anwendungsbereich des KAGB auch so interpretiert werden, dass das KAGB auf Schiffsfonds in der typischen Ausgestaltung grundsätzlich anwendbar ist, da die technisch-nautische Betriebsführung in aller Regel gerade nicht durch die Fondsgesellschaft, sondern durch den Vertragsreeder ausgeübt wird und dieser die unternehmerischen Entscheidungen im laufenden Geschäftsbetrieb trifft.

vi. Regel- Ausnahme-Verhältnis

Für eine enge Auslegung des Begriffs des operativ tätigen Unternehmens i.S.d. § 1 Abs. 1 S. 1 KAGB und hohe Anforderungen an die Unschädlichkeit von Auslagerungen operativer Tätigkeiten könnte außerdem die Ausgestaltung als negatives Tatbestandsmerkmal sprechen. Durch die Formulierung „...und der kein operativ tätiges Unternehmen außerhalb des Finanzsektors ist" im Rahmen der Legaldefinition des Investmentvermögens könnte der Gesetzgeber ein Regel-Ausnahme-Verhältnis zum Ausdruck bringen, wonach Organismen, welche die übrigen (positiven) Tatbestandsmerkmale des Investmentvermögens i.S.d. § 1 Abs. 1 S. 1 KAGB erfüllen, in der Regel keine operativ tätigen Unternehmen außerhalb des Finanzsektors sind. Denn der deutsche Gesetzgeber wählt negative Formulierungen im Gesetzestext in der Regel nicht ohne Grund. So ist die negative Formulierung einer Voraussetzung einer Anspruchsgrundlage als Beweislastumkehr zu verstehen. Im Rahmen des Schadensersatzabspruchs nach § 280 BGB kommt z.B. durch die Formulierung „Dies gilt nicht, wenn der Schuldner die Pflichtverletzung nicht zu vertreten hat" (§ 280 Abs. 1 S. 2 BGB) eine Beweislastumkehr zum Ausdruck[1815].

Der Gesetzgeber wollte durch die Formulierung des operativ tätigen Unternehmens außerhalb des Finanzsektors als negatives Tatbestandsmerkmal möglicherweise zum Ausdruck bringen, dass eine widerlegliche Vermutung gegen das Vorliegen eines operativ tätigen Unternehmens außerhalb des Finanzsektors spricht. Dagegen kann eingewandt werden, dass es sich bei der Legaldefinition des Investmentvermögens nach § 1 Abs. 1 S. 1 KAGB nicht um eine Norm handelt, welche eine Beweislastverteilung zwischen einem Anspruchsgläubiger und einem Schuldner betrifft, sondern dass die Eröffnung des Anwendungsbereichs des KAGB der Gegenstand der Regelung ist. Zum anderen kann nicht ausgeschlossen werden, dass der Gesetzgeber die negative Formulierung schlicht deshalb gewählt hat, weil eine positive Formulierung einer Regelung, welche „normale" Unternehmen vom Anwendungsbereich des KAGB ausnimmt, schwierig ist. Da der deutsche Gesetzgeber jedoch mit negativen Formulierungen üblicherweise bewusst eine bestimmte rechtliche Wirkung zum Ausdruck bringt, ist die Annahme des beschriebenen Regel-Ausnahme-Verhältnisses zumindest nicht fernliegend und sollte bei der Auslegung beachtet werden.

1815 *Grüneberg* in Palandt, § 280 Rn. 34; BGH, NJW 2009, 2298.

f) Ergebnis

Entgegen Stimmen in der Literatur und Fachpresse ist davon auszugehen, dass Schiffsfonds in der typischen Ausgestaltung als Time-Charter-Modell in den Anwendungsbereich des KAGB fallen, da sämtliche Tatbestandsvoraussetzungen des Investmentvermögensbegriffs nach § 1 Abs. 1 KAGB vorliegen. Auch für die Frage der Anwendbarkeit des KAGB auf Schiffsfonds ist die Auslegung des negativen Tatbestandsmerkmals des operativ tätigen Unternehmens außerhalb des Finanzsektors entscheidend. Nach dem Auslegungsschreiben der BaFin zum Anwendungsbereich des KAGB zum Schiffsbereich sind der Charterer, der Vertragsreeder sowie der Vercharterer im Falle der Time-Charter als operativ tätige Unternehmen einzustufen[1816]. Die operative Tätigkeit des Vercharterers bei dem Time-Charter begründet die BaFin damit, dass der Vercharterer für die technisch nautische Betriebsführung verantwortlich ist. Geschlossene Schiffsfonds überlassen das von ihnen erworbene Schiff in aller Regel als Vercharterer im Rahmen eines Time-Charters an Dritte, um in den Genuss der steuerlichen Vorteile der Tonnagesteuer zu kommen. Aus diesem Grund findet sich in der Literatur und in der Fachpresse häufig die pauschale Aussage, dass Schiffsfonds im Auslegungsschreiben der BaFin als operativ tätige Unternehmen angesehen werden und damit vom Anwendungsbereich des KAGB ausgenommen sind[1817].

Allerdings ist zu beachten, dass Schiffsfonds in der typischen Ausgestaltung die technisch-nautische Betriebsführung nicht selbst ausführen, sondern auf den Vertragsreeder auslagern. Nach dem Auslegungsschreiben der BaFin zum Anwendungsbereich des KAGB sollen Unternehmen, die sich bei operativen Tätigkeiten der Leistungen fremder Dienstleister bedienen, nur dann weiterhin selbst als operativ tätige Unternehmen anzusehen sein, wenn die unternehmerischen Entscheidungen im laufenden Geschäftsbetrieb aufgrund von ausdrücklich vereinbarten Gestaltungs-, Lenkungs- und Weisungsrechten bei dem Unternehmen selbst verbleiben. Die technisch-nautische Betriebsführung erfolgt bei Schiffsfonds durch den Vertragsreeder, ohne dass der Schiffsfonds selbst auf den laufenden Geschäftsbetrieb des Schiffes Einfluss nimmt. Wird dem Vertragsreeder dementsprechend im Bereederungsvertrag die technisch-nautische Betriebsführung übertragen, ohne dass im Hinblick auf die unternehmerischen Entscheidungen im laufenden Geschäftsbetrieb Lenkungs-, Gestaltungs- und Weisungsrechte zugunsten der Fondsgesellschaft vereinbart werden, so ist eine operative Tätigkeit auf Ebene des Schiffsfonds bereits nach dem Wortlaut des Auslegungsschreiben der BaFin zum Anwendungsbereich des KAGB zu verneinen. Das KAGB ist diesem Fall anwendbar.

1816 BaFin, Auslegungsschreiben zum Anwendungsbereich des KAGB, 09.03.2015, Ziffer 7.

1817 *Rohmert*, Der Immobilienbrief 2013 (299), 5 ff.; *Kobabe*, Börsen-Zeitung, 12.11.2013, S. B8.

Die Unschädlichkeit der Auslagerung der technisch-nautischen Betriebsführung an den Vertragsreeder kann nur dann diskutiert werden, wenn der Fondsgesellschaft aufgrund der Ausgestaltung des Bereederungsvertrags die unternehmerischen Entscheidungen im laufenden Geschäftsbetrieb verbleiben. Nach der hier vertretenen Auffassung ergibt sich bereits aus der Auslegung des Auslegungsschreibens der BaFin zum Anwendungsbereich des KAGB selbst, dass die rein formelle Betrachtung des Bereederungsvertrags im Hinblick auf Lenkungs-, Gestaltungs- und Weisungsrechte zugunsten der Fondsgesellschaft nicht ausreicht, um eine operative Tätigkeit der Fondsgesellschaft anzunehmen. Dies folgt aus dem Hinweis der BaFin, dass im Fall von Anhaltspunkt geprüft wird, ob die Voraussetzungen der Unschädlichkeit der Auslagerung auch *tatsächlich dauerhaft* vorliegen. Das Auslegungsschreiben der BaFin zum Anwendungsbereich des KAGB enthält zwar darüber hinaus keine Angaben dazu, wann von einem „Verbleiben der unternehmerischen Entscheidungen im laufenden Geschäftsbetrieb" auszugehen ist. Jedoch ergibt sich aus dem Sinn und Zweck des KAGB und aus der richtlinienkonformen Auslegung, dass Schiffsfonds in den Anwendungsbereich des KAGB fallen müssen, weshalb das negative Tatbestandsmerkmal des operativ tätigen Unternehmens außerhalb des Finanzsektors im Hinblick auf die Unschädlichkeit von Auslagerungen eng auszulegen ist. Denn sowohl das KAGB, als auch die AIFM-Richtlinie bezwecken die Regulierung sämtlicher geschlossener Fonds, mithin auch Schiffsfonds in der typischen Ausgestaltung als Time-Charter-Modell[1818]. Nach der hier vertretenen Auffassung ist deshalb das „Verbleiben der Entscheidung" so zu verstehen, dass die Fondsgesellschaft die unternehmerischen Entscheidungen im laufenden Geschäftsbetrieb des Schiffes selbst treffen muss. Da dies bei Schiffsfonds in der herkömmlichen Ausgestaltung nicht der Fall ist, stellen Schiffsfonds trotz ihrer Eigenschaft als Vercharterer im Rahmen einer Time-Charter-Vereinbarung keine operativ tätigen Unternehmen dar und fallen damit in den Anwendungsbereich des KAGB.

Zu beachten ist außerdem, dass die BaFin im ersten Diskussionsentwurf des Auslegungsschreibens zum Anwendungsbereich des KAGB-E/Auslegung des Begriffs „Investmentvermögen", welches im Rahmen des Konsultationspapiers 03/2013 veröffentlicht wurde, im Hinblick auf die Einordnung des Vercharterers bei der Time-Charter als operativ tätiges Unternehmen noch genau die gegenteilige Auffassung vertrat: Hier wurde die operative Tätigkeit des Vercharterers im Falle der Time-Charter verneint mit der Begründung, dass trotz der technisch-nautischen Betriebsführungspflicht des Vercharterers alleine der Charterer für die Auslastung des Schiffes verantwortlich ist[1819]. Wahrscheinlich ist, dass die BaFin ursprünglich durch die Verneinung der operativen Tätigkeit des Vercharterers die Anwendbarkeit des KAGB auf Schiffsfonds sicherstellen wollte. Eine 180 Grad Wendung der BaFin

---

1818 BT-Drucks. 17/12294, S. 201; Art. 2 Abs. 2 a) i.V.m. Art. 4 Abs. 1 a) AIFM-RL, Erwägungsgrund (3) AIFM-RL.

1819 BaFin, Konsultation Anwendungsbereich des KAGB-E/Auslegung des Begriffs „Investmentvermögen", WA 41-Wp 2137-2013/0001, 27.03.2013, S. 12.

im Hinblick auf das Ziel der Erfassung von Schiffsfonds erschiene nicht nachvollziehbar und vom Ergebnis her auch falsch. Dies spricht dafür, dass auch die BaFin eine operative Tätigkeit aufgrund der typischen Auslagerungen bei Schiffsfonds grundsätzlich ablehnt und die Anwendbarkeit des KAGB auf Schiffsfonds im Ergebnis bejaht.

3. Windfonds

Im Folgenden wird die Anwendbarkeit des KAGB auf Windfonds untersucht. Auch in Bezug auf Windfonds wird zum Teil behauptet, dass diese generell nicht vom KAGB erfasst seien[1820]. Voraussetzung für die Eröffnung des Anwendungsbereichs ist auch hier, dass Windfonds die Tatbestandsmerkmale des Investmentvermögens nach § 1 Abs. 1 KAGB erfüllen.

a) Organismus für gemeinsame Anlagen

Windfonds werden entsprechend dem Grundmuster geschlossener Fonds typischerweise als GmbH & Co. KG aufgelegt, an welcher sich die Anleger entweder unmittelbar als Kommanditisten oder mittelbar über einen Treuhandkommanditisten beteiligen. Ein Organismus für gemeinsame Anlagen i.S.d. § 1 Abs. 1 S. 1 KAGB liegt nach dem Auslegungsschreiben der BaFin zum Anwendungsbereich des KAGB somit vor, da das Kapital der Anleger in der Fondsgesellschaft gepoolt ist und die Anleger am Gewinn und Verlust der Fondsgesellschaft teilnehmen[1821]. Die Ausführungen zum Vorliegen eines Organismus für gemeinsame Anlagen im Rahmen von geschlossenen Immobilienfonds sind für Windfonds entsprechend heranzuziehen[1822].

b) Einsammeln von Kapital von einer Anzahl von Anlegern

Auch im Hinblick auf das Tatbestandsmerkmal des Einsammelns von Kapital kann auf die Ausführungen bei geschlossenen Immobilienfonds verwiesen werden, da die Einwerbung von Anlegern hier entsprechend verläuft[1823]. Die Eigenkapitalvermittlung für die Fondsgesellschaft übernehmen auch hier der Fondsinitiator und externe Vertriebsvermittler gegen Vermittlungsprovisionen, weshalb Schritte zur gewerblichen Beschaffung von Kapital bei Anlegern i.S.d. Auslegungsschreibens der BaFin

1820 *Klinger*, NZWiSt 2014, 370, 376; *Rohmert*, Der Immobilienbrief 2013 (299), 5 ff.; *Escher* in Habersack/Mülbert/Nobbe/Wittig, Bankrechtstag 2013, S. 132.

1821 BaFin, Auslegungsschreiben zum Anwendungsbereich des KAGB, 09.03.2015, Ziffer 1.

1822 Siehe oben Organismus, F. II. 1. a), S. 318 und Für gemeinsame Anlagen F. II. 1. b), S. 318 ff.

1823 Siehe oben Einsammeln von Kapital, F. II. 1. c), S. 320 ff.

zum Anwendungsbereich des KAGB unternommen werden[1824]. Da auch Windfonds auf die Beteiligung einer Vielzahl an Anlegern ausgelegt sind und dementsprechend keine Beschränkung des Anlegerkreises im Gesellschaftsvertrag aufweisen, wird das Kapital von einer Anzahl von Anlegern i.S.d. § 1 Abs. 1 S. 2 KAGB beschafft.

c) Festgelegte Anlagestrategie

Voraussetzung für das Vorliegen eines Investmentvermögens i.S.d. § 1 Abs. 1 S. 1 KAGB und folglich für die Anwendbarkeit des KAGB ist das Verfolgen einer festgelegten Anlagestrategie. Ausweislich der Gesetzesbegründung ist eine solche festgelegte Anlagestrategie zu bejahen, wenn die Kriterien, nach denen das eingesammelte Kapital angelegt wird, schriftlich genau bestimmt sind[1825]. Windfonds investieren typischerweise in bereits entwickelte Windparkprojekte, bei denen ein konkreter Standort vertraglich gesichert ist und auch die sonstigen Voraussetzungen für den Betrieb des Windparks wie z.B. öffentlich-rechtliche Genehmigungen vorliegen oder zumindest vorbereitet sind[1826]. Diese Angaben zum Anlageobjekt finden sich im Verkaufsprospekt des Windfonds, welcher darüber hinaus typischerweise eine ausführliche Risikodarstellung enthält sowie einen Investitions- und Finanzierungsplan, aus welchem die Investitionskosten und die Höhe des Fremdkapitals zu entnehmen sind. Aus diesem Grund ist eine festgelegte Anlagestrategie entsprechend der Ausführungen zur festgelegten Anlagestrategie bei geschlossenen Immobilienfonds zu bejahen[1827].

d) Investition zum Nutzen der Anleger

Das Tatbestandsmerkmal der „Investition zum Nutzen der Anleger" liegt bei Windfonds vor, da diese in der Regel zu dem Zweck aufgelegt werden, eine Rendite für die Anleger zu generieren. Die Ausführungen hierzu im Rahmen geschlossener Immobilienfonds gelten entsprechend[1828].

e) Kein operativ tätiges Unternehmen außerhalb des Finanzsektors

Während die anderen Tatbestandsmerkmale des Investmentvermögens nach § 1 Abs. 1 KAGB bei Windfonds unproblematisch gegeben sind, ist die Unanwendbarkeit des KAGB auf Windfonds aufgrund des negativen Tatbestandsmerkmals des

---

1824 BaFin, Auslegungsschreiben zum Anwendungsbereich des KAGB, 09.03.2015, Ziffer 3.

1825 BT-Drucks. 17/12294, S. 201.

1826 Ausführlich dazu siehe oben Projektgesellschaft, D. IV. 2. c), S. 155 f.; *Bost* in Lüdicke/Arndt, Geschlossene Fonds, S. 379 f.

1827 Siehe oben Festgelegte Anlagestrategie, F. II. 1. e), S. 323 ff.

1828 Siehe oben Investition zum Nutzen der Anleger, F. II. 1. f), S. 328.

operativ tätigen Unternehmens außerhalb des Finanzsektors denkbar[1829]. Das Auslegungsschreiben der BaFin zum Anwendungsbereich des KAGB nimmt im Rahmen des Fragenkatalogs Stellung zur Frage der Anwendbarkeit des KAGB auf Unternehmen, die in Anlagen zur Herstellung von Energie investieren[1830]. Hiernach sind solche Unternehmen dann als operative Unternehmen einzuordnen, wenn sie die Anlagen (z.B. Biogas-, Solar- oder Windkraftanlagen) im Rahmen eines laufenden Geschäftsbetriebs selbst betreiben[1831]. Die Inanspruchnahme von Leistungen fremder Dienstleister oder gruppeninterner Gesellschaften im Rahmen der operativen Tätigkeit schadet der Einstufung als operativ tätiges Unternehmen nach Auffassung der BaFin nicht, sofern die unternehmerischen Entscheidungen im laufenden Geschäftsbetrieb beim Unternehmen selbst verbleiben[1832].

i. Projektgesellschaft - Mittelbare operative Tätigkeit

Windfonds zeichnen sich dadurch aus, dass die Windparks – anders als z.B. die Immobilien bei geschlossenen Immobilienfonds oder die Schiffe bei Schiffsfonds – nicht externen Dritten zur Nutzung gegen Entgelt überlassen werden. Vielmehr erwirtschaftet sich die Rendite der Anleger bei Windfonds aus dem Entgelt für den erzeugten und ins Stromnetz eingespeisten Strom, also aus dem Betrieb des Windparks. Dies könnte dafür sprechen, dass Windfonds als operativ tätige Unternehmen anzusehen sind. Allerdings ist zu beachten, dass bei Windfonds in der Regel gerade nicht die Fondsgesellschaft selbst den Windpark betreibt, sondern eine zwischengeschaltete Projektgesellschaft, deren Anteile in der Regel zu hundert Prozent von der Fondsgesellschaft gehalten werden[1833]. Der Grund für die Zwischenschaltung der Projektgesellschaft liegt darin, dass Windfonds die Windparks nur selten selbst entwickeln. Vielmehr erwerben Windfonds in der Regel Windparkprojekte von Projektentwicklern, bei denen die Standortfrage schon geklärt und die wichtigsten Verträge sowie die öffentlich-rechtlichen Genehmigungen bereits vorliegen bzw. vorbereitet sind. Diese Projektrechte werden vom Projektentwickler in einer Projektgesellschaft gebündelt, welche die Fondsgesellschaft sodann im Wege eines Share-Deals erwirbt[1834].

1829 *Klinger*, NZWiSt 2014, 370, 376; *Escher* in Habersack/Mülbert/Nobbe/Wittig, Bankrechtstag 2013, S. 132.
1830 BaFin, Auslegungsschreiben zum Anwendungsbereich des KAGB, 09.03.2015, Frage 7.
1831 BaFin, Auslegungsschreiben zum Anwendungsbereich des KAGB, 09.03.2015, Frage 7.
1832 BaFin, Auslegungsschreiben zum Anwendungsbereich des KAGB, 09.03.2015, Frage 7.
1833 *Bost* in Lüdicke/Arndt, Geschlossene Fonds, S. 379 Fn. 321, 361; *Peters*, WM 2013, 2016, 2017; *Wischott/Krohn/Nogens*, DStR 2009, 1737.
1834 Ausführlich dazu siehe oben Projektgesellschaft, D. IV. 2. c), S. 155 f.

Es stellt sich somit die Frage, ob Windfonds trotz Zwischenschaltung einer Projektgesellschaft selbst als operativ tätige Unternehmen angesehen werden können. Entscheidend ist, ob im Hinblick auf die operative Tätigkeit allein auf die Fondsgesellschaft abgestellt wird oder ob die „Gesamtkonstruktion" maßgeblich ist und eine operative Tätigkeit auf Ebene einer Tochtergesellschaft ausreicht[1835]. Für die Betrachtung des Windfonds als operativ tätiges Unternehmen auch im Falle des nur mittelbaren Betreibens des Windparks durch eine Projektgesellschaft spricht, dass der Windfonds zumindest indirekt unternehmerisch tätig ist und die scharfe Trennung zwischen Fondsgesellschaft und Projektgesellschaft als zu formal angesehen werden könnte. Denn trotz der Zwischenschaltung einer Projektgesellschaft hängt der wirtschaftliche Erfolg des Windfonds vom erfolgreichen Betrieb des Windparks ab und die unternehmerischen Risiken aus dem Betrieb des Windparks wirken sich auf die Rendite der Anleger aus[1836]. Außerdem ist die Geschäftsführung der Fondsgesellschaft häufig identisch mit der Geschäftsführung der Projektgesellschaft, weshalb sich letztlich durch die Zwischenschaltung der Projektgesellschaft nichts an den tatsächlichen Entscheidungsträgern ändert[1837].

Nach dem Auslegungsschreiben der BaFin zum Anwendungsbereich des KAGB sollen aber nur solche Unternehmen als operativ tätige Unternehmen anzusehen sein, welche Anlagen (z.B. Biogas-, Solar- oder Windkraftanlagen) im Rahmen eines laufenden Geschäftsbetriebs *selbst betreiben*[1838]. Der Wortlaut des Auslegungsschreibens spricht demnach dafür, dass es beim negativen Tatbestandsmerkmal des operativ tätigen Unternehmens außerhalb des Finanzsektors alleine darauf ankommt, ob die Fondsgesellschaft selbst operativ tätig ist. Es ist nicht davon auszugehen, dass die Möglichkeit der Zwischenschaltung einer Projektgesellschaft von der BaFin schlicht übersehen wurde. Denn z.B. die für Bürgerenergieprojekte vorgesehene Ausnahmevorschrift für Genossenschaften nach § 2 Abs. 4 b) Nr. 3 KAGB stellt auf die Nutzung des Sachwerts ab, in welche die KVG *direkt oder indirekt* investiert[1839].

1835 *Bäuml* benennt die Fälle, in denen Zweck- und Akquisitionsgesellschaften zwischengeschaltet werden als Zweifelsfälle im Hinblick auf die AIF-Qualifikation. Auch Projektgesellschaften können unter den Begriff der Zweckgesellschaft gefasst werden, vgl. *Bäuml*, FR 2013, 640, 644.

1836 Vgl. *Loritz/Uffmann*, WM 2013, 2193, 2202.

1837 Vgl. *Loritz/Uffmann*, WM 2013, 2193, 2202.

1838 BaFin, Auslegungsschreiben zum Anwendungsbereich des KAGB, 09.03.2015, Frage 7.

1839 Im ersten Entwurf des Auslegungsschreibens der BaFin im Rahmen der Konsultation 03/2013 war für den Immobilienbereich ausdrücklich geregelt, dass der Betrieb einer Immobilie als operative Tätigkeit anzusehen ist und das dies unabhängig davon gilt, ob der Betrieb direkt oder indirekt erfolgt. Allerdings kann nicht ohne Weiteres davon ausgegangen werden, dass die BaFin hier die Zwischenschaltung von Zweckgesellschaften im Blick hatte, da in der Fußnote erörtert wird, dass ein indirekter Betrieb dann vorliegt, wenn ein Unternehmen eine Immobilie verpachtet und der Pachtzins an den Umsatz gekoppelt ist. Dennoch

An dieser Stelle wurde die Möglichkeit der indirekten Investition in Anlagen zur Erzeugung von Energie z.B. über eine Projektgesellschaft demnach vom Gesetzgeber gesehen. Die BaFin hätte dementsprechend in ihrem Auslegungsschreiben zum Anwendungsbereich des KAGB im Zusammenhang mit dem negativen Tatbestandsmerkmal der operativen Tätigkeit außerhalb des Finanzsektors auf das direkte oder indirekte Betreiben einer Anlage zur Herstellung von Energie abstellen können. Das Unterbleiben einer solchen Formulierung spricht dafür, dass ein indirektes Betreiben nach Ansicht der BaFin nicht ausreichen soll für das Vorliegen einer operativen Tätigkeit.

Gegen eine Betrachtung der „Gesamtkonstruktion" spricht außerdem, dass rechtlich und wirtschaftlich durchaus Unterschiede zwischen einem unmittelbaren Betreiben der Windkraftanlage durch die Fondsgesellschaft und dem Betreiben durch eine zwischengeschaltete Projektgesellschaft bestehen. Zwar hängt der wirtschaftliche Erfolg des Fonds letztlich vom Erfolg des operativen Windparkbetriebs durch die Projektgesellschaft ab. Dennoch werden die unternehmerischen Risiken bei der Zwischenschaltung einer Projektgesellschaft nicht im gleichen Maß von der Fondsgesellschaft getragen, wie dies ohne Zwischenschaltung einer Projektgesellschaft der Fall ist. Da die Projektgesellschaften in der Regel als GmbH oder GmbH & Co. KG strukturiert sind und damit eine persönliche Haftung der Gesellschafter grundsätzlich ausscheidet, wirken sich Haftungsrisiken zunächst nur auf Ebene der Projektgesellschaft aus; die Fondsgesellschaft als Gesellschafterin der Projektgesellschaft steht für diese Risiken grundsätzlich nicht persönlich ein. Wird z.B. auf Ebene der Projektgesellschaft ein Darlehen aufgenommen und können die Zins- und Tilgungsforderungen hieraus nicht bedient werden, so ist grundsätzlich nur die Projektgesellschaft Anspruchsgegnerin der Bank und die Bank kann für diese Forderungen nicht die Fondsgesellschaft oder gar die Anleger in Regress nehmen, wenn keine Bürgschaft oder ein ähnliches Sicherungsmittel vorliegt.

Ein entscheidendes weiteres Argument gegen die Betrachtung der „Gesamtkonstruktion" und gegen das Ausreichen einer mittelbaren operativen Tätigkeit durch die Projektgesellschaft für die Betrachtung als operativ tätiges Unternehmen spricht, dass das Auslegungsschreiben der BaFin im Zusammenhang mit der operativen Tätigkeit gruppeninterne Gesellschaften erwähnt. So sollen Unternehmen, die sich im Rahmen ihrer operativen Tätigkeit gruppeninterner Gesellschaften bedienen, nur dann weiterhin als operativ tätige Unternehmen betrachtet werden können, wenn dem Unternehmen selbst die unternehmerischen Entscheidungen im laufenden Geschäftsbetrieb verbleiben[1840]. Obwohl der Begriff der gruppeninternen Gesellschaft

ist zu beachten, dass das Auftreten einer indirekten operativen Tätigkeit von der BaFin bereits angedacht wurde. Diese Formulierung wurde im finalen Auslegungsschreiben allerdings nicht beibehalten, vgl. BaFin, Auslegungsschreiben zum Anwendungsbereich des KAGB, 09.03.2015.

1840 BaFin, Auslegungsschreiben zum Anwendungsbereich des KAGB, 09.03.2015, Frage 7.

nicht definiert ist, ist davon auszugehen, dass die Projektgesellschaft als Tochtergesellschaft der Fondsgesellschaft als gruppeninterne Gesellschaft anzusehen ist. Nach Auffassung der BaFin führt eine operative Tätigkeit auf Ebene der Projektgesellschaft demnach nicht generell dazu, dass die Fondsgesellschaft aufgrund der mittelbaren operativen Tätigkeit selbst als operativ tätiges Unternehmen anzusehen ist[1841]. Da die besseren Argumente gegen eine Betrachtung der „Gesamtkonstruktion" sprechen, ist der BaFin insofern zuzustimmen. Ob die unternehmerischen Entscheidungen im laufenden Geschäftsbetrieb trotz Zwischenschaltung einer Projektgesellschaft bei der Fondsgesellschaft verbleiben, hängt von der Ausgestaltung der Verträge im Einzelfall ab. Da die Projektgesellschaft bei Windfonds in der Regel eine hundertprozentige Tochtergesellschaft der Fondsgesellschaft ist, besteht insofern für den Fondsinitiator in jedem Fall Gestaltungsspielraum. Ebenso hat der Fondsinitiator es bei der Fondsstrukturierung in der Hand, auf die Zwischenschaltung einer Projektgesellschaft zu verzichten und den Betrieb des Windparks auf die Ebene der Fondsgesellschaft zu verlagern, wenn eine operative Tätigkeit der Fondsgesellschaft i.S.d. § 1 Abs. 1 S. 1 KAGB angestrebt ist[1842].

ii. Auslagerung der technischen und kaufmännischen Betriebsführung und der Wartung und Instandhaltung

Unabhängig von der Zwischenschaltung einer Projektgesellschaft finden bei Windfonds üblicherweise weitgehende Auslagerungen an externe Dritte statt. Dies betrifft einerseits die technische und kaufmännische Betriebsführung, welche oftmals auf den Projektentwickler ausgelagert wird, von welchem der Windfonds die Projektrechte des Windparks erworben hat[1843]. Andererseits fallen bei Windenergieanlagen regelmäßig aufwendige Wartungs- und Instandhaltungsmaßnahmen an, welche die Fondsgesellschaft bzw. die Projektgesellschaft ebenfalls nicht selbst vornimmt, sondern auslagert[1844]. Oftmals übernimmt diese Aufgaben – zumindest für die ersten zwölf bis fünfzehn Jahre – der Hersteller der Windenergieanlagen[1845].

Es stellt sich die Frage, ob diese Auslagerungen der Einordnung des Windfonds als operativ tätiges Unternehmen entgegenstehen. Nach Auffassung der BaFin

---

1841 Ebenso *Loritz/Uffmann*, WM 2013, 2193, 2202.

1842 Ebenso Stellungnahme des VGF Stellungnahme zum Diskussionsentwurf eines Gesetzes zur Umsetzung der Richtlinie 2011/61/EU über die Verwalter alternativer Investmentfonds (AIFM-UmsG), 17.08.2012, S. 5.

1843 Ausführlich dazu siehe oben Betreiben des Windparks, D. IV. 2. h), S. 160 ff.; *Bost* in Lüdicke/Arndt, Geschlossene Fonds, S. 385.

1844 *Bost* in Lüdicke/Arndt, Geschlossene Fonds, S. 385; *Billhardt* in Gerhard/Rüschen/Sandhövel, Finanzierung erneuerbarer Energien, S. 413.

1845 Ausführlich dazu siehe oben Wartung und Instandhaltung, D. IV. 2. i), S. 161 f.; *Billhardt* in Gerhard/Rüschen/Sandhövel, Finanzierung erneuerbarer Energien, S. 413; *Bost* in Lüdicke/Arndt, Geschlossene Fonds, S. 385; *Jenn*, ZfBR-Beil. 2012, 13, 22.

kommt es darauf an, ob die unternehmerischen Entscheidungen im laufenden Geschäftsbetrieb bei der Fondsgesellschaft verbleiben[1846]. Obwohl das Auslegungsschreiben der BaFin zum Anwendungsbereich des KAGB im Rahmen der Frage 7 zur Anwendbarkeit des KAGB auf Unternehmen, die in Anlagen zur Herstellung von Energie investieren, keine weiteren Erläuterungen enthält, ist davon auszugehen, dass auch hier die allgemeinen Ausführungen zum operativ tätigen Unternehmen außerhalb des Finanzsektors gelten. Demnach muss das Verbleiben der unternehmerischen Entscheidungen im laufenden Geschäftsbetrieb durch die ausdrückliche Vereinbarung von Lenkungs-, Gestaltungs- und Weisungsrechten gesichert werden[1847]. Entsprechend den Ausführungen im Rahmen der operativen Tätigkeit bei Schiffsfonds ist der Begriff des Verbleibens der Entscheidungen eng auszulegen[1848]. Es ist nach der hier vertretenen Auffassung davon auszugehen, dass das Verbleiben der unternehmerischen Entscheidungen im laufenden Geschäftsbetrieb dahingehend auszulegen ist, dass diese Entscheidungen der Fondsgesellschaft aufgrund der Vereinbarung von Lenkungs-, Weisungs- und Gestaltungsrechten nicht nur formell zustehen müssen, sondern dass die Fondsgesellschaft diese Entscheidungen auch tatsächlich selbst treffen muss.

An dieser Stelle stellt sich jedoch die bereits im Rahmen der Schiffsfonds aufgeworfene Frage, welche Entscheidungen als „unternehmerische Entscheidungen im laufenden Geschäftsbetrieb" anzusehen sind. Eine Definition dieses Begriffs findet sich weder im Auslegungsschreiben der BaFin, noch im KAGB oder einem anderen Gesetz und bereitet Schwierigkeiten. Wie oben bereits ausführlich dargestellt, kann auf die Auslegung des Begriffs der unternehmerischen Entscheidung i.S.d. Business Judgement Rule nach § 93 Abs. 1 S. 2 AktG nur eingeschränkt zugegriffen werden[1849]. Die Kriterien zur Bestimmung des Vorliegens einer unternehmerischen Entscheidung i.S.d. Business Judgement Rule können jedoch als grobe Anhaltspunkte herangezogen werden. Anhaltspunkte für das Vorliegen einer unternehmerischen Entscheidung können demnach sein, dass bei der Entscheidung Prognosen für die Zukunft und Risiken eine Rolle spielen sowie dass es sich um Entscheidungen handelt, die nach unternehmerischen Zweckmäßigkeitsgesichtspunkten getroffen werden und bei denen tatsächliche und rechtlich zulässige Handlungsalternativen bestehen[1850]. Allerdings ist zu beachten, dass die BaFin durch das Abstellen auf die unternehmerische Entscheidungen *im laufenden Geschäftsbetrieb* deutlich macht,

1846 BaFin, Auslegungsschreiben zum Anwendungsbereich des KAGB, 09.03.2015, Frage 7.

1847 BaFin, Auslegungsschreiben zum Anwendungsbereich des KAGB, 09.03.2015, Ziffer 7.

1848 Ausführlich dazu siehe oben Auslagerung der operativen Tätigkeit, F. II. 2. e) ii., S. 343 ff.

1849 Ausführlich dazu siehe oben Unternehmerische Entscheidungen, F. II. 2. e) iii., S. 345 ff.

1850 Ausführlich dazu siehe oben Unternehmerische Entscheidungen, F. II. 2. e) iii., S. 345 ff.

dass gerade nicht nur wichtige Entscheidungen mit einer besonderen Tragweite erfasst sind. Bei der Frage, welche Entscheidungen die Fondsgesellschaft im Zusammenhang mit der technischen und kaufmännischen Betriebsführung sowie der Wartung und Instandhaltung als unternehmerische Entscheidungen im laufenden Geschäftsbetrieb selbst treffen muss, damit die Auslagerung dieser Tätigkeiten der Einordnung der Fondsgesellschaft als operativ tätiges Unternehmen nicht entgegensteht, bietet es sich zunächst an, bei Windfonds zwischen der Wartung und Instandhaltung sowie der technischen und kaufmännischen Betriebsführung zu unterscheiden.

In Bezug auf die Auslagerung von Wartungs- und Instandhaltungsleistungen durch den Windfonds ist zweifelhaft, ob hiervon überhaupt unternehmerische Entscheidungskompetenzen betroffen sind. Sind schon von vornherein keine unternehmerischen Entscheidungen von der Auslagerung erfasst, so muss auch nicht geprüft werden, ob der Fondsgesellschaft die unternehmerischen Entscheidungen verbleiben. Die grundsätzlichen unternehmerischen Entscheidungen sind im Hinblick auf die Wartung und Instandhaltung der Windenergieanlagen darin zu sehen, dass bestimmte Wartungs- und Instandhaltungsarbeiten zur Erhaltung des funktionstüchtigen Zustands der Windenergieanlagen nach Bedarf bzw. in bestimmten zeitlichen Abständen vorzunehmen sind und dass diese Wartungs- und Instandhaltungsmaßnahmen ausgelagert werden. Bei den ausgelagerten Wartungs- und Instandhaltungsarbeiten selbst geht es mehr um tatsächliche Handlungen, als um Entscheidungen. Es kann deshalb argumentiert werden, dass mit der Auslagerung der Wartungs- und Instandhaltungsarbeiten regelmäßig schon keine Entscheidungskompetenzen übertragen werden, welche sich die Fondsgesellschaft im Auslagerungsvertrag durch Lenkungs-, Weisungs- und Gestaltungsrechte sichern müsste. Zudem ist generell fraglich, ob zwischen der Durchführung von Wartungs- und Instandhaltungsmaßnahmen zur Erhaltung der Funktionstüchtigkeit des Windparks und dem Unterlassen solcher Maßnahmen überhaupt eine echte Entscheidungsmöglichkeit besteht. Eine unternehmerische Entscheidungen i.S.d. Business Judgement Rule nach § 93 Abs. 1 S. 2 AktG setzt nach der herrschenden Meinung voraus, dass tatsächlich und rechtlich eine Handlungsalternative besteht[1851]. Da das Geschäftsmodell von Windfonds im (mittelbaren) Betrieb des Windparks zu sehen ist, könnte eine zumindest konkludente rechtliche Pflicht der Geschäftsführung der Fondsgesellschaft dahingehend angenommen werden, dass auf die Erhaltung der Funktionstüchtigkeit der Windenergieanlagen hingewirkt werden muss. Aufgrund dieser Verpflichtung könnte in Anlehnung an die Auslegung des Begriffs der unternehmerischen Entscheidung i.S.d. Business Judgement Rule in § 93 Abs. 1 S. 2 AktG argumentiert werden, dass das Unterlassen von notwendigen Wartungs- und Instandhaltungsarbeiten keine echte Handlungsalternative ist. Im Hinblick auf die Frage des „Ob“ der Durchführung von erforderlichen Wartungs- und Instandhaltungsmaßnahmen könnte es deshalb an der für das Vorliegen einer

---

1851 *Schneider*, DB 2005, 707, 709 f.

Entscheidung erforderlichen rechtlichen Handlungsalternative fehlen. Es ist vor diesem Hintergrund festzuhalten, dass bei der Inanspruchnahme fremder Dienstleister zur Instandhaltung und Wartung des Windparks in der Regel keine unternehmerischen Entscheidungen auf das Auslagerungsunternehmen übertragen werden, weshalb diese Auslagerung im Hinblick auf die operative Tätigkeit der Fondsgesellschaft grundsätzlich unbeachtlich ist, da alle unternehmerischen Entscheidungen im laufenden Geschäftsbetrieb bei der Fondsgesellschaft verbleiben. Im Einzelfall kann eine unternehmerische Entscheidung im laufenden Geschäftsbetrieb aber auch bei Wartungs- und Instandhaltungsmaßnahmen vorliegen. Eine solche ist z.B. anzunehmen, wenn sich die Frage stellt, ob eine aufwändige und teure Instandhaltungsmaßnahme vorgenommen wird oder eine eher notbehelfsmäßige günstigere Maßnahme mit dem Risiko des Wiederauftretens des Problems. Denn in diesem Fall liegt eine Investitionsentscheidung vor, welche als typische unternehmerische Entscheidung anzusehen ist[1852].

Auch bei der Auslagerung der technischen Betriebsführung kann argumentiert werden, dass hier grundsätzlich schon keine unternehmerischen Entscheidungen im laufenden Geschäftsbetrieb betroffen sind, welche die Fondsgesellschaft selbst treffen müsste[1853]. Denn auch die technische Betriebsführung zeichnet sich mehr durch die Vornahme tatsächlicher Handlungen im Sinne der Überwachung, Durchführung und Dokumentation technischer Vorgänge aus, als durch das Treffen von Entscheidungen. Es ist jedoch nicht ausgeschlossen, dass auch die technische Betriebsführung im Einzelfall Entscheidungen mit sich bringt, welche als unternehmerische Entscheidungen im laufenden Geschäftsbetrieb von der Fondsgesellschaft zu treffen sind, wenn die Fondsgesellschaft trotz Auslagerung ein operativ tätiges Unternehmen i.S.d. Auslegungsschreibens der BaFin zum Anwendungsbereich des KAGB bleiben soll[1854]. Eine unternehmerische Entscheidung im laufenden Geschäftsbetrieb könnte im Zusammenhang mit der technischen Betriebsführung z.B. dann angenommen werden, wenn zur technischen Optimierung der Anlageleistung Investitionen notwendig sind.

Hingegen ist bei der Auslagerung der kaufmännischen Betriebsführung anzunehmen, dass hiermit regelmäßig auch unternehmerische Entscheidungen im laufenden Geschäftsbetrieb übertragen werden[1855]. Dies legt bereits die enge Verknüpfung der Begriffe „kaufmännisch“ und „unternehmerisch“ im allgemeinen Sprachgebrauch nahe. So basieren unternehmerische Entscheidungen oftmals auf kaufmännischen Beurteilungen[1856]. Die kaufmännische Betriebsführung einer Windenergieanlage umfasst unter anderem die Verhandlung mit Geschäftspartnern und Behörden sowie die

---

1852 Ausführlich dazu siehe oben Unternehmerische Entscheidungen, F. II. 2. e) iii., S. 345 ff.

1853 Vgl. *Klinger*, NZWiStZ 2014, 370, 376.

1854 *Schneider* in Möllers/Kloyer, Das neue KAGB, Rn. 223.

1855 So wohl auch *Klinger*, NZWiStZ 2014, 370, 376.

1856 Vgl. OLG Hamm, DStR 1992, 298.

Abwicklung von Versicherungsfällen, wobei z.B. die Einigung im Streitfall als Ergebnis unternehmerischer Entscheidungen angesehen werden kann.

Es stellt sich die Frage, ob sämtliche Entscheidungen im Rahmen der kaufmännischen Betriebsführung des Windparks als unternehmerische Entscheidungen im laufenden Geschäftsbetrieb i.S.d. Auslegungsschreibens der BaFin zum Anwendungsbereich des KAGB anzusehen sind. Dies würde bedeuten, dass die Auslagerung der kaufmännischen Geschäftsführung aufgrund der Verknüpfung dieser Tätigkeit mit unternehmerischen Entscheidungen grundsätzlich zur Folge hätte, dass die Fondsgesellschaft nach Auffassung der BaFin kein operativ tätiges Unternehmen i.S.d. Auslegungsschreibens der BaFin zum Anwendungsbereich des KAGB darstellen würde. Dagegen spricht, dass auch die kaufmännische Betriebsführung Aufgabenbereiche beinhaltet, bei denen keine Entscheidungen im Sinne der Auswahl zwischen verschiedenen Handlungsalternativen getroffen werden. Dies ist z.B. der Fall bei der Durchführung vertraglich geschuldeter Zahlungen (z.B. die Grundstücksmiete) oder im Rahmen der Buchhaltung bei der Buchung einzelner Geschäftsvorgänge entsprechend der gesetzlichen Vorgaben. Sofern man aber jede noch so geringe Entscheidung als unternehmerische Entscheidung im laufenden Geschäftsbetrieb genügen lässt, kann hinter vielen Tätigkeiten doch eine vorgelagerte Entscheidung gesehen werden. Da die BaFin auf die unternehmerischen Entscheidungen im laufenden Geschäftsbetrieb abstellt, sind auch Entscheidungen mit geringer Tragweite erfasst. Hierfür spricht auch, dass die Anforderungen an das Vorliegen eines operativ tätigen Unternehmens i.S.d. § 1 Abs. 1 S. 1 KAGB und damit die Anforderungen an die Unschädlichkeit der Auslagerung aufgrund des Ziels der Regulierung sämtlicher geschlossener Fonds durch das KAGB bzw. der AIFM-Richtlinie hoch anzusetzen sind. Im Zweifel ist deshalb eine strengere Auslegung angezeigt. Aus diesen Gründen ist festzustellen, dass weite Teile der kaufmännischen Betriebsführung grundsätzlich nicht ausgelagert werden können, ohne dass die Eigenschaft als operativ tätiges Unternehmen außerhalb des Finanzsektors i.S.d. § 1 Abs. 1 S. 1 KAGB verloren geht[1857].

Etwas anderes gilt nur dann, wenn der Fondsgesellschaft trotz der Auslagerung der kaufmännischen Betriebsführung sämtliche unternehmerische Entscheidungen im laufenden Geschäftsbetrieb verbleiben, da sie sich im Auslagerungsvertrag über Lenkungs-, Gestaltungs- und Weisungsrechte die Entscheidungskompetenz vorbehält und die Entscheidungen im Zusammenhang mit der kaufmännischen Betriebsführung auch tatsächlich selbst trifft[1858]. Insofern eröffnen sich für Fondsinitiatoren, welche die Unanwendbarkeit des KAGB auf Windfonds anstreben, Gestaltungsspielräume[1859]. Allerdings ist der Nutzen einer solchen Auslagerung sehr begrenzt, wenn die Fondsgesellsschaft den Großteil der anfallenden Entscheidungen ohnehin selbst treffen muss. Zudem stellt sich sodann die Frage, ob das Vorliegen

1857 Vgl. *Klinger*, NZWiStZ 2014, 370, 376.
1858 Vgl. *Ulrich*, GmbHR 2014, R118.
1859 *Klinger*, NZWiSt 2014, 370, 376; *Ulrich*, GmbHR 2014, R118.

eines operativ tätigen Unternehmens außerhalb des Finanzsektors i.S.d. § 1 Abs. 1 S. 1 KAGB daran scheitert, dass Windfonds keine Unternehmen „außerhalb des Finanzsektors" sind. In Bezug auf die Auslegung des Merkmals „außerhalb des Finanzsektors" ist auf die Ausführungen bei Private Equity Fonds zu verweisen[1860].

f) Ergebnis

Nach der hier vertretenen Auffassung fallen Windfonds in der herkömmlichen Ausgestaltung entgegen einiger Stimmen in der Fachpresse und der juristischen Literatur in den Anwendungsbereich des KAGB, da die Tatbestandsvoraussetzungen des Investmentvermögens nach § 1 Abs. 1 KAGB in aller Regel erfüllt sind. Während die anderen Tatbestandsmerkmale problemlos bejaht werden können, ist auch bei Windfonds das negative Tatbestandsmerkmal der „operativen Tätigkeit außerhalb des Finanzsektors" als Dreh- und Angelpunkt für die Frage der Anwendbarkeit des KAGB anzusehen. Nach dem Auslegungsschreiben der BaFin zum Anwendungsbereich des KAGB sind Unternehmen, die Anlagen (z.B. Biogas-, Solar- oder Windkraftanlagen) im Rahmen eines laufenden Geschäftsbetriebs selbst betreiben, als operativ tätige Unternehmen einzustufen und fallen damit aus dem Anwendungsbereich des KAGB heraus[1861]. Diese Beurteilung der BaFin wird zum Teil als generelle Herausnahme von Windfonds aus dem Anwendungsbereich des KAGB interpretiert[1862]. Allerdings scheitert die Annahme eines operativ tätigen Unternehmens im Falle von Windfonds in der typischen Ausgestaltung daran, dass die Windfonds die Windparks üblicherweise gerade nicht selbst betreiben. Denn zum einen betreibt die Fondsgesellschaft den Windpark nur mittelbar über eine Projektgesellschaft, deren Anteile sie hält. Zum anderen werden die im Zusammenhang mit dem Betrieb des Windparks erforderlichen Tätigkeiten weitgehend an externe Dritte ausgelagert. Dies betrifft die technische und kaufmännische Betriebsführung sowie die Instandhaltung und Wartung der Windenergieanlagen.

Auslagerungen von operativen Tätigkeiten sind nach dem Auslegungsschreiben der BaFin nur dann unschädlich im Hinblick auf die Qualifikation als operativ tätiges Unternehmen, sofern die unternehmerischen Entscheidungen im laufenden Geschäftsbetrieb dem Unternehmen selbst verbleiben aufgrund ausdrücklich vereinbarter Lenkungs-, Gestaltungs- und Weisungsrechte[1863]. Im Rahmen der Auslagerung der technischen Betriebsführung sowie der Instandhaltung und Wartung kann argumentiert werden, dass grundsätzlich eher Handlungen ausgelagert werden, ohne dass überhaupt unternehmerische Entscheidungskompetenzen betroffen sind.

1860 Siehe Außerhalb des Finanzsektors, F II. 5. f) ii., S. 387 ff.

1861 BaFin, Auslegungsschreiben zum Anwendungsbereich des KAGB, 09.03.2015, Frage 7.

1862 *Klinger*, NZWiSt 2014, 370, 376; *Rohmert*, Der Immobilienbrief 2013 (299), 5 ff.; vgl. *Escher* in Habersack/Mülbert/Nobbe/Wittig, Bankrechtstag 2013, S. 132.

1863 BaFin, Auslegungsschreiben zum Anwendungsbereich des KAGB, 09.03.2015, Ziffer 7.

In Anbetracht der hohen Anforderungen an die Unschädlichkeit der Auslagerung und der deshalb erforderlichen weiten Auslegung des Begriff der „unternehmerischen Entscheidungen im laufenden Geschäftsbetrieb“ ist jedoch davon auszugehen, dass bei der Auslagerung der kaufmännischen Betriebsführung die unternehmerischen Entscheidungen im laufenden Geschäftsbetrieb gerade nicht beim Windfonds verbleiben[1864].

Im Zusammenhang mit Windfonds stellt sich im Übrigen die Frage, ob die im Auslegungsschreiben der BaFin vorgenommene pauschale Bejahung oder Verneinung einer operativen Tätigkeit in einzelnen Beispielsfällen überhaupt Sinn macht und ob es gerechtfertigt ist, den Betrieb einer Windenergie als operative Tätigkeit anzusehen. Anhand des Kriteriums der operativen Tätigkeit sollen „normale“ Unternehmen, die keine Fonds sind, aus dem Anwendungsbereich des KAGB herausgenommen werden, weshalb mit der operativen Tätigkeit eine Art unternehmerischer Tätigkeit gemeint sein muss[1865]. Es ist nicht einzusehen, warum der Erwerb, die Verwaltung und die Vermietung einer Immobilie nach dem Auslegungsschreiben der BaFin zum Anwendungsbereich des KAGB generell keine operativen Tätigkeiten sein sollen, der Betrieb eines Windparks aber schon[1866]. Die Unterscheidung kann jedenfalls nicht mit der entsprechenden Differenzierung zwischen gewerblicher Tätigkeit und der Verwaltung einer Immobilie im Steuerrecht begründet werden, da das KAGB der Bekämpfung von Systemrisiken sowie dem Anlegerschutz dient und damit gänzlich anderen Zwecken als das Steuerrecht[1867]. Die Tatsache, dass eine Windenergieanlage betrieben wird, während eine Immobilie verwaltet und vermietet wird, sagt noch nichts über den Umfang einer unternehmerischen Tätigkeit aus. So ist z.B. anzunehmen, dass die Verwaltung eines großen Einkaufszentrums durch einen geschlossenen Immobilienfonds unter Umständen einen höheren Aufwand an unternehmerischen Tätigkeiten fordert, als der ferngesteuerte Betrieb einer Windenergieanlage. Denn bei einem großen Einkaufszentrum mit einer Vielzahl an gewerblichen Mietern als zu verwaltende Immobilie hat die Fondsgesellschaft als Eigentümerin regelmäßig eine Reihe an Aufgaben zu erfüllen wie z.B. die Sicherstellung der fortlaufenden, lückenlosen Vermietung der einzelnen Einheiten, die Erfüllung der Pflichten aus den einzelnen Mietverhältnissen etwa bei Mängeln sowie allgemein die Instandhaltung der Immobilie. Auch ist bei einem solchen Immobilienfonds das unternehmerische Risiko ggf. höher einzuschätzen als bei einem Windfonds, da bei dem Immobilienfonds die Gefahr des Wegfalls von Mietern besteht, wohingegen bei Windfonds durch die staatliche Förderung durch das EEG die Einnahmen zumindest in einem gewissen Umfang abgesichert sind. Aus diesen Gründen ist festzuhalten, dass die pauschale Annahme einer operativen Tätigkeit

1864 Vgl. *Klinger*, NZWiStZ 2014, 370, 376.

1865 Vgl. *Krause/Klebeck*, RdF 2013, 4, 9 f.

1866 BaFin, Auslegungsschreiben zum Anwendungsbereich des KAGB, 09.03.2015, Frage 7, Ziffer 7.

1867 *Loritz/Uffmann*, WM 2013, 2193, 2201.

durch die BaFin im Falle des Betriebs einer Windenergieanlage nicht zu überzeugen vermag.

4. Projektentwicklungsfonds

Ähnlich wie bei Windfonds und Schiffsfonds, wird auch im Hinblick auf Projektentwicklungsfonds häufig pauschal die Anwendbarkeit des KAGB verneint[1868]. Auch hier ist jedoch die Prüfung der einzelnen Tatbestandsmerkmale des Investmentvermögens nach § 1 Abs. 1 KAGB erforderlich, um die Frage der Eröffnung des Anwendungsbereichs für Projektentwicklungsfonds beantworten zu können.

a) Organismus für gemeinsame Anlagen

Projektentwicklungsfonds entsprechen im Hinblick auf die Rechtsform und Art und Weise der Beteiligung der Anleger dem Grundmuster geschlossener Fonds. Sie werden typischerweise als GmbH & Co. KG aufgelegt und die Anleger beteiligen sich entweder unmittelbar als Kommanditisten oder aber mittelbar über einen Treuhandkommanditisten. Projektentwicklungsfonds sind deshalb aufgrund der Bündelung des Kapitals der Anleger in der Fondsgesellschaft und der Beteiligung der Anleger am Gewinn und Verlust der Fondsgesellschaft unproblematisch als Organismus für gemeinsame Anlagen nach Auffassung der BaFin anzusehen[1869]. Es ist insofern auf die Ausführungen zu geschlossenen Immobilienfonds zu verweisen[1870].

b) Einsammeln von Kapital von einer Anzahl an Anlegern

Das im Auslegungsschreiben der BaFin zum Anwendungsbereich des KAGB im Zusammenhang mit dem Tatbestandsmerkmal des Einsammelns von Kapital geforderte Unternehmen direkter oder indirekter Schritten zur gewerblichen Kapitalbeschaffung bei Anlegern durch den Organismus bzw. für Rechnung des Organismus ist auch bei Projektentwicklungsfonds darin zu sehen, dass der Fondsinitiator bzw. eine initiatornahe Gesellschaft und externe Vertriebsvermittler auf der Grundlage von Geschäftsbesorgungsverträgen für die Fondsgesellschaft die Eigenkapitalvermittlung vornehmen[1871]. Ebenso ist das Merkmal der Anzahl an Anlegern nach § 1 Abs. 1 S. 2 KAGB gegeben, da sich auch Projektentwicklungsfonds durch die unmittelbare oder mittelbare Beteiligung einer Vielzahl von Anlegern auszeichnen

---

1868 So wohl *Escher* in Habersack/Mülbert/Nobbe/Wittig, Bankrechtstag 2013, S. 132; *Rohmert*, Der Immobilienbrief 2013 (299), 5 ff.

1869 BaFin, Auslegungsschreiben zum Anwendungsbereich des KAGB, 09.03.2015, Ziffer 1.

1870 Siehe oben Organismus, F. II. 1. a), S. 318 und Für gemeinsame Anlagen F. II. 1. b), S. 318 ff.

1871 Siehe oben Einsammeln von Kapital, F. II. 1. c), S. 320 ff.

und der Anlegerkreis im Gesellschaftsvertrag dementsprechend nicht beschränkt ist auf einen einzelnen Anleger.

c) Festgelegte Anlagestrategie

Die Unanwendbarkeit des KAGB kommt bei Projektentwicklungsfonds jedoch aufgrund des Tatbestandsmerkmals der festgelegten Anlagestrategie i.S.d. § 1 Abs. 1 S. 1 KAGB in Betracht. Anders als bei geschlossenen Immobilienfonds, Schiffsfonds und Windfonds steht bei Projektentwicklungsfonds häufig nicht von Beginn an fest, in welche konkreten Projektentwicklungen der Fonds investiert und es existieren dementsprechend keine Angaben zum konkreten Anlageobjekt im Verkaufsprospekt. Da die Anleger in diesem Fall den konkreten Investitionsgegenstand des Fonds zum Zeitpunkt ihrer Beteiligung nicht kennen, wird diese Situation gemeinhin als Blind-Pool bezeichnet.

Nach der Gesetzesbegründung zu § 1 KAGB setzt eine festgelegte Anlagestrategie voraus, dass Kriterien, nach denen das eingesammelte Kapital angelegt wird, schriftlich genau bestimmt sind[1872]. Nach den Leitlinien der ESMA zu den Schlüsselbegriffen, auf welche sich das Auslegungsschreiben der BaFin zum Anwendungsbereich des KAGB bezieht, erfordert eine festgelegte Anlagestrategie die Verfolgung einer Strategie bezüglich der Erzielung einer Gemeinschaftsrendite durch die Verwaltung des Kapitals[1873]. Des Weiteren nennt die ESMA vier Faktoren, die einzeln oder kumulativ auf das Vorliegen einer festgelegten Anlagestrategie hindeuten, wobei das Bestehen von Anlagerichtlinien einer dieser vier Faktoren ist. Sowohl die Gesetzesbegründung zu § 1 KAGB, als auch die Konkretisierung durch die Leitlinien der ESMA zu den Schlüsselbegriffen werfen aber die Frage auf, welche Anforderungen an die Bestimmtheit der Anlagekriterien bzw. der Strategie zu stellen sind und ob das Vorliegen eines Blind-Pools einer festgelegten Anlagestrategie i.S.d. § 1 Abs. 1 S. 1 KAGB entgegensteht mit der Konsequenz der Unanwendbarkeit des KAGB. Teilweise findet sich dazu in der Literatur die Aussage, dass mittels einer Strukturierung eines Fonds als unbestimmten Blind-Pool die Anwendbarkeit des KAGB umgangen werden könne[1874].

Allerdings ist selbst bei reinen Blind-Pools, bei denen die Anlagekriterien gänzlich unbestimmt sind und der Anleger überhaupt nicht weiß, in was für Vermögensgegenstände investiert wird, umstritten, ob die Anwendbarkeit des KAGB am Tatbestandsmerkmal der festgelegten Anlagestrategie scheitert[1875]. So wird von

1872 Gesetzesbegründung zu § 1 KAGB, BT-Drucks. 17/12294, S. 201.

1873 ESMA, Leitlinien zu Schlüsselbegriffen (ESMA/2013/611), 30.01.2015, S. 7 f IX; BaFin, Auslegungsschreiben zum Anwendungsbereich des KAGB, 09.03.2015, Ziffer 5.

1874 *Loritz/Uffmann*, WM 2013, 2193, 2199; kritisch *Klinger*, NZWiStZ 2014, 370, 374 f.

1875 Vgl. *Klinger*, NZWiSt 2014, 370, 375; *Volhard/Jang* in Weitnauer/Boxberger/Anders, KAGB, § 1 Rn. 20; *Zetzsche/Preiner*, WM 2013, 2101, 2106; *Krause/Klebeck*, RdF 2013, 4, 9.

vereinzelten Stimmen im Schrifttum davon ausgegangen, dass auch solche reinen Blind-Pools in den Anwendungsbereich des KAGB fallen[1876]. Als Argument hierfür wird die Aussage der ESMA in ihren Leitlinien zu den Schlüsselbegriffen herangezogen, wonach die Übertragung der Anlageentscheidung auf den Verwalter eines AIF nicht dazu genutzt werden sollte, die Bestimmungen der AIFM-Richtlinie zu umgehen[1877]. In der Gesetzesbegründung zu § 266 Abs. 2 KAGB, welcher die Angaben zu den zu erwerbenden Vermögensgegenständen in den Anlagebedingungen eines geschlossenen Publikums-AIF regelt, stellt der Gesetzgeber fest, dass hierdurch ein reines blind-pooling verhindert werden soll[1878]. In diesem Zusammenhang ist auch das Merkblatt der BaFin „Kriterienkatalog zur Verhinderung von reinen Blind-Pool-Konstruktionen bei geschlossenen Publikums-AIF" vom 06.11.2014 zu berücksichtigen, in welchem die BaFin dazu Stellung nimmt, wie konkret die Anlagestrategie in den Anlagebedingungen eines Publikums-AIF festgehalten werden muss[1879]. Würden reine Blind-Pools schon mangels festgelegter Anlagestrategie aus dem Anwendungsbereich des KAGB herausfallen, würde das Merkblatt der BaFin zur Verhinderung von Blind-Pool-Konstruktionen keinen Sinn machen, da es für Fonds außerhalb des KAGB ohnehin nicht zu berücksichtigen ist. Somit gehen die Gesetzesbegründung, die ESMA und die BaFin wohl übereinstimmend davon aus, dass auch reine Blind-Pools grundsätzlich dem KAGB unterfallen. Dies widerspricht allerdings dem Gesetzeswortlaut von § 1 Abs. 1 S. 1 KAGB, welcher als Tatbestandsmerkmal des Investmentvermögens das Vorliegen einer festgelegten Anlagestrategie fordert[1880]. Bezieht man reine Blind-Pools in den Anwendungsbereich des KAGB ein, so ist hierin letztlich ein Verzicht auf das Tatbestandsmerkmal der festgelegten Anlagestrategie contra legem zu sehen[1881]. Die Bejahung der Anwendbarkeit des KAGB auf Fonds, welche als reine Blind-Pools ausgestaltet sind, ist daher als gesetzeswidrig abzulehnen.

Bei Projektentwicklungsfonds handelt es sich üblicherweise aber gerade nicht um reine Blind-Pools. Zwar stehen die konkreten Projektentwicklungen häufig zum

---

1876 *Volhard/Jang* in Weitnauer/Boxberger/Anders, KAGB, § 1 Rn. 20.

1877 ESMA, Leitlinien zu Schlüsselbegriffen (ESMA/2013/611), 30.01.2015, S. 8 IX 22; *Volhard/Jang* in Weitnauer/Boxberger/Anders, KAGB, § 1 Rn. 20.

1878 BT-Drucks. 17/12294, S. 272.

1879 BaFin, Merkblatt vom 06.11.2014, Kriterienkatalog zur Verhinderung von reinen Blindpool-Konstruktionen bei geschlossenen Publikums-AIF.

1880 Ebenso *Krause/Klebeck*, RdF 2013, 4, 9; ähnlich *Silberberger* in Weitnauer/Boxberger/Anders, KAGB, § 266 Rn. 11.

1881 Kritisch auch *Zetzsche/Preiner* welche annehmen, dass nach Auffassung der ESMA bei vollständig diskretionärer Anlage zwar kein AIF vorliege, jedoch ein Umgehungsverbot eingreife, vgl. *Zetzsche/Preiner*, WM 2013, 2101, 2106. Reine Blind-Pools kommen in der Praxis selten vor aufgrund der Schwierigkeiten bei der Anlegereinwerbung, weshalb der Streit insofern keine große praktische Bedeutung haben dürfte, vgl. *Silberberger* in Weitnauer/Boxberger/Anders, KAGB, § 266 Rn. 11.

Zeitpunkt des Beitritts der Anleger noch nicht fest. Jedoch werden in aller Regel bestimmte Kriterien festgelegt im Hinblick auf die Projekte, in welche investiert werden soll. Für das Vorliegen einer festgelegten Anlagestrategie wird jedenfalls weder in der Gesetzesbegründung zu § 1 KAGB, noch in den Leitlinien der ESMA zu den Schlüsselbegriffen oder im Auslegungsschreiben der BaFin zum Anwendungsbereich des KAGB gefordert, dass das konkrete Anlageobjekt feststehen muss. In diesem Zusammenhang ist zu beachten, dass ausweislich der Gesetzesbegründung nicht nur geschlossene Fonds, sondern auch die vormals durch das Investmentgesetz regulierten offenen Fonds in den Anwendungsbereich des KAGB fallen sollten und damit dem Investmentvermögensbegriff i.S.d. § 1 Abs. 1 S. 1 unterfallen müssen[1882]. Die Anlagestrategien von offenen Fonds sind typischerweise weit gefasst, da offene Fonds häufig in eine große Vielzahl an Anlageobjekten investieren. Der festgelegte Investitionsgegenstand von offenen Immobilienfonds kann z.B. die Investition in Wohn- und Gewerbeimmobilien mit einem bestimmten Mindestbebauungsstand in Europa sein. Bestünden hinsichtlich der festgelegten Anlagestrategie i.S.d. § 1 Abs. 1 S. 1 KAGB hohe Anforderungen, würde dies dazu führen, dass viele offenen Fonds aus dem Anwendungsbereich des KAGB heraus fallen würden[1883]. Dies widerspräche der Zielsetzung des KAGB. Für eine weite Auslegung des Begriffs spricht außerdem, dass anderenfalls durch bloße ungenaue Formulierung die Unanwendbarkeit des KAGB herbeigeführt werden könnte, was Umgehungsmöglichkeiten Tür und Tor öffnen würde[1884].

Als weiteres Argument für eine weite Auslegung des Begriff der festgelegten Anlagestrategie ist der Hinweis der ESMA in den Leitlinien zu den Schlüsselbegriffen zu nennen, wonach im Hinblick auf das Tatbestandsmerkmal der festgelegten Anlagestrategie die Übertragung der Anlageentscheidung auf den Verwalter eines AIF nicht dazu genutzt werden sollte, die Bestimmungen der AIFM-Richtlinie zu umgehen[1885]. Mit dieser etwas sperrigen Formulierung will die ESMA wohl zum Ausdruck bringen, dass sie im Hinblick auf das Tatbestandsmerkmal der festgelegten Anlagestrategie durchaus auch Blind-Pool Konstruktionen im Blick hat und Umgehungsstrategien durch die Ausgestaltung der Anlageentscheidung nicht möglich sein sollen[1886]. Dementsprechend ist zu erwarten, dass auch die BaFin den Begriff der festgelegten Anlagestrategie weit auslegen wird und die Anforderungen an die genaue Bestimmung der Anlagekriterien nicht zu hoch angesetzt werden dürfen[1887].

Bei Projektentwicklungsfonds wird im Verkaufsprospekt und/oder im Gesellschaftsvertrag der Fondsgesellschaft üblicherweise beschrieben, in welche Art von

1882 BT-Drucks. 17/12294, S. 201.

1883 Vgl. *Krause/Klebeck*, RdF 2013, 4, 9.

1884 Vgl. *Loritz/Uffmann*, WM 2012, 2193, 2199; *Krause/Klebeck*, RdF 2013, 4, 9.

1885 ESMA, Leitlinien zu Schlüsselbegriffen (ESMA/2013/611), 30.01.2015, S. 8 IX 22.

1886 *Volhard/Jang* interpretieren diese Aussage dahingehend, dass selbst bei Vorliegen eines völlig unbestimmten Blind-Pools der Anwendungsbereich des KAGB eröffnet ist, vgl. *Volhard/Jang* in Weitnauer/Boxberger/Anders, KAGB, § 1 Rn. 20.

1887 So auch *Silberberger* in Weitnauer/Boxberger/Anders, KAGB, § 266 Rn. 11.

Projekten der Projektentwicklungsfonds investiert, also z.B. in Projekte zur Errichtung von Wohnimmobilien. In der Regel finden sich noch weitere Konkretisierungen wie z.B. im Hinblick auf geographische Lage der Projekte, den Entwicklungsstand der Projekte oder bei Immobilienprojekten ein bestimmter Vermietungsstand[1888]. Darüber hinaus enthält der Verkaufsprospekt typischerweise Angaben darüber, ob und in welcher Höhe Fremdkapital zum Einsatz kommen soll und wie hoch die Zielrendite ist. Aus diesem Grund ist in Anbetracht des Erfordernisses einer weiten Auslegung des Tatbestandsmerkmals der festgelegten Anlagestrategie davon auszugehen, dass bei Projektentwicklungsfonds die Kriterien, nach welchen das von den Anlegern eingesammelte Kapital angelegt werden soll, in einem schriftlichen Dokument genau bestimmt sind und eine festgelegte Anlagestrategie i.S.d. § 1 Abs. 1 S. 1 KAGB nach den Voraussetzungen der Gesetzesbegründung des KAGB zu bejahen ist.

Zum selben Ergebnis gelangt man bei Zugrundelegung der Konkretisierungen des Tatbestandsmerkmals der festgelegten Anlagestrategie im Auslegungsschreiben der BaFin bzw. bei Heranziehung der Leitlininen der ESMA, auf welche die BaFin in ihrem Auslegungsschreiben verweist[1889]. Die von der ESMA für das Vorliegen einer festgelegten Anlagestrategie geforderte Verfolgung einer Strategie hinsichtlich der Erzielung einer Gemeinschaftsrendite ist bei Projektentwicklungsfonds aufgrund der Festlegung des Investitionsgegenstands auf Projektentwicklung(en), die geographische Belegenheit und den geplanten Leverageeinsatz gegeben[1890]. Hierfür spricht auch die Tatsache, dass die bei Projektentwicklungsfonds typischerweise vorliegenden festgelegten Anlagekriterien zum Großteil den Kriterien der Anlagerichtlinien entsprechen, wie sie in den Leitlinien der ESMA zu den Schlüsselbegriffen festgelegt sind (z.B. Anlage in bestimmte Kategorien von Vermögensgegenstände, Anlage in bestimmten geographischen Gebieten und Einschränkungen in Bezug auf Hebelfinanzierungen)[1891]. Nach Auffassung der ESMA kann eine festgelegte Anlagestrategie bereits dann vorliegen, wenn alleine solche Anlagerichtlinien gegeben sind, ohne dass darüber hinaus ein weiteres typisches Merkmal der festgelegten Anlagestrategie zu bejahen ist. In Bezug auf die Erfüllung der drei anderen Faktoren, welche nach Auffassung der ESMA einzeln oder kumulativ für das Vorliegen einer festgelegten Anlagestrategie sprechen, kann auf die ausführliche Darstellung im Rahmen geschlossener Immobilienfonds verwiesen werden, da sich diese Kriterien

---

1888 *Rissel/Eschweiler* in Schäfer/Conzen, Praxishandbuch der Immobilien-Projektentwicklung, S. 181; *Jesch* in Jesch/Schilder/Striegel, Rechtshandbuch Immobilien-Investitionen, S. 592.

1889 ESMA, Leitlinien zu Schlüsselbegriffen (ESMA/2013/611), 30.01.2015, S. 7 f IX; BaFin, Ausle-gungsschreiben zum Anwendungsbereich des KAGB, 09.03.2015, Ziffer 5.

1890 Vgl. *Kloyer* in Möllers/Kloyer, Das neue KAGB, Rn. 250; *Eckhold/Balzer* in Assmann/Schütze, Hdb. des Kapitalanlagerechts, § 22 Rn. 19.

1891 ESMA, Leitlinien zu Schlüsselbegriffen (ESMA/2013/611), 30.01.2015, S. 8 IX 20.

nicht auf den Inhalt der festgelegten Anlagestrategie beziehen und insofern keine Besonderheiten bestehen[1892].

d) Investition zum Nutzen der Anleger

Das Vorliegen eines Investmentvermögens i.S.d. § 1 Abs. 1 S. 1 KAGB setzt darüber hinaus eine Investition des eingesammelten Kapitals zum Nutzen der Anleger voraus. Dieses Tatbestandsmerkmal ist bei Projektentwicklungsfonds in der Regel problemlos zu bejahen, da das Kapital der Anleger üblicherweise zum Zweck der Renditegenerierung für die Anleger investiert wird. Insoweit kann auf die Ausführungen zur Investition zum Nutzen der Anleger im Rahmen geschlossener Immobilienfonds verwiesen werden[1893].

e) Kein operativ tätiges Unternehmen außerhalb des Finanzsektors

Da die anderen Tatbestandsmerkmale des Investmentvermögens nach § 1 Abs. 1 S. 1 KAGB in der Regel vorliegen, ist auch bei Projektentwicklungsfonds das negative Tatbestandsmerkmal der operativen Tätigkeit außerhalb des Finanzsektors entscheidend. Das Auslegungsschreiben der BaFin zum Anwendungsbereich des KAGB besagt ausdrücklich, dass die Projektentwicklung als operative Tätigkeit anzusehen ist[1894]. Dies verleitet zu der Annahme, dass Projektentwicklungsfonds grundsätzlich nicht dem KAGB unterfallen[1895]. Allerdings ist auch hier eine pauschale Antwort auf die Frage der Anwendbarkeit des KAGB nicht möglich, sondern es ist eine Prüfung im Einzelfall erforderlich.

i. Begriff der Projektentwicklung

Erste Unsicherheiten ergeben sich aus dem Begriff der Projektentwicklung. Im Auslegungsschreiben der BaFin heißt es: „Auch die Projektentwicklung (Konzeption, Ankauf, Entwicklung der Immobilie und anschließender Verkauf der selbst entwickelten Immobilie) ist als operative Tätigkeit anzusehen“[1896].“ Entsprechend der Vorgehensweise bei Legaldefinitionen in Gesetzestexten ist die Erläuterung des Begriffs in Klammern als Definition der BaFin anzusehen. Nun ist jedoch zu beachten, dass nicht alle Fonds, die nach dem bisherigen Verständnis als Projektentwicklungsfonds bezeichnet wurden, die Voraussetzungen der Projektentwicklung i.S.d. Auslegungsschreibens der BaFin zum Anwendungsbereich des KAGB erfüllen. So existieren z.B. Projektentwicklungsfonds, die nicht den Erwerb und

---

1892 Siehe oben Festgelegte Anlagestrategie, F. II. 1. e), S. 323 ff.

1893 Siehe oben Investition zum Nutzen der Anleger, F. II. 1. f), S. 328.

1894 BaFin, Auslegungsschreiben zum Anwendungsbereich des KAGB, 09.03.2015, Ziffer 7.

1895 BT-Drucks. 17/12294, S. 272.

1896 BaFin, Auslegungsschreiben zum Anwendungsbereich des KAGB, 09.03.2015, Ziffer 7.

die Entwicklung von Immobilien zum Gegenstand haben, sondern z.B. die Errichtung von Anlagen zur Erzeugung von Strom aus erneuerbaren Energien auf einem Grundstück, für welches lediglich die Nutzungsrechte gesichert werden. In solchen Fällen ist fraglich, ob nach Ansicht der BaFin trotz der Abweichung des Begriffs der Projektentwicklung von der Definition im Auslegungsschreiben eine operative Tätigkeit anzunehmen ist. Allerdings erfolgt die Definition der Projektentwicklung unter der Überschrift „Immobilienbereich". Aus diesem Grund kann wohl angenommen werden, dass grundsätzlich auch Projektentwicklungen außerhalb des Immobilienbereichs als operative Tätigkeit angesehen werden können.

Jedoch kommen auch bei Projektentwicklungsfonds, welche Projektentwicklungen im Immobilienbereich zum Gegenstand haben, Abweichungen im Hinblick auf die von der BaFin aufgestellte Definition vor. Denn die Definition der BaFin beschreibt den kompletten Prozess der Projektentwicklung von der Konzeption bis zum Verkauf der *selbst entwickelten* Immobilie. Projektentwicklungsfonds in der bisher üblichen Ausgestaltung sind jedoch häufig nicht von Anfang an in den Projektentwicklungsprozess eingebunden, da sie regelmäßig nur in Projektentwicklungen mit einem bestimmten Entwicklungsstand investieren. So stehen oftmals sowohl der Standort, als auch zumindest die grobe Nutzungskonzeption bereits fest. Auch hier stellt sich die Frage, ob dies der Annahme einer Projektentwicklung nach dem Verständnis der BaFin entgegensteht. Der Wortlaut der Definition der BaFin im Auslegungsschreiben zum Anwendungsbereich des KAGB spricht zunächst dafür, dass die Konzeption von Beginn an als zwingende Voraussetzung der Projektentwicklung anzusehen ist, da es sich bei den genannten Tätigkeiten nicht um alternative Bestandteile zu handeln scheint, sondern um kumulative Voraussetzungen („Konzeption, Ankauf, Entwicklung der Immobilie *und* anschließender Verkauf der selbst entwickelten Immobilie").

Ungeachtet der Tatsache, dass nicht alle Merkmale der Definition des Begriffs der Projektentwicklung erfüllt sind, kann ein Projektentwicklungsfonds dennoch als operativ tätiges Unternehmen nach dem Auslegungsschreiben der BaFin zum Anwendungsbereich des KAGB angesehen werden. Denn gegen das Erfordernis einer Teilnahme am kompletten Projektentwicklungsprozess für das Vorliegen einer operativen Tätigkeit spricht, dass sich die BaFin in ihrem Auslegungsschreiben auf die Ausführungen der ESMA in den Leitlinien zu den Schlüsselbegriffen hinsichtlich der Verfolgung eines allgemein-kommerziellen bzw. allgemein-industriellen Zwecks bezieht und insofern schlussfolgert, dass insbesondere solche Unternehmen als operativ tätig anzusehen sind, die Immobilien entwickeln *oder* errichten. Wenn für das Vorliegen einer operativen Tätigkeit aber bereits ein Element ausreichen soll, kann eine operative Tätigkeit schwerlich verneint werden, wenn ein Projektentwicklungsfonds nur an Teilen des Entwicklungsprozesses und der Errichtung der Immobilie beteiligt ist. Aus diesem Grund ist anzunehmen, dass nicht alle in der Definition der Projektentwicklung durch die BaFin aufgezählten Tätigkeiten vorliegen müssen, damit eine Projektentwicklung als eine operative Tätigkeit i.S.d. Auslegungsschreibens der BaFin zum Anwendungsbereich des KAGB angenommen werden kann.

ii. Verwaltung und Vermietung

Unsicherheiten bestehen auch hinsichtlich der Frage, welche Konsequenzen es für die Beurteilung einer operativen Tätigkeit nach sich zieht, wenn ein Unternehmen zwar Projektentwicklung betreibt, darüber hinaus aber auch andere Tätigkeiten vornimmt, die nach Ansicht der BaFin in ihrem Auslegungsschreiben ausdrücklich als nicht operative Tätigkeiten einzustufen sind. Keine operativen Tätigkeiten sind nach Auffassung der BaFin der Erwerb, die Vermietung bzw. Verpachtung, die Verwaltung und der Verkauf von Immobilien[1897]. Bei der Projektentwicklung liegt zwischen dem Ankauf der zu entwickelnden Immobilie und dem letztendlichen Verkauf des fertigen Immobilienprojekts in aller Regel eine Phase der Verwaltung der Immobilie, da der Projektentwickler die Immobilie bis zur Findung eines Käufers und dem Vollzug des Kaufvertrags denknotwendig in seinem Vermögen hält. Zudem werden im Immobilienbereich üblicherweise bereits im Rahmen der Projektentwicklung Mietverträge abgeschlossen, da diese den Kaufpreis des Projekts erhöhen[1898]. Auch die Vermietung wird im Auslegungsschreiben der BaFin zum Anwendungsbereich des KAGB ausdrücklich als nicht operative Tätigkeit angesehen. Fraglich ist, ob diese nicht operativen Phasen bzw. Tätigkeiten eines Projektentwicklungsfonds dazu führen, dass eine operative Tätigkeit zu verneinen ist.

Wie bereits im Rahmen der operativen Tätigkeit von Immobilienfonds angesprochen, enthält das Auslegungsschreiben der BaFin zum Anwendungsbereich des KAGB keine ausdrücklichen Angaben darüber, wie sich Mischformen aus Projektentwicklung und als nicht operativ angesehenen Tätigkeiten auf die Beurteilung des Vorliegens einer operativen Tätigkeit auswirken. Die bei geschlossenen Immobilienfonds angestellten Erwägungen im Hinblick auf die Behandlung von solchen Mischformen im Rahmen der Qualifizierung als operativ tätiges Unternehmen gelten hier entsprechend und es ist auf den Schwerpunkt der Tätigkeit abzustellen[1899]. Welche Anforderungen jedoch an die Bestimmung der Schwerpunktsetzung zu stellen sind und welche konkreten Kriterien hierfür heranzuziehen sind (z.B. Vergleich der zeitlichen Dauer oder des Verhältnis des eingesetzten Kapitals oder des Gewinns) ist unklar[1900]. Verfolgt das jeweilige Unternehmen jedoch eine Geschäftsstrategie, die eindeutig überwiegend auf die Projektentwicklung von Immobilien ausgerichtet ist und spielt die Verwaltung und Vermietung der Immobilie nur eine untergeordnete Rolle, kann von einer operativen Tätigkeit ausgegangen werden. Nimmt die Projektentwicklung hingegen nur einen untergeordneten Stellenwert bei der Geschäftsstrategie ein und liegt der Schwerpunkt auf der Verwaltung der

1897 BaFin, Auslegungsschreiben zum Anwendungsbereich des KAGB, 09.03.2015, Ziffer 7.

1898 Ausführlich dazu siehe oben Projektentwicklung, D. V. 2. b), S. 166 ff.; *Glück*, Immobilien Zeitung Nr. 39–40/2013, 49.

1899 Ausführlich dazu siehe oben Errichtung einer Immobilie, F. II. 1. g) ii., S. 330 ff. So auch *Krause/Kleebeck*, RdF 2013 4, 10.

1900 *Loritz/Uffmann*, WM 2013, 2193, 2201.

entwickelten Immobilie, so ist eine operative Tätigkeit nach der hier vertretenden Auffassung zu verneinen. Da bei Projektentwicklungsfonds häufig ein möglichst frühzeitiger Verkauf des Immobilienprojekts und eine möglichst kurze Phase der Verwaltung der fertiggestellten Immobilie angestrebt ist, steht die Verwaltung und die Vermietung der Immobilie bei typischen Projektentwicklungsfonds dem Vorliegen einer operativen Tätigkeit nach der hier vertretenen Auffassung in der Regel nicht entgegen.

iii. Objektgesellschaften

Zweifel am Vorliegen einer operativen Tätigkeit bei Projektentwicklungsfonds in der typischen Ausgestaltung können sich noch daraus ergeben, dass die Projektentwicklung üblicherweise nicht auf Ebene der Fondsgesellschaft stattfindet. Vielmehr werden die Projektentwicklungsleistungen auf der Ebene von Objektgesellschaften (sog. SPV) vorgenommen, deren Anteile von der Fondsgesellschaft gehalten werden[1901]. Die Fondsgesellschaft selbst hält demnach unmittelbar keine Projektrechte oder Immobilien in ihrem Vermögen, sondern lediglich die Gesellschaftsanteile an den Objektgesellschaften. Die Situation ist vergleichbar mit der bei Windfonds, welche üblicherweise die Windparks nicht selbst betreiben, sondern nur die Gesellschaftsanteile an den operativ tätigen Projektgesellschaften halten[1902]. Insofern kann auf die dortigen Ausführungen zu den Konsequenzen der Zwischenschaltung einer Projektgesellschaft auf die operative Tätigkeit des Fonds verwiesen werden[1903]. Im Ergebnis ist anzunehmen, dass es für die Unanwendbarkeit des KAGB aufgrund einer operativen Tätigkeit eines Unternehmens nicht ausreicht, wenn dieses Unternehmen lediglich Gesellschaftsanteile an operativ tätigen Unternehmen hält. Hierfür spricht auch die Formulierung „Verkauf der *selbst* entwickelten Immobilie", da im Falle Zwischenschaltung einer Objektgesellschaft gerade keine Immobile vorliegt, welche die Fondsgesellschaft selbst entwickelt hat[1904]. Die BaFin sieht nach ihrem Auslegungsschreiben zum Anwendungsbereich des KAGB die Inanspruchnahme von Leistungen gruppeninterner Gesellschaften im Hinblick auf die Qualifizierung eines Unternehmens als operativ tätiges Unternehmen i.S.d. § 1 Abs. 1 S. 1 KAGB als unschädlich an, sofern dem Unternehmen die unternehmerischen Entscheidungen im laufenden Geschäftsbetrieb verbleiben[1905]. Es kommt bei der Beurteilung der Schädlichkeit der Zwischenschaltung der Objektgesellschaft für eine operative Tätigkeit auf Ebene der Fondsgesellschaft folglich auf die Verteilung der Entscheidungskompetenzen zwischen Fonds- und Objektgesellschaft im

---

1901 Ausführlich dazu siehe oben Objektgesellschaft (SPV), D. V. 2. d), S. 170 f.

1902 Ausführlich dazu siehe oben Projektgesellschaft, D. IV. 2. c), S. 155 f.

1903 Siehe Projektgesellschaft - Mittelbare operative Tätigkeit, F. II. 3. e) i., S. 358 ff.

1904 BaFin, Auslegungsschreiben zum Anwendungsbereich des KAGB, 09.03.2015, Ziffer 7.

1905 BaFin, Auslegungsschreiben zum Anwendungsbereich des KAGB, 09.03.2015, Ziffer 7.

Hinblick auf die unternehmerischen Entscheidungen im laufenden Geschäftsbetrieb der Projektentwicklung an. Da die Fondsgesellschaft in der Regel hundert Prozent der Gesellschaftsanteile der Objektgesellschaft hält, ist die Ausgestaltung dieser Entscheidungskompetenzen in aller Regel relativ frei gestaltbar, weshalb die Unschädlichkeit der Zwischenschaltung der Objektgesellschaft für den Fondsinitiator leicht herbeizuführen ist.

iv. Auslagerung

Gegen das Vorliegen einer operativen Tätigkeit von Projektentwicklungsfonds kann eingewandt werden, dass die Fondsgesellschaft ungeachtet der Zwischenschaltung von Objektgesellschaften ohnehin selbst keine Projektentwicklung betreibt, sondern hierfür externe Projektentwickler verpflichtet. Nach dem Auslegungsschreiben der BaFin zum Anwendungsbereich des KAGB sind Auslagerung im Hinblick auf die operative Tätigkeit eines Unternehmens unschädlich, wenn die unternehmerischen Entscheidungen im laufenden Geschäftsbetrieb aufgrund der Vereinbarung von Gestaltungs-, Lenkungs- und Weisungsrechten beim Unternehmen selbst verbleiben[1906]. Bei Projektentwicklungsfonds besteht die Besonderheit, dass die externen Projektentwickler in der Regel in ihrem Handeln nicht frei sind, sondern weitreichenden Informationspflichten und Kontrollen unterliegen[1907]. Bei der Frage, ob diese Informations- und Kontrollrechte ausreichen für die Unschädlichkeit der Auslagerung, muss zunächst genau beachtet werden, wem diese vertraglichen Rechte zustehen. Dies ist nämlich nicht zwangsläufig die Fondsgesellschaft, sondern kann auch die Objektgesellschaft als Vertragspartnerin des konkreten Projektentwicklungsvertrags sein oder der Fondsinitiator, welcher häufig einen Rahmenvertrag mit dem Projektentwickler abschließt. Auch hier bieten sich jedoch sicherlich Gestaltungsspielräume, sofern Fondsinitiatoren die Unschädlichkeit der Auslagerung im Hinblick auf eine operative Tätigkeit herbeiführen wollen.

Allerdings ist zu beachten, dass das negative Tatbestandsmerkmal des operativ tätigen Unternehmens außerhalb des Finanzsektors in § 1 Abs. 1 S. 1 KAGB angesichts der Zielsetzung des KAGB sowie der AIFM-Richtlinie zur Regulierung sämtlicher geschlossener Fonds bzw. deren Manager eng ausgelegt werden muss, weshalb die Anforderungen an die Unschädlichkeit hoch anzusetzen sind. An dieser Stelle kann auf die obigen Ausführungen verwiesen werden[1908]. Zu fordern ist deshalb, dass die Fondsgesellschaft die unternehmerischen Entscheidungen im laufenden Geschäftsbetrieb selbst treffen muss, damit ein „Verbleiben" der Entscheidungen i.S.d. Auslegungsschreibens der BaFin zum Anwendungsbereich des KAGB angenommen werden kann. Nach der hier vertretenen Auffassung führen demnach auch weitreichende Informations- und Kontrollrechte der Fondsgesellschaft gegenüber

---

1906 BaFin, Auslegungsschreiben zum Anwendungsbereich des KAGB, 09.03.2015, Ziffer 7.

1907 Ausführlich dazu siehe oben Projektentwickler, D. V. 2. c), S. 168 ff.

1908 Siehe Auslagerung der operativen Tätigkeit, F. II. 2. e) ii., S. 343 ff.

dem Projektentwickler nicht dazu, dass die Fondsgesellschaft als operativ tätiges Unternehmen i.S.d. § 1 Abs. 1 S. 1 KAGB anzusehen ist, solange der Projektentwickler unternehmerische Entscheidungen im laufenden Geschäftsbetrieb treffen darf. Zu der Frage, welche Entscheidungen unter den Begriff der „unternehmerischen Entscheidung im laufenden Geschäftsbetrieb" fallen, ist auf die Ausführungen im Rahmen der operativen Tätigkeit von Schiffsfonds zu verweisen[1909]. Unter Heranziehung der Kriterien der unternehmerischen Entscheidungen i.S.d. Business Judgement Rule in § 93 Abs. 1 S. 2 AktG ist davon auszugehen, dass jedenfalls zukunftsbezogene Entscheidungen, bei denen Risiken abgewogen werden, als unternehmerische Entscheidungen anzusehen sind. Aufgrund des Abstellens der BaFin auf unternehmerischen Entscheidungen im *laufenden* Geschäftsbetrieb[1910] sind auch Entscheidungen von geringer Tragweite für das Unternehmen erfasst. Projektentwicklungsfonds nehmen eine Auslagerung der Projektentwicklung gerade deshalb vor, um nicht in den kompletten laufenden Geschäftsbetrieb der Projektentwicklung eingebunden zu sein, und wollen nicht sämtliche geringfügigen unternehmerischen Entscheidungen selbst treffen. Aus diesem Grund ist davon auszugehen, dass Projektentwicklungsfonds in der typischen Ausgestaltung nicht sämtliche unternehmerischen Entscheidungen im laufenden Geschäftsbetrieb i.S.d. Auslegungsschreibens der BaFin zum Anwendungsbereich des KAGB verbleiben, weshalb die Auslagerung der Projektentwicklung zur Verneinung der Eigenschaft als operativ tätiges Unternehmen führt.

f) Ergebnis

Obwohl das Auslegungsschreiben der BaFin zum Anwendungsbereich des KAGB die Projektentwicklung ausdrücklich als operative Tätigkeit ansieht und die Unanwendbarkeit des KAGB auf Projektentwicklungsfonds somit naheliegend erscheint, ist im Ergebnis davon auszugehen, dass Projektentwicklungsfonds in der am häufigsten vorkommenden Form entgegen verschiedenen Stimmen in der Literatur und Fachpresse grundsätzlich in den Anwendungsbereich des KAGB fallen[1911]. Neben dem negativen Tatbestandsmerkmal des operativ tätigen Unternehmens außerhalb des Finanzsektors kann bei Projektentwicklungsfonds das Vorliegen einer festgelegten Anlagestrategie i.S.d. § 1 Abs. 1 S. 1 KAGB in Frage gestellt werden. Denn bei Projektentwicklungsfonds handelt es sich häufig um sog. Blind-Pools, bei denen der Anleger zum Zeitpunkt seines Beitritts die konkreten Projektentwicklungen, in welche der Fonds investiert, nicht kennt. Allerdings erfordert das Vorliegen einer festgelegten Anlagestrategie keine Festlegung auf einen konkreten Investitionsgegenstand.

1909 Siehe Unternehmerische Entscheidungen, F. II. 2. e) iii., S. 345 ff.

1910 BaFin, Auslegungsschreiben zum Anwendungsbereich des KAGB, 09.03.2015, Ziffer 7.

1911 BaFin, Auslegungsschreiben zum Anwendungsbereich des KAGB, 09.03.2015, Ziffer 7; vgl. *Escher* in Habersack/Mülbert/Nobbe/Wittig, Bankrechtstag 2013, S. 132; *Rohmert*, Der Immobilienbrief 2013 (299), 5 ff.

Bei Projektentwicklungsfonds steht in der Regel von Beginn an fest, in welche Art der Projektentwicklungen investiert wird (z.B. Wohnimmobilienprojekte), ebenso wie der grobe geographische Standort der Projektentwicklung (z.B. Deutschland) und die Fremdkapitalquote. Es ist davon auszugehen, dass diese Anlagekriterien ausreichend bestimmt sind, um eine festgelegte Anlagestrategie i.S.d. § 1 Abs. 1 S. 1 KAGB zu bejahen. Hohe Anforderungen an die Bestimmtheit der Anlagekriterien im Hinblick auf das Vorliegen einer Anlagestrategie würden dazu führen, dass allein durch unbestimmte Formulierungen eine Unanwendbarkeit des KAGB herbeigeführt werden könnte. Das dies nicht gewollt ist, bringt die ESMA ausdrücklich in ihren Leitlinien zu den Schlüsselbegriffen zum Ausdruck, wonach die Regulierung der AIFM-Richtlinie nicht dadurch umgangen werden soll, dass allein dem Fondsverwalter das Treffen der Anlageentscheidung obliegt[1912].

Die Unanwendbarkeit des KAGB kommt jedoch aufgrund einer operativen Tätigkeit des Projektentwicklungsfonds in Betracht. Die BaFin bezeichnet die Projektentwicklung in ihrem Auslegungsschreiben zum Anwendungsbereich des KAGB ausdrücklich als operative Tätigkeit, wobei sie den Begriff der Projektentwicklung definiert als Konzeption, Ankauf, Entwicklung und anschließenden Verkauf der selbst entwickelten Immobilie[1913]. Das Vorliegen einer operativen Tätigkeit scheitert bei Projektentwicklungsfonds jedoch nach der hier vertretenen Auffassung in aller Regel daran, dass die operative Tätigkeit der Projektentwicklung nicht von der Fondsgesellschaft selbst ausgeübt wird. Diese lagert die Projektentwicklung vielmehr an Dritte, sog. Projektentwickler, aus. Diese Auslagerung wäre nach dem Auslegungsschreiben der BaFin zum Anwendungsbereich des KAGB nur dann unschädlich im Hinblick auf die operative Tätigkeit des Projektentwicklungsfonds, wenn dem Fonds die unternehmerischen Entscheidungen im laufenden Geschäftsbetrieb verbleiben würden[1914]. Die Anforderungen an die Unschädlichkeit der Auslagerung sind hoch anzusetzen und nach der hier vertretenen Auffassung ist das „Verbleiben“ der Entscheidungen so zu verstehen, dass die unternehmerischen Entscheidungen im laufenden Geschäftsbetrieb tatsächlich von der Fondsgesellschaft selbst getroffen werden müssten. Dies ist jedoch regelmäßig nicht der Fall, da Projektentwicklungsfonds die Projektentwicklung gerade deshalb auslagern, um den laufenden Geschäftsbetrieb der Projektentwicklung nicht selbst auszuführen. Aus diesem Grund führt die Auslagerung der Projektentwicklung bei Projektentwicklungsfonds in der Regel dazu, dass der Fonds nach dem Auslegungsschreiben der BaFin zum Anwendungsbereich des KAGB kein operativ tätiges Unternehmen i.S.d. § 1 Abs. 1 S. 1 KAGB darstellt und damit in den Anwendungsbereich des KAGB fällt. Für Fondsinitiatoren besteht hier Gestaltungsspielraum, da bei Zugrundelegung

1912 ESMA, Leitlinien zu Schlüsselbegriffen (ESMA/2013/611), 30.01.2015, S. 8 IX 22.

1913 BaFin, Auslegungsschreiben zum Anwendungsbereich des KAGB, 09.03.2015, Ziffer 7.

1914 BaFin, Auslegungsschreiben zum Anwendungsbereich des KAGB, 09.03.2015, Ziffer 7.

des Auslegungsschreibens der BaFin die Unanwendbarkeit des KAGB herbeigeführt werden kann, indem die Auslagerung so ausgestaltet wird, dass die Fondsgesellschaft für das Treffen der unternehmerischen Entscheidungen im laufenden Geschäftsbetrieb zuständig bleibt.

5. Private Equity Fonds

Als Letztes ist die Anwendbarkeit des KAGB auf Private Equity Fonds zu untersuchen. Entsprechend der obigen Prüfungen der Eröffnung des Anwendungsbereichs für die anderen Arten geschlossener Fonds kommt es darauf an, ob Private Equity Fonds die Tatbestandsmerkmale des Investmentvermögens nach § 1 Abs. 1 S. 1 KAGB erfüllen. Darüber hinaus kommt bei Private Equity Fonds eine Unanwendbarkeit des KAGB aufgrund von Ausnahmevorschriften, insbesondere der Ausnahmevorschrift für Holdinggesellschaften in § 2 Abs. 1 Nr. 1 KAGB, in Betracht.

a) Organismus für gemeinsame Anlagen

Private Equity Fonds erfüllen die Voraussetzungen eines Organismus für gemeinsame Anlagen i.S.d. § 1 Abs. 1 S. 1 KAGB. Nach dem Auslegungsschreiben der BaFin zum Anwendungsbereich des KAGB setzt ein Organismus i.S.d. Investmentvermögensbegriffs voraus, dass das von den Anlegern eingesammelte Kapital in einem wirtschaftlich oder rechtlich verselbständigten Vermögen gepoolt wird[1915]. Private Equity Fonds werden üblicherweise als GmbH & Co. KG aufgelegt, an welcher sich die Anleger als Kommanditisten beteiligen, weshalb das von den Anlegern eingesammelte Kapital als Kommanditeinlage im Private Equity Fonds rechtlich und wirtschaftlich verselbständigt ist. Bei dem Organismus handelt es auch um einen Organismus für gemeinsame Anlagen i.S.d. Investmentvermögensbegriffs des § 1 Abs. 1 S. 1 KAGB, da die Anleger aufgrund der gesellschaftsrechtlichen Beteiligung am Gewinn und Verlust des Private Equity Fonds beteiligt sind und die Kommanditeinlage keinen unbedingten, fixen Anspruch auf Rückzahlung der Kapitals begründet. Insoweit kann auf die Ausführungen zum Vorliegen eines Organismus für gemeinsame Anlagen bei geschlossenen Immobilienfonds verwiesen werden[1916]. Sofern es sich bei dem Private Equity Fonds nicht um einen Direkt-Investment-Fonds handelt, zu welchem private Kleinanleger aufgrund der hohen Mindesteinlagen üblicherweise keinen Zugang haben, sondern um einen Private Equity Fonds in Form einer Dachfondskonstruktion oder eines Feeder-Fonds, besteht die Besonderheit, dass sich die Anleger an einem Private Equity Dach- oder Feeder Fonds beteiligen, dessen Investitionsgegenstand wiederum die Beteiligung an einem bzw. mehreren

1915 BaFin, Auslegungsschreiben zum Anwendungsbereich des KAGB, 09.03.2015, Ziffer 1.

1916 Siehe oben Organismus, F. II. 1. a), S. 318 und Für gemeinsame Anlagen F. II. 1. b), S. 318 ff.

Private Equity Fonds ist[1917]. Die Tatsache, dass der Organismus, an welchem der Anleger unmittelbar beteiligt ist, selbst wieder in ein Investmentvermögen i.S.d. KAGB investiert, ändert aber nichts am Charakter als Organismus für gemeinsame Anlagen. Dies gilt sowohl für den als Dachfonds bzw. Feeder-Fonds strukturierten Private Equity Fonds, an dem die Privatanleger beteiligt sind, als auch für den Private Equity Fonds, in welchen der Dachfonds bzw. Feeder-Fonds investiert[1918].

b) Einsammeln von Kapital

Tatbestandsvoraussetzung des Investmentvermögensbegriffs gemäß § 1 Abs. 1 S. 1 KAGB und damit Voraussetzung für die Anwendbarkeit des KAGB ist außerdem, dass der Organismus von einer Anzahl an Anlegern Kapital einsammelt. Nach dem Auslegungsschreiben der BaFin zum Anwendungsbereich des KAGB, welches sich auf die Leitlinien der ESMA zu den Schlüsselbegriffen (ESMA/2013/611) bezieht, soll das Einsammeln von Kapital voraussetzen, dass entweder der Organismus selbst oder ein Unternehmen bzw. eine Person für Rechnung des Organismus direkte oder indirekte Schritte unternimmt, um gewerblich Kapital bei Anlegern zu beschaffen mit dem Ziel, dieses nach einer festgelegten Anlagestrategie anzulegen[1919]. Der Vertrieb von Private Equity Fonds unterscheidet sich – insbesondere, wenn es sich um Direkt-Investment-Fonds handelt – insofern vom Vertrieb der Fondsanteile anderer geschlossener Fonds, als dass die Anleger häufig nicht durch Vertriebspartner des Fondsinitiators wie Banken, Anlageberater oder -vermittler auf der Grundlage des Verkaufsprospekts eingeworben werden. Vielmehr werden potentielle Anleger regelmäßig in sog. Road-Shows und Investor-Meetings persönlich über den Private Equity Fonds informiert[1920]. Hierbei handelt es sich zwar um eine andere Form des Vertriebs, jedoch stellen auch diese Informations- und Verkaufsveranstaltungen Schritte dar, welche darauf ausgerichtet sind, gewerblich Kapital bei Anlegern einzusammeln, um dieses Kapital nach einer festgelegten Anlagestrategie zu investieren. Somit ist das Tatbestandsmerkmal des Einsammelns von Kapital auch bei dieser Vertriebsform zu bejahen.

Bei Private Equity Fonds, welche als Dachfonds oder Feeder-Fonds ausgestaltet sind und die sich an private Kleinanleger richten, bestehen im Hinblick auf den Vertrieb keine Unterschiede zu den anderen dargestellten Arten von geschlossenen Fonds, weshalb auf die dortigen Ausführungen zu verweisen ist[1921].

Private Equity Fonds erwerben die Beteiligungen an den Zielgesellschaften in aller Regel nicht unmittelbar selbst, sondern setzen hierfür Tochtergesellschaften als

---

1917 Ausführlich dazu siehe oben Arten von Private Equity Fonds, D. VI. 2. a), S. 179.

1918 Vgl. *Klinger*, NZWiSt 2014, 370, 374.

1919 BaFin, Auslegungsschreiben zum Anwendungsbereich des KAGB, 09.03.2015, Ziffer 3.

1920 Ausführlich dazu siehe oben Anlegerkreis und Vertrieb, D. VI. 2. b), S. 179 ff.

1921 Siehe oben Einsammeln von Kapital, F. II. 1. c), S. 320 ff.

sog. Erwerbs- oder Akquisitionsgesellschaften ein[1922]. Zum Teil wird in der Literatur die Frage aufgeworfen, ob es sich bei sog. Erwerbsgesellschaften um Investmentvermögen handelt, welche ihrerseits unter das KAGB fallen[1923]. Die Anwendbarkeit des KAGB wird jedoch zu Recht überwiegend verneint mit der Begründung, die Erwerbsgesellschaft sammele kein Kapital ein i.S.d. § 1 Abs. 1 S. 1 KAGB[1924].

c) Von einer Anzahl an Anlegern

Voraussetzung für das Vorliegen eines Investmentvermögens i.S.d. § 1 Abs. 1 S. 1 KAGB ist außerdem, dass das Kapital von einer „Anzahl von Anlegern" eingesammelt wird. Dieses Tatbestandsmerkmal ist gemäß § 1 Abs. 1 S. 2 KAGB erfüllt, wenn die Anlagebedingungen, die Satzung oder der Gesellschaftsvertrag des Organismus die Anzahl möglicher Anleger nicht auf einen einzigen Anleger beschränken. Üblicherweise sind Private Equity Fonds auf die Beteiligung mehrerer Anleger ausgerichtet, weshalb der mögliche Anlegerkreis im Gesellschaftsvertrag nicht auf einen einzigen Anleger beschränkt ist und das Kapital damit von einer Anzahl von Anlegern i.S.d. § 1 Abs. 1 S. 2 KAGB beschafft wird. Allerdings existieren in der Praxis vereinzelt Private Equity Fonds, welche nur einen einzigen Anleger aufweisen, für welchen der Private

---

1922 Ausführlich dazu siehe oben Erwerbsgesellschaft und Akquisitionsfinanzierung, D. VI. 2. f), S. 187 f.

1923 *Kloyer* in Möllers/Kloyer, Das neue KAGB, Rn. 248; *Bäuml*, FR 2013, 640, 644; *Haisch/Helios*, BB 2013, 23, 26; *Tollmann* in Dornseifer/Jesch/Klebeck/Tollmann, AIFM-Richtlinie, Art. 4 Rn. 44.

1924 Die Beteiligungen an den Erwerbsgesellschaften werden häufig zu 100 % vom Private Equity Fonds gehalten und die Erwerbsgesellschaften unternehmen keine Schritte, um bei Anlegern Kapital zu beschaffen. Die Anwendbarkeit des KAGB auf Erwerbsgesellschaften wird dementsprechend überwiegend abgelehnt, vgl. *Haisch/Helios*, BB 2013, 23, 26; *Tollmann* in Dornseifer/Jesch/Klebeck/Tollmann, AIFM-Richtlinie, Art. 4 Rn. 44; Geurts/Schubert, KAGB, S. 36. Dennoch wird zum Teil das Vorliegen des Tatbestandsmerkmals des Einsammelns von Kapital von einer Anzahl von Anlegern diskutiert, vgl. *Kloyer* in Möllers/Kloyer, Das neue KAGB, Rn. 248. Gegen die Anwendbarkeit des KAGB auf der Ebene der Erwerbsgesellschaft zusätzlich zur Regulierung des Private Equity Fonds spricht, dass dies zu einer Verdoppelung der Regulierung führen würde, jedoch weder den Anlegerschutz, noch den Schutz vor Systemrisiken in irgendeiner Weise fördern und lediglich einen immensen Aufwand verursachen würde. Die Anwendbarkeit des KAGB auf Erwerbsgesellschaften wird zum Teil auch dann verneint, wenn die Erwerbgesellschaft nicht von einem Private Equity Fonds gehalten wird, sondern sich mehrere Private Equity Fonds zusammen tun und eine gemeinsame Erwerbsgesellschaft nutzen, vgl. *Tollmann* in Dornseifer/Jesch/Klebeck/Tollmann, AIFM-Richtlinie, Art. 4 Rn. 44; ebenso woh*l Haisch/Helios*, BB 2013, 23, 26. Vom Ergebnis her ist die Ablehnung der Anwendbarkeit des KAGB auch in diesem Fall richtig, allerdings fällt die Verneinung des Einsammelns von Kapital von einer Anzahl von Anlegern hier unter Umständen schwerer und eine Abgrenzung zu Investmentvermögen bereitet im Einzelfall Schwierigkeiten.

Equity Fond eigens gegründet wird (z.B. eine Bank). Sofern dies im Gesellschaftsvertrag des Private Equity Fonds durch eine Beschränkung des Anlegerkreises auf eben diesen bzw. einen einzigen Anleger zum Ausdruck kommt, ist das Tatbestandsmerkmal der Anzahl von Anlegern zu verneinen und das KAGB findet keine Anwendung.

Im Fall von Feeder-Fonds bzw. Dachfondskonstruktionen, bei denen der Feeder-Fonds bzw. Dachfonds der einzige Anleger eines Fonds ist und diese Begrenzung des Anlegerkreises auch im Gesellschaftsvertrag des Fonds geregelt ist, stellt sich die Frage, ob eine Anzahl von Anlegern vorliegt. In diesem Zusammenhang ist zu beachten, dass sowohl die BaFin, als auch die ESMA bei dem Tatbestandsmerkmal der Anzahl von Anlegern eine materielle Betrachtung vornimmt. Nach dem Auslegungsschreiben der BaFin zum Anwendungsbereich des KAGB ist eine Anzahl von Anlegern auch dann zu bejahen, wenn sich nach der Satzung, dem Gesellschaftsvertrag oder den Anlagebedingungen des Organismus der Treuhänder als einziger Anleger an dem Organismus beteiligen darf[1925]. Die BaFin stellt in diesem Fall unter Heranziehung der Leitlinien der ESMA zu den Schlüsselbegriffen auf die hinter dem Treuhänder stehenden Anleger ab („Look-Through"). Die ESMA beschränkt diese materielle Betrachtung nicht auf Treuhänder, sondern bejaht eine Anzahl von Anlegern auch bei Vorliegen eines einzigen Anlegers allgemein dann, wenn dieser alleinige Anleger Kapital anlegt, welches er bei mehreren natürlichen oder juristischen Personen eingesammelt hat, um dieses Kapital zugunsten dieser Personen anzulegen oder wenn der alleinige Anleger aus einer Einrichtung oder Struktur besteht, welche insgesamt mehr als einen Anleger im Sinne der AIFM-Richtlinie aufweist[1926]. Als Beispiel für solche Einrichtungen oder Strukturen nennt die ESMA ausdrücklich Master-Feeder-Fonds, bei denen ein einziger Feeder Fonds in den Master Fonds investiert sowie Dachfondskonstruktionen, bei denen der Dachfonds der einzige Anleger eines Organismus ist[1927]. Aus diesem Grund liegt auch bei Private Equity Fonds, an denen sich gemäß dem Gesellschaftsvertrag lediglich ein einziger Dachfonds oder ein alleiniger Feeder-Fonds beteiligt, eine Anzahl von Anlegern i.S.d. § 1 Abs. 1 S. 2 KAGB vor[1928].

d) *Festgelegte Anlagestrategie*

Weitere Voraussetzung für das Vorliegen eines Investmentvermögens i.S.d. § 1 Abs. 1 S. 1 KAGB und damit für die Anwendbarkeit des KAGB ist das Verfolgen einer festgelegten Anlagestrategie. Dieses Tatbestandsmerkmal wird in der Gesetzesbegründung des KAGB sowie im Auslegungsschreiben der BaFin zum Anwendungsbereich des KAGB, welches auf die Leitlinien der ESMA zu den Schlüsselbegriffen

1925 BaFin, Auslegungsschreiben zum Anwendungsbereich des KAGB, 09.03.2015, Ziffer 4.

1926 ESMA, Leitlinien zu Schlüsselbegriffen (ESMA/2013/611), 30.01.2015, S. 7 VIII 18.

1927 ESMA, Leitlinien zu Schlüsselbegriffen (ESMA/2013/611), 30.01.2015, S. 7 VIII 19.

1928 So auch *Tollmann* in Dornseifer/Jesch/Klebeck/Tollmann, AIFM-Richtlinie, Art. 4 Rn. 40 ff.; *Klinger*, NZWiSt 2014, 370, 374; *Haisch/Helios*, BB 2013, 23, 26.

verweist, näher konkretisiert. Die Gesetzesbegründung verlangt für das Vorliegen einer festgelegten Anlagestrategie, dass die Kriterien, nach denen das eingesammelte Kapital angelegt werden soll, schriftlich genau bestimmt sind in einem Umfang, der über eine allgemeine Geschäftsstrategie hinausgeht[1929]. Die ESMA fordert in ihren Leitlinien zu den Schlüsselbegriffen für das Vorliegen einer festgelegten Anlagestrategie die Verfolgung einer Strategie dahingehend, wie das eingesammelte Kapital zur Erwirtschaftung der Gemeinschaftsrendite für die Anleger zu verwalten ist[1930]. Zur Bestimmung des Vorliegens einer solchen Strategie hat die ESMA vier Faktoren herausgearbeitet (u.a. die Existenz von Anlagerichtlinien). In Bezug auf die Einzelheiten der Voraussetzungen, welche die Gesetzesbegründung und die BaFin bzw. die ESMA an die festgelegte Anlagestrategie stellen, ist auf die ausführlichen Erläuterungen im Rahmen geschlossener Immobilienfonds zu verweisen[1931].

Bei Private Equity Fonds besteht die Besonderheit, dass diese als sog. Blind-Pools aufgelegt werden und die konkreten Unternehmensbeteiligungen zum Zeitpunkt des Beitritts der Anleger noch nicht feststehen[1932]. Typischerweise sind Private Equity Fonds in ihrer Anlagetätigkeit jedoch nicht völlig frei, sondern verfolgen eine bestimmte Investmentstrategie, wonach der Investitionsgegenstand des Private Equity Fonds z.B. nur Beteiligungen von Unternehmen in bestimmten Entwicklungsphasen aus bestimmten Branchen in bestimmten geographischen Gebieten sein dürfen[1933]. Es stellt sich die Frage, ob das Vorliegen eines solchen Blind-Pools, bei welchem nur gewisse Anlagekriterien vorgegeben sind, im Widerspruch zum Tatbestandsmerkmal der festgelegten Anlagestrategie i.S.d. § 1 Abs. 1 S. 1 KAGB steht. Diese Frage ist unter Verweis auf die Ausführungen im Rahmen der festgelegten Anlagestrategie bei Projektentwicklungsfonds zu verneinen; eine festgelegte Anlagestrategie i.S.d. § 1 Abs. 1 S. 1 KAGB kann auch bei solchen Blind-Pools angenommen werden[1934].

Als weiteres Argument dafür, dass die Investmentstrategie von Private Equity Fonds den Anforderungen an die festgelegte Anlagestrategie i.S.d. § 1 Abs. 1 S. 1 KAGB genügt, können die vom KAGB aufgestellten Transparenzpflichten im Zusammenhang mit der Anlagestrategie nach § 44 Abs. 1 Nr. 3, Abs. 7 KAGB i.V.m. Art. 2, 3 sowie Anhang IV Level II VO (EU) Nr. 231/2013 herangezogen werden. So sind die von der KVG geforderten Angaben zu den Anlagestrategien der verwalteten AIF im Rahmen der Berichtspflichten einer registrierungspflichtigen KVG relativ grobmaschig[1935]. Gefordert sind dort nach Ansicht der BaFin lediglich

---

1929 BT-Drucks. 17/12294, S. 201.

1930 ESMA, Leitlinien zu Schlüsselbegriffen (ESMA/2013/611), 30.01.2015, S. 7 IX 20; BaFin, Auslegungsschreiben zum Anwendungsbereich des KAGB, 09.03.2015, Ziffer 5.

1931 Siehe oben Festgelegte Anlagestrategie, F. II. 1. e), S. 323 ff.

1932 Brettel/Kaufmann/Kühn/Sobczak, Private Equity Investoren, S. 29; *Kind* in Lüdicke/Arndt, Geschlossene Fonds, S. 422 f.; *Rudolph*, ZGR 2008, 161, 163.

1933 Gündel/Katzorke, Private Equity, S. 201.

1934 Siehe Festgelegte Anlagestrategie, F. II. 4. c), S. 369 ff.

1935 Level II VO (EU) Nr. 231/2013, Anhang IV, Spalte 10.

Angaben zu den wichtigsten Vermögenswertkategorien, in die ein AIF investieren darf sowie im Fall von Dachfondskonstruktionen Angaben zu den Arten an Zielfonds[1936]. Darüber hinaus sind Angaben zu den Risikoprofilen und sonstigen Eigenschaften der AIF erforderlich einschließlich der Angabe des Sitzes der AIF sowie der industriellen, geografischen und sonstigen Marktsektoren oder speziellen Vermögenswertgattungen, die im Mittelpunkt der Anlagestrategie stehen, und eine Beschreibung der Grundsätze der AIF in Bezug auf Kreditaufnahmen und Hebelfinanzierungen[1937]. Nach Anhang IV Level II VO (EU) Nr. 231/2013 muss bei Private Equity Fonds diejenige Private Equity Strategie angegeben werden, welche die Strategie des Fonds am besten beschreibt (z.B. Wagniskapital oder Mezzanine-Kapital). Zwar können diese Transparenzpflichten bei der Frage des Vorliegens einer festgelegten Anlagestrategie i.S.d. § 1 Abs. 1 S. 1 KAGB nicht unmittelbar herangezogen werden. Denn diese Transparenzpflichten setzten die Anwendbarkeit des KAGB voraus, während die festgelegte Anlagestrategie i.S.d. § 1 Abs. 1 S. 1 KAGB über die Anwendbarkeit des KAGB entscheidet. Wenn aber schon die im Rahmen der Transparenzpflichten geforderten Angaben zu der Anlagestrategie relativ weit gefasst sind, spricht vieles dafür, auch Investmentstrategien mit wenig Einschränkungen im Hinblick auf die Zielunternehmen für das Vorliegen einer festgelegten Anlagestrategie i.S.d. § 1 Abs. 1 S. 1 KAGB genügen zu lassen. Denn grundsätzlich kann angenommen werden, dass die Anforderungen an eine festgelegte Anlagestrategie zur Eröffnung des Anwendungsbereichs niedriger sind, als die Anforderungen, welche das KAGB bei Eröffnung des Anwendungsbereichs an Pflichten im Zusammenhang mit der Anlagestrategie aufstellt.

Bei Private Equity Fonds, welche als Feeder-Fonds oder Dachfonds ausgestaltet sind, ist der Investitionsgegenstand die Beteiligung an einem anderen Private Equity Fonds (Master-Fonds bzw. Zielfonds). In diesem Fall bezieht sich die Anlagestrategie des Feeder-Fonds bzw. Dachfonds nicht auf die Unternehmensbeteiligungen an den Zielunternehmen, sondern auf den Private Equity Fonds als Master-Fonds bzw. Ziel-Fonds. Sofern der Feeder-Fonds lediglich in die Beteiligung an einem einzigen Master-Fonds investiert, steht der konkrete Investitionsgegenstands des Feeder-Fonds von Beginn an fest und am Vorliegen einer festgelegten Anlagestrategie bestehen keine Zweifel. Eine festgelegte Anlagestrategie ist auch dann anzunehmen, wenn ein Dachfonds in eine Vielzahl von Private Equity Fonds investiert, welche zum Zeitpunkt des Beitritts der Anleger noch nicht feststehen und der Dachfonds somit seinerseits als Blind-Pool ausgestaltet ist. Denn üblicherweise dürfen auch solche Dachfonds nicht ohne Einschränkung in jegliche Private Equity Fonds investieren.

1936 BaFin, Merkblatt Einzelne Hinweise zur Registrierung nach § 44 KAGB i.V.m. Art. 2–5 der Delegierten Verordnung 231/2013, 30.08.2013, WA 41-Wp 2137-2013/0044, Ziffer 2.

1937 BaFin, Merkblatt Einzelne Hinweise zur Registrierung nach § 44 KAGB i.V.m. Art. 2–5 der Delegierten Verordnung 231/2013, 30.08.2013, WA 41-Wp 2137-2013/0044, Ziffer 2.

Vielmehr verfolgen auch solche Dachfonds typischerweise eine Investmentstrategie, wonach nur in bestimmte Private Equity Fonds mit bestimmten Merkmalen investiert werden darf, weshalb die Anlagetätigkeit des Dachfonds auch hier durch bestimmte Anlagekriterien eingeschränkt ist. In Anbetracht der angezeigten weiten Auslegung der Anforderungen an das Vorliegen einer festgelegten Anlagestrategie, ist davon auszugehen, dass die Strategie zur Investition in bestimmte Private Equity Fonds die Anforderungen an die festgelegte Anlagestrategie i.S.d. § 1 Abs. 1 S. 1 KAGB erfüllt.

e) Investition zum Nutzen der Anleger

Eine weitere Tatbestandsvoraussetzung des für die Anwendbarkeit des KAGB entscheidenden Vorliegens eines Investmentvermögens i.S.d. § 1 Abs. 1 S. 1 KAGB ist, dass das von den Anlegern eingesammelte Kapital nach der festgelegten Anlagestrategie zum Nutzen der Anleger investiert wird. Im Auslegungsschreiben der BaFin zum Anwendungsbereich des KAGB wird dieses Tatbestandsmerkmal dahingehend konkretisiert, dass eine Investition zum Nutzen der Anleger zu verneinen sei, wenn das Kapital zum Nutzen des eigenen Unternehmens investiert werde[1938]. Das Management des Private Equity Fonds – also in der Regel die geschäftsführende Kommanditistin – beteiligt sich üblicherweise selbst kapitalmäßig an der Fondsgesellschaft und nimmt nach Erreichen einer Hurdle Rate disproportional an den Gewinnausschüttungen des Private Equity Fonds teil (sog. Carried Interest)[1939]. Die Investitionen des Private Equity Fonds erfolgen somit auch im Interesse des Managements bzw. des dahinter stehenden Fondsinitiators, weshalb das Vorliegen des Tatbestandsmerkmals der Investition zum Nutzen der Anleger in Zweifel gezogen werden könnte. Im Ergebnis ist jedoch davon auszugehen, dass eine gesellschaftsrechtliche Beteiligung des Fondsinitiators der Investition zum Nutzen der Anleger i.S.d. § 1 Abs. 1 S. 1 KAGB nicht entgegensteht und die Investition „auch" zum Nutzen der Anleger ausreichend ist[1940]. Denn eine andere Auslegung des Tatbestandsmerkmals „zum Nutzen der Anleger" hätte zur Folge, dass die meisten geschlossenen Fonds aus dem Anwendungsbereich des KAGB herausfallen würden, da geschlossene Fonds wirtschaftliche Unternehmen sind und daher typischerweise eigenwirtschaftliche Interessen verfolgen[1941]. Es kann insoweit auf die Ausführungen

---

1938 BaFin, Auslegungsschreiben zum Anwendungsbereich des KAGB, 09.03.2015, Ziffer 6.

1939 Ausführlich dazu siehe oben Struktur der Fondsgesellschaft und Carried Interest, D. VI. 2. j), S. 194 ff.; Brettel/Kaufmann/Kühn/Sobczak, Private Equity Investoren, S. 25; *Kind* in Lüdicke/Arndt, Geschlossene Fonds, S. 422; *Boxberger/Klebeck*, BKR 2013, 441, 447.

1940 *Kloyer* in Möllers/Kloyer, Das neue KAGB, Rn. 252; *Eckhold/Balzer* in Assmann/Schütze, Hdb. des Kapitalanlagerechts, § 22 Rn. 24; *Loritz/Uffmann*, WM 2013, 2193, 2200.

1941 Vgl. *Loritz/Uffmann*, WM 2013, 2193, 2200.

im Rahmen der Prüfung des Tatbestandsmerkmals der Investition zum Nutzen der Anleger im Rahmen von Schiffsfonds verwiesen werden[1942].

f) Kein operativ tätiges Unternehmen außerhalb des Finanzsektors

Auch bei Private Equity Fonds kommt ein Scheitern des Vorliegens eines Investmentvermögens i.S.d. § 1 Abs. 1 S. 1 KAGB und die Unanwendbarkeit des KAGB aufgrund des negativen Tatbestandmerkmals des operativ tätigen Unternehmens außerhalb des Finanzsektors in Betracht.

i. Operative Tätigkeit

Im Zusammenhang mit Private Equity Fonds erscheint der Begriff der operativen Tätigkeit als besonders problematisch. Abgesehen davon, dass die Bestimmung des Vorliegens einer operativen Tätigkeit i.S.d. § 1 Abs. 1 S. 1 KAGB aufgrund der fehlenden Definition dieses Begriffs im KAGB und der Gesetzesbegründung ohnehin Schwierigkeiten bereitet, fällt die Geschäftstätigkeit von Private Equity Fonds in keinen der Bereiche – Immobilienbereich, Schiffsbereich – für welchen die BaFin im Auslegungsschreiben zum Anwendungsbereich des KAGB Beispiele nennt, wann eine operative Tätigkeit zu bejahen oder zu verneinen ist[1943]. Auch aus den Ausführungen der ESMA in den Leitlinien zu den Schlüsselbegriffen zum „allgemein kommerziellen oder -industriellen Zweck", auf welche die BaFin im Zusammenhang mit der operativen Tätigkeit verweist, ergibt sich nicht unmittelbar, ob Private Equity Fonds in den Anwendungsbereich des KAGB bzw. der AIFM-Richtlinie fallen oder nicht[1944].

Versteht man den Begriff der operativen Tätigkeit in Anlehnung an die Gesetzesbegründung zum Investmentvermögensbegriff – welche Unternehmen, die keine Fonds sind, mit diesem negativen Tatbestandsmerkmal aus dem Anwendungsbereich des KAGB herausnehmen will – als eine Art unternehmerischer Aktivität, so könnten Private Equity Fonds durchaus als operativ tätige Unternehmen anzusehen sein[1945]. Denn Private Equity Fonds halten die erworbenen Unternehmensbeteiligungen nicht nur passiv in ihrem Vermögen bis zu deren Verwertung (sog. Exit), sondern üben typischerweise über die Gesellschafterrechte bzw. über vertraglich vereinbarte Mitspracherechte Einfluss auf die Portfoliounternehmen aus[1946]. Private Equity Fonds sind zwar üblicherweise nicht aktiv am Management der

---

1942 Siehe Investition zum Nutzen der Anleger, F. II. 2. d), S. 339 ff.

1943 BaFin, Auslegungsschreiben zum Anwendungsbereich des KAGB, 09.03.2015, Ziffer 7.

1944 ESMA, Leitlinien zu Schlüsselbegriffen (ESMA/2013/611), 30.01.2015, S. 6 VI Ziffer 12 a).

1945 BT-Drucks. 17/12294, S. 201; vgl. *Krause/Klebeck*, RdF 2013, 4, 9 f.

1946 *Inhester* in MünchHdb. GesR II, § 26 Rn. 124; *Feldhaus* in Feldhaus/Veith, Frankfurter Kommentar zu Private Equity, Kap. 1 Rn. 250.

Portfoliounternehmen beteiligt, jedoch unterstützen sie dieses bei der Ausschöpfung von Wertsteigerungspotentialen z.B. durch kaufmännische und branchenspezifische Beratungsleistungen sowie durch die Zurverfügungstellung von Netzwerken[1947]. Es stellt sich die Frage, ob diese Unterstützungshandlungen den Private Equity Fonds zu einem operativ tätigen Unternehmen außerhalb des Finanzsektors i.S.d. § 1 Abs. 1 S. 1 KAGB qualifizieren[1948]. Dies hätte zur Folge, dass Private Equity Fonds nicht in den Anwendungsbereich des KAGB fallen würden.

Da Private Equity Fonds mit dieser Tätigkeit nicht die unmittelbare Wertsteigerung des eigenen Unternehmens bezwecken, sondern die wertsteigernden Maßnahmen sich auf die Portfoliounternehmen und damit andere Unternehmen beziehen, könnte sich ein Rückgriff auf die von der BaFin herangezogenen Wertungen bei der Einschaltung fremder Dienstleister und gruppeninterner Gesellschaften anbieten. Nach dem Auslegungsschreiben der BaFin zum Anwendungsbereich des KAGB soll die Zwischenschaltung gruppeninterner Gesellschaften und externer Dienstleister im Hinblick auf die Qualifizierung als operativ tätiges Unternehmen unschädlich sein, solange die unternehmerischen Entscheidungen im laufenden Geschäftsbetrieb aufgrund der ausdrücklichen Vereinbarung von Gestaltungs-, Lenkungs- und Weisungsrechten beim Unternehmen selbst verbleiben[1949]. Man könnte daran denken, zur Feststellung der operativen Tätigkeit des Private Equity Fonds auf das Treffen der unternehmerischen Entscheidungen im laufenden Geschäftsbetrieb der Portfoliogesellschaften abzustellen[1950]. Da für diese Entscheidungen das Management der Portfoliogesellschaften grundsätzlich selbst zuständig ist, wäre eine operative Tätigkeit auf Ebene des Private Equity Fonds zu verneinen. Zwar ist anzunehmen, dass die BaFin in erster Linie Auslagerungssachverhalte im Blick hatte und ein solcher bei den Unterstützungshandlungen der Private Equity Fonds nicht einschlägig ist, da von den Portfoliounternehmen keine Tätigkeiten auf den Private Equity Fonds übertragen werden, die originär in den Zuständigkeits- und Verantwortungsbereich der Portfoliounternehmen fallen. Nach dem Wortlaut des Auslegungsschreibens der BaFin zum Anwendungsbereich des KAGB ist jedoch nur gefordert, dass sich das Unternehmen im Rahmen seiner operativen Tätigkeit der Leistungen gruppeninterner Gesellschafter oder fremder Dienstleister bedient[1951].

1947 *Gabrysch* in Breithaupt/Ottersbach, Kompendium Gesellschaftsrecht, S. 114 Rn. 69; *Rudolph*, ZGR 2008, 161, 163.

1948 *Krause/Klebeck*, RdF 2013, 4, 10.

1949 BaFin, Auslegungsschreiben zum Anwendungsbereich des KAGB, 09.03.2015, Ziffer 7.

1950 Nach der hier vertretenen Auffassung ist eine enge Auslegung des „Verbleibens" der unternehmerischen Entscheidungen im laufenden Geschäftsbetrieb geboten, weshalb diese Entscheidungen von dem operativ tätigen Unternehmen selbst getroffen werden müssen. Ausführlich dazu siehe oben Auslagerung der operativen Tätigkeit, F. II. 2. e) ii., S. 343 ff.

1951 BaFin, Auslegungsschreiben zum Anwendungsbereich des KAGB, 09.03.2015, Ziffer 7.

Sofern sich die Unterstützungshandlungen des Private Equity Fonds auf operative Tätigkeiten beziehen, kann hierin durchaus das Sich-Bedienen solcher Leistungen gesehen werden.

Gegen eine Beurteilung der operativen Tätigkeit des Private Equity Fonds anhand der unternehmerischen Entscheidungen im laufenden Geschäftsbetrieb auf Ebene der Portfoliogesellschaften spricht aber, dass das Auslegungsschreiben der BaFin zum Anwendungsbereich des KAGB nur regelt, inwiefern die Inanspruchnahme von Leistungen Dritter im Rahmen der operativen Tätigkeit dem Vorliegen eines operativ tätigen Unternehmens entgegensteht. Zu beachten ist jedoch, dass sich die Portfoliounternehmen der Leistungen des Private Equity Fonds bedient und nicht umgekehrt. Über das Vorliegen einer operativen Tätigkeit des Unternehmens, welches für ein anderes Unternehmen Leistungen erbringt, sagt das Auslegungsschreiben der BaFin zum Anwendungsbereich des KAGB nichts aus. Wenn Private Equity Fonds für Portfoliounternehmen operative Tätigkeiten ausüben, kann dies nicht dazu führen, dass eine operative Tätigkeit des Private Equity Fonds verneint wird. Somit ist es nicht möglich, bei der Beurteilung der operativen Tätigkeit des Private Equity Fonds i.S.d. § 1 Abs. 1 S. 1 KAGB auf die unternehmerischen Entscheidungen im laufenden Geschäftsbetrieb auf Ebene der Portfoliounternehmen abzustellen. Die Frage ist vielmehr, ob die wertsteigernden Unterstützungshandlungen des Private Equity Fonds selbst als operative Tätigkeiten anzusehen sind.

Das Vorliegen einer operativen Tätigkeit i.S.d. § 1 Abs. 1 S. 1 KAGB wird von Stimmen in der Literatur davon abhängig gemacht, ob die Tätigkeit des Unternehmens auf eine Wertschöpfung oder Wertsteigerung durch Eigenleistung ausgerichtet ist, die über die bloße Verwaltung von Vermögensgegenständen hinausgeht[1952]. Bei einer solchen Auslegung des Begriffs der operativen Tätigkeit wären Private Equity Fonds aufgrund der wertschöpfenden bzw. wertsteigernden Unterstützung der Portfoliounternehmen als operativ tätige Unternehmen anzusehen[1953]. Zum Teil wird in der Literatur im Zusammenhang mit dem negativen Tatbestandsmerkmal des operativ tätigen Unternehmens außerhalb des Finanzsektors vorgeschlagen, passives Anlageverhalten als nicht operative Tätigkeit einzustufen und nur bei aktiven Herstellungsprozessen bzw. sonstigen vergleichbaren aktiven Vorgängen eine operative Tätigkeit anzunehmen[1954]. Zwar stellen Private Equity Fonds keine Waren oder Produkte her, jedoch kann die Unterstützung des Managements der Portfoliounternehmen durch Beratungsleistungen und sonstige Maßnahmen seitens des Private Equity Fonds durchaus als aktive unternehmerische Tätigkeiten angesehen werden, was ebenfalls für das Vorliegen einer operativen Tätigkeit i.S.d. § 1 Abs. 1 S. 1 KAGB spricht[1955].

1952 Vgl. *Krause/Klebeck*, RdF 2013, 4, 10.
1953 *Krause/Klebeck*, RdF 2013, 4, 10.
1954 *Krause/Klebeck*, RdF 2013, 4, 10.
1955 *Krause/Klebeck*, RdF 2013, 4, 10.

Andererseits besteht die Geschäftstätigkeit von Private Equity Fonds nicht ausschließlich darin, Unternehmen zu unterstützen wie dies z.B. bei klassischen Unternehmensberatungen der Fall ist. Vielmehr ist die wesentliche Tätigkeit von Private Equity Fonds darin zu sehen, geeignete Zielunternehmen als Anlageobjekte zu finden und das eingesammelte Kapital in Unternehmensbeteiligungen anzulegen. Dies wiederum könnte dem Vorliegen einer operativen Tätigkeit i.S.d. § 1 Abs. 1 S. 1 KAGB entgegenstehen. Nach dem Auslegungsschreiben der BaFin zum Anwendungsbereich des KAGB soll eine Anlagetätigkeit jedoch nicht zwangsläufig zur Verneinung des Vorliegens eines operativ tätigen Unternehmens i.S.d. § 1 Abs. 1 S. 1 KAGB führen[1956]. Wenn ein operatives Unternehmen zusätzlich zu der operativen Tätigkeit Investitionen zu Anlagezwecken tätige, sei dies im Hinblick auf Qualifizierung als operativ tätiges Unternehmen unschädlich, sofern die Anlagetätigkeit lediglich als untergeordnete Neben- oder Hilfstätigkeit anzusehen sei[1957]. Übt ein Unternehmen demnach sowohl operative Tätigkeiten, als auch Anlagetätigkeiten aus, so ist zur Beurteilung des Vorliegens eines operativ tätigen Unternehmens der Schwerpunkt der Tätigkeit maßgeblich[1958]. Eine eindeutige Schwerpunktpunktsetzung auf die Tätigung von Anlagen kann bei Private Equity jedenfalls nicht angenommen werden, zumal keine klaren Kriterien zur Bestimmung des Schwerpunkts existieren. Die Bestimmung des Schwerpunkts wird zudem dadurch erschwert, dass die Unternehmensbeteiligungen gleichzeitig Investitionsgegenstand und Bezugspunkt der aktiven Tätigkeit der Private Equity Fonds sind. Man könnte durchaus argumentieren, dass Private Equity Fonds in erster Linie darauf ausgerichtet sind, dass von den Anlegern eingesammelte Kapital in Unternehmensbeteiligungen zu investieren. Andererseits werden diese Unternehmensbeteiligungen aber aufgrund der aktiven Einflussnahme des Private Equity Fonds auf die Portfoliounternehmen eben gerade nicht nur passiv im Vermögen gehalten, was jedoch als typisches Merkmal einer Anlagetätigkeit angesehen werden kann[1959]. Dies spricht dagegen, dass der Tätigkeitsschwerpunkt von Private Equity Fonds in der bloßen Anlagetätigkeit liegt. Ein klares Überwiegen der Anlagetätigkeit gegenüber der operativen Tätigkeit kann jedenfalls nicht ohne weiteres angenommen werden, weshalb das Vorliegen einer operativen Tätigkeit i.S.d. § 1 Abs. 1 S. 1 KAGB nicht mit Sicherheit verneint werden kann.

Bei den anderen Arten geschlossener Fonds konnte das Vorliegen eines operativ tätigen Unternehmens i.S.d. § 1 Abs. 1 S. 1 KAGB im Wege einer richtlinienkonformen Auslegung des Begriffs des operativ tätigen Unternehmens i.S.d. § 1 Abs. 1 S. 1 KAGB (bzw. der richtlinienkonformen Auslegung der Anforderungen der Unschädlichkeit

---

1956 BaFin, Auslegungsschreiben zum Anwendungsbereich des KAGB, 09.03.2015, Ziffer 7.

1957 BaFin, Auslegungsschreiben zum Anwendungsbereich des KAGB, 09.03.2015, Ziffer 7.

1958 Ausführlich dazu siehe oben Errichtung einer Immobilie, F. II. 1. g) ii., S. 330 ff.

1959 So auch *Krause/Klebeck*, RdF 2013, 4, 10.

der Auslagerung nach dem Auslegungsschreiben der BaFin zum Anwendungsbereich des KAGB) unter Berücksichtigung des Sinn und Zwecks des KAGB verneint werden. Dieser Weg ist bei Private Equity Fonds hingegen nicht gangbar. Denn die Grenze einer jeden Auslegung ist der Wortlaut einer Norm. Die Formulierung einer abstrakten Auslegung des Begriffs der operativen Tätigkeit, nach der die aktiven Tätigkeiten von Private Equity Fonds als nicht operative Tätigkeiten eingestuft werden können, ist nicht möglich. Da der deutsche Gesetzgeber die Eröffnung des Anwendungsbereichs des KAGB ausdrücklich davon abhängig macht, dass kein operativ tätiges Unternehmen außerhalb des Finanzsektors vorliegt, kann die operative Tätigkeit von Private Equity Fonds nicht contra legem ignoriert werden. Letztlich bleibt festzuhalten, dass davon ausgegangen werden muss, dass Private Equity Fonds operativ tätige Unternehmen i.S.d. § 1 Abs. 1 S. 1 KAGB sind.

ii. Außerhalb des Finanzsektors

Da das negative Tatbestandsmerkmal des operativ tätigen Unternehmens außerhalb des Finanzsektors nach § 1 Abs. 1 S. 1 KAGB in Bezug auf die „operative Tätigkeit" bei Private Equity Fonds nicht verneint werden kann, muss das Augenmerk mehr auf den zweiten Teil des Tatbestandsmerkmals „außerhalb des Finanzsektors" gerichtet werden. Private Equity Fonds sollten nach der Gesetzesbegründung des KAGB und der Entstehungsgeschichte der AIFM-Richtlinie grundsätzlich von der Regulierung des KAGB bzw. der AIFM-Richtlinie erfasst sein[1960]. Auch über den Private Equity Bereich hinaus wird im Schrifttum die Auffassung vertreten, dass das negative Tatbestandsmerkmal des „operativ tätigen Unternehmens außerhalb des Finanzsektors" erst durch den Zusatz „außerhalb des Finanzsektors" an Kontur gewinnt[1961]. Allerdings ist der Begriff des „Finanzsektors" weder im KAGB, noch in der Gesetzesbegründung oder dem Auslegungsschreiben der BaFin zum Anwendungsbereich des KAGB näher konkretisiert, weshalb auch dieses Tatbestandsmerkmal zunächst ausgelegt werden muss.

Die Formulierung einer allgemeinen Definition des Finanzsektors bereitet Schwierigkeiten. Bei bestimmten Unternehmen wie z.B. Banken liegt eine Zugehörigkeit zum Finanzsektor auf der Hand. Dementsprechend wird in der Literatur vorgeschlagen, zur Konkretisierung des Begriffs des Finanzsektors in § 1 Abs. 1 S. 1 KAGB auf den Begriff der Finanzbranche i.S.d. Kreditwesengesetzes (KWG)

1960 Private Equity Fonds werden in der Gesetzesbegründung des KAGB ausdrücklich als Regelungsadressat genannt, vgl. BT-Drucks. 17/12294, S. 187. Die AIFM-RL sollte ursprünglich sogar nur auf die Verwalter von Hedgefonds und Private Equity Fonds Anwendung finden, ausführlich dazu siehe oben Hintergrund, E. I. 2. a), S. 201 f.

1961 *Eckhold/Balzer* in Assmann/Schütze, Hdb. des Kapitalanlagerechts, § 22 Rn. 26; *Kloyer* in Möllers/Kloyer, Das neue KAGB, Rn. 257; *Loritz/Rickmers*, NZG 2014, 1241, 1245.

zurückzugreifen, welcher in § 1 Abs. 19 KWG legaldefiniert ist[1962]. Hiernach zählen zur Finanzbranche i.S.d. Kreditwesengesetzes die Banken- und Wertpapierdienstleistungsbranche sowie die Versicherungsbranche, weshalb unter anderem die im Kreditwesengesetz bzw. anderen Gesetzen definierten Kreditinstitute, Finanzdienstleistungsinstitute, Finanzunternehmen und bestimmte Versicherungsunternehmen der Finanzbranche unterfallen. Unternehmen, welche nach § 1 Abs. 19 KWG der Finanzbranche zuzuordnen sind, können sicherlich bedenkenlos als Unternehmen im Finanzsektor eingestuft werden.

Allerdings muss das negative Tatbestandsmerkmal des „Finanzsektors" i.S.d. § 1 Abs. 1 S. 1 KAGB über den Begriff der Finanzbranche nach § 1 Abs. 19 KWG hinausgehen. Denn ansonsten würde das Tatbestandsmerkmal „außerhalb des Finanzsektors" im Zusammenhang mit der Abgrenzung zwischen „normalen" Unternehmen und geschlossenen Fonds wenig beitragen, da die wenigsten geschlossenen Fonds unter den Begriff der Finanzbranche i.S.d. Kreditwesengesetzes fallen. Denn typische geschlossene Fonds sind mangels Vornahme von Bankgeschäften selbst keine Kreditinstitute i.S.d. § 1 Abs. 1 KWG und können in aller Regel auch nicht als Finanzdienstleistungsinstitute oder Finanzunternehmen i.S.d. § 1 Abs. 2 und 3 KWG angesehen werden, da die Voraussetzungen hierfür nicht erfüllt werden. Aus diesem Grund kann der Begriff der Finanzbranche nach § 1 Abs. 19 KWG bei der Bestimmung des Finanzsektors zwar als Anhaltspunkt herangezogen werden, jedoch ist eine weitergehende Konkretisierung erforderlich durch die Herausbildung von typischen Merkmalen des Finanzsektors i.S.d. § 1 Abs. 1 S. 1 KAGB.

Eine Konkretisierung des Begriffs des Finanzsektors anhand der unternehmerischen Tätigkeit von Unternehmen innerhalb des Finanzsektors oder des Wirtschaftszweiges ist nur schwer möglich, da eine Bestimmung typischer Tätigkeitsfelder und Wirtschaftszweige gleichermaßen auf Probleme stößt wie die Definition des Finanzsektors an sich[1963]. Da das negative Tatbestandsmerkmal des operativ tätigen Unternehmens außerhalb des Finanzsektors ausweislich der Gesetzesbegründung dazu dient, Unternehmen, die keine Fonds sind, aus dem Anwendungsbereich des KAGB herauszunehmen, bietet es sich an, bei der Auslegung des Begriffs des Finanzsektors auf die typischen Unterschiede zwischen Fonds und Finanzierungen „normaler" Unternehmen abzustellen[1964].

Ein solcher typischer Unterschied kann in der Zwecksetzung des Unternehmens gesehen werden[1965]. Die Einwerbung von Kapital im Rahmen der Finanzierungen von „normalen" Unternehmen (z.B. durch die Kapitalerhöhung und Ausgabe neuer Aktien bei einer Aktiengesellschaft) dient in der Regel einem bestimmten Finanzierungszweck wie z.B. der Finanzierung bestimmter Investitionen, der Expansion

1962 *Loritz/Rickmers*, NZG 2014, 1241, 1245.
1963 Vgl. *Kloyer* in Möllers/Kloyer, Das neue KAGB, Rn. 257.
1964 BT-Drucks. 17/12294, S. 201.
1965 Vgl. *Kloyer* in Möllers/Kloyer, Das neue KAGB, Rn. 257.

des Unternehmens oder schlicht der Stärkung des Eigenkapitals[1966]. Der konkrete Finanzierungszweck bestimmt, wieviel Kapital eingeworben wird. Hinter diesem konkreten Finanzierungszweck steht das allgemeine Ziel der Verbesserung der wirtschaftlichen Situation des kapitalsuchenden Unternehmens und das Interesse dieses Unternehmens steht im Vordergrund[1967]. Sofern sich die wirtschaftliche Situation des Unternehmens positiv entwickelt und die Kapitalgeber von dieser Entwicklung profitieren (z.B. durch hohe Gewinnausschüttungen oder Dividenden im Beispielsfall der Kapitalerhöhung einer Aktiengesellschaft unter Ausgabe neuer Aktien), so ist dies nur die Konsequenz der Gewinn- und Verlustbeteiligung, nicht aber das primäre Ziel der Finanzierung.

Hingegen verläuft die Zweckrichtung bei Fondsmodellen genau umgekehrt. Vorrangiger Zweck der Investition des von den Anlegern eingesammelten Kapitals ist es, für die Anleger eine Rendite zu erwirtschaften. Es geht bei der Kapitaleinwerbung eines geschlossenen Fonds gerade nicht darum, durch das Kapital im Interesse der Fondsgesellschaft einen Finanzierungsbedarf der Fondsgesellschaft zu decken. Vielmehr ist das Einsammeln und die Investition dieses Kapitals als Selbstzweck anzusehen[1968]. Der wirtschaftliche Erfolg der Fondsgesellschaft dient (ebenso wie die Wertsteigerung der Portfoliogesellschaften) der Erwirtschaftung der Rendite der Anleger und ist insofern als Mittel zum Zweck anzusehen. Der Umstand, dass das Hauptinteresse der Fondsgesellschaft in der Renditeerwirtschaftung und nicht in der Fortentwicklung der Fondsgesellschaft als Wirtschaftsunternehmen liegt, kommt auch darin zum Ausdruck, dass die Fondsgesellschaft nach Ablauf der vorgesehenen Fondslaufzeit planmäßig liquidiert wird. Insbesondere bei Private Equity Fonds, bei welchen – anders als z.B. bei Schiffsfonds oder geschlossenen Immobilienfonds – der konkrete Investitionsgegenstand der Fondsgesellschaft und der hierfür bestehende Kapitalbedarf zum Zeitpunkt der Kapitaleinwerbung noch

---

1966 Im Blick sind hier nur solche Finanzierungsformen, bei denen die Gefahr der Anwendbarkeit des KAGB besteht, weil die übrigen Tatbestandsmerkmale des Investmentvermögens i.S.d. § 1 Abs. 1 S. 1 KAGB vorliegen. Unternehmensfinanzierungen durch Darlehen sind somit z.B. nicht zu berücksichtigen mangels der für das Tatbestandsmerkmal der gemeinsamen Anlage notwendigen Gewinn- und Verlustbeteiligung. Ausführlich dazu siehe oben Für gemeinsame Anlagen, F. I. 2. b), S. 393 ff.

1967 In eine ähnliche Richtung geht *Kloyer* nach welchem es eher gegen die Anwendbarkeit des KAGB spricht, wenn sich das Interesse des Organismus auf die Teilnahme am allgemeinen Wirtschaftsleben ausrichtet und nicht vorrangig auf die Erzielung einer Rendite für die Anleger, vgl. *Kloyer* in Möllers/Kloyer, Das neue KAGB, Rn. 257. Zu kritisieren ist jedoch, dass mit dem Begriff des Interesses an der Teilhabe am allgemeinen Wirtschaftsleben nur ein weiterer unbestimmter Begriff eingeführt wird, mit welchem eine trennscharfe Abgrenzung nicht möglich ist. So kann insbesondere hinsichtlich Private Equity Fonds nicht ohne weiteren Argumentationsaufwand festgestellt werden, dass bei diesen kein Interesse an der Teilnahme am allgemeinen Wirtschaftsleben besteht.

1968 Vgl. *Loritz/Rickmers*, NZG 2014, 1241, 1245.

nicht feststeht, wird zunächst die Höhe des einzusammelnden Kapitals festgesetzt, um sodann geeignete Zielgesellschaften als Investitionsgegenstand zu finden. Die Investitionen eines Fonds folgen demnach dem vorhandenen Kapital, während bei „normalen" Unternehmensfinanzierungen der Finanzierungszweck die Höhe des einzusammelnden Kapitals bestimmt[1969].

Der Gesetzgeber selbst bringt in der Ausnahmevorschrift für Holdinggesellschaften in § 2 Abs. 1 Nr. 1 b) bb) KAGB zum Ausdruck, dass Unternehmen, die mit dem Hauptzweck gegründet wurden, ihren Anlegern durch die Veräußerung von Tochtergesellschaften oder verbundenen Unternehmen eine Rendite zu verschaffen, nicht aus dem Anwendungsbereich des KAGB herausfallen sollen[1970]. Für solche Unternehmen ist der Anwendungsbereich des KAGB auch dann eröffnet, wenn die sonstigen Voraussetzungen einer Holdinggesellschaft i.S.d. § 2 Abs. 1 KAGB vorliegen, obwohl das KAGB für Holdinggesellschaften grundsätzlich unanwendbar ist. Mangels anderer griffiger Abgrenzungskriterien zwischen Unternehmen außerhalb und innerhalb des Finanzsektors, bietet sich eine Abgrenzung anhand des Zwecks der Kapitaleinwerbung und des Hauptinteresses des Unternehmens an[1971]. Ist die Kapitaleinwerbung in erster Linie darauf ausgerichtet, eine Rendite für die Kapitalgeber zu erwirtschaften und steht nicht das Interesse des Unternehmens selbst im Vordergrund, so ist nicht von einem Unternehmen außerhalb des Finanzsektors i.S.d. § 1 Abs. 1 S. 1 KAGB auszugehen. Bei Private Equity Fonds ebenso wie bei allen anderen Arten geschlossener Fonds ergibt sich diese Zwecksetzung typischerweise ohne weiteres aus dem Verkaufsprospekt bzw. aus dem Private Placement Memorandum[1972]. Private Equity Fonds sind folglich aufgrund der Zugehörigkeit zum Finanzsektor nicht als operativ tätigen Unternehmen außerhalb des Finanzsektors i.S.d. § 1 Abs. 1 S. 1 KAGB

1969 *Loritz/Rickmers* halten fest, dass bei Unternehmensfinanzierungen die Finanzierungsentscheidung dem Verwertungsbedarf folgt, vgl. *Loritz/Rickmers*, NZG 2014, 1241, 1245.

1970 Ausführlich dazu siehe oben Holdinggesellschaften (§ 2 Abs. 1 KAGB), E. III. 2. a), S. 243 f.

1971 *Kloyer* in Möllers/Kloyer, Das neue KAGB, Rn. 257.

1972 Die Zielsetzung zur Erwirtschaftung einer Rendite für die Anleger wird von *Loritz/Rickmers* nicht allein aus dem negativen Tatbestandsmerkmal des operativ tätigen Unternehmens außerhalb des Finanzsektors abgeleitet, sondern aus dem Tatbestandsmerkmal „zum Nutzen der Anleger" oder dem Erfordernis der festgelegten Anlagestrategie bzw. aus einer Gesamtschau dieser Tatbestandsmerkmale, vgl. *Loritz/Rickmers*, NZG 2014, 1241, 1247 ff. Auch in diesen Tatbestandsmerkmalen ist der Zweck zur Erzielung einer Rendite für die Anleger angelegt, weshalb dem insofern zuzustimmen ist. Um Private Equity Fonds jedoch in den Anwendungsbereich des KAGB einzubeziehen, darf nach dem Gesetzeswortlaut kein operativ tätiges Unternehmen außerhalb des Finanzsektors vorliegen, weshalb nur durch eine Verortung der Zwecksetzung bei diesem Merkmal die Unanwendbarkeit des KAGB auf Private Equity Fonds in der typischen Ausgestaltung sichergestellt ist.

anzusehen, weshalb der Anwendungsbereich des KAGB für Private Equity Fonds grundsätzlich eröffnet ist.

g) Holdinggesellschaften

Geht man davon aus, dass Private Equity Fonds Investmentvermögen i.S.d. § 1 Abs. 1 S. 1 KAGB darstellen, so kommt eine Unanwendbarkeit des KAGB aufgrund der Ausnahmevorschrift für Holdinggesellschaften nach § 2 Abs. 1 KAGB in Betracht. Gemäß § 2 Abs. 1 a) KAGB findet das KAGB keine Anwendung, sofern eine Holdinggesellschaft vorliegt, die „Beteiligungen an einem oder mehreren anderen Unternehmen hält und deren Unternehmensgegenstand darin besteht, durch ihre Tochterunternehmen oder verbundene Unternehmen oder Beteiligungen jeweils eine Geschäftsstrategie zu verfolgen, den langfristigen Wert der Tochterunternehmen, der verbundenen Unternehmen oder der Beteiligungen zu fördern". Weitere Voraussetzung für die Anwendbarkeit der Ausnahmevorschrift ist entweder, dass die Holdinggesellschaft auf eigene Rechnung tätig ist und dass die Anteile der Holdinggesellschaft zum Handel auf einem organisierten Markt i.S.d. § 2 Abs. 5 WpHG in der Europäischen Union zugelassen sind (§ 2 Abs. 1 b) aa) KAGB) oder dass die Holdinggesellschaft nicht mit dem aus dem Jahresbericht oder anderen amtlichen Unterlagen hervorgehenden Hauptzweck gegründet wurde, ihren Anlegern durch die Veräußerung ihrer Tochterunternehmen oder verbundenen Unternehmen eine Rendite zu verschaffen (§ 2 Abs. 1 b) bb) KAGB).

Nach der etwas sperrigen Formulierung in § 2 Abs. 1 a) KAGB ist Voraussetzung für die Ausnahmevorschrift in jedem Fall, dass die Holdinggesellschaft Beteiligungen an einem oder mehreren Unternehmen hält und dass die Geschäftsstrategie auf die Förderung des langfristigen Werts dieser Unternehmen ausgerichtet sein muss[1973]. Private Equity Fonds halten die Beteiligungen üblicherweise planmäßig für einen Zeitraum zwischen zwei und fünf Jahren in ihrem Vermögen, um sie sodann möglichst gewinnbringend zu veräußern[1974]. Die Wertentwicklung der Portfoliounternehmen ist für Private Equity Fonds nur bis zum Exit von Bedeutung; wie sich diese nach dem Exit entwickeln, spielt für Private Equity Fonds allein vor dem Hintergrund des erzielbaren Veräußerungserlöses eine Rolle. Aus diesem Grund kann argumentiert werden, dass Private Equity Fonds mit der Unterstützung des Managements der Portfoliogesellschaften die Förderung des Werts der Portfoliogesellschaften lediglich für den Zeitraum bezwecken, in welchem die Beteiligungen

---

1973 So auch *Boxberger/Röder* in Weitnauer/Boxberger/Anders, KAGB, § 2 Rn. 3; *Tollmann* weist darauf hin, dass der Sinn der vorgenommenen Unterscheidung zwischen Tochtergesellschaften, verbundenen Unternehmen und Beteiligungen nicht ersichtlich ist und stellt allein auf die Beteiligung ab, vgl. *Tollmann* in Dornseifer/Jesch/Klebeck/Tollmann, AIFM-Richtlinie, Art. 4 Fn. 124.

1974 Ausführlich dazu siehe oben Exits und Ausschüttungen, D. VI. 2. i), S. 193 f.; *Kind* in Lüdicke/Arndt, Geschlossene Fonds, S. 422; *Inhester* in MünchHdb. GesR II, § 26 Rn. 127.

gehalten werden[1975]. Es stellt sich die Frage, ob dies als Förderung des langfristigen Werts der Unternehmen i.S.d. § 2 Abs. 1 a) KAGB anzusehen ist. Eine nähere Konkretisierung des Begriffs des langfristigen Werts findet sich weder im KAGB, noch in dem § 2 Abs. 1 KAGB zugrundeliegendem Art. 2 Abs. 3 a) i.V.m. Art. 4 Abs. 1 o) AIFM-RL oder den jeweiligen Gesetzesbegründungen und auch die ESMA oder die BaFin äußern sich nicht zu diesem Thema. Folglich muss der Begriff des langfristigen Werts nach den herkömmlichen Auslegungsmethoden ausgelegt werden.

Eine Auslegung des Wortlauts ergibt, dass mit einer Förderung des langfristigen Werts nicht nur eine kurzfristige Wertsteigerung zu verstehen ist, sondern die Wertentwicklung über eine längere Zeitdauer. Ob jedoch der Zeitraum von sechs Monaten oder zwanzig Jahren gemeint ist, lässt sich aus dem Begriff langfristig allein nicht herleiten. Da sich der Begriff des langfristigen Werts aber auf Unternehmen bezieht, spricht der Sachzusammenhang dafür, dass größerer Zeitabstände maßgeblich sind. Denn in der Regel sind Unternehmen keine kurzlebigen Zusammenschlüsse, sondern auf ein Bestehen bzw. Wachsen auf unbestimmte Dauer angelegt und die Geschäftsentwicklung wird typischerweise mehrere Jahre im Voraus geplant. Dies spricht dafür, dass mit der Förderung des langfristigen Werts eines Unternehmens die positive Einflussnahme auf die Wertentwicklung über mehrere Jahre hinweg gemeint ist.

Bei der Auslegung des Begriff des langfristigen Werts i.S.d. § 2 Abs. 1 KAGB ist auch der Sinn und Zweck dieser Norm heranzuziehen. Ziel des § 2 Abs. 1 Nr. 1 KAGB ist es, Holdingstrukturen bei Großkonzernen aus dem Anwendungsbereich des KAGB herauszunehmen[1976]. Solche sog. industriellen Holdingsstrukturen zeichnen sich dadurch aus, dass die Holdinggesellschaft als Obergesellschaft selbst nicht operativ tätig ist, sondern über das Halten von Gesellschaftsanteilen unternehmerischen Einfluss auf die Beteiligungsunternehmen ausübt und diese kontrolliert und verwaltet[1977]. Ausweislich der Gesetzesbegründung zum KAGB sollen durch die Ausnahmevorschrift für Holdinggesellschaften gemäß § 2 Abs. 1 KAGB Private Equity Fonds nicht aus dem Anwendungsbereich des KAGB herausgenommen werden[1978]. Das Merkmal der Förderung des langfristigen Werts der Unternehmen bzw. Unternehmensbeteiligungen ist somit gerade als Abgrenzungsmerkmal zwischen

1975 So wohl auch *Zetzsche/Preiner*, WM 2013, 2101, 2108.

1976 Die Kommission hält in den FAQ ID 1146 vom 25.03.2013 fest: „The exclusion of a holding company in Art. 2(3) (a) was meant to exclude from the AIFMD large corporates such as Siemens or Shell", vgl. dazu FAQ ID 1146, 25.03.2013; *Boxberger/Röder* in Weitnauer/Boxberger/Anders, KAGB, § 2 Rn. 2; *Tollmann* in Dornseifer/Jesch/Klebeck/Tollmann, AIFM-Richtlinie, Art. 2 Rn. 81.

1977 *Tollmann* in Dornseifer/Jesch/Klebeck/Tollmann, AIFM-Richtlinie, Art. 2 Rn. 81.

1978 BT-Drucks. 17/12294, S. 204 f. Nach Ansicht der Kommission ist die Legaldefinition der Holdinggesellschaft in Art. 4 Abs. 1 o) AIFM-RL in der Zusammenschau mit Erwägungsgrund (8) AIFM-RL zu lesen, FAQ Kommission ID 1146, 25.03.2013.

Private Equity Fonds und industriellen Holdinggesellschaften zu verstehen[1979]. Folglich spricht vieles dafür, dass die für Private Equity Fonds übliche Förderung des Werts der Portfoliogesellschaften über einen Zeitraum von zwei bis fünf Jahren nicht als Förderung des langfristigen Werts der Portfoliogesellschaften angesehen werden kann, da nur durch diese Auslegung eine Abgrenzung zwischen Private Equity Fonds und industriellen Holdinggesellschaften anhand des Merkmals der Langfristigkeit möglich ist[1980]. Es ist somit davon auszugehen, dass Private Equity Fonds in der typischen Ausgestaltung aufgrund der fehlenden Langfristigkeit der Förderung der Portfoliounternehmen nicht unter die Ausnahmevorschrift für Holdinggesellschaften nach § 2 Abs. 1 KAGB fallen[1981].

Zum Teil wird in der Literatur als Abgrenzungsmerkmal zwischen Fonds und Holdinggesellschaften auf das in § 2 Abs. 1 a) KAGB verankerte Merkmal der Geschäftsstrategie abgestellt, indem die Geschäftsstrategie als Gegenbegriff zur Anlagestrategie i.S.d. § 1 Abs. 1 S. 1 KAGB verstanden wird[1982]. Verfolge eine Gesellschaft eine Anlagestrategie, so sei die Ausnahmebestimmung für Holdinggesellschaften nicht anwendbar[1983]. Für diesen Ansatz spricht, dass auch die Gesetzesbegründung zu § 1 Abs. 1 S. 1 KAGB eine Abgrenzung zwischen einer allgemeinen Geschäftsstrategie und einer festgelegten Anlagestrategie vornimmt[1984]. Da bei Private Equity Fonds typischerweise eine festgelegte Anlagestrategie gegeben ist, kann somit auch die Voraussetzung des Vorliegens einer Geschäftsstrategie i.S.d. § 2 Abs. 1 a) KAGB verneint werden mit der Konsequenz der Unanwendbarkeit der Ausnahmevorschrift für Holdinggesellschaften auf Private Equity Fonds[1985].

1979 *Eckhold/Balzer* in Assmann/Schütze, Hdb. des Kapitalanlagerechts, § 22 Rn. 35; *Boxberger/Röder* in Weitnauer/Boxberger/Anders, KAGB, § 2 Rn. 2; *Schneider* in Möllers/Kloyer, Das neue KAGB, Rn. 188.

1980 *Zetzsche/Preiner* machen das Merkmal der Langfristorientierung ebenfalls an der Haltedauer fest, ermitteln die Haltedauer aber danach, ob die beabsichtigte Erlösquelle der Erlös aus der Veräußerung der Beteiligungsgesellschaften ist (dann AIF) oder der Ertragstransfer (dann Holdinggesellschaft), vgl. *Zetzsche/Preiner*, WM 2013, 2101, 2108.

1981 *Zetzsche/Preiner*, WM 2013, 2101, 2108; *Tollmann* in Dornseifer/Jesch/Klebeck/Toll-mann, AIFM-Richtlinie, Art. 4 Rn. 117; kritisch *Nelle/Klebeck*, BB 2013, 2499, 2504. Es existieren jedoch auch Private Equity Fonds, welche die Beteiligungen über einen wesentlich längeren Zeitraum in ihrem Vermögen halten und die Wertentwicklung der Portfoliounternehmen fördern. In diesen Fällen ist eine Abgrenzung zwischen industriellen Holdinggesellschaften und Private Equity Fonds anhand des Merkmals der Förderung des langfristigen Werts schwierig bzw. nicht möglich, so auch *Boxberger/Röder* in Weitnauer/Boxberger/Anders, KAGB, § 2 Rn. 2.

1982 *Zetzsche/Preiner*, WM 2013, 2101, 2108; diese Richtung andeutend *Tollmann* in Dornseifer/Jesch/Klebeck/Tollmann, AIFM-Richtlinie, Art. 4 Rn. 117.

1983 *Zetzsche/Preiner*, WM 2013, 2101, 2108.

1984 BT-Drucks. 17/12294, S. 201.

1985 Siehe oben Festgelegte Anlagestrategie, F. II. 5. d), S. 383 ff.

Da eine Anwendbarkeit der Ausnahmevorschrift für Holdinggesellschaften auf Private Equity Fonds in der typischen Ausgestaltung somit bereits an der ersten Voraussetzung nach § 2 Abs. 1 Nr. 1 a) KAGB scheitert, kommt es auf die beiden zusätzlichen alternativen Voraussetzungen nach § 2 Abs. 1 b) KAGB nur bei solchen Private Equity Fonds an, welche darauf ausgerichtet sind, die Beteiligungen an den Portfoliounternehmen über einen längeren Zeitraum in ihrem Vermögen zu halten. § 2 Abs. 1 b) aa) KAGB setzt voraus, dass die Holdinggesellschaft auf eigene Rechnung tätig ist und dass „deren Anteile zum Handel auf einem organisierten Markt i.S.d. § 2 Abs. 5 des WpHG in der Europäischen Union oder in einem anderen Vertragsstaat des Abkommens über den Europäischen Wirtschaftsraum zugelassen sind“[1986]. Unter einem solchen organisierten Markt sind insbesondere Börsen zu verstehen. Da Private Equity Fond typischerweise als GmbH & Co. KG strukturiert sind und Anteile an Personengesellschaften nicht an organisierten Märkten i.S.d. § 2 Abs. 5 WpHG gehandelt werden können, sind die Voraussetzungen des § 2 Abs. 1 b) aa) KAGB typischerweise nicht erfüllt[1987]. Gemäß der negativ formulierten Alternative in § 2 Abs. 1 b) bb) KAGB ist Voraussetzung für die Anwendbarkeit der Ausnahmevorschrift für Holdinggesellschaften, dass die in Frage stehende Gesellschaft ausweislich ihres Jahresberichts oder anderer amtlicher Unterlagen nicht mit dem Hauptzweck gegründet wurde, ihren Anlegern mittels Veräußerung der Beteiligungen eine Rendite zu verschaffen. Private Equity Fonds werden jedoch gerade zu diesem Zweck gegründet. Die Formulierung des § 2 Abs. 1 b) bb) KAGB, welche der deutsche Gesetzgeber eins zu eins aus Art. 4 Abs. 1 o) AIFM-RL übernommen hat, wirft insofern Probleme auf, als sich der Hauptzweck nach dem Wortlaut aus dem Jahresbericht oder anderen amtlichen Unterlagen ergeben muss[1988]. Der Zweck eines Unternehmens ist jedoch nicht im Jahresbericht festgelegt und lässt sich hieraus auch nicht ohne weiteres unmittelbar ableiten. Der Begriff der anderen amtlichen Unterlagen wird weder vom europäischen, noch vom deutschen Gesetzgeber näher konkretisiert. Aus der Formulierung „ausweislich ihres Jahresberichts oder *anderer* amtlicher Unterlagen“ wird ersichtlich, dass auch der Jahresbericht eine amtliche Urkunde i.S.d. § 1 Abs. 2 b) bb) KAGB darstellt. Somit kann das Vorliegen einer amtlichen Unterlage nicht erfordern, dass die Unterlage von einer Behörde erstellt wurde. Gemeint sein könnten Unterlagen, welche auf der Grundlage einer gesetzlichen Pflicht erstellt werden müssen oder einer staatlichen Stelle vorgelegt werden müssen. Bei einer solchen Auslegung wären z.B. auch Verkaufsprospekte nach dem Vermögensanlagengesetz erfasst, aus welchen sich bei Private Equity Fonds der Hauptzweck der Renditegenerierung für Anleger klar ergibt. Damit fallen auch

1986 Kritisch zu diesem Abgrenzungskriterium *Zetzsche/Preiner*, WM 2013, 2101, 2109; *Boxberger/Röder* in Weitnauer/Boxberger/Anders, KAGB, § 2 Rn. 5, vgl. auch FAQ Kommission ID 1146, 25.03.2013.

1987 *Kind* in Lüdicke/Arndt, Geschlossene Fonds, S. 425.

1988 *Tollmann* in Dornseifer/Jesch/Klebeck/Tollmann, AIFM-Richtlinie, Art. 4 Rn. 120.

langfristig operierende Private Equity Fonds nicht unter die Ausnahmevorschrift für Holdinggesellschaften nach § 2 Abs. 1 KAGB.

h) Europäische Risikokapitalfonds

Bei Private Equity Fonds kommt außerdem in Betracht, dass sie nach der Ausnahmevorschrift des § 2 Abs. 6 KAGB aus dem Anwendungsbereich des KAGB teilweise ausgenommen sind. Voraussetzung dieser Ausnahmevorschrift ist das Vorliegen eines registrierten Verwalters eines Europäischen Risikokapitalfonds i.S.d. Verordnung (EU) Nr. 345/2013 über Europäische Risikokapitalfonds (sog. EuVECA)[1989]. Die EuVECA hat insbesondere die Verwalter von Venture Capital Fonds im Blick, jedoch können auch die Verwalter kleinerer Private Equity Fonds in den Anwendungsbereich fallen[1990]. Das Vorliegen eines Verwalters eines Europäischen Risikokapitalfonds i.S.d. der Verordnung (EU) Nr. 345/2013 über Europäische Risikokapitalfonds setzt unter anderem voraus, dass die verwalteten Vermögenswerte den Schwellenwert von 500 Mio.Euro nicht überschreiten und dass siebzig Prozent des Kapitals der Fonds in sog. qualifizierte Portfoliogesellschaften mittels Eigenkapital, eigenkapitalähnlicher Mittel und anderer bestimmter Instrumente investiert werden[1991]. Qualifizierte Portfoliounternehmen zeichnen sich unter anderem dadurch aus, dass sie nicht für den Handel an einem geregelten Markt oder an einem multilateralen Handelssystem zugelassen sind, weniger als 250 Mitarbeiter beschäftigen und einen Jahresumsatz von höchstens fünfzig Mio. Euro bzw. eine Jahresbilanzsumme von maximal 43 Mio. Euro aufweisen. Verwalter von Fonds, welche die Voraussetzungen qualifizierter Risikokapitalfonds erfüllen, können sich freiwillig der Regulierung der Verordnung (EU) Nr. 345/2013 über Europäische Risikokapitalfonds unterwerfen und unterfallen damit dessen Regulierungsregime, welches weniger streng ist als das des KAGB[1992]. Zu beachten ist allerdings, dass die freiwillige Unterwerfung unter die Verordnung (EU) Nr. 345/2013 über Europäische Risikokapitalfonds gemäß der Ausnahmevorschrift nach § 2 Abs. 6 KAGB nicht zur kompletten Unanwendbarkeit des KAGB führt, sondern dass gemäß § 2 Abs. 6 KAGB der 5. Abschnitt des KAGB anwendbar bleibt, welcher wiederum auf einige wenige Vorschriften in anderen Abschnitten verweist wie insbesondere die Pflicht zur Registrierung nach § 44 KAGB.

1989 VO (EU) Nr. 345/2013 des Europäischen Parlaments und des Rates vom 17.04.2013 über Europäische Risikokapitalfonds.

1990 Vgl. dazu *Nelle/Klebeck*, BB 2013, 2499, 2505; *Escher* in Habersack/Mülbert/Nobbe/Wittig, Bankrechtstag 2013, S. 136.

1991 Die Anwendungsvoraussetzungen ergeben sich aus Art. 2 i.V.m. den Begriffsbestimmungen in Art. 3 VO (EU) Nr. 345/2013 über Europäische Risikokapitalfonds.

1992 *Nelle/Klebeck*, BB 2013, 2499, 2505; *Escher* in Habersack/Mülbert/Nobbe/Wittig, Bankrechtstag 2013, S. 136.

i) Ergebnis

Im Ergebnis ist davon auszugehen, dass der Anwendungsbereich des KAGB für Private Equity Fonds in der typischen Ausgestaltung eröffnet ist. Ist schon bei den anderen dargestellten Arten geschlossener Fonds das Vorliegen des zur Unanwendbarkeit des KAGB führenden negativen Tatbestandsmerkmals des operativ tätigen Unternehmens außerhalb des Finanzsektors zu diskutieren, so ist dies bei Private Equity Fonds besonders problematisch. Im Unterschied zu Projektentwicklungsfonds, Schiffsfonds und Windfonds beruhen die Zweifel im Hinblick auf die Anwendbarkeit des KAGB nicht auf den Ausführungen der BaFin im Auslegungsschreiben zum Anwendungsbereich des KAGB zum Vorliegen einer operativen Tätigkeit. Die Bedenken in Bezug auf die Anwendbarkeit des KAGB ergeben sich vielmehr aus dem Begriff der operativen Tätigkeit selbst. Denn Private Equity Fonds in der typischen Ausgestaltung halten die Beteiligungen an den Portfoliounternehmen üblicherweise nicht nur passiv in ihrem Vermögen, sondern fördern die Wertsteigerung der Portfoliounternehmen durch Unterstützung des Managements der Portfoliounternehmen z.B. durch Beratungsleistungen aktiv. Im Unterschied zu den anderen Arten von geschlossenen Fonds, welche im Rahmen dieser Arbeit untersucht werden, sind Private Equity Fonds aufgrund dieser aktiven Unterstützungshandlungen mehr als nur bloße Kapitalsammelbecken, welche einen Vermögensgegenstand erwerben, um ihn sodann ohne wesentliche aktive Eigenleistungen zu verwalten. Das Vorliegen einer operativen Tätigkeit im Sinne eines aktiven, unternehmerischen Handelns kann bei Private Equity Fonds kaum verneint werden. Anders als bei den anderen Fondarten kann eine operative Tätigkeit nicht mit einer engen Auslegung des Begriff des operativ tätigen Unternehmens i.S.d. § 1 Abs. 1 S. 1 KAGB bzw. der Anforderungen, welche die BaFin im Auslegungsschreiben zum Anwendungsbereich des KAGB stellt, erreicht werden. Denn die Grenze einer jeden Auslegung ist der Wortlaut.

Zur Anwendbarkeit des KAGB gelangt man jedoch, indem man im Rahmen des negativen Tatbestandsmerkmals der operativ tätigen Unternehmens auf das Vorliegen eines Unternehmens *außerhalb des Finanzsektors* abstellt. Nach der hier vertretenen Auffassung zeichnet sich ein Unternehmen außerhalb des Finanzsektors i.S.d. § 1 Abs. 1 S. 1 KAGB dadurch aus, dass der Hauptzweck des Unternehmens nicht darin liegt, eine Rendite für die Anleger zu generieren. Dies ist bei Private Equity Fonds zweifellos der Fall.

Eine andere Auslegung, nach welcher Private Equity Fonds als operativ tätige Unternehmen außerhalb des Finanzsektors anzusehen sind und damit aus dem Anwendungsbereich des KAGB herausfallen, stünde im klaren Widerspruch zum Sinn und Zweck des KAGB sowie zur Zielsetzung der AIFM-Richtlinie der Regulierung sämtlicher geschlossener Fonds bzw. deren Manager. Denn Private Equity Fonds werden in der Gesetzesbegründung des KAGB ausdrücklich als Adressat der Regulierung genannt[1993]. Darüber hinaus sollten mit der AIFM-Richtlinie

1993 BT-Drucks. 17/12294, S. 187.

zunächst lediglich die Manager von Hedgefonds und Private Equity Fonds einer Regulierung unterworfen werden, während die anderen Arten geschlossener Fonds ursprünglich gar nicht von der AIFM-Richtlinie betroffen sein sollten[1994]. In diesem Zusammenhang ist auch zu beachten, dass ein wesentlicher Hintergrund der AIFM-Richtlinie die Bekämpfung von Systemrisiken ist[1995]. Wenn bei den hier dargestellten geschlossenen Fonds überhaupt von Risiken die Rede sein kann, welche Auswirkungen auf das europäische Finanzsystem entfalten können, so ist dies aufgrund der Fondsvolumina noch am ehesten bei großen Private Equity Fonds zu befürchten[1996]. Die Unanwendbarkeit des KAGB auf Private Equity Fonds aufgrund des vom deutschen Gesetzgeber in Abweichung von der AIFM-Richtlinie eingeführten negativen Tatbestandsmerkmals des „operativ tätigen Unternehmens außerhalb des Finanzsektors" würde kurzum ein Totalversagen des deutschen Gesetzgebers darstellen und wäre europarechtswidrig. Dies ist jedoch nicht der Fall, da Private Equity Fonds in der typischen Ausgestaltung aufgrund der hier vorgenommenen richtlinienkonformen Auslegung nicht als operativ tätige Unternehmen außerhalb des Finanzsektors i.S.d. § 1 Abs. 1 S. 1 KAGB anzusehen sind. Dementsprechend wird auch von der BaFin und der überwiegenden Ansicht im Schrifttum eine Anwendbarkeit des KAGB auf Private Equity Fonds ungeachtet deren operativer Tätigkeit bejaht[1997]. Zum Teil wird die Unanwendbarkeit des KAGB aufgrund der Ausnahmevorschrift für Holdinggesellschaften gemäß § 2 Abs. 6 KAGB diskutiert[1998]. Auch dies ist im Ergebnis jedoch abzulehnen, da die geforderte Langfristigkeit der Förderung der Beteiligungsunternehmen bei Private Equity Fonds in der typischen Ausgestaltung abzulehnen ist.

1994 Ausführlich dazu siehe oben Hintergrund, E. I. 2. a), S. 201 f.; Weitnauer, AG 2013, 672, 673.

1995 Erwägungsgrund (2) AIFM-RL.

1996 Zweifel im Hinblick darauf, dass von geschlossenen Fonds Systemrisiken ausgehen hegen auch *Kobabe* in Möllers/Kloyer, Das neue KAGB, Rn. 912; *Jesch/Geyer* BKR 2012, 359.

1997 Im Merkblatt der BaFin zum Tatbestand der Anlageverwaltung welches im Zusammenhang mit dem Begriff der Anlageverwaltung i.S.d. § 1 Abs. 1a S. 2 Nr. 11 KWG veröffentlicht wurde, hält die BaFin fest, dass die Tätigkeit von Private Equity Fonds in der Regel vom KAGB erfasst sind, BaFin, Merkblatt vom 26.07.2014, zum Tatbestand der Anlageverwaltung, Ziffer 2 e); vgl. dazu *Jesch/Siemko,* BB 2014, 3075, 3076; *Klebeck/Kolbe,* BB 2014, 707.

1998 *Boxberger/Röder* in Weitnauer/Boxberger/Anders, KAGB, § 2 Rn. 2; *Nelle/Klebeck,* BB 2013, 2499, 2504.

III. Vorschlag zur Auslegung des negativen Tatbestandsmerkmals des operativ tätigen Unternehmens außerhalb des Finanzsektors

Die Wurzel des Problems der Frage der Anwendbarkeit des KAGB auf verschiedene Arten geschlossener Fonds ist in der Unbestimmtheit des negativen Tatbestandmerkmals des „operativ tätigen Unternehmens außerhalb des Finanzsektors" i.S.d. § 1 Abs. S. 1 KAGB zu sehen. Dieser vom deutschen Gesetzgeber im Alleingang eingeführte Begriff wird weder vom KAGB selbst, noch in der Gesetzesbegründung oder dem Auslegungsschreiben des BaFin zum Anwendungsbereich des KAGB klar definiert. Sicherlich ist an dieser Stelle zuzugestehen, dass die Formulierung einer solchen Definition Schwierigkeiten bereitet und die Herausarbeitung von „harten" Abgrenzungskriterien zwischen einem „normalen" Unternehmen und einem geschlossenen Fonds schwer ist. Die Vorgehensweise der BaFin, in verschiedenen Beispielsfällen eine operative Tätigkeit zu bejahen oder zu verneinen, wird der Komplexität des Themas aber nicht gerecht[1999].

In der Literatur wird zum Teil vorgeschlagen, das Vorliegen eines operativ tätigen Unternehmens danach abzugrenzen, ob die Tätigkeit des Unternehmens in einem aktiven Herstellungsprozess oder einem passiven Anlageverhalten zu sehen ist[2000]. Dem ist entgegen zu halten, dass dies zwar einen Anhaltspunkt zur Frage des Vorliegens eines operativ tätigen Unternehmens sein kann, jedoch wird auch hierdurch kein rechtssicheres Abgrenzungskriterium geschaffen[2001]. Denn auch die Bestimmung, ob ein aktiver Herstellungsprozess vorliegt oder ein passives Anlageverhalten, kann im Einzelfall Schwierigkeiten bereiten. Zudem stellt sich auch hier die Frage, wie Mischformen behandelt werden sollen, da bei geschlossenen Fonds häufig sowohl aktive Herstellungsprozesse als auch passives Anlageverhalten gegeben sind[2002].

Da mit dem negativen Tatbestandsmerkmal des operativ tätigen Unternehmens außerhalb des Finanzsektors ausweislich der Gesetzesbegründung „normale" Unternehmen von typischen geschlossenen Fonds abgegrenzt werden sollen, bietet es sich an, als Abgrenzungskriterien auf die Wesensmerkmale typischer geschlossener Fonds zurückzugreifen[2003]. Aufgrund der Vielzahl verschiedener Fondsmodelle und der unterschiedlichen Ausgestaltungsmöglichkeit im Einzelfall sollten die typischen Wesensmerkmale und strukturellen Besonderheiten im Wege einer Gesamtbetrachtung als Indizien herangezogen werden. Geschlossene Fonds zeichnen sich unter anderem dadurch aus, dass bei Anlegern Kapital eingesammelt wird mit dem Ziel der Anschaffung von Vermögensgegenständen, um durch derren langjährige

1999 Vgl. *Loritz/Uffmann*, WM 2013, 2193, 2201.
2000 *Krause/Klebeck*, RdF 2013, 4, 10.
2001 Ebenso *Schneider* in Möllers/Kloyer, Das neue KAGB, Rn. 218.
2002 Krause/Klebeck, RdF 2013, 4, 10.
2003 BT-Drucks. 17/12294, S. 201; siehe oben Typische Merkmale, D. I. 2., S. 97 ff.

Nutzung und/oder durch deren Verkauf Einnahmen zu erwirtschaften. Ein charakteristisches Merkmal von geschlossenen Fonds ist darin zu sehen, dass sie mit dem Zweck aufgelegt werden, für die Anleger eine Rendite zu erwirtschaften. Hierbei bleibt die Fondsgesellschaft aufgrund ihres Wesens als Kapitalsammelbecken selbst im Wesentlichen passiv und lagert Tätigkeiten, die einen größeren Aufwand mit sich bringen und/oder Personal erfordern, in der Regel an Dritte aus. Eine Ausnahme stellen insoweit Private Equity Fonds dar, welche in Unternehmensbeteiligungen investieren und das Management der Portfoliogesellschaften bei der Wertsteigerung aktiv unterstützen, um die Unternehmensbeteiligungen später möglichst teuer weiterveräußern zu können. Darüber hinaus können auch die strukturellen Besonderheiten bei geschlossenen Fonds als Anhaltspunkte herangezogen werden, wie z.B. die grundsätzlich fehlende Möglichkeit zur Einflussnahme der Anleger auf die Geschäftsführung des geschlossenen Fonds.

Für eine solche Heranziehung der Wesensmerkmale geschlossener Fonds im Wege einer Gesamtbetrachtung im Rahmen des negativen Tatbestandsmerkmal des operativ tätigen Unternehmens außerhalb des Finanzsektors i.S.d. § 1 Abs. 1 S. 1 KAGB spricht auch ein Vergleich mit der Abgrenzung zwischen „normalen" Unternehmen und Fonds in anderen Rechtsordnungen[2004]. So stellt auch die Britische Aufsichtsbehörde FCA bei der Frage eines kommerziellen- oder industriellen Zwecks im Sinne der Leitlinien der ESMA zu den Schlüsselbegriffen auf das Vorliegen fondstypischer Kriterien wie z.B. die Personalsituation sowie die sonstige Struktur des Unternehmens ab[2005]. Auch nach dem Schweizer Recht werden kollektive Anlagemodelle von „normalen" Unternehmen anhand einer Gesamtschau verschiedener Kriterien abgegrenzt[2006]. Zwar kann auch bei dieser Auslegung des operativ tätigen Unternehmens außerhalb des Finanzsektors eine Abgrenzung zwischen einem „normalen" Unternehmen und einem Fonds im Einzelfall Schwierigkeiten bereiten. Jedoch könnten zumindest gängige Arten geschlossener Fonds in ihrer typischen Ausgestaltung einfacher als Investmentvermögen i.S.d. § 1 Abs. 1 S. 1 KAGB qualifiziert werden, was im Hinblick auf die Rechtssicherheit als Gewinn anzusehen wäre. Im Gegensatz zur aktuellen Konkretisierung des Merkmals der „operativen Tätigkeit außerhalb des Finanzsektors" durch das Auslegungsschreiben der BaFin

---

2004 *Escher* in Habersack/Mülbert/Nobbe/Wittig, Bankrechtstag 2013, S. 132; vgl. *Zetzsche/Preiner*, WM 2013, 2101, 2108.

2005 Auch die Britische FCA stellt bei der Frage eines kommerziellen- oder industriellen Zwecks im Sinne der Leitlinien der ESMA zu den Schlüsselbegriffen darauf ab, welche Ressourcen zur Zielerreichung eingesetzt werden und berücksichtigt die Personalsituation sowie die sonstige Struktur des Unternehmens, vgl. hierzu *Zetzsche/Preiner*, WM 2013, 2101, 2103.

2006 Urteil des Schweizer Bundesgerichts, 2C 571/2009, 05.11.2010 (Eidgenössische Finanzmarktaufsicht FINMA gegen Dr. Amann & Co. VIII Sachwertbeteiligung Kommanditgesellschaft); *Escher* in Habersack/Mülbert/Nobbe/Wittig, Bankrechtstag 2013, S. 132; kritisch im Hinblick auf das Schweizer Modell *Krause/Klebeck*, RdF 2013, 4, 10.

zum Anwendungsbereich des KAGB entstünde nicht der Eindruck, das KAGB finde auf Schiffsfonds, Windfonds und Projektentwicklungsfonds keine Anwendung bzw. die Regulierung des KAGB könne einfach umgangen werden durch einen Verzicht auf Auslagerungen bzw. durch eine Ausgestaltung der Auslagerung dahingehend, dass die unternehmerischen Entscheidungen im laufenden Geschäftsbetrieb bei der Fondsgesellschaft verbleiben.

Abschließend ist festzuhalten, dass nach der hier vertretenen Auffassung ein operativ tätiges Unternehmen außerhalb des Finanzsektors i.S.d. § 1 Abs. 1 S. 1 KAGB dann vorliegt, wenn sich aus einer Gesamtschau ergibt, dass es sich bei dem jeweiligen Unternehmen um ein „normales Unternehmen" und nicht um einen Fonds handelt. Im Rahmen dieser Gesamtbetrachtung sind die typischen Wesensmerkmale geschlossener Fonds als Indizien heranzuziehen, welche für das Vorliegen eines Fonds und damit für die Anwendbarkeit des KAGB sprechen.

G. Gesamtergebnis

I. Zusammenfassung

(1) **Geschlossene Fonds sind Kapitalsammelbecken in Gesellschaftsform, in denen das Kapital von Anlegern gebündelt und in bestimmte Vermögensgegenstände investiert wird.** In der Regel werden geschlossene Fonds als GmbH & Co. KG aufgelegt, an denen sich Anleger unmittelbar als Kommanditist oder mittelbar über einen Treuhandkommanditisten beteiligen. Die Beteiligung ist nur bis zur „Schließung" des Fonds bei Erreichen der vorab festgelegten Zeichnungssumme möglich und auf eine längere Laufzeit von zwischen fünf und zwanzig Jahren ausgerichtet[2007]. Mit dem im Fonds gebündelten Kapital werden Vermögensgegenstände erworben, bewirtschaftet und am Ende der Fondslaufzeit veräußert, wodurch die Renditen der Anleger erwirtschaftet werden.

(2) **Vor Inkrafttreten des KAGB unterlagen geschlossene Fonds nur einer sehr eingeschränkten Regulierung, welche sich im Wesentlichen auf den Vetrieb und die Prospekthaftung beschränkte.** Auf geschlossene Fonds fand vor Inkrafttreten des AIFM-Umsetzungsgesetzes das Vermögensanlagengesetz Anwendung, welches die Pflicht zur Erstellung eines Verkaufsprospekts sowie weitere Informationspflichten gegenüber Anlegern beinhaltete[2008]. Zudem waren Anleger durch die sog. Prospekthaftung geschützt, wobei diese einerseits auf spezialgesetzlichen Regelungen im Vermögensanlagengesetz beruhte und andererseits von der Rechtsprechung aus dem allgemeinen Zivilrecht abgeleitet wurde. Daneben existiert ein richterrechtliches Sonderrecht zu geschlossenen Fonds, welches insbesondere gesellschaftsrechtliche Besonderheiten zum Gegenstand hat[2009].

(3) **Die Anwendbarkeit des KAGB führt zu einer grundlegenden Änderung der rechtlichen Rahmenbedingungen geschlossener Fonds.** Geschlossene Fonds im Geltungsbereich des KAGB dürfen nur noch durch eine (interne oder externe) Kapitalverwaltungsgesellschaft verwaltet werden, welche eine

2007 *Hennrichs* in Schwark/Zimmer, Kapitalmarktrechts-Kommentar, § 8f VerkProspG Rn. 6; *Sagasser* in Assmann/Schütze, Hdb. des Kapitalanlagerechts, § 27 Rn. 292; *Köndgen* in Berger/Steck/Lübbehüsen, InvG, Einl InvG I Rn. 4; *Burghardt/Bauer* in Terbille/Höra, Münchener Anwaltshandbuch Versicherungsrecht, § 21 Rn. 142; *Breimann* in Jesch/Schilder/Striegel, Rechtshandbuch Immobilien-Investitionen, S. 552; *Lüdicke* in Lüdicke/Arndt, Geschlossene Fonds, S. 1.

2008 *Hanke*, BKR 2014, 441; *Aurich*, GWR 2014, 295 f.; *Escher* in Habersack/Mülbert/Nobbe/Wittig, Bankrechtstag 2013, S. 124.

2009 *Grunewald* in MüKo/HGB, § 161 Rn. 106 ff.; *Roth* in Baumbach/Hopt, HGB, Anhang nach § 177a Rn. 52 ff.

Erlaubnis bzw. Registrierung der BaFin benötigt und eine Vielzahl an Pflichten und Anforderungen erfüllen muss wie z.B. bestimmte Eigenkapitalanforderungen sowie die Einrichtung von Risikomanagement- und Liquiditätsmanagementsystemen. Auch führt das KAGB zu strukturellen Änderungen, da zwingend eine Verwahrstelle beauftragt werden muss und im Fall der – in der Praxis bedeutenderen – Bestellung einer externen Kapitalverwaltungsgesellschaft eine Trennung zwischen der Fondsgesellschaft und dem Fondsmanager stattfindet[2010]. Darüber hinaus gilt nach dem KAGB ein Spezialgesellschaftsrecht, welches z.B. einen Rechtsformzwang für die Fondsgesellschaft beinhaltet, die entweder als Investmentaktiengesellschaft mit fixem Kapital oder als geschlossene Investmentkommanditgesellschaft aufgelegt werden muss. Für geschlossene Fonds, die für Privatanleger zugänglich sind (inländische geschlossene Publikums-AIF) hat der deutsche Gesetzgeber aus Gründen des Anlegerschutzes zusätzliche Anforderungen aufgestellt.

(4) **Grundsätzlich ist das KAGB auf geschlossene Fonds anwendbar, wenngleich die Prüfung des Vorliegens eines Investmentvermögens i.S.d. § 1 Abs. 1 S. 1 KAGB aufgrund der zum Teil unbestimmten Tatbestandsmerkmale schwierig ist.** Im Grundsatz wird das KAGB seinem Anspruch der Schaffung eines in sich geschlossenen Gesetzbuches für sämtliche Fonds und deren Manager zumindest im Hinblick auf die in dieser Arbeit untersuchten Arten geschlossener Fonds gerecht[2011]. Die Frage, ob das KAGB auf geschlossene Immobilienfonds, Schiffsfonds, Windfonds, Projektentwicklungsfonds und Private Equity Fonds Anwendung findet, hängt aufgrund des sog. materiellen Investmentfondsbegriffs davon ab, ob die Tatbestandsvoraussetzungen des Investmentvermögens i.S.d. § 1 Abs. 1 S. 1 KAGB erfüllt sind[2012]. Bei den im Rahmen dieser Arbeit dargestellten Fondsarten muss es sich daher um Organismen für gemeinsame Anlagen handeln, welche von einer Anzahl von Anlegern Kapital einsammeln, um es gemäß einer festgelegten Anlagestrategie zum Nutzen dieser Anleger zu investieren, und die keine operativ tätigen Unternehmen außerhalb des Finanzsektors darstellen. Auf nationaler Ebene werden die Tatbestandsmerkmale zum Teil in der Gesetzesbegründung des KAGB sowie im Auslegungsschreiben der BaFin zum Anwendungsbereich des KAGB

2010 *Rüber/Reiff*, BB 2014, 1634, 1635; *Wallach*, ZGR 2014, 289, 300; *Jesch*, BB 2012, 2895, 2898.

2011 Ausweislich der Gesetzesbegründung war es das Ziel des Gesetzgebers, „mit dem KAGB ein in sich geschlossenes Regelwerk für Investmentfonds und ihre Manager zu schaffen", vgl. BT-Drucks. 17/12294, S. 187.

2012 Zum materiellen Investmentfondsbegriff, vgl. BT-Drucks. 17/12294, S. 188; ausführlich dazu siehe oben Materieller Investmentfondsbegriff, F. I. 1., S. 292 f.; *Krause/Klebeck*, RdF 2013, 4, 5 f.; *Schneider* in Möllers/Kloyer, Das neue KAGB, Rn. 183; *Klebeck/Kolbe*, BB 2014, 707.

und zum Investmentvermögen konkretisiert[2013]. Darüber hinaus finden sich auf europäischer Ebene in den Leitlinien der ESMA zu Schlüsselbegriffen der Richtlinie über die Verwalter alternativer Investmentfonds (ESMA/2013/611) Konkretisierungen des dem Investmentvermögensbegriff zugrundeliegenden Begriffs des AIF (Alternativer Investment Fonds)[2014].

(5) **Zweifel an der Anwendbarkeit des KAGB ergeben sich zum Teil daraus, dass es sich bei dem Investmentvermögen gemäß § 1 Abs. 1 S. 1 KAGB nicht um ein „operativ tätiges Unternehmen außerhalb des Finanzsektors" handeln darf.** Abgesehen von geschlossenen Immobilienfonds ergeben sich aus diesem negativen Tatbestandsmerkmal bei jeder einzelnen der dargestellten Arten geschlossener Fonds mehr oder weniger große Schwierigkeiten im Hinblick auf die Frage der Anwendbarkeit des KAGB. In diesem Zusammenhang ist zu beachten, dass dieses negative Tatbestandsmerkmal anders als die anderen Tatbestandsvoraussetzungen des Investmentvermögens nicht unmittelbar der Legaldefinition des AIF aus der AIFM-Richtlinie entstammt, sondern dass der deutsche Gesetzgeber den Zusatz „und der kein operativ tätiges Unternehmen außerhalb des Finanzsektors ist" eigenständig in die maßgebliche Legaldefinition des Investmentvermögens in § 1 Abs. 1 S. 1 KAGB aufgenommen hat[2015]. Ausweislich der Gesetzesbegründung soll mit diesem Zusatz der Gefahr begegnet werden, dass produzierende und andere operativ tätige Unternehmen aufgrund der weiten Formulierung des Investmentvermögens in der AIFM-Richtlinie dem Anwendungsbereich des KAGB unterfallen, obwohl sie keine Fonds sind und ihre Regulierung von der AIFM-Richtlinie nicht bezweckt ist[2016].

(6) **Bei der Auslegung des Begriffs des „operativ tätigen Unternehmens außerhalb des Finanzsektors" stiftet das Auslegungsschreiben der BaFin Verwirrung und es steht ein Verstoß gegen die unionsrechtlichen Vorgaben der AIFM-Richtlinie im Raum.** Die Versuche der Konkretisierung des negativen Tatbestandsmerkmals des „operativ tätigen Unternehmens außerhalb des Finanzsektors" im Auslegungsschreiben der BaFin zum Anwendungsbereich werfen durch die Verwendung weiterer unbestimmter Begriffe neue Fragen auf und führen letztlich zu einer noch größeren

2013 Gesetzesbegründung zu § 1 KAGB, vgl. BT-Drucks. 17/12294, S. 201; BaFin, Auslegungsschreiben zum Anwendungsbereich des KAGB, 09.03.2015.

2014 ESMA, Leitlinien zu Schlüsselbegriffen (ESMA/2013/611), 30.01.2015.

2015 Ausführlich dazu siehe oben Kein operativ tätiges Unternehmen außerhalb des Finanzsektors, F. I. 2. g), S. 307 ff.; *Patzner/Schneider-Deters* in Patzner/Döser/ Kempf, Investmentrecht, § 1 Rn. 11; *Zetzsche/Preiner*, WM 2013, 2101; *Loritz/Uffmann*, WM 2013, 2193, 2200; a.A. *Tollmann* in Dornseifer/Jesch/Klebeck/Tollmann, AIFM-Richtlinie, Art. 2 Rn. 45.

2016 BT-Drucks. 17/12294, S. 201.

Rechtsunsicherheit in Bezug auf den Anwendungsbereich des KAGB[2017]. Das Auslegungsschreiben der BaFin zum Anwendungsbereich des KAGB ist der Grund dafür, dass in der Literatur und in der Fachpresse zum Teil die Unanwendbarkeit des KAGB auf Schiffsfonds in der typischen Ausgestaltung als Time-Charter-Modell, Windfonds und Projektentwicklungsfonds angenommen wird[2018]. Vor Veröffentlichung des Auslegungsschreibens der BaFin zum Anwendungsbereich des KAGB hätte wohl kaum jemand damit gerechnet, dass die Anwendbarkeit des KAGB bei diesen typischen Arten geschlossener Fonds überhaupt zweifelhaft ist. Dies gilt insbesondere im Hinblick auf Schiffsfonds, welche aufgrund zahlreicher Insolvenzen seit der Finanzkrise besonders im Fokus der öffentlichen Wahrnehmung standen und als Paradebeispiel für die Gefährlichkeit von geschlossenen Fonds für Privatanleger betrachtet wurden.

Anstelle einer abstrakten Definition des Begriffs des operativ tätigen Unternehmens außerhalb des Finanzsektors zählt die BaFin in ihrem Auslegungsschreiben zum Anwendungsbereich des KAGB im Wesentlichen lediglich Beispielsfälle auf, in denen nach Auffassung der Behörde eine operative Tätigkeit anzunehmen oder abzulehnen ist. Dabei erscheint die pauschale Bejahung bzw. Verneinung des Vorliegens einer operativen Tätigkeit in einzelnen Beispielsfällen willkürlich und vermag nicht zu überzeugen. So ist es beispielweise nicht verständlich, warum der Betrieb einer Windkraftanlage pauschal als operative Tätigkeit anzusehen sein soll, die Verwaltung einer Immobilie aber nicht. Denn die Tatsache, dass eine Windenergieanlage „betrieben" wird, während eine Immobilie „verwaltet" und „vermietet" wird, sagt noch nichts über das Vorliegen einer operativen Tätigkeit aus. Versteht man die operative Tätigkeit als eine Art unternehmerische Tätigkeit, so kann z.B. die Verwaltung eines großen Einkaufszentrums mit einer Vielzahl an Mietern weitaus mehr unternehmerische Tätigkeiten erfordern, als der Betrieb einer einzelnen ferngesteuerten Windenergieanlage.

Hier stellt sich die Frage nach einem sachlichen Differenzierungsgrund, zumal die Regulierung des KAGB durch die Erlaubnis- bzw. Registrierungspflicht als Tätigkeitsverbot mit Erlaubnisvorbehalt einen schwerwiegenden Grundrechtseingriff nach Art. 12 Abs. 1 GG darstellt[2019]. Die vorgenommene Konkretisierung durch die BaFin widerspricht der Zielsetzung des KAGB, sämtliche Fonds und deren Manager einer Regulierung zu unterwerfen. Da auch die AIFM-Richtlinie die Regulierung sämtlicher Manager von Fonds bezweckt, welche

2017 BaFin, Auslegungsschreiben zum Anwendungsbereich des KAGB, 09.03.2015, Ziffer 7.

2018 *Klinger*, NZWiSt 2014, 370, 376; *Loritz/Uffmann*, WM 2013, 2193 2201, Fn. 77; *Escher* in Habersack/Mülbert/Nobbe/Wittig, Bankrechtstag 2013, S. 132; *Rohmert*, Der Immobilienbrief 2013 (299), 5 ff.; *Kobabe*, Börsen-Zeitung, 12.11.2013, S. B8.

2019 Vgl. *Loritz/Uffmann*, WM 2013, 2193, 2201; *Forst*, AG 2013, 277, 278 f.

nicht unter die OGAW-Richtlinie fallen, steht bei einer Unanwendbarkeit des KAGB auf geschlossene Fonds zudem ein Verstoß gegen europäisches Recht im Raum. Das Auslegungsschreiben der BaFin zum Anwendungsbereich des KAGB vermag nicht zu überzeugen, da es die zentrale Kernfrage der Anwendbarkeit des KAGB auf geschlossene Fonds nicht mit der notwendigen Klarheit beantwortet, sondern vielmehr selbst einer richtlinienkonformen Auslegung bedarf.

(7) **Das negative Tatbestandsmerkmal der „operativen Tätigkeit" sowie die diesbezüglichen Konkretisierungen der BaFin sind restriktiv auszulegen.** Nach der hier vertretenen Auffassung liegt bei Schiffsfonds, Windfonds und Projektentwicklungsfonds keine operative Tätigkeit vor, weil diese das Schiff, die Windparkanlage und die Projektentwicklung typischerweise gerade nicht selbst betreiben. Geschlossene Fonds sind grundsätzlich lediglich Kapitalsammelbecken, die selbst über kein bzw. kaum Personal verfügen und üblicherweise Tätigkeiten mit größerem Aufwand mittels Geschäftsbesorgungsverträgen an Dritte auslagern. Laut dem Auslegungsschreiben der BaFin sollen sich Unternehmen auch im Rahmen ihrer operativen Tätigkeit fremder Dienstleister und gruppeninterner Gesellschaften ohne Verlust der eigenen operativen Tätigkeit bedienen können, sofern die unternehmerischen Entscheidungen im laufenden Geschäftsbetrieb aufgrund ausdrücklich vereinbarter Gestaltungs-, Lenkungs- und Weisungsrechte bei dem Unternehmen selbst verbleiben[2020]. Die Anforderungen an die Unschädlichkeit der Auslagerung sind hoch anzusetzen und werden bei den dargestellten Arten von geschlossenen Fonds im Ergebnis nicht erfüllt. Diese strenge Auslegung ergibt sich aus dem Sinn und Zweck des KAGB sowie im Wege der richtlinienkonformen Auslegung. Damit wird auch das Ziel des KAGB und der AIFM-Richtlinie erreicht, dass sämtliche Manager bislang unregulierter Fonds reguliert werden, mithin auch Schiffsfonds, Windfonds und Projektentwicklungsfonds[2021].

(8) **Das KAGB findet trotz der operativen Tätigkeit von Private Equity Fonds auch auf diese Anwendung.** Anders als die anderen dargestellten Arten von geschlossenen Fonds sind Private Equity Fonds operativ tätig, da sie das Management der Gesellschaften, in welche sie investieren (sog. Portfoliogesellschaften), durch Beratungsleistungen und andere Maßnahmen bei der Ausschöpfung von Wertsteigerungspotentialen unterstützen. Die Anwendbarkeit des KAGB ergibt sich erst aus der Auslegung des zweiten Teils des negativen Tatbestandsmerkmals „außerhalb des Finanzsektors". Da mit dem negativen Tatbestandsmerkmal des „operativ tätigen Unternehmens außerhalb des Finanzsektors" ausweislich der Gesetzesbegründung eine Abgrenzung

2020 BaFin, Auslegungsschreiben zum Anwendungsbereich des KAGB, 09.03.2015, Ziffer 7.

2021 BT-Drucks. 17/12294, S. 187; Art. 2 Abs. 2 a) i.V.m. Art. 4 Abs. 1 a) AIFM-RL; Erwägungsgrund (3) AIFM-RL.

zu „normalen“ Unternehmen erfolgen soll, zeichnet sich ein Unternehmen *innerhalb* des Finanzsektors nach der hier vertretenen Auffassung dadurch aus, dass der Zweck des Unternehmens darin bestehen muss, für die Anleger eine Rendite zu erwirtschaften. Da Private Equity Fonds zum Zweck der Erwirtschaftung einer Rendite für Anleger aufgelegt werden, sind sie nicht „außerhalb des Finanzsektors“ tätig und fallen damit trotz der operativen Tätigkeit in den Anwendungsbereich des KAGB. Dieses Ergebnis stimmt mit der ausdrücklichen Zielsetzung des KAGB und der AIFM-Richtlinie sowie der Historie der AIFM-Richtlinie, welche zunächst nur die Manager von Hedgefonds und Private Equity Fonds erfassen sollte, überein[2022].

(9) **Bei der Frage der Anwendbarkeit des KAGB auf geschlossene Fonds verbleiben Rechtsunsicherheiten und Gestaltungsspielräume für Fondsinitiatoren.** Es ist festzuhalten, dass in Bezug auf den Anwendungsbereich des KAGB erhebliche Rechtsunsicherheiten bestehen. Denn die Eröffnung des Anwendungsbereichs für die hier dargestellten Arten von Fonds ergibt sich – mit Ausnahme von geschlossenen Immobilienfonds – erst aus einer komplexen Prüfung und Auslegung des negativen Tatbestandsmerkmals des operativ tätigen Unternehmens außerhalb des Finanzsektors. Diese Rechtsunsicherheiten im Zusammenhang mit dem Anwendungsbereich des KAGB sind insbesondere vor dem Hintergrund der Strafbewehrtheit des Betreibens eines unerlaubten Investmentgeschäfts nicht hinnehmbar. Denn wer einen geschlossenen Fonds ohne Beachtung der Vorschriften des KAGB auflegt, da er zu Unrecht die Unanwendbarkeit des KAGB annimmt, kann sich nach § 339 KAGB strafbar machen[2023]. Zudem scheint das Auslegungsschreiben der BaFin zum Anwendungsbereich des KAGB im Hinblick auf die operative Tätigkeit Gestaltungsspielräume für Fondsinitiatoren zu eröffnen. Das Auslegungsschreiben der BaFin erweckt den Eindruck, dass Initiatoren von Schiffsfonds, Windfonds und Projektentwicklungsfonds es in der Hand haben, durch die entsprechende Ausgestaltung der Entscheidungskompetenzen im Verhältnis zu den Auslagerungsunternehmen die Qualifizierung als operativ tätiges Unternehmen zu erhalten und damit die Unanwendbarkeit des KAGB herbeizuführen.

(10) **Eine mögliche Lösung zum Umgang mit dem Tatbestandsmerkmal „operativ tätiges Unternehmen außerhalb des Finanzsektors“ ist die Vornahme einer Gesamtbetrachtung.** Zur Verringerung der Rechtsunsicherheiten in Bezug auf die Eröffnung des Anwendungsbereichs sollte nach der hier

2022 BT-Drucks. 17/12294, S. 187; Entwurf einer Entschließung des Europäischen Parlaments mit Empfehlungen an die Kommission zu Hedgefonds und Private Equity, A6-0338/2008.

2023 Ausführlich dazu siehe oben Strafrechtliche Konsequenzen, F. I. 3. a), S. 311; *Demleitner* BB 2014, 2058, 2060; *Klinger,* NZWiSt 2014, 370, 377; *Klebeck/Kolbe,* BB 2014, 707, 709.

vertretenen Auffassung das negative Tatbestandsmerkmal des „operativ tätigen Unternehmens außerhalb des Finanzsektors" i.S.d. § 1 Abs. 1 S. 1 KAGB dahingehend ausgelegt werden, dass im Rahmen einer Gesamtbetrachtung das Vorliegen eines Fonds bzw. eines „normalen Unternehmens" geprüft wird. Da mit dem negativen Tatbestandsmerkmal des „operativ tätigen Unternehmens außerhalb des Finanzsektors" ausweislich der Gesetzesbegründung „normale Unternehmen" aus dem Anwendungsbereich des KAGB ausgenommen werden sollen, bietet es sich an, auf die Unterschiede zwischen „normalen Unternehmen" und Fonds abzustellen[2024]. Die im Rahmen dieser Arbeit herausgestellten Wesensmerkmale geschlossener Fonds sind nach dem hier favorisiertem Ansatz im Wege einer Gesamtbetrachtung als Indizien gegen ein „operativ tätiges Unternehmen außerhalb des Finanzsektors" i.S.d. § 1 Abs. 1 S. 1 KAGB heranzuziehen[2025]. Solche Indizien sind z.B. das Auftreten als Kapitalsammelbecken mit dem Zweck der Erwirtschaftung einer Rendite für Anleger, die weitgehende Auslagerung von Tätigkeiten und die begrenzte Anzahl an Personal.

II. Auswirkungen des KAGB auf die Fondsbranche und den Anlegerschutz

In Bezug auf die Auswirkungen des KAGB auf die Fondsbranche ist festzuhalten, dass die Umstellung der bestehenden Geschäftsmodelle einen erheblichen organisatorischen und auch finanziellen Aufwand für die Initiatoren geschlossener Fonds mit sich brachte bzw. bringt. Insbesondere für kleinere Fondsanbieter stellte die Anpassung an die Vorgaben des KAGB eine große Herausforderung dar. Aus diesem Grund suchten die Initiatoren geschlossener Fonds zum Teil nach gesetzlichen „Schlupflöchern", um einer Anwendbarkeit des Regulierungsregimes des KAGB zu entgehen. Nachdem das erste halbe Jahr nach dem Inkrafttreten des KAGB im Juli 2013 zunächst durch einen vollständigen Stillstand in Bezug auf die Neuauflage von geschlossenen Fonds im Geltungsbereich des KAGB gekennzeichnet war, scheint sich die Fondsbranche nunmehr zu regenerieren und inzwischen sind zahlreiche geschlossene Fonds am Markt erhältlich, die nach den Vorgaben des KAGB konzipiert wurden. Insbesondere für kleinere Fondsinitiatoren stellen die Schwellenwertregelungen für sog. „kleine AIFM", für welche nur bestimmte Abschnitte des KAGB Anwendung finden, eine Möglichkeit dar, den Aufwand der Anpassung der Geschäftsmodelle an das KAGB zu reduzieren. Trotz des erheblichen Aufwands, welcher die Anpassung der bisherigen Strukturen an die Anforderungen des KAGB für die Fondsinitiatoren mit sich bringt, wird die Regulierung durch das KAGB zum Teil von Fondsinitiatoren positiv bewertet[2026]. Denn mit der umfassenden Regulierung

2024 BT-Drucks. 17/12294, S. 201.
2025 Ausführlich dazu siehe oben Typische Merkmale, D. I. 2., S. 97 ff.
2026 *Jesch/Siemko*, BB 2014, 3075, 3076.

durch das KAGB verabschieden sich geschlossene Fonds endgültig aus dem aus dem sog. grauen Kapitalmarkt, was das Image geschlossener Fonds verbessern kann.

Aus Anlegersicht ist die Regulierung geschlossener Fonds durch das KAGB insofern positiv zu bewerten, als dass der Anlegerschutz durch die Anforderungen des KAGB wie z.B. die Leverage-Begrenzung bei Publikums-AIF in jedem Fall gestärkt worden ist[2027]. Allerdings kann auch das KAGB nicht vollkommen verhindern, dass „schwarze Schafe" ggf. außerhalb des KAGB unseriöse Finanzprodukte auf den Markt bringen und Anleger hierbei Geld verlieren. Das Regulierungsregime des KAGB ändert außerdem nichts daran, dass es sich bei geschlossenen Fonds nach wie vor um Unternehmensbeteiligungen handelt. Der Anleger erhält in der Regel eine wesentlich höhere Rendite als er z.B. an Zinsen bei einer Anlage des Geldes auf einem Festgeldkonto bekommen würde. Der „Preis" für diese höhere Rendite ist jedoch darin zu sehen, dass geschlossene Fonds mit einem höheren Risiko verbunden sind, welches bis zum Totalverlust der Einlage gehen kann. Wie z.B. im Bereich der Schiffsfonds deutlich zu sehen war, sind Insolvenzen von geschlossenen Fonds nicht zwangsläufig auf Managementfehler zurückzuführen und beruhen zum Teil auf Umständen, die mit gesetzlichen Regelungen nicht verhindert werden können. Aufgrund der typischerweise langjährigen Laufzeiten können bei geschlossenen Fonds vielmehr unvorhergesehene Umstände (wie im Beispielsfall der Schiffsfonds die Finanzkrise) eintreten, welche die ursprünglich fundierte Wirtschaftlichkeitsprognose zu Fall bringen. Hiervor vermag auch das KAGB den Anlegern keinen Schutz zu bieten[2028]. Dass selbe gilt für solche Fonds, welche zwar alle Anforderungen des KAGB erfüllen, aber wirtschaftlich schlicht nicht tragfähig sind und aus diesem Grund zum Verlust von Anlegergeldern führen. Das nun bestehende umfassende Regulierungsregime des KAGB darf über solche Risiken nicht hinwegtäuschen.

III. Ausblick

Abschließend ist an dieser Stelle noch anzumerken, dass die Umtriebigkeit des deutschen sowie des europäischen Gesetzgebers im Fondsbereich mit der Schaffung des KAGB nicht zu einem Abschluss gelangt ist. Dies zeigt sich z.B. in der Verordnung über europäische langfristige Investmentfonds (sog. ELTIF-Verordnung), welche am 19.05.2015 im Amtsblatt der Europäischen Union veröffentlicht wurde und unmittelbar geltendes Recht darstellt[2029]. Auf nationaler Ebene ist am 10.07.2015 das Kleinanlegerschutzgesetz in Kraft getreten, welches vor dem Hintergrund der Prokon-Insolvenz das Schutzniveau für Verbraucher durch Änderungen im Vermögensanlagengesetz erhöhen soll[2030]. Bei der Schaffung immer

2027 *Servatius*, ZfIR 2014, 134, 134 ff.
2028 *Loritz/Uffmann*, WM 2013, 2193, 2195 f.
2029 Amtsblatt der EU L 123/98, 19.05.2015.
2030 BGBl. 2015 I, S. 1114; hierzu *Jesch/Siemko*, BB 2014, 3075, 3075 ff.

neuer gesetzlicher Regelungen hat sowohl der europäische, als auch der nationale Gesetzgeber die Gefahr der Überregulierung im Blick zu behalten. Denn ein zu hohes Maß an staatlicher Einflussnahme behindert einerseits die Entwicklungen am Markt und andererseits droht eine Überschreitung der Grenze zwischen einem sinnvollen Anlegerschutz und einer Bevormundung der Anleger durch Schutzvorschriften.

Literaturverzeichnis

Altrock, Martin; Oschmann, Volker; Theobald, Christian: Erneuerbare-Energien-Gesetz: EEG, 4. Auflage 2013, München: Beck. Zitiert als: *Bearbeiter* in Altrock/Oschmann/Theobald, EEG

Armbrüster, Christian: Nachschusspflicht im Personengesellschaftsrecht, ZGR 2009, S. 1–30. Zitiert als: *Armbrüster*, ZGR 2009, 1

Arndt, Jan-Holger; Voß, Thorsten: VerkProspG: Verkaufsprospektgesetz, 2008, München: Beck. Zitiert als: *Bearbeiter* in Arndt/Voß, VerkProspG

Assmann, Heinz-Dieter; Schlitt, Michael; Kopp-Colomb, Wolf von: Wertpapierprospektgesetz, Verkaufsprospektgesetz mit Anhängen zur ProspektVO (EG) Nr. 809/2004, VermVerkProspV, VermVerkProspGebV, 2. Auflage 2010, Köln: Schmidt. Zitiert als: *Bearbeiter* in Assmann/Schlitt/Kopp-Colomb, WpPG/VerkProspG

Assmann, Heinz-Dieter; Schütze, Rolf A.: Handbuch des Kapitalanlagerechts, 3. Auflage 2007, München: Beck. Zitiert als: *Bearbeiter* in Assmann/Schütze, Hdb. des Kapitalanlagerechts, 3. Auflage 2007

Assmann, Heinz-Dieter; Schütze, Rolf A.: Handbuch des Kapitalanlagerechts, 4. Auflage 2015, München: Beck. Zitiert als: *Bearbeiter* in Assmann/Schütze, Hdb. des Kapitalanlagerechts

Aurich, Bastian: Neues Maßnahmenpaket für den grauen Kapitalmarkt, GWR 2014, S. 295–298. Zitiert als: *Aurich,* GWR 2014, 295

Bamberger, Heinz Georg; Roth, Herbert: Beck'scher Onlinekommentar BGB, Stand: 1.5.2015, Edition: 35, München: Beck. Zitiert als: *Bearbeiter* in Beck-OK, BGB

Baumbach, Adolf; Hopt, Klaus. J: Handelsgesetzbuch mit GmbH & Co., Handelsklauseln, Bank- und Börsenrecht, Transportrecht (ohne Seerecht), 36. Auflage 2014, München: Beck. Zitiert als: *Bearbeiter* in Baumbach/Hopt, HGB

Baumbach, Adolf; Hueck, Alfred: GmbHG - Gesetz betreffend die Gesellschaften mit beschränkter Haftung, 20. Auflage 2013, München: Beck. Zitiert als: *Bearbeiter* in Baumbach/Hueck, GmbHG

Bäuml, Swen O.: Investmentvermögen im neuen Kapitalanlagegesetzbuch (Teil I), FR 2013, S. 640–647. Zitiert als: *Bäuml*, FR 2013, 640

Baur, Georg; Boegl, Martin: Die neue europäische Finanzmarktaufsicht – Der Grundstein ist gelegt, BKR 2011, S. 177–186. Zitiert als: *Baur/Boegl*, BKR 2011, 177–186

Beckmann, Klaus; Scholtz, Rolf-Detlev; Vollmer, Lothar: Investment - Ergänzbares Handbuch für das gesamte Investmentwesen, 2015, Berlin: Erich Schmidt Verlag. Zitiert als: *Bearbeiter* in Beckmann/Scholtz/Vollmer, Investment

Beckmann, Roland Michael; Matusche-Beckmann, Anemarie: Versicherungsrechts-Handbuch, 3. Auflage 2015, München: Beck. Zitiert als: *Bearbeiter* in Beckmann/Matusche-Beckmann Versicherungsrechts-Handbuch

Bedkowski, Dorothea: Der neue Emittentenleitfaden der BaFin, BB 2009, S. 394–400. Zitiert als *Bedkowski*, BB 2009, 394

Bedkowski, Dorothea: Der neue Emittentenleitfaden der BaFin, BB 2009, S. 1482–1487. Zitiert als: *Bedkowski*, BB 2009, 1482

Berger, Hanno; Steck, Kai-Uwe Steck, Lübbehüsen Dieter: Investmentgesetz, Investmentsteuergesetz, 1. Auflage 2010, München: Beck. Zitiert als: *Bearbeiter* in Berger/Steck/Lübbehüsen, InvG

Blasche, Sebastian: Welcher Zeitpunkt ist für die Beurteilung der Unzulässigkeit eines Downstream Mergers wegen des Übergangs von negativem Vermögen maßgeblich?, GWR 2010, S. 132–136. Zitiert als: *Blasche*, GWR 2010, 132

Blümich, Walter; Heuermann, Bernd: Einkommensteuergesetz, Körperschaftsteuergesetz, Gewerbesteuergesetz: EStG, KStG, GewStG, 127. Auflage 2015, München: Vahlen. Zitiert als: *Bearbeiter* in Blümich/Heuermann, EStG, KStG, GewStG

Böhme, Andreas: Die Vertretung der extern verwalteten Investmentkommanditgesellschaft, BB 2014, S. 2380–2385. Zitiert als: *Böhme*, BB 2014, 2380

Boxberger, Lutz: Regulierung "light" unter dem KAGB-Regime, GWR 2013, S. 415–418. Zitiert als: *Boxberger*, GWR 2013, 415

Boxberger, Lutz; Klebeck, Ulf: Anforderungen an die Vergütungssysteme von AIF-Kapitalverwaltungsgesellschaften, BKR 2013, S. 441–450. Zitiert als: *Boxberger/Klebeck*, BKR 2013, 441

Bozicevic, Falko: Wolken am Solar-Himmel - Branche im Umbruch, AG 2003, S. R256-R260. Zitiert als: *Bozicevic*, AG 2003, R256

Breithaupt, Joachim; Ottersbach, Jörg: Kompendium Gesellschaftsrecht: Formwahl, Gestaltung, Muster für die Praxis, 1. Auflage 2010, München: Beck. Zitiert als: *Bearbeiter* in Breithaupt/Ottersbach, Kompendium Gesellschaftsrecht

Brettel, Malte; Kaufmann, Christian; Kühn, Christian; Sobczak, Christina: Private Equity Investoren - Eine Einführung, 1. Auflage 2008, Stuttgart: Kohlhammer. Zitiert als: Brettel/Kaufmann/Kühn/Sobczak, Private Equity Investoren

Brocker, Till; Lohmann, Oliver: Die Aufsicht über den Vertrieb von Vermögensanlagen nach dem Vermögensanlagengesetz und der Gewerbeordnung, GWR 2012, S. 335–339. Zitiert als: *Brocker/Lohmann*, GWR 2012, 335

Bruchwitz, Sebastian; Voß, Thorsten Voß: Der Regierungsentwurf für ein Gesetz zur Novellierung des Finanzanlagenvermittler- und Vermögensanlagenrechts, BB 2011, S. 1226–1234. Zitiert als: *Bruchwitz/Voß*, BB 2011, 1226

Büchting, Hans-Ulrich; Heussen, Benno: Beck'sches Rechtsanwalts-Handbuch, 10. Auflage 2011, München: Beck. Zitiert als: *Bearbeiter* in Büchting/Heussen, Beck'sches Rechtsanwalts-Handbuch

Bühring, Christian; Linnemannstöns, Heike: Private Placement - Rettungsanker bei der Prospektpflicht?, DB 2007, S. 637–2640. Zitiert als: *Bühring/Linnemannstöns*, DB 2007, 2637

Bundesverband für Windenergie e.V.: Mit einer grünen Anlage schwarze Zahlen schreiben, 3. Auflage 2004, Osnabrück: Bundesverband für Windenergie e.V. (online abrufbar unter: www.rechsteiner-basel.ch/uploads/media/Mit_einer_gruenen_Anlage_schwarze_Zahlen_schreiben.pdf). Zitiert als: Bundesverband für Windenergie e.V., Grüne Anlage

Burgard, Ulrich; Heiman, Carsten: Das neue Kapitalanlagegesetzbuch, WM 2014, S. 821–831. Zitiert als: *Burgard/Heiman*, WM 2014, 821

Bußalb, Jean-Pierre; Unzicker, Ferdinand: Auswirkungen der AIFM-Richtlinie auf geschlossene Fonds. In: BKR 2012, S. 309–319. Zitiert als: *Bußalb/Unzicker*. BKR 2012, 309

Butler, Janet; Heinickel, Caroline; Hinderer, Hermann Ali: Der Rechtsrahmen für Investitionen in Offshore-Windparks und Anbindungsleitungen, NVwZ 2013, S. 1377–1384. Zitiert als: *Butler/Heinickel/Hinderer*, NVwZ, 2013, 1377

Bydlinski, Peter: Zentrale Änderungen des HGB durch das Handelsrechtreformgesetz. Kaufmannsbegriff - Personengesellschaften - Firmenbildung, ZIP 1998, S. 1169–1177. Zitiert als: *Bydlinski*, ZIP 1998, 1169

Cloppenburg, Jürgen: Die Lieferung und Errichtung sowie Wartung von On- und Offshore-Windenergieanlagen, ZfBR-Beil. 2012, S. 3–13. Zitiert als: *Cloppenburg*, ZfBR-Beil. 2012, 3

Dauner-Lieb, Barbara; Langen, Werner: NomosKommentar BGB, 2. Auflage 2012, Baden-Baden: Nomos. Zitiert als: *Bearbeiter* in Dauner-Lieb/Langen, NomosKommentar BGB.

Demleitner, Andreas: Aufsichtsrechtliche Folgen eines verkannten AIF, BB 2014, S. 2058–2061. Zitiert als: *Demleitner*, BB 2014, 2058

Dißars, Ulf-Christian; Kahl-Hinsch, Iris: Steuerliche Folgen einer Aufgabe der Tonnagebesteuerung nach § 5a EStG, DStR 2013, S. 2092–2097. Zitiert als: *Dißars/Kahl-Hinsch*, DStR 2013, 2092

Dornseifer, Frank; Jesch, Thomas A.; Klebeck, Ulf; Tollmann, Claus: AIFM-Richtlinie: Richtlinie 2011/61/EU über die Verwalter alternativer Investmentfonds mit Bezügen zum KAGB-E, 1. Auflage 2013, München: Beck. Zitiert als: *Bearbeiter* in Dornseifer/Jesch/Klebeck/Tollmann, AIFM-Richtlinie

Duchardt, Uwe: Die Analyse von Geschlossenen Immobilienfonds Grundsätzliches und Analysefaktoren aus Sicht eines langjährigen Marktteilnehmers, DStR 2001, S. 2170–2176. Zitiert als: *Duchardt*, DStR 2001, 2170

Duchardt, Uwe; Gillitzer, Daniela: Aktuelle Übersicht des Marktes für steuerbegünstigte Kapitalanlagen 2001 Wirtschaftliche Sinnfrage im Hinblick auf die

Möglichkeit eines Vermögensaufbaus, DStR 2001, S. 1624–1632. Zitiert als: *Duchardt/Gillitzer*, DStR 2001, 1624

Ebenroth, Carsten Thomas; Boujong, Karlheinz; Joost, Detlev; Strohn, Lutz: Handelsgesetzbuch, 3. Auflage 2014, München: Beck. Zitiert als: *Bearbeiter* in Ebenroth/Boujong/Joost/Strohn, HGB

Ebenroth, Carsten Thomas; Boujong, Karlheinz; Joost, Detlev; Strohn, Lutz: Handelsgesetzbuch, 4. Auflage 2018, München: Beck. Zitiert als: *Bearbeiter* in Ebenroth/Boujong/Joost/Strohn, 4. Auflage 2018 *(im Erscheinen begriffen)*

Eckhold, Thomas: Privatrechtliche Konsequenzen unerlaubter Investmentgeschäfte, ZBB 2016, S. 102–122. Zitiert als: *Eckold*, ZBB 2016, 102

Elsen, Jochen Robert; Jäger, Lars: Die Nachtragspflicht gemäß § 11 Verkaufsprospektgesetz unter Berücksichtigung der aktuellen Entwicklungen auf dem Kapitalmarkt, BKR 2009, S. 190–194. Zitiert als: *Elsen/Jäger*, BKR 2009, 190

Emde, Thomas; Dornseifer, Frank; Dreibus, Alexandra; Hölscher, Luise: Investmentgesetz mit Bezügen zum Kapitalanlagegesetzbuch, 1. Auflage, 2013, München: Beck. Zitiert als: *Bearbeiter* in Emde/Dornseifer/Dreibus/Hölscher, InvG

Emde, Thomas; Dreibus, Alexandra: Der Regierungsentwurf für ein Kapitalanlagegesetzbuch, BKR 2013, S. 89–102. Zitiert als: *Emde/Dreibus*, BKR 2013, 89

Ernst, Markus: Private Equity Fonds zwischen Gewerblichkeit und Vermögensverwaltung, BB 2005, S. 2213–2219. Zitiert als: *Ernst*, BB 2005, 2213

Esch, Günter: Weisungsrechte der Gesellschafter der GmbH & Co. KG, NJW 1988, S. 1553–1559. Zitiert als: *Esch*, NJW 1988, 1553

Escher, Markus: Die Regulierung der geschlossenen Fonds im Kapitalanlagegesetzbuch in Habersack/Mülbert/Nobbe/Wittig, Bankrechtstag 2013, S. 123–156. Zitiert als: *Escher* in Habersack/Mülbert/Nobbe/Wittig, Bankrechtstag 2013, S. 123.

Fabarius, Wolfhart: Das 300. Schiff ist pleite - Anleger verlieren Milliarden, Managermagazin online 26.11.2013 (www.manager-magazin.de/finanzen/artikel/schiffsfonds-300-pleiten-anleger-verlieren-vier-milliarden-euro-a-935541.html). Zitiert als: *Fabarius*, Managermagazin online 26.11.2013

Feldhaus, Heiner-Georg; Amos Veith: Frankfurter Kommentar zu Private Equity: Darstellung der Grundlagen des Private-Equity-Geschäfts und Kommentierung des UBGG und des WKBG, 1. Auflage 2009, Frankfurt am Main: Verl. Recht und Wirtschaft. Zitiert als: *Bearbeiter* in Feldhaus/Veith, Frankfurter Kommentar zu Private Equity

Figna, Winfried; Fürstenau, Daniel: Steuerliche Situation offener Immobiliensondervermögen unter Berücksichtigung EU-rechtlicher Aspekte, IStR 2011, S. 532–537. Zitiert als: *Figna/Fürstenau*, IStR 2011, 532

Fischer, Carsten; Friedrich, Till: Investmentaktiengesellschaft und Investmentkommanditgesellschaft unter dem Kapitalanlagegesetzbuch, ZBB 2013, S. 153–216. Zitiert als: *Fischer/Friedrich*, ZBB 2013, 153

Fischer, Peter: Besteuerung unternehmerischer Tätigkeit, FR 2002, S. 597–606. Zitiert als: *Fischer*, FR 2002, 597

Fleischer, Holger: Finanzielle Unterstützung des Aktienerwerbs und Leveraged Buy-out, AG 1996, S. 494–507. Zitiert als: *Fleischer*, AG 1996, 494

Fleischer, Holger: Prospektpflicht und Prospekthaftung für Vermögensanlagen des Grauen Kapitalmarkts nach dem Anlegerschutzverbesserungsgesetz, BKR 2004, S. 339–347. Zitiert als: *Fleischer*, BKR 2004, 339

Fleischer, Holger; Goette, Wulf: Münchener Kommentar zum Gesetz betreffend die Gesellschaften mit beschränkter Haftung: GmbHG - Band 1: §§ 1–34, 2. Auflage 2015; Band 2: §§ 35–52, 1. Auflage 2012; Band 3: §§ 53–85, 1. Auflage 2011, München: Beck. Zitiert als: *Bearbeiter* in MüKo/GmbHG

Forst, Gerrit: Rechtfertigen wertpapieraufsichtsrechtliche Maßnahmen zu Lasten von Vorstandsmitgliedern deren Abberufung oder die Kündigung des Anstellungsvertrags?, AG 2013, S. 277–285. Zitiert als: Forst, AG 2013, 277

Freitag, Robert: Die "Investmentkommanditgesellschaft" nach dem Regierungsentwurf für ein Kapitalanlagegesetzbuch, NZG 2013, S. 329–336. Zitiert als: *Freitag*, NZG 2013, 329

Fuellmich, Reiner; Rieger, Stefan: Treuhandmodelle als Quelle für Massenschäden in Milliardenhöhe, ZIP 1999, S. 427–434. Zitiert als: *Fuellmich/Rieger*, ZIP 1999, 427

Gajo, Marianna: Private Equity in Deutschland, AG 2002, S. R38-R45. Zitiert als: *Gajo*, AG 2002, R38

Gerhard, Markus; Rüschen, Thomas; Sandhövel, Armin: Finanzierung erneuerbarer Energien, 1. Auflage 2011, Frankfurt am Main: Frankfurt School Verl. Zitiert als: *Bearbeiter* in Gerhard/Rüschen/Sandhövel, Finanzierung erneuerbarer Energien

Geßler, Ernst; Hefermehl, Wolfgang; Hildebrandt, Wofgang; Schröder, Georg: Schlegelberger Handelsgesetzbuch Kommentar, Band III 2. Halbband, 5. Auflage 1986, München: Vahlen. Zitiert als: *Bearbeiter* in Schlegelberger, HGB

Geurts, Matthias; Schubert, Leif: Folgen der Neudefinition geschlossener Fonds, WM 2014, S. 2154–2160. Zitiert als: *Geurts/Schubert*, WM 2014, 2154

Geurts, Matthias; Schubert, Leif: KAGB kompakt: Eine strukturelle Einführung in das neue Investmentrecht, 1. Auflage 2014, Köln: Bank-Verlag. Zitiert als: Geurts/Schubert, KAGB

Glück, Oliver: AIFM: Regulierung geschlossener Immobilienfonds KAGB: Regulierungsfrei dank operativer Tätigkeit?, Immobilien Zeitung Nr. 39–40/2013 vom 03.10.2013, S. 49. Zitiert als: *Glück*, Immobilien Zeitung Nr. 39–40/2013, 49

Goette, Wulf; Habersack, Mathias: Münchener Kommentar zum Aktiengesetz: AktG, 4. Auflage 2014, München: Beck. Zitiert als: *Bearbeiter* in MüKo/AktG

Grashoff, Dietrich; Kleinmanns, Florian: Aktuelles Steuerrecht 2015, Alle wichtigen Steuerarten, Verfahrensrecht, Aktuelle Gesetzesänderungen 2015, 11. Auflage

2015, München: Beck. Zitiert als: Grashoff/Kleinmanns, Aktuelles Steuerrecht 2015

Groeben, Hans von der; Schwarze, Jürgen; Hatje, Armin: Europäisches Unionsrecht. Vertrag über die Europäische Union, Vertrag über die Arbeitsweise der Europäischen Union, Charta der Grundrechte der Europäischen Union, 7. Auflage 2015, Baden-Baden: Nomos. Zitiert als: *Bearbeiter* in Groeben/Schwarze/Hatje, Europäisches Unionsrecht

Groh, Manfred: Das Steuerrecht als unerwünschte Quelle des Gesellschaftsrechts, BB 1984 S. 304–309. Zitiert als: *Groh*, BB 1984, 304

Gros, Frederic: Projektentwicklungsfonds - Eine kritische Analyse aus Sicht der Projektentwickler, der Fondsinitiatoren und der Investoren, 2006, Norderstedt: GRIN Verlag. Zitiert als: Gros, Projektentwicklungsfonds

Grundmann, Stefan; Haar, Brigitte; Merkt, Hanno; Mülbert; Peter O.; Wellenhofer, Marina.: Unternehmen – Markt – Verantwortung, Festschrift für Klaus J. Hopt, 2010, Berlin 2010. Zitiert als: *Autor* in Grundmann/Haar/Mülbert/Merkt/Wellenhofer, Festschrift für Klaus J. Hopt

Grunewald, Barbara: Gesellschaftsrecht. 8. Auflage 2011, Tübingen: Mohr Siebeck. Zitiert als: Grunewald, Gesellschaftsrecht

Grunewald, Barbara; Maier-Reimer, Georg; Westermann, Harm Peter: BGB, 13. Auflage 2011, Köln: Dr. Otto Schmidt Verlag. Zitiert als: *Bearbeiter* in Erman, BGB

Gummert, Hans; Arnhold, Peter: Münchener Anwalts-Handbuch Personengesellschaftsrecht, 2. Auflage 2015, München: Beck. Zitiert als: *Bearbeiter* in Gummert/Arnhold, Münchener Anwalts-Handbuch Personengesellschaftsrecht

Gummert, Hans; Lutz Weipert; Beuthien, Volker; von Hoffmann-Becking, Michael; Priester, Hans-Joachim; Mayer, Dieter: Münchener Handbuch des Gesellschaftsrechts - Band 1: BGB-Gesellschaft, Offene Handelsgesellschaft, Partnerschaftsgesellschaft, Partenreederei, EWIV, 4. Auflage 2014; Band 2: Kommanditgesellschaft, GmbH & Co. KG, Publikums-KG, Stille Gesellschaft, 4. Auflage 2014; Band 3: Gesellschaft mit beschränkter Haftung, 4. Auflage 2012; Band 4: Aktiengesellschaft, 4. Auflage 2015; Band 5: Verein, Stiftung bürgerlichen Rechts, 3. Auflage 2009, München: Beck. Zitiert als: *Bearbeiter* in MünchHdb. GesR I (bzw. II, III oder IV)

Gündel, Matthias; Katzorke, Björn: Private Equity. Finanzierungsinstrument und Anlagemöglichkeit, 2007, Köln: Bank-Verlag Medien. Zitiert als: Gündel/Katzorke, Private Equity

Haar, Brigitte: Anlegerschutz in geschlossenen Fonds: Kapitalmarkteffizienz, Behavioral Finance und Anlegerkoordination als Bausteine eines neuen Regulierungsparadigmas in Grundmann/Haar/Mülbert/Merkt/Wellenhofer, Festschrift für Klaus J. Hopt, S. 1865–1891. Zitiert als: *Haar* in Grundmann/Haar/Mülbert/Merkt/Wellenhofer, Festschrift für Klaus J. Hopt, S. 1865

Habersack, Mathias; Hommelhoff, Peter; Hüffer, Uwe; Schmidt, Karsten: Festschrift für Ulmer, 2003, Berlin [u.a.]: de Gruyter. Zitiert als: *Bearbeiter* in Habersack/Hommelhoff/Hüffer/Schmidt, FS Ulmer 2003

Habersack, Mathias; Mülbert, Peter; Nobbe, Gerd; Wittig, Arne: Bankenregulierung, Insolvenzrecht, Kapitalanlagegesetzbuch, Honorarberatung. Bankrechtstag 2013, 2014 Berlin [u.a.]: de Gruyter. Zitiert als: *Autor* in Habersack/Mülbert/Nobbe/Wittig, Bankrechtstag 2013

Haisch, Martin; Helios, Marcus: Investmentsteuerrechtsreform aufgrund AIFMD und KAGB, BB 2013, S. 23–33. Zitiert als: *Haisch/Helios*, BB 2013, 23

Halfpap, Patrick: Normsetzungsbefugnisse von Kapitalmarktaufsichtsbehörden, BKR 2009, S. 65–72. Zitiert als: *Halfpap*, BKR 2009, 65

Hanke, Stefan: Überblick über die Prospekthaftung bei geschlossenen Fonds nach dem Inkrafttreten des KAGB, BKR 2014, S. 441–448. Zitiert als: *Hanke*, BKR 2014, 441

Hartrott, Sebastian; Goller, Sebastian: Immobilienfonds nach dem Kapitalanlagegesetzbuch, BB 2013, S. 1603–1612. Zitiert als: *Hartrott/Goller*, BB 2013, 1603

Heidel, Thomasl; Schall, Alexander: HGB Handkommentar, 2. Auflage 2015, Baden-Baden: Nomos. Zitiert als: *Bearbeiter* in Heidel/Schall, HGB

Heisterhagen, Christoph: Prospekthaftung für geschlossene Fonds nach dem Börsengesetz - wirklich ein Beitrag zum Anlegerschutz?, DStR 2006, S. 759–764. Zitiert als: *Heisterhagen*, DStR 2006, 759

Heisterhagen, Christoph: Die gesetzliche Prospektpflicht für geschlossene Fonds nach dem Regierungsentwurf des Anlegerschutzverbesserungsgesetzes, DStR 2004, S. 1089–1094. Zitiert als: *Heisterhagen*, DStR 2004, 1089

Heisterhagen, Christoph; Kleinert, Jens: Neueste Entwicklungen und aktuelle Problemkreise im Bereich geschlossener Fonds, DStR 2004, S. 507–513. Zitiert als: *Heisterhagen/Kleinert*, DStR 2004, 507

Henssler, Martin; Strohn, Lutz: Gesellschaftsrecht: BGB, HGB, PartGG, GmbHG, AktG, GenG, UmwG, InsO, AnfG, IntGesR, 2. Auflage 2014, München: Beck. Zitiert als: *Bearbeiter* in Henssler/Strohn, Gesellschaftsrecht

Herring, Frank; Loff, Detmar: Die Verwaltung alternativer Investmentvermögen nach dem KAGB-E, DB 2012, S. 2029–2036. Zitiert als: *Herring/Loff*, DB 2012, 2029

Hesselmann, Malte; Tillmann, Bert; Mueller-Thuns, Thomas: Handbuch der GmbH & Co. KG, 20. Auflage 2009, Köln: Dr. Otto Schmidt. Zitiert als: *Bearbeiter* in Hesselmann/Tillmann/Mueller-Thuns, Handbuch der GmbH & Co. KG

Hettler, Stephan; Stratz, Rolf-Christian; Hörtnagl, Robert: Beck'sches Mandatshandbuch Unternehmenskauf, 2. Auflage 2014, München: Beck. Zitiert als: Hettler/Stratz/Hörtnagel, Beck'sches Mandatshandbuch Unternehmenskauf

Heymann, Ernst; Horn, Norbert: Heymann Handelsgesetzbuch (ohne Seerecht) Kommentar. 2. Auflage 1995, Berlin [u.a.]: de Gruyter. Zitiert als: *Bearbeiter* in Heymann/Horn, Heymann HGB

Homberg, Peter: Probleme bei der Due Diligence. Konsequenzen der Weigerung der Mitgesellschafter bei einer dem Verkaufsprozess vorgelagerten Unternehmensprüfung, AG 2011, S. R305-R306. Zitiert als: *Homberg*, AG 2011, R305

Hoppe, Tilman; Riedel, Dirk: Der Begriff "weiche Kosten" in der Prospekthaftung, DB 2007, S. 1125–1128. Zitiert als: *Hoppe/Riedel*, DB 2007, 1125

Ising, Peter: Bewertung offener Immobilienfonds in der Krise, NZG 2012, S. 651–657. Zitiert als: *Ising*, NZG 2012, 651

Jäger, Lars; Maas, Gero; Renz, Hartmut T.: Compliance bei geschlossenen Fonds - Ein Überblick, CCZ 2014, S. 63–74. Zitiert als: *Jäger/Maas/Renz*, CCZ 2014, 63

Jenn, Matthias: Windenergie: Zahlreiche rechtliche Besonderheiten, ZfBR-Beil. 2012, S. 13–24. Zitiert als: Jenn, ZfBR-Beil. 2012, 13

Jesch, Thomas A.: BB - Gesetzgebungs- und Rechtsprechungsreport zur Fondsregulierung 2012, BB 2012, S. 2895–2901. Zitiert als: *Jesch*, BB 2012, 2895

Jesch, Thomas A.; Alten, Klaus: Erlaubnisantrag für Kapitalverwaltungsgesellschaften nach §§ 21 ff. KAGB - bisherige Erkenntnisse und offene Fragen, RdF 2013, S. 191–200. Zitiert als: *Jesch/Alten*, RdF 2013, 191

Jesch, Thomas A.; Klebeck, Ulf: BB- Gesetzgebungs- und Rechtsprechungsreport zur Fondsregulierung 2011, BB 2011, S. 1866–1873. Zitiert als: *Jesch/Klebeck,* BB 2011, 1866

Jesch, Thomas A.; Schilder, Axel; Striegel, Andreas: Rechtshandbuch Immobilien-Investitionen, 1. Auflage 2009, München: Beck. Zitiert als: *Bearbeiter* in Jesch/Schilder/Striegel, Rechtshandbuch Immobilien-Investitionen

Jesch, Thomas A.; Siemko, Sabrina: BB-Gesetzgebungs- und Rechtsprechungsreport zur Fondsregulierung 2014, BB 2014, S. 3075–3081. Zitiert als: *Jesch/Siemko*, BB 2014, 3075

Jesch, Thomas A; Geyer, Frank: Die Übergangsbestimmungen der AIFM-Richtlinie, BKR 2012, S. 359–363. Zitiert als: *Jesch/Geyer*, BKR 2012, 359

Jones, Kathrin; Cruise, Sinead: Richtlinie AIFM. Alle Fonds über einen Kamm geschert, Managermagazin online 01.11.2012 (www.manager-magazin.de/finanzen/artikel/ a-864683.html). Zitiert als: *Jones/Cruise*, Managermagazin online 01.11.2012

Kaiser-Blum, Hans Jürgen; Götzenberger, Anton-Rudolf: Bei Schiffsbeteiligungen kommt es auf das Einzelinvestment an, BB 2009, S. 1111–1112. Zitiert als: *Kaiser-Blum/Götzenberger*, BB 2009, 1111

Kind, Sebastian; Haag, Alexander: Der Begriff des Alternative Investment Fund nach der AIFM-Richtlinie - geschlossene und private Vermögensanlagegesellschaften im Anwendungsbereich, DStR 2010, S. 1526–1530. Zitiert als: *Kind/Haag*, DStR 2010, 1526

Kindl, Johann: Gesellschaftsrecht, 2011, Baden-Baden: Nomos. Zitiert als: Kindl, Gesellschaftsrecht

King, Rudolph C.: Real Estate Investment Trusts, Deutsche Offene und Geschlossene Immobilienfonds. Darstellung und internationaler Rechtsvergleich zur Zukunft der Immobilienfonds, 1999, München; Logomed Verlag. Zitiert als: *King*, Real Estate Investment Trusts

Klebeck, Ulf: Neue Richtlinie für Verwalter von alternativen Investmentfonds, DStR 2009, S. 2154–2160. Zitiert als: *Klebeck*, DStR 2009, 2154

Klebeck, Ulf; Kolbe, Sebastian: Aufsichts- und Arbeitsrecht im KAGB, BB 2014, S. 707–714. Zitiert als: *Klebeck/Kolbe*, BB 2014, 707

Klein, Peter J.: Geschlossene Immobilien-Fonds im Kreuzfeuer der Kritik - zu Recht? Chancen und Risiken aktueller steuerbegünstigter Kapitalanlagen, BB Beilage 1995, Nr. 17, S. 8–11. Zitiert als: *Klein*, BB Beilage 1995, Nr. 17, 8

Klinger, Max: Die zentrale Strafnorm des Investmentrechts gem. § 339 KAGB, NZWiSt, 2014 S. 370–377. Zitiert als *Klinger*, NZWiSt, 2014, 370

Klunzinger, Eugen: Grundzüge des Gesellschaftsrechts, 16. Auflage 2012, München: Vahlen. Zitiert als: Klunzinger, Gesellschaftsrecht

Kobabe, Rolf: Ist das Kapitalanlagegesetzbuch ein gutes Gesetz?, Börsen-Zeitung, 12.11.2013, S. B8. Zitiert als: *Kobabe*, Börsen-Zeitung, 12.11.2013, B8

Kobbach, Jan; Anders, Dietmar: Umsetzung der AIFM-Richtlinie aus Sicht der Verwahrstellen, NZG 2012, S. 1170–1172. Zitiert als: *Kobbach/Anders*, NZG 2012, 1170

Kock, Martin; Dinkel, Renate: Die zivilrechtliche Haftung von Vorständen für unternehmerische Entscheidungen. Die geplante Kodifizierung der Business Judgment Rule im Gesetz zur Unternehmensintegrität und Modernisierung des Anfechtungsrechts, NZG 2004, S. 441–448. Zitiert als: *Kock/Dinkel*, NZG 2004, 441

Koller, Ingo; Kindler, Peter; Roth, Wulf-Henning; Morck, Winfried: Handelsgesetzbuch Kommentar, 8. Auflage 2015, München: Beck. Zitiert als: *Bearbeiter* in Koller/Kindler/Roth/Morck, HGB

Komo, Daniel: Geschlossene Immobilienfonds in der Rechtsform der GmbH & Co. KG - Haftungsrisiken für Anleger und Vertragsgestaltung, BB 2012, S. 1424–1429. Zitiert als: *Komo*, BB 2012, 1424

Korehnke, Stephan: Treuwidrige Stimmen im Personengesellschafts- und GmbH-Recht - Sanktionen und prozessuale Behandlung, 1997, Baden-Baden: Nomos. Zitiert als: Korehnke, Treuwidrige Stimmen

Kort, Michael: Die Regelung von Risikomanagement und Compliance im neuen KAGB. Vorbild für alle Kapitalgesellschaften?, AG 2013, S. 582–588. Zitiert als: *Kort*, AG 2013, 582

Kramer, Robert; Recknagel, Ralf: Die AIFM-Richtlinie - Neuer Rechtsrahmen für die Verwaltung alternativer Investmentfonds, DB 2011, S. 2077–2084. Zitiert als: *Kramer/Recknagel*, DB 2011, 2077

Krause, Martin; Klebeck, Ulf: Fonds(anteils)begriff nach der AIFM-Richtlinie und dem Entwurf des KAGB, RdF 2013, S. 4–12. Zitiert als: *Krause/Klebeck*, RdF 2013, 4

Krieger, Albrecht: Empfiehlt sich eine gesetzliche Regelung der Publikums-KG? in Lutter/Mertens/Ulmer, Festschrift für Walter Stimpel zum 68. Geburtstag am 29. November 1985, 1985, Berlin, New York: Walter de Gruyter Zitiert als: *Krieger* in Lutter/Mertens/Ulmer, Festschrift Stimpel (1985), S. 307

Kübler, Friedrich; Mertens, Hans-Joachim; Werner, Winfried: Festschrift für Theodor Heinsius zum 65. Geburtstag am 25. September 1991, 1991, Berlin [u.a.]: de Gruyter. Zitiert als: *Autor* in Kübler/Mertens/Werner, FS Heinsius,

Kümpel, Siegfried: Bank- und Kapitalmarktrecht, 4. Auflage 2011, Köln: Schmidt. Zitiert als: Kümpel, Bank- und Kapitalmarktrecht

Kurz, Antje-Irina: Vertrieb von Finanzprodukten in Deutschland, DB 2013, S. 503–507. Zitiert als: *Kurz*, DB 2013, 503

Küting, Peter: Neufassung des IDW S 4 - Auf dem Weg von einer freiwilligen zu einer gesetzlich kodifizierten Prospektprüfung, DStR 2006, S. 1007–1013. Zitiert als: *Kütting*, DStR 2006, 1007

Leuering, Dieter: Die Neuordnung der gesetzlichen Prospekthaftung, NJW 2012, S. 1905–1910. Zitiert als: *Leuering*, NJW 2012, 1905

Leuering, Dieter; Rubner, Daniel: Die Prospekthaftung im engeren und im weiteren Sinne, NJW-Spezial 2013, S. 143–144. Zitiert als: *Leuerig/Rubner*, NJW-Spezial 2013, 143

Loff, Detmar; Klebeck, Ulf:: Fundraising nach der AIFM-Richtlinie und Umsetzung in Deutschland durch das KAGB, BKR 2012, S. 353–359. Zitiert als: *Loff/Klebeck*, BKR 2012, 353

Loritz, Karl-Georg: Ausschüttungen in Verlustjahren bei geschlossenen Fonds, NZG 2008, S. 887–892. Zitiert als: *Loritz*, NZG 2008, 887

Loritz, Karl-Georg; Rickmers, Benedikt: Unternehmensfinanzierung im Kapitalmarkt und Kapitalanlagegesetzbuch bei operativ tätigen Unternehmen, NZG 2014, S. 1241–1250. Zitiert als: *Loritz/Rickmers*, NZG 2014, S. 1241

Loritz, Karl-Georg; Uffmann, Katharina: Der Geltungsbereich des Kapitalanlagegesetzbuches (KAGB) und Investmentformen außerhalb desselben. Erste Überlegungen, auch zum Auslegungsschreiben der BaFin vom 14.6.2013, WM 2013, S. 2193–2240. Zitiert als: *Loritz/Uffmann*, WM 2013, 2193

Loritz, Karl-Georg; Wagner, Klaus-R.: Geschlossene Fonds: Prospektdarstellung von "weichen Kosten" und Anlageberatungspflichten in der Rechtsprechung des BGH vor dem 1.7.2005 und danach, NZG 2013, S. 367–374. Zitiert als: *Loritz/Wagner*, NZG 2013, 367

Lüdicke, Jochen; Arndt, Jan-Holger: Geschlossene Fonds, 6. Auflage 2013, München: Beck. Zitiert als: *Bearbeiter* in Lüdicke/Arndt, Geschlossene Fonds

Lüdicke, Jochen; Arndt, Jan-Holger: Geschlossene Fonds, 5. Auflage 2009, München: Beck. Zitiert als: *Bearbeiter* in Lüdicke/Arndt, Geschlossene Fonds, 5. Auflage

Lüdicke, Jochen; Schneeweiß, Wolfram: Haftung des Kommanditisten in der Publikums-GmbH & Co. KG, WiB 1996, S. 969–975. Zitiert als: *Lüdicke/Schneeweiß*, WiB 1996, 969

Lüdicke, Jochen; Sistermann, Christian: Unternehmenssteuerrecht, Gründung, Finanzierung, Umstrukturierung, Übertragung, Liquidation, 1. Auflage 2008, München: Beck. Zitiert als: *Bearbeiter* in Lüdike/Sistermann, Unternehmenssteuerrecht

Lutter, Marcus; Mertens, Hans-Joachim; Ulmer, Peter: Festschrift für Walter Stimpel zum 68. Geburtstag am 29. November 1985, 1985, Berlin, New York: Walter de Gruyter. Zitiert als: *Bearbeiter* in Lutter/Mertens/Ulmer, Festschrift Stimpel (1985)

Lutz, Carsten: Vereinbarung von Haftungsbeschränkungen bei Fonds-GbRs: Praxisfolgen aus den Urteilen des BGH zur quotalen Haftung, GWR 2011, S. 249–251. Zitiert als: *Lutz*, GWR 2011, 249.

Lux, Jochen (2013: Rückforderung gewinnunabhängiger Ausschüttungen an Kommanditisten, NZG 2013, S. 1017–1020. Zitiert als: *Lux*, NZG 2013, 1017

Maas, Gero; Jäger, Lars: Geschlossene Fonds - Änderung im Prüfungsmaßstab und weitere Aspekte der Neuregulierung, BKR 2010, S. 316–320. Zitiert als: *Maas/Jäger*, BKR 2010, 316

Mahler, Sarah: Zur Haftung des Treuhandkommanditisten bei Aufklärungspflichtverletzungen zugleich Anm. zu BGH v. 9.7.2013 - II ZR 9/12, AG 2013, S. R275-R276. Zitiert als: *Mahler*, AG 2013, R275

Marcks, Peter: Makler und Bauträger Verordnung, 8. Auflage 2009, München. Zitiert als: Marcks, Makler und Bauträger Verordnung

Martinek, Michael; Amereller, Florian: Handbuch des Vertriebsrechts, 3. Auflage 2010, München: Beck. Zitiert als: Martinek/Amereller, Handbuch des Vertriebsrechts

Marx, Franz Jürgen; Schleifer, Christian: Aktuelle Problembereiche des IDW S 4 und der gesetzlichen Prospektierungsregelungen für geschlossene Fonds, BB 2007, S. 258–265. Zitiert als: *Marx/Schleifer*, BB 2007, 258

Maurer, Hartmut: Allgemeines Verwaltungsrecht, 18. Auflage 2011, München: Beck. Zitiert als: Maurer, Allgemeines Verwaltungsrecht

Mayer-Uellner, Richard: From Public to Private: Öffentliche Übernahmen durch Private Equity-Investoren, AG 2013, S. 828–839. Zitiert als: *Mayer-Uellner*, AG 2013, 828

Merkt, Hanno: Fallen REIT-Aktiengesellschaften unter das KAGB, BB 2013, S. 1986–1996. Zitiert als: *Merkt*, BB 2013, 1986

Meuschke, Ina: Das Konkurrenzverhältnis von gesetzlicher und bürgerlich-rechtlicher Prospekthaftung – keine Klarheit durch § 20 VermAnlG, AG 2013, S. R292-R294. Zitiert als: *Meuschke*, AG 2013, R292

Michalski, Lutz: Kommentar zum Gesetz betreffend die Gesellschaften mit beschränkter Haftung (GmbH-Gesetz), 2. Auflage 2010, München: Beck. Zitiert als: *Bearbeiter* in Michalski, GmbHG

Möller, Matthias: Förderung von Private Equity und Venture Capital durch geplante Verbesserung der steuerlichen Rahmenbedingungen, BB 2006, S. 971–974. Zitiert als: *Möller*, BB 2006, 971

Möllers, Thomas M. J.: Umfang und Grenzen des Anlegerschutzes im Investmentgesetz Der Trennungsgrundsatz und die Grenzen der Aufrechnung im InvG, BKR 2011, S. 353–366. Zitiert als: *Möllers*, BKR 2011, 353

Möllers, Thomas M. J.; Hailer, Sabrina: Management- und Vertriebsvergütungen bei Alternativen Investmentfonds - Überlegungen zur Umsetzung der Vergütungsvorgaben der AIFM-RL in das deutsche Recht, ZBB 2012, S. 178–193. Zitiert als: *Möllers/Hailer*, ZBB 2012, 178

Möllers, Thomas M. J.; Harrer, Andreas; Krüger, Thomas C.: Die Regelung von Hedgefonds und Private Equity durch die neue AIFM-Richtlinie, WM 2011, S. 1537–1584. Zitiert als: *Möllers/Harrer/Krüger*, WM 2011, 1537

Möllers, Thomas M. J.; Kloyer, Anderas: Bankenregulierung, Insolvenzrecht, Kapitalanlagegesetzbuch, Honorarberatung. Bankrechtstag 2013, 2014, Berlin [u.a.]: de Gruyter. Zitiert als: *Möllers/Kloyer*, Bankrechtstag 2013

Möllers, Thomas M. J.; Kloyer, Andreas: Das neue Kapitalanlagegesetzbuch. Tagung vom 14./15. Juni 2013 in Augsburg. Tagungsband, 2013, München: Beck. Zitiert als: *Bearbeiter* in Möllers/Kloyer, Das neue KAGB

Morgen, Robert D. v.: Die differenzierende Rechtsprechung des BGH zur Verjährung von Prospekthaftungsansprüchen: Eine “halbherzig” Lösung, NJW 1987, S. 474–478. Zitiert als: *Morgen*, NJW 1987, 474

Moritz, Hans; Grimm, Paul: Licht im Dunkel des „Grauen Marktes“? - Aktuelle Bestrebungen zur Novellierung des Verkaufsprospektgesetzes, BB 2004, S. 1352–1357. Zitiert als: *Moritz/Grimm*, BB 2004, 1352

Morshäuser, Ralf; Falkner, Tobias: Der Insolvenzplan als Sanierungschance für Portfolio-Unternehmen von Private-Equity-Investoren nach einem Debt-Push-Down, NZG 2009, S. 526–530. Zitiert als: *Morshäuser/Falkner*, NZG 2009, 526

Müller, Welf; Hoffmann, Wolf-Dieter: Beck'sches Handbuch der Personengesellschaften: Gesellschaftsrecht, Steuerrecht, 3. Auflage 2009, München: Beck. Zitiert als: *Bearbeiter* in Müller/Hoffmann, Beck'sches Hdb. der Personengesellschaften

Najork, Eike: Der Facility Management-Vertrag, NJW 2006, S. 2881–2884. Zitiert als: *Najork*, NJW 2006, 2881

Nasall, Wendt: Wenn das Blaue am Himmel bleibt - Die Rechtsprechung des BGH zur Haftung des freien Anlageberaters, NJW 2011, S. 2323–2329. Zitiert als: *Nasall*, NJW 2011, 2323

Nelle, Andreas; Klebeck, Ulf: Der "kleine" AIFM - Chancen und Risiken der neuen Regulierung für deutsche Fondsmanager, BB 2013, S. 2499–2506. Zitiert als: *Nelle/ Klebeck*, BB 2013, 2499

Niewerth, Johannes; Rybarz, Jonas: Änderung der Rahmenbedingungen für Immobilienfonds - das AIFM-Umsetzungsgesetz und seine Folgen, WM 2013, S. 1154–1167. Zitiert als: *Niewerth/Rybarz*, WM 2013, S. 1154

Nobbe, Gerd: Prospekthaftung bei geschlossenen Fonds - Ein Überblick über die Rechtsprechung insbesondere des Bundesgerichtshof, WM 2013, S. 193–204. Zitiert als: *Nobbe*, WM 2013, 193

Oehme, Michael: Basel II fördert das Fonds-Geschäft mit Projektentwicklungen, Der Immobilienbrief 2003 (38), S. 8–9. Zitiert als: *Oehme*, Der Immobilienbrief 2003 (38), 8

Oetker, Hartmut: Kommentar zum Handelsgesetzbuch (HGB), 4. Auflage 2015, München: Beck. Zitiert als: *Bearbeiter* in Oetker, HGB

Ott, Hendrik: Der Ausstieg aus Immobilienfondsbeteiligungen nach neuer Rechtsprechung - Hoffnung für Kapitalanleger, DStR 2003, S. 2026–2031. Zitiert als: *Ott*, DStR 2003, 2026

Otto, Hans-Joch: „Eigenkapitalraub“ und „nicht erwünschtes Verhalten“: Private Equity zwischen betriebswirtschaftlicher Logik und der Idee vom Unternehmer an sich, AG 2013, S. 357–374. Zitiert als: *Otto*, AG 2013, 357

Paefgen, Walter G.: Dogmatische Grundlagen, Anwendungsbereich und Formulierung einer Business Judgment Rule im künftigen UMAG, AG 2004, S. 245–261. Zitiert als: *Paefgen*, AG 2004, 245

Palandt, Otto: Bürgerliches Gesetzbuch: BGB, 74. Auflage 2015, München: Beck. Zitiert als: *Bearbeiter* in Palandt

Patzer, Andreas; Döser, Achim; Kempf, Ludger J.: Investmentrecht. Aufsicht Besteuerung Handkommentar, 2. Auflage 2015, Nomos. Zitiert als: Bearbeiter: *Bearbeiter* in Patzer/Döser/Kempf, Investmentrecht

Patzner, Andreas; Döser, Achim; Kempf, Ludger J.: Investmentrecht. Kapitalanlagegesetzbuch, Investmentsteuergesetz; Handkommentar, 2. Auflage 2015, Baden-Baden: Nomos. Zitiert als: *Bearbeiter* in Patzner/Döser/ Kempf, Investmentrecht

Paul, Wolfgang: Der Anteilserwerb bei der als Spezial-AIF konzipierten Investmentgesellschaft durch Privatanleger, ZIP 2016, S. 1009–1014. Zitiert: *Paul*, ZIP 2016, 1009

Pelikan, Edmund: BeteiligungsKompass 2011. Handbuch für geschlossene Fonds, 8. Auflage 2011, Landshut: Epk media. Zitiert als: Pelikan, BeteiligungsKompass 2011

Peters, Bernd: Windpark-Standortsicherungen (Onshore), WM 2013, S. 2016–2022. Zitiert als: *Peters*, WM 2013, 2016

Peters, Bernd: Wem gehören die Windkraftanlagen auf fremdem Grund und Boden?, WM 2002, S. 110–118. Zitiert als: *Peters*, WM 2002, 110

Picot, Gerhard: Mehrheitsrechte und Minderheitenschutz in der Personengesellschaft. Unter besonderer Berücksichtigung der Publikums-KG, BB 1993, S. 13–21. Zitiert als: *Picot*, BB 1993, 13

Poelzig, Dörte; Volmer, Michael: „Der Bundesminister der Finanzen warnt" - Ein Überblick zum neuen Kapitalanlagegesetzbuch, DNotZ 2014, S. 483–493. Zitiert als: *Poelzig/Volmer*, DNotZ 2014, S. 483

Preuss, Norbert; Schöne, Lars Bernhard: Real Estate und Facility Management. Aus Sicht der Consultingpraxis. 3. Auflage 2010, Heidelberg, New York: Springer. Zitiert als: Preuss/Schöne, Real Estate und Facility Management

Prinz, Ulrich; Hoffmann, Wolf-Dieter: Beck'sches Handbuch der Personengesellschaften, Gesellschaftsrecht, Steuerrecht, 4. Auflage 2014, München: Beck. Zitiert als: *Bearbeiter* in Beck'sches Hdb. der Personengesellschaften

Rebmann, Kurt; Säcker, Franz Jürgen: Münchener Kommentar zum Bürgerlichen Gesetzbuch - Band 1: Allgemeiner Teil §§ 1–240, AGG, 6. Auflage 2012; Band 2: Schuldrecht Allgemeiner Teil §§ 241–432, 6. Auflage 2012; Band 3: Schuldrecht - Besonderer Teil I §§ 433–610, Finanzierungsleasing, HeizkostenV, BetriebskostenV, CISG, 6. Auflage 2012; Band 4: Schuldrecht - Besonderer Teil II, 6. Auflage 2012; Band 5: Schuldrecht - Besonderer Teil III §§ 705–853, Partnerschaftsgesellschaftsgesetz, Produkthaftungsgesetz, 6. Auflage 2012, 7. Auflage 2015, München: Beck. Zitiert als: *Bearbeiter* in MüKo/BGB

Reshöft, Jan; Schäfermeister, Andreas: Erneuerbare-Energien-Gesetz: Handkommentar, 4. Auflage 2014, Baden-Baden: Nomos. Zitiert als: *Bearbeiter* in Reshöft/Schäfermeister, EEG

Rohmert, Werner: KAGB-Auslegungsschreiben – Entwarnung oder Verunsicherung? Bleiben nur noch Immobilienfonds unter der Knute, Der Immobilienbrief 2013 (299), S. 5–8. Zitiert als: *Rohmert*, Der Immobilienbrief 2013 (299), 5

Rohmert, Werner: Publikums-Projektentwicklungsfonds: Für LoneStar "nicht in Ordnung" - Auch Prof. Bone-Winkel skeptisch, Der Immobilienbrief 2003 (40), S. 8–9. Zitiert als: *Rohmert*, Der Immobilienbrief 2003 (40), 8

Rohmert, Werner: Projektentwicklungsfonds lösen das Finanzproblem des Initiators - Wo bleibt der Anleger?, Der Immobilienbrief 2003 (38), S. 9–10. Zitiert als: *Rohmert*, Der Immobilienbrief 2003 (38), 9

Rohmert, Werner: MPC, HCI und Lloyd - Trotz "Betongold-Flucht" bleiben Fonds AG's im Feuer, Der Immobilienbrief 2009 (193), S. 14–16. Zitiert als: *Rohmert*, Der Immobilienbrief 2003 (193), 14

Röhrich, Raimund: Schiffsfonds - Kleinanleger auf dem falschen Dampfer?, AG 2004, S. R440-R444. Zitiert als: *Röhrich*, AG 2004, R440

Röhricht, Volker; Graf von Westphalen, Friedrich, Haas, Ulrich: Handelsgesetzbuch: HGB, Kommentar zu Handelsstand, Handelsgesellschaften, Handelsgeschäften und besonderen Handelsverträgen (ohne Bilanz-, Transport- und Seerecht), 4. Auflage 2014, Köln: Dr. Otto Schmidt. Zitiert als: *Bearbeiter* in Röhricht/Graf von Westphalen/Haas, HGB

Rosa, Katja: Prospektpflichten und Prospekthaftung für geschlossene Fonds. Eine Untersuchung Im Lichte des Neuen Verkaufsprospektgesetzes, 2010, Frankfurt: Lang, Peter, Internationaler Verlag der Wissenschaften. Zitiert als: Rosa, Prospektpflichten und Prospekthaftung

Roth, Günter; Altmeppen, Holger: Gesetz betreffend die Gesellschaften mit beschränkter Haftung: GmbHG, 7. Auflage 2012, München: Beck. Zitiert als: *Bearbeiter* in Roth/Altmeppen, GmbHG

Rotter, Klaus; Gierke, Julia: Prokon und der Anwendungsbereich des neuen Kapitalanlagegesetzbuch (KAGB), VuR 2014, S. 255–260. Zitiert als: *Rotter/Gierke*, VuR 2014, 255

Rötting, Michael; Lang, Christina: Das Lamfalussy-Verfahren im Umfeld der Neuordnung der europäischen Finanzaufsichtsstrukturen. Entwicklung und Ablauf, EuZW 2012, S. 8–14. Zitiert als: *Rötting/Lang*, EuZW 2012, 8

Rottwilm, Christoph: Fondsregulierung Anlegerschutzgesetz ohne Anlegerschutz, Managermagazin online 13.11.2012 (www.manager-magazin.de/finanzen /immobilien/a-866651.html). Zitiert als: *Rottwilm*, Managermagazin online 13.11.2012

Rottwilm, Christoph: Immobilienfonds und Co. Finanzjongleure im Regulierungsstress, Wirtschaftswoche 27.09.2012. Zitiert als: *Rottwilm*, Wirtschaftswoche 27.09.2012, Immobilienfonds und Co.

Rüber, Bernd; Reiff, Gunter: Voraussetzungen einer gewerblichen Entprägung der extern verwalteten geschlossenen Investmentkommanditgesellschaft, BB 2014, S. 1634–1637. Zitiert als: *Rüber/Reiff*, BB 2014, 1634

Rudolph, Bernd: Funktionen und Regulierung der Finanzinvestoren, ZGR 2008, S. 161–184. Zitiert als: *Rudolph*, ZGR 2008, 161

Saenger, Ingo: Gesellschaftsrecht, 2010 München: Vahlen. Zitiert als: Saenger, Gesellschaftsrecht

Schäfer, Jürgen; Conzen, Georg: Praxishandbuch der Immobilien-Projektentwicklung, 3. Auflage 2013, München: Beck. Zitiert als: *Bearbeiter* in Schäfer/Conzen, Praxishandbuch der Immobilien-Projektentwicklung

Schaffelhuber, Kai A.: Regulierung des „Schattenbankensystems", GWR 2011, S. 488–491. Zitiert als: *Schaffelhuber*, GWR 2011, 488

Schiefer, Christina: Rechtsformen der Publikumsgesellschaften und Sonderrecht der Publikums-KG (Teil I), DStR 1997, S. 119–124. Zitiert als: *Schiefer*, DStR 1997, 119

Schiffer, Jack: Mehrheitsentscheidungen in der Personengesellschaft - Ende der Kernbereichslehre?, BB 2015, S. 584–586. Zitiert als: *Schiffer*, BB 2015, 584

Schimansky, Herbert; Bunte, Hermann-Josef; Lwowski, Hans-Jürgen: Bankrechts-Handbuch. 4. Auflage 2011, München: Beck. Zitiert als: *Bearbeiter* in Schimansky/Bunte/Lwowski, Bankrechts-Handbuch

Schlitt, Michael: Die Auswirkungen des Handelsrechtsreformgesetzes auf die Gestaltung von GmbH & Co KG-Verträgen, NZG 1998, S. 580–586. Zitiert als: *Schlitt*, NZG 1998, 580

Schmidt, Karsten: Gesellschaftsrecht, 4. Auflage 2002, Köln, Berlin, Bonn, München: Carl Heymanns Verlag. Zitiert als: K. Schmidt, Gesellschaftsrecht

Schmidt, Karsten: HGB-Reform im Regierungsentwurf, ZIP 1997, S. 909–918. Zitiert als: *Schmidt*, ZIP 1997, 909

Schmidt, Karsten: Handelsrecht. 5. Auflage 1999, Köln, Berlin, Bonn, München: Carl Heymanns Verlag. Zitiert als: Schmidt, Handelsrecht.

Schmidt, Karsten: Gesellschaftsrecht: Vertretung einer Publikums-KG bei Geltendmachung von Ersatzansprüchen gegen ihre Komplementärin, JuS 2011, S. 179–181. Zitiert als: *Schmidt*, JuS 2011, 179

Schmidt, Karsten: Münchener Kommentar zum Handelsgesetzbuch: HGB, Band 1: Erstes Buch. Handelsstand, §§ 1–104a, 3. Auflage 2010; Band 2: Zweites Buch. Handelsgesellschaften und stille Gesellschaft. Erster Abschnitt. Offene Handelsgesellschaft §§ 105–160, 3. Auflage 2011; Band 3: Zweites Buch. Handelsgesellschaften und stille Gesellschaft, 3. Auflage 2012; Band 4: Drittes Buch. Handelsbücher § 238–342e HGB, 3. Auflage 2013; Band 5: Viertes Buch. Handelsgeschäfte, 3. Auflage 2013; Band 6: Bankvertragsrecht, 3. Auflage 2014; Band 7: §§ 407–619 Transportrecht, 3. Auflage 2014, München: Beck. Zitiert als: *Bearbeiter* in MüKo/HGB

Schmidt, Karsten; Lutter, Marcus: Aktiengesetz: AktG, 3. Auflage 2015, Köln: Dr. Otto Schmidt Verlag. Zitiert als: B*earbeiter* in K. Schmidt/Lutter, AktG

Schmolke, Klaus Ulrich: Der Lamfalussy-Prozess im Europäischen Kapitalmarktrecht - eine Zwischenbilanz, NZG 2005, S. 912–919. Zitiert als: *Schmolke*, NZG 2005, 912

Schnauder, Franz: Das neue Prospekthaftungsregime bei geschlossenen Publikums-AIF (Alternative Investmentfonds), jurisPR-BKR 10/2013, Anm. 1. Zitiert als: *Schnauder*, jurisPR-BKR 10/2013, Anm. 1

Schnauder, Franz: Regimewechsel im Prospekthaftungsrecht bei geschlossenen Publikumsfonds, NJW 2013, S. 3207–3213. Zitiert als: *Schnauder*, NJW 2013, 3207

Schneider, Sven H.: Unternehmerische Entscheidungen als Anwendungsvoraussetzung für die Business Judgement Rule, DB 2005, S. 707–712. Zitiert als: *Schneider*, DB 2005, 707

Schneider, Uwe H.: Alternative Geldgeber oder Eigenkapitalräuber? - Die sieben Halbwahrheiten über die „neuen Investoren" -, AG 2006, S. 577–580. Zitiert als: *Schneider*, AG 2006, 577

Schön, Wolfgang: Die vermögensverwaltende Personenhandelsgesellschaft - Ein Kind der HGB-Reform -, DB 1998, S. 1169–1177. Zitiert als: *Schön*, DB 1998, 1169

Schöner, Hartmut; Stöber, Kurt: Grundbuchrecht, 15. Auflage 2012, München: Beck. Zitiert als: *Bearbeiter* in Schöner/Stöber, Grundbuchrecht

Schönwitz, Daniel; Gerth, Martin; Hoyer, Niklas; Schwerdtfeger, Heike: Die schlechteste Geldanlage der Welt, Handelsblatt online 15.04.2011 (www.handelsblatt.com/finanzen/anlagestrategie/fonds-etf/geschlos-sene-fonds-die-schlechteste-geldanlage-der-welt/4060454.html). Zitiert als: *Schönwitz/Gerth/Hoyer/Schwerdtfeger*, Handelsblatt online 15.04.2011

Schönwitz, Daniel; Gerth, Martin; Hoyer, Niklas; Schwerdtfeger, Heike: Geschlossene Fonds. Die schlechteste Geldanlage der Welt, Wirtschaftswoche 11.04.2011. Zitiert als: *Schönwitz/Gerth/Hoyer/Schwerdtfeger*, Wirtschaftswoche 11.04.2011.

Schröder, Daniela: Schiffsfonds – In der Krise allein, Die Zeit, Ausgabe 11/2014 (online verfügbar unter www.zeit.de/2014/11/geldanlage-schiffsfonds), S. 14. Zitiert als: *Schröder*, Die Zeit, 11/2014, „Schiffsfonds – In der Krise allein", S. 14

Schröder, Oliver; Rahn, Alexander: Das KAGB und Private-Equity-Transaktionen - Pflichten für Manager von Private-Equity-Fonds und deren Verwahrstellen, GWR 2014, S. 49–54. Zitiert als: *Schröder/Rahn*, GWR 2014, 49

Schulte, Karl-Werner: Immobilienökonomie, 2. Auflage 2000, München, Wien: Oldenbourg Wissenschaftsverlag GmbH. Zitiert als: *Bearbeiter* in Schulte, Immobilienökonomie, Band 1

Schulte, Karl-Werner; Bone-Winkel, Stephan: Handbuch Immobilien-Projektentwicklung, 3. Auflage 2008, Köln: R. Müller (Immobilienfachwissen). Zitiert als: *Bearbeiter* in Schulte/Bone-Winkel, Handbuch Immobilien-Projektentwicklung

Schulze, Reiner; Dörner, Heinrich: Bürgerliches Gesetzbuch Handkommentar, 7. Auflage 2012, Baden-Baden: Nomos. Zitiert als: *Bearbeiter* in Schulze/Dörner, Bürgerliches Gesetzbuch

Schüppen, Matthias: Münchener Anwaltshandbuch Aktienrecht, 2. Auflage 2010, München: Beck. Zitiert als: Schüppen, Münchener Anwaltshandbuch Aktienrecht

Schürnbrand, Jan: Publikumspersonengesellschaften in Rechtsprechung und Literatur, ZGR 2014, S. 256–283. Zitiert als: *Schürnbrand*, ZGR 2014, 256

Schwab, Martin: Provisionen, Rückvergütungen und der legitime Erwartungshorizont des Anlagekunden, BKR 2011, S. 450–456. Zitiert als: *Schwab*, BKR 2011, 450

Schwark, Eberhard; Zimmer, Daniel: Kapitalmarktrechts-Kommentar: Börsengesetz mit Börsenzulassungsverordnung, Wertpapierprospektgesetz, Verkaufsprospektgesetz mit Vermögensanlagen-Verkaufsprospektverordnung, Wertpapierhandelsgesetz, Wertpapiererwerbs- und Übernahmegesetz, 4. Auflage 2010,

München: Beck. Zitiert als: *Bearbeiter* in Schwark/Zimmer, Kapitalmarktrechts-Kommentar

Seidenschwann, Sabine: Die Master-Kapitalverwaltungsgesellschaft - Eine rechtliche und wirtschaftliche Untersuchung zu den Grenzen der Auslagerung im Rahmen der AIFM-Regulierung, 2016, Baden-Baden; Nomos. Zitiert als: *Seidenschwann*, Die Master-KVG - Grenzen der Auslagerung im Rahmen der AIFM-Regulierung

Seitz, Georg: Die InvestmentKG - Bereichsspezifisches Sonderrecht für die InvestmentKG und deren Verortung im Gefüge des (Personen-) Gesellschaftsrechts, 2017, Aachen; Shaker Verlag Zitiert als: *Seitz*, Die InvestmentKG

Sepp, Holger: Geschlossene Fonds: Alternativen für Investoren, Finanzen.net 07.02.2015 (www.finanzen.net/nachricht/fonds/Anlegerschutz-verbessert-Geschlossene-Fonds-Alternativen-fuer-Investoren-4153467). Zitiert als: Sepp, Finanzen.net 07.02.2015

Servatius, Wolfgang: Verbesserter Anlegerschutz bei geschlossenen Fonds nach dem KAGB, ZfIR 2014, S. 134–142. Zitiert als: *Servatius*, ZfIR 2014, 134

Sester, Peter: Zustimmungspflicht und Zustimmungsfiktion bei Personengesellschaften, BB 1997, S. 1–6. Zitiert als: *Sester*, BB 1997, 1

Sester, Peter: Fallen Anteile an Geschlossenen Fonds unter den Wertpapierbegriff der MiFID bzw des FRUG?, ZBB 2008, S. 369–383. Zitiert als: *Sester*, ZBB 2008, 369

Siems, Mathias: Die Vermögensverwaltung im HGB - Gewerbebegriff und Vermögensverwaltungsgesellschaften, NZG 2001, S. 738–742. Zitiert als: *Siems*, NZG 2001, 738

Söhner, Matthias: Beteiligungstransparenz, Hebelfinanzierung und asset stripping nach der AIFM-Richtlinie, WM 2011, S. 2121–2127. Zitiert als: *Söhner*, WM 2011, 2121

Söhner, Matthias: Neuer Rechtsrahmen für Private Equity - AIFM-Umsetzungsgesetz, Aktienrechtsnovelle 2014 und weitere Vorschriften, WM 2014, S. 2110–2119. Zitiert als: *Söhner*, WM 2014, 2110

Staub, Hermann: Handelsgesetzbuch: HGB, Band 4: §§ 161–237, 5. Auflage 2015, Berlin [u.a.]: De Gruyter. Zitiert als: *Bearbeiter* in Staub, HGB

Strohn, Lutz: Anlegerschutz bei geschlossenen Immobilienfonds nach der Rechtsprechung des Bundesgerichtshofs, WM 2005, S. 1441–1451. Zitiert als: *Strohn*, WM 2005, 1441

Suchomel, Jan-Ulf: Konkurrenz von § 20 VermAnlG und bürgerlich-rechtlicher Prospekthaftung bei fehlerhaftem Prospekt, NJW 2013, S. 1126–1132. Zitiert als: *Suchomel*, NJW 2013, 1126

Sudhoff, Heinrich: GmbH & Co. KG, 6. Auflage 2005, München: Beck. Zitiert als: *Bearbeiter* in Sudhoff, GmbH & Co. KG

Taetzner, Tobias; Lange Stefan: Die Abgeltungsteuer kommt - sind Schiffsbeteiligungen ein Ausweg?, BB 2008, S. 2771–2776. Zitiert als: *Taetzner/Lange*, BB 2008, 2771

Terbille, Michael; Höra, Knut: Münchener Anwaltshandbuch Versicherungsrecht, 3. Auflage 2013, München: Beck. Zitiert als: Terbille/Höra, Münchener Anwaltshandbuch Versicherungsrecht

Thomas, Frank P.: Eigentümerrisiken und Bankenhaftung bei Flugzeugleasingfonds, WM 1999, S. 2142–2154. Zitiert als: *Thomas*, WM 1999, 2142

Thomas, Henning: Das EEG 2014 - Eine Darstellung nach Anspruchsgrundlagen, NVwZ 2014, S. 1139–1140. Zitiert als: *Thomas*, NVwZ 2014, 1139

Thömmes, Timo: OLG Frankfurt a. M.: Prospekthaftung bei realitätsfernen Prognosen und fehlender Aufklärung über einen möglichen Totalverlust eines geschlossenen Immobilienfonds, FD-MA 2008, S. 272021. Zitiert als: *Thömmes*, FD-MA 2008, 272021

Timmerbeil, Sven; Spachmüller, Demid: Anforderungen an das Risikomanagement nach der AIFM-Richtlinie, DB 2012, S. 1425–1429. Zitiert als: *Timmerbeil/Spachmüller*, DB 2012, 1425

Ulrich, Stephan: Spezialgesellschaftsrecht des KAGB, GmbHR 2014, S. R168. Zitiert als: *Ulrich*, GmbHR 2014, R168

Ulrich, Stephan: Windparkbeteiligungen und neues KAGB, GmbHR 2014, S. R118. Zitiert als: *Ulrich*, GmbHR 2014, R118

van Kann, Jürgen; Redeker, Rouven; Keiluweit, Anjela: Überblick über das Kapitalanlagengesetzbuch (KAGB), DStR 2013, S. 1483–1489. Zitiert als: *van Kann/Redeker/Keiluweit*, DStR 2013, 1483

Viciano-Gofferje, Martin: Neue Transparenzanforderungen für Private Equity Fonds nach dem Kapitalanlagegesetzbuch, BB 2013, S. 2506–2511. Zitiert als: *Viciano-Gofferje*, BB 2013, 2506

Vogt, Gabriele: Die Due Diligence - ein zentrales Element bei der Durchführung von Mergers & Acquisitions, DStR 2001, S. 2027–2034. Zitiert als: *Vogt*, DStR 2001, 2027

Volhard, Patricia; El-Qalqili, Joel: Die neuen Bewertungsvorschriften für AIF-Investmentvermögen. Unter besonderer Berücksichtigung ihrer Auswirkungen auf Private Equity Fonds, DB 2013, S. 2103–2107. Zitiert als: *Volhard/El-Qalqili*, DB 2013, 2103

von der Groeben, Hans; Schwarze, Jürgen; Hatje, Armin: Vertrag über die Europäische Union - Vertrag über die Arbeitsweise der Europäischen Union - Charta der Grundrechte der Europäischen Union, 7. Auflage 2015, Baden-Baden: Nomos. Zitiert als: *Bearbeiter* in von der Groeben/Schwarze/Hatje, Europäisches Unionsrecht

von Livonius, Hilger: Aktuelle Rechtsfragen des Vertriebs von Finanzprodukten, BKR 2005, S. 12–20. Zitiert als: *von Livonius*, BKR 2005, 12 von Morgen, Robert D.: Die differenzierende Rechtsprechung des BGH zur Verjährung von Prospekthaftungsansprüchen: Eine "halbherzig" Lösung, NJW 1987, S. 474–478. Zitiert als: *v. Morgen*, NJW 1987, 474

von Staudinger, Josef: Von Staudingers Kommentar zum Bürgerlichen Gesetzbuch: Staudinger, 1993–2015, Berlin [u.a.]: de Gruyter. Zitiert als: *Bearbeiter* in Staudinger, BGB, Stand

von Stockhausen, Lenard: Immobilien - eine ganz moderne Liebesgeschichte Wohnimmobilie, Fonds oder Projektentwicklung, Finanzwelt 02/2014. Zitiert als: *von Stockhausen*, Finanzwelt 02/2014, Immobilien - eine ganz moderne Liebesgeschichte Wohnimmobilie, Fonds oder Projektentwicklung.

Wagner, Klaus-Rudolf: Kapitalanleger in notleidenden geschlossenen Immobilienfonds, NZG 1998, S. 657–664. Zitiert als: *Wagner*, NZG 1998, 657

Wagner, Klaus-Rudolf: Krisenmanagement bei notleidenden geschlossenen Immobilienfonds, NZG 1998, S. 289–299. Zitiert als: *Wagner*, NZG 1998, 289

Wagner, Klaus-Rudolf: Ausstieg aus fremdfinanzierten geschlossenen Immobilienfonds per HWiG, VerbrKrG, Anlageberatungshaftung und Prospekthaftung, NZG 2000, S. 169–182. Zitiert als: *Wagner*, NZG 2000, 169.

Wagner, Klaus-Rudolf: Zur Problematik von Kausalität und Schaden bei langfristigen Kapitalanlagen, NZG 2003, S. 897–902. Zitiert als: *Wagner*, NZG 2003, 897

Wagner, Klaus-Rudolf: Rückforderung getätigter Ausschüttungen bei KG-Fonds, DStR 2008, S. 563–568. Zitiert als: *Wagner*, DStR 2008, 563

Wagner, Klaus-Rudolf: Haftungsrisiken bei mittelbarer Beteiligung an geschlossenen Fonds, GWR 2013, S. 7–13. Zitiert als: *Wagner*, GWR 2013, 7

Wagner, Klaus-Rudolf: Umsetzung von Krisenmanagement bei notleidenden geschlossenen Immobilienfonds, NZG 1999, S. 868–875. Zitiert als: *Wagner*, NZG 1999, 868

Wagner, Klaus-Rudolf: Bewertungsgrundlagen bei geschlossenen Immobilienfonds, BKR 2008, S. 189–192. Zitiert als: *Wagner*, BKR 2008, 189

Wagner, Klaus-Rudolf: Zum Rückgriffsanspruch gegen mittelbar beteiligte Kapitalanleger, NZG 2009, S. 733–736. Zitiert als: *Wagner*, NZG 2009, 733

Wagner, Klaus-Rudolf: Neuere gesellschaftsrechtliche Entwicklungen in Rechtsprechung und Fachschrifttum zu notleidenden geschlossenen Immobilienfonds, WM 2010, S. 1684–1690. Zitiert als: *Wagner*, WM 2010, 1684

Wagner, Klaus-Rudolf: Aktuelle Fragen und Probleme bei Publikumspersonengesellschaften, NJW 2013, S. 198–203. Zitiert als: *Wagner*, NJW 2013, 198

Wagner, Klaus-Rudolf: Geschlossene Fonds gemäß dem KAGB, ZfBR 2015, S. 113–119. Zitiert als: *Wagner*, ZfBR 2015, 113

Wagner, Klaus-Rudolf; Loritz, Karl-Georg: Konzeptionshandbuch der steuerorientierten Kapitalanlage. 2. Auflage 1997, München: Jehle-Rehm. Zitiert als: Wagner/ Loritz, Konzeptionshandbuch der steuerorientierten Kapitalanlage

Walla, Fabian: Die Europäische Wertpapier- und Marktaufsichtsbehörde (ESMA) als Akteur bei der Regulierung der Kapitalmärkte Europas - Grundlagen, erste Erfahrungen und Ausblick, BKR 2012, S. 265–270. Zitiert als: *Walla*, BKR 2012, 265

Wallach, Edgar: Umsetzung der AIFM-Richtlinie in deutsches Recht - erste umfassende Regulierung des deutschen Investmentrechts, RdF 2013, S. 92–103. Zitiert als: *Wallach*, RdF 2013, 92

Wallach, Edgar: Die Regulierung von Personengesellschaften im Kapitalanlagegesetzbuch, ZGR 2014, S. 289–328. Zitiert als: *Wallach*, ZGR 2014, 289

Watrin, Christoph: Disquotale Gewinnverteilung bei Private Equity-Fonds, BB 2002, S. 811–814. Zitiert als: *Watrin*, BB 2002, 811

Weber, Christoph Andreas: 31 Jahre sind einfach zu lang!, JA 2013, S. 230–232. Zitiert als: *Weber*, JA 2013, 230

Weber-Rey, Daniela: Private Equity - Gut für Deutschland, AG 2004, S. R281-R282. Zitiert als: *Weber-Rey*, AG 2004, S. R281

Weckler, Birgit: Haftung von Anlegern in der Insolvenz eines als Kommanditgesellschaft ausgestalteten geschlossenen Immobilienfonds, ZVI 2011, S. 406–408. Zitiert als: *Weckler*, ZVI 2011, 406

Wegmann, Bernd: Rechtliche Risiken bei der Beteiligung an geschlossenen Immobilienfonds, DStR 1994, S. 941–946. Zitiert als: *Wegmann*, DStR 1994, 941

Weise, Stefan; Krauß, Hans-Frieder: Beck'sche Online-Formulare, 32. Edition 2015, München: Beck. Zitiert als: *Bearbeiter* in Beck'sche Online-Formulare

Weiser, Benedikt; Hüwel, Martin: Verwaltung alternativer Investmentfonds und Auslagerung nach dem KAGB-E, BB 2013, S. 1091–1097. Zitiert als: *Weiser/Hüwel*, BB 2013, 1091

Weiser, Benedikt; Jang, Jin-Hyuk: Die nationale Umsetzung der AIFM-Richtlinie und ihre Auswirkungen auf die Fondsbranche in Deutschland, BB 2011, S. 1219–1226. Zitiert als: *Weiser/Jang*, BB 2011, 1219

Weitnauer, Wolfgang: Die AIFM-Richtlinie und ihre Umsetzung, BKR 2011, S. 143–147. Zitiert als: *Weitnauer*, BKR 2011, 143

Weitnauer, Wolfgang: Weitnauer, Wolfgang (2012): Der Rangrücktritt - Welche Anforderungen gelten nach aktueller Rechtsprechung?, GWR 2012, S. 193–197. Zitiert als: *Weitnauer*, GWR 2012, 193

Weitnauer, Wolfgang: Das Übernahmerecht des KAGB und seine Auswirkungen auf die Private Equity Branche, AG 2013, S. 672–678. Zitiert als: *Weitnauer*, AG 2013, 672

Weitnauer, Wolfgang; Boxberger, Lutz; Anders, Dietmar: KAGB: Kommentar zum Kapitalanlagegesetzbuch und zur Verordnung über Europäische Risikokapitalfonds mit Bezügen zum AIFM-StAnpG, 1. Auflage, 2014, München: Beck. Zitiert als: *Bearbeiter* in Weitnauer/Boxberger/Anders, KAGB

Wengenroth, Thomas; Maier, Peter: Venture-Capital-Fonds und Private-Equity-Fonds, EStB 2004, S. 252–256. Zitiert als: *Wengenroth/Maier*, EStB 2004, 252

Werner, Rüdiger: Das neue Kapitalanlagegesetzbuch, StBW 2013, S. 811–816. Zitiert als: *Werner*, StBW 2013, 811

Westermann, Harm Peter: Die Sanierung geschlossener Immobilienfonds, NZG 2010, 321–328. Zitiert als: *Westermann*, NZG 2010, 321

Westermann, Harm Peter: Handbuch Personengesellschaften. Gesellschaftsrecht – Steuerrecht – Sozialversicherungsrecht Verträge und Formulare, 61. Ergänzungslieferung 2015, Köln: Dr. Otto Schmidt Verlag. Zitiert als: *Bearbeiter* in Westermann, Handbuch Personengesellschaften

Wicke, Hartmut: Gesetz betreffend die Gesellschaften mit beschränkter Haftung (GmbHG), 2. Auflage 2011, München: Beck. Zitiert als: *Bearbeiter* in Wicke, GmbHG

Wiedemann, Herbert: Treuhand an einer Mitgliedschaft - Gedanken zur Einzel- und Sammeltreuhand im Personengesellschaftsrecht, ZIP 2012, 1786–1791. Zitiert als: *Wiedemann*, ZIP 2012, 1786

Wilde, Heiko: Nachschusspflichten in KG und GbR Ein Zwischenresümee zu geklärten und offenen Rechtsfragen in der Rechtsprechung des BGH, NZG 2012, S. 215–217. Zitiert als: *Wilde*, NZG 2012, 215

Windbichler, Christine: Gesellschaftsrecht: ein Studienbuch, 23. Auflage 2013, München: Beck. Zitiert als: Windbichler, Gesellschaftsrecht

Winnefeld, Robert: Bilanz-Handbuch. Handels- und Steuerbilanz, Rechtsformspezifisches Bilanzrecht, Bilanzielle Sonderfragen, Sonderbilanzen, IAS/IFRS-Rechnungslegung, 5. Auflage 2015, München: Beck. Zitiert als: Winnefeld, Bilanz-Handbuch

Winter, Eggert: Gabler Wirtschaftslexikon, Wiesbaden: Springer Gabler Verlag. Zitiert als: Gabler, Wirtschaftslexikon, Stichwort

Winter, Henning; Hennig, Christian; Gerhard, Markus: Grundlagen der Schiffsfinanzierung, 4. Auflage 2013, Frankfurt am Main: Bankakad.-Verl. Zitiert als: *Bearbeiter* in Winter/Hennig/Gerhard, Grundlagen der Schiffsfinanzierung

Wischott, Frank; Krohn, Dirk; Nogens, Tim: Steuerliche Risiken und Gestaltungsmöglichkeiten beim Erwerb und Betrieb von Windkraftanlagen, DStR 2009, S. 1737–1741. Zitiert als: *Wischott/Krohn/Nogens*, DStR 2009, 1737

Wollenhaupt, Markus; Beck, Rocco: Das neue Kapitalanlagegesetzbuch (KAGB), DB 2013, S. 1950–1959. Zitiert als: *Wollenhaupt/Beck*, DB 2013, 1950

Wustlich, Guido: Das Erneuerbare-Energien-Gesetz 2014. Grundlegend neu - aber auch grundlegend anders?, NVwZ 2014, S. 1113–1122. Zitiert als: *Wustlich*, NVwZ 2014, 1113

Zetzsche, Dirk: Das Gesellschaftsrecht des Kapitalanlagegesetzbuches, AG 2013, S. 613–630. Zitiert als: *Zetzsche*, AG 2013, 613

Zetzsche, Dirk: Anteils- und Kontrollerwerb an Zielgesellschaften durch Verwalter alternativer Investmentfonds, NZG 2012, S. 1164–1170. Zitiert als: *Zetzsche*, NZG 2012, 1164

Zetzsche, Dirk; Preiner, Christina: Was ist ein AIF?, WM 2013, S. 2101–2110. Zitiert als: *Zetzsche/Preiner*, WM 2013, 2101

Zetzsche, Dirk: Prinzipien der kollektiven Vermögensanlage, 2015, Tübingen; Mohr Siebeck Zitiert als: *Zetzsch*e, Prinzipien der kollektiven Vermögensanlage

Ziegler, Ole: Die Prospekthaftung am nicht-organisierten Kapitalmarkt im Spannungsverhältnis zu personengesellschaftsrechtlichen Grundsätzen, DStR 2005, S. 30–34. Zitiert als: *Ziegler*, DStR 2005, 30

Zingel, Frank; Varadinek, Brigitta: Vertrieb von Vermögensanlagen nach dem Gesetz zur Novellierung des Finanzanlagenvermittler- und Vermögensanlagenrechts, BKR 2012, S. 177–185. Zitiert als: *Zingel/Varadinek*, BKR 2012, 177

www.ingramcontent.com/pod-product-compliance
Ingram Content Group UK Ltd.
Pitfield, Milton Keynes, MK11 3LW, UK
UKHW021828290926
8980IPUK00004B/326

9 783631 771334